本书由
中央民族大学"985工程"中国当代民族问题战略研究哲学社会科学创新基地
之民族学人类学理论与方法研究中心
资助出版
系该中心课题成果

王铭铭 主编
杨清媚 张亚辉 副主编

民族、文明与新世界
20世纪前期的中国叙述

世界图书出版公司
北京·广州·上海·西安

目 录

凡 例 1
评述者简介 2
导 言 3

第一编 文明中的民族

01 进化与天演
——重读《天演论》(1897) ………… 刘 阳 3

02 天下果已转变为世界？
——读梁启超"历史上中国民族之观察"(1905) ………… 郑少雄 20

03 民族与国家
——从吴文藻的早期论述出发(1926) ………… 王铭铭 34

04 文化、夷夏之辨与史学的道统
——读柳诒徵《中国文化史》(1928) ………… 张亚辉 59

05 基于民族关系史看文明形成
——读傅斯年"夷夏东西说"(1933) ………… 何贝莉 82

06 民族史视野下的中国
——读王桐龄《中国民族史》(1934) ………… 马 戎 101

07 历史地看民族，民族地看历史
——读林惠祥《中国民族史》(1936) ………… 汤 芸 123

08 交往的历史、"文化"和"民族—国家"
——读马长寿《凉山罗彝考察报告》(1940)兼及其20世纪
30~40年代的民族研究 ………… 伍婷婷 138

第二编　旧传统与新科学

09　经学与西学
　　——读刘师培《经学教科书》(1905) ············ 张亚辉　157

10　梁漱溟的东西文化观
　　——读《东西文化及其哲学》(1921) ············ 舒　瑜　171

11　发须爪中的"迷信"与"道德"
　　——读江绍原《发须爪——关于它们的迷信》(1928) ······ 舒　瑜　178

12　儒学人类学
　　——读李安宅《〈仪礼〉与〈礼记〉之社会学的研究》(1931) ··· 陈　波　196

13　作为水利社会的传统中国
　　——读冀朝鼎《中国历史上的基本经济区与水利事业的发展》
　　读后(1934) ······························ 张亚辉　228

14　曾经沧海难为水
　　——重读杨堃"葛兰言研究导论"(1943) ········ 赵丙祥　241

15　社会意识中的"隐"
　　——"皇权与绅权"的一个补注(1948) ············ 梁永佳　253

16　考古学中的"文明观"与"历史感"
　　——读李济《中国民族的开始》 ················ 张　原　266

第三编　游走、描述与思考

17　顾颉刚与土地神
　　——1926~1927年东南沿海的"游士"与"风俗"(1927) ······ 张　帆　287

18 田野工作与历史之维
　　——凌纯声与他的《松花江下游的赫哲族》(1934) …… 张友庭　308

19 社区研究与民族研究的初步尝试
　　——重读费孝通《花篮瑶社会组织》(1936) …… 杨清媚　322

20 一个民国学者的田野行走
　　——任乃强和他的《泸定导游》(1939) …… 徐振燕　342

21 另一种民族志
　　——读吴泽霖等《贵州苗夷社会研究》(1942) …… 李金花　365

22 山水·交游·罗罗国
　　——读林耀华《凉山夷家》(1944) …… 罗　杨　381

23 人心与群性的省思
　　——读田汝康《芒市边民的摆》(1946) …… 夏希原　401

24 人类学的边疆关怀
　　——读俞湘文《西北游牧藏区之社会调查》(1947) …… 侯豫新　415

25 西双版纳的"宗教时间"
　　——读陶云逵"车里摆夷之生命环"引发的思考(1948) …… 杨清媚　438

26 乡邦无史乎？
　　——读《大理古代文化史》(1949) …… 罗　杨　456

参考文献　472
关键词索引　487
出版后记　493

凡 例

一、《民族、文明与新世界——20世纪前期的中国叙述》共收录25篇书评,其中绝大多数来自《中国人类学评论》与北京大学蒙养山人类学社组织的民国著作选读专题读书会,并在修改后陆续发表于《中国人类学评论》。本书与王铭铭主编的《20世纪西方人类学主要著作指南》(以下简称《指南》)同属姊妹篇,在整体思路和编辑体例上延续了《指南》的风格。

二、本书分为三编:"第一编'文明中的民族'"、"第二编'旧传统与新科学'"和"第三编'游走、描述与思考'"。这三部分内容呈现出层层递进的关系——从20世纪时代转折中"民族"开始成为社会科学历史叙述的主体开始,困局中求"新"、求"变"的传统经史学及至强调实地研究的"新学科"人类学、民族学和社会学,无不在中西文化的碰撞中展开自身的书写;这三编的安排试图对由传统史学向社会科学的转变有所体现。

三、每一编中的书评按其所评著述的初版年代排序。

四、编写队伍为青年一代人类学研究者,其简介附在凡例之后,按笔画排序。

五、本书注释采用脚注方式,书末附人名、族名、地名、参考文献和关键词索引,以方便读者查找。

六、涉及人名、地名、专有名词和特殊词汇时,采取同一种中文译法,如有其他常用译法,则注明"或译为……"。为保持评论文章的相对独立性,某一译词在某篇文章中第一次出现的时候,都在其后注明其英文原词,同篇文章不再重复标注。

七、正文涉及纪年、数量和卷册等一律使用阿拉伯数字表示,但序数用汉字表示。引文部分则按原文。

八、标点符号。中文文献书著类使用书名号(《》)标明,文章类使用双引号("")标明;外文文献书著类的标题使用斜体标明,文章类标题使用双引号("")标明,标题中的实词首字母大写。

编　者
2010年3月

述评者简介

马　戎　北京大学社会学教授
王铭铭　北京大学中国社会与发展研究中心教授、中央民族大学特聘教授
伍婷婷　中国人民大学历史系讲师
刘　阳　北京大学社会学系博士研究生
汤　芸　西南民族大学讲师
何贝莉　北京大学社会学系博士研究生
张　帆　美国芝加哥大学人类学系硕士研究生
张　原　西南民族大学讲师
张友庭　中央民族大学民族学与社会学学院博士研究生
张亚辉　中央民族大学人类学专业博士后
李金花　中央民族大学民族学与社会学学院博士研究生
杨清媚　中国社会科学院社会学所博士后
陈　波　四川大学历史文化学院人类学研究所、南亚与中国藏区"985"创新基地讲师
罗　杨　北京大学社会学系博士研究生
郑少雄　北京大学社会学系博士研究生
侯豫新　北京大学社会学系博士研究生
赵丙祥　中国政法大学社会学院副教授
夏希原　中央民族大学民族学与社会学学院硕士研究生
徐振燕　中央民族大学民族学与社会学学院博士研究生
梁永佳　新加坡国立大学高级研究员、中国政法大学副教授
舒　瑜　中国社会科学院民族研究所助理研究员

导　言

20世纪前期，中国出现了大量有独到见地的学术论著，所涉及的领域及所抵达的境界，足以使我们震撼。从1979年中国社会科学重建开始，如何处理这笔思想遗产便成为我们不得不面对的历史负担。然而经济富国之梦的躁动，久已压抑需要伸展的自由，都使我们还来不及思考这笔遗产的意义便急于寻找未来。1998年，费孝通先生郑重提出重建社会科学应"补课"，不仅要补西学，也要重新捡拾前辈学人的奇珍。而今十年之功，距树人之境尚远。这本述评集之编写，亦属补课过程中的一点积累，意在为青年研究者尤其人类学专业学生开拓视野。这个集子所列出的书目与这笔遗产相比实如沧海一粟，但是这种有限其实也是有意为之——编者希望能更为清晰地聚焦于中国社会科学萌芽阶段的关键概念及多元的学术取径在人类学及相关的民族学、社会学中留下的深刻印记。

本书题名中所谓"20世纪前期"指的是从晚清西学传入到20世纪50年代之间的这一段历史时期，这恐怕是费孝通先生所说的"世界性的战国时代"当中最具有百家争鸣风采的一段时间。这个时期并非是严格限定的，即使在20世纪50年代之后出版的作品，只要它还保留着此前的学术追求与表达的自由，我们自然也不应排斥。

我们以人类学的关怀择选论著，但并不囿于今日的学科分类。总体上，这些论著都牵涉到"民族"与"文明"这两个20世纪中国学术中至关重要的概念，虽然不是全部出自人类学前辈之手，但在具体内容与理论观点上均有益于民族学、人类学、社会学，尤其像历史学与思想史方面的研究对于"民族"与"文明"这两个概念有很深远的影响。

之所以把民族学、人类学、社会学这三门学科放在一起，固然是因为无论国内国外，人类学从来都与民族学、社会学息息相关，并且从某种意义上讲，20世纪的人类学总是摇摆于民族学派的文化论与社会学派的结构论之间。不过，我们也同样坚持人类学的关怀，因为民族学曾是人类学的代名词，而20世纪20年代以来，随着人类学一个局部的社会学化，民族学这个学科名号在西方人类学界失去了部分影响力。另一方面，在中国，社会人类学的引入也使某些学术阵营采取与民族学不同的称谓及研究方式，但民族学这个概念却持续存在。今日既有人类学与民族学之分,也有人类学与社会学之分。但我们所本的人类学并非今日学科疆界划定的范围,而是在研究内涵和思路上,对20世纪前期曾经贯通的三家之整体回应。围绕"民族"与"文明",以勾勒出一幅有助于重新梳理历史、重新领悟观念的学术画卷。

编选本书之时,我们便有意尝试打破现有人类学学科史框架。我们不再强调学科生长发育过程的素描,而重在表明,人类学与西学刺激下发展起来的其他任何学科一样,都是在一个总体的思想史进程中形成的。从学科角度出发的学科史往往囿于诸如"体裁"之类的问题,而无法具体呈现本学科与整体思想史的关系。这样的缺憾不只让人类学、民族学的学术史割裂于整体思想进程之外,更使得当下学科间真正意义上的对话举步维艰。我们认为,20世纪的人文社会科学不仅有共同的历史基础,而且其各自的研究和论述的方法,都是为辨析共有的问题而设。这些共有的基础与问题意识本就是无学科疆界的,诸如将社区、民族、文明等方面的问题,分别归属于不同的学科——社会人类学、民族学、历史学的做法,实际是后人的创造。那么,我们今天从相反角度的人类学出发重新解读相关的原典,则可谓是学术"返本开新"方面的努力。

本书无论是编辑意图还是呈现体例上都与此前编选的《20世纪西方人类学主要著作指南》(王铭铭主编:《20世纪西方人类学主要著作指南》[以下简称《指南》],北京:世界图书出版公司,2008)相类。与《指南》一样,本书仍旧是对经典著作进行评述与解读,尽量在当时的学术思想环境中去体会和梳理学者设定论题与展开论述的思路。作为一部导读性的编著之作,我们期望通过述评所选原典来展现人类学、民族学之思想与实践如何从19世纪末的思想趋势中分蘖而出的具体历程。

此外,除了《指南》一书已呈现出的西学汉译问题之外,新史学带来的观念变革及对传统中国之再理解,大概是所有社会科学避无可避的另一个共同问题。我们惟有将这两个问题转换成具体的学科问题,方能使学科的方法论实践获得切实的学术意义。为此,本书将选录的前人著述分成三编:第一编主要展现新史学带动下的民族史书写;第二部分则撷取了部分用社会科学方法重新思考传统中国问题的经典作品;第三编方才回到人类学学科内部的民族志实践。在我们看来,民族史志书写、传统中国的理解及民族志,也是20世纪大多数人文社会科学必要经过的三个逻辑阶段。任何意义上的学科之创新发展,亦须以不断回顾这三段历史为基本出发点。在此,我们将在以下文字中对本书收录的论著及其述评文章进行合乎主题的简要阐释。

关于"文明中的民族"

纳入第一编的,多为民族史志著作,这些著作完全不同于后来的中国民族学、人类学"分族写志"模式,而更多地以民族通史体例出现。这些作品自然是在19世纪末期西方学术的汉译——尤其是在严复翻译介绍的进化论思想刺激下出现的,但他们直接的学术渊源却在传统史学。梁启超于1902年发表了"新史学",正式开始以西方学术尤其是社会学与进化论,挑战传统史学的王朝史统,而他提出的替代品就是"历史上中国民族之观察"一文中所主张的以民族为历史主体的新史统。"民族"这一转译自日文的概念一跃成为了救亡运动的核心,同时也成为重新思考中国文明史的起点。为此,以民族的视角重新书写中国历史便成了当务之急。这不只是中国民族学与人类学的发端,同时也是中国新学术的肇始。社会科学学者如吴文藻、林惠祥、马长寿,史学家如柳诒徵、傅斯年、王桐龄纷纷从各自不同的角度书写了民族、国家与文明的关系史。而总体上他们的旨归却是一致的,那就是:如果民族确实是我们一直没有意识到的历史主体,那么,在此基础上,中国的文明究竟该呈现出何种面貌?也正是这些从传统史学生发出来的写作赋予了后来的中国人类学别样的问题意识——我们对历史的压力格外敏感,更加注重对历史的解释,并且总是在思考民族与文明之间的复杂关系。

严复先生的《天演论》是本书选择的唯一一部翻译作品,而选择它的理由恰恰因为它是一部不见得忠实于原著的翻译。赫胥黎的原著原本是立足于互助论的,正是严复先生根据当时的世事与思想状况进行的再创作,使这本书成为当时思想界的一颗炸弹——在他看来,我们惟有意识到这个世界的残酷规则,才可能找到强国保种之途径。严复先生其实更加推崇的是斯宾塞的进化论,而对赫胥黎多有批评,但观者未必作如此想,赫胥黎的人文主义与斯宾塞的机械论之异同即便在当时已经激起了不少学者的思考。比如孙宝□就曾经说:"以为治化日进,格致日明,于是人力可以阻天之虞,而群学乃益昌大矣。"本书中,刘阳的评述侧重分析了严复的天演和赫胥黎的进化之间的关系,认为是严复的性善的人性论使得他必须要寻找富国强兵这一追求背后的道德意义。

在1905年梁启超发表其"历史上中国民族之观察"之前,中国早期社会科学的雏形一直是围绕"群学"展开的,诸子学是在这个阶段中国学者借以发明西来之学问的主要来源。在这中间,严复力主以英国学脉为基础的社会学思想,而康有为、梁启超、章太炎等人则因为对斯宾斯的不满将目光转向了日本。日本的西学输入更多地受到了德、美两国学术的影响,更加注重民族与心态问题。因此,梁启超从日本回国之后便开始转向对"民族史"的考察。社会科学的讨论也是在这一时期逐步由以诸子学为基础的哲学思辨转变成以史学为基础的扎实研究。"历史上中国民族之观察"可说是这一转变最初的重要成果。本书中,郑少雄的述评指出,梁启超写作此文"是为了因应当时国内地方自治倾向抬头的现实"。

1921年,"五四"运动之后两年,欧战带来的巨大创伤已使中国知识分子开始重新思考东西方关系问题。梁漱溟《东西方文化及其哲学》就是在这样的背景下写就的。梁漱溟是后世公认的20世纪新儒学的创始人之一,后来长期投身乡村建设运动。《东西方文化及其哲学》在对西方文化、印度文化和中国文化进行比较的基础上,提出了一种规整而略显僵硬的"文化路向图":西方文化是向前索求的、印度文化是向后退隐的、中国文化是两者调和的中庸之路。但正是这一路向图将不同文化从进化的阶序中拉出来,放到一个结构性的关系中来考察,文化的这三种路向会在不同的历史时期各放异彩,却难以彼此调和。中国文化虽然面临一时的困境,却恰是当时混乱世界的希望所在。梁漱溟在哲学问题上与新文化派的论战正呼应了信古派与疑古派围绕中国史学的论争。哲学与史学领域的论战对当时的社会科学之思考和实地研究都产生了深远的影响。

1926年,燕京学派的领袖吴文藻写作"民族与国家"一文,当时,中国学界已经对西方学术有了更加系统的了解,而民族这一概念已经被学界所接受。同时,这一概念带来的一系列问题,尤其是文化与政治之关系的问题已经引起了学界的注意。吴文藻的学术思想中有着深厚的德美文化学基础,他亦是从文化的角度出发来认识民族的,并进而将民族与国家区分成文化与政治两个领域,从而构成与西方的民族国家理论的张力。在本书的述评文章中,王铭铭注意到,吴文藻的国家理论其实奠基于赫尔德(Johann Gottfried von Herder)以来的德国学术对"双重文化"的区别,作为国家之基础的文化是一种共名意义上的人类文化,而国家内各个少数民族的文化则对应着"民族精神"概念,因此,吴文藻的国家理论仍旧有着民族国家理论的根源。这个问题一直到1988年费孝通先生发表了"中华民族的多元一体格局"之后才得到了更好的处理。

就在大批留学归来的知识分子利用西学展开论述的同时,传统史学者也开始了对民族史的探索。这中间最被当时学者所推崇的恐怕就是柳诒徵了,柳诒徵一生恪守传统学术的规范,他和吴宓领导的学衡派运动是当时唯一能够和新文化运动抗衡的声音。柳诒徵的《中国文化史》写作曾经受到日本史学书写方式的深刻影响,他关心的核心问题是士人传统以及儒家道统对于理解传统中国历史的意义。这本书的可贵之处在于,他明确指出,中国文化史其实就是一部文化不断混融的历史,而这混融是以外来文化与汉之前形成的华夏文化的不断对话来完成的。柳诒徵此书直接影响了后来对大批学者对中国文化的认知与书写,直接者如钱穆、冀朝鼎,间接者如费孝通,等等。

傅斯年早年的学术生涯颇多摇摆,关于他留学欧洲7年后所获得的学术给养究竟该如何评价,后来的学者也颇多争议。总体看来,他从德国那里学到的地理学与兰克史学精髓,从法国那里获得的对多元性和关系的强调是他的经典之作"夷夏东西说"最直接的基础。这篇文章放弃了从族源角度书写上古史的做法,转而从族间关系的角度看中国文明体系的生成,在当时乃别开生面之举。而且傅斯年所强调的上古时期的东西格局与后来的南北格局的差异也再次证明民族学的眼光对理解中国历史的重要性。

20世纪30年代出版了三个版本的《中国民族史》,作者分别是王桐龄、吕思勉和林惠祥。本书选择了王著与林著。严格说来,这两位作者的背景有很大差别,王桐龄是史学家,林惠祥则接受了较为系统的西方人类学训练。两位先生从不同的学科视角出发，书写的体例亦不相同，得到的结论却是相近的，即中国的任何一个民族都是长时间的民族融合的产物，而作为文明的民族史更应该关注的是民族之间的关系的历史与结构。

20世纪前期开始，国民政府和学者进行了一系列政治与学术的边疆营建，作为其中的一员，马长寿先生一生便专注于边疆民族的民族史和实地调查研究。马长寿在学术上深受美国文化学取向之影响，他对民族的看法也是文化相对主义和历史具体主义结合的。述评者伍婷婷指出《凉山罗彝考察报告》就集中体现了马先生将民族志与民族史相结合的研究进路，但与美国人类学不同的是，由于当时面临抗日战争带来的威胁，马长寿的边疆研究还带有强烈的国族建构色彩，他的民族志调查和民族史书写都竭力要证明："今日的中国民族血统，我们不能说是汉族血统或其他任何一边疆民族的血统。今日的中国文化，我们也不能说是汉族文化或其他任何一种边疆民族的文化，而是汉族与一切边疆文化同化的文化。"这种浓厚的国族色彩曾经是同一时期很多边疆民族研究的共同特色。

关于"旧传统与新科学"

在第二编中，我们选录了20世纪前期社会科学前辈重新理解传统中国的著作。其实，这种重新理解从西学的译介之初就开始了，其共同背景都是应对西方学术对中国的认知与描述。这些描述自然未必都是出自西方学者之手笔，更多的还是具备了西学眼光的本土学者自己对中国的新发现，但这些发现又是他们难以彻底接受的。因此，这些作品看起来都是兜了很大的圈子在用新方法论证经史学中的老问题，结论也鲜有出人意料者，但这样条理过后的学术陈述终究是开始具备直面西学的勇气了。

与上一部分的条贯通史不同的是，这些著作具备更加明确的现代学术的问题意识，而且注重在概念体系上与传统学术的接驳。这些作品几乎全部都是对经史学资料和考古实物的社会科学再分析，其可贵之处在于，这些前辈并没有将上述资料与实物看作是僵死的文化遗存，而是自觉地在传统学术的概念和西学概念之间进行深度的对话。这些对话得以展开的思想史背景与方法论准则其实也就是今天我们思考自身、思考世界的基本框架,它们不但强有力地说明了中国传统思想体系的力量与价值,同时也明确昭示了后来的中国社会科学必将奠定在对经史学持续的再思考的基础之上。

刘师培是民国初年最重要的经古文学者之一,他和章太炎过从甚密,后者翻译的日本学者岸本武能太的《社会学》是中国第一部完整的社会学译著。刘师培虽然以保守著称,但对当时西方的学术并不陌生。《经学教科书》是一部未完成的作品,本书选择这一著作最重要的原因就在于,刘师培在此书中竭力证明,中国的经学,尤其是《易经》中已经包含了当时西方主流学术的核心思想。这种在今日已经有些荒谬的类比其实透漏出当时所有学者共同的焦虑:我们奉行数千年的经史传统是否在言说人类的普遍性?在西方学术进入之后,这些经学成果到底该如何安排?评述者张亚辉认为,我们有两种选择,或者将经史学肢解成西方学科体系的干瘪的材料,或者在对话的基础上看到,社会科学仍旧是经史学的某种延续。而在过去一百多年间,几乎没有人还有勇气去走后一条路了。

江绍原的思考几乎与刘师培是一样的,只是入手的方法是社会科学的。江先生曾经在芝加哥大学学习比较宗教学,他对发须爪的研究即是从巫术研究的视角出发的。面对当时的新生活风尚对过去之迷信的不遗余力的破坏,他希望证明,这些习俗除了是迷信之外,还是民间道德系统的承载者。怎样才能够在破除迷信的时候,保住礼的精神和道德体系?新的时代中,一种道德的宇宙观仍旧是可能的吗?这背后牵扯的实际上是文化变革的理论探讨,我们能够选择性地进行文化变迁吗?还是当变革势在必行的时候,我们必须将整个文化体系尽数换掉?这恐怕是一种时代性的思考模式。《发须爪》的精彩之处就在于,它用非常细致的研究将这个问题呈现了出来。

冀朝鼎是民国学者中极为特殊的一位,他与魏特夫、拉铁摩尔在学术上对话频繁,对后两者关于灌溉农业的研究贡献甚大,而他自己因为职业生涯非常复杂,反倒很早就离开了学术界。《中国历史上的基本经济区与水利事业的发展》的核心创见在于利用水利事业发展与帝国政治中心转移的同步关系,重新从经济史的角度理解中国历史,这与费孝通先生后来从乡土来书写中国的方式非常不同。冀朝鼎的研究有着明显的马克思主义立场,这一方面使得他能够更加清楚地看到朝廷的水利工程建设背后的生产关系，另一方面其实也妨碍了他对诸如治水神话、水神信仰，以及超越朝代利益的水利工程的理解。

李安宅的《〈仪礼〉与〈礼记〉之社会学的研究》，是用社会科学的眼光看待经学的结果。李安宅认为，《仪礼》与《礼记》根本就不是什么"天不变，道亦不变"的神圣经典，而是对当时的社会生活的写照，因此，可以说是文本意义上的人类学田野材料。他不再执著于宋明以来对礼的形而上学的论述，而是用美国文化学的眼光将礼看作是文化本身。述评者陈波认为，李安宅的礼的研究还继承了晚清公羊学的传统，主张在对时代的认知与评估的基础上，对礼进行损益修正。李先生这种从对儒学的新认识出发的人类学思想比较集中地体现在他对祖尼人的研究中，该研究至今还是美国人类学的经典篇目之一。

杨堃先生的"葛兰言研究导论"是本书评述的唯一一篇专门讨论西方学术的文章。杨堃在法国留学期间曾受业于莫斯（Marcel Mauss）和葛兰言（Marcel Granet），对法国年鉴学派社会学体会真切而深入。葛兰言是该学派中唯一专门研究中国的学者，故此，杨先生的这篇文章颇有"我看人看我"的意味。年鉴学派三代学术领袖涂尔干、莫斯和葛兰言治学追求与方法上各不相同，杨堃先生对此作了细腻的甄别，尤其对葛兰言的研究方法介绍详细。曾有民国学者因为对这一人类学的治史方式不了解，而对葛兰言的研究多有误会。我们今日要借鉴葛兰言以人类学方法研究文明的方式，杨堃此文无疑是不可绕过的路标。

费孝通先生的《皇权与绅权》是他的士绅研究中最重要的作品，这一时期，社会科学思想与传统经典的对话方式已经日益成熟，本书就是费孝通与吴晗等历史学家合作讨论的产物。《皇权与绅权》是对传统中国的政治与知识分子关系的再思考，所依据者多为史料和经学典籍。在本书的述评中，梁永佳指出，应把此书与费老的另外两本著作《乡土中国》与《乡土重建》放在一起来阅读，"《皇权与绅权》一方面的意图是要将《乡土中国》中提出的一些结构原则具体化，另一方面则是与《乡土重建》的实地材料配合。它介于原则和经验之间，是两本书之间在逻辑上的过渡"。除此之外，还应该看到，《皇权与绅权》中提出的观点已经比《乡土重建》更加有弹性了。它在处理绅士问题的同时，已经开始对中国传统文化有更加深入的思考。费老晚年的阅读与写作,尤其是对中国社会科学的期望,都与《皇权与绅权》有着直接的关系。

李济先生的《中国文明的开始》是本书述评的唯一一部写于 20 世纪 50 年代之后的作品,这部作品收录了李济先生在不同年代对殷商考古发掘的解释与评论。作为中国考古人类学的奠基者,李济对中国的科学考古学做出了卓越的贡献,他一直利用考古发掘的成果与民国时期的各种史学观点进行对话,其总体的出发点是要用实物捍卫文字记载的尊严。自然,他的考古学研究也无法摆脱一种国族心态,尤其是他在中国人种起源问题上在与人种西来说的论战中集中体现了这一特点。只是这种视角往往因为他所研究的上古史的跨文化、跨地域的特征而不太容易被注意到。李济对于挖掘与解释的关系认识得非常清晰,所以,看似科学本位的他却号召要在考古学中"加点想象的活",即便在《中国文明的开始》这样一本小书中,我们也能够清楚地看到他解释思路的逐渐变化。

关于"游走、描述与思考"

第三编是更为专门的人类学民族志调查报告,与前两部分相比,这一部分集中展示的是上述思想脉络最终呈现为人类学这门具体的学科,也就是人类学的时候,将产生何种学术实践与成果。民族志是 20 世纪 20 年代在英国形成的人类学文本规范,这种研究方法很快就传到了中国,而不那么规范的实地调查在中国文人传统中从来就不陌生。本书所选择的"类民族志"作品,如顾颉刚先生的"泉州的土地神"及任乃强先生的《泸定导游》都表明了某种堪与民族志对话的文类。这些形成于不同年代和不同学术传统下的民族志文本看起来差别甚大,但其中包含的从最细微处发现文明的追求却是一致的。我们选择的所有民族志都是对当时边地的描述与研究,这与第一部分对民族的关注是有关的。同时我们也想表明,对民族的研究其实存在过一种与 20 世纪 50 年代之后的那种单一意识形态控制下的民族学不同的方式,而这种方式对于今天的民族学与人类学研究都是大有启发的。

顾颉刚于 1927 年发表的"泉州的土地神"只是一篇四千余字的短文章,但其中透漏的对中国历史文化与未来的思考却丝毫不让于他的《古史辨自序》和妙峰山研究。在10天左右的田野调查中,顾颉刚集中关注了泉州各种土地神的历史身份、区域崇拜、文本表述等各方面的田野事实,并沿着他一贯以民俗与古史相互发明的进路展开分析。顾颉刚将泉州的土地神追溯到汉代以前以禹为正社神的社祭体系中,提出民间信仰中对地的崇拜所占核心地位问题。社祭不是"迷信"二字所能尽述的,其中还包含着士人阶层对日常生活的道德规范以及与此有关的对帝王的约束。而顾颉刚提出的"圣神文武萃于一身"的说法又比单纯从道德或功能角度对宗教的理解更富说服力。述评者张帆指出,"社"作为古史辨的起点,上起上古史中的"禹",下连现实中的"土地",这两头挑起的正是顾颉刚的两个学术兴趣——古史和民俗;更微妙的是,"禹"的历史演化——战国秦汉间的造伪——是"士"操弄历史的过程,"土地"的演化——迎神赛会和朝山进香——是"民"搬演历史的过程,而历史正是多线的合一。顾颉刚对于"社"的关注不仅仅是要从方法论上揭示如何一层层揭开环绕在禹身上的伪史,从而还原真史的面貌,也是从历史建构的角度展现造伪的历史背后的社会现实。这是对"泉州的土地神"以及顾颉刚一系列民俗研究的精到总结。

凌纯声的《松花江下游的赫哲族》是中国人类学最早的一部科学民族志。凌先生受业于莫斯,在学术研究的方法和取向上又深受蔡元培、李济、傅斯年等人的影响。这部几可称为赫哲人的百科全书的民族志包括了民族史、日常生活与物质文化、宗教研究、语言研究和神话收集等多方面的材料,凌纯声利用一个十分宽泛的文化定义——文化是人类应付生活环境而创造的文物和制度——将这些素材整合在了一起。这个看似功能主义的文化定义与吴文藻对文化的定义几乎是一样的,而在落实成民族志的时候,则充满了德国地理学派的色彩。他将民族史与田野工作相结合的思路是有独创性的,但并没有清晰地证明在赫哲人这里二者的切实联系是什么,民族史部分看起来更像是一个北方民族研究的导论。沿着上述文化定义的思路,凌纯声似乎并没有如莫斯那样着意将自然转变成社会事实来论述,而是直接铺陈了自然环境规定下的社会生活组织方式。如果将此书与史禄国(Sergei M.Shirokogoroff)的《北方通古斯社会组织》放在一起比较,我们将更鲜明地看到那一时期围绕中国东北少数民族研究展开的一系列意味深远的学术对话。

《花篮瑶社会组织》是费孝通先生的第一部民族志作品,也是吴文藻心目中"社区研究"的典范,与凌纯声先生的作品截然不同。但是考虑到费老此前接受过史禄国的人类学训练,单纯将其看作是一部村庄志其实也是不恰当的。《花篮瑶社会组织》一书从亲属制度开始,论述了宗族、村落、族团的组织方式,从中我们不难看到背后他对"特种民族"与汉人关系的关怀。这种关怀一方面表现为对中国现代化进程的设想,即汉人村落的乡村工业发展与少数民族地区的农耕化与乡土化——费孝通早期曾经认为,那些居住在山地的少数民族亦是"患了土地饥饿症的农民";另一方面则由于他晚年对中华民族多元一体格局的论述,使他自己将花篮瑶的研究从社区研究中拉出来,重新定位成民族研究。费老自己围绕这一早期学术成果的不断重新表述,对我们理解这本书,理解费老一生学术思想的转变都是很有帮助的。

《泸定导游》并非人类学学科意义上的严格的民族志作品,任乃强先生也更多地被看作是一个史地学者,而非人类学家。1939年西康建省,任乃强此前一年以西康建省委员身份在康定泸定一带对藏、彝、汉等多个民族的聚居区进行考察,以游记体裁写成了这本《泸定导游》。与晚明时期出现的地理游记类似,《泸定导游》以知识分子的眼光对当地地理、历史、人文进行观察与书写,背后有着儒家深厚的经世学传统。任乃强以历史遗迹和史料记载相勾联,清晰而简明地勾勒出了当地与帝国政教的关系史,同时也对当地之风物、人情、社会组织等进行了必要的描述,其目的就是要为未来的西康省施政提供足堪借鉴的参照。西康省只短暂地存在了16年,而我们重读这本书的时候,看到的却是当时边陲地带的民族混融状况,以及文明与民族边疆的复杂关系。

《贵州苗夷社会研究》是吴泽霖先生带领下的大夏大学社会学系在偏安贵州时编写的一本调查报告文集。其中苗夷并非单指20世纪50年代民族识别之后确定的苗族,而是对当地少数民族的一种泛称,包括了苗族的不同分支,以及侗家、水家、仲家,等等。由于是多个作者分头工作的成果,本书内容十分庞杂,不但涉及的田野地点很多,每篇文章关注的问题也各不相同。但总体来说,因抗战而导致的救亡思想以及对学术前途的探索仍旧是相对比较清晰的研究主线。具体则表现为对中华民族一体性的追求,以及关于边政变革的探讨。另外,正是由于牵扯到多个民族,民族之间的相互理解也成为他们工作坊中的一个十分重要的主题。此前的作品对这一点都只有情感上的呼吁,而没有将其作为一个学术问题来处理。《贵州苗夷社会研究》是当时为数不多的集体创作的作品,也开了当时社会学、民族学工作方式的先河。

林耀华先生的《凉山彝家》的田野工作是在"中国抗建垦殖社"、"罗氏基金委员会"和"哈佛燕京学社"的共同资助之下完成的。与一般人类学家的"居住式"的调查不同,林耀华这次调查是在游走中进行的,而且由于客观条件限制,他并没有进入凉山腹地,而是一路走在彝汉交界的地带上。大小凉山一度曾是"独立罗罗国",彝汉关系相比其他民族与汉族的关系就更显复杂。一路走下来,林耀华不免感慨:"彝汉之争,彝汉联合对汉,汉彝联合对彝,彝对彝,汉对汉,纠纷捣乱之事,相继不绝。处理边政,一时尚难廓清。"在具体研究方面,林耀华用大量篇幅书写了彝族的亲属制度,同时也考察了经济、等级、宗教和打冤家等几个彝族社会的主要问题。这是一种典型的民族志四分法,里面充满了各种有趣而关键的细节。但是20世纪70年代之后,林耀华重又数次书写凉山的时候,这种细腻生动的民族志风格已经不复存在了。

田汝康先生的《芒市边民的摆》是魁阁时期的作品,当时田汝康、林耀华被分派研究宗教问题,这部作品也代表了魁阁宗教研究的最高水平。田汝康的研究是以摆夷人的人生史为基本出发点的,但因为他立足于涂尔干的集体欢腾理论,所以最终呈现为一组仪式研究。"大摆"是摆夷人在接近年老时举行的一个向佛祖贡献功德的隆重的仪式,通过这个仪式,这人就预定了天上的宝座,并因此摆脱了繁重的体力劳动,开始了每日焚香礼佛的生活。这个仪式花费巨大,却没有现实的经济目的,田先生据此认为,正是"做摆"这一被社会规定的义务成为了当地人经济生活的动力,从而与费孝通在《云南三村》中提出的"闲暇经济"有了呼应和对话。有趣的是,田汝康注意到,当地除了佛教的摆之外,还有一种巫术的非摆仪式,这与另一位民族学家陶云逵的发现亦是相符合的。

《西北游牧藏区之社会调查》的作者俞湘文1940年毕业于重庆复旦大学社会学系,后多年从事中学教育和新闻工作。本书是她最重要的学术著作,曾多次在大陆和台湾再版。她是作为"拉卜楞施教队"的一员进入甘青草原的,由于时间较短而且对该地区十分陌生,她只好采用了一种综合调查的方式。俞湘文在调查中往往缺乏前几位人类学家对调查对象的浪漫想象,而更多地看到了边疆之落后、闭塞、贫穷与混乱,所以她便总是带着教化与发展的眼光,呼吁对边疆的教育支持,并为当地的经济建设方向提出建议,甚至还提出了边疆政府机构改革的问题。她尤其重视的是边疆教育问题,希望从牧民的日常生活方式到孩子的基本教育都进行一次科学的变革,但她显然并非一个文化同化主义者——在她看来,保留文化相对性和科学的普及原本就不是水火不容的。

陶云逵在去世之前已经是国内学界公认的知名人类学家。作为中国第一位"历史人类学"教授,陶云逵将此前半个世纪对德国学术的辗转学习落实成了扎实的民族志研究。"车里摆夷之生命环"是他为数不多的以具体民族和地方为对象的长篇民族志作品。所谓"生命环"本身就是一个时间概念,陶云逵发现,摆夷人的生命其实是在多个时间体系中往复循环的。尤其是小乘佛教的时间体系与巫官的时间体系既相互配合,又彼此排斥,而当地的宣慰史则要不停地跳跃于两种主要的时间体系之间,以完成对当地社会的整合。述评者杨清媚主要分析了陶云逵描述的年度周期仪式,不同仪式背后不同的宗教时间观念和宇宙哲学体系如何在当地交错共存构成了理解当地社会的一个核心问题。这一点推而广之对于理解中国文明的宇宙观体系的建构,以及政治—宗教格局都有很大启发。

被称为"南中宿学"的徐嘉瑞是云南史地专家,1944年受大理地方官绅所托开始著大理地方史,并于次年成稿,但因抗日烽火所迫,此书延至1949年才得以出版。与前述任乃强相近,这本《大理古代文化史》所寄托的徐氏心史,仍旧延续了地方知识分子对帝国的整体想象。如同述评者罗杨所指出的,它并非一部"乡邦"之史,而是以民族关系史的方式书写的文明史。徐嘉瑞借鉴了傅斯年、李济等人重建上古史的方式和考古发掘的成果,将大理文化源流的脉络直通史前。而对当时考古学还无法论证的夏朝甚至之前的历史,徐嘉瑞则从有关的史志中搜寻资料以佐证。在他看来,正是在从夏至西汉近两千年的"遂古期"第一阶段里,大理先后融合了夏文化、蜀文化和楚文化而成为一个华夏文明的储藏地带。这个文化本来是政教不分的,但传入中原之后被儒家改装,而在本地则保留更多原汁原味的特点。佛教传入后,这种本土文化在斗争中逐渐与印度文化合流,"终为印度文化所掩"。徐嘉瑞表明的是,传统史学中作为边缘的地方实际上是更为活跃的文化交流中心,也更容易发生文化的变革。对此,罗杨指出,徐嘉瑞字里行间透露的某种民族主义的情结,其背后又是具有地方主义色彩的,他更为敏锐地体会到大理同时作为华夏文明与印欧文明的中间地带,其独特的文化构成来自对双方的融汇包容。

※※※※※※

本书所编选的述评,大多为青年学者与在读博士、硕士研究生的作品。其中,第一编和第二编的绝大部分文章,有不少曾在"19世纪末及20世纪前期中国学术经典解读"读书会上选读与讨论过。这些文章还分别在2008年6～7月召开的"东南与西南——寻找中国人类学学术区之间的关联性"国际学术研讨会(由中央民族大学民族学人类学理论与方法研究中心主办,泉州海外交通史博物馆、北京大学蒙养山人类学社协办)和2008年10月召开的"20世纪人文社会科学诸学科在中国的形成与发展"(中央民族大学民族学人类学理论与方法研究中心与海外中国学界同人合作主办)会议上提交讨论。另有个别文章还在渠敬东教授组织的读书会上宣读及探讨。第三编收录的文章,则是若干读书会的成果。

所有这些文章都曾经在《中国人类学评论》系列中发表,此次收录只针对格式进行了必要的调整,个别文章修改了标题,以便与全书统一。

收录于此的文章,只能算是对我们所关注的著作的粗浅解读,我们能做的只是提出问题,还谈不上细致深入的探讨。其中错误、疏漏、解读不当之处在所难免,在此恳请读者批评指正。

编 者
2010年3月

第一编
文明中的民族

01 进化与天演

——重读《天演论》[①]（1897）

严复通过译述《天演论》向中国士大夫系统介绍西方的进化论思想，这是人们公认他在近代思想史上最大的贡献[②]。严复自己是怎样理解进化论，此种理解与人们后来的理解和今人的理解有何不同，无疑是严复研究乃至中国近代思想史研究中的重要问题[③]。依笔者所见，已有关于《天演论》的研究中，重要的有三家，分别是史华兹(Benjamin I. Schwartz)、李泽厚和汪晖[④]。史华兹认为，在严复那里，"达尔文和斯宾塞所描述的不具人格的进化动力是无所不在的"，[⑤]而《天演论》原著《进化论与伦理学》的作者赫胥黎在社会领域里反对进化论和生存竞争，严复翻译它，只是为了作为展示斯宾塞思想的平台，严复本人并不同意在社会领域里取消生存竞争[⑥]。李泽厚则一方面同意史华兹，认为严复"用斯宾塞的普遍进化观念来强调'天演'是任何事物也不能避免的普遍客观规律，完全适用

[①] 我阅读《天演论》缘于汪晖老师2008年春在清华大学开的现代思想史课程，感谢汪老师的课堂和他的著作带来的启发；王铭铭老师的读书会促进了本文的形成，感谢曾穷石的邀请，王铭铭老师、赵丙祥、张亚辉两位师兄的评论。

[②] 李泽厚先生对此提示道："人们通过读《天演论》，获得了一种观察一切事物和指导自己如何生活、行动和斗争的观点、方法和态度，《天演论》给人们带来了一种对自然、生物、人类、社会以及个人等万事万物的总观点度，亦即新的资产阶级世界观和人生态度。"李泽厚："论严复"，见商务印书馆编辑部编：《论严复与严译名著》，136页，北京：商务印书馆，1982。

[③] 在史华兹的《寻求富强——严复与西方》发表之后，抛弃中国传统价值、义无反顾地追求西方式富强，已经在海内外成为严复的标准形象，后续研究几乎都在跟这个观点对话；而史华兹此一认识的根源即在他对严复进化（天演）概念的社会达尔文式理解。

[④] 史华兹：《寻求富强——严复与西方》第三章"西方智慧的源泉——《进化论与伦理学》"；李泽厚"论严复"第二小节"《天演论》的独创性"；汪晖：《现代中国思想的兴起》第八章第二节"'易'的世界：天演概念与民族国家的现代性方案"。

[⑤] 史华兹：《寻求富强——严复与西方》，叶凤美译，29页，南京：江苏人民出版社，2007。

[⑥] 同上，69页。

于人类种族与社会"；①另一方面指出，史华兹的理解是偏颇的，严复翻译赫胥黎，主要是赞成他"主张人不能被动地自然进化，而应该与自然斗争，奋力图强"②，也就是说，严复既赞成斯宾塞，也赞成赫胥黎。汪晖也认为，史华兹对严复看待斯宾塞和赫胥黎的态度，处理得过于简单化了。汪晖提醒人们注意严复在译述中所使用的易学宇宙论框架，认为这个框架"完全能够消解"斯宾塞进化论和赫胥黎思想之间的矛盾③。

但李、汪二人对严复进化论框架的理解似乎也有不清晰的地方。在进化论的适用上，李泽厚只区分了自然界和人类社会，没有明确认识到在赫胥黎和严复头脑之中，"个体之间"和"种族之间"的竞争都要作明确的区分；更重要的是，李泽厚看到严复结合"自然进化的普遍规律"与人们应该"团结起来，自强、自立、自主、进步"④，是一种"创造"，可是这种创造有没有思想资源，究竟能不能在进化论的框架中获得理解，并不能看到清晰的解答。

汪晖认识到了上面的困难，他指出"易学宇宙论的那种贯通天、地、人的结构与赫胥黎拒绝将自然规律运用于伦理过程的思想相互冲突"⑤，但他也没有就如何处理这个困难给出令人满意的解释，而是仅仅指出，严复对"群"这个概念的生物学用法和带有道德性的用法之间的区别，跟赫胥黎的下述主张是吻合的："在自然过程中，人遵循适者生存、物竞天择的自然法则，用于获取生存资料的各种技巧、力量和意志为创造'适'的环境得到肯定；而在社会共同体内部，人必须遵循人伦法则。"⑥问题依旧存在，如果在共同体内部必须遵循人伦法则，而在外部遵循自然法则，那么易学宇宙论的那种贯穿天、地、人的结构又是如何体现的呢？汪晖敏锐地察觉到严复用易学宇宙论来统一斯宾塞和赫胥黎的不同体系，但对这种统一的理解还有不小的困难没解决。在汪晖的理解中，易学宇宙论主要体现在进化的循环性上，但这种循环是一种以万亿年为尺度的，在赫胥黎的体系似乎中并没有什么分析上的价值；另一方面，如果他的易学宇宙论框架认同斯宾塞贯通天、地、人而言进化的话，怎么解释他部分赞同赫胥黎的社会内部的人伦

---

① 李泽厚："论严复"，见商务印书馆编辑部编：《论严复与严译名著》，123页。
② 同上，134页。
③ 汪晖：《现代中国思想的兴起》，第二卷，第一册，852页，北京：生活·读书·新知三联书店，2004。
④ 李泽厚："论严复"，见商务印书馆编辑部编：《论严复与严译名著》，135页。
⑤ 汪晖：《现代中国思想的兴起》，第二卷，第一册，854页。
⑥ 同上，867页。

法则[1]?

简单来讲,史华兹没有认识到赫胥黎在严复进化思想中的价值;李泽厚对此价值有所察觉,但无法明确它和普通理解的进化论这两者,在严复思想中的架构关系;汪晖提出用易学宇宙论来统摄赫胥黎的伦理学与斯宾塞的进化论,但统摄的方式并不令人满意。本文认为,严复以自己的方式理解赫胥黎在这本书中提出的学说,他用"天演"概念统摄赫胥黎在书中提到的两种理论,即进化论,以及宇宙进程与社会进程相互竞争的理论。严复的天演概念,既包括赫胥黎的"进化论",也包括他的"伦理学"。

一、赫胥黎的进化概念

我们先来看两段文本:

> 能够持续下来的并不是生命形式的这种或那种结合,而是产生宇宙本身的过程;而各种生命形式的结合,不过是这个过程的一些暂时表现而已。在生物界,这种宇宙进程的最大特点之一就是生存斗争,每一个体和其他所有个体的相互竞争,其结果就是选择。这就是说,那些生存下来的生命类型,总的说来,都是最适应于在某一个时期所存在的环境条件的。因此,在这方面,也仅仅在这方面,它们是最适者。[2](段a)

> 目前,除了那些居住在地球上的、以生命的种种形式表现出来的那种进化过程之外,我对其他的那些进化过程不准备加以讨论。所有的植物和动物都显示出变异的趋向,变异的原因尚待确定;在特定的时间内,生存条件的趋向,有利于最适应的变异的生存,同时也就不利于其余的变异的生存,从而发生选择;所有的生物都趋向于无限制地进行繁殖,而维持生命的手段却是有限的;但这些后代跟它们的祖先拥有统计上相同的寿命预期。没有第一种趋向,就不可能有进化。没有第二种趋向,就没有充分理由说明为什么一种变异会消失,而另一种变异会取而代之;这就是说,如不这样,那就没有选择。没有第三种趋向——生存斗争,自然状态中选择过程的动力就会

---

[1] 在行文的另一处,汪晖承认,在他看来,"严复的易学世界观始终未能真正克服斯宾塞的自然主义与赫胥黎的伦理主义的二元对立"。汪晖:《现代中国思想的兴起》,第二卷,第一册,878页。

[2] 赫胥黎:《进化论与伦理学》,《进化论与伦理学》翻译组译,3页,北京:科学出版社,1971。译文有严重错误,参照英文本改正。英文本:Thomas Huxley, *Evolution and Ethics and Other Essays*, New York: the MaCmillan Company, 1901, p.4。

消失。① (段b)

从上引两段文字可以看出,赫胥黎虽然认为宇宙间的万事万物都遵循某种"宇宙进程",但他对这种过程的具体讨论总是自觉地限定在生物界。在这个特定的范围内,宇宙进程的规律体现为自然选择,也就是我们通常所说的生物进化。根据达尔文的学说,他把生物进化的机制解释得非常清楚,即变异、适应性和过度繁殖三个要素的综合作用。作为达尔文进化论的坚定支持者,赫胥黎完全明白,自然选择这样的进化机制导致的进化,不可能是持续进步的,在上引第一段文字最后一句的注释里,他强调指出:"我自从1862年以来就坚持,每一种进化理论都不仅要包括进步的发展,还要包括在环境不变时的持续稳定,以及倒退式的修正。"②

可以说,赫胥黎对生物进化的理解是完全基于经验科学的,而不是一种形而上学,那么,他的广义进化观念又是什么样的呢?我们必须从他对生物进化的理解出发,来理解他的广义进化观念。

在每个时刻,自然的状态都是一个无尽变化过程中的一个暂时阶段,这个变化过程已经有无数世代的历史了。对我而言,上面这个命题跟近代历史上确立的任何命题一样真实。不仅如此,古生物学还向我们证实,在证据不充分的情况下跟我们持相同信念的古代哲学家们有一个错误,他们假设这些阶段形成一个循环,它们在轮回中,精确地重复过去,预示未来。与这种观点相反,古生物学以确凿的证据向我们揭示,如果能够将这些卑微而勤勉的植物的祖先谱系的每个环节都向上复原出来,那么就可以看到它们在形式上不断融合,在结构上不断简化,直到地球历史的某个时刻,它们将融合在动植物还未分的生命状态中。③ (段c)

由于我们已经清楚地知道,赫胥黎并不把生物进化理解为单纯进步的过程,所以上引这段文字中谈到的古生物学发现的植物谱系,不是用作生物直线进化的例证,而只是用来证明:一、"自然的状态"在"无尽变化",而不是像创造论所认为的那样是不变的,因为如果宇宙是不变的,那么该植物就不该有谱系,而是类似个体的不断重复;二、这种变化也不像很多古代哲学所认为的那样是循环

---

① 赫胥黎:《进化论与伦理学》,5页。参见英文本,pp.7~8。
② Thomas Huxley, *Evolution and Ethics and Other Essays*, note in p.4.
③ 赫胥黎:《进化论与伦理学》,3~4页。参见英文本,p.5。

的,因为如果自然的变化是循环的,那么该植物的谱系也该显示出循环的特征。

宇宙既不是像传统创造论所认为的那样是不变的,也不像古代哲学家想象的那样是循环的,作为一个哲学家,赫胥黎又不能假定宇宙是充满了偶然的一团混沌,因为随在所见,都体现出秩序,他只能假定,宇宙进程有一种内在的秩序:

> 人作为一种自然过程,具有像从种子发育成为一棵树或从卵发育成一只家禽那样的性质,进化排除了创世及其他各种超自然的干涉。作为一个固定秩序的体现,其每一阶段都是依据一定规律而起作用的一些原因造成的结果,进化这个概念也同样排除了偶然性的概念。但须切记,进化不是对宇宙进程的解释,而仅仅是对该过程的路径和结果的概括。再则,如果有证据表明宇宙进程是由什么动力推动的话,那末这种动力就会是它及它的一切产物的创造者,虽然超自然的干涉仍然可以严格地被排除在其以后的进程之外。

> 只要我们称之为科学知识的那种对事物的性质的有限揭示(revelation)还在继续进行,它就会越来越有力地使人相信,不仅植物界,而且动物界;不仅生物,而且地球的整个结构;不仅我们的行星,而且整个太阳系;不仅我们的恒星及其卫星,而且作为那种遍及于无限空间并持续了无限时间的秩序的证据的亿万个类似星体,都在努力完成它们进化的预定过程。①

在生物领域,达尔文进化论能够解释所有变化,"创世及其他各种超自然干涉"能够完全得以排除。这是达尔文进化论能为西方人打破旧有宇宙观所作的巨大贡献。人们能够作出的合理推论是,既然在生物领域里不存在超自然的干涉,那么在其他领域里应该也不存在,因为如果存在着干涉自然的力量,它没有理由留下生物界不去染指。但严谨的推论只能到此为止,不能认为非生物界像生物界按照同样的方式在进化。从达尔文进化论的内容看,它没有任何力量解释生物界之外的变化,因为非生物既不存在遗传、变异,也不存在生存斗争。赫胥黎就是这样理解的:既然宇宙中不存在超自然力量的干涉,而它又显得如此有序,那么它必然具有一种从一开始就具备的内在秩序,后来的一切宇宙进程只是这个秩序的展开。不像对生物进化的科学说明,赫胥黎无法为这种宇宙的广义进化提供任何正面说明:"进化不是对宇宙进程的解释,而仅仅是对该过程的路径和结果的概括。"②对这种进程,唯一能说的是,它严格排除了超自然的干涉。

---

① 赫胥黎:《进化论与伦理学》,4~5页。参见英文本,pp.6~7。
② 赫胥黎:《进化论与伦理学》,4页。

二、严复的天演概念

通过上文的讨论,我们了解到,赫胥黎的进化观形成了一个体系:整个宇宙和宇宙中的万物是不断变化的,宇宙的这种变化进程既排除了超自然的干涉,也不是循环的,它是一种内在秩序的展开过程,这个过程可以通俗地名之为进化,这是广义的进化。宇宙秩序在生物界的体现,就是达尔文学说中的自然选择,这是狭义的进化。无论广义的进化还是狭义的进化,都不必然是进步的变化[1]。在对这样一个观念体系的翻译中,严复融入了自己的理解,使这个体系发生了微妙但重要的变化。

从赫胥黎的整个观念体系来看,用"天演"来翻译"evolution",要比用"进化"恰切得多,因为赫胥黎体系的最终关切点是"宇宙进程",生物进化只是这个进程在宇宙某个微小领域的体现。对上引段 a,严复的翻译是这样的:

> 虽然,天运变矣,而有不变者行乎其中,不变为何? 是名天演。以天演为体,而其用有二:曰物竞,曰天择。此万物莫不然也,而于有生之类为尤著。物竞者,物争自存也。以一物以与物物争,或存或亡,而其效则归于天择。天择者,物争焉而独存。则其存也,必有其所以存,必所得于天之分,自致一己之能,与其所遭值之时与地,有相谋相剂者焉。夫而后独免于亡,而足以自立也。而自其效观之,若是物特为天之所厚而择焉以存也者,夫是之谓天择。<u>天择者,择于自然,虽择而莫之择,犹物竞之无所争,而实天下之至争也。</u>斯宾塞尔曰:"天择者,存其最宜者也。"夫物既争存矣,而天又从其<u>争之后而择之,一争一择,而变化之事出焉</u>。[2](段 a *)

在上段译文中,"天演"对应的并不是"进化",而是"宇宙本身的过程"。自然选择或者说"生存斗争"只是宇宙进程的某种体现。严复非常巧妙地将这种关系翻译为"体用"关系:天演是体,物竞和天择是用,跟原文"这种宇宙进程的最大特点之一就是生存斗争……其结果就是选择"非常巧妙地吻合。但这又不仅仅是翻译的巧妙而已,赫胥黎的原文中有非常重要的限定词"在生物界",明言自然

---

[1] 我们已经讨论过狭义进化的非必然进步性,对于广义进化,赫胥黎说:"现在一般用于宇宙进程的'进化'一词……就其通俗的意义来说,表示前进的发展,即从一种比较单一的情况逐渐变化到一种比较复杂的情况;但其含义已被扩大到包括倒退蜕变的现象,即从一种比较复杂的情况进展到一种比较单一的情况的现象。"见赫胥黎:《进化论与伦理学》,4 页。

[2] 严复:《天演论》,见欧阳哲生编:《中国现代学术经典·严复卷》,13~14 页,石家庄:河北教育出版社,1996。

选择作为宇宙进程的体现仅仅局限在生物界,严复则有意去掉了这个限定,并强调说"此万物莫不然也"。这当然会引起自然选择式进化论适用范围的巨大问题,但在此更重要的是,这种适用范围的大调整使"天演"与"物竞"、"天择"之间的体用关系,跟一个普遍原理在一个特定领域体现的"最大特点"之间的关系,变得很不一样。体与用之间的关系是实质性的、普遍性的,甚至可以说,它们是同一事物的不同面向①;而一个普遍原理在一个领域体现出来的特点之间,则没有这样的关系。我们再来看严复对上引段 c 的译文:

> 自递嬗之变迁,而得当境之适遇,其来无始,其去无踪,曼衍连延,层见迭代,此之谓世变,此之谓运会。运者以明其迁流,会者以指所遭值,此其理古人已发之矣。但古以天运循环,周而复始,今兹所见,于古为重规;后此复来,于今为叠矩,此则不甚然者也。自吾党观之,物变所趋,皆由简入繁,由微生著。运常然也,会乃大异。假由当前一动物,远迹始初,将见逐代变体,虽至微眇,皆有可寻,迨至最初一形,乃莫定其为动为植。凡兹运行之理,乃化机所以不息之精。苟能静观,随在可察。小之极于跂行倒生,大之放乎日星天地;隐之则神思智识之所以圣狂,显之则政俗文章之所以沿革。言其要道,皆可一言蔽之,曰:天演是已。②(段 c*)

上段引文最后有下划线的句子全都是作者添上去的。而且段中有波浪线的句子也被严复改动了原意和原来的位置。赫胥黎原文中只说那株植物的谱系会显现出由繁入简的线性变化,并没有说生物进化都是这样的,更没有说万物都是"由简入繁,由微生著"地变化着。严复不可能不知道赫胥黎的这些原意③,他这样一方面把进化说成完全进步性变化,另一方面极力把这种变化规律推广到不仅整个自然界,还有人类社会,肯定是蓄意的。不管是受到斯宾塞的形而上学进化论的影响,还是易学宇宙观的影响,又或者是程朱理学的影响,他用"体用"的框架来理解"天演"与"物竞"、"天择"之间的关系,决定了或者体现了他要把生

---

① 在中国传统思想中,对体用关系的权威解释来自宋代理学家程颐和朱熹。程颐在其主要著作《伊川易传》中说:"至微者理也,至著者象也;体用一源,显微无间。"朱熹进一步发挥了程颐的这一思想。他说:"盖自理而言,则即体而用在其中,所谓'一源'也;自象而言,则即显而微不能外,所谓'无间'也。"
② 严复:《天演论》,15 页。
③ 他在一段按语中明确说道:"虽然,物形之变,要皆与外境为对待。使外境未尝变,则宇内诸形,至今如其朔焉可也。惟外境既迁,形处其中,受其逼迫,乃不能不去故以即新。故变之疾徐,常视逼迫之缓急。不可谓古之变率极渐,后之变率遂常如此而不能速也。"(严复:《天演论》,47 页。)从这段话可以看出,严复对达尔文进化论有相当精确的理解。

物进化中的机制和规律应用到宇宙中的其他事物。

所以,严复祭出"体用"这个传统思想中的重要框架,并不仅仅是为了便于他的读者的理解而采用的一个巧妙翻译,而是集中体现了他对赫胥黎进化观体系的改造。在赫胥黎那里,虽然宇宙变化有其先定的内在秩序,但这个秩序的内容是无从知晓的;这个秩序在生物领域的作用机制——自然选择——已经知道,但这种了解并不能帮助了解更大范围宇宙秩序的内容,只能帮助确证它的存在而已。而当用"体用"关系来界定宇宙内在秩序与生物进化规律之间的关系之后,严复就可以建立起两者之间内在、普遍的联系,因为"体用一源,显微无间",赫胥黎那里空洞莫测的宇宙内在秩序就有了实在的内容。

严复在《导言二·广义》的按语中补充斯宾塞对"天演"的界说,并对此界说加以长篇阐释。斯宾塞认为:

> 天演者,翕以聚质,辟以散力。方其用事也,物由纯而之杂,由流而之凝,由浑而之画,质力杂糅,相剂为变者也。①

现代读者会疑惑,斯宾塞与赫胥黎对"天演"的界说看起来风马牛不相及,严复怎么能把它们放到一起而不觉得矛盾呢?其实,在严复的理解中,虽然两者不同,但在根本点上却有相通之处。他在解释斯宾塞天演界定的按语中强调:"所谓质力杂糅,相剂为变者,亦天演最要之义,不可忽而漏之也。"②在这篇按语里,严复三次提到"相剂为变"这个"天演最要之义"。回过头来,在上引严复译文段a*中,有下划线的部分全部是他自己添上去的,其中最后一句"一争一择,而变化之事出焉"与"相剂为变"是同一个意思。很明显,添上这句,是因为只有把"天演最要之义"点明,严复才能心安。

综合严复对赫胥黎和斯宾塞两者的"天演"概念的理解,天演这个宇宙进程,最重要并不在于它是类似于生物种群进化的过程(严复理解的赫胥黎),还是类似于生物个体生命过程(严复理解的斯宾塞),而在于它有一个"体",还有两"用",两用"相剂"而生变化,天演的"体"就得到了实现。我们在《天演论·下卷》找到了这种理解天演的框架的例子:

> 始以易简,伏变化之机,命之曰储能;后渐繁荣,极变化之致,命之曰效实。储能也,效实也,合而言之,天演也。此二仪之内,仰观俯察,远取诸物,

---

① 严复:《天演论》,16页。
② 同上,17页。

近取诸身,所莫能外也。①

这一段将严复理解天演的易学框架体现得非常明显。"二仪"出自《易·系辞上》:"是故《易》有太极,是生两仪,两仪生四象,四象生八卦"②;而"仰观俯察,远取诸物,近取诸身"则出自《系辞下》:"古者包牺氏之王天下也,仰则观象于天,俯则观法于地,观鸟兽之文,与地之宜。近取诸身,远取诸物。于是始作八卦,以通神明之德,以类万物之情。"

三、严复对赫胥黎框架的理学重构

如果严复以"一体两用"或者"太极—两仪"作为理解天演的基本框架,那么赫胥黎著作的核心主题"宇宙进程"与"社会进程"之间的关系,也会被纳入天演的框架中。

赫胥黎指出,社会进程是从宇宙进程中产生的,虽然它从一开始就在跟宇宙进程对抗。其实,达尔文进化论在西方观念史上最大的功绩,莫过于取消了基督教宇宙论框架中的人类中心主义的基础,使人的概念完全建立在自然的基础上。对此,赫胥黎不无自豪地说:

> 其实,有肉体、智力和道德的人,就好像最没有价值的杂草一样,既是自然界的一部分,又纯粹是宇宙进程的产物。这个在以往三十年的初期备受诽谤的道理,我不晓得有谁比我在过去三十年中,更有力地坚持过。③

但是,这种思想革命也带来更深层次的问题。赫胥黎虽然认识到园艺过程或者社会进程源自宇宙进程而且与它相反,可他始终找不到合适的观念框架来理解这个情况。赫胥黎设想有人会指责这个情况是逻辑上的悖谬,他的辩解是事实就是如此,并举出其他类似的实例来佐证④,可他提不出一个有力的理论说明。人类要跟宇宙对抗,然而这种对抗的意义在哪里呢?赫胥黎作了生动的铺陈。

> 大自然常常有这样一种倾向,就是讨回她的儿子——人——从她那儿借去

---

① 严复:《天演论》,55 页。
② 周敦颐的《太极图说》对此的解释是:"无极而太极。太极动而生阳,动极而静,静而生阴,静极复动,一动一静,互为其根。分阴分阳,两仪立焉。"
③ 赫胥黎:《进化论与伦理学》,8 页。
④ 同上。

而加以安排结合的那些不为普遍的宇宙进程所欢迎的东西。①

摆在人类面前的是一种用以维持和改进一个有组织的政治体的人为状态(the State of Art)的不断的斗争,以与自然状态(the State of Nature)相对抗。人在这种社会中并通过这种社会可以发展出一种值得的(worthy)文化,这种文化能够维持和不断改进其自身,直到我们地球的进化开始其下降过程,于是宇宙进程将恢复其统治;而自然状态将再次在我们星球表面上取得优势。② 进化论并不鼓励对千年盛世的预测。倘若我们的地球业已经历了亿万年的上升道路,那么,在某一时间将要达到顶点,于是,下降的道路将要开始。最大胆的想象也不敢认为人的能力和智慧将能阻止大年的前进。③

从上面这些段落中,我们的感觉是,人类进程,不管是园艺过程还是社会进程,对宇宙进程都是没有意义的,只不过是对它的一种干扰和阻挠,而且最终,这些干扰和阻挠将化为乌有。在与宇宙进程的对抗中,人们找不到终极意义,没有永恒,也没有千年盛世,有的只是对抗本身,而这种对抗将归于寂灭。严复很喜欢赫胥黎那种人类进程产生于宇宙进程、但又反对宇宙进程的框架,与赫氏不同的是,他拥有能够赋予此框架以意义的伟大思想资源。在他的译文中有这样两段:

大抵天之生人也,其周一身者谓之力,谓之气;其宅一心者谓之智,谓之神。智力兼施,以之离合万物……自古之土铏洼尊,以至今之电车铁舰,精粗迥殊,人事一也。故人事者,所以济天工之穷也……所谓运智虑以为才,制行谊以为德,凡所异于草木禽兽者,一一皆秉彝物则,无所逃于天命而独尊。由斯而谈,则虽有出类拔萃之圣人,建生民未有之事业,而自受性降衷而论,故实与昆虫草木同科。④(段 d)

故假人力以成务者天,凭天资以建业者人。而务成业建之后,天人势不相能,若必使之归宗返祖而后快者……其本一,其末乃歧……然则天行人治之相反也,其原何不可同乎?同原而相反,是所以成其变化者也。⑤

其中完全是严复自己添上的"人事者,所以济天功之穷"和"同原而相反,是所以成其变化者也"两句,应该又是他为了点明"天演最要之义"而做的手脚。这

---

① 赫胥黎:《进化论与伦理学》,9 页。
② 同上,31 页。参见英文本,p. 45。
③ 同上,59~60 页。参见英文本,p. 85。
④ 严复:《天演论》,22 页。
⑤ 同上,24 页。

时候,天演之"体"不再以"物竞"与"天择"为"用"了,而是以"天功"与"人事"、或者"天行"与"人治"为"用"。

在赫胥黎那里,宇宙进程产生了人类进程,但实际上却无法涵括人类进程,因为它无法既跟人类进程斗争,又同时涵括它。这样,人类进程只能跟宇宙进程对立,这是一种隐含着虚无主义的对立。而在严复那里,情况很不同:在不涉及人类、只涉及宇宙自然的时候,严复用"天演"概念与赫胥黎的宇宙进程对应,宇宙进程是天演的"体",它的"用"是"物竞"和"天择";而人类过程纳入讨论之后,严复就不再用天演来对应宇宙进程了,而是用"天行",与它在同一层面上相对的是"人治",即人类进程。这个时候,宇宙进程与在赫胥黎那里一样,也在与人类进程斗争,但不一样的是,此时它不再是天演的"体",而与人类进程一样,成了天演的"用",它们之间的斗争有了更高级的实体赋予的意义。宇宙进程和人类进程的斗争成了两个"用"之间的斗争,与"物竞"、"天择"之间的相互作用一样,都是为了让"变化之事出焉",成就天演之"体"的"变动不居"①。

赫胥黎那里只有一个"宇宙进程",而在严复这里却变成了两个,一个是"天演",一个是"天行"。这是因为,严复的"天"是分层次的。上引第一段的第一句中有四个概念:"力"、"气"、"智"、"神",赫胥黎原文中只有两个,分别是"energy"和"intelects"②,也就是说,"气"和"神"这两个概念是严复自己加上去的。这两个概念在中国思想中,特别是在理学中是重要的范畴,严复添上它们,并非随意。在《导言三》中,有一段完全是严复自己发挥的话:

> ……总而言之,气质而已。故人者,具气质之体,有肢体官理知觉运动,而形上之神,寓之以为灵,此所以为生类之最贵也。虽然,人类贵矣,而其为气质之所囿拘,阴阳之所张弛,排击动荡,为所使而不自知,则与有生之类莫不同也。③(段 e)

在这里,严复把"气"和"神"对立起来了,"神"是"形上"的,那么"气"显然

---

① 严复:《天演论》,19 页。"天演者,以变动不居为事者也。"对比这里的原文和译文也很有意思。原文中,赫胥黎是在讨论自然选择机制发挥作用的三大要素,其中第一个是生物的变异倾向。在孟德尔发现生物遗传机制之前,生物学界还不清楚产生变异的原因,所以赫胥黎很老实地说"(变异的)原因尚有待确定"。严复则不然,他说:"自其反而求之,使含生之伦,有类皆同,绝无稍异,则天演之事,无从而兴,天演者以变动不居为事也。"由此可以看出严复所理解的天与赫胥黎那里的自然是大不相同的。参见英文本,p. 7。

② Thomos Huxley, *Evolution and Ethics and Other Essays*, p. 10.

③ 严复:《天演论》,18 页。

是形下的。这里虽然是在强调人受制于生物的必然性,但反过来说,受制的也就是人的"气质"那一部分,"形上之神"并不受制于这种必然性,这其实是"人事"能"济天功之穷"的形上学根据。

明乎此,我们对前引段 d 译文的后半部分(即波浪线部分)要重新解读。这段是严复对赫胥黎的意译,赫胥黎在这里是要强调人的能力是自然界的一部分[1],所以严复译文的直接重点是强调人在"受性降衷"于天的意义上,"与昆虫草木同科";但反过来看,如果人与草木的共同点仅仅是"受性降衷"的来源相同,也就意味着它们获得的"性"和"衷"的内容和本质是不同的。人能够"运智虑以为才,制行谊以为德",这是"异于"和"贵"于草木禽兽的,上引段 e 也提到人"为生类之最贵"。这种"异"与"贵"并不是程度上的差别,前已论及,人的"智虑"是"形上之神",更不用说"德"了,所以,人与草木禽兽的差别是形上与形下的差别,尽管人也有形下的"气质之体"。正因为天赋予了人以自然界其他生物所不具有的形而上本性[2],所以他有可能"建生民未有之事业",与形下之"气质"所构成的"天行"世界相剂为功。在《论十三》的按语中,还有一段重要的话与此相映证:

  大抵儒先言性,专指气而言则恶之,专指理而言则善之,合理气而言则相近之,善恶混之,三品之,其不同如此。然惟天降衷有恒矣,而亦生民有欲,二者皆天之所为……赫胥黎氏以理属人治,以气属天行,此亦自显诸用者言之。若自本体而言,亦不能外天而言理也。[3]

这里看得更清楚,严复是相信人既有属"气"的性,也有属"理"的性的。综合对这几段译文和按语的分析,"天"这个本体,把形而下的气贯注在包括人的形体在内的自然界中,这就是"天行";但是"天"还有形而上的"神",或者"理",它"寓于"人的"气质之体"中,这构成"人治"与天行的差别。天行和人治都受命于"天",所以"同源";但一个所受是"气质"之命,另一个所受是"形上"之命,所以"相反"。

在传统儒家思想里,儒者一生的使命仅仅是用自己身上属"理"的性来克服属"气"的性,达到人格的完善;而在严复的新框架中,人要用属"理"的性来克服

---

[1] 赫胥黎:《进化论与伦理学》,8~9 页。
[2] 在传统理学思想中,人与万物并没有这样大的差别,大家都有形而上的本性。严复似乎是结合西方的自然科学作了某种变动,这是个值得深入探究的问题。
[3] 赫胥黎:《进化论与伦理学》,86 页。

的,是包括自己形体在内的整个自然世界。

四、小结与讨论

　　赫胥黎的进化概念有狭义和广义两种意思。狭义的进化指生物进化,其机制是自然选择;广义的进化指宇宙内在秩序的展开,此秩序的内容无从知晓;狭义进化是广义进化在生物领域中的显现。赫胥黎还讨论了宇宙进程与人类进程(园艺过程和社会进程)之间的关系,进化并不包括人类进程。

　　严复的天演概念也有两种意思。第一种对应赫胥黎所说的宇宙内在秩序的展开,即广义进化;他并不像赫胥黎那样区分生物界内已知的进化和生物界外未知的进化,而是认为"物竞"和"天择"作为天演之体的两"用"适用于所有宇宙进程,所以,赫胥黎那里的狭义进化在严复的天演概念中并不需要独立出来。天演概念的第二种意思,包括了人类进程,即"人治",它和宇宙进程,即"天行"一起,成为天演之体的两"用"。其实后一种理解并不是我的发明,与严复亦师亦友的吴汝伦给《天演论》写的序言中就有这样一段话:

　　　　以人持天,必究极乎天赋之能,使人治日即乎新,而后其国永存,而种族赖以不坠,是之谓与天争胜。而人之争天而胜天者,又皆天事之所苞。是故天行人治,同归天演。①

　　如果我们发现,严复的天演概念并不同于当时西方和现今中国所流行的进化概念,更不同于"物竞天择,适者生存"的社会达尔文主义,那么如何就此重新理解严复的思想体系和它在当时产生的影响?我觉得至少可以从以下几个方面考虑。

　　第一,并不像史华兹或者李泽厚所说的那样,"不具人格的进化动力无所不在"、进化"是任何事物也不能避免的普遍客观规律,完全适用于人类种族与社会",进化并不是一个超经验的神秘过程,而是必须经过"物竞"、"天择"这两用才能实现,没有物竞,天择也无所施,就没有进化。严复以此获得对当时世界局势和中国困境的深刻理解。在《拟上皇帝书》中,他就指出中国危机的历史根源是,中国"地势为利合而不利分。故当先秦、魏晋、六朝、五代之秋,虽暂为据乱,

---

① 赫胥黎:《进化论与伦理学》,3页。

而其治终归一统"①。一统之后,缺少外来竞争的威胁。为中华文明创制垂统的古圣人不尚竞争,因为不竞争,所以不进步。而另一方面,欧洲诸国自中世以来,一直在相互竞争中"始于相忌,终于相成","其富强之效,遂有非余洲所可及者"②。在这样一种对进化的理解中,中国传统中追求"相安相养"的治理原则与文化特征,与西方的"追求富强"之间,并没有绝对的优劣之分,而只是不同"时势"下的不同策略选择:"一统无外之世,则以久安长治为要图;分民分土、地丑德齐之时,则以富国强兵为切计。"③换言之,中国要"寻求富强",不是因为富强有什么内在的价值,而是因为处此"物竞尤烈"之世,不追求富强无以自立自保。欧洲诸国数百年相互竞争积累起来的富强之效终于打破了中西之间的地理区隔,强行将中国带入了"世界历史",严复生动地渲染了这个景象:

> 而今日乃有西国者,天假以舟车之利,阒然而破中国数千年一统之局。且挟其千有余岁所竞争磨砻而得之智勇富强,以与吾相角,于是乎吾所谓长治久安者,有倏然不终日之势矣。④

第二,严复通过对进化论的经验的、非教条主义的理解,不仅获得了对中国面临的危局的历史洞察和政治判断,也得出了应对这一危局的策略。这就是在国人之间展开竞争,以此来激发他们的活力,提高他们各方面的能力和素质。社会达尔文主义或者教条的经济自由主义者会把这种竞争局限在经济领域,但严复不会这么做。他除了强调破除传统的义利之辨、提倡经济方面的自由竞争之外,更注重竞争作为一种治理的机制,在共同体道德陶冶方面,以及在人才选拔中的作用。在《天演论》的一段按语中,严复说:

> 用天演之说,明欤庆之各有由,使制治者知操何道焉而民日趋善;动何机焉而民日趋恶……曰任自然者,非无所事事之谓也。道在无扰而持公道……至谓善恶皆由演成,斯宾塞固亦谓尔。然民即成群之后,苟能无扰而公,行其三例,则恶将无从演,善自日臻。此亦庄生去害马以善群,释氏以除翳为明目之喻已。⑤

严复其实是化用了斯宾塞"体合"(adaption,现在多译为"适应")的概念。

---

① 严复:《社会剧变与规范重建——严复文选》,卢云昆选编,75 页,上海:上海远东出版社,1996。
② 同上,74~75 页。
③ 同上,74 页。
④ 同上,75~76 页。
⑤ 严复:《天演论》,90~91 页。

它本来是指生物适应自然环境,现在被严复用来指让被治者适应"制治者"人为设定的社会和道德环境,"天演"成为治理可以利用的一种机制。严复自己深谙此道,在"原强(修订稿)"中,针对吸食鸦片和女子缠足这两种造成中国人"民力"不济的恶习,严复就反对直接禁止,而提倡通过国家以剥夺染习者为官资格、受封资格来设置一种"道德环境",诱使人民在相互竞争中来"体合"此一环境,如此恶习自然渐去。①

在《天演论》的另一段按语中,严复既反对"质家亲亲",也反对"文家尊尊",只欣赏墨家和法家的"尚贤课名实",因为只有"尚贤"和"去傅",才能造成人才的充分流动和竞争,"物竞"之后才能"天择",各类人才才能各归其位,国家由此才能强盛。② 严复对"天演"概念"活学活用",来自切肤的体会,在《论世变之亟》和《拟上皇帝书》中,严复对士大夫无论是由于怙私还是因为顽愚而形成的把持之局痛心疾首,认为这是导致中国危亡局势的直接原因。③ 在这里,"物竞天择"仍然是一种政治治理的手段。

第三,与上面所论的相关,即使在经济领域里的自由竞争,严复的理解也跟经济自由主义者的理解有很大不同。经济自由主义者信仰市场的作用,认为会有一只"看不见的手"使得个人之间的经济竞争自发促进整个共同体的利益。思想史家已经指出,这种理论有其神学基础。④ 严复提倡自由的经济竞争,更多地似乎不是从自然和谐的神义论出发,而是从一种"人义论"出发:

> ……但民智既开之后,则知非明道则无以计功,非正谊则无以谋利。功利何足病,问所以致之之道何如耳,故西人谓此为开明自营。开明自营,于道义必不背也。复所以谓理财计学,为近世最有功生民之学者,以其明两利为利,独利必不利故耳。⑤

自天演学兴,而后非谊不利,非道无功之理,洞若观火。而计学之论,为之先声焉。斯密之言,其一事耳。尝谓天下有浅夫,有昏子,而无真小人。何则?小人之见,不出乎利。然使其归长久真实之利,则不与君子同术焉,

---

① 严复:《社会剧变与规范重建——严复文选》,31 页。
② 严复:《天演论》,49~50 页。
③ 严复:《社会剧变与规范重建——严复文选》,6 页、84~85 页。
④ 顺便指出,费孝通先生很早就对此有明确的意识。在讨论乡土中国的礼治秩序时,他指出古典经济学的自由竞争理想,是一种由"天意"所构成的秩序(费孝通:《乡土中国》,47 页、50 页,上海:上海世纪出版集团,2007)。
⑤ 严复:《天演论》,93 页。

固不可矣。人品之下,至于穿窬极矣。朝攫金而夕败露,取后此凡可得应享之利而易之,此而为利,则何者为害耶?故天演之道,不以浅夫昏子之利为利,亦不以谿刻自敦烂施妄与者之义为义,以其无所利也。庶几义利合,民乐从善,而治化之进不远欤!①

严复倒转了叙事的逻辑:并不是个人的私利实现了,自然就有社会的公益,而是相反,只有在不违背其他利益的情况下才可能谋求个人的长久利益。这个道理是在"天演学兴"之后才变得"洞若观火"的。与西方相比,中国道德教化的衰退一直是严复关切的中心主题。"君子喻于义,小人喻于利"是中国传统思想的核心主题之一。传统社会中道德修养仅仅限于"君子",在实际可能性中,"小人"往往被排斥在教化之外。严复曾明言,"孔子虽正,而支那民智未开,与此教不合。虽国家奉此为国教,而庶民实未归此教也。"②即使饱读圣贤书的士大夫,也不能真正做到以义为先。从总体上说,中国之民已经"流于巧伪",以至"怀诈相欺,上下相遁",与西方人的"贵果信"适成对照③。从某种意义上说,这些都是由于义利相绝不能相即造成的,如果能够"义利合",那么一方面,从前只"喻于利"的庶民也能行义了,另一方面,羞于言利、但偷偷逐利的士大夫也不必整天作伪,反而能知耻了。正因为如此,严复可以乐观预期"治化之进不远欤"。"天演之道",神妙若此。

最后,概观思想史背景,"天行人治,同源相反"的天演概念,可能大大有利于进化论在当时中国的传播。进化论在19世纪西方思想中是强大而持久的潮流,达尔文的自然选择学说虽然帮助确立了它的地位,但却无法改变其历史目的论色彩,流行的进化论跟达尔文的科学学说之间还是有很大距离。这样,进化论所带的强烈西方思想特质恐怕是当时在理学思想笼罩下的士人难于接受的。赫胥黎倒是对达尔文的学说有精确的理解,但他在致力于反对庸俗进化论的时候,所显露出来的悲剧精神,中国士人可能也十分陌生。严复用易学框架和理学结构来译述赫胥黎的《进化论与伦理学》,恰好避免了以上两方面的困难:既改造了进化论,特别是社会达尔文主义所包含的西方目的论历史哲学④,也去除了赫胥黎为了对抗这种历史哲学而产生的虚无主义,保存了人与天争胜的存在论意义。

---

① 严复:"'原富'按语",见其《社会剧变与规范重建——严复文选》,341~342页。
② 严复:"保教余义",同上,99~100页。
③ 此处所引三个短语,分别见严复:"论中国教化之退",同上,88页;以及"原强(修订稿)",同上,34页。
④ 在这个问题上,严复与持形而上学进化论观点的斯宾塞之间的关系需要深入探究。

李泽厚先生认为严复结合"自然进化的普遍规律"与人们应该"团结起来,自强、自立、自主、进步",是一种"创造",从某个方面看,这样说也许是对的。的确,主张人们"团结起来,与外物斗争"的首先是赫胥黎,但将这种斗争放入易学框架中,使其获得全新意义的是严复。在新框架中,中国士人不再是看到短暂的人类在无限的宇宙进程中激起的片刻微澜,而是听到了"天行健,君子以自强不息"的恒久召唤。

(刘　阳)

02 天下果已转变为世界？

——读梁启超"历史上中国民族之观察"(1905)

对于"民族"一词在中文里的最初使用,已经有多人做出专门考证[1],但是,不管在考证之前,还是考证之后,人们仍然认为梁启超是中国在现代意义上使用民族概念的第一人。[2] 这种现象至少说明了一个问题:作为晚清民国时期的"言论界骄子",梁启超对于现代民族、民族史、民族主义的论述,即使不是开历史先河,至少也产生了他人难以比拟的影响。有论者认为,梁启超提出其民族之说后,中国民族与民族史研究,几乎不可能不受梁启超思想的影响。[3]

最近,有学者根据对梁启超部分言论的分析指出,清末民初的中国思想,在从天下缩变为国家的同时,实际上更经历着一次从天下转变为世界的进程。这个世界——实际上仅为欧美国家——对于当时的中国人而言,已成"耳目之知",并且彻底外在于中国。康有为解释的"公羊三世说"——即"据乱世"、"升平世"及"太平世"——已经从历时性的过程转化为共时性的世界现象。不幸的是,中国已退为"夷狄",欧美则进为"诸夏"。当时的中国急于重新融入世界,因此,就必须鼎革国故,进行一些根本性的改变,这实际上意味着,此时的国家建设设想,基本上都建立在近代西方的"民族国家"学理基础之上,中国思想史由此开启了一个新时代。[4]

梁启超的"历史上中国民族之观察"(为行文方便,以下简称"观察")、"附:《史记·匈奴列传》戎狄名义考"(以下简称"附录一")以及"附:春秋夷蛮戎狄

---

[1] 黄兴涛:"'民族'一词究竟何时在中文里出现",载《浙江学刊》,2002(1),168~170页;郝时远:"中文'民族'一词源流考辨",载《民族研究》,2004(6),60~69页,等等。

[2] 安静波:"论梁启超的民族观",载《近代史研究》,1999(3),281~295页;李喜所:"中国现代民族观念初步确立的历史考察——以梁启超为中心的文本梳理",载《学术月刊》,2006(2),139~143页。

[3] 安静波:"再论梁启超的民族观",载《学术交流》,1999(6),127~133页。

[4] 罗志田:"天下与世界:清末士人关于人类社会认知的转变——侧重梁启超的观念",载《中国社会科学》,2007(5),191~204页。

表"(以下简称"附录二")①,便可放在这一大背景下进行思考:"观察"于 1905 年 3 月、4 月连载在《新民丛报》的第 65、66 号上②,"庚子之变"已经 5 年过去了。而梁启超自己的经历,在最近的两年间也有重大变化:其一,1903 年元月至 10 月,他应美洲保皇党之邀,游历新大陆,回日本后"言论大变,从前所深信的'破坏主义'和'革命排满'的主张,至是完全放弃,这是先生政治思想的一大转变,以后几年内的言论和主张,完全站在这个基础上立论"。③ 其二,同年底,即撰写《政治学大家伯伦知理之学说》。有论者认为,伯伦知理的"国家有机体"学说对梁启超的影响极其深刻,直至辛亥革命之时,梁氏犹持此说。④ 张灏则认为,梁在美洲归来之后,就热情拥抱德国国家主义政治理论,其所关心的是更为广泛的"国家理性"问题,也就是政府确保国家生存和安全的理性行为。⑤ 其三,1904 年,日俄战争俄国失败,旋即俄国开始立宪;同年 8 月,"英藏新约成,举国痛愤,争之无效,先生撰《英国之西藏》和《哀西藏》两文。"⑥凡此种种,对梁启超撰"观察"一文应该都产生了可以预料的影响。当然,要了解梁氏在辛亥革命之前的民族思想,还是应该回到对他的文本的详细解读。

晏省界之争,唤起民族共同情感,以应列强

梁启超写作"观察"的目的,直接起因于当时的形势,"世界眈眈六七强,方俎置我中国汲汲谋剖食日不给,而我于其间乃有所谓省界问题者,日益滋蔓。人人非之,人人蹈之,莫之为而为,莫之致而致。"⑦也就是说,当列强环伺之时,国内却自治思潮正急,尤其是,"1903 年前后,旅日留学生中间的'省界'之分已经成为观念上的一大'梗蒂',便召来种种之批评。省界胎于庚辛之间,广人'新广东'出世,省界问题如花初萌,于时各省同乡恳亲会,先后成立,承流附风,遂遗其始,

---

① 《饮冰室文集点校》里的"观察"一文仅收"附录一",但在《梁启超全集》里,"附录一"、"附录二"和"观察"放在一起发表。鉴于"附录二"开头的作者按语里,梁表示"附录一"、"附录二"是"同时作,皆旧著《国史稿》之一部分",因此我认为把两个附录都作为"观察"的一部分来理解是较为合理完整的。
② 据梁启超:《饮冰室文集点校》,第三集,吴松等点校,1690 页,昆明:云南教育出版社,2001。在许多地方被误为 1906 年发表。
③ 丁文江、赵丰田编:《梁启超年谱长编》,334 页,上海:上海人民出版社,1983。
④ 郑匡民:《梁启超启蒙思想的东学背景》,234~268 页,上海:上海书店出版社,2003。
⑤ 参见张灏:《梁启超与中国思想的过渡(1890~1907)》,175 页,北京:新星出版社,2006。
⑥ 丁文江、赵丰田编:《梁启超年谱长编》,348 页。
⑦ 梁启超:《饮冰室文集点校》,第三集,1678 页。

至今日而省界之名词,已定矣。"①对于其时已经完全服膺伯伦知理国家主义学说的梁启超而言,是一个值得关注的迫切问题。如何消除国内省界自立意识,而使中华民族产生一体之观念呢?梁启超的做法是"有事于国史,泛滥群籍",寻找历史上中华民族融合的史实和依据。虽然,他说"其将唤起我民族共同之情感,抑将益增长我民族畛域之感情,非所敢言也"②,但对照上述的列强环伺说,他希望凭借这篇文章唤起民族共同情感的态度,当无疑义。

关于汉族里的"炎黄遗胄"是否"中国原始之住民,抑由他方移植而来",梁氏说"吾则颇祖西来之说"。既然花这么大力气考据历史,也深知"炎黄一派"的起源问题"至今未有定论",梁氏为何漫不经心地即以"西来说""为假定前提,本论考证,不复及此"呢?让我们回到"西来说"的源头观察。"清末,对于中国人种和文明源自何方的问题,西方、日本学者作了种种考释,提出种种说法。最能博得中国知识界赞赏和信从,并令梁启超、章太炎、刘师培等知名学者与思想家推崇的,是帕米尔—昆仑山和巴比伦两种西来说。"③梁启超遵从前说,他在1901年发表的《中国史叙论》中,认为:"黄帝起自昆仑之墟,即自帕米尔高原东行而入于中国,栖于黄河沿岸,次第蕃殖于四方。"④一般认为,刘师培、章太炎等人服膺西来说,是为了证明汉人优于满人,以达到"排满兴汉"的目的;⑤而梁氏至少在1903年已经阐述了"合汉,合满,合蒙,合回,合苗,合藏,组成一大民族"⑥的观点,那么梁启超接受西来说,我认为应当和对外族,也就是世界列强竞争联系起来,才能获得理解。梁启超的朋友、同为温和派的蒋智由曾写道:

> 夫以青史轰名之摩西,世咸啧啧,称其率以色列族,出埃及而建犹太之国,为不可及之事。然其徘徊四十年,卒不越红海之滨。即近日欧洲诸国,殖民全球,然亦因蒸气船之发明,与恃其器物之利用,而人类始得增一层之能力。孰若我种人,于上古四千年前,世界草昧,舟车未兴,而超越千万里高山岢沙漠出没之长道,以开东方一大国。是则我祖宗志气之伟大、性质之勇

---

① 转引自章清:"省界、业界与阶级:近代中国集团力量的兴起及其难局",载《中国社会科学》,2003(2),66页。
② 梁启超:《饮冰室文集点校》,第三集,1678页。
③ 李帆:"西方近代民族观念和'华夷之辨'的交汇——再论刘师培对拉克伯里'中国人种、文明西来说'的接受与阐发",载《北京师范大学学报》(社会科学版),2008(2),66页。
④ 梁启超:《饮冰室文集点校》,第三集,1623页。
⑤ 李帆:"西方近代民族观念和'华夷之辨'的交汇——再论刘师培对拉克伯里'中国人种、文明西来说'的接受与阐发",载《北京师范大学学报》(社会科学版),2008(2),68~70页。
⑥ 梁启超:《饮冰室文集点校》,第一集,454页。

敢为何如？而其事业之雄奇，又直为他人种之所无，足以鼓舞我后人之气概者，抑又何如也？①

由此可见，对梁氏而言，接受黄帝率部西来之说，除了证明中华和泰西同种外，还可看出中华族在上古时代创立的功绩远在西人之上。那么，今天的中国人自然有充分的理由和自信来与西人"竞争交涉"而进于"发达进化"了。

除了上述的"西来说"以外，梁启超还对另一个前提——"主权上主族客族之嬗代"——不予置论，而其理由则是，这个研究"属于学术范围，不属于政论范围"。这里"主族客族"所关涉的，实际上就是历史上蒙古、满族"客族"入主中华帝国的合法性问题。作为政论，前面提过，梁自美洲归来后已经彻底放弃"排满"言论。而且，为了证明满族统治中国的合法性，他曾不遗余力证明满族在明朝年间即曾接受过中央的羁縻，"其酋长时受策命"，所以满族之统治中原，只是和历代"改朝易姓"无甚区别的一件事，而非革命党人所说的"汉人亡国"。② 下文将会提到，梁氏认为满族今已完全同化于汉人，那么，其性质和历史上蛮夷之同化于华夏又何异哉？不过时代先后而已。

中华民族（汉族）自多元而渐归于一体

梁氏讨论汉民族历史，是先从发问开始的：

> 今之中华民族即普通俗称所谓汉族者，自初本为一民族乎，抑由多数民族混合而成乎，此吾所欲研究之第一问题。若果由多数民族混合而成，则其单位之分子，今尚有遗迹可考见乎，其最重要之族为何，此吾所欲研究之第二问题。中华民族混成之后，尚有他族加入，为第二次，乃至第三、四次之混合否乎，若有之，则最重要者何族，此吾所欲研究之第三问题。民族混合，必由迁徙交通，中国若是初有多数民族，则其迁徙交通之道，有可考见乎，此吾所欲研究之第四问题。迁徙交通之外，更有他力以助长其混合者否乎，此吾所欲研究之第五问题。迁徙之迹，限于域内乎，抑及于域外乎，若及于域外，其所及者何地，其结果之影响若何，此吾所欲研究之第六问题。此问题即"中国以外更有中华民族所立国与否"之问题也。中华民族，号称同化力最

---

① 转引自杨思信：《拉克伯里的"中国文化西来说"及其在近代中国的反响》，载《中华文化论坛》，2003(2)，143页。

② 王春霞：《"排满"与民族主义》，182页，北京：社会科学文献出版社，2005。

大,顾何以外来之族多同化于我,而我各省各府各州县,反不能为完全之自力同化,此吾所欲研究之第七问题。自今以往,我族更无求以进于完全同化乎,抑犹有之乎,若有之,其道何由,此吾所欲研究之第八问题。①

通观全文,梁氏对自己提出的问题,有的作了充分的解答,有的则存而不论。为理解的方便计,上述问题可以合并为下述几者来讨论:

首先,自先秦起迄于今,以华夏为中心,融中国本部诸多民族("蛮夷"),经无数次混合乃成汉族。

梁氏首先推断的是,汉族系由多民族混合而成,其证据便是语言。德国人种学家曾谓"血浓于水,语浓于血",其意就是同源固然重要,但是语言的统一对于民族形成尤为关键。梁氏认为,汉族内部的情况恰恰完全相反,"环观全球万国,以同一民族,而其言语庞杂沟绝不能相通,则未有中国人若者也……不惟省与省为然耳,一省中一府中乃至一州县中,出闾阎而若异域者,比比然也。"②那么,汉族还称得上是一个民族吗? 如果是,其原理何在呢? 梁启超认为,中国各地方言固然彼此相异,在春秋(《礼记》)、战国(《孟子》)、秦一统(《说文》所载为例)、汉代(扬雄《方言》所记)尤甚,但是必须注意到"李斯以秦语齐一国文"之后,"可见文系能改变语系,使其语尾变化渐渐渐灭矣",也就是说,文字统一,使语言的多样性渐趋减弱。今天可见的例子就是,满人"无文字,及其既入中原,则用中国文字,久之遂不得不弃其语系以从我文系。故至今满人中,其能操满语者,已十不得一,其语系之灭绝,可立而待也"。历史上"其他诸民族语系之灭绝",也是同样的道理,只是距今遥远,今人未能觉察而已。这里暗含的意思就是,虽然今天方言繁多,未来则必将渐渐归于一致,所谓"此种文字之吞灭语言,其力之伟大可想矣"。通过这样的论证,梁氏"悍然下一断案曰:中华民族自始本非一族,实由多数民族混合而成"。③

那么,汉族是由哪些民族融合而成的呢? 必须注意的是,梁氏认为,今日混成中华民族者,除了华夏一支以外,不管出自《王制》所列蛮、夷、戎、狄四裔,抑或《说文》所列蛮、闽、狄、貉、羌、戎、蜓等,也"总不出今之本部十八省以外"。梁"凭古籍,搜遗迹,举其大者",认为"先秦以前,分宅中国本部诸族,除炎黄一派之华族以外,凡得八族",那就是苗族、蜀族、巴氏族、徐淮族、吴越族、闽族、百越族、

---

① 梁启超:《饮冰室文集点校》,第三集,1678~1679页。
② 同上,1679页。
③ 同上,1680页。

百濮族,正是这八族的全部或一部分融于华夏人而形成今天的汉族。梁启超在此后的进一步研究中,对这个分类有较大的修改,①史实史迹或有出入,但是其原理则是前后一致的。

各族同化于华夏中原的时间各不相同:蜀族,"历两汉三国,同化殆尽";巴氐族,"至西魏后周……其族遂衰";徐淮族,"至秦一天下,东夷乃渐同化矣";闽族,"汉武帝平闽越……此族受创夷,盖特甚焉";吴越族的同化时间,梁氏未置论。但上述诸族,"率皆已同化于中华民族,无复有异点痕迹之可寻"。苗、濮退至西南一隅,两者同化程度甚低,且百濮"至今犹悍然为梗于一方";百粤则"其留纯粹之血统以供我辈学术上研究之资料者,惟此而已",可以猜测,梁氏认为,中华民族进一步融合居于本部的各异族,须"俟诸异日",但必然可以实现。

其次,中华民族混合的动力问题。

梁氏认为,民族混合的动力,"必由迁徙交通",那么,迁徙交通的过程和历史痕迹,该向哪里去寻找呢?让我们以苗族为例说明。苗族和华夏的交涉最早,"自黄帝迄舜禹,为剧烈之竞争,尽人知之",他们最初的根据地,"《左传》指定位置曰左洞庭,右彭蠡",在今湖南、湖北、江西部分地区;最盛之时,"涉江逾河,伐我炎黄","黄帝起而攘之",到舜征苗的时候,已经到了湘桂之交;汉光武建武中,其"窟穴已移于洞庭以西";隋唐间,在今湖南辰州永顺;宋元明清,又逐渐向西退避。总而言之,梁氏认为,"此族千年来退避之迁徙,其迹最历历分明,由江北而江南,由湖东而湖西,卒溯沅江以达其上游苦瘠之地,辗转委靡以极于今日也。"苗族的迁徙交通,看似在逐步远离中原,与中华族的混合全然无涉,何故?在此后的另一篇文章里,梁修正了这个看法,指出苗族虽然越退越远,但在西南边陲最终还是部分融入了汉族,虽然已经甚为晚近了。②

另一个混合的动力我认为来自文字统一和文明扩张,梁氏虽未明说,但言语间多有暗示。他认为,中国境内的民族能自创文字者甚少,所以,一旦接受汉族文字后,他们的语言就会渐渐趋于没落,直至消亡。

最后,梁启超对汉族内部诸族地位的看法。尽管梁氏把"炎黄遗胄"称为"我中国主族",把对异族的融合称为"同化",认为华夏文明应当高于诸异族,但是,对民族间关系还是尝试以平等待之的。比如,他认为《说文》所训释"蛮"、"闽"、"狄"、"貉"等字,都是"出于自尊卑人之习,不可据";又如,他提出,"前所论列八

---

① 梁启超:《饮冰室文集点校》,第五集,3216页。
② 同上,3219~3220页。

族,皆组成中国民族之最重要分子也",可见他一视同仁的态度;再如,他说"其族(指八族)当邃古之初,或本为土著,或自他地迁徙而来,今不可考",也可以看出,他认为诸族或许像华夏一样,自西方而来,也未可知。

今天的异族,明日的大中华?

梁氏此文的标题是"历史上中国民族之观察",这里的"中国民族"应该理解为"中华民族",也就是汉族。在梁启超的心目中,所谓"中国"、"中华国"的范围包括了清朝统治力量所及的地区当无疑议,那么这个"中国"、"中华国"当然也就包括了满汉蒙回藏苗诸族在内,既是如此,为何梁启超要放弃现成的汉族名称不用,而一再使用"中国民族"、"中华民族"来指代汉族呢?而且,梁启超只论及汉族,而彻底忽略了满汉蒙回藏苗诸族,可能会导致我们认为,毕竟他曾与孙中山等人合流,倾向激进的"革命排满",所以他心目中的民族主义是建一个唯有汉族的"民族—国家"(nation-state)。实际上,梁氏的矛盾不难理解,因为"若其近古以后,灼然见为外族,其大部分今犹为异种",也就是文化上与汉族截然不同的其他人群,主要是蒙回藏诸族。这些"异种",与中华民族的关系该如何处理,确实是一个值得深思熟虑的问题。"附录一"与"观察"本各自为篇,梁先生称"数月前旧作一篇,言古代诸族之关系者,今录以供参考",至少可以说明两个问题:第一,梁先生思考、探究异族源流、交涉问题,尚在汉族之先;第二,将之作为"观察"的附录一起发表,至少说明梁先生希望把我族(中华民族)、异族的关系放在一起思考。从下文可知,《史记》里被误为"匈奴"组成部分的戎狄,实际上已经包括了今天满蒙藏诸族的祖先了。

梁氏认为,国史里所记,"外族统曰蛮夷戎狄,其事迹互相出入"不可辨,"凡治斯学者所同以为病也",所以他的愿望是"先研究春秋以前错居大河南北诸族,以《史记·匈奴列传》为主,别其部居,析其谬误",主要问题有三:

1. 文中所谓戎、所谓狄、所谓胡,为别名耶? 为通名耶?
2. 若为通名,则诸戎诸狄诸胡,悉为同种耶? 抑其间各有别种耶?
3. 若各有别种,则何者与匈奴为同种? 何者与匈奴为别种?[①]

蒋智由根据《礼记·王制》、《春秋》、《左传》及《山海经·穆天子传》诸书,认为戎狄是通名而已,不可据以分人种界限,梁氏采纳他的说法,这就回答了第一

[①] 梁启超:《饮冰室文集点校》,第三集,1686页。

个问题；梁启超自己"据群籍以比推之"，认为《史记》所载的戎狄，实际上应该是三族，这就回答了第二个问题。三族是：

1. 根据今山西陕西而侵入杂居于内地者。
2. 根据今甘肃而侵入杂居于内地者。
3. 根据今辽东而侵入内地但未杂居者。①

据山西陕西者，自黄帝起就与华夏征战，至秦汉时华夏一统，他们也成就了匈奴的统一，于是"南北两帝国对峙，致成汉代之剧争"；据甘肃者，此族与"匈奴之族，其起源截然不同甚明"，本"三苗之裔，其后衍为羌族者"；据辽东者，"即后世契丹金源满洲之族"，在春秋时即猖獗于东北；在秦汉时，与匈奴为敌；汉后数千年，与匈奴皆不能同化。所以梁氏认为其和匈奴也当为异族。这样就回答了第三个问题。

总结来说，"根据今山西陕西而侵入杂居于内地者"形成匈奴，也是后世蒙古一部的祖先；"根据今甘肃而侵入杂居于内地者"形成羌族，即后世藏、羌族的祖先；"根据今辽东而侵入内地但未杂居者"形成通古斯族，即后世满族的祖先。通过这些考证，梁启超基本上找到了今天汉族以外诸族的历史源流，及其和华夏族甚为久远的历史互动。

"观察"所谈的，主要是"蛮夷"；"附录一"所涉及的，则是戎狄。但不管是"观察"还是"附录一"，时间都长及整个先秦以前。在"附录二"里，则仅就春秋一代而言，而且蛮夷戎狄被放在一起加以考虑。梁启超通过列表，清晰地勾勒出华夏与四裔交涉往返（主要表现为战争和征服）的过程。在这个表里，构成清帝国版图下所有民族的祖先都得到了反映，而且各族与华夏的关系都是如此的纷繁复杂。

从天下到世界：国家主义和竞争进化

到其1902年写"新民说"、"新史学"等文时，梁启超已经被认为彻底放弃"公羊三世说"，转而认同民族国家思想，成为一个成熟的民族主义者了。② 更重

---

① 梁启超：《饮冰室文集点校》，第三集，1687页。
② 张灏认为以"新民说"为标志，见张灏《梁启超与中国思想的过渡（1890～1907）》，105～108页；张朋园则以"新史学"为证，并参考了萧公权的看法，认为梁启超此时已经是一个民族主义者了，参见张朋园：《梁启超与清季革命》，20页、28页，长春：吉林出版集团有限责任公司，2007。

要的是,梁启超提出了一套新的世界秩序观,为国人接受政治现实增添合理性:那就是全世界范围内的黑色、红色、棕色、黄色和白色人种之间的生存竞争,而且这些竞争是符合自然法则的。梁氏认为,竞争的结果是,人种分为两类:"有历史的人种,有非历史的人种……能自结者为历史的,不能自结者为非历史的。何以故?能自结者则排人,不能自结者则排于人。"①其意就是,能在竞争中自我结合成一个有力团体的,才能抵抗外种生存下去,从而成为历史的人种(民族)。这个"结"字正是理解"观察"一文的中心,它不但说明了中华民族(汉族)以华夏为核心,混合历史上诸多其他民族的过程和机制,也体现了梁启超搜寻古籍、发微探渐以证明汉族源流所依据的理论资源。

梁启超认为,"近世列强之政策,由世界主义而变为民族主义",自从达尔文"发明物竞天择、优胜劣败之理"以来,"(列强)由民族主义而变为民族帝国主义"。② 因此,梁氏民族主义的产生最初主要是对外来帝国主义的一种回应,而且,

> 梁理解和欣赏的这种社会达尔文主义,不是霍夫施塔特(Hofstadter)所称的"达尔文式的个人主义",而是他所称的"达尔文式的集体主义"。用梁个人的术语来说,他最为关注的竞争是他所称的国际间的竞争——"外竞",而不是指一个国家内的竞争——"内竞"。③

固然,我们应当认识到,强调"外竞",并非意味着必须抹杀"内竞",恰恰相反,梁启超充分认识到,"一个团体从事外竞的能力取决于由内竞自发产生的凝聚力和实力"。④ 梁氏所描绘的过程恰恰说明了这一道理:华夏和诸族融合的历史,就是一部几乎以"征"、"战"、"伐"、"克"、"逐"、"平"为全部特征的内部竞争史。要注意的是这些词并非仅指华夏对异族而言,比如苗族也可以"涉江逾河,伐我炎黄、华族之不斩如缕"。所以这种内竞是相互的。在"论中国学术思想变迁之大势"中,梁认为"征伐愈多,则调和愈多,而一种新思想,自不得不生"。⑤ 在"附录二"里,梁启超更是直抒胸臆:"外族之错处,于我民族之统一事业,最有助力焉",就是在和蛮夷戎狄的内部竞争中,汉族才得以统一和强大。

---

① 梁启超:《饮冰室文集点校》,第三集,1634页。
② 同上,第一集,789页。
③ 张灏:《梁启超与中国思想的过渡(1890~1907)》,115页。
④ 同上,115页。
⑤ 梁启超:《饮冰室文集点校》,第一集,223页。

但是，列强环伺，梁氏关心的终究是融合以应"外竞"，那么一切导致中国从内部分裂的行为，都是不能容忍的，比如"省界"问题。其历史上的教训则是，"群狄始以合而强，终以分而灭"。因此，汉族内部虽然"内竞"，但终究是融为一体的。这还不够，梁还认为："自今以往，中国而亡则已，中国而不亡，则此后所以对于世界者，势不得不取帝国政略。合汉，合满，合蒙，合回，合苗，合藏，组成一大民族，提全球三分有一之人类，以高掌远蹠于五大陆之上。此有志之士所同心醉也。果有此事，则此大民族必以汉人为中心点，且其组织之者，必成于汉人之手，又事势之不可争者也。"①梁氏希望中国对外竞争于世界的雄心跃然纸上。但是，汉族和这些民族如何组成一大民族呢？梁在附录的第一句话就是，"史者所以记一民族之发达进化及其与他民族之竞争交涉，故必深明各民族之位置，然后其交涉发达乃可得而言。"②由此推测，梁在处理汉族和戎狄（也就是今天满、蒙、回、藏的祖先）关系时，所取的思路其实和前面所言处理汉族内部竞争的思路是相似的，都是竞争交涉进而融合而已。虽然，在"附录一"里梁实际上讨论的只是戎狄和中原汉族的竞争关系，而未涉及融合的痕迹。但"附录二"则蛮夷戎狄一并提出来，无疑可以产生这样的暗示：虽然戎狄由于自然、地理、生计、文化等原因，今日和汉族仍然各自为族，但是，若假以时日，最终也必然会像"蛮夷"一样，和汉族走上融合的道路。18年后，梁在"中国历史上民族之研究"的文章里，讨论到了汉和上述五族祖先的历史融汇话题，可以说是对我们这个推测的证明，因为，从文章内容看来，后者可以视为"观察"及其附录的深化。

为了"外竞"，必须"内合成大民族主义"；融合之后，又能促成新的进步。在"中国历史上民族之研究"一文里，梁明确提出"凡一民族之组成分子愈复杂者，则其民族发展之可能性愈大"：汉族"四五千年来，日日在化合扩大之途中，故精力所耗虽甚多，然根底亦因之加厚"；欧洲民族"无不经若干异分子之结合醇化，大抵每经一度之化合，则文化内容，必增丰一度"。欧洲现代民族形成以后，才有可能出现文艺复兴、宗教改革等"近世之新曙光"。③梁氏的看法是，民族融合是进化过程的一大飞跃。

总而言之，我们在"观察"及附录里读出的结论和暗示是：(1) 华夏在历史上通过竞争而融合异族以成一大汉族；(2) 汉族和戎狄的关系虽未见融合的迹象④，

---

① 梁启超：《饮冰室文集点校》，第一集，789页。
② 同上，第三集，1685页。
③ 梁启超：《饮冰室文集点校》，第五集，3215页。
④ 梁氏未论及，而非事实上没有。

但循着同样的逻辑,他们应该曾经、今后也将可能进一步融合为一个更大的民族,这在1923年的"中国历史上民族之研究"一文里获得了部分证明;(3)民族融合不但是对外竞争,也是民族进化的重要工具,这一点必须结合"中国历史上民族之研究"一文才能得到确证。

梁氏作如是观,应该是源于他面临帝国主义压力,同时又接受西学、特别是民族主义和社会达尔文主义学说的结果。罗志田认为,中国欲"立国于世界"的努力,不必始于民国,清末废科举以及关于立宪和修律的辩论,便是开始追逐这一目标的表现。[①] 与这一过程相适应:

> 甲午前后还常见以《春秋》和《万国公法》比对的讨论,庚子后已很少有人视《春秋》为解释国际秩序的一个选项了。在相当广袤的土地上由人类很大一部分人在两千年以上的时间里所共遵的政治体制、政治秩序或政治生活方式逐渐淡出后人的心胸,不复为认识自己和他人的思想资源。[②]

究竟谁算是"民族"?

梁启超自觉地接受了西来的"民族主义"、"国家主义"和"竞争进化"等学说,在分析历史上汉族形成、汉族与其他民族关系的时候,也受到了这些概念的深刻影响,其观点看似皆能自圆其说。我们固然不怀疑其自觉心。但是,对一个受过旧教育、中过举人的士大夫而言,我们也应关注到自觉心背后的"文化基质",或者说,那一他未必明确意识到的"深层结构"。有人论及梁启超的"调适主义",认为梁的思想里既有西学,也与中国佛、儒传统密不可分。[③] 那么,对于后者,从梁氏的民族观念里,可以发现什么样的佐证或例外呢?

"观察"一文之前,梁在写于1903年的"政治学大家伯伦知理之学说"里曾经给民族下过定义:

> 民族者,民俗沿革所生之结果也。民族最要之特质有八:(1)其始也,同居于一地。(2)其始也,同一血缘。(3)同其支体形状。(4)同其语言。(5)

---

① 参见罗志田:"天下与世界:清末士人关于人类社会认知的转变——侧重梁启超的观念",载《中国社会科学》,2007(5),203~204页。
② 同上,204页。
③ 黄克武:《一个被放弃的选择:梁启超调适思想之研究》,169~187页,北京:新星出版社,2006。

同其文字。(6)同其宗教。(7)同其风俗。(8)同其生计。①

从梁氏"民族"定义(也就是伯伦知理的"民族"定义)的内容看,和梁氏分析的汉族的形成过程恰恰构成了自相矛盾之处。符合这些特质的,才可称为民族;但是汉族的起源却是如此多元,在这八个特征上汉族内部甚少一致之处,简而言之,若以这八个特征衡量,汉族便不能称为民族,倒是构成汉族的这八个支系,符合了民族的定义,梁也的确将之都称为民族。而且,梁一再舍"汉族"而使用"中国民族"、"中华民族"等新名称,其所指涉的对象,固然仍为汉族,但名称的转换,却可以认为大有深意存焉。在"观察"一文里,梁的"中华"并非历史上狭义的"华夏",而是指"中华国";既是中华国,其代表的无疑是当时的清帝国版图;那么,这个"中华民族",必然也暗指其将成为帝国内所有民族合一之后的共同名称。那么,一个"民族",其义有三个层次:汉民族之下(如已经融入汉民族的八个支系)、汉民族本身、汉民族之上(指今后继续吸收满、蒙、回、藏诸族形成的中华民族)三个不同规模的群体都可以称为民族。究竟可以做何理解呢?似乎我们又不得不回到"春秋之义"上了。

梁启超固然也认为,"华夏用夷礼则夷狄之,夷狄用华礼则华夏之",看似也承认华夏和夷狄之间的相互可变性。然而,实际上,根据《春秋》"公羊三世"之说,他所叙述的情况又不一样。三世为:其所传闻世,又称据乱世,"内其国而外诸夏";所闻世,又称升平世,"内诸夏而外彝狄";所见世,又称太平世,"天下远近大小若一,彝狄进至于爵"。梁启超称之为"纯是进化的轨道"。但这里体现出的民族观和西方舶来的民族主义观念则大相径庭:"华夏"固然可能变为"夷狄",但实际上,其真正的核心和趋势在于,"夷狄"不断为"华夏"礼仪所同化,不断"华夏化"而成为汉族,而非相反。这也就是为什么梁启超只强调华夏吸收其他民族的过程,而彻底忽略了在族际互动过程中,某些地区曾出现过汉人最终同化于他族的过程。② 也就是说,"华夏"从先秦起即为中华国的核心,亘古未变。当这个观念和西方的"民族"观念结合起来,它的后果就是不同的层次都可成为民族,因为从历史的角度来看,从"华夏"到"汉族"再到今后更大的"中华民族",显然是一个"中心"不断扩张的必然趋势。也就是梁启超提出的,"谋联合国内多

---

① 梁启超:《饮冰室文集点校》,第一集,452 页。
② 王文光、翟国强:"西南民族的历史发展与中华民族多元一体格局关系论述",载《思想战线》,2005(2),33 页。

数之民族而陶铸之,始成一新民族"。① 因此,梁启超的民族主义观念,可以说是借用了"民族"的新瓶,装了"文明帝国"的旧酒。他的所谓以"民族主义"对抗"民族帝国主义",实际上也是以"民族帝国主义"对付"民族帝国主义"。因为,梁启超所讨论的民族,首先有一个假设前提,那就是"中华"。前面提到,在这篇文章里,"中华"所指就是清帝国的版图,这就是说,梁的认识里首先确认了文明帝国存在的合理性,他所做的工作就是要在这个框架内强行赋予帝国以民族性。而梁启超的"如意算盘",最好"民族性"逐渐退让于"国民性",这样国家就可以充分合理地建立起来,毕竟,这个时候国家理性和国民才是他关注的中心。至于中华民族是个什么样子,它是否已经符合伯伦知理的定义,反而暂时可以存而不论,只要符合"今日中国情事"即可。

"民族"一词来到中国的最初,尚未来得及经历思想学术界的激烈讨论和辨析,而在梁启超一人对这个概念的使用上,就已经如此莫衷一是。这种尴尬局面的出现,恰如王铭铭指出的,"在一个'民族'概念盛行的年代,中国文明体却找不到一个形容自身的、具有时代性的词汇,不得已模糊地用意义不同的同一个词——'民族'",而且,"我们对于'民族'向来没有提出过具有充分逻辑连贯性的定义"。②

小 结

梁启超之所以写作"历史上中国民族之观察",乃是为了因应当时国内地方自治倾向抬头的现实,他决心唤起民族共同的情感以抵抗列强压力。阅读其论述,我们可以看到,梁批阅史籍得出的结论是:汉族自上古起本为多元,是它的核心"华夏"历数千年之功融合众多其他民族而成。阅读其附录,则可以看出,梁已经关注到了西方、北方的所谓"异族"——满、蒙、回、藏等——的祖先及其历史上与汉族的关系。梁启超虽然没有明确指出汉和西、北"异族"融合的迹象(除了满),但依"中国历史上民族之研究"一文推测可知,梁启超其实是本着同样的"融合论"逻辑的。

梁启超"民族"看法有其学理依据和思想基础。写作"观察"时的梁启超貌似可以简单地被划分为彻底的民族主义者和竞争进化论的拥护者,但其关于"民

---

① 梁启超:《饮冰室文集点校》,第一集,453 页。
② 王铭铭:"中国——民族体还是文明体?",载《文化纵横》,2008(12),120 页。

族"的观念,显然和西方的民族定义并不严丝合缝。当他强调和世界竞争时,似乎尚能以严格的民族主义对付外部的民族帝国主义;但当他回头观察自己的国家时,似乎又回到了"有教无类"的传统族类认知模式上,可以认为,这其实是对于昔日"文明帝国"的怀念和表达。对于这一双重看法,也许梁启超自己都未必意识到。在其民族观念的论述中,天下固然转变成了世界,但天下思想却还是神不知鬼不觉地存留于他的心胸之中。

　　一百年来关于"民族"的争论表明,从文明体向民族体转变的过程还没有结束,其最终方向也并未明确。[①]

(郑少雄)

[①] 王铭铭:"中国——民族体还是文明体?"。

03 民族与国家
——从吴文藻的早期论述出发[①]（1926）

如果容许我用个不恰当的比喻来说,20 世纪有点像世界范围的战国时期。[②]

——费孝通

最近几个世纪以来,与被西方资本主义的扩张所统一的同时,世界也被土著社会对全球化的不可抗拒力量的适应重新分化了。在某种程度上,全球化的同质性与地方差异性是同步发展的,后者无非是在土著文化的自主性这样的名义下做出的对前者的反应。因此,这种新的星球性组织才被我们描述为"一个由不同文化组成的文化"(a Culture of cultures),这是一种由不同的地方性生活方式组成的世界文化体系。[③]

——Marshall Sahlins

[①] 本文曾发表于《云南民族学院学报》,1999(6);也曾作为一章节收录在《西学"中国化"的历史困境》(桂林:广西师范大学出版社,2005)一书中。

[②] 费孝通:"从小培养二十一世纪的人",见其《论人类学与文化自觉》,168 页,北京:华夏出版社,2004。

[③] Marshall Sahlins, "What Is Anthropological Enlightenment?", in *International Lecture Series on Social and Cultural Anthropology*, Peking: Beijing University, June-July 1998, p. 10.

民族问题

民族与国家之间关系,是20世纪人类学研究的主要课题之一。在国内人类学界,对于这一关系的论述在30年代"边政学"提出以后,到50年代少数民族社会调查这一段复杂的历程中,得到了集中发展。迄今为止,国内人类学者对于民族与国家之间关系的探讨,受到50年来历史特殊原因的影响,主要集中于对一般所谓"民族问题"的探讨上。"民族问题"虽然不排除"汉族问题",但是显然更偏重指"少数民族"在国家民族事务的处理方面构成的"问题"。中国的"民族问题研究",属于一种对民族与国家之间关系的探讨,而它的主要特征,在于学界对国家民族关系治理的介入。

在西方人类学界,民族与国家之间关系的探讨,也占有显要的地位。在这一方向上的探讨,也关注到少数族群(ethnic minority, ethnic groups)与所谓国家中的"主体民族"构成的差异及这种差异的实质。然而,20世纪80年代以前,与"族性"(ethnicity)相关的人类学论述,深受这门学科中社会文化一般理论的制约,而未能构成独立的理论范畴,这种状况直到80年代以后才得到改变。[①] 就20世纪80年代以来出版的研究来看,西方人类学者对民族与国家之间关系的探讨,主要集中于对一种意识形态的批判性研究,这种意识形态现在已广泛地被界定为"nationalism",其政治制度的表现也被界定为"nation-state"。后者一般被翻译为"民族—国家",指一种现代的、以"国族观"(nationhood)为中心的公民—国家关系模式;而前者也被翻译成"民族主义",但因这里的"nation"指的并非"族群",而是以国家为中心的认同,故实应指"国族主义"。

1991年,《人类学年鉴》(Annual Review of Anthropology)发表了美国人类学家福斯特(Robert Foster)的一篇论文,总结了关于民族和国族主义的人类学研究,指出民族问题在西方人类学界的出现,是因为人类学中目前面临着两大难题,即(1)文化这个概念本身构成的难题,及(2)从世界历史的角度理解文化差异的前景的难题。同时,福斯特指出,人类学从对文化观的关注,转向对"民族国家"必经的文化发展过程的关注,有着深刻的历史原因。他说:

> 人类学者认识到,国族文化的建立是"新生国家"追求"现代化"的一部分,是旧殖民地国家为争得自身民族所需要(从形象外表到经济基础)的形

[①] Thomas Eriksen, *Ethnicity and Nationalism: Anthropological Perspectives*, London: Pluto Press, 1993.

式而做出的巨大努力。最近几年,人类学者开始把当代旧殖民地国家政治文化中的矛盾与殖民统治时期的分裂政策联系起来考察国族文化问题。然而,国族文化在欧洲那些"老"民族内部同样是具有现实意义的争论焦点,处在不停的修整过程中。其实,把民族看成带有固定不变、"内容已定"的文化认同的观点本身,正是那些使人为的认同自然化的各种活动获得成功的标志,同时,这也是某一塑造民族认同的方法或说法获得成功的标志,因为所有关于民族精粹的定义都有选择地忽略与其相争的其他定义。通过排除异议和培养"公民",他们为自己稳固地树立起(或树立不起来)"自然而然"的形象,而这些公民的主观意识正是由循环产生国族文化并使其自然化的种种活动所构成的内容之一。换言之,国族文化的创造,不仅格式化地通过教育儿童,使他们进入社会并使他们产生持久的性格特征,而且还通过传递"国族特点"之外的范畴。而国族文化的创造,必然要求对"国族公民"进行培养,使他们成为带有特定的历史觉悟、权威观点和自我意识的特殊公民。[1]

对于现代民族国家文化的构造过程,我曾经给予关注。在中国的区域人类学田野工作方面,我曾利用闽南地区城乡民族志资料来论述民族国家的建造对于地方社区与民间文化造成的深刻影响,我也试图指出,这种计划中的国族现代化面临的原有社区共同体文化的抵制。[2] 我的研究能够说明,对于我们分析近现代中国社会中民众被国家纳入"公民意识"培养计划的过程,国族主义和民族—国家的概念有相当重要的参考价值,因为在近百年来的中国文化实践中,国家建设者的策略,一直围绕着民族国家一体文化的创造而展开,而这种权力和文化的延伸,对于人类学田野工作地点,也确实产生了巨大的影响。然而,从西方发展起来的有关"国族主义"和"民族国家"的理论,如何与中国人类学的"民族问题研究"联系起来呢?在中国少数民族政策中,对于"民族国家"的概念,一直采取比较谨慎的态度。我们的政策制定者的观点,向来力图避开西方民族国家的"一民族一国家"模式,而中国民族的历史与现状,又属于一种费孝通教授所界定的"多元一体格局"。[3] 那么,现代国族主义和民族国家的理论,是否与中国无关?这一问题,显然还必须得到探讨。

---

[1]　Robert Foster, "Making National Cultures in the Global Ecumene", in *Annual Review of Anthropology*, 20, 1991, pp. 237~238.

[2]　王铭铭:《村落视野中的文化与权力》,北京:生活·读书·新知三联书店,1998。

[3]　费孝通:"中华民族的多元一体格局",见其《从实求知录》,61~95页,北京:北京大学出版社,1998。

在所谓"民族"与"国家"之间关系的问题上,中国走过了一条十分独特的道路。在世界其他地区(包括西方和非西方),国族主义的传播,使"一民族一国家"的民族国家模式得到了广泛而深刻的延伸。这种广泛传播的政治模式,甚至到了20世纪90年代依然给世界带来了很大影响。世界性和区域性的军事冲突,大多发源于这样一种"一民族一国家"的理念,而西方(尤其是美国)对于区域冲突和主权问题的介入,也时常以维护"一民族一国家"的主权为借口。[①] 相比之下,从20世纪初期开始,中国虽然也在政治上强调国族的制度与观念对于新国家创建的重要意义,却很少有人主张实行这种严格意义上的民族国家模式。在人类学成立之初,中国学者即主张破除西方种种民族国家一体化的概念局限,创造一个"多民族国家"。这种主张在漫长而曲折的现代国家创造上,有着深刻的历史影响,而其最为突出的表现,就是目前"中华民族多元一体格局"概念在中国民族与国家关系论述中的主流地位之确立。

必须承认,在很大程度上,正是这种"多民族国家"的观点,使国家在长期以来的社会科学学科归类中,将人类学(或"民族学")定位于"民族问题研究"的范畴之中。然而,我认为,以国家民族事务处理为中心的政策研究,不可能自然而然地倒过来推动"多民族国家"的中国人类学观的深化。在民族问题研究的领域中,一些学者以为,中国既然是一个"多民族国家",那么,它的人类学就不必考虑西方民族国家的概念框架,而应专注于自身问题的具体研究。事实上,这样的思考方式不能解释一个十分重要的历史现象,即:早在这些主张"专注于自身问题的具体研究"者出生以前,关于民族与国家之间的关系,就存在着深刻的中西方学术差异,而这样的差异也导致了早期中国人类学者对西方有关民族国家的理论提出了批评性的见解。正是这样的差异和批评,奠定了"多民族国家"的理论,使其为后来民族问题研究的实践开创了理论的视野。我们今天讲的"民族问题",运用的外文注解,其实就是"national question",而"national question"概念是在西方19世纪以后的产物,它在20世纪逐步在中国演变成特指"少数民族问题"的概念。可见,两者之间有一定的历史关联和断裂。那么,倘若我们确实是在学术传承基础上展开进一步研究,那些"初始概念"的吸收和改造,对于进一步的理论阐述又当具有何种意义?基于这种吸收和改造而展开的理论阐述又如何能够为当代中国人类学者提供其开拓自身视野的手段?

为了解答上述问题,我将重新审视中国人类学的奠基人之一吴文藻先生对

---

① 参见马戎:《西方民族社会学的理论与方法》,"导言",23~24页,天津:天津人民出版社,1997。

于民族与国家之间区别与关系的一篇论述。

吴文藻先生生于1901年,江苏江阴人,1917年考入清华学堂,1923年赴美国留学,进入达特茅斯学院社会学系,获学士学位后,进入纽约哥伦比亚大学研究院社会学系,获博士学位。1929年任燕京大学教授。此后,1938年在云南大学任教,1946年赴日本任中国驻日代表团政治组组长并兼任盟国对日委员会中国代表顾问,1951年回国,1953年任民族学院教授,1985年逝世。吴文藻先生是一代中国社会学家的导师,费孝通、林耀华、黄华节、瞿同祖、黄迪、李有义、陈永龄等,均曾师从于他。

吴先生关于民族的早期论述,于1926年4月发表在《留美学生季报》[①],当时吴文藻先生只有25岁,就读于美国哥伦比亚大学,文章题为"民族与国家",是吴先生最早发表的一篇学术论文,它的发表时代,正好也是中国人类学发展的一个关键时期。

时过72年,阅读这篇文章,我感到其中的深意仍然值得我们今日的人类学者关注。此处,我根据阅读后的一些感想写成如下文字,希望学界同行共同探讨。

吴文藻的早期论述

费孝通先生曾以"开风气,育人才"来形容吴文藻先生的学术风范,他还特别提到吴先生在带动中国社会研究者基于西方理论的学习和反思,来走自己的道路。[②]"民族与国家"一文的发表时间,虽然是在吴文藻先生的青年时代,但这种"开风气"的学术风范已经在文中充分呈现出来了。1926年以前,人类学(或称"人种学"、"民族学"、"民种学"等)已被介绍到中国,人类学的田野工作及论述,也开始运用中国资料。但是,从19世纪末到1926年这30年间,作为理论的人类学主要是作为社会进化的启蒙主义思想在中国思想界发挥作用的,对于中国社会进行的人类学研究,大多为来自东西洋的海外人类学者所从事,中国人类学的翻译者尚未系统进入自主的理论分析与经验研究。吴文藻的"民族与国家",虽未受到广泛的关注,但它在实质上可以说开创了中国人类学独立理论思考的

---

① 吴文藻:"民族与国家",原刊《留美学生季报》,1926年第11卷,第3号,本文转引自《吴文藻人类学社会学研究文集》,19～36页,北京:民族出版社,1990。

② 费孝通:"开风气,育人才",见王庆仁、马启成、白振声主编:《吴文藻纪念文集》,27～28页,北京:中央民族大学出版社,1997。

道路。

在"民族与国家"一文发表的时代中,同一论题已经受到了政治思想界的关注。梁启超、孙中山等,为了"启蒙中国",从不同的角度论述了"国族"对于中国改造的重要性。到1926年,"北伐战争"节节胜利,如何在新时代开创一个民族自觉、确立一个强大的国家,一时又成为政治理论界关注的要点。在引进西方国族主义理论的过程中,中国政治思想界并未充分意识到中国文化的特殊性。与西方民族国家的创立过程不同,20世纪中国民族国家的自我建设面对着"中华帝国时代"遗留下来的"天下"观念:这种"普天之下莫非王土"的世界观本来就是一个超越民族的文明体系,而19世纪以来这一文明体系虽然受到强大的外来挑战,却没有像其他文明和部落那样沦落为殖民地。20世纪初期的政治改造思想,必须面对所谓"半殖民地、半封建"的问题,也就是不仅要与中华以外的世界形成差异,在此差异中创造一个能与西方匹敌的、强大的主权国家,而且还要在国家的境内创造一种与"历史"完全不同的局面。然而,发源于欧洲,混同了文化与政治的民族国家观念,自身所带有的激发民族间矛盾的特质,却也必然给转型中的"中华帝国"带来诸多的问题。为了在"中华帝国"的废墟上创造一个全新的国家,孙中山等政治家将主要的精力放在运用西方民族国家理论的"建国方略"上,在文化上强调国家的一体化与公民意识的确立,即强调严复在中国启蒙时期试图开始言说的"群"(即指"社会")的道理。这一"建国方略"的考虑,在其发展过程中逐步涉及了"多民族国家"的观点(如"五族共和"观点),但在理论上却忽略了现代国家的公民意识与传统"天下"观之下的多元族群与文化如何能与西方式现代民族国家理论匹配的问题。在严格意义上讲,这个"帝国"(empire)与"国族"(nation)之间的矛盾问题,是在1927年南京政府确立以后,尤其是在"抗日民主阵线"形成以后,经由人类学界在其对"边政问题"的研究中逐步正式推向政治思想界的[1],而此前吴文藻在海外发表的那篇"民族与国家"论文,应当说是最早对这个问题进行系统分析的。[2]

在当今西方理论界,基于欧洲历史的经验,一些社会思想家认为,"帝国体

---

[1] 吴文藻:"边政学发凡",原刊《边政公论》,1942年第1卷,第5~6合期,本文引自《吴文藻人类学社会学研究文集》,263~281页;周星:"'边政学'的再思考",见王庆仁、马启成、白振声主编:《吴文藻纪念文集》,39~48页。

[2] 据中央民族大学王庆仁先生告知,吴文藻关于"民族与国家"做了大量理论研究,收集了广泛的资料,其留下的笔记已堆成厚厚几叠。本文参考的只是其所发表的论文,进一步研究需要参考他的笔记资料。关于吴文藻的生平,见林耀华、陈永龄、王庆仁:"吴文藻传略",见《吴文藻人类学社会学研究文集》,337~349页。

制"向"民族国家体制"的演变,走过了一条直线的道路,这条道路实质上是一体化特征较强的民族国家取代传统国家(即帝国体制)的过程。① 20世纪初期的中国政治思想家们在叙述自身对"改造中国"的看法时,十分关注传统帝国体制下"一盘散沙"的文化面貌如何以西方的"群学"模式来改造的问题。然而,问题是,中国政治改造的道路是否一定要采取民族国家模式?"民族与国家"一文的写作目的,正是为了对当时政治思想界民族国家主义的理论混淆问题进行人类学的澄清。对此,吴文藻开宗明义地说:

> 近来国家主义之团体,风起云涌,国家主义之鼓吹,甚嚣尘上,在今日之中国,已与三民主义及共产主义,鼎足而峙,且于最近之将来,大有驾乎二者之上之趋势。因此,三民主义者与国家主义者,似已稍起龃龉,三民主义者,以为民族主义,不与帝国主义及军国主义相混,故认民族主义优于国家主义。反之,国家主义者,则以为民族主义,系国家主义译名之误,欲顺言,必正名,故认国家主义优于民族主义。兹篇之作,非欲比较国家主义与民族主义二标识之优劣得失,亦非欲评衡孙中山之民族主义,第欲舍主义而专阐明民族与国家之真谛,及二者应有之区别,与相互间应有之关系。②

民族与国家:问题意识

在吴文藻以前,中国政治思想界通行的民族与国家定义主要源自孙中山。孙中山充分意识到民族与国家之间的差异,也充分意识到英文中民族的名词"哪逊"(nation)有两种解释,即民族和国家。在民族与国家的区分方面,他在《民族主义》一书中认为,"本来民族与国家,相互的关系很多,不容分开,但是当中实在有一定界限,我们必须分开什么是国家,什么是民族。"至于二者的区别,孙中山认为,"民族是由天然力造成的;国家是用武力造成的。……自然力便是王道。用王道造成的团体,便是民族。武力就是霸道。用霸道造成的团体便是国家。"另外,政治学家张慰慈对民族与国家也持类似的看法,他认为"民族"含有下列几种要素:"(一)种族的关系——由一个血统或一个人种传下来的。(二)地理的关系——在一个山脉,河流,丛林地方之中居住,为地势气候所隔,不容易和他族往来。(三)文化的关系——有同一语言,同一文学,同一历史,同一风俗,习惯,

---

① Anthony Giddens, *The Nation-State and Violence*, Cambridge: Polity Press, 1985.
② 吴文藻:"民族与国家",见《吴文藻人类学社会学研究文集》,19页。

和同一道德观念。"至于民族与国家的关系,张慰慈在其"政治学大纲"中认为,国家建立于"自然可以发生一种共同的感情",属于一种基于民族而组织起来的"统一的政治团体"。①

吴文藻敏锐地指出,当时主流的民族与国家理论,虽能承认英文中"哪逊"一词含有两种意义,却未能严格明了"民族与种族之分,国家与政邦之分"。在他看来,种族、民族、国家及政邦四个概念,向来为中西学术界及政论上滥用,造成了很大的混淆,因而必须得到"申辩","以解淆疑,而清思路"。为此,他引用当时人类学的研究成果指出,将种族、民族、国家及政邦混同起来,有违文化进化的规律,对政治思想也可能潜在某种误导作用:

> 溯自近代人类学成立以来,人类学者已将曩昔种族上及语言上差别之谬见,一一揭破其非,严正厘正。自近代法理学及语言学采用比较的方法后,法理学者及语言学者舍推倒某某民族据以自豪之神话外,复证明某某民族借以自诩之特殊文物制度,并非空前独创,实为几许民族所同有者。近代演化论昌明,影响及于一切社会科学,今日西方学者,不复视国家为人类中之最高团体,以与社会相并,而反视之为人类社会演化中之一历程。有此学术上之种种新发见,一切名词之确定,自当以此为依归。②

那么,种族、民族、政邦及国家四者之间差别何在? 吴文藻作了如下论述:

(1) 种族乃生物的人类学研究之对象,故为一生物的概念。种族上所表现之特性曰种族性。强者以欲排斥异己,而自称为纯种;以欲压迫弱小,而自命为优种;复以欲征服外族,而倡本族中心论;反之,弱者对此纯种,优种,及本族中心说,作反抗而求解放之运动;凡此皆可谓之种族主义。

(2) 民族乃社会的人类学研究之对象,故为一文化的及心理的概念。民族上所表现之特性曰民族性。强大民族借其特殊之民族性,以号召隶属他国政府下弱小之同一民族,而逞其扩张之野心;弱小民族之寄人篱下者,借以脱离所属国,而加入同一民族之另一强国;又或一部分人民,欲借以保存或发扬其原属之特殊精神,丰富其现属政邦内之文明生活;凡此皆可谓之民族主义。

---

① 孙中山、张慰慈、梁启超及下文提及的伯伦知理、吕南、席满恩等人关于"民族与国家"的相关论述,均转引自吴文藻原文,为简明,不再一一注明文献出处。
② 吴文藻:"民族与国家",见《吴文藻人类学社会学研究文集》,21~22页。

(3)政邦乃政治学及法理学研究之对象,故为一政治的概念。论政邦之性质曰政邦性。法学家及玄学家以为政邦之主权,乃属于固有,独立,普及,而无可抵抗,必须绝对服从者;德国唯心派黑格尔之视政邦为"尽善之道理","永远必需之精神本质",或"绝对固定之目的本身";及新黑格尔派之"政邦专制说";凡此皆可谓之政邦主义。今日主张相对的多元主权论者,对此绝对的一元主权论,攻击不遗余力,可谓之"反政邦主义"。

(4)国家乃政治学,国际法学,社会学,及其他种种社会科学研究之对象,故国家系一最普通之概念,举凡学者,政论家,政治家,演说家,新闻记者,以至于引车卖浆者之流,莫不用之。国家所表现之特性曰国民性,或曰国性。弱小民族根据其特殊之民族性,而欲自由兴邦,独立建国,共隶于同一统一政府之下;被虐待之国民性,或被压迫之民族性(以亡国而由国民性降为民族性者),欲独立自主,组织民族国家,建设统一政府以谋经济之自由抉择,政治之自由发展,及文化之自由演进;凡此皆可谓之国家主义。①

吴文藻指出,种族是人种学及生物学的名词,民族是人类学及社会学上之名词,国家是政治学及国际法学的名词,政邦是政治学或政治哲学的名词。就近代史的事实看,种族、民族、国家及政邦之间的关系相当复杂②,一种族可以加入无数民族,一民族可以包含无数种族,民族可以造成无数国家。就国家与政邦之间的差异看,国家为地理、经济、政治和文化的单位,而政邦"或为社会之有机体,或为团体之心理的人格,或为社会之历程"。就要素言,"政邦以土地人民组织及主权四者而成立,国家舍此四者外,尚有形成民族之诸要素,如经济生活、语言文字、心理、历史、法律、风俗、习惯、文学、科学、美术、宗教等等文化共业。"③

对上述四个概念进行严格的区分,并非只是为了说明概念问题。吴文藻撰述这一论文的主要目的,在于浚清四个概念的混淆,尤其是民族与国家的混淆,对于世界政治的不良影响。他说:

民族与国家结合,曰民族国家。民族国家,有单民族国家与多民族国家之分。世倡民族自决之说,即主张一民族造成一国家者。此就弱小民族而

---

① 吴文藻:"民族与国家",见《吴文藻人类学社会学研究文集》,22~23页。
② 参见纳日碧力戈:"种族与民族观念的互渗与演进——兼及民族主义的讨论",载《中国社会科学季刊》(香港),1996,秋季卷。
③ 吴文藻:"民族与国家",见《吴文藻人类学社会学研究文集》,23~24页。

言。与此相反者,则认民族自决,行至极端,有违国家统一之原理,及民族合作之精神,故反对任其趋于极端,而主张保存多民族国家。①

"民族":西方思想谱系

民族与国家的概念混用,对于19世纪以后的世界格局有着十分重要的影响,它包含的政治思想误区也十分值得重视。在西方人类学界,思想对于现实的这一双重影响,到了20世纪80年代以后才得到系统的论述。其中,安德森(Benedict Anderson)的《想象的共同体》(1991 [1983])和吉登斯(Anthony Giddens)的《民族—国家与暴力》(1985)等著作,分别指出这种"一民族一国家"的政治论调潜在的"神话色彩"和"暴力倾向"。在此60年前,吴文藻却早已对这两种危险有了深刻的认识。他认为,自美国独立首创民族国家以来,西方民族思想史上,有三大关键。首先,德国、意大利仿美国之先例,竟大一统之事业,创近代民族国家。其次,巴尔干半岛及东欧一带之民族国家主义运动兴起,构成了影响深远的另一种民族国家运动。其三,欧战时民族自决之说,风盛一时,不但全欧为之震动,影响实及于全世界。他尤其关注其中的第三种潮流。吴文藻指出,在西方民族国家运动的影响下,"世界上一切被虐待之国民性,或受压迫之民族性,咸起而从事国家主义运动。国际社会因此益形纷乱。大国咸有分崩瓦解之隐忧。"②

吴文藻依据上述"三大关键",把世界民族国家的思想演变分为三个时期,并分别以德国法学家伯伦知理(J. K. Bluntschli,1808~1881)、法国思想家吕南(E. Renan,1823~1892)及英国政论家席满恩(A. E. Zimmern,1879~?)三位学者来代表三个时期西方民族思想。③ 在三个时期,民族的概念有所不同。法国的吕南属于"绝对主张民族建国之说者",英国的席满恩属于"绝对反对民族建国之说者",德国的伯伦知理虽亦曾作反对论调,却承认民族性为近代民族建国之最大势力。不过,尽管这三种民族学说不尽相同,但它们的提出者都视民族为文化及心理之概念。吴文藻还认为,席满恩的民族概念,明确认定民族为文化及心理之事物,更因当时西方学术思潮趋向文化方面,席满恩的学说很受学者欢迎。换言之,吴文藻认为,当时的西方民族学说,逐步出现了注重精神和文化的趋势,这一

---

① 吴文藻:"民族与国家",见《吴文藻人类学社会学研究文集》,24页。
② 同上,25~28页。
③ 同上,25~26页。

点应当引起中国政治思想界的关注。

德国伯伦知理承认种族、语言、宗教、地理及一般物质环境在民族形成中的意义,但特别强调"共同之情感及共同之精神"因素,认为这是促使民族意识发生的原动力,并认为社会状况及历史倾向属于民族意识的辅助力。在他看来,共同文明与政邦之羁绊无关,民族是文化及心理现象,不含有政治意味。吴文藻指出,伯伦知理的民族定义受到黑格尔、费希特神秘色彩之影响,主张"以含糊难解之心理状态为断定民族性之最后要素"。不过,伯伦知理列举种种客观要素,将民族与人民(volk)区别,认为前者为文化概念,后者则含有政治意味,以此反驳当时盛行"一民族一国家之主义"。他还认为,事实上,政邦可以包括无数民族,而民族可以造成无数政邦;世界上有无数的民族,但非个个民族都具有独立政邦生活之能力。因此,民族性不应视为政治观念,而必须被视为文化概念。民族统一之意识,不妨赖各方面之文明生活以存在,无须扩张于政府之有机体。然而,伯伦知理不无自相矛盾地认为,民族性是形成政邦的推动力,尤其是在近代,民族性已成为民族国家的最大推动力。这一"客观精神"的论点,后来在意大利民族主义、英国自由主义和德意志的国家统一运动中被利用,这些国家"借口于伯氏之客观定则,利用定义上同种同文及同天然环境诸要素之部分,各实其说,作政治上之要求"。

在伯伦知理之后,"客观精神"概念一时为逐步形成的反理性主义论调取代,此时政治学说中"全民意志"的空论以"一民族一国家"思想为形式,变为当时欧陆政治运动的归向。"全民意志"实际上就是"民族自决原则",它提出之初深得人心,使过去以客观理性为中心的民族精神论退让于主观理性为中心的民族自觉论。法国思想家吕南对民族的界说出现于这样一个时期。吕南主张,民族原理见于精神,民族是精神之家庭,并非受地理空间限定的团体。但是,民族发生于近代,应在"民众投票"中得到确立。他批评以往的民族学说,种族、血统关系、语言、公共利益、地理、历史等因素都难以置信,也非判断民族的最后标准。民族的精神,基于两种事实之上:一为民族的共同文化遗产(嗣业),二为民族团体的民众认同。由此,吕南极力主张民族建国,认为这个意义上的民族与国家差别很小,只要获得政治上的地位,就可以成为民族国家。吕南的言论针对的是与法国利益对立的大日耳曼及大斯拉夫民族主义,他倡导一个民族一个国家的理论,深刻地影响到西欧的政治思想和实践,也受到巴尔干半岛弱小民族的欣赏。吴文藻指出,这一民族学说促发了营造独立自由与统一之近代民族国家的运动,"实酿成前此欧战之一大原因"。①

基于吕南民族学说的发展,英国政论家席满恩对政邦性、民族性及民族进行了区分,认为民族性与宗教一样,是主观的,政邦性是客观的,民族性是心理的,政邦性是政治的:"民族性者,乃一种团体意识之外表也;此团体意识,寄托于一定之家乡邦土之上,富有特殊之强度,特殊之密度,用特殊之尊严者也。民族者,即借此种团体意识而结合之人群也。"席满恩的民族概念,强调文化及心理特性。吴文藻认为这是当时西方学术思潮趋向文化所致,也使席满恩的学说受到广泛欢迎。

吴文藻从种族、民族、国家及政邦的区分及西方民族学说的演变入手,为我们呈现了19世纪以来世界思想界对于民族与国家之间关系的认识。表面上看,这篇论文的主要内容是对西方思想的介绍。站在今日理论发展的前沿,我们也能够看到,吴文藻先生当时的论述不无它的历史局限性。例如,据社会理论家霍布斯鲍姆(Eric Hobsbawm)的研究,18世纪末期国族主义思想在欧洲发生以后,到1918年第一次世界大战结束之前,经历过几个重大的变动,从哲学的自由主义启蒙运动的民族自由观,到19世纪上半叶民间与政府民族观念的互动,再到19世纪后期以后的40年。在吴文藻的时代到来之前,国族主义思想已经发生了三大变化。其一,国族主义者认为,只要一个人民的实体认为自身构成一个"国族",即可以成立自身的国家;其二,为了确认这种以人民为主体的国家,语言和文化成为族权意识的核心;其三,族权和族权的象征不断得到强化。② 对于这些潮流,吴文藻没有给予全面的总结。不过,仔细阅读他的文章,我们不难发现,文章的实质关怀是,在这样的世界潮流之中,中国面临的历史道路选择问题。

文化的民族,政治的国家

从另一个角度出发,吴文藻总结西方民族学说,为的是向当时的中国政治思想界提出一个尖锐的问题:那种种混同文化精神和政治含义的民族国家之说,是否一定要成为中国社会改造的"原理"? 他说:

---

① 吴文藻:"民族与国家",26~27页。在此方面,吴文藻引用的文献包括:J. K. Bluntschli, *Allgemeine Staatslehre*(《政邦学说》,1863);E. Renan, "An 'est-Cegu' une nation?", *Discours et Conferences*, pp. 305~308("何为民族?",1882);A. E. Zimmern, *Nationality and Government*(《国族与政府》,1919)。

② Eric Hobsbawm, *Nations and Nationalism since 1780*, Cambridge: Cambridge University Press, 1990, p. 102.

中国近50年来之政治思想史,一部民族思想之发达史也。吾国民族思想有二渊源:一为固有者,一为西洋输入者。吾国固有之思想,多属片鳞断爪,不及西洋输入者之完善。且吾国固有之民族思想,十之八九为种族思想。西方民族学说之影响吾国近代政治思想,至为深刻。①

为了证实这一观察,吴文藻在前文提供的孙中山和张慰慈理论的基础上,进一步反思了梁启超的"民族"概念。梁启超在《中国历史上民族之研究》中认为:"最初由若干有血缘关系之人,(民族愈扩大,则血缘的条件效力愈减杀)。根据生理本能,互营共同生活;对于自然的环境,常为共通的反应;而个人与个人间,又为相互的刺激,相互的反应;心理上之沟通,日益繁富,协力分业之机能的关系,日益致密;乃发明公用之语言文字及其他工具,养成共有之信仰学艺及其他趣嗜;经无数年无数人协同努力所积之共业,厘然成一特异之'文化枢系';与异族相接触,则对他而自觉为我。""血缘,语言,信仰,皆为民族成立之有力条件;然断不能以此三者之分野,径为民族之分野。民族成立之唯一的要素,'民族意义'之发现与确立。何谓民族意识?谓对他们自觉为我。'彼,日本人;我,中华人':凡遇一他族而立刻有我中华人之一观念浮于其脑际者,此人即中华民族之一员也。"吴文藻认为,比较梁、孙、张三氏对于民族之见解,梁氏的学说较为圆满。张氏不过忠实地介绍了西方的一家之言,认为共同精神、共同习惯及共同利益之观念是民族观念的基础,却又认为民族乃由种族分出,而以民族表示种族之关系,吴文藻认为这存在很大问题。孙中山主张客观的民族概念,列举血统、生活、语言、宗教、风俗习惯等五种民族成因。吴文藻认为这没有区分五个因素中哪一个比较重要,而且,孙中山的主观民族说,"论据近乎武断",以为由于王道自然力结合而成者曰民族,由于霸道武力结合而成者曰国家,颇令人联想及德国唯心论者费希特的民族观。最重要的问题是,孙中山以为民族代表绝对精神之一种形态,国家是达到此一目标的工具,把精神与国家混同,属于"一种玄谈,在学术上不能视作正论"。那么,梁启超的民族概念为什么说是最恰当的呢?吴文藻认为,这一论点"已兼有中外之特长","以演化论之观念,作释义之入手法,由纯粹之客观事实,如血缘关系,自然环境,及经济生活,进至语言、文学、美术、宗教等文化共业为止,殊为独具只眼"。②

基于对梁启超综合中外优点的民族概念的延伸,吴文藻部分地批评了西方

---

① 吴文藻:"民族与国家",见《吴文藻人类学社会学研究文集》,28~29页。
② 同上,30页。

学者有关民族与国家关系的论述。他说：

> 今日学者关系于民族之定义，种类不一，有着重同种同文之关系者，有着重地理环境之要素者，有着重风俗习惯及历史传统之关系者，更有着重精神及象征方面者，凡此不胜枚举，要其以前人为依归则一也。其罗致种种客观要素，则近伯氏之说；其着重精神及象征方面者，则近吕氏之说；其标出心理及文化之本质，则近席氏之说；而席氏本为调和先儒之论者……今日科学的人类学家，对于种族之见解，完全与往日盛倡同文同种说者之见解相左。法儒吕南所谓种族之一名词，实已晦甚，颇有几分真理。当民族之形成，血统之条件的效力，亦未可绝对否认；只因处今日争论最剧烈之时代，似以不作武断的肯定论为是也。①

当然，在这一部分批评的基础上，吴文藻试图从现有的论点总结出一条原理，这一原理明显地将民族与文化密切联系起来，并将之与一般意义上的国家与政邦作了必要的区分：

> 民族者，乃一人群也；此人群发明公用之语言文字，或操最相近之方言，怀抱共同之历史传统，组成一特殊之文明社会，或自以为组成一特殊之文明社会，而无需乎政治上之统一；当民族之形成也，宗教与政治，或曾各自发生其相当之条件的效力，第其续续之影响，固非必需也。故民族者首属于文化及心理者也，次属于政治者也……历史上之无数民族，几无一非由无数种族混合同化而成，不足为判断民族之标准。
>
> ……一是言文之着重：以社会学者之眼光观之，同文系形成团体意识所必需之条件。语言文字乃表达思想之工具，最能促起人群之"类似心理"。唯有"类似心理"之人群，始能发生一种公共利益观念。公共利益观念兴起，团体意识始能成立。乐群性乃人类之一种本能，"类似心理"之条件具备，团体意识自无不成之理。语言文字亦为传递嗣业之媒介，将过去，现在及将来一齐连锁。一民族共处安乐及患难之经验，全凭文字之记载以绵续之；一民族之不朽的文学作品，亦唯类文字之工具以表现之。文学所以表现人生，一团体之得怀抱同一生活态度之理想，实以伟大之文学形成。此其所以足重者一也。二是历史之着重：历史之本质，系一种人文精神。过去现在及将来团体生活之成绩，借历史之记载保存，足资世世子孙无穷之回忆。史乘中圣

---

① 吴文藻："民族与国家"，见《吴文藻人类学社会学研究文集》，30~31页。

贤豪杰之士，或杀身以成仁，或舍生而取义，其牺牲精神，垂古不朽，足为万世之师表。民族以之而人格化，成为一种历史人格，犹之圣贤豪杰，足为人民虔敬与崇拜之对象。此其所以足重者二也。三是文化之着重：此乃着重语言及历史必然之结果。文化之范围甚广。英国人类学者泰勒之界说，为今日学者所公认。其言曰：文化乃"该复杂之全体，包括知识、信仰、美术、道德、法律、风俗，及任何其他能力与习惯，由于人为社会中之一分子而习得者"。一民族自信其有特殊之知识、信仰、美术、道德、法律、习惯，等等，遂组成一特殊之文明社会。此其所以足重者三也。言文，历史，及文化三者，为人文精神之所寓，故民族者，乃一文化之团体也。①

在吴文藻看来，作为"人文精神"和"文化团体"的民族，必须与国家的概念有一个明确的区分。他指出，将作为文化的民族和国家区分开来，其实就是要将民族区分于西方哲学史的国家论之外。换言之，民族与国家混同造成的世界危机的局面，有着必须得到重新思考的历史根源：

> 自柏拉图、亚里士多德以来之西方政治哲学史，一部政邦哲学之发达史也，自费希特、黑格尔以来之政论史，一部国家至尊论之发达史也；自19世纪马志尼、密勒以来之政治运动史，一部民族国家主义运动之发达史也。至于我国，则自先秦以来之政治哲学史，一部圣哲人生哲学之发达史也；自黄黎洲以来之政论史，一部汉族中心论之发达史也；近50年来之政治运动史，一部民族主义运动之发达史也。②

在中西方政治史的比较中，我们看到自己的弱点。这主要表现在：

> 彼此所根本不同者，则西方往者大都以国家为人类中之最高团体，国家与社会，视为同等；我国则久以国家为家族并重之团体，国家之意识圈外，尚有天下。西方以个人为国家之直接单位，我国以个人为国家之间接单位，而以家族为国家之直接单位，乃先家族而后国家者也。故我所短者，乃应世之政邦哲学也，正当之国家观念也，强有力之政治组织也。③

与孙中山等人一样，吴文藻承认中国近代的弱势，根源于强有力政治组织的缺乏。但是，他也考虑到西方民族国家的紧密配合所带来的问题：

---

① 吴文藻："民族与国家"，见《吴文藻人类学社会学研究文集》，30~31页。
② 同上，31~32页。
③ 同上，32页。

近代国家学说,舍国际法学者称国家为主权政邦说之外,实与晚近民族学说,同时并起,开始与德国,而盛倡于美国。美国当北美十三州未宣告独立之前,民族性已渐次形成,所缺者即政治上之表示而已。当时亨利以雄辩而游说统一,斐恩借文墨而鼓吹独立,约翰逊草拟独立宣言,洽密尔顿且以"一民族无一国民政府为一可畏之现象"一类语敬告同胞,终而美合众国之雏形成立。此近世民族国家之起源也。然美国联邦政府之国权,到处受省权之限制,名为统一,实则犹在各州分立时代。直至南北战争之时,林肯极力主张国权统一,美国始有真正之统一可言。际此之时,有学者黎白,原籍德国,改籍美国,出而盛倡国家学说,拥护国权统一之主张。南北战争,世仅知为黑奴解放之战争,但实亦为统一与分立之战争,国家主义与地方主义之战争。氏曾为统一而战,故在战后改造时代,揭橥国家主义旗帜,以与地方主义对抗。国家主义乃统一之标帜,借以号召信徒,伸展国权者也。①

中国的道路

可见,吴文藻的问题意识是:要"号召信徒、伸展国权",是否必然要在文化上强调民族(国族)的一体性?在他的文章发表前的30年,一代政治思想家有感于中国"一盘散沙"的状况,为了"保种强国"吸收了西方民族学说的因素,倡导以各种文化自觉方式确立民族自尊心,并经由这种民族自尊心的确立来达到创造强大国家的目的。而民族(国族)主义的推崇在中国却必须面临一个具有历史延续性的政治实体(即"天下")如何可能运用"民族"的观念(或"国族")来处理这个政治实体长期存在的内部族群多元性的难题。对于处理这个问题,吴文藻提供了一个民族区分于国家的方案,主张将文化的民族与政治的国家相区别,以多元的民族来创建一个强大的现代国家。

为此,吴文藻借用黎氏(F. Lieber)的国家概念,认为以近代的观念来界定中国的国家,强调其疆土、人民、国语、共同之文物制度(文化遗产)的一体性。吴文藻认为,近代国家概念的意义广泛,比民族和政邦都更适用于中国政治组织的运用。他认为,"就字义而言,国家之一名词,考吾国文字源流,含意深广。国之一字,将政邦之要素,所谓土地人民主权者,悉加延括……国家之一名词,虽与民族政邦二者异殊,实兼二者而有之。物质精神两方面之条件具备,故曰国家之名

---

① 吴文藻:"民族与国家"。

词,含意深广也。"①这样的国家定义,其实源于民族国家的学说,主张仍然是以文化(民族精神)为基础来创造一个统一的国体。吴文藻说:

> 国家之要素,今日已不复限于土地人民主权三者,用无可讳言之事实。昔日之国家,纯为一种政治组织,大都以武力保其尊严,不借文化增其光耀。今日之国家,事实上虽未脱野蛮之遗风,理论上却已不复纯为一种政治组织,而为人类社会中之文明团体矣。
>
> ……
>
> 国家之特征,在其为致密之政治组织,而于一定之领土内,享有最高之统治权。政府不过是一种实行职权之机关。此处所谓政治上之统治权并非"固有、独立、普及、而无可抵抗"者,盖政权未有不出之于社会势力,经济势力,及心理势力等等者也。政权之所在,即主权之所寄。有寄于个人者,有寄于阶级者,有寄于全民者,有寄于士人者。以四者较,自以寄于士人中之能者为最适宜。劳心者治人,劳力者治于人。治者阶级,选贤与能,则历史传统,始能持守,文明生活,方可互营;若是,未有不见机能的统一关系感于内,自觉的特殊精神形于外者。一国家承继一种独到之文化嗣业,始为组成一种特殊之文明社会,而此唯于其团体生活之态度上,及团体生活之精神中窥之。此乃今日文明国家之特质也。②

以文化为基础的新国家,显然必须解决一个重要的问题:享有不同文化传承的民族是否可以成为一个一体化的国家? 在这个问题上,吴文藻没有进行进一步的概念澄清,而似倾向于主张以现代西方文化为"文明"来教化多民族的国家,促成其多民族的合作精神,奠定一个强大的文明国家体系:"民族乃一种文化精神,不含政治意味,国家乃一种政治组织,备有文化基础。民族者,里也,国家者,表也。民族精神,实赖国家组织以保存而发扬之。民族跨越文化,作政治上之表示,则进为国家;国家脱离政治,失政治上之地位,则退为民族。"③他还认为,民族国家主义运动的一个潜在误区在于引导人们相信独立是最终目的。事实上,确立一个现代国家的目的,在于恢复民族的自由。因而,一民族建立一国家的主张,不一定是历史的必由之路。他说:

---

① 吴文藻:"民族与国家",见《吴文藻人类学社会学研究文集》,33~34页。
② 同上,34~35页。
③ 同上,36页。

一民族可以建一国家，却非一民族必建一国家，诚以数个民族自由联合而结成大一统之多民族国家，倘其文明生活之密度，合作精神之强度，并不减于单民族国家，较之或且有过无不及，则多民族国家内团体生活之丰富浓厚，胜于单民族国家内之团体生活多矣。近世所谓民族国家，自有此二者之别。自马志尼、密勒提倡一民族一国家之主义以来，理论辄易掩饰事实，变态竟且视作常情，此乃思想界混淆之所由起。考此主义之由来，实系一种反抗运动。民族性被虐待，或国民性受压迫后，骤然兴起反抗，图谋独立，保全自由。复有仁人志士之辈，以其所爱而及其所不爱，爱己之自由而及于爱人之自由，见强之凌弱，大之侮小，夺其自由，强其奴隶也，乃挺身而出，主持公道，拥护正义，发表一种愤世之良心主义，实行解放运动，打破不平等之现状，恢复弱小民族之自由。故民族性之真正要求，非独立也，乃自由也，自由其目的也，独立其手段也，非为独立而独立也，乃为自由而独立也，今之人舍本逐末，竟言一民族一国家之主义，而不明其最后之用意所在，宜其思想之混乱也。前谓一民族可以建一国家，却非一民族必建一国家，良有以也。吾且主张无数民族自由联合而结成大一统之民族国家，以其可为实现国际主义最稳健之途径。由个性而国性，由国性而人类性，实为修身齐家治国平天下之大道。万一无数民族，不能在此大一统之民族国家内，享受同等之自由，则任何被虐待之民族，完全可以脱离其所属政邦之羁绊，而图谋独立与自由，另造一民族国家也。①

多元与一体

1988年，也就是吴文藻的那篇早期作品发表后的62年，吴文藻的学生费孝通先生在香港中文大学丹纳讲座做了一篇题为"中华民族的多元一体格局"的讲演。费孝通说：

> 中华民族作为一个自觉的民族实体，是近百年来中国在和西方列强的对抗中出现的，但作为一个自在的民族实体则是在几千年的历史过程中形成的……它的主流是由许许多多分散存在的民族单位，经过接触、混杂、联结和融合，同时也有分裂和消亡，形成一个你来我去、我来你去，我中有你、

---

① 吴文藻："民族与国家"，见《吴文藻人类学社会学研究文集》，35页。

你中有我,而又各具个性的多元统一体。①

回顾吴文藻的"民族与国家"与费孝通的"中华民族多元一体格局"两篇论文发表相隔的62年,我们看到人类学者的民族问题研究走过一条漫长而曲折的道路。就人类学学科的历史变化来看,几个阶段的发展明晰地呈现在我们眼前。1927年以后的20年里,随着相对统一的南京政府的建立,人类学的民族问题研究在自由知识分子和制度化的民国(如"中央研究院")学术体制下得到了相当大的发展。汉族以外地区的研究和后来的"边政学"的倡导,使中国人类学的多元文化观提供了初步的图景。这一图景在特征上颇类似于19~20世纪西方人类学试图在世界体系中绘制的文化多元图景,而其更恰当的定义,则应是一种现代场景中为了反对帝国主义而对古代中华帝国文明的内部多元性展开的文化重建。因而,在1942年,也就是在抗日战争期间,吴文藻写道:"中国这次抗战,显然是整个中华民族的解放战争,而不是国族内某一民族单位的解放战争",而他要解决的问题是,"如何能使世界各国信守民族一律平等的要义;如何能使吾国的王道文化精神,英美的委任统治观念,以及苏联的少数民族政策,相互融会贯通,成为一个理想,以跻世界于大同。"②

这一言论发表10年以后,历史已经发生重大的转折,而吴文藻的问题却没有消失。在新国家成立以后,抗战期间"民族统一战线"需要的"中华民族的解放战争"的号召,表面上已经不再是一个问题,但如何处理一体化的国家建设过程与民族文化多元格局之间可能潜在的矛盾,这一问题不仅没有消失,而且可以说变得更为重要。新中国建立的政治地理基础,与欧洲的民族国家地理政治疆界不同,属于一个一度是"多元一体"、具有朝贡制度色彩的"天下",而非严格意义上的欧洲式君主王国。在这样的新式国家中,"民族"一方面指代境内的差异不小的族群,但若要建构一个以国家为中心的共同体,则需要以拟似于民族国家的民族(nation)概念来统一文化的建构。在民国革命和后来的一段时间里,这种统一文化的建构,曾经为营造反对帝国主义的社会凝聚力提供了理论的源泉。而到了新中国成立以后,则转变为共和国体制下的政府借以处理其内部关系的准则之一。

20世纪50年代,处于摸索阶段的新国家,在本土的民族关系事实与苏联民

---

① 费孝通:"中华民族的多元一体格局",见其《论人类学与文化自觉》,121页,北京:华夏出版社,2004。

② 吴文藻:"边政学发凡",264页。

族学从其多民族加盟共同体提炼出来的斯大林式民族定义之间摇摆。这样的摇摆不可避免地在研究工作方面造成内在的困境。在"科学社会主义"理论,尤其是其中的社会阶段进化观点的框架内,50年代民族研究在民族社会历史与语言调查的过程中迫使自己采取一种单线的、政治经济学理性论的历史观念来看待所发现的资料。他们在调查和文献搜集基础上,由政府部门安排开始了其独特的"民族志"(并非西方社会人类学意义上的"ethnography"[一般亦译"民族志"])撰述。这些撰述的基本框架是摩尔根—恩格斯—斯大林对于原始社会和文明社会的历史阶段划分,尤其是原始社会、奴隶社会、封建社会、资本主义社会、社会主义社会的历史社会形态学划分。然而,撰述依据的调查研究却更多地带有"抢救即将消失的文化"的意味,而这些"被抢救"的文化类型被认定为"民族识别"的基本工作,其目的既在于确认"被抢救的少数民族"的历史定位,又在于为新确立的国家营造一个多民族的共同体。民族研究的双重使命,在50年代的一系列调查研究中得到了具体实施。

少数民族研究工作自1950年即已在政府的直接指导下进行。20世纪50年代,为了"摸清"共和国境内各少数民族的基本情况,政府于1950~1952年间派出若干个"中央访问团"分别到各大行政区遍访各地少数民族,一方面继续宣传新政府对少数民族的政策,另一方面带有了解他们的民族名称、人数、语言和简单的历史概貌的目的。一些在20世纪30~40年代即已从事过社会学、人类学研究的学者被纳入访问团,在其中扮演了重要的角色。显然,50年代初期,对于新国家的情况不十分了解的诸多少数族群,依然带有强烈的地方"原生性族群认同"。[1] 1953年,全国第一次人口普查得到开展,当时自报登记的民族名称竟然达到400多个。[2] 这一民族名称数字,与孙中山当年提出的"五族共和"的"五"字显然形成了极大的差别。一个民族国家能否兼容这么多的"民族",一时成了新政府为之焦虑的问题。到底这些自称"民族"的群体能否被看成"民族"而获得新国家民族政策的利益呢?

在回顾这一段时期参与民族调查工作的经验时,身处20世纪90年代的费孝通感叹自己对于"民族"概念的困惑,他特别提到:以往政府和知识界确认的各项"指标",在民族识别的实践上都必须经过参考实际情况进行修改才能成立。[3] 到

---

[1] 参见 Clifford Geertz, *The Interpretation of Cultures*, New York: Basic Books, 1973, pp. 234~254。
[2] 费孝通:"简述我的民族研究经历和思考",见其《论人类学与文化自觉》,155页。
[3] 同上,119~135页。

底什么是"民族"？在谈及这个问题时，费孝通似有回归史禄国（S. Shirokogoroff）的民族精神论（ethnos）的倾向①，但我们不能排除在这一论点上，吴文藻早已指出的那种难以琢磨的民族认同"文化及精神实质"的继承关系。其实，从吴文藻的论文发表到 1998 年费孝通道出他的感叹之间，我们的民族研究家一直没有能够完善地在理论上找到一把解决一体的政治实体的"中华民族"和多元的民族认同与文化之间关系的钥匙。那么，问题出在哪里？

两个种类的文化

"一民族一国家"的国族主义民族国家理论，带有一种引起民族间矛盾甚至战争的危险性。这一点，吴文藻已经通过其理论的阐述，富有预见性地为我们提供了很好的解释。自启蒙运动以来，政治思想界的论者认为，民族国家的确立是创造人民自由的必由之路，他们没有想到为了这一必由之路，民族与民族，国家与国家的战争给人们带来了多少灾难，也没有想到这样的政治理想最后通常沦为一种新式的"全权主义现代性统治"。② 从这意义上讲，吴文藻及他以后的中国民族问题研究者为我们阐述的"多民族国家"模式，综合非西方文明体系的历史特性和对于西方民族国家理论的反思性吸收，为我们提供了具有重大意义的替代性观点。然而，"多民族国家"的模式，是否能够在事实上完全解决民族国家可能带来的问题呢？

作为一种政治与文化既要分离又要结合的模式，"多民族国家"显然会存在诸多的与民族国家不同的内在紧张性。在国家力量不断强化、一体性不断延伸的过程中，政治与文化既分离又结合的"辩证"，必然导致我们对"文化"这个概念进行双重界定。正如吴文藻的论文显示出的，人类学的文化观要求我们尊重文化的一体性与自在性，尊重文化的原有面貌。基于这样一个概念，民族识别必然要基于作为文化的语言、信仰、地理、生活方式等因素。然而，自从 19 世纪初期开始，我们却经历了又一种文化的过程。在一部出版于 1881 年的书中，德国社会学家滕尼斯（Fernand Tönnies, 1855～1936）为我们指出，近代世界发生了一种重大的转型，即共同体向社会的转变。滕尼斯认为，共同体与社会有着一个重要的差异：实在的共同体建立在"自然的基础"之上，它的规模虽小（如家族、村

---

① 费孝通："简述我的民族研究经历和思考"，见其《论人类学与文化自觉》，166 页。
② Anthony Giddens, *The Nation-State and Violence*.

落、友谊团体、关系),却充分表现着思想意志的高度有机结合,是一种"持久和真正的共同生活";而社会则不然,尽管它在规模上远远超过自然形成的血缘和地缘共同体(甚至可以构成超民族的世界性社会),但它实质上无非是一种由带有各自目的的个体聚合而成的、不具备实质意志的"人造机械体"。共同体与社会其实是两种不同的文化形态,这一概念的区分带有与民族国家相关的历史意味。滕尼斯认为,"从原始的、共同体的生活形式和意志形态发展为社会和社会的选择意志形态的过程",就是"从人民的文化到国家的文明"的过程。① 从人民的文化到国家的文明转变的过程,首先展现于家族、村落和地方性城市之类的"原始的统治的"品格为封建、王公和骑士的形象所取代的过程中,继之又展现于民族(国家)的统一和商人阶层地位的上升驱使资本主义得到发展的过程中,而这一系列过程的展开,既促使机械式的人为社会秩序得以构成,又促使不同阶层的人,从地方—自我身份演化为"国际的、社会的"个人。②

我曾在自己从事的汉人社区研究中指出了滕尼斯及其后一些西方学者论述的这种共同体走向社会之过程的地方性影响。③ 在这里,我必须进一步指出,滕尼斯指出的文化矛盾,本质上就是具有近代文明化进程的现代文化对于原生性共同体(包括族群共同体)认同的冲击。这一点到了 20 世纪 80 年代,仍然广泛存在于世界的各个角落。西方人类学对于国族和族性的研究、对于全球化和本土性的研究,始终贯穿着对于原生性共同体——如以血缘和地缘双重关系为基础的地方社区——的近代命运的关怀。起初,这一关怀表达在对超离于具体人文区位的"想象共同体"的批判性研究中,这些研究显示出社会科学的阐释——批判者对 18 世纪以来经由现代性普遍知识而得以广泛传播的民族主义意识形态和制度的反省,它们当然具有各自的叙事风格与理论派别。到了 20 世纪 90 年代,"全球化"的论辩一时取代了对想象共同体的批判。现在,在"全球化"的论述中占支配地位的论者大多坚信一个超级的"社区"(地球村)正呈现在人类面前,相信无论是小地方还是大国家,无论是政治家还是一般人,都必须在选择上"理智地"考虑到"冷战"以后全球经济、科技以至文化的融合对于社会和文化边界的冲击。"全球化"的论述,于是将社会科学的时髦人士从民族国家的"想象共同体"的思考推向了更高层次的想象,似乎我们立刻将被时代纳入一个"没有护

---

① 滕尼斯:《共同体与社会——纯粹社会学的基本概念》,林荣远译,331 页,北京:商务印书馆,1999。
② 同上。
③ 王铭铭:《社区的历程——溪村汉人家族的个案研究》,北京:生活·读书·新知三联书店,1997。

照的天下"。悲观的文明史论者从这一"主流"的论述中忽然也感到拯救为全球化所冲击的"社区文化"的使命之沉重,而注重"文化之不可变性"和"吸纳力量"的人类学者则试图重新回归于世纪初的种种"文化能动论"来抵制再度启蒙着人们的历史理性的思潮。

在撰述"民族与国家"一文时,吴文藻怀有一种对文化的双重期待。一方面,他期待作为一种能够创造人的自由的文化过程能够成为中华民族自我复兴的手段;另一方面,他期待作为多元的不同民族文化能在这个"天下"的复兴中得到保护、尊重,同时发挥他们对这种文化过程的归向作用。可是,现状如何? 在1922年写的一段"补白"中,滕尼斯说:"尽管在资本主义的(社会的)世界体系经历了令人可怖的毁灭性震撼之后,这个体系现在更加肆无忌惮地掀起它的瓦解性力量,尽管面对这些现象,对'共同体'的呼唤声音越来越高,但是,倘若愈少宣告对纯粹的'精神'抱着一种救世主的希望,这种呼声就会愈来愈得到信赖……"①这一对共同体历史命运的意识,包含了对民族国家(即滕尼斯所谓的"社会")与世界体系之全球摧毁力量的警告,以及对重建共同体的千年禧救世主义论调的反思,它显然依然是20世纪末诸多理论和文化价值论争的核心内容,而我们从吴文藻的论文中看到的,也正是这种文化价值的内在紧张,正是两种文化观念的重叠引起的困惑。

在20世纪最后的日子里,我们的民族问题研究依然受制于这样一种文化价值的内在紧张和观念重叠之中。我们面对着的是两个已经在一个世纪中得到制度化了的"民族"概念:"中华民族"和"少数民族"。这两个概念看起来似乎无非是一种文字游戏,而事实上,它们所起的效应却不能低估:我们有那么多的问题是由这样的一体化和多元化的文化问题引起的——诸如此类的问题,甚至是西方所谓"民主国家"的人权全球化与族权国家化自相矛盾的根源。族性理论的人类学开创者科恩(Abner Cohen)等曾指出,作为象征力的族性认同,与政治经济的集体诉求,其实分不开,因为它们是一个铜板的两面。② 在西方,20世纪80年代以来的民族研究一直专注于对"国族"的文化批评,人类学者对三个过程作了细致的分析,这三个过程包括:(1)使人群在时间上和空间上分界,产生和体现集体记忆的社会实践;(2)国家机器塑造、掌管和区别公民的权力技术;(3)社会行动者通过创造一个商品化的物质世界并与其不断接触交流而形成自己主观世界

---

① 滕尼斯:《共同体与社会——纯粹社会学的基本概念》,285页。
② Abner Cohen, *Two Dimensional Man*, London: Routledge and Kegan Paul, 1974.

的各种活动。① 无论采用什么概念框架,他们所针对的,都是具有文化霸权意义的国家和全球化的现代性族性观念。在学术的价值上,这些研究对于要在一个多元的格局中创造一体性的中国而言,应当说具有相当重要的参考价值。然而,在长期的政治实践中,我们的民族问题研究者却出于复杂的原因而倾向于依附在文化的国家进程上,未能从文化的另一种立场出发探讨我们的世界。

吴文藻先生在那篇论文,富有魅力地号召我们以文化的方式来解决中国民族与国家关系的文化问题。在世纪的末期,我看到,在这样一条道路得到政治的延伸之后,我们的民族问题多了一些值得在理论上探索的难题。前文提到,1942年,吴文藻先生曾表示民族研究的使命在于"使世界各国信守民族一律平等的要义",而在中国,信守这一要义,又必须探讨综合中国传统"王道文化精神"、英美的"委任统治观念"及苏联的少数民族政策,使之相互融会贯通,成为促进世界大同理想的实现。② 民族与国家之间的复杂关系,可以说是现代世界的普遍问题之一。民族社会学家能够看到,在欧美和第三世界,处理由于"族性"(ethnicity)而引起的社会利益冲突,一直是现代政府的主要使命之一。③ 同时,民族问题研究也为我们指出,与西方国家相比,中国的少数民族问题,也有我们的特殊问题,而吴文藻提倡的这种多种传统的综合,更给我们的解释和实践带来深刻的复杂性。

基于传统帝国体制的中国王道文化,主张文化教化服务于政治,因强调"王道",而倾向于把民族问题纳入帝国治理体系的范畴,不主张族群意识的重要性。这种模式与英美的委任政治所引起的公民权观念和国族意识的建构主义理论④,及与俄国—苏联式的原生性族群理论⑤联结起来以后,使我们对民族(或国族)问题的认识长期面临极大的难题。王道政治与族群建构主义理论的结合,使我们将族群意识的建构当成王道的工具;它与原生性族群理论的结合,使我们以国家的民族识别(分类)工作来(不无矛盾地)服务于国家的一体化建设;而三者的结合,状况则更为复杂:在西方,依据现代民族国家模式创建起来的政治制度,"公民权"(citizenship)的意识也发展得相对早一些,国家与民族之间关系的协调也

---

① Robert Foster, "Making National Cultures in the Global Ecumene";又参见纳日碧力戈:"种族与民族观念的互渗与演进——兼及民族主义的讨论"。
② 吴文藻:"边政学发凡",264 页。
③ 马戎:《西方民族社会学的理论与方法》,"导言"。
④ Fredrik Barth, *Ethnic Groups and Boundaries: The Social Organization of Culture Difference*, Boston: Little Brown, 1969.
⑤ Sergey Shirokogoroff and Valery Tishkov, "Ethnicity", in *Encyclopedia of Social and Cultural Anthropology*, London: Routledge, 1996, pp. 190~193.

比较完整地纳入到政府—公民互动关系中处理了;而在中国,由于双重的文化认同观念的存在,我们的认同,却一直交织着公民意识和独特的民族识别认同的矛盾统一。然而,这样的复杂性和矛盾统一,不正是民族与国家关系问题的实质特征吗?

(王铭铭)

04 文化、夷夏之辨与史学的道统

——读柳诒徵《中国文化史》(1928)

中国近代社会科学的兴起往往被归因于西方学术的传入,但考虑到传统史学的时间系统和社会科学时间系统之间的格格不入,如果没有传统史学在晚清的迅速崩解,西学之迅速传入和被广泛接受恐怕都是不可能的。因此,公允地说,是西学与新史学的里应外合共同成就了中国近代社会科学。20世纪早期,以梁启超、胡适等学者为代表的新文化派与以柳诒徵、吴宓为代表的学衡派曾经进行了长时间的激烈争论,而重新书写历史的方式就是争论的核心问题之一。

柳诒徵的《中国文化史》是学衡派最完整也最重要的史学著作之一,通过梳理这一著作可以看出,虽然柳诒徵仍旧以道统主导史学写作,但他的保守主义其实已经构成了某种新史学。北方的新史学,由于没有意识到科学本身也是一种"道统",而夸大了自己与传统史学的断裂。

大半个世纪过去之后,在"新史学"的主张下成长起来的学者已经有人开始反省了。费孝通晚年在"试谈扩展社会学的传统界限"一文中提出,社会学要真正理解中国社会,一定要回到中国传统,他着重指出了宋明理学的理论潜力,说它是探索中国社会学领域的一把钥匙。① 与费老将目标投向哲学不同,张光直先生早在1986年就提出用中国历史来挑战西方社会理论的看法。那篇文章叫"连续与破裂:一个文明起源新说的草稿"。② 从方法论上来说,张光直将中国丰富史料看做是社会理论的重要来源和需要适用的范围。在这篇文章中,张光直讨论的是文明的发生学,中国文化是以连续性为特征的,他将这种连续性诉诸萨满教的宇宙观。而西方的文化是以断裂性为特征的,他主要说的就是文化与自然的断裂。认识到西方

---

① 费孝通:"试谈扩展社会学的传统界限",载《思想战线》,2004(5)。
② 张光直:"连续与破裂:一个文明起源新说的草稿",见乔健编著:《印第安人的诵歌》,119页,桂林:广西师范大学出版社,2004。

文化的断裂性，也就意识到了西方社会理论自绝于人类的普遍经验，这是张先生眼中反思西方的一个基准点。尽管这两位前辈寻找的传统资源不太一样，但他们都共同主张，中国的传统学问中隐藏着巨大的社会理论潜力。

柳诒徵早在20世纪20年代就已经开创了以礼论史的书写范式，他的《中国文化史》关注的对象与今天的人类学，尤其是历史人类学的着眼点颇有相通之处。笔者不揣简陋，希望通过人类学的眼光重新解读《中国文化史》来接续民国学者对中国文化的思考与书写，以期些微落实费孝通、张光直等前辈的恢宏设想，并对在模仿还是反思西方话语之间举棋不定的中国社会科学寻找一点学术史的给养。《中国文化史》体例很大，将近100万字，该书是柳从1919~1921年间在大学授课的讲稿中整理出来的。这部讲稿被修订后分17次连载于1925~1928年间的《学衡》杂志上，最终全书分为上、下册于1928年及1932年出版。这部书被蔡尚思认为是中国文化史写作的滥觞之作①，整个民国时期的中国文化史写作都是被柳诒徵孵化的，而且这部书也被柳诒徵的老对头胡适称为开山之作②，尽管他也从疑古派的方法论出发，批判此书在材料运用上不够严谨。

问题的提出

《中国文化史》共分三编，第一编从上古至两汉，柳诒徵认为是中国民族本其创造力，由部落发展至国家，并构成独立文化的时期；第二编从东汉直到明代，柳诒徵认为是印度文化输入中国，并与中国固有的文化相抵牾、相融合的时期；第三编从明末直到该书写就的20世纪20年代，是中印两种文化均已就衰，而西方的学术、思想、宗教和政法纷纷输入，并与第二阶段遗留下来的文化相激荡的时期。

柳诒徵写作《中国文化史》，其学术关怀可以区分为两个层面：

首先，在面对世界时，柳诒徵希望通过中国文化史来求得人类演进之通则，这一追求草蛇灰线地贯穿全书，柳诒徵时时留意将中国的历史文化进程与当时所知的西方世界进行比较，一方面固然彰显中国文化之殊异之处，另一方面也在比较中推演通则之所在。柳诒徵所谓的演进，与进化论关系密切，却不是进化论所能尽，而更多地是指文化在时间中的展演。在"绪论"中，柳诒徵说道："历史之

---

① 蔡尚思：《中国文化史》导读"，见柳诒徵：《中国文化史》，2页，上海：上海古籍出版社，2001。
② 沈卫威：《"学衡派"谱系：历史与叙事》，291页，南昌：江西教育出版社，2007。

学,最重因果。人事不能有因而无果,亦不能有果而无因。治历史者,职在综合人类过去时代复杂之事实,推求其因果而为之解析,以昭示来兹,舍此无所谓史学也。"这已经不是单就一国一族的历史来界定史学之学术鹄的了,在1947年重版的"弁言"中,他继续写道:"故吾往史之宗主,虽在此广宇长宙中,若仅仅占有东亚之一方,数千祀之短暂,要其磊磊轩天地者,固积若干圣哲贤智垂创赓续以迄今兹,吾人继往开来,所宜择精语详,以诏来学,以贡世界,此治中国史者之责任。"

其次,在面对中国历史文化时,他专求其与世界其他文化之差异,第一,中国幅员之广袤,世罕匹敌,而栖息在同一主权下的民族的性质习惯又大相径庭,数千年来,治权时分时合,国土面积也未见大起伏,"试问前人所以开拓此天下,团结此天下者,果何术乎?"①第二,中国境内种族之复杂,至可惊异,历史上血统之混杂,民族之同化,复不知凡几,"试问吾国所以容纳此诸族,沟通此诸族者,果何道乎?"②第三,中国年祀久远,相承勿替,三四千年间,主权有转移,而国家未灭亡,"试问吾国所以开化甚早,历久犹存者,果何故乎?"③

上述三点是当时学界普遍关心的问题,因此也构成了柳诒徵以《学衡》为阵地与北方的胡适等新文化派进行对话和争论的基础。《中国文化史》全书也是围绕这三个问题组织起来的。对应于第一个问题,在每一编中,都有专门的章节论及疆域的开拓,一章专述帝国的政治制度,如:第一编中,"汉代的内外开辟"是团成汉代以前疆土的奠基性工作,而"周代礼制"和"秦之统一"是这一时期的主要制度创见;第二编中则以"隋唐之统一与开拓"讲疆域,以"隋唐之制度"讲政治制度;第三编中以"清代之开拓"讲疆域,以"清朝之制度"和"外患与变法"讲政治制度。对应于第二个问题,在每一编中都有专门的章节讲蛮族之开化问题,如:第一编中,"夏之文化"和"殷商之文化"讲夏人殷人之文化发明,"秦之文化"意在说明秦人作为偏居关外之蛮族接受教化的过程;第二编中,则专述了五胡乱华时期的"诸族并兴及其文化"、"辽夏金之文化"和"蒙古之文化";第三编中专述了康乾时期清的文明化。要之,在汉之前文化重发明秦襄公被周平王封为诸侯,赐之以岐以西之地,虽秦非夏族,然早已经进入周之封建,故放在汉之间以文化发明论,而汉之后文化重交融。对应于第三个问题,本书在每一编中都特重教

---

① 柳诒徵:《中国文化史》,3页,北京:东方出版社,2008。
② 同上,4页。
③ 同上,5页。

育之演进。在第一编中,分别讲述了道、儒、诸子之学,以及周代和汉代的学术;第二编中从魏晋清谈到唐宋明学术共列有五章;第三编除了"清初诸儒之思想"和"考证学派"之外,还专门介绍"译书与游学"。

从柳诒徵的问题意识和文本组织方式可以看出,以政治、文化和学术三者为框架来思考自我与他者——包括作为中国文化的第二圈的诸族和第三圈的印度与远西——的关系的历史是柳诒徵书写《中国文化史》的基本架构。更简单地说,柳诒徵提出的三个问题可以归结为一个问题,即在放弃"皇帝"的象征的前提下,中国的整体性应该如何论述。与新史学致力于发现"民史"不同,他更强调道统的核心地位,政治、文化和学术不过是道统在不同情境下的呈现罢了。考虑到孔子以降,道统和政统构成了中国历史的内在理路,柳诒徵选择道统来书写文化史其实是再自然不过的事情了。但作为一个史学家,柳诒徵的路径又和新儒家从哲学入手的方式大相径庭,他要看到具体历史如何作为道统的展演,而不是将道统抽象为一个空疏而强硬的口号。在柳诒徵看来,佛教进入中国之前是中国文化形构自我的时期,此后则是这个已经大致定型的文化与印度的佛教文化和西方文化对话的历史过程。要展现中国文化史,就要依次叙述自我的形构、对话的过程和融合的凭借,以下依次叙之。

自我的形构:从上古到汉末

柳诒徵并不认为第一阶段的自我形构是某种纯粹的文化不断延续的结果,从上古到汉末,其实同样是一个多种文化交融和并存的历史。但是,汉以前"政治主权完全在夏族,而他族则以被治者而同化,汉以后政治主权不全在夏族,而他族则以征服夏族者而同化。"[①]这表明,柳诒徵对中国文化自我形构的思考和政治主权之间的关系十分紧密,但他并不持国家主义的论调,而是着眼于制度与伦理的关系来论述何为中国文化。在柳诒徵看来,"封建之制,实为吾国雄长东亚,成为大一统之国家之基。而外观虽号统一,内部之文化实分无限之阶级。自太古以至今日,无论何时何代,举不能以一语概括其时全国之文化程度。此实治中国历史者所当知之第一义也。"[②]但制度的建设只是一文化之外在的保障,而不足以尽中国文化之实质。柳诒徵认为,中国文化的根本是互为表里的礼治与道德。

---

① 柳诒徵:《中国文化史》,324 页。
② 同上,19 页。

但是,他接受了古文经学的观点,即,上古的制度创建经过圣人损益而发明了道德体系,而不是如韦伯所说,是一种伦理和制度的有择亲和。

柳诒徵认为,中国文化之根本奠定于洪水之后的唐虞时期,这也是中国历史真正有文字可考的开始。从这时起,中国开始意识到了文野之别,柳诒徵引韩愈《原道》篇:"孔子之做《春秋》,诸侯用夷礼则夷之,进于中国则中国之。"意在说明,"中国乃文明之国之义,非方位、界域、种族所得限。是实吾国先民高尚广远之特征,与专持种族主义、国家主义、经济主义者,不几霄壤乎?"①这种文野之别最典型地体现在衣服制度上,柳诒徵认为,"衣字之下半,当即北字。古代北方开化之人,知有冠服,南方则多裸体文身。""中夏之文明,首以冠裳衣服为重,而南北之别,声教之暨,胥可于衣裳觇之。此《系辞》所以称'垂衣裳而天下治欤'!"②"文采之多寡,实为阶级之尊卑,而政治之赏罚,即寓于其中,故衣裳为治天下之具。"③

柳诒徵认为,从唐虞至夏,至殷,再至于周,是上古史的主线,这似乎和这一阶段是多文化混融而成的观点不符,但实际上,柳诒徵并非以种族论文化,而是以文明论文化的,前后相继或者同时并存着多个部落、国家,只有延续了唐虞之文明之治的才会被认为是合法的文化继承者。从这里仍旧能够看到传统中国史学中"正统"观念的影响。柳诒徵一方面注重政教变迁的历史,另一方面也肯定了圣人垂范的意义。因此他格外强调周代礼治和孔子本人的历史价值。

"周之文化,以礼为渊海,集前古之大成,开后来之政教。"④柳诒徵花了较大篇幅梳理周代礼治的各个方面,举凡国土、官制、乡遂、田兵、市肆、教育、宫城、药食、礼俗、乐舞、王朝与诸侯关系等十一条,其中大多本于《周礼》,《周礼》成书时间是清代以来经学的一个大问题,有托古改制之说,如康有为;也有做于战国之说,如毛奇龄、钱穆;柳诒徵则力辩该书成于周代,为王官之学。他认为周代礼治其实只是有周一代之制度,并不足以为万世师法,但周之礼治才是后世以损益历史做制度发明的起点,更重要的是,孔子上承周公,摄事归心,立千年人极,是以周代礼治为出发点的。另外,《周礼》为王官之学,而《汉书·艺文志》认为诸子出于王官,这本充满争议的书在柳诒徵这里已经被作为中国文化史的一个总的收束点,不止是一个朝代的法度了。张尔田以为,无论《周礼》究竟成书在何年

---

① 柳诒徵:《中国文化史》,31 页。
② 同上,37 页。
③ 同上,38 页。
④ 同上,118 页。

代,其所载内容都是真实不虚的,因为在上古时期,除了文字传承之外,还有一个口述的传统,《周礼》可能在周失王官之后就一直以口述的方式流传,直到后来的继承者将其书写出来。[1]

西周末年,周失其官而诸子代兴,但柳诒徵最先叙述的并非孔子和儒家,而是先说老子和管子,究其原因在于,道家出于史官,而史为王官学之首,这也显示了他和新儒家及其他中国文化研究者的重要差别。老子之学本乎古之道术,而所谓"古""不限于有文字以来之历史,亦不限于羲、农、黄帝以来之有道术者。故常抉摘天地造化之根原,而不为后世制度之文物所囿,此老子之学所以推到一切也。然东方人种积习耕稼,偏于仁柔,往往以弱胜强,而操最后之胜算。老子习见其事实,故反复申明此理,而后世之人,因亦不能出其范围。实则老子之思想,由吾国人种性及事实所发生,非其学能造成后来之种性及事实也。"[2]

老子虽然开创了中国的形而上学,但就社会人生之影响,及道德伦理之建立,其地位则远不及孔子。[3]"孔子者,中国文化之中心也。无孔子则无中国文化。自孔子以前数千年之文化,赖孔子而传;自孔子之后数千年之文化,赖孔子而开。"[4]这句话连句式都和论述周代礼治是一样的,差别在于,周代礼治之价值在于政教,而孔子之价值在于道德。柳诒徵并不以儒家名孔子,而只是承认孔子的后学是儒家,孔子在他看来似乎是不能以诸子百家论的,这和太史公专列"孔子世家"一脉相承。一般说来,今文经学目孔子为教主,而古文经学目孔子为史家,柳诒徵兼采古文经学和新儒家的观点,一方面强调孔子删定六经,另一方面更加肯定孔子"卓然立人极,为生民以来所未有"[5]。孔子之学,有得之于家庭者,有得之于社会者,而最重要的来源则是其自身好学,也就是来自前代的积累。"孔子所学,首重者曰成己,曰成人,曰克己,曰修身,曰尽己","其遇随穷,其心自乐,人世名利,视之淡然。""自孔子立此标准,于是人生正义之价值,乃超越于经济势力之上。服其教者,力争人格,则不为经济势力所屈,此孔子之学最有功于人类者。"[6]正是这种对完满人格的追求使得周之政教、老子之根源获得了道德意义,而中国文化史的性格也因此被奠定,后来的历史都是在孔子开创的以道德为

---

[1] 张尔田:《史微》,141页,北京:中华书局,2006。
[2] 柳诒徵:《中国文化史》,221页。
[3] 新儒家一般的看法是,墨家不及人文,而道家过于人文,但柳诒徵似乎在暗示,道家本乎东方之种性,对后世一切人文建制都持否定态度,可以为新儒家论道家之境界形态的形而上学找到史学的根据。
[4] 柳诒徵:《中国文化史》,226页。
[5] 同上,227页。
[6] 同上,229页。

依据的礼的传统下展开的。当然,孔子既是史家,就不可能是一个徒为高扬心性的自了汉,自修身起,齐家、治国、平天下,无一不讲,"有体有用,非若二氏之专言虚寂,遗弃一切也。"①孔子和老子的另一个区别是,孔子重视教育,著述之功卓越,而老子毕生只有五千言,不以书籍为重。孔子手定六艺以传周官史学,其言神明,主在《易传》,"中"以言方位,"时"以言先后,推演开来,则可位天地,育万物;其言治道,主在《春秋》,正名分,寓褒贬,开后世史学之宗;其言教育,主在《中庸》②,柳诒徵最为重视的也是这一点,他说:"教育之功,至于尽物性,参天地,……所谓宇宙内事,皆性分内事也。吾国古代圣人之思想,常思以人力造天地,其功既见于此数千年之大国,而其义犹未罄万一。后人准此而行,则所谓范围天地,曲成万物者,无不可以实现,正不必以国家人类为限。"③

发自《中庸》的这段话以及大学八义也是柳诒徵的史学宗旨之所在,在 1947 年为《中国文化史》撰写的"弁言"中,在《国史要义·史化第十》中都反复申说,并核以太史公之"究天人之际,通古今之变"一语,将治史者之责任总结参赞损益,以使中国史之研究能够贡献于全人类。

战国时期,诸侯之间征战杀伐不断,同时也是社会剧烈变动的时期,诸族之兼并,金属货币的流行,蓄兵教兵之术的发展,天子、士和平民的解放,这一切都为秦的统一做好了准备。秦灭六国之后,改封建为郡县,即以诸侯之地,分为三十六郡,同时建立了以治民、治军、监察为核心的极为简要的官制,并且开通了四方之大道。秦代国祚短暂,但上述三点为汉代继承并继续推进,终于构建了一个广袤的帝国。从春秋开始直到秦代,中原各国一直在不断吞并他族小国,汉承天下,这个过程进一步加快了。在东南西北四个方向上,汉代都极大拓宽了朝廷的统治范围,并在征服之地设 32 道,以别于中原之郡县。汉代学术是周秦学术思想的总结,兹不赘言。

至此,在疆土上,汉代已经空前广大;制度上,也已经基本实现了先秦时期的设想;文化上,已经将周边诸族纳入到帝国的管辖之下;学术上,也已经将先秦的创造性充分展演,而且,在史学和文学上还有新增之创造。柳诒徵所设想的中国文化之自我的形构已经基本完成了。

---

① 柳诒徵:《中国文化史》,230 页。
② 《中庸》为子思所做,是对孔子化育思想的详细阐发。
③ 柳诒徵:《中国文化史》,238 页。

西来之法

汉以后,中国上古之发明已见衰势,社会虽在发展,但文教制度已经很难超过古代范围。汉末,以佛教为核心的印度文化开始进入中国。柳诒徵认为,佛教之所以能够在中国立足,首先是因为中国自身文化衰落的缘故:秦以前,开国者多圣贤,秦以后,盗贼无赖动辄成为帝王,这些人对文化的增进远不如破坏来得更加有力;汉代开始的选举制度,以利诱人,大损人格,使民只尚利禄而不尚道义,与古代的教育之义正好相反,学术成为功利手段,失去了作为文化灵魂的创造力;对伦理道德的崇尚衰落之后,中国又恰好没有宗教信仰的传统,于是,神仙方士借机愚民愚君。其次是因为东西交通的发展,海上交通和西北陆上交通在汉代末年都已经相对成熟,这大大方便了中原和西域及印度的文化往来。魏晋清谈之风盛行、庄老之学当道其实也大概是因上述原因造成的,思想史的研究表明,佛教的进入固然可以用柳诒徵的分析来理解,但佛教真正的繁荣要区分士大夫的接受和乡民的接受,只有获得了士人集团的认可之后,佛教才算在中国立住了脚。所以,可以认为,正是三玄地位的提高,使佛教真正进入中国成为可能。

佛教进入中国之后的相当长一段时期,僧人都是来自印度和西域的,直到魏黄初中,中国人才开始皈依佛教,这就改变了四民社会的基本格局。但佛教僧侣一直处于朝廷的管辖之下,历代朝廷都有专门的机构和官员负责管理佛教事务。佛教主张无家族,无君臣,虽其放逸通达之处往往令名士神往,但也因此带来了佛教与中国传统文化之间的冲突。首先是佛教侍奉外神,触及了《春秋》的华夷之辨,尤其是当佛教的教理明显胜过本土的道教,并且吸引了大批士人的时候,这种冲突就会被士人集团所放大;其次是伦理冲突,出世法割舍五伦,灭弃礼法,同样给中国社会带来了巨大冲击,慧远做《沙门不敬王者论》为佛教辩护,但仍旧不能消除儒家的疑虑,再辅以道教和帝王时远时近的关系,便发生了像"三武灭佛"这样极其严重的毁佛事件。再则是佛教与道教之间的冲突,佛教进入中国,恰逢道教初立,而前者历史更悠久,教义更缜密,道教一方面要不断抄袭、模仿佛教以自重,另一方面又要无时无刻不提防佛教的影响力扩大,尤其是面对帝王时。

尽管面对这些困难,佛教到了隋唐时期,还是成为社会思想的主流。从隋代开国始,朝廷便亲自主持译经,到唐玄奘西行求有宗大法达到了巅峰,大量的经文翻译过来,为中土僧侣精研佛法提供了机会,但中国佛教之发展并没有严格遵循印度佛教的方向,净土、天台和禅宗都在某种程度上可以看做是中国僧侣对佛教的新发展,其中已经渗入了中国自身传统思想的影响,尤其是天台宗智者大师,被时人称作东土小释迦,其发挥《法华》,五时判教,对佛家经义的阐释俨然已经和印度分庭抗礼。禅宗不立文字,直指本心,至六祖而光大,也已经和印度禅宗大相径庭,并为宋明儒的心性学的开展奠定了基础。

佛教对社会生活,对艺术的影响毋庸讳言,但并不能认为南北朝、隋唐以来便是佛经主宰的时代。事实上,从汉代开始的士人选举,虽然彻底摧毁了贵族制度,但同时也建立起了门阀士族,这些士族从魏晋一直到唐代都把持着政府。在制度和学术方面,隋唐仍旧有可观的发展,《唐六典》就被认为是可以追仿《周官》的制度设计,《隋书·经籍志》的学术史价值也不让于《汉书·艺文志》,另外,在经学方面有《五经正义》,在史学上有杜佑《通典》开通史政书体例之先河。可见,隋唐两代之风华不可只以佛教限之。

在柳诒徵看来,隋唐似乎存在一种政治与宗教的分离,但他并不如新儒家那样激烈地认为这是一个中国文化歧出的时代,而是看到了经史学的研究始终贯穿于汉宋之间。另外,龚鹏程曾经强调,唐代从"安史之乱"可以分成前后两期,前半部分属于唐,士人集团还沉浸在佛教带来的出世之乐中,而后半部分属于宋,佛教带来的种种社会政治问题开始被严肃地反思。柳诒徵没有这样去区分,但也已经注意到了这个变化。他说:

> 秦以降,学术衰。汉以降,世风敝。乘其隙而入者,惟佛学。发天人之秘,拯盗杀之迷。而吾国思想高尚之人,多入于彼教。披六朝、隋唐历史,凡墨守儒教者,殆无大思想家,以此也。隋唐外竞无力,而风俗日即于奢淫,士习日趋于卑陋。皇纲一堕,藩镇朋兴,悍将骄兵,宦官盗贼,充塞于唐季、五代之史籍,人群棼乱极矣。物极则反,有宋诸帝,崇尚文治,而研究心性,笃于践履之诸儒,乃勃兴与是时。①

关于宋学勃兴的原因,柳诒徵认为有四:一是鉴于以往社会之堕落无耻,要矫正之;二是隋唐学者专注于训诂章句,不足以立人;三是韩愈、李翱已开故学之端,主张因文见道;四是印刷术的流行使书籍更容易得到,这使宋学能够在沟通佛老的基础上反本开新,开拓出儒学的新局面。这四点原因中,除了对历史的批判与反思,最重要的反而是入佛教之室而操其戈,尤其是以六祖的涵养心性的功夫来重新解释经典,回到先秦时代修身的道路上来,这样开出的道学终于打破了

---

① 柳诒徵:《中国文化史》,494 页。

佛教对超越之理的垄断,使中国文化有了一个全新的局面。而这种伟大变局的后面,需要承认佛教提供了强烈的刺激以及有力的支持。

这就在佛教最为鼎盛的时期,西方宗教也悄悄进入了中国。但直到利玛窦来到中国之前,除了元代的也里可温之外,大多西方宗教并没有获得大的发展,尤其没有得到士人的认可。柳诒徵认为,与佛教西来不同,到了明代,西来之远西文化除了带来新的宗教,还带来物质文明和思想体系,并且改变了中国传统上与四裔交往的历史,开始进入与西方国家的对等交往,中国历史也因此进入了世界各国历史之中。而促进以上种种变化发生的一个重要原因就是元明时的海上交通。

海上交通在三国魏晋时期就已经颇具规模,但那时大多限制于印度洋和东南亚,还没有能力与欧洲建立海上的联系。元代特重海洋运输,元世祖忽必烈已经多次遣使诏喻海外诸番,马可·波罗跨越黑海来到中国,表明中国到欧洲之间的航线已经呼之欲出。等到三宝下西洋,从东南亚到非洲的海上通道就已经布满了中国人的足迹。就在中国人逐步探索海洋交通的同时,西方世界也开始了他们的海洋探险,万历十三年(公元1575年),荷兰东印度公司成立,英法诸国相继设立东印度公司,很快,西人探险便波及中国。但是,从海上来的西方文明在中国的境遇显然不如跨越崇山峻岭而来的印度文明好,由于利玛窦的汉服策略被否定,紧接着,罗马教皇禁止中国的基督徒祭拜祖先,这无疑触犯了作为中国文化之根基的礼治传统,基督教因此被当时的朝廷严厉禁止。

与西方宗教一同来到中国的,还有西方之学术,主要包括天文、历法、几何等。这些学术不但引起了当时的士大夫阶层的强烈兴趣,而且汤若望、南怀仁等还被授官掌历。另外,农田水利之法、火器枪炮之术也在传教士的支持之下迅速发展,后者曾经是清进掌中国政权的最有力武器之一。清代初年,平定台湾之后,西洋诸国与清朝的贸易更加频繁。乾隆年间,英国东印度公司大量向中国销售鸦片,成为中国亘古未有之巨祸。尤其是官商在鸦片贸易和其他对外贸易中的勾结,使得内政迅速腐败,进而导致了清代中叶之后内乱频仍。时清朝之兵已经不足以平乱,汉人团练借机勃兴,这也一举改变了清代满汉势力消长的局势。

晚清朝廷屡受重创之后,渐有改革政法之意。先后建立了总理各国事务衙门和同文馆,并开始主动遣使往西洋各国,这才意识到,所谓"师夷长技"是不够的,西方各国自有其立国之本。郭嵩焘在《使西记程》中说,"西洋立国各有本末,诚得其道,则相辅以致富强,由此而保国千年可也,不得其道,其祸亦反是。"[①]于

---

① 柳诒徵:《中国文化史》,753页。

是,翻译与游学之事遂大盛,甲午海战之前,翻译多根据英文,之后,由于日本成为新的威胁和参照对象,翻译多根据日本。柳诒徵向来主张,要多翻译,翻译好,才能达到真正理解西洋之目的。但他对当时的翻译评价并不高,他自己早年间也曾留学日本,而且受到日本写中国史的体例的很大启发,对于后来对日文著作的翻译,他更是觉得浅陋不堪。柳诒徵对严复翻译的一系列社会学著作非常重视,认为严复选择的作品能够反映西方近世文化之大关键。晚清游学可以区分为两个时期:"洋务运动"时期,只是由官方零星地派往欧美各国一些留学生,是为第一时期;"甲午海战"之后,私人留学多去日本,官派留学生仍旧很少,仍旧去欧美,由于人数上差距悬殊,往往是留学日本的学生对西方文化的介绍来得更有力些。光绪三十四年(公元1908年),美国退回庚子赔款,清政府用这笔钱陆续资助学生到美国留学,柳诒徵认为这造成了民国以来美国思想在中国的繁盛。

除了学术思想,欧美发明的机械也被柳诒徵认为是造成近世中国之巨变的最主要原因之一。"自西历1769年苏格兰人瓦特发明蒸汽机,而世界之变更即肇于是。1807年美人富尔登发明汽船,1825年英人史蒂芬森发明汽车,1837年美人摩尔斯发明电报,皆若与吾国邈不相涉也。而其后鸦片之战,天津、北京联军之役,胥此等机械成之。咸、同之交,吾国深识之士,知世局既变,吾国不可墨守故技而不之变,故以仿制机械为立国之要图,而五千年闭关自守之国,乃崛起而与世界日新焉。"[①]柳诒徵将晚清之铁路、矿产、纺织、电力等发展看做是一种巨大的文化进步,但也注意到,第一次世界大战之后,欧洲已经开始反思机器带来的种种社会问题,"盖机械工业之害,在以人为机械,较之手工之时代,其违反人道殊甚。"

西方思想进入之影响不只反映在东西方的对话上,同时也影响着满汉关系。晚清时期,大量汉人知识分子接受了西方的自由平等观,加上晚明时期排满思想的复兴,华夷之辨以一种西方话语被重新表达成了革命的诉求。当时力主推翻清朝的人群中,大多都有海外留学和居留的经历,西方的民主观是他们最有力的理论依据之一,与以往的朝代更替不同,西方历史让他们具备了颠覆帝制的想象力。民国初立,传统中国的政府组织方式已经不可避免地要被抛弃,新政府很大程度上也是在借鉴西方经验的基础上组织起来的,唯西方也是五花八门,不一而足,于是,民国之政府、宪法、法律也多在西方不同模式下摇摆不定,加之对民众教育不足,柳诒徵认为,革命成功了,但政治改革之完成实遥遥无期。"法制变迁

---

① 柳诒徵:《中国文化史》,785页。

之时代,有官治而趋民治,非大多数之人民晓然于德治法治之义,未能达于完全美善之域也。"①

柳诒徵将中国文化史区分成自我之形构、印度文化之进入和远西文化之东来三个历史时期,而放弃了传统史学的朝代分期法,甚至不是以本土文化的展演逻辑来分期的,他为何要这样分期?或者用人类学的目光来看,他为何会用自我与他者关系的转变作为分期的标志?其中最主要的原因在于,柳诒徵的历史写作并非单纯出于知识的兴趣,而是和传统史学一样承担着经世致用的任务。他的历史学不只是来自历史的历史学,同时也是为了未来的历史学。政治救亡之后的文化选择是20世纪20年代中国知识人面临的核心问题,要推进这个问题的解决,首先要辩论的是过去之文化自我为何,是否有继续存在的价值,新文化派和疑古派曾经就此和学衡派之间发生过激烈的争执。后来的学术史的书写,往往将学衡派描述成极端陈腐的保守主义,以衬托新文化派的高大形象。而实际的情况是,以吴宓为代表的学衡派的主要战将也大多留学海外,其西学素养丝毫不亚于新文化派,唯一被认为对西方缺乏感性认识的柳诒徵却对当时的西学发展有着同样广博和准确的认识,并且主张系统客观地研究西方历史文化,从而与温情脉脉的国粹主义及壮怀激烈的新儒家区别开来。

柳诒徵所采用的分期方法,其根本目的有三:一是要确立一个相对清晰稳定的中国文化主体,并找到这一主体的核心精神和价值所在,避免将文化史变成一个在时间中流变的不可捉摸和思考的体系;二是要展现任何异文化的西来,都要经过和本土文化的对话方有机会被考察和选择,因此并非简单的"冲击—反应"模式可以解释的,尤其是第一阶段奠定的以道德和礼为核心的文化根本是很难被撼动的;三是要说明,今日之中国文化并非某种纯粹之物,无论是奠基形成的时期还是后来的历史流变,中国文化都是在吸收容纳了众多的文化成分而成的,简单地说,东方如何,西方如何,是一种没有历史远见的武断,而既然历史上的中国文化曾经吸收并再创造了佛教文化,那么,也就有可能找到一条合适的面对西方文化进入的方法,彻底的国粹主义和彻底的自我否定都不能被看做是一种基于历史的客观态度。

---

① 柳诒徵:《中国文化史》,819页。

汉以后诸族之文化

就像拉铁摩尔所说,中国的朝代周期的循环要在同时关照中原帝国的历史和边疆民族的历史及两者的互动的基础上才能得到理解。① 中国文化之自我在汉末已经形成,而接下来,在中国的边疆地区,还不断有诸族的成长和肇兴,所以,文化诸族的过程并没有因为春秋战国的大兼并而结束。从汉代末期到隋代的重新统一,中间凡四百年的时间,又是一次大规模的民族融合。柳诒徵说:"盖夏族自太古至汉,经历若干年,已呈老大之象,而他族以骁雄劲悍之种性,渐被吾之文教,转有新兴之势。新陈代谢,相磨相镞而成两晋南北朝。"② 所以,在柳诒徵看来,诸族往往在问鼎中原之前,就已经接受了中国之文教。匈奴在两汉时期就已经和中原王朝有密切的往来,其形式包括通婚、移民、战争、贸易,等等。其他诸族在晋代也大量接受中原文教,就《晋书》所载,"诸侯豪酋,多躬染中国之文学,"③ 刘渊曾学习《毛诗》、《京氏易》、《马氏尚书》,尤其喜好《春秋左氏传》,《史记》、《汉书》无所不览,其他如刘宣、石弘、慕容儁等都饱读经书。"诸侯立国,亦多仿中国之教学。"刘曜曾立太学于长乐宫东,小学于未央宫西;石虎也曾经令诸郡国立五经博士;苻坚广修学宫,召郡国学生通一经以上充之;姚苌令诸镇各置学官,勿有所度,考试优劣,随才擢叙。"诸国政事,亦多仿中国之法意",石勒曾改元,建社稷、立宗庙、营东西宫;苻坚曾竖起明堂,缮南北郊,祀其祖洪以配天。

诸族之所以能够同化于中原文教,柳诒徵认为原因有三:一是长时间的杂居;二是中国政教根基深厚,虽然汉末三国两晋有些混乱,但仍不失为经邦立国之法;三是各族割据,仍多用汉人为政。魏晋南北朝时期诸族同化的一个有趣的特点是,他们不只接受中原文教,同时也受到已经东渡的印度思想的同化。三国时,孙权、孙皓尚对佛教存疑,到五胡时期,石勒、石虎、苻坚等就已经对佛图澄、鸠摩罗什礼敬有加了。柳诒徵说:"故晋诸族迭兴,一方为吾国儒教所濡染,一方又为印度思想之媒介,不独混合各方之种族,并且混合各方之文化焉,是亦吾国自有历史以来一特别之现象也。"④

这一时期的民族往来虽以文化融合为主调,但并非没有文化分裂之嫌疑。渡江之后,南方为汉族正统之国,凡二百七十余年,而北方则由异族和羌胡诸族

---

① 拉铁摩尔:《中国的亚洲内陆边疆》,唐晓峰译,347~351页,南京:江苏人民出版社,2005。
② 柳诒徵:《中国文化史》,342页。
③ 同上,346页。
④ 同上,350页。

轮番统治。"学问文章,礼尚风俗,从此有南北之殊矣。"①至宋、魏分立,划淮而治,于是南人称呼北方人为"索虏",而北人则称南人为"岛夷"。"弥年历久,相去益远,互事訾謷,各从习惯。致令后之人虽在统一之时,亦受其影响,好分南北两派之言。是则异族陵轹中夏之害也。"②

时北魏立国,至孝文帝,颇醉心于华夏之礼教,而深厌其国俗,故禁止同姓通婚,罢淫祀,建明堂,兴太庙,定车服礼乐,立史官,禁止其国人胡服胡语,又改姓氏,与汉人通婚,俨然一派华夏正统之气象。柳诒徵论曰:"然腥膻之族,国势已强,保其古俗,未始不可为国。而孝文当强盛之时,汲汲然自同于华夏,即所行者未尽为周孔之道,而出于汉之说经家附会之词,亦可见文化之权威,足以折蛮野而使之同化矣。"③

"蛮族"向化,加上分裂时期各国纷纷征服各自周边未入版图之诸族小国,为隋代的统一和疆土扩展奠定了基础。昔日南北分立,则全赖以运河贯通江淮而统一。隋代一方面重修了秦代以来逐渐废弃的运河,如春秋时就已经开出的邗沟,并开通济、永济二渠与邗沟相衔接,于是,南至余杭,北至涿州,西至洛阳,都被一个运河体系连接在一起,可以舟船往来。"此隋唐之所以能统一中国之一大主因也。"因为运河为帝国提供了交通和税赋的方便,使隋唐两代国力强盛,遂进一步向外扩张,隋代伐高丽,遣使通日本、波斯、赤土,建立了一个空前广大的朝贡体系。唐高祖、太宗时期,国威之隆,无与伦比,突厥、回纥之酋长并列于朝,新罗、日本遣生徒听教,诏书震动四方,太宗曾经自夸说:"朕才不及古人,而成功过之,所以能及此者,自古皆贵中华贱夷狄,朕独爱之如一,故其种落皆依朕如父母。"④柳诒徵论曰:"唐时初非专恃强大,黩武开边,其于扶绥夷落,怀柔远人,实有一视同仁之概,故视隋为尤盛焉。"⑤

关于唐代的藩镇制度,后来争论很多,有以为藩镇过于发达,尾大不掉,结果吞没了中央王朝的;也有人认为,唐代在安史之乱中没有彻底垮掉,其实是藩镇之功。无论如何,安史之乱后,唐室中衰,是不争的事实。沙陀、契丹、党项等族乘讨乱之机崛起,成五代之乱世,尤其是契丹、女真人不断从北部突入中原,并且终于将汉人的朝廷赶到了南方,魏晋以来之巨室世家方被彻底摧毁,中国也再次

---

① 柳诒徵:《中国文化史》,355 页。
② 同上,357 页。
③ 同上,395 页。
④ 同上,421 页。
⑤ 同上。

回到了南北分裂的状态。

但是,应该注意到,每次汉人主宰的统一时期的结束,往往并不意味着中原之文教的彻底衰弱,反而给了那些突入中原,或者自立割据政权的小国以学习和实践中原文教的机会,五胡乱华如此,五代及北宋时期亦是如此。"观于宋人之衰弱,几疑中国之文化实足为国家种族之害,反不若野蛮人种之尚武,可以凌驾文明国人之上。然试考诸国之历史,则其事殊不尽然。凡异族之以武力兴者,率多同化于汉人之文教,即其文字有特创者,亦多发于华文,此则文化不以种族而分之证也。"①

契丹兴于元魏时期,但直到唐代后期才建国,太祖耶律阿保机立国实本于汉人之教。《新五代史·四夷附录》载:"是时刘守光暴虐,幽、涿之人多亡入契丹,阿保机乘间入塞,攻陷城邑,俘其人民,依唐州县置城以居之。汉人教阿保机曰:'中国之王,无代立者。'由是阿保机益以威制诸部,而不肯代。"②阿保机喜用中国人,刘守光的参军韩延徽就曾经被其重用;阿保机能说汉话,并崇三教,而特重孔子,其改渤海国为东丹,所用亦为汉人法度。太祖之后历代辽国皇帝,多通汉学。辽国制度,分为国制、汉制两套系统,以国制治契丹,以汉制待汉人,其南面军官多用宋人,而据《辽史·礼志》记载,太祖建国之后,所用礼仪多为汉礼。

西夏拓跋氏,世代为唐宋之官。元昊本人"善绘画,能创制物始,……晓浮屠学,通蕃、汉文字。"③西夏之官制,同样多本于唐宋,并且"兴学养贤,崇祀孔子,奕世不衰,"④柳诒徵认为,"夏虽以武力背宋,其于文化,未尝背宋也。"⑤

金人在唐代曾建渤海国,有文字、礼乐、官府、制度。五代时期,渤海亡于契丹,而黑水之生女真代兴,石晋文物入于辽,而辽灭之后,金实受之。北宋文物荟萃于汴梁,金破汴梁尽收之。辽代所得之中原文化,不过是石晋和唐的遗产,而金则收辽、宋双方之积累。辽自限于北方,而金之兵力远及江浙,其为宋之患固深,然而所得中国文化之熏染却非辽所能比肩。金人同样尊崇孔子,金世宗尤好史籍,曾与臣属讨论《资治通鉴》,并翻译了"五经",欲女真人知仁义道德之所在。金人虽慕华夏文教,却仍然要保持本族之旧风俗,恐淳风见弃。柳诒徵论曰:"世宗虑其族之染汉俗,盖以辽、宋杂种,多亡国败家之民,未足以胜女真,故

---

① 柳诒徵:《中国文化史》,513 页。
② 同上,514 页。
③ 同上,519 页。
④ 同上,520 页。
⑤ 同上。

宁保其旧风,无污恶习,而于中国圣贤之文化,仍力主导扬,正不可谓其无见。"①

辽、夏、金之文化,多以同化于中国为范围,而蒙古则不然,柳诒徵认为,蒙古所吸收的文化,兼有中国、印度、大食及欧洲四种,不可单纯以中国论之,这是中国历史上一件特殊之事。② 比如,在文字上,世祖命八思巴创蒙古新字,实本于回教文字,为梵文一系;在宗教上,蒙古初兴,仅奉初民所奉之神教,对其他宗教横加蹂躏,但随着疆土的开拓,文化和宗教的多元性日甚,蒙古也只好令各地之人,因其地之旧俗,反而致使自身同化于他族;在官制上,百官皆以蒙古人为长,虽在一些机构中参用南人,亦多虚职;在经国之法方面,将农田、水利、树艺、渔畜、教育、劝惩都整合在一社之中,这明显是汉人基于农业的立社之法,由于国土广袤,加上部族政治的影响,元代沿用了拥立可汗的封建之法,并且极其重视道路交通。柳诒徵论元代交通曰:"盖元之疆域,亘古无匹。使非有特殊制度,以便利交通,则其国家必不能团结为一。"他还极度称赞蒙古的封建制,"其后元室沦亡,而蒙古支裔,犹绵延历世,论者谓为封建之效。""使其族能精研法制,无使涣散,其势岂止于是哉!"③

明代末年,内政腐朽,匪乱丛生,后金借机兴起,实际上,清军入关之前,文教薄弱,纯以兵甲之利得间。入关之后,在制度建制上,清朝一方面继承了明代的遗产,一方面冒以自身之部族政治。其压制乡绅士子尤为柳诒徵切齿,他专门提到了顺治颁布以告诫生员的卧碑,认为,明代学校中人,结社立盟,权势足以节制官员,而卧碑一出,后世之官权日尊,为所欲为,无人敢于干涉了。"故吾国国无民治,自清始;清之摧挫民治,自士始。今日束身自好之士,漠视地方利病不敢一谋公益之事者,其风皆卧碑养成。论者不察,动以学者不知社会国家之事,归咎于古代之圣哲,岂知言哉!"④

史家多谓满族为诸族之中汉化最深者之一,而柳诒徵独不许之。他指出,所谓清朝诸位皇帝的诗文字画,大多是南书房翰林代笔,未必尽出己手,而所谓御纂诸书,也多是托名之作。康雍乾三代励志经营的《图书集成》和《四库全书》,虽不失为中国文化之伟业,但其保存之功和摧残之祸并在。清代大兴文字狱尤为巨祸,"故雍、乾以来,志节之士,荡然无存。有思想才能者,无所发泄,惟寄之于考古,庶不干当时之禁忌。其时所传之诗文,亦惟颂谀献媚,或徜徉山水,消遣

---

① 柳诒徵:《中国文化史》,524 页。
② 同上,529 页。
③ 同上,543 页。
④ 同上,653 页。

时序及寻常应酬之作。稍一不慎,祸且不测,而清之文化可知矣!"①柳诒徵的论述不可谓没有根据,但多少失之于意气和激愤,与论述其他朝代之客观冷静大相径庭,因而也就没有论述有清一代之文化细节,不无遗憾。

由于西方文化的冲击,晚清之文化变局空前混乱,柳诒徵认为,学校教育实是当时文化之核心问题。由于他本人也是这一文化变局的参与者与推动者,故关于最近之文化的叙述,多了些争论的气息。在柳诒徵看来,科举渐趋于学校是必然之势,但在面对新旧、东西的态度上,各派人士自持己论,各成风气,有欲输入欧美之真文化者,有倾心于俄国之过激主义者,也有欲昌明国粹者。柳诒徵屡言此一时期之文化争论为"最奇幻之事",并未表明自己的明确倾向,但从他论废除汉字之议不可信,及民间神教未始不是假基督教之法以安民心来看,柳诒徵显然对凡事效法西方不以为然,以全书统观,他在期待一次类似于佛教进入中国的历史进程的重演。

汉以后诸族之文化,多是指周边蛮族接受中原文教的过程,柳诒徵一方面强调,与汉以前的政权在中夏而同化他族相比,汉以后多是诸族掌握政权而同化于中原文教;另一方面又从辽、夏、金的文化过程中得出结论说,文化未可以种族论。可见,柳诒徵的文化观念包括两重含义:一是汉以前自我形构而确定不移的,以周之礼制和孔子之道德伦理为核心的万世之法,这是一个相对静态的文化观,这一文化观除了用来说明汉以前的文化之外,也用来说明后世佛教和西方文化进入中国所发生的文化间的对话与交融;二是周边诸族渐被华化的历史进程,这是一个有明确特指的文化方向。这两种文化观是互为表里的。汉以前形成的万世师法,在当时是以华族及被同化民族为载体的,并且需要政治制度的保障才能形成,而汉之后,这种确定的文化体系已经相对独立,如果说有确定的载体,那只能笼统地说是士人,而不再是某一民族或种族。柳诒徵用大量的史料证明了中国文化折服蛮夷、吸纳他者的强大能力,而且,柳诒徵也注意到了胡风胡俗对中原文化的影响。因此,他论述的其实是一个以礼制和道德为核心的文化在历史中形成和绵延的历史,而不能以汉人中心论目之。柳诒徵论"最近之文化",标题实同于论诸族之文化,个中深意,颇勘寻味。

---

① 柳诒徵:《中国文化史》,705 页。

文教昌明

柳诒徵在全书的开篇提出的三个问题,即,团结天下、容纳诸族、历久弥存之道为何。在上文中已经能够看出,开拓天下之道在于,殷周制度变革时变一神道团体为道德团体,而此团体之道德准则为孔子提炼之后,成为万世师法;容纳诸族之术在于文教昌明;而历久弥存,未在印度文化和西方文化之冲击下衰落无存,亦未因诸族之征服而颓败,则在于孔子所开之万世师法中对教育的强调。所谓教育,不只是知识之培养,智慧之开发,器物之发明,更为根本的是人格之锻炼。孔子本身就被柳诒徵看做是一个伟大的教育家。

周代之教育分为乡遂教育与王朝教育两种,乡遂教育由地方官司徒兼管,《周礼·大司徒》所记教育之目的凡十二条,其中既包括了学校的文化教育又包括了职业教育。学校不止是教育场所,同时也是演礼场所,如乡饮酒礼就是在乡庠中举行的。乡学之教称为乡三物,包括六德、六行、六艺。王朝之教育掌于师氏、保氏、大司乐、乐师,分别教授三德、三行,六艺、六仪,乐德、乐语、乐舞、小舞。其内容与乡三物类似,只是分类更加细密而已。"盖乡遂多平民,国学皆贵族,其时固有区别,而德行、道艺、科目仍一贯也。"[1]

周失其官之后,上古之以吏为师的传统中断,至孔子而开私家教学之先河,并为后来之儒家奠定了以教育为核心的思想。虽然后来以吏为师的思想曾经以极其暴虐的形式短暂复兴,而后代之朝廷也多兴办太学,但士人集团事实上已经垄断了教育,中国文化之绵延不绝者,其根本原因在此。孔子自言,有教无类,三千弟子固然品类不齐,但也给后世之教育平民化和诸族接受中原文教提供了基础;孔子教学,内以期其成德,外以期其从政,开后世儒学心性学与治平学两端,而此两种学问的分离恐非孔子能够预见。

汉代以经书立官学,实延古代官学的做法,未可轻诋为学术之垄断。武帝时,立五经博士,太学子弟多时达三万人,太学生之言论一度能够左右朝政。武帝以前,郡国无学校,而间中有书师,武帝令天下郡国立学校,新莽之时,郡国乡聚,皆在学校。东汉家居讲学之风气特盛,而汉人讲学也因此看重师法。蔡伦发明造纸术,使书籍更加易得,但也使得传抄之误难以避免,汉代后期刻经之法开始出现。而汉代学术亦不限于经学,周秦诸子也多有发明,且司马迁、班固开后世史学体例之先河。"吾国立国数千年,而朝野上下之典章制度、风俗文物胥有

---

[1] 柳诒徵:《中国文化史》,144页。

可考,实赖历朝史书之记载。"①从《国史要义·史化第十》看来,柳诒徵认为国人之教化和文化之延续,大多依赖历史书写,汉代史学之出现应该看做是中国文化自我形构的完成,并能够在后面两个阶段中得以延续的关键连接所在。

魏晋为公认的佛老时代,而中国并没有因此成为一个佛教国家,此时之儒学固然较少精彩,甚至直到安史之乱,儒学上都没有什么大的发展和创新,但上古的学术传统没有中断,反倒在文化对话的过程中逐渐吸纳和改造了佛教,讲学之功诚不可没。选举制度和科举制度往往被后来的学者批评为学术功利化的败坏之路,但须知在上古之文化未能开出新的局面之前,正是这样的方式确保了知识和文化的传承,因此才能有宋儒在反思佛教的基础上返本开新,创造了中国文化史的新局面。

宋代教育的一个鲜明特点是书院的兴起,"书院之名起于唐,至五代而有讲学之书院,宋元间儒者多于书院讲学,其风始盛于国庠及州郡之学,迄明清犹然。故欲知中国近代之教育学术之变迁,不可不知书院之原起及其规制也。"②宋代初年,鉴于唐末学校颓废,遂着力恢复太学,然直到崇宁年间(公元 1102~1106 年),太学生也只有三千八百人,远逊于汉唐时期。北宋中叶之后,无论路府州军,皆立学校,然而由于科举考试的诱惑,士人多奔赴考场,反而对学校教育很是冷落,南宋时,太学甚至只有七百人,"然太学诸生,能直攻宰相、台谏而使之去,其权至与人主抗衡,则正宋室养士之效。"③宋初有四大书院,白鹿、岳麓、应天、嵩阳,其创立比各州郡之学要早。另外,衡州石鼓书院在当时也非常著名。北宋诸儒多讲学于私家,而南宋诸儒则多讲学于书院。除了私立的书院,当时还有如泰山书院等官立书院。学生的膏火,有的取自田租,有的取自官费;讲学之老师,或者由官吏邀请,或者由书院主自己教学,或者别请大儒,盖无一定之规。元代书院之盛甚至过于宋代,著名的书院就不下百所,"观其书院之多,足知元虽蒙古人主中国,而教育之权,仍操之吾族儒者之手。"④

柳诒徵论书院与学校的差别曰:"宋元之世,自有国学及府县之学,而此外又有书院者,盖学校多近于科举,不足以厌学者之望,师弟子不能自由讲学,故必于学校之外,别辟一种讲学机关。其官立者,虽有按年积分之则,而私家所设,或地方官吏自以其意延师讲授者,初无此等约束,故淡于荣利,志在讲求修身治人之

---

① 柳诒徵:《中国文化史》,317 页。
② 同上,545 页。
③ 同上,553 页。
④ 同上,558 页。

法者,多乐趋于书院。此实当时学校与书院之大区别也。"①

明代是中国历史上最重视教育的朝代之一,明朝初年,其国学之规制和国生之数量就已经超过了汉唐,而且日本、琉球、暹罗等国都有官生入监学习,人数往往多达几万人。而且这些学生并不只以读书为业,整理田赋、清查黄册、兴修水利、遣使、巡守,都可由监生从事。"盖明之国学,第为储才之地,并无毕业之期。以师儒督其学,以世务练其才,随时选任,不拘资限,斯实从古以来唯一重用学校人才之时代。"②明代国学分南北两监,府州县卫无不有学,而官吏如留心民事,也以兴办社学为要务。明代书院已经不如宋元之盛,后来学校因科举之弊而日衰,书院才重新恢复起来。王阳明去世之后,很多人建书院祭祀他,学校因此也开始成为祭祀的场所,朝廷虽然屡次下令摧毁书院,但终不能禁。明代讲学,除书院之外,还有定期于寺庙祠宇举办的文人集会,这种集会有时可以聚集上千人,而且百工商贾,无人不可听讲,无人不可讲学,这种风气后来直接催生了明末清初的复社。

清代学校教育,大体沿用明代之制度,所不同者,清代重流品,凡在贱籍者不得应试,故童生应试,必有保人。学校之外,清代也有书院,大体同于宋明之制。雍正年间(公元1723~1735年),命直省省城各立书院,但其目的不再是讲学,而是要"屏去浮嚣,杜绝流弊"③,但这显然并不成功。书院之外,还有专为教育儿童和孤贫者设立的社学、义学,而通常士商家子弟,则多就读于私塾。

除了历代教育思想和制度的沿革之外,柳诒徵还格外详细地介绍了不同时期学术思想的演变和学术成果的累计,以及历代文学、工艺、美术、制造等文物之发展。学术与文物之演进一方面固然是教育之结果,另一方面也要受到政治、经济、时代风气及其他历史际遇的影响。而且学术和文物同样也与中国文化之绵延不断有莫大关系,不过因为后来的文化史写作,多从此处着眼,而柳诒徵关于这两个方面的描述也未见有特殊之见解,这里就不再一一叙述了。这里要说的是,教育关乎文化存续,而中原文教之普及关乎容纳诸族,这区分只是为了更清晰地看到柳诒徵论文化史之脉络,实际上这两者并非可以分割开来的两个部分。

---

① 柳诒徵:《中国文化史》,559页。
② 同上,609页。
③ 同上,710页。

结语：道统与史学互为表里

虽然柳诒徵这样著名的"保守论者"向来难以和"新史学"联系在一起，但从《中国文化史》的写作看来，他甚至是更加彻底的"新史论者"。中国传统史学是与"皇帝"的存在相始终的，政统与道统的分离才产生了严格意义上的史学书写，而"皇帝"政统的消失也同时终结了传统史学。而在柳诒徵看来，构成中国文化核心的礼制与道德是以"道统"为内在根源的，后者才是中国历史展演的首出因素，而帝王既不是历史的核心，也不是历史的推动者。在《国史要义·史权》中，他进一步明确了历史书写的优先性，将中国和中国文化之存续交由道统和史统来承担，从而削弱了帝王一格在其中的象征意义的重要性。近西与远西文化东来之被接受与融合，四边诸族的容纳，这两个中国历史之最大主题，都要在这个脉络下方能得以安顿。这恐怕是晚清帝制覆灭以来，在探寻新的历史叙事主体以重新书写历史方面最为彻底和有效的方案之一。

尽管如此，柳诒徵与当时北方诸学者对历史科学化的追求却颇不以为然。他宣称要发现历史之因果，观念必得与其他因素互为因果方能显示出自身之存在和效用，否则便既不可认知，又无意义。"凡陈一事，率与他事有连，专治一目，必旁及相关之政俗，苟尽芟重复，又无以明因果，此纵断指病也。"[1]面对当时的新文化派对中国传统文化的诬毁与质疑，柳诒徵坚持要以历史的眼光来检验文化中的历史因素和超历史因素，唯有在对某一时代的帝国组织和人的生活有全面了解的基础上，才能看到某一文化因素得以出现和消失的原因，及其合理与荒谬之所在。也唯有如此，他才能够坚信，礼制与道德各有其超越历史之永恒价值，并为未来之文化选择和历史损益提供历史根据，这也是本书被称为经世之作的原因所在。梁启超曾经对历史是否存在因果进行反思，但两人所说之因果似乎意义并不相同，柳诒徵并不执著于一时一事之因果联系，而是要找到文化在历史中之走向受到何种因素之影响，而梁启超则采用了西方逻辑学意义上的因果一词。

柳诒徵对传统史学的反思不只停留在对事实的考证上，而是深入到了历史书写传统的内部，并由此认为历史书写本身就是文化得以存续的关键依据。在《国史要义·史化》中这一点得到了充分的说明，所谓"史化"，就是"以史敦化"之意，在这一章中，柳诒徵说，"任何国族之心习，皆其历史所陶铸，惟所因于天地

---

[1] 柳诒徵："弁言"，见其《中国文化史》，1 页。

人物者有殊,故演进各循其轨辙,……近世承之宋明,宋明承之汉唐,汉唐承之周秦。其由简而繁或由繁而简者,固由少数圣哲所创垂,要亦经多数人民所选择。此史迁治史,所以必极于究天人之际也。……吾之人本主义,即王氏(国维)所谓合全国为一道德之团体者。"①这段话放在国学里面就是"参赞化育"四个字,具体分析则意味着:(1)历史本身就是一种陶铸熏习某一时代之人的资源,(2)中国历史要打通天地神人物的区隔,(3)历史的源头,或者天人之际是圣人垂创,(4)历史的演进靠的是损益圣人之制,(5)历史所以化育万物的根据和目的是道德。而以上种种实可作为传统史学与柳诒徵所想象的新史学的共同纲领,或者说,在柳诒徵的观念里,历史书写既是文化的历史呈现,同时也是文化的内在构成,不存在一种脱离文化目的的历史书写,在这个意义上,新文化派的史学主张与传统史学的断裂就并没有他们自己设想的那么彻底了。

他在学术观点上同情古文经学,也就意味着他承认《周礼》关于孔子之前的周代礼制的记载是可信的,那么,孔子就不能被无端看做是天纵之圣,凭空为后世制法,而是有周代的礼制精神作为凭依的。这样看来,流传到后世的礼制和道德,其实是制度在先,而伦理原则反而是晚出的,将文化理解成纯粹观念,不但对周代历史无法解释,而且无法保住后来诸朝代之制度的存在。柳诒徵不肯将孔子看做是儒家,而且强调孔子教育思想中的内圣与外王的并存,都是出于这样的考虑。而忘记或放弃了历史维度的文化研究,自然不能从损益历史这一角度来看待制度的生成,因此几乎总是在心性学与治平学之间苦苦挣扎,尤其是在面临文化接触与交流时,执著地将新制度的生成归因于心性与观念,忘记了人们对制度的选择与损益,不仅受制于观念,同样要受制于历史。

柳诒徵认为,中国史学自有其学术领域,不是西方的学科分类体系可以限制的,中国史学之宗旨在于参天地、赞化育,要尽己、尽人、尽物,这当然不是抽象的观念历史能够肩负的任务。在后来的文化史书写中,能够秉承柳诒徵的整体文化观的学者并不多,以观念史形态出现的文化史、思想史和哲学史占据了这个传统的主流,比如钱穆,其文化观已经变得更抽象和狭隘。还有些学者,从哲学角度入手讨论文化问题,失去了史学的关照,比如新儒家。熊十力说柳诒徵言史一本于礼,此诚其言也。

回到柳诒徵要通过《中国文化史》来解决的三个问题:团结天下,主要是说各族为何没有在频仍的战乱中彻底分裂;历久弥存,是说中国文化为何没有在远

---

① 柳诒徵:《国史要义》,372 页,上海:华东师范大学出版社,2000。

西、近西和诸族的文化和政治冲击之下而中断或散失；容纳诸族，则是要探讨中国文化的包容性之所在。要之不过是在空间、时间和种族三个方面来探讨包括西方诸族在内的民族问题。他以道统论史，其实也就是看中国自上古时期逐渐积累形成、并由孔子发展成万世师法的道统如何应用于中国历史上的民族互动。与晚清经今文学将夷夏之变附着于民族关系的方式不同，服膺于经古文学的柳诒徵格外强调士人对道统的承担，而不认为华夏天然就是道统的承担者，历史上诸族对文教、政教的向往与接受，并不是一个民族关系的问题，而应该看做是一个文明问题，只是因为中原文教的发达，方在结果上表现为民族问题罢了。一个有趣的佯谬是，柳诒徵这样一个保守主义者竟能够从世界范围来思考中国文化，并怀抱着贡献于世界史学的雄心，声称最具普适性的科学史学却要拉"民族主义"为自己张本。其实，这不过是因为，传统中国原本就是具备天下胸怀的，在向国族过渡的过程中，柳诒徵保留了对这一道统的信念与坚持，而大多数人已经没有勇气这么做了。

（张亚辉）

05 基于民族关系史看文明形成
——读傅斯年"夷夏东西说"(1933)

由民族与国家关系探讨得来的诸多推论,如"传统帝国体制"、"英美的委任政治"、"俄国—苏联式的原生型族群理论"等政治模式[1],"少数族群"与"本体民族"的族别差异同[2],"一民族一国家"或"多元一体格局"的民族国家关系[3],总与近代"新国家"的自我定位相关。中国的民族问题论述,也不例外。[4] 民族问题有"新国家"关怀,人们在论及此问题时,易于"以今论古"。学界"以今论古"的倾向已愈演愈烈,特别是社会科学界,淡化历史,大抵已成为研究民族问题的前提。[5] 固然,这并不意味着我们要反其道而行之,"以古论今",只不过是说,"以今论古"所造成历史的忘却,无助于我们真实地理解民族问题的由来与现状。

所谓"民族",可谓是一种近代新创的制度与观念体系,对于有着不同历史背景的游群、村社、部落、地区、帝国中不同的社会关系体系与观念的否定。理解这一历史的否定,是理解民族问题的关键。也便是在这个意义上,理解历史对于理解"民族",是极其重要的,古史研究,对于民族问题的思考,有着重要启迪。

20世纪30年代,傅斯年完成的"夷夏东西说",是对"新国家"近代定位的"古史诠释"。傅斯年"古史诠释"之产生,有其近代观念背景,但这一论著的"近代色彩",却是在缔造古史的"真实性"中推衍而成的。近代的关怀使傅斯年特别注重强调国家的一体,对古史的"真实性"的追求,则使之遭遇一种来自远古的、文明体的关系论,二者相互融合,使傅斯年的"古史诠释"具有一种有特色的和启

---

[1] 王铭铭:"民族与国家——从吴文藻的早期论述出发",载其《西学"中国化"的历史困境》,101页,桂林:广西师范大学出版社,2005。
[2] 同上,73页。
[3] 同上,75页。
[4] 同上,73页。
[5] 王铭铭:"中国——民族体还是文明体?",载《文化纵横》,2008(12)。

发的"现代性"。

本文将集中解析傅斯年"夷夏东西说",试图通过把握该作品的旧论述,探究中国民族问题研究的一种新可能。

傅斯年的治学历程

傅斯年,字孟真,1896年3月出生于山东聊城。他们家族起初以务农为生,后来在地方当官,逐渐发展为书香世家。他的祖父为清咸丰辛酉拔贡,父亲为清光绪甲午顺天举人。傅斯年6岁入私塾学四书五经,并从祖父习得忠孝廉耻等儒家德行。但与父辈们的境遇不同,随着1898年教育制度的改革,1905年科举考试制度的废除,传统的科举功名仕途经济之路,到傅斯年这里已被阻断了。1908年冬,13岁的傅斯年被送往天津上中学,在那里,他开始接触西洋学科,如英语、数学等。1913年,他考入北京大学预科,3年后毕业,以优异的成绩升入北京大学中国文学系。此时的傅斯年,以其深厚的国学根基赢得在北大任教的国学大师刘师培、黄侃等人的赞许,成为以章炳麟和刘师培为核心的保守派圈子"国粹派"的模范生。这个圈子在1918~1919年间的北大极有影响力,傅斯年与国粹派有着亲和关系。[①]

1917年之前,傅斯年的求学以国学为主,且初涉西学。此后,他与国粹派之间的关系则逐渐由亲近变成敌对。

顾颉刚曾回忆说,"傅斯年本是'中国文学系'的学生,黄侃教授的高足,而黄侃则是北大里有力的守旧派,一向为了'新青年'派提倡白话文而引起他的痛骂的,料想不到我竟把傅斯年引进了胡适的路子上去,后来竟办起'新潮'来,成为'新青年'的得力助手。"[②]

胡适把西方近代的杜威(John Dewey,1859~1952)实用主义和中国传统的乾嘉考据学派相结合的新思路,将在北京大学就读的顾颉刚、傅斯年等一批颇具领导力并且国学造诣颇深的学子,从旧派教授的阵营中争取过来。同时期,还有其他西方思潮夹裹着各家观点涌入国门,成为声讨传统的武器。随着新文化运动的深入,对传统文化的批判也日显尖锐。傅斯年明确说道:"物质的革命失败了,

---

[①] 施耐德:《真理与历史——傅斯年、陈寅恪的史学思想与民族认同》,关山、李貌华译,35页,北京:社会科学文献出版社,2008。

[②] 转引自雷颐:"傅斯年思想矛盾试析",载《近代史研究》,2006(6),195~196页。

政治的革命失败了,现在有思想革命的萌芽了。""若是以思想的力量改造社会,再以社会的力量改造政治,便好得多了。"①诚如傅斯年这般的"五四先锋",虽在言说学术,但更多是一种愤怒的社会批判,具有急迫的现实意义。当时的知识分子注重中国社会的启蒙与复兴,渴望民族国家的独立与自强。他们反对传统,意图借西学进行思想文化的自救。传统士人所固有的忧患意识和强烈的变革信念,在此时显得尤为强烈。他们试图在新的历史政治时期,确立新的社会规范和文化体系,以成就身为知识分子的历史价值。

傅斯年认为,如果仅局限于自身的文化传统,就无法找到解决问题的根本答案。他说:

> 我们自己以为是有新思想的人,别人也说我们有新思想。我以为惭愧得很。我们生理上、心理上驮着二三千年的历史——为遗传性的缘故——又在"中国化"的灰色水里,浸了二十多年。现在住着的,又是神堂,天天必得和庙祝周旋揖让。所以就境界上和习惯上讲去,我们只可说是知道新思想可贵的人,并不是彻底的把新思想代替了旧思想的人。我不曾见过一个能把新思想完全代替了旧思想的人。②

1920年3月,傅斯年进入伦敦大学学习实验心理学,并对物理学、化学乃至数学都有所涉猎,这与他在国内所学截然不同。王汎森分析,其目的是要摆脱传统中国思想中那些形而上学的元素,而代之以可量化的经验。③而罗家伦认为,那时的中国知识分子之所以对自然科学推崇备至,除想从自然科学那里得到所谓的可靠知识外,还想从那里获得客观的科学方法,即便是研究另一套学问,也可应用。④1923年9月,傅斯年转入德国的柏林大学,依然选读物理学,倾心于数学和统计学,并广泛涉猎其他学科。

留学前期,傅斯年在治学内容的选择上发生了明显的转变,他从中国的传统国学转向西方的自然科学,意图从中找到能够"完全代替了旧思想"的新思想。他认为,"近代欧美之第一流的大学,皆植根基于科学上,其专植根基于文艺哲学者乃是中世纪之学院。"⑤在傅斯年看来,西方的自然科学与人文科学有伯仲之

---

① 雷颐:"傅斯年思想矛盾试析",载《近代史研究》,2006(6),199页。
② 转引自施耐德:《真理与历史——傅斯年、陈寅恪的史学思想与民族认同》,38页。
③ 同上,39页。
④ 罗家伦:"元气淋漓的傅孟真",见王为松编:《傅斯年印象》,7页,上海:学林出版社,1997。
⑤ 转引自桑兵:"近代学术转承:从国学到东方学——傅斯年《历史语言研究所工作之旨趣》解析",载《历史研究》,2001(6),31页。

分,学习前者,旨在求取西方之所以"近代"与"一流"的根基。

但在 1925~1926 年间,傅斯年又逐渐回归到语言学与汉学领域。究其原因,不同学者解说各异。如王汎森揣测,这一转变得益于德国历史主义的影响,又与陈寅恪有关。但根据已公开的材料,施耐德对王汎森的结论提出了质疑。① 桑兵则认为,傅斯年的想法或许来自德国,但其心中的典范仍在法国,因为当时的法国巴黎学派乃是国际汉学之都。② 正如顾颉刚总结:"傅在欧久,甚欲步法国汉学之后尘,且与之角胜。"③当时,语文学派在欧洲汉学及东方学中正处于主导地位,国内学者也多将目光集结于此。身处欧洲腹地的傅斯年,面对着这股西来汉学之潮强烈冲击,其感受大概比国内知识分子要更为深切。

与此同时,中国学术思想界亦不宁静,先后发生了两件大事。一是史学界兴起疑古思潮,二是思想界发生科学与玄学的论战。后者姑且不论,前者却与傅斯年息息相关。身处海外的傅斯年虽与老师胡适、师兄顾颉刚有书信往来,但毕竟淡出了中国学术中心,成为这一时期学术活动的旁观者。眼见同门顾颉刚成为新史学疑古派中的旗帜人物,傅斯年异常兴奋,1924~1926 年间,多次书信于顾颉刚,辨析古史,并将顾颉刚的贡献比作"牛顿之在力学,达尔文之在生物学"④,称赞顾颉刚可"在史学上称王了"。⑤

留学七年是傅斯年治学的关键时期:他系统学习了西方自然科学及其方法,酝酿与欧洲东方学相角逐的学术追求,关注中国新史学的建树与不足。这三股志向所汇聚而成的合力,已使傅斯年此后的学术志向初显端倪。

1927 年夏,傅斯年归国,在广州的中山大学建立了一个语言历史研究所。次年 5 月,在"中央研究院"(简称"中研院")正式成立后,傅斯年担任该院历史语言研究所(简称"史语所")的秘书,并发表重要文章"历史语言研究所工作之旨趣"。1929 年,傅斯年成为该所的正式所长,在他的主持下,"史语所"北迁至北平,随后开展了一系列学术研究工作。后有学者总结说,"从 1927 年至 1936 年的 10 年间,是傅斯年研究学术的黄金时代,他在《历史语言研究所集刊》等刊物陆续发表了《大东小东说》、《论所谓五等爵》、《夷夏东西说》、《周东封与殷遗民》

---

① 施耐德:《真理与历史——傅斯年、陈寅恪的史学思想与民族认同》,41 页。
② 桑兵:"近代学术转承:从国学到东方学——傅斯年《历史语言研究工作之旨趣》解析",载《历史研究》,2001(6),38 页。
③ 顾潮编著:《顾颉刚年谱》,152 页,北京:社会科学出版社,1993。
④ 傅斯年:"与顾颉刚论古史书",见其《史学方法导论》,63 页,北京:中国人民大学出版社,2004。
⑤ 同上,64 页。

等 10 余篇学术论文。"①但也有学者补充认为,"在中国近代史学发展进程中,傅斯年的学术贡献远不及他的事功,史语所的突出成就恰是其史学革命胜利的象征。"②

"夷夏东西说"的背景

傅斯年在"夷夏东西说"的开篇处,著有一段前言,大致介绍这篇文章的写作经历。我先将几个重要的时间点陈述如下:

1. 这篇文章的中心思想是傅斯年 1923 年前后的见解。

2.《民族与古代中国史》写于 1929～1931 年初。而"夷夏东西说"是作为该书的一部分而撰写的。

3. "夷夏东西说"写于 1931 年春。

4. 1933 年,"夷夏东西说"作为《历史语言研究所集刊》外编第一种论文集,为庆祝蔡元培先生的 65 岁生日,首度公开发表。

5. 1934 年 10 月,傅斯年写完该前言,仅在字句和末一节上略加修正,"几全是当年的原文"。③

6. 1935 年 1 月,发表"夷夏东西说"。

从构思到最终发表,"夷夏东西说"前后经过了近十年的时间,其成文过程可谓漫长,贯穿于"傅斯年研究学术的黄金时代"。虽说该文的中心思想形成于傅斯年在欧留学期间,但对本文影响至深的则是傅斯年回国之后所面临的中国学术现状。当时,新史学疑古派强烈冲击着传统的三代观。在这一学术状态下,史学家们该如何重构中华文明的起源?

自《史记》以来,传统的三代观一直有几种约定俗成的见解。认为三代出于一元,周朝由夏经商一路持续发展着,从人种和文化看,三代都是同质的。而且,也认为中华文明起源于西部,殷、周皆起于西土,并认为西土是孕育强盛朝代的地方,比较而言,其文明程度比周围的"野蛮人"要高。④ 尽管从东汉初年到清晚

---

① 张桂华:"傅斯年'中华统一'民族思想研究",载《北京科技大学学报》(社会科学版),2008(6),114 页。

② 桑兵:"近代学术转承:从国学到东方学——傅斯年《历史语言研究工作之旨趣》解析",载《历史研究》,2001(6),36 页。

③ 傅斯年:"夷夏东西说",见其《史学方法导论》,210 页。

④ 施耐德:《真理与历史——傅斯年、陈寅恪的史学思想与民族认同》,194 页;王汎森:"王国维与傅斯年——以《殷周制度论》与《夷夏东西说》为主的讨论",载《学术思想评论》,1998(3),473～492 页。

期以来,有不少学者质疑传统三代观的真实性,例如唐代的刘知几、柳宗元,宋代的司马光、欧阳修,明代的宋濂、胡应麟,清代的顾炎武、胡渭、阎若璩等,但均未撼动其根本。时至1917年,王国维再度对该史观提出质疑,他在《殷周制度论》中明确指出,殷的都城主要在东部,而周的都城主要在西部。尽管地域不同,但王国维仍认为他们出于同一个种族,并拥有共同的祖先。再到20世纪二三十年代,出现了不同历史学者采用不同方式解体传统三代观的局面,施耐德总结说,"一方面有'疑古派',他们把有关这段历史的所有史料统统视为伪造。另一方面有学者如蒙文通、王国维、徐旭生、丁山等,他们有的以传统文字资料为依据,有的则参照新的考古发现,试图重建夏、商、周的历史。"①归结而言,乃是"疑"与"信"两派史学家对中国文明的不同阐释。

本来支持疑古的傅斯年,回国后"一旦进入史学领域,即与顾分道扬镳,走他自己的路"。② 他虽未表明自己的信古态度,却明确表达出对疑古派的不满,"认为史料相对于史实既然那么少,史实的任务'应该充量用尚存的材料'(《全集》四,页434),而不是把仅存的那么点材料空虚化。"③那么,傅斯年的文史观又为何呢?他固然不会回到传统的信古立场之中,杜正胜认为,傅斯年的"史学境界已超越信与疑对立的二分法,他要搜尽一切可用的材料来重建古代世界"④,而非纠结在对传统史料的"信"与"疑"之中。

针对傅斯年的文史观,杜正胜与罗厚立先后得出了相似的研究结论。杜正胜强调,"傅斯年根本反对单线一路发展的研究法,他毋宁着重同时代相关事物的综合性、结构性的理解。"⑤罗厚立认为,"在具体研究中,他(傅斯年)似更重视史事的横向关联,多次强调史事与周围的联系超过其与既往的联系。"⑥两位学者均引用了傅斯年写给胡适的一段话:

> 古代方术家与他们同时的事物关系,未必不比他们和宋儒的关系更密;转来说,宋儒和他们同时事物之关系,未必不比他们和古代儒家之关系更密——所以才有了误解的注。所以以二千年之思想为一线而集论之,亦正

---

① 施耐德:《真理与历史——傅斯年、陈寅恪的史学思想与民族认同》,194页。
② 杜正胜:"从疑古到重建——傅斯年的史学革命及其与胡适、顾颉刚的关系",载《中国文化》,1995(12),227页。
③ 同上,228页。
④ 同上,230页。
⑤ 同上,232页。
⑥ 罗厚立:"语语四千年:傅斯年眼中的中国通史",载《南方周末》,2004年4月8日;罗志田:"事不孤起,必有其邻:蒙文通先生与思想史的社会视角",载《四川大学学报》,2005(4)。

未必有此必要。有这些道理,我以为如果写这史,一面不使之与当时的别的史分,一面亦不越俎去使与别一时期之同一史合。如此可以于方法上深造些。(1926年,傅斯年写给胡适的一封长信。)①

傅斯年的文史观甚至极大地影响到自己的老师胡适,使他经历了一个由拆解上古史到重建上古史的过程。② 打破传统古史观的单一时间序列,侧重分析同时代相关事物之间的关系,傅斯年对传统三代观的反思视角,为其重构上古史体系提供了立论思路。

必须承认,正是疑古派彻底打破了传统三代观的樊篱,才使当时的史学家们意图重建上古世界的设想成为可能。傅斯年的海外求学经历,则使他彻底打破了传统史学研究材料的限制。遵循自然科学的"客观性"这一标准,他大量引进考古发掘的成果和其他地方或民间的文字材料,主张"上穷碧落下黄泉,动手动脚找材料",从而形成其庞大的史料体系,方可超脱于疑、信两派对传统史料的纠结。

安特生的仰韶文化考古大发现,诱使"中国文化西来说"挟裹着文化起源一元论再度兴起,"在20世纪初西风压倒东方的情况下,梁启超、章太炎、夏曾佑、蒋观云,一直到顾颉生、陈斠玄等等都曾经支持过这种说法"。③ 傅斯年虽不认同这一观点,但却评价说,"在中国的外国考古学家,对于纯粹代表中国文化的,他们不注意,他所注意的,是在中西文化接触的产品。这是他们特别的地方,也是他们远大的地方。"而"中国人考古的旧方法,都是用文字做基础,就一物一物的研究。文字以外,所得的非常之少。外国人以世界文化眼光去观察,以人类文化做标准,故能得整个的文化意义。"④傅斯年意图建立的史学,并非同时期中国史学的常规概念,他的史学是包括考古学、人类学、文献学、语言学等人文社会科学方法,甚至还包括地理学等自然学科方法在内的综合性学科。傅斯年要求从"世界文化眼光"出发,探究"整个的文化意义"。

傅斯年尤为强调考古发现对史学研究的重要作用。1929年,在他的主持下,李济、董作宾等人在山东章丘城子崖、河南安阳殷墟等地进行考古发掘。傅斯年在《城子崖序》中说到,他之所以选择在这里进行发掘,很大程度上是为了验证自

---

① 转引自杜正胜:"从疑古到重建——傅斯年的史学革命及其与胡适、顾颉刚的关系",231页。
② 葛兆光:"《新史学》之后——1929年的中国历史学界",载《历史研究》,2003(2),91页。
③ 同上, 92页。
④ 傅斯年:"考古学的新方法",见其《史学方法导论》,190页。

己的一个猜测:即在东部存在着不同于西部仰韶文化的文化。施耐德由此推论说,是城子崖的考古发现"鼓舞了傅斯年在1935年发表其于1931年就已完成的《夷夏东西说》一文"。①

上古各族"二元混合"

关于上古史的相关传说和神话,在中国的各类历史典籍中并不鲜见;然而,将其归纳总结,并使用"民族"概念加以阐述,则是相对晚近的事情。20世纪中叶,中国学界出现了几种主要以民族区隔论古史演进的论著,依时代先后,分别有蒙文通发表于1927年的"古史甄微"②、徐中舒于同年发表的"从古书中推测之殷周民族"③、傅斯年于1933年发表的"夷夏东西说"、徐旭生写成于1939年的《中国古史的传说时代》④,以及杨宽发表于1941年的"中国上古史导论"。⑤ 在这些论著中,傅斯年的"夷夏东西说"颇显独特。通读全文,可发现,傅斯年使用"民族"一词,居然不过以下五处:

1.《商颂》中所谓"玄鸟"及"有娀"之本事,当即此说之内容。此一神话之核心,在于宗祖以卵生而创业。后代神话与此说属于一源而分化者,全在东北民族及淮夷。⑥

2. 禹鲧之说,本中国之创世传说(Genesis)。虽夏后氏祀之为宗神,然其与夏后有如何之血统关系,颇不易断。若匈奴号为夏后之裔,于越号称少康之后,当皆是奉禹为神,于是演以为祖者。如耶稣教之耶和华上帝,本是犹太一族之宗神,故《创世纪》言其世系,而耶稣教推广到他民族时,奉其教之民族,亦群认耶和华为人祖,亚当为始宗矣。然则我们现在排比夏迹,对于关涉禹者应律除去,以后启以下为限,以免误以宗教之范围,作为国族之分布。⑦

3. 太皞继燧人而有此土,在古代之礼乐系统上,颇有相当之贡献,在生

---

① 施耐德:《真理与历史——傅斯年、陈寅恪的史学思想与民族认同》,195页。
② 蒙文通:《古史甄微》,北京:中华书局,1927年初版;上海:商务印书馆,1933年再版。
③ 徐中舒:"从古书中推测之殷周民族",发表于《国学论丛》,第1卷第1号,1927。
④ 徐旭生:《中国古史的传说时代》,1943年初版;北京:科学出版社,1960年增订本。
⑤ 杨宽:"中国上古史导论",发表于《古史辨》,第7册(上),上海:开明书店,1941。
⑥ 傅斯年:"夷夏东西说",见其《史学方法导论》,211页。
⑦ 同上,232页。

活状态上,颇能作一大进步。当是已进于较高文化之民族,其后世并不为人所贱。在周代虽居采卫,而为"小寡",世人由以为"明祀"也。①

4. 在古代,社会组织不若战国以来之发达时,想有一个历代承继的都邑,是不可能的。然有一个地理的重心,其政治的,经济的,因而文化的区域,不随统治民族之改变而改变,却是可以找到的。②

5. 现在假定,凡在殷商西周以前,或与殷商西周同时所有今山东全省境中,及河南省之东部,江苏之北部,安徽之东北角,或兼及河北省之渤海岸,并跨海而括辽东朝鲜的两岸,一切地方,其中不是一个民族,见于经典者,有太皞少皞有济徐方诸部,风盈偃诸姓,全叫做夷。③

傅斯年使用"民族"一词时,并未对此概念做清晰的界定,且多用于泛指或统称,而非实指或具体指某族。若要具体指称某族、某氏,傅斯年便直接使用古文献中的说法,而不是将"民族"一词套用其上。虽然在此之前,梁启超、吴文藻等人均就"民族"一词加以阐述、解析,试图将之作为一个新概念纳入学术研究的范畴。但对这类新名词的采信,傅斯年显得极为谨慎,他认为,"大凡用新名词称旧物事,物质的东西是可以的,因为相同;人文上的物事是每每不可以的,因为多是似同而异。"④由此,我们便不难理解,这篇文章为何立论于"民族"却又着墨颇少的缘故了。

尽管如此,却并不代表傅斯年对"民族"一词缺乏关怀,罗厚立认为,"傅斯年的'种族'概念,其实也更多是'文化'的。"⑤因为在傅斯年看来:"中国历史上所谓'诸夏'、'汉族'者,虽自黄、唐以来,立名无异。而其间外族混入之迹,无代不有。隋亡陈兴之间,尤为升降之枢纽。自汉迄唐,非由一系。汉代之中国与唐代之中国,万不可谓同出一族。更不可谓同一之中国。"⑥这种民族差异,恰是缘于文化的不同。

或许,还应补充一句的是,与吴文藻迥异,傅斯年未对"民族"和"种族"加以明确区分。因此,我们可以看到不同学者在分析傅斯年及其相关论著时,往往择其一而用之,如王汎森、罗厚立等多用"种族",而施耐德、葛兆光等多用"民族",

---

① 傅斯年:"夷夏东西说",见其《史学方法导论》,250 页。
② 同上,266 页。
③ 同上,239 页。
④ 同上,77 页。
⑤ 罗厚立:"语语四千年:傅斯年眼中的中国通史",载《南方周末》。
⑥ 傅斯年:"中国历史分期之研究",见其《史学方法导论》,54 页。

偶尔还会有在一个文本中不加区分的使用这两词的状况,如王汎森的"王国维与傅斯年——以《殷周制度论》与《夷夏东西说》为主的讨论"便是一例。

在了解傅斯年的"民族"观及文本特征之后,我们不妨深入"夷夏东西说"中,具体看看他是如何论述上古史中的民族问题。

(1) 多元说

傅斯年的"夷夏东西说",颇似倒叙的写作手法:行文中,商先于夏。在此,我先将其顺序还原为年代时序,便可得知从夏商以来,这些部落、氏族流变的情态了。

> 现在假定,凡在殷商西周以前,或与殷商西周同时所有今山东全省境中,及河南省之东部,江苏之北部,安徽之东北角,或兼及河北省之渤海岸,并跨海而括辽东朝鲜的两岸,一切地方,其中不是一个民族,见于经典者,有太皞少皞有济徐方诸部,风盈偃诸姓,全叫做夷。《论语》有九夷之称,明其非一类。①

> 所谓"夷"之一号,实包括若干族类,其中是否为一族之各宗,或是不同之族,今已不可详考。然各夷姓有一相同之处,即皆在东方,淮济下流一带。②

> 所谓夏后氏者,其名称甚怪。氏是族类,后为王号,何以于殷曰殷人,于周曰周人,独于夏曰夏后?意者诸夏之部落本甚多,而有一族为诸夏之盟长,此族遂号夏后氏。③

> 只是夷夏列国列族的地望世系尚不尽失,所以我们在今日尚可从哲学家的综合系统中,分析出族部的多元状态来。④

由上观之,夷与夏组成复杂,部族繁多。说到"夷",有"九夷之称",存有诸姓,表明当时部族并立,这一局面的形成原因在文中无可得证;所谓"夷",或许更多是后世对"九夷"的统称而非实证。说到"夏",部落甚多,但后世以盟长之名作为这些部落的统称,因此得夏后氏之说。傅斯年的重点,虽不在于对夷、夏诸多部族的族别辨析,但却能从行文与引用的古文献中得知,夷与夏两系形成之前,确实存在有漫长的部族多元并立与相互纷争的局面。

(2) 两系说

---

① 傅斯年:"夷夏东西说",见其《史学方法导论》,239 页。
② 同上,248 页。
③ 同上,232 页。
④ 同上,261 页。

> 在三代时及三代以前,政治的演进,由部落到帝国,是以河,济,淮流域为地盘的。在这片大地中,地理的形势只有东西之分,并无南北之限。历史凭借地理而生,这两千年的对峙,是东西而不是南北。现在以考察古地理为研究古史的一个道路,似足以证明三代及近于三代之前期,大体上有东西不同的两个系统。这两个系统,因对峙而生争斗,因争斗而起混合,因混合而文化进展。夷与商属于东系,夏与周属于西系。①
>
> 在由部落进为帝国的过程达到相当高阶段时,这样的东西二元局势,自非混合不可,于是起于东者,逆流压迫西方。起于西者,顺流压迫东方。东西对峙,而相争相灭,便是中国的三代史。在夏之夷夏之争,夷东而夏西。在商之夏商之争,商东而夏西。在周之建业,商奄东而周人西。②

在傅斯年看来,上古两千年的历史中,东西二系之争乃至相合相灭,实为部落组织发展至帝国架构的流变走势;同时,也是民族从多元趋于二元的流变走势。如是可知,其一,各个部落、民族并不是一个静态的群体,它们随时而化,历时演进,难以以特定的人群属性将之固化。其二,多元化民族的发展演化,确有融合的趋势,族群数量由多到少,族群组成由简单到复杂。但当族群扩展到一定程度之后,是否会在其内部发生裂变,再度分裂为若干族群,因文中所涉不多,暂不作讨论,但并不能认为没有这种可能性。

(3) 混合说

关于"混合",傅斯年在文中表达出两种不同的态度。一方面,他对春秋战国时期的思想家通过撰写"在组织一种大一统观念"③,表示不满和反对;同时,他也对太史公为"求雅驯的结果,弄到消灭传说的史迹"④,"虽羿浞少康的故事,竟一字不提"⑤,表示嘲弄。另一方面,他却主张,"这两个系统,因对峙而生争斗,因争斗而起混合,因混合而文化进展。"⑥

虽然傅斯年和春秋战国的思想家都主张"合"的观念,但其立足点截然不同。其一,春秋或后世思想家试图树立大一统的独一渊源,而"不把东夷放在三代之

---

① 傅斯年:"夷夏东西说",见其《史学方法导论》,210 页。
② 同上,265 页。
③ 同上,261 页。
④ 同上,240 页。
⑤ 同上。
⑥ 同上,211 页。

系统内"①；但就傅斯年考证，三代系统恰是由不同民族构成，体现出其组成源流的多样性；并且，正是在这些民族的斗争与融合中，逐渐达到"合一"。其二，在春秋或后世思想家所营造的大一统中，弱化或淡化了夷的存在对文化演进的贡献；但就傅斯年考证，夷的存在恰是民族流变带动三代系统文化演进的重要因素，他说，"如太皞，则有制八卦之传说，有制嫁娶用火食之传说。如少皞，则伯益一支以牧畜著名，皋陶一支以制刑著名。而一切所谓夷，又皆以弓矢著名。可见夷之贡献于文化者不少。"②傅斯年的"混合"说，恰恰是以在这种"合"之内存在着多元化的关系为前提。这种多元性，并不只存在于"混合"之初，而是与"合"相行相生，共同构成的文明动态化演进的基本要素。

或许，还应补充说明的是，傅斯年在"夷夏东西说"中所讨论的"混合"，也不等同于我们如今惯常所言的"合一"。他在文中做有一个表格，描述自夏初以来"东西对峙"③的局面。无论是"正线的东西相争"④还是"斜线的东西相争"⑤，他都谨慎使用过程性的语汇，如夷与夏，"东西互胜，夷曾一度灭夏后氏，夏亦数克夷，但夏终末未尽定夷地"⑥；或又如淮夷与周，"虽淮夷曾再度危及成周，终归失败"⑦。傅斯年只是在描述各民族不断通过战争相互混合的过程，对于混合的结果，他则很少论及是否完成了"合一"。如此行文，或许是由于史料素材有限而造成的。我们似乎可以得到这样一个结论，反对"疏通"的傅斯年在得出"二元混合"观点的基础上，并没有进一步演绎出"合一"的论断。

张光直认为"夷夏东西说"说明的是上古文化东西二元系统⑧，王汎森则以为

---

① 傅斯年："夷夏东西说"，见其《史学方法导论》，261 页。
② 同上，260~261 页。
③ 同上，265 页。
④ 同上，266 页。
⑤ 同上。
⑥ 同上。
⑦ 同上。
⑧ 如张光直所说，"这篇文章（'夷夏东西说'）以前，中国古史毫无系统可言。傅先生说自东汉以来的中国史，常分南北，但在三代与三代以前，中国的政治舞台，……地理形势只有东西之分，而文化亦分为东西两个系统。自傅先生夷夏东西说出现之后，新的考古资料全部是东西相对的：仰韶—大汶口，河南龙山—山东龙山，二里头（夏）—商，周—商、夷。……'夷夏东西说'不是很长的一篇文章，但是有了这篇文章以后，历史学家看中国历史便有了一个与前不同的角度。"详见何兹全："傅斯年的史学思想和史学著作"，载《历史研究》，2000(8)，341 页。

"夷夏东西说"提倡的是多元古史观。① 不同学者对该文主旨的不同分析,恰也说明了在文明演进中这种不同民族间的复杂关系,在上古时期几已奠定。这一状态,为后世学者和政客关于"合一"的政治文化期待,铺垫了无限想象。

如王汎森所言,"傅斯年的《夷夏东西说》,不只批判性地运用文献,而且随处以新出土之甲骨作为证据,论证相当细密,贯串全文的方法,一个是种族的,一个是地理的。"②傅斯年虽着笔于地理,但他更强调由地理条件所决定的生态环境的差异性。正是不同的生态环境,在人类社会发展的初期,导致了各个民族不同的生活状态和精神特质。如其所言:

>我们简称东边一片平地曰东平原区,简称西边一片夹在大山中的高地曰西高地系。③
>
>……
>
>东平原中,在古代有更多的泽渚为泄水之用,因垦地及人口之增加,这些泽渚一代比一代少了。这是绝好的大农场而缺少险要形胜,便于扩大的政治,而不便于防守。④
>
>……
>
>西高地系在经济的意义上,当然不如东平原区,然而也还不太坏,地形尤其好,攻人易而受攻难。山中虽不便农业,但天然的林木是在早年社会发展上很有帮助的,陵谷的水草是便于畜牧的。这样的地理形势,容易养成强悍部落。⑤
>
>……
>
>人类的住家不能不依自然形势,所以在东平原区中好择高出平地的地方住,因而古代东方地名多叫做丘。在西高地系中好择近水流的平坦地住,因而古代西方地名多叫做原。⑥
>
>……
>
>因地形的差别,形成不同的经济生活,不同的政治组织。古代中国之有

---

① 如王汎森所说,"在本世纪初中叶,先后出现几种论著提倡多元古史观,依时代先后,分别有蒙文通的《古史甄微》(1927)、傅斯年《夷夏东西说》(1934)、徐旭生的《中国古史的传说时代》(1943)。"参见王汎森:"王国维与傅斯年——以《殷周制度论》与《夷夏东西说》为主的讨论"。
② 王汎森:"王国维与傅斯年——以《殷周制度论》和《夷夏东西说》为主的讨论"。
③ 同上。
④ 傅斯年:"夷夏东西说",见其《史学方法导论》,262 页。
⑤ 同上,263 页。
⑥ 同上,264 页。

东西二元,是很自然的现象。①

傅斯年通过对地理环境的分析,强调部族发展与自然环境的互动关系,族群的形成与生存的环境息息相关,但又并不是消极被动的受环境制约。部落对居住环境的选择,以及对或畜牧或农垦的生产方式的选择,也表现出部族与地理环境的互动,这是人与自然的互动关系。傅先生对于东西二元的强调,与其说是对方位的象征意义的敏感,倒不如说是对两个区域截然不同的地理环境因素的敏感。环境的差异与互补,在傅斯年的笔下几乎成为人群流动与部族互动的第一推动力。于是,人与人之间,部族与部族之间的互动,也体现在他们对地理环境占有关系的变迁之中。

在"夷夏东西说"中,傅斯年特别强调了商起于东北地区的论断,这与传统的三代史观大相径庭,传统观点认为殷周皆起于西土,而且西土是孕育强盛朝代的地方。

> 《史记》中的一段话反映了这种意识:或曰:"东方物所始生,西方物之成孰。"夫作事者必于东南,收功实者常于西北,故禹兴于西羌,汤起于亳,周之王也以丰镐伐殷,秦之帝用雍州兴,汉之兴自蜀汉。
>
> 在这一段话里,"汤起于亳"一说中"亳",经常被解释为是在西边,譬如徐广就说京兆杜县有亳亭,则在三亳阪尹之外,又有一个西亳,那么商也是起于西土的。②

为此傅斯年专门在"夷夏东西说"中驳斥了太史公的论断。同样针对《史记》中的这段引文,傅斯年认为,"这话里边,只汤起于亳一说为无着落,而徐广偏'希意承旨',以说'京兆杜县有亳亭',于是三亳阪尹之外,复有此西亳,而商起东北之事实,竟有太史公之权威作他的反证!"③

傅斯年对东方地域作为文明发端的强调,并不意味着他试图去创立什么"东来说",更不是想以此来抹杀或弱化西方地域作为文明发端而同样重要的地位。正是两个区域旗鼓相当而又各具特点的地理资源,提供了起源于东西两方的文明得以发展、战争与混合的物质基础。

如果说,不同民族的差异更多是由地理环境等客观因素造成,那么,人与人之间、部族与部族之间的互动关系,则主要是通过争斗与融合这一系列的主观行

---

① 傅斯年:"夷夏东西说",见其《史学方法导论》,264 页。
② 王汎森:"王国维与傅斯年——以《殷周制度论》与《夷夏东西说》为主的讨论"。
③ 傅斯年:"夷夏东西说",见其《史学方法导论》,226 页。

为来体现。如傅斯年所言：

> 夷夏之争数十年，在夷一面经羿、浞二宗，在夏一面经相、少康二世，战斗得必然很厉害。①

> 然则夏后一代的三段大事，开头的益启之争便是夏夷争，中间的羿少康之争又是夷夏之争，末后的汤桀之争还是夷夏之争。夏代东西的斗争如此厉害，而春秋战国的大一统主义哲学家都把这些显然的史迹抹杀了，或曲解了！②

由于傅斯年笔下的民族互动是在具体的地理环境中发生的，于是他将生态因素作为理解其互动效力强弱的主要原因之一：

> 三代中东胜西之事较少，西胜东之事甚多。胜负所系，不再一端，或由文化力，或由战斗力，或由组织力。大体说来，东方经济好，所以文化优。西方地利好，所以武力优。在西方一大区兼有巴蜀与陇西之时，经济上有了天府，武力上有了天骄，是不易当的。然而东方的经济人文，虽武力上失败，政治上一时不能抬头，一经多年安定之后，却是会再起来的。③

将这种族群互动关系的分析，置于区域性的自然生态之下，正是现代民族分析中几近被忽略的一环。

傅斯年的行文考证说明，融合和斗争是民族互动的主要形式。这种互动恰恰表达出民族间相互区别的模糊性，即可通过融合而成为对方的一员，亦可通过斗争而强化自我的认知。这种互动往来几近成为民族关系的常态行为，致使民族概念难以用简单的语言、血统、文化或经济等静态指标来界定。同时，这种互动关系也可能改变或强化民族对自我的主观认知，所以也很难单以民族自身的文化认同作为不同民族界定标准。不同民族之所以能自然而然地区别开本民族与他民族，往往是在多方互动的关系中，加以比较辨析而识得的。

文明与民族的"关系说"

傅斯年之所以如此细致地描述上古史各民族之间的互动关系及二元混合之势，是因其有着极为迫切的现实考虑。诚如葛兆光分析，在当时"传统中国历史

---

① 傅斯年："夷夏东西说"，见其《史学方法导论》，243 页。
② 同上，226 页。
③ 同上，266 页。

学资料和方法的合理性,已经受到极大的挑战,重新建立的关于古代中国的历史论述,其真实性不仅要依赖科学的考古学来支持,而且其价值也要依赖西方'科学的历史学'来证明"。①但"现代历史学正好处在民族国家重新界定和重新建构的时代,历史学不是在破坏一种认同、一种观念、一种想象,就是在建构一种能够认同、一种观念、一种想象,特别是当研究对象是一个关于民族起源和文化来源的神话的时候。"②正是在这种时势背景之下,学术建构与国家命运相关联,如何将当时民族国家"一体化"的现实需要与上古史中民族文化起源的历史想象相勾连,成为那时期知识分子亟待解决的问题。不同学派纷纷采取不同的学术主张和思想举措,当时较为集中的几派观点有以郭沫若为代表的"左派",以柳诒徵为代表主要集中于南京"中央大学"的"保守派",以及以何炳松为代表倡导实用史学的"自由派"。③

学派之争的焦点不在于对"一统"的存疑,而在于对怎样才是"一统"的解释不同,对如何实现"一统"的理解不同。其纠结的核心之一便是关于"认同"的问题。④ 认同于古代中国文明体这一"古老的、根本的文化概念"⑤,还是认同于近代西方国族主义下"一民族一国家"的民族国家理论?⑥

傅斯年似乎在此做了一个巧妙的折中。他在"与顾颉刚论古史书"中说道:

> 中国之有民族的、文化的、疆域的一统,至汉武帝始全功,现在人曰汉人,学曰汉学,土曰汉土,俱是最合理的名词,不是偶然的。秦以前本不一元,自然有若干差别。人疑生庄周之土不应生孔丘。然如第一认清中国非一族一化,第二认清即一族一化之中亦非一俗,则其不同亦甚自然。……文化之统一与否,与政治之统一与否相为因果;一统则兴者一宗,废者万家。⑦

傅斯年以秦为分界,将中国历史的书写一分为二:秦以后,有一统,趋向于"一民族一国家"的认同感,因为"文化之统一与否,与政治之统一与否相为因果"。而秦以前,"夷夏东西说"分析得非常清楚,"本不一元",便无法套用"一民族一国家"的模式来建构上古史三代的认同感。无形之中,傅斯年将上古史的民族问题置于中国古代文明体系之中,"夷夏东西说"的书写实质是借由对民族关

---

① 葛兆光:"《新史学》之后——1929 年的中国历史学界",载《历史研究》,2003(2),86 页。
② 同上,92 页。
③ 施耐德:《真理与历史——傅斯年、陈寅恪的史学思想与民族认同》,45 页。
④ 葛兆光:"《新史学》之后——1929 年的中国历史学界",载《历史研究》,2003(2),89 页。
⑤ 王铭铭:"中国——民族体还是文明体?"。
⑥ 王铭铭:"民族与国家——从吴文藻的早期论述出发",载其《西学"中国化"的历史困境》,97 页。
⑦ 傅斯年:"与顾颉刚论古史书",见其《史学与方法导论》,89 页。

系的描述完成对中国上古文明的建构。只是,一个发轫于近代,与国家对应而来的概念——民族——是如何构筑上古文明体系的呢?傅斯年并没有给我们明确答案。但可以肯定的是,他所以能完成并发表这篇文章,就在于他默认的前提是:尽管上古史时的民族"本不一元",但并不折损中国文明一体性。

在此,我们不妨先借用王铭铭的一段话,回顾一下"民族"是如何进入中国历史的书写体系的:

> 基于民族文化一体化观念设计出来的近代民族国家,没有一个不面对内部阶级、地区、部落、"民族"、宗教文化多样性的问题,中国更是如此。……对于中国而言……问题主要在于,其疆域的涵盖面,不仅远超部落社会,而且比人们印象中的近代民族国家要大得多。这个"以天下为己任"的文明体,是在遭遇到了"合纵连横"的"犬羊小国"的袭击,才不得已选择"以毒攻毒",以"民族"为己身历史叙事主线的。中国的"民族问题",固然有与"原生纽带"相关的因素,但是,这个所谓"问题"的大部分内容,与作为一个文明体的古代中国不得已将自身转设为民族体的经历和困境,有着更为密切的关系。
>
> 为了实现从文明体到民族体的转变,近代以来,中国学者便接受了"民族"概念,且以之为单位,书写出众多"通史"。[1]

"夷夏东西说"的出现,恰似历史叙事从文明体到民族体转变过程中的一次回潮。在此,傅斯年调整了自己的叙述逻辑,不再强调"民族的、文化的、疆域的一统",而认为应"注重整个的观念","如后来不以全体的观念去研究,就不能得到很多的意义和普遍的知识。所以要用整个的文化观念去看,才可以不至于误解"[2]。但具体到上古史研究中,纷繁芜杂的各民族如何在斗争融合中建成"整个"的文明体?傅斯年并没有予以推论,但从"夷夏东西说"关于民族互动、二元混合的描述中,我们却能归纳出他对"关系"二字的强调,在此,我们姑且将之称为"傅斯年的关系叙述"。傅斯年似乎想通过"关系"勾连起上古时期的各部族,使之共同构筑成一"整个"的文明体。他在"夷夏东西说"中写道:

> 自东汉末以来的中国史,常常分南北,或者是政治的分裂,或者由于北方为外族所统制。但这个现象不能倒安在古代史上。到东汉,长江流域才大发达。到孙吴时,长江流域才有独立的大政治组织。在三代时及三代以前,政治的演进,由部落到帝国,是以河、济、淮流域为地盘的。在这片大地

---

[1] 王铭铭:"中国——民族体还是文明体?",载《文化纵横》,2008(12),119~120页。
[2] 傅斯年:"考古学的新方法",见其《史学方法导论》,190页。

中,地理的形势只有东西之分,并无南北之限。历史凭借地理而生,这两千年的对峙,是东西而不是南北。现在以考察古地理为研究古史的一个道路,似足以证明三代及近于三代之前期,大体上有东西不同的两个系统。这两个系统,因对峙而生争斗,因争斗而起混合,因混合而文化进展。①

我们难以知晓,傅斯年关于上古民族的关系叙述的灵感,是来自后世政治南北二分的启发,还是得益于东部考古发掘的佐证?他用"整个"文明体替代对"一统"观的强调,是源于对上古各民族关系的史料总结,还是为配合时下国族认同感的现实需要?不过,有一点是明确的,虽然傅斯年的民族"关系说"仅局限于上古史范畴,但这个历史的解释却给我们提供了一种启示:在考察民族问题的历史性时,不妨超越"国家"概念,转向文明的视野。傅斯年本人并没有明确指出,各部族关系构筑起了"整个"上古文明体,但这套关系叙述的思路,曾对后来的学者产生过深远影响。如徐旭生的"我国古代部族三集团考",便是充分发展了"关系说",在傅斯年"二元混合"的基础上,补充以南方的苗族集团,得出"三集团说"的观点,同时,他也承认"每集团的内部也还相当复杂"。② 实为表达在三集团体系的背后,仍有一套复杂关系的支撑。

显然,这套凌驾于国家概念之外的文明—民族关系叙述,在现实的政治要求之下,难以被认真对待。"半个世纪以来,中国的民族学家沉浸于'以今论古',难以使民族研究'政学分开'(我的理解)。在这个大背景下,活生生的'民族单位'之生成、交融、变化过程,退让于固定化、政治化的民族分类。"③文明视野下的民族关系④,几度被淡化。直至 1988 年,费孝通在香港中文大学做了一场"中华民族的多元一体格局"的演讲,他才谈道:

---

① 傅斯年:"夷夏东西说",见其《史学方法导论》,210~211 页。
② 徐旭生:"我国古代部族三集团考",见其《中国古史的传说时代》,144 页,桂林:广西师范大学出版社,2003。
③ 王铭铭:"'中间圈'——民族的人类学与文明史",见王铭铭主编:《中国人类学评论》,第 3 辑,40 页,北京:世界图书出版公司,2007。
④ 关于"文明"与"关系",王铭铭认为:"'文明'这个概念,一方面可以牵涉到对于世界格局中文化之间关系的认识,另一方面又可以牵涉到对于自我与超我之间关系的认识。在这两个方面,古代中国都存在着被忽略的智慧。古人所说的'文质彬彬',是一种中国式的文明理论,这个理论既不同于'冲突论',又不同于只关心自我与超我的社会心理学,它侧重的是处理关系的智慧。所谓关系,可以是个体之间的,也可以是群体之间的,上面说到的不同地带和民族之间的关系,是其中重要的一类。这类关系的智慧,不同于西方流行的'ethnicity'一词,它注重的不是认同,而是处于不同的认同之间的心态。"(同上,63 页。)有趣的是,王铭铭将"文明"与"关系"再度回溯至古代中国的场景之中,认为这是"被忽略的智慧",但他所强调的重点,与傅斯年的明显不同。傅斯年的"关系说"注重史料表达,以及由史料考证出的历史物事,如确凿发生过的部族战争与民族融合,强调其客观性;王铭铭则明显不同于前者将主观与客观、过去与现在截然二分的"科学概念",相对而言,王铭铭构想中的"文明"与"关系"更具人文色彩。

> 中华民族作为一个自觉的民族实体,是近百年来中国在和西方列强的对抗中出现的,但作为一个自在的民族实体则是在几千年的历史过程中形成的……它的主流是由许许多多分散存在的民族单位,经过接触、混杂、联结和融合,同时也有分裂和消亡,形成一个你来我去,我来你去,我中有你,你中有我,而又各具个性的多元统一体。①

在这段话中,费孝通首次提出"中华民族多元一体"的概念,所谓"一体",并非惯常的"合一"那么简单,它似乎更接近于傅斯年笔下的民族"关系说",同样强调不同民族间的"接触、混杂、联合和融合"关系。但较傅斯年更进一步,费孝通笔下的"多元一体",不再只是上古时的民族关系流变,而是发端于上古时期,经由"凝聚核心汉族的出现"②,再到"地区性的多元统一"③,实现"中原地区民族大混杂、大融合"④,在"北方民族不断给汉族输入新的血液"⑤的同时,"汉族同样充实了其他民族"⑥等一系列复杂关系。这样一个横贯古今的历史过程,在费老的笔下,延绵至今。或许,正是借由费老的文本,我们才得以窥见,即便在"民族体虽已成为中国社会科学'想象的共同体'"⑦之后,傅斯年就上古史研究得来的思考,仍对近代问题保有着何其微妙的解释力。

(何贝莉)

---

① 费孝通:"中华民族的多元一体格局",见其《论人类学与文化自觉》,121页。
② 同上,125页。
③ 同上,127页。
④ 同上,131页。
⑤ 同上,133页。
⑥ 同上,136页。
⑦ 王铭铭:"中国——民族体还是文明体?",载《文化纵横》,2008(12),120页。

06 民族史视野下的中国

——读王桐龄《中国民族史》(1934)①

在鸦片战争及随后的几次与西方列强之间的战争中,当年一度雄视东亚、以"天朝上邦"自居的大清帝国被证明是如此不堪一击。在被迫签订了一系列丧权辱国、割地赔款的不平等条约后,中华帝国的统治者和精英们必然要思索中国未来的出路,以应对"三千余年一大变局"。中国传统的"天下观"和以中原皇朝为核心对周边部落施以"教化"的"文化中心主义",现在不得不接受西方"民族国家"的概念和外交游戏规则,自觉或不自觉地走上一条现代意义的"民族构建"(nation-building)之路。

当时列强从各个方向积极蚕食和瓜分这个古老但腐朽的东方帝国,也正是看到了这一点,清朝政府在这一紧迫态势下也不得不在自己的有效管辖地域内加紧进行政治整合和人口布局,如开放对东北移民的限制和内蒙古"放垦"来"移民实边",赵尔丰在川边的"改土归流",联豫和张荫棠在西藏推行的新政,以及西北新疆的建省。清朝不得不从中华传统的"核心行省"向外行政管辖与控制逐层减弱的"内强外弱"的模式,转变为优先加强最外环控制的新模式。

与此同时,中国的精英们也开始接触到源自西方的"民族"(nation)概念,并尝试把这一概念用于中国。"中国"或"中华"是不是一个"民族"?中国境内的汉、满、蒙、藏、回各部应当被视作各自不同的"民族"还是属于"中华民族"的组成部分?如果满蒙等被称为"民族",那么中华是否应被称为"国族"?这些在清末民初都曾是人们反复讨论并存在很大争议的问题。

辛亥革命后,清朝皇帝退位,建立了中华民国。但外蒙古和西藏都表示了独立的愿望,各地军阀割据也使新生的民国充满了变数。中国周边局势极其复杂

---

① 本文初稿刊载于《北京大学学报》,2002(3),125~135页,此为修订稿。

纷乱，中国如何在这样的乱局中构建一个"民族国家"，便成为当时社会精英们最为关注的问题。也正是在这样的国情态势下，如何从历史的角度把中国境内各部族的起源演变和相互关系的发展过程梳理出一个头绪，在当时的国际环境下为中国努力建立一个新的政治实体提供理论基础，便成为当时学者们最为关注的问题。在这一历史背景下，文化学社1934年出版了王桐龄先生的《中国民族史》，同年世界书局出版了吕思勉先生的《中国民族史》，随后商务印书馆于1939年又出版了林惠祥先生的《中国民族史》，在短短几年内连续出版关于中国民族史研究的系统专著，说明了当时中国人对于"中华"政治实体应当如何建构以及它的历史合法性的关注。

在阅读了这三部《中国民族史》后，我觉得王桐龄先生的《中国民族史》在思考中国"民族构建"的框架方面是最有意义和最有价值的。该书原计划共分为上、下两编（"内延史"和"外延史"），分别叙述"中国民族对内融合事迹"和"中国民族对外发展事迹"。20世纪90年代上海书店编印《民国丛书》时，王桐龄先生的《中国民族史》的"内延史"部分与吕思勉先生的《中国民族史》一同编入该丛书的第一编第80卷（历史、地理类）影印出版。而王先生的下编"外延史"在1934年后是否出版，则不得而知。

值得注意的是，吕思勉先生的《中国民族史》和林惠祥先生的《中国民族史》在近年曾先后出现了多种单行本，与之相比，王桐龄先生的《中国民族史》却始终没有出版单行本，这不能不说是一个遗憾。从20世纪初叶中国努力构建一个"民族国家"的角度来看，我认为王桐龄先生的《中国民族史》是一部极为重要的研究文献。通过阅读和理解这本书的核心概念和叙述思路，将有助于我们了解20世纪30年代"中国民族"研究中非常重要但被今天的人们所忽视的一派观点。本文将主要介绍和讨论王桐龄《中国民族史》一书的内容和它的学术意义，同时在讨论中我们也将参考吕思勉和林惠祥所著的两本《中国民族史》，并努力把这三本书的特点进行比较，同时思考这三本书对于我们今天中国的"民族"研究和族群关系研究能够带来怎样的启示。

一、如何理解中国各民族的构成

1. 中国各族都已经成为血缘混合的群体

王桐龄先生这本书的一个最核心的观点，就是认为中国各族经过了几千年的相互交流与融合，实际上都已经成为血缘混合的群体。"实则中国民族本为混合体,无纯粹之汉族,亦无纯粹之满人。"① 这个观点得到林惠祥的支持,"今日之汉族所含成分尽有匈奴、肃慎、东胡、突厥等,……今日之汉族实为各族所共同构成,不能自诩为古华夏系之纯种,而排斥其他各系。其他各族亦皆有别系之成分,然大抵不如华夏系所含之复杂"。② 针对部分闽人的观点,他特别指出"我福建人若坚执必为汉族之纯种而以族谱之记载为证据,是真为固陋而自欺"。③ 费孝通先生亦特别指出,"在看到汉族在形成和发展的过程中大量吸收了其他各民族的成分时,不应忽视汉族也不断给其他民族输出新的血液。从生物基础,或所谓'血统'上讲,可以说中华民族这个一体中经常在发生混合、交杂的作用,没有哪一个民族在血统上可以说是'纯种'。"④

人们现在逐渐开始接受汉族是族群混合体的观点,但是对于其他各少数族群是否也是族群混合体,意见并不一致。而王桐龄先生则早在20世纪30年代就把这些少数族群明确地视作"混合体",而且认为甚至在远古时代,这些族群就是不同"民族"的混合体,如汉族在其"胚胎期"是四支部落(炎帝、黄帝、周、秦)的血缘混合体,而春秋战国时期的"玁狁"则是通古斯和蒙古两支血统混合后变成的一种"新民族"。⑤ 在他眼里,看到的主要是各族之间的"同"而不是"异",看到的主要是中国境内的这些族群在几千年的发展进程中是如何越来越相互融合与"趋同",看到的是分散的各个族群逐渐融入邻近的强大族群中,逐步整合到几个主要的大群体中,看到的是一个个曾经很强悍的族群支系,如何一步一步地进入并消失在中华民族的主流汉族之中。

2."中国人民为汉满蒙回藏苗六族混合体"

当王桐龄在中国民族总集合体这一层次上进行分析时,他提出"中国人民为汉满蒙回藏苗六族混合体"这一观点,⑥ 这与目前关于"中华民族"由56个民族"组成"的流行观点,并不完全相同。"混合体"与"组合体"是不同的范畴。在目前55个少数族群中,有些族群(如满族、回族等)从整体上在地理分布和血缘方面与汉族已经存在着一定程度的"混合",有些族群(如蒙古族等)其人口相当大

---

① 王桐龄:《中国民族史》,"序",1页,北京:文化学社,1934。(影印本参见20世纪90年代上海书店出版社编印的《民国丛书》,第一编,第80卷。)
② 林惠祥:《中国民族史》(上册),40页,北京:商务印书馆,1993(为商务印书馆1939年版影印本)。
③ 同上,112页。
④ 费孝通:"中华民族的多元一体格局",载《北京大学学报》,1989(4),11页。
⑤ 王桐龄:《中国民族史》,19页。我主张把"中华民族"称为"民族",而把"少数民族"改称为"少数族群"。参见马戎:《民族与社会发展》,156页,北京:民族出版社,2001。
⑥ 同上,669页。

的一部分也处于这种"混合"的状态之中。20 世纪初,中华各族之间经过千年的迁移和通婚已经是"你中有我,我中有你",相互之间存在着血缘与文化的融合,是不可分割也不应分割的。王桐龄分析中国族群关系发展历史的这个视角非常值得我们注意,也是今天我们理解中华各族之间关系最重要的一个观点。

但新中国成立以后,由于政府开展的"民族识别"工作和后来户籍中"民族成分"的登记制度,加上政府和学校在"民族理论"和"民族政策"教育中一直宣讲斯大林的"民族"定义(共同语言、共同地域、共同经济、共同文化和心理认同),宣讲列宁的"民族自决权"等观点,我们必须承认,中国各族群之间的界限和"民族"意识比起 30 年代是大大地清晰和强化了。近半个世纪里的这一演变趋势显然与我国两千多年来的族群关系发展中相互融合的大主流背道而驰。历史上中华各族相互融合的总趋势,不仅反映在中国所有历史文献典籍的记录与评论之中,也明确地反映在 20 世纪 30 年代这几部中国民族史的研究著作中。

3. 对"民族"一词的应用定义缺乏界定

我们也注意到,王桐龄的这本书在使用中文"民族"一词时,对其来源、含义并未作任何讨论。同时,在书中讨论中国历史上各族群变迁时对所使用的术语"族"、"民族"、"中国民族"、"部落"等也没有做任何界定,所以在全书行文中出现了五种称呼:一是直接沿用古代典籍中的称呼如肃慎、鲜卑、匈奴,在后面不加"族"甚至也不加"人";二是使用 18 世纪以来中国对于族群常用的称呼,称之为"××人"(如汉人、匈奴人、回纥人、狄人、藏人);三是在族群名称中冠以"族"(如汉族、西藏族、满族);四是把各族称为"民族"(如"各民族","苗族……不开化之民族","一支民族,……史书上称为东夷","瓯越民族","北方民族——狄")①;五是在笼统谈到中国各族群时又统称为"中国民族"。以上五种称呼在全书中交错使用,甚至不同称呼出现在同一段、同一句话中(如"荆人之分布在湖北,……湖北民族始完全同化于汉族")。② 由此可见,作者并没有把族群称呼的标准化和区别界定当做一个问题予以关注,在吕思勉、林惠祥的书中亦存在类似情况。

20 世纪 30 年代,斯大林民族理论和民族定义虽然对新成立的中国共产党有较大影响,但对当时中国主流学术界的影响十分有限。王桐龄等几位学者对于"民族"、"族"这些术语的模糊性使用,反映出中华文化对于族群之间的界限看

---

① 王桐龄:《中国民族史》,5 页、11 页、15 页、18 页。
② 同上,13~14 页。

得比较模糊,而具有从融合与演变的角度看待族群发展的思想传统。同时,当时大量西方社会人文著作经日文译本进入中国,西方文本和日本文本中对中华各族有时使用"民族"(如蒙古民族、满民族等)来称呼,这也影响了中国学者对"民族"一词的使用。应当说,清末和民国时期对于"民族"这一关键术语的混乱使用,对新中国成立后的用语使用无疑也带来影响。

4. 论证使用的材料来源

关于如何判断族群之间的关系,王桐龄先生依据的主要是古代历史文献记载,而吕思勉先生在引用记述族群情况的古代文献记载之外,还试图利用古代文献中关于文化风俗的间接资料来进行分析。

吕思勉首先表明"民族与种族不同,种族论肤色,论骨骼,其同异一望可知。然杂居稍久,遂不免于混合。民族则论言文,论信仰,论风俗,其同异不能别以外观"。[①] 这里对于种族与族群的区分已经借用国外体质人类学的观点,而对于族群之间的差异区别,强调的则是语言、文化与风俗。但他在具体运用这一方法时,还有许多值得商榷之处。如他对"粤族"的分析为:"粤者(盖今所谓马来人),……散居于亚洲沿海之地,自五岭以南,南至今后印度,北则今江、浙、山东、河北、辽宁,更东则抵朝鲜;其居于海中者:则自南洋群岛东北抵日本,益东且抵美洲;而其族仍有留居今川、滇境者;其散布亦可谓广矣,然则何以知此诸地方之民必为同族也?曰:征诸其风俗而知之。此族特异之俗有二:一曰文身,一曰食人。"[②]"文身之俗,自滇、缅、经闽、粤以至朝鲜、日本皆有之。""食人之俗,亦自楚、粤、交、广至南洋群岛皆同。"[③]更引《后汉书·南蛮传》记载"其俗,男女同川而浴",后论证道,"男女同浴之风,今日本尚有之,亦皆此诸地方之民,本为同族之证矣"。[④] 非洲、美洲不少土著人部落也一度存在文身、食人之风俗,同浴之俗也存在于其他民族,以这两点作为一些亚洲民族与马来人同族的证据,尚不够充分。林惠祥列举了五种观点(包括吕思勉的"马来人说")后,认为"百越究属现代何族?至今未有确说"[⑤],为讨论留有很大余地。

吕思勉在讨论羌族与濮族之间的差别时,也强调了风俗之不同,"此族(指羌

[①] 吕思勉:《中国民族史》,8 页,北京:东方出版社,1996。(1934 年世界书局出版,影印本参见 20 世纪 90 年代上海书店出版社编印的《民国丛书》,第一编,第 80 卷。)
[②] 同上,229 页。
[③] 同上,230 页、232 页。
[④] 同上,233 页。
[⑤] 林惠祥:《中国民族史》(上册),115~116 页。

族)濮族,显著之别有二:濮族椎结,而此族编发,一;濮族耕田有邑聚,而此族随畜移徙,二也"。① 这与主要参考古代文献对于族群的记载所做的民族史研究相比,增加了人类学的视角。同时吕思勉先生也注意到了人类学、语言学家对于各族语音分节声调的分析,"近世人种学家、语言学家,谓藏、缅、暹、越之民,并与马来同种"②,他在20世纪30年代即运用跨学科视角来分析民族问题这个方面的努力,这是应当肯定的。

与之相比,林惠祥则比较广泛地参照了同时代中外学者的研究成果,同时在各章对于各系演变到近代情况的介绍时,非常关注语言以及衣食住行方面的习俗,如在第十三章"藏系"中有专门章节介绍"现代藏人之风俗习惯",包括职业、衣服、饮食、居住、婚姻、丧葬等,引用当代调查与文献中的生动资料,使该书具有较大的可读性。

以上的讨论反映出在20世纪30年代,中国学者仍然受传统思想的影响,多从文化层面来分析族群差异。斯大林的"民族"定义包含地域、语言、经济、共同意识等方面,强调了民族问题的政治和经济层面,他的观点发表于1913年,有关论述也曾被1941年延安出版的《回回民族问题》所引用③,但在20世纪30年代则不一定为国内学术界主流所广泛了解。斯大林观点对于中国官方政策和学术界的广泛影响,则主要是50年代以后的事。

二、如何解释在诸文明古国中,唯独中国文化绵延发展,至今不衰?

在人类历史上出现过的几大文明古国中,中国可以说是唯一一个文明发展进程一直没有遭受重大破坏的国家。历朝历代的主流文化,可以说是一脉相承的,每个新朝代都会依据"中华传统"参照惯用体例,为前朝修史。这也是欧洲和印度等文明所没有的现象。中国的中原地区在地理上并没有完全与其他地区相隔绝,也曾多次受到武力强大的外族侵袭,甚至曾出现外族"入主中原",但是这些统治了中原的外族最后都成了中华文明的继承者,中华文明得以延续不断地保存下来,最后留给我们用同一种文字(当然发生了一些字体演变)书写下来的几千年的历史,这个现象确实值得我们去考虑。根据王桐龄在《中国民族史》中

---

① 王桐龄:《中国民族史》,278页。
② 同上,232页。
③ 参见刘春:《民族问题文集》(续集),82页,北京:民族出版社,2000。

的分析,这种文明的延续也需要从民族内在的文化方面来寻找其原因,他归纳了以下几个原因。

1. 汉族"善于蜕变"

汉族"内部经过许多变乱,外部受过许多骚扰",但最终仍然造成了"庞大无伦之中国",王桐龄先生认为造成如此局面的根本性原因,是汉族之"善于蜕化","全国四亿人中,汉族竟占百分之九十五以上,其中经蜕化而来者固不少矣"。[①]他举了一个蝴蝶的例子,"初生为卵,一变为虫,再变为蛹,三变为蝶,乃能遗传其种族以至今日"。[②] 其他文明古国如古埃及、古希腊、古巴比伦、古玛雅等,在内乱外患的冲击下,终于灰飞烟灭,而以汉族为核心的中国虽然经历过许多磨难,也曾被来自周边地区的族群统治过,但由于汉族之"善于蜕化",不但没有消亡,而且不断发展壮大。

所谓"蜕变"是否就是在深层保留其种属的性质,为了适应环境而改变外貌? 在这里的"内"(种属的性质以什么为标志?)和"外"(不代表本质的外貌包括哪些内容?)之间的界线如何划定? 王桐龄先生并没有给出具体的说明,而这是我们从"蜕变"的观点来进行各族群发展历史之比较所必须弄清楚的基本问题。

2. 汉族"尚中庸"

王桐龄认为,"汉族性情喜平和,儒教主义尚中庸,不走极端,不求急进,此为善于蜕化之一大原因。"[③]是否"平和中庸"就会"善于蜕化"? 太平洋上许多海岛上的族群也"性情平和,不走极端",但一与强大发达的外族相遇就迅速衰落乃至消失。可见单单是"性情平和,不走极端"并不足以说明汉族发展壮大的原因。王桐龄也提到自春秋时代即形成的儒家文化("儒教主义"),即由儒学所倡导的一套完整和系统的伦理道德观点、行为规范,以及相应的宇宙观、世界观、人生观等,而这些远远超出"尚中庸,不走极端,不求急进"的内容,而这一套与当时先进的农耕经济相联系的文化体系则可能是汉族在恶劣条件下保持文化传统,以及外族在武力上占优势时仍能接受汉族文化传统的重要因素。

春秋战国时代的青铜器、铁器生产和农业、畜牧业、建筑、医学、军事学、诗歌舞蹈、文化艺术等领域都达到了非常高的水平,人口达到了相当的规模,社会组织井然有序,正是在这样的基础上产生了十分系统和发达的儒家文化,人们几千

[①] 王桐龄:《中国民族史》,3 页。
[②] 同上,2 页。
[③] 同上,3 页。

年后还在研读《论语》和《孙子兵法》,由此可见当时汉族地区哲学思想与文化的发达。正是凭借如此发达的文明,汉族在与武力强大而文明程度落后的外族相接触时,外族会主动或被动地吸收、接受汉族的文化,而汉族在这种条件下通过"蜕化"得以保存和发展。

3.汉族"无种族界限",对外族"无歧视之见"

王桐龄先生在书中多处强调,"汉族无种族界限,对于外民族之杂居内地者,向无歧视之见;故通婚之事自古有之。"①"汉族无种族界限,对于外民族之杂居内地者,例与之通婚姻。在汉族全盛之时代之汉唐有然,在汉族战败时代之两晋南北朝亦莫不如此。""汉族无种族界限,对于外民族之杂居内地者,照例与之合作。"②

从书中介绍的大量资料里,确实表明了在历史发展的几千年进程中,由于汉人对于其他族群的偏见与歧视的程度比较低,导致各朝代以皇室为首的大量族际通婚,以及在朝臣中起用大量外族人士。由于与人口众多的汉人接触并受到汉人观念的影响,外族建立的政权也存在大量族际通婚和任用他族人士的现象。这些资料确实反映出汉族所具有的"族群"观念相对比较淡漠。即使在今天,我们在日常生活中,也可感觉到汉族在族际通婚、族群杂居、日常交往等领域中表现出来的"族群意识",与其他族群相比要显得淡漠得多。也许正是这种淡漠的"族群意识"的态度再加上相对比较先进的农耕技术和文化,使得汉族张开胸怀不断吸收其他族群的成员,使之"蜕化"成汉人,使汉族人口规模逐渐增大;也使得其他族群在吸收汉族具有的"各族群可共享"的生产技术和发达文化的同时,也逐渐淡漠了自己的"族群意识"而不知不觉间"蜕化"为汉人。有的少数族群的领袖甚至十分积极地投入"蜕化"。"提倡外族汉化之功,其中以后魏孝文帝为最,其生平设施,如正祀典,定婚制,考牧守,定律令,颁田制,改服制,定乐章,禁胡服胡语,求遗书,法度量,兴学校等种种设施,无一不以完全汉化为目的,而以提倡汉族文化为手段。"③

有一点我们需要强调指出,在族际交往过程中,各个族群人口的相对规模是一个非常重要的因素。中原地区的汉人在文化发展的程度上高于周边其他族群,这有利于其人口的增长,而当其人口规模上达到明显超过其他进犯族群的程

---

① 王桐龄:《中国民族史》,36 页。
② 同上,115~116 页。
③ 同上,195 页。

度之后,其他族群不但难以灭绝汉人,而且会把经济发达的汉人地区当做财富的重要来源,转而适应汉人的文化和社会制度。

吕思勉先生也强调,"汉族以文化根柢之深,……用克兼容并包,同仁一视,所吸收之民族愈众,斯国家之疆域愈恢。"[①]在"有教无类"思想指导下,汉人对四周蛮夷族群施以"教化",认为"四海之内皆兄弟也"(《论语·颜渊》)。在这一过程中,中原汉族地区高度发达的思想文化、社会秩序、伦理道德等是汉人视为最根本、最核心的东西,承认并接受中原汉族文化的"异族",也较易为汉族民众所接受。

而汉人的这种意识淡漠的"族群观",究竟有多少是来自传统的儒家学说(大传统),有多少是来自民间的意识观念(小传统),两者之间又是如何相互转换和相互影响,则是一个需要另外专门去分析和讨论的问题。

三、中国各族群之间易于融合的原因

王桐龄先生提出,在春秋战国时期,一些族群与汉族较易融合具有两方面的原因:一是"血统接近,……故同化较易",二是"诸族起源地,除去北狄、西戎以外,皆在河流近旁。……地势偏南,气候较为温暖,雨量较为丰盈,交通较为便利,故容易进化成为农业国。秦汉以后,此一方之人民,遂同汉族混合,不再分立矣"。[②]

对于中国民族发展历史,除了现在新疆地区的部分族群有突厥血统外,中国大多数族群都属于蒙古人种,在体质上相互的差别并不显著,这确实是它们之间较容易建立相互认同和相互融合的一个重要原因。美国历代移民中的白种人之间融合极易而白人与黑人和黄种人之间隔阂较深,也充分说明人种体质上的差异程度对于相互融合是重要影响因素。

在族群相互融合的过程中,各个支系之间的融合程度与速度,也与各支系之间血缘之远近有关,"以上列举(与汉族交流混合的)十二支中,东夷一支与汉族血统接近,吴越、荆楚二支血统,界乎汉苗两族之间,蜀族血统界乎汉藏二族之间,庸族血统界乎汉苗藏三族之间,故同化较易。群蛮为苗族直系血统,闽与瓯越、南越三支为苗族旁支血统,巴族血统界乎苗藏二族之间,西戎为藏族,北狄为

---

① 吕思勉:《中国民族史》,8页。
② 王桐龄:《中国民族史》,20~21页。

满蒙二族之混血族,故同化较难"①。以上对于各族及其血统关系的观点尚可讨论,但是王桐龄注意到血缘关系的远近、人种体质上的差异会影响到各族相互之间交流与融合的进程,这是我们在分析中国族群关系交往历史中确实需要予以关注的。

至于地理条件和农业经济发展是否会促进其他族群被汉族同化,这里存在一个前提,即汉族的农耕技术和农业社会组织在当时东亚大陆上确实是长期领先的。在这个前提下,从事粗放农业、畜牧业、狩猎采集业的其他族群向已经把精耕细作的农业技术发展到较高水平的汉族学习,在学习农耕技术和组织农业生产的同时,也学习和接受了汉族的文化,从而逐渐融入汉族。费孝通在他1989年发表的"中华民族的多元一体格局"一文中也表示了同样的观点,"如果要寻找一个汉族凝聚力的来源,我认为汉族的农业经济是一个主要因素。看来任何一个游牧民族只要进入平原,落入精耕细作的农业社会里,迟早就会服服帖帖的主动地融入汉族之中。"②

此外,建立在相对高度发展农业基础上的汉族经济,长期是非常繁荣的,以精耕细作的灌溉农业为基础,中原汉族地区发展出了纺织业、陶瓷、冶炼、建筑、各种手工艺、天文、医药、算学、诗歌,等等,建立了当时世界上最大的城市群,积累了巨额的财富,使近邻的游牧族群和远方来的外族商人(如马可·波罗)无不惊羡。这样的经济实体每年所创造的巨大财赋收入是任何有机会"入主中原"的异族统治者都绝对不想失去的③,而要维系这样一台宝贵的经济机器继续运转,也就不得不维系原有的一套社会秩序以及相关的伦理道德,也就不得不接受汉人的文化传统。这种以经济优势为基础的文化优势,是异族难以抗拒的,其中一些族群在占领中原之后,也曾试图以自己的文化传统和风俗习惯来同化汉人,但收效甚微。面对如此庞大的人口和经济,面对如此精巧发达的文化,来自边缘地带的异族君臣和民众,也不得不逐渐融入其中。

而中原王朝的汉族统治者最头疼的是治理属下的百姓和应付自然灾害(旱涝虫疫),由于皇朝直接治理的人口十分庞大,征调由农民组成的军队需要耗费大量国库资源,所以除了几个开国皇帝外,大多不愿对外用兵,对于周边族群的主要战略是怀柔政策,必要时才进行预防式攻击。这与周边游牧族群的军队组

---

① 王桐龄:《中国民族史》,20页。
② 费孝通:"中华民族的多元一体格局",载《北京大学学报》,1989(4),17页。
③ 一些北方游牧民族之所以经常"南侵",主要目的就是抢劫财物人口,如果作战取胜订立和约,则可以每年勒索数十万计的金帛。

织十分不同,也与西方殖民者的海盗心理十分不同。"若通商及传教二事,现今欧洲经营殖民地者多着眼于此,而中国古人往往忽略焉。汉宣帝对于匈奴呼韩邪单于,隋文帝对于突厥启民可汗,唐宪宗对于沙陀,清高宗对于土尔扈特,经营布置其衣食住行等生活必需之资料,极为恳至周到,而于提高其文化,开辟其草昧之政策,则漠不关心焉。"①

以上叙述至少说明中原王朝对于周边少数族群的某种平等态度,以及对于异族归附者的特殊优待。在这样一种气氛之下,"异族"入主中原后,对待中原百姓和中原文化也不会强烈排斥,而且会设法使自己被汉人接受为合法统治者,或者声称自己的祖先是汉人后裔(如晋朝末年南匈奴首领刘渊取汉姓并自称汉朝后裔),或者根据儒家正统理论声称前朝无道,自己顺天行事,维护道统,保境安民,同时组织文人编修前朝历史,封禅祭孔。所以无论是汉族当政,还是周边族群入主中原,各族的文化和血缘融合可以说从未中断过。

四、从汉族的形成与"蜕变"的角度对中国民族发展历史进行分期

王桐龄先生的《中国民族史》影印本共680页,除"序论"外,全书分为八章,把中国整部历史划分为八个时期:(1)汉族胚胎时代(太古至唐虞三代),(2)汉族第一次蜕化时代(春秋战国),(3)汉族第一次修养时代(秦汉),(4)汉族第二次蜕化时代(三国两晋南北朝),(5)汉族第二次修养时代(隋唐),(6)汉族第三次蜕化时代(五代及宋元),(7)汉族第三次修养时代(明),(8)汉族第四次蜕化时代(清)。他首先把汉族发展史作为整个中国民族发展史的主干,然后把汉族的发展史划分为一个胚胎期、四次大蜕变和四次蜕变之间的三个修养期。该书以中国历史分期为章节,以汉族与其他族群之间的交往与融合同化为主线来进行介绍与讨论。各章节引经据典,详细地介绍了历史上各个族群部落融入中原及边疆各个族群部落被中原文化同化(汉化)的过程。所以更准确地说,王桐龄先生的《中国民族史》确如他本人所言,注重于中国"民族之混合及发展事迹",即为"中国民族交往史"或"中国民族融合史",而不是着重于各个族群的自身发展历史。

1. 汉族胚胎时代(太古至唐虞三代)

根据各种记载之中原北方族群踪迹,王桐龄认为在汉族胚胎时代,华夏族群

---

① 王桐龄:《中国民族史》,11~12页。

共有四支先后融合在一起,最早有史可考的祖先有两部,一支为炎帝,居于黄河下游,与蚩尤相争败绩;一支为黄帝,来自黄河中游,战败蚩尤后居于黄河中下游,并经唐尧虞舜夏禹传至夏商两代。之后在陕西渭水流域兴起的西周是"第三支";西周亡于犬戎,将陕西旧地封于来自甘肃的秦国,秦是华夏的第四支。自西周灭,中原的华夏各族群虽未统一,但人口和经济已成规模,族群意识中的"夷夏"之分,已见端倪。

2. 汉族第一次蜕化时代(春秋战国)

王桐龄在书中列出春秋战国五大国的族群构成:齐国(汉族与东夷混合)、楚国(汉族与南蛮混合)、秦国(汉族与西戎混合)、晋国(汉族与北狄混合)、燕国(汉族与北狄混合)。① 晋国后分裂为魏、赵、韩三国,遂成战国之七大国。林惠祥则认为,"战国时华夏系合并为七大国,各向所近之异族进攻。"②七国应视为完全由华夏族裔建立的国家或是华夏系与周边族群混同建立的国家,仍可讨论,如楚国就长期以蛮夷自居。但华夏系(汉族)为中原主要国家的主体,应无疑问。在此时期内,以汉族为主体的各国向周边"北狄东夷南蛮西戎"讨伐扩张过程中,必然吸收其人口与文化,而周边由其他各族建立的国家也在努力吸收汉族的人口与文化。王桐龄在书中列举的当时属于"北狄东夷南蛮西戎"的十二大支系,均逐步被战国时期的七大国所吸收。至秦始皇统一六国,遂完成了汉族吸收外族血统并在政治上达到统一的"第一次蜕化"。

3. 汉族第一次修养时代(秦汉)

秦汉两代与北方匈奴对峙,由于汉朝的"和亲政策",汉族皇室贵族多次与外族首领通婚,有些外族部落也并入中原辖区,书中开列了有史可考的族际通婚19例、"归化人物"55例(其中28例为匈奴首领)、"归化部落"18例,另有"归化羌人部落"17例(约83万人)③,另秦汉时代有记载可考并与中央政权安置政策直接有关的移民活动12例(其中有数字可考的8例约220万人)。④ "秦汉时代,对于归化部落之善后办法有三种:一、分其地为郡县,徙内地汉族与之杂居,二、徙其民于内地与汉族杂居,而虚其故地。三、分其地为郡县,即以其地旧首领为长官以治其民。"⑤通过秦汉四百余年的休养生息,汉族逐步消化了第一次"蜕化

---

① 王桐龄:《中国民族史》,21页。
② 林惠祥:《中国民族史》(上册),228页。
③ 表中统计的"户",按每户5人估算,表中数字的"余"均省略。
④ 王桐龄:《中国民族史》,46~58页。
⑤ 同上,54页。

期"所吸收的异族成分,同时仍努力招纳四方族群融入中原王朝。

4. 汉族第二次蜕化时代(三国两晋南北朝)

这一时代的 300 余年里,中原地区纷战不息,而投入逐鹿中原并创立五胡十六国和北朝的匈奴、乌桓、鲜卑、氐、羌、巴氐六支也最终加入了汉族血统。因北部外族入侵,汉族主支南移并努力开拓东南地区。"其结果则旧日苗人巢穴之扬子江中流下流流域,化为汉族文化之中心点。"① 书中开列五胡十六国汉族女子入宫表(14 人)、汉姓(未必汉族)女子入宫表(33 人)、五胡十六国汉族出身人物表(118 人)、五胡十六国汉姓人物表(687 人),以及南北朝时期北朝皇族族际通婚表 9 个(计 70 人)、南北朝北朝汉族大臣表 5 个(计 571 人),等等。② 另有北朝非汉族大臣冠汉姓者表、南朝北方出身人物表、晋代南北朝归化部落表(共 80 余万人),汉魏六朝西来高僧表(67 人)等详尽表格,以反映当时各族血统与文化相互融合的程度。③

5. 汉族第二次修养时代(隋唐)

汉族在前一时期内与"各族遗民,血统逐渐混合,酿成一种新民族。汉族固有之文化与异族固有之武力结合为一,以汉族为父系,鲜卑人为母系,造成隋唐两朝之汉族大帝国",王桐龄并提出九条论据来说明隋唐皇室皆非纯粹汉人,其女系实为鲜卑血统。④ 在隋唐时代,汉族努力消化 300 年来进入中原的各族,同时高丽、突厥、铁勒(回纥)、沙陀、党项、吐蕃、奚、契丹等族在与隋唐交往中,部分血统亦融入中原。书中各表开列隋唐皇室与外族通婚计 64 例、唐代外族赐国姓者 51 例、隋朝外族出身人物 51 人、唐朝外族出身人物 122 人、唐代归化部落 18 支、西来高僧 43 人、西来其他宗教家 17 人。特别是唐朝后期,许多地方长官委任外族,虽然促进了族群融合,但也为唐代后期之动乱埋下隐患。

6. 汉族第三次蜕化时代(五代及宋元)

安史之乱以后,藩镇跋扈,外族乘虚而入中原。五代十国时期,遂成各族纷争之局面,中原汉族以其与外族的全面接触进入一个新时期。宋代统一中原,以

---

① 王桐龄:《中国民族史》,114 页。
② 同上,169~232 页。
③ 费孝通也十分关注民族融合的有关记载,他指出,"《魏书》'官氏表'中 126 个胡姓中已有 60 个不见于官书。……唐朝宰相 369 人中,胡人出身的有 36 人,占十分之一。"(费孝通:"中华民族的多元一体格局",载《北京大学学报》,1989[4],7 页。)
④ 王桐龄:《中国民族史》,322~339 页。陈寅恪认为,李唐皇室"本是华夏,其与胡、夷混杂乃一较晚之事"。参见林惠祥:《中国民族史》(上册),33 页。

唐代藩镇过强为戒,削弱地方武力,其结果是非但燕云十六州不能恢复,且北宋、南宋先后受北方辽、金、元欺侮,而终统一于元朝。这一时代是汉族与其他族群血缘大融合的另一个重要时期,故称之为"第三次蜕化时代"。书中开列了五代各国外族出身人物85人、后唐后晋后汉皇室族际通婚21例、后唐后汉汉族出身人物49人、辽国皇室族际通婚33例、辽国汉族出身人物68人、金国皇室族际通婚24例、金国汉族出身人物277人、金国其他族群出身人物22人。① 书中开列元代皇室族际通婚55人,以及色目人、契丹人、女真人、汉人在朝人物表、各族赐蒙古姓或改用其他族群姓名表等29个,人数众多,不胜枚举,足以证明元朝更是一个族群混杂的大坩埚。

7. 汉族第三次修养时代(明)

明朝继承了元朝中原地区各族杂居的局面,"明太祖下诏强逼混合之。洪武元年诏胡服胡语胡姓一切禁止。《明律集解》云:'凡蒙古色目人听与中国人为婚姻,务要两厢情愿,不许本类自相嫁娶,违者杖八十,男女入宫为奴。其中国人不愿与回回、钦察为婚姻者听从本类自相嫁娶,不在禁限'。"②这样进入了另一个消化外族人口的修养时代。与此同时,明代在元朝的基础上进行了云南和贵州地区的开发和汉化,实行"改土归流",强化了中央政权。书中开列明代外族女子入宫者5人、外族出身人物174人(其中140人为汉姓)③,反映出各族融入中原汉族王朝的情况。

8. 汉族第四次蜕化时代(清)

清王朝建立之后,曾一度想保持自身族群特点并试图同化汉族,清朝"顺治初年,下令汉民薙发,易衣冠,概从满洲制,……强制汉族使之同化于满族。然京师八旗及各省驻防旗人与汉族杂居日久,习于汉俗,读汉书,学汉语,饮食起居皆同化于汉族"。④ 这种强迫汉人同化于满人的做法终因满人自身人口太少、文化不发达而作罢。书中开列了清朝皇室的族际通婚共计95例、汉人编入旗籍者177人、汉大臣取满名者36人、蒙古出身大臣110人、回藏朝鲜出身大臣15人,充分反映了清代族群融合的情况。

在清朝后期,由于西方列强对中国的侵略特别是沙俄对中国北方领域的一

---

① 王桐龄:《中国民族史》,424~502页。
② 林惠祥:《中国民族史》(下册),323~324页。
③ 王桐龄:《中国民族史》,594~609页。
④ 同上,611页。

再侵占,朝廷最后决心开放了东北、内蒙古、新疆的汉族、回族移民限制①,甚至组织放垦,促成东北、内蒙古、新疆各族群与中原汉族之间的融合和各地区的发展。

以上是王桐龄《中国民族史》的主要内容,八章中的每一章都紧紧围绕着族群交往与族群融合这个主线。该书最大的特点是在每章的"附录"部分以表格的形式详尽地开列了从历史典籍中查找出来的有关各族群"接触"事件、跨境移民、"归化部落",以及各朝代皇族中的族际通婚(后妃族属、公主宗女下嫁)、朝臣族属、朝臣更改异族姓名等情况,书中共有这样的表格约 161 个,另外还有反映各朝代皇族的族属世系表 68 个。每个表格中的具体人物,都注明其姓、名、家世、族属、官爵、资料出处("根据何书")等,如果不是把中国历史典籍真正做到熟读细查,这些详尽的资料不可能被汇集为如此规模和达到这样的系统化。这些资料对于我们研究中国各个历史时期的族群交往与融合,提供了一个宝贵的资料基础。

五、对于"蜕化"演进过程中族群之间的"同化"行为进行分类

在《中国民族史》一书中,王桐龄最为关注的是如何分析和说明各个族群之间的融合。为此在该书的"序论"部分专门整理出了一个变量系统,其中各个变量可以用于具体描述和衡量各个时代族群之间的关系,同时可用于数量统计和比较分析。他把中国历史上各个时代的族群融合(同化)大致归类于六种:

(一)汉族同化外族之方法

1. 杂居:(1)移外族部落于中国内地;(2)征服外族后"分其地为郡县,徙汉族于其地与之杂居"。
2. 杂婚:(1)皇室娶外族女子;(2)皇室公主、宗室女嫁外族;(3)贵族与外族通婚。
3. 更名:(1)外族用汉名;(2)皇室赐名于外族首领。
4. 改姓:(1)赐外族首领汉人姓;(2)赐外族首领皇室姓("赐国姓")。
5. 养子:(1)皇室收养外族人为养子;(2)贵族、平民收养外族人为养子。

---

① 清朝消灭太平天国依靠的不是八旗军,而是汉族官绅组织的湘军、淮军,这在很大程度上使清朝皇室加深了对汉族官绅的信任和依赖。最后开放北方"边禁",即是在内外多重因素共同影响下做出的决定,而这一决定,对于中华民族后来的发展,影响极大。

（二）外族为主体时，自愿使自己同化于汉族之方法

1. 杂居：(1) 主动移居汉地；(2) 因受到其他族群压迫，被动移居汉地。

2. 杂婚：(1) 皇室娶汉人女子；(2) 贵族与汉人通婚。

3. 更名：外族自愿采用汉名。

4. 改姓：外族自动冠汉姓。

5. 养子：收养汉人做养子。

6. 易服色：改用汉人服色。

7. 变更语言文字：改用汉人语言文字（"如魏孝文帝之兴学校，求遗书，禁胡语之类是也"）。

8. 接受汉人道德伦理：（"如魏孝文帝之亲祀七庙，断行三年丧及禁止同姓为婚之类是也"）。

（三）外族为主体时，努力使汉族与之同化的方法（逆同化）

1. 赐姓名：(1) 赐汉人本族姓；(2) 赐"国姓"（皇族姓氏）；(3) 赐本族姓与"嘉名"（改姓也改名）；(4) 赐"国姓"与"嘉名"。①

2. 易服色：强制汉人改服色（如清朝强制汉人剃发改服）。

3. 提倡本族文字。

（四）外族为主体时，使汉人之外其他族群与之同化的方法（横同化）

1. 杂居。2. 杂婚。3. 赐姓名。4. 养子。

（五）在外族支配下的汉人，有时自进而模仿外族（逆被同化）

1. 更名。2. 易服色。3. 学语言。

（六）外族为主体时，有时消极阻止本族民众被汉人同化

1. 禁止杂居。2. 禁止通婚。3. 禁止冠以汉姓。4. 禁止易为汉人服色。②

书中作为附录所提供的 231 个表格，可参照上述的变量体系分具体专题列入表 1。

---

① "易姓更名为融合种族上必经之阶段，凡异族进化为汉族者莫不由之。程度最高者为汉姓汉名，……次为外族姓汉名，……最不进化者为外族姓外族名。"（王桐龄：《中国民族史》）今天在美国之华人，取英语名而保留汉姓者，显然比同时保留汉姓及汉名者更愿意被美国所同化而融入美国主流社会。

② 王桐龄：《中国民族史》，4~11 页。

表1　王桐龄《中国民族史》附表分类

非汉族所建政权		汉族所建政权	
内容分类	附表数目	内容分类	附表数目
汉族女子入宫表	14	外族女子入宫表	3
其他族女子入宫表	9	公主、宗女下嫁外族表	4
公主、宗女下嫁汉族表	9	外族出身人物表	3
公主、宗女下嫁其他族表	6	外族大臣改汉姓者表	2
汉族出身人物/大臣表	11	外族大臣赐"国姓"者表	2
其他族改从汉姓人物表	13	其他附表	
其他族大臣冠汉姓人物表	1		
其他族大臣赐当权族群姓者表	3	世系表	68
汉大臣改当权族群姓者表	6	杂婚表	4
汉大臣赐当权族群姓者表	7	归化人物表	2
汉大臣赐"国姓"者表	4	归化部落表	5
其他族出身大臣表	15	移民表	6
收养义儿表	3	皇室汉名与外族名对照表	3
本族改汉姓者表	3	其他	25

综观以上的变量体系和相关的衡量族群关系的研究专题,我们可以把它们大致归纳为:(1)杂居,(2)通婚,(3)收养,(4)改变姓氏(形式上相互认同),(5)接受语言文化,(6)改变服色(风俗)。全书各章中提供的大量表格,即是在这样一个思路和变量体系下分列为各个专题整理而成,条理清晰,很具说服力。这样的理论框架和论证方法,在近代中国民族史的研究成果中确是十分罕见的。

如果与美国社会学家戈登用于衡量族群融合的理论模型中的7个主要变量进行比较①,那么族际通婚、语言融合、认同意识、道德规范这4个方面是与戈登提出的变量相一致的,戈登的其他3个变量(偏见意识、歧视行为、相互渗透或结构同化)可能是由于中国历史典籍中缺乏直接的相关资料,没有进入王桐龄的视线。另外西方社会学在实际调查中所关注的居住格局(是杂居还是隔离,反映了族际间相互接触的客观条件)和人口迁移(从本族传统居住区迁入其他族群居住区),作为当权族群在促进或阻碍族群交往与融合的主要政策内容,得到王桐龄的特殊重视,故把"杂居"作为衡量各朝代族群融合的专题。当然,王桐龄这里所讲的"杂居"实际上更重要的内容是当权族群为了达到"族群杂居"目的所安排

---

① 马戎编:《西方民族社会学的理论与方法》,100页,天津:天津人民出版社,1997。

的各族人口的跨地域迁移活动。

近代西方欧美国家在服装式样上不断趋同,来到美洲的欧洲移民在"易服色"方面不存在重大问题,所以戈登从未提出"易服色"作为衡量族群融合的变量。而在清朝及以前的中华国土,农耕族群、游牧族群、山地族群由于自然环境、生活条件、生产方式等方面的巨大差异,在各自的"服色"上也存在明显差异,因此就中国国情而言,"服色"确实应当作为衡量族群文化融合的一个变量,这从一些皇帝对于"易服色"所给予的特殊重视也可体现出来。

"更名改姓"在重视血统和实行祖先崇拜的中国族群特别是汉族中,是一件带有象征性意义的大事。尤其是汉人改"胡姓",更是有悖于儒家传统,不但家族断了"香火",而且背叛了族群。西方各国之间固然也有传统的家族姓氏,但在美国这样的移民国家,各国的姓氏都在流行,非欧洲的姓名让美国人在发音上有些困难,但仍然可以接受,所以美国的族群社会学没有把"更名改姓"作为一个衡量族群融合的变量。而在历史上的中国,这确是极具象征意义的大事,而且"改名不改姓"和"改名亦改姓"之间还有差别。

"养子"由于在社会上人口数量相对较小,往往为人忽视,其实这种方式应当是血缘融合的一种特殊方式。而在中国古代社会,帝王或贵族中收养是常见的现象,隋代靠山王杨林有十三太保,"皆为其养子",安禄山为唐明皇养子,"晋王(李)克用之养子甚多,后唐庄宗之大臣中,赐姓名受养子待遇者亦不少;其中多数为汉人。……养子最易乱宗,亦最容易混合。……外族人为汉人养子,当然化为汉族。"[①]王桐龄关注各朝代发生在族群之间的"养子"现象,并根据历史记载开列出来,作为衡量当时族群融合的一个变量,应当说是具有创新性的研究思路。

在1934年西方社会学尚未系统地对族群融合的具体方面进行分类时(戈登的著作发表于1964年),王桐龄即试图提出以上分类方法,并根据中国历史上的实际国情提出一组具有中国特色的衡量族群融合的变量,应当说具有很大的贡献。对于中国的族群社会学理论与研究方法的建设,在今天仍然具有特殊的意义。

---

① 王桐龄:《中国民族史》,"序论",6~8页。

六、三本《中国民族史》之比较

下面试图把本文中涉及较多的由王桐龄、吕思勉、林惠祥于20世纪30年代分别撰写的三本《中国民族史》在几个方面作一比较。

1. 结构

我国近几十年来出版的中国民族史著作,大致有两种体例。第一种以王桐龄先生的这本《中国民族史》为代表,以历史分期为章节,在各历史时期分析各族群的交往历史。1990年江应樑主编的《中国民族史》[①]、1994年王钟翰先生主编的《中国民族史》[②]和1996年田继周等撰写的《中国历代民族史丛书》[③]大致延续的也是这一体例,这三套书均以历史分期来划分各编(章),在各编(章)中分别叙述各族群之间的交往与演变过程。

第二种是全书按族群分章节,从其起源讲到演变、消亡,并讨论其各个支系的变迁,吕思勉、林惠祥在30年代各自出版的《中国民族史》是这种体例的代表。吕思勉先生这本书的结构,在"总论"之后,即分为12章对12支族系分别叙述,书中对于各个族属的起源及历史演变,根据各种史书典籍,分别加以考证和讨论,对于不同族系之间的关系,也努力作出清晰的交代和说明。在某种意义上,吕思勉这本书写的是这些族群各自的历史,而王桐龄写的是各个历史时期的族群交往融合史。

除此之外,黄烈先生把中国古代民族史划分为唐以前和唐以后两个历史阶段,他的《中国古代民族史研究》[④]分为上、下两编,上编按族群分章节,下编则着重讨论族群交往融合的专题[⑤],在体例上大致介于以上两种之间。

2. 分期

王桐龄先生对于中国民族史的研究以汉族为主线,再把汉族发展的全部历史划分为一个胚胎期、四次大蜕变和四次蜕变之间的三个修养时代。这一方法在一定程度上为林惠祥所接受,林先生也认为,"中国诸民族的主干实为华夏系,

---

① 江应樑主编:《中国民族史》,北京:民族出版社,1990。
② 王钟翰主编:《中国民族史》,北京:中国社会科学出版社,1994。
③ 田继周:《先秦民族史》,成都:四川民族出版社,1996。(本书属于《中国历代民族史丛书》,该丛书分为《先秦民族史》、《秦汉民族史》、《魏晋南北朝民族史》等8本。)
④ 黄烈:《中国古代民族史研究》,北京:人民出版社,1987。
⑤ 下文中,黄烈试图从斯大林"民族"定义的四个"要素"的角度来分析中国魏晋南北朝时代族群融合的具体表现。

其他诸系则渐次与华夏系混合而销灭其自身,或以一部分加入而同化于华夏系,保留其未加入之一部分。"他认为,"民族史上之分期实可以各民族之每一次接触混合而至同化为一期,……每一期之终亦即华夏系之扩大。准此以论中国民族史之分期可分为(1)秦以前,(2)汉至南北朝亡,(3)隋至元亡,(4)明至民国"。① 林书的分期与王书的分别即在于忽略了"汉族胚胎期",而且把王书的各个"汉族修养时代"归并到四个"蜕化时代"。林惠祥先生的《中国民族史》一书的结构,作为总论的部分分为"中国民族之分类"和"中国民族史之分期"两章,其余 16 章则依照中国古代族群的 16 个"系"分别叙述其各自的历史演变过程,全书的结构基本上属于上面所说的第二种,但由于有了讨论"分期"的一章,多少兼顾了历史分期和各族历史演变的完整讨论。

费孝通在"中华民族的多元一体格局"一文中,认为"夏商周三代正是汉族前身华夏这个民族集团从多元形成一体的历史过程。……在春秋战国的五百多年里,……是汉族作为一个民族实体的育成时期"。② 这与王桐龄提出的"汉族胚胎期"观点相一致。费先生的这篇文章也是对中国民族史的一个综述,其核心观点是分析"中华民族"如何分阶段、分层次地逐渐演变成为一个"多元一体"的结构。王、林对于中国民族发展史都持"族群融合论"和"汉族主干论"。与他们有所不同的是,费孝通注意到了在这一过程中,还存在着一个从"地区性的多元一体"向"整体性的多元一体"的过渡阶段。③ 具体地说即是从秦汉至明朝大致地存在着中原农业地区和北方牧业地区的两个局部的"统一体",两者之间不断接触拉锯,元朝曾短暂地建立了两者的"大一统",但直至清朝才真正把这两个局部统一体牢固地汇合起来。

3. 资料

文中引用的材料方面,这三本《中国民族史》也各有特点。王桐龄在文字叙述中并没有大量引用古代文献关于各个族群的文字记载,而是把文献中有关族群融合的资料(通婚、改名、改姓、吸收外族做官、外族归化等)汇集成表格,这些表格几乎占了全书总篇幅的三分之二。而书中的文字部分则主要是作者自己的观点。

吕思勉书中的主要部分是介绍古代文献中对各族的大量记载,这些文献记

---

① 林惠祥:《中国民族史》(上册),23~24 页。
② 费孝通:"中华民族的多元一体格局",载《北京大学学报》,1989(4),4 页。
③ 同上,5 页。

载穿插在作者的评论之中,作者的评论对于这些纷杂并有时自相矛盾的记载予以讨论,或肯定或否定。各章后多有对于各族考证的"附录"。

林惠祥书则带有近代西方学术著作的风格,对于有争议的问题(如华夏族的起源、三苗是否即后世之苗族)均参考和介绍了国内外的各种不同观点,客观地介绍而后加以讨论,如同我们现在写学术论文中的"文献综述"。但林书的主要部分,和吕书一样仍是古代文献对于各族记载的罗列介绍。林先生指出,这些文献中的观点未必准确而且彼此矛盾,"古史原多出于后人追作,自难尽信"①,所以对于许多问题并未给予明确的回答,我想这是一种客观和科学的态度。在所参考的文献中,林书的涵盖面则大大超出王、吕二书,除了二十四史和古代正史文献之外,还参考了各类杂史(如《明律集解》、《云南游记》、《容斋三笔》)、地方志(如《贵州通志》、《云南通志》)、国内调查研究文献(如梁启超《中国历史上民族之研究》、王国维《鞑靼考》、章太炎《排满平议》)、国外调查研究文献(如鸟居龙藏《苗族调查报告》及西方学者原著),以及作者同代人的大量调查研究著作。正如林先生在"序"中所说,"于古书之取材颇费推敲,于今人之学说亦甚为注意"。② 应当说出版晚了5年的林书比起王、吕二书在参考文献的结构与内容方面有了很大的变化。

在今天,中国各族群的交往与融合的历史过程仍然在进行之中,跨地区的人口迁移、语言的相互学习、风俗习惯的逐渐改变,可以说是随时可见,各族之间依然"存在着分分合合的动态和分而未裂、融而未合的多种情状"。③ 而且在"全球化"的过程中,其他国家的文化也在影响我国的各个族群。调查与研究我国族群关系的发展现状与发展趋势,是我们从事族群社会学研究工作时应负的责任。中国今天的各个族群是由历史上的各个族群演化而来,我们的族群研究也同样不能割断历史。

自20世纪50年代新中国开展了"民族识别"工作后,中国的"民族构建"(nation-building)历程进入了一个新的历史时期。自17世纪以来,在西欧强国的引领或强迫下,世界各国逐步接受"民族国家"作为国际法的主权单位。那么今天的中国是一个"民族国家"还是由许多"民族"组成的"多民族联合体"? 这是一个至关重要的大问题。斯大林把沙皇俄国的"民族构建"历程打断,把沙皇统

---

① 林惠祥:《中国民族史》(上册),106页。
② 同上,"序",4页。
③ 费孝通:"中华民族的多元一体格局",载《北京大学学报》,1989(4),18页。

治下的各传统部族"识别"为"民族",组建了一个"多民族的国家联盟",而且承认各"民族"有独立建国的权利。当苏联国内外的政治形势发生重大变化时,苏联解体了。今天中国人不可能回避这样一个问题:中国如果作为一个"民族国家",那么这个"民族"就只能是"中华民族",而汉满蒙回藏等就应当参照美国的称呼叫做"族群"。

为了回顾和梳理清朝与民国时期知识分子和社会精英们对中国"民族国家"构建的思考和努力,除了当时学者们关于"国族"、"民族"的政论文章外,王桐龄等学者在20世纪30年代撰写的几部中国民族史也是我们研究的宝贵素材。这些研究不但有助于我们理解中国族群交往融合的历史,有助于我们了解近代学者在分析中国"民族"史时的基本思路,同样也有助于我们思考今天中华民族族际关系的发展方向。

(马 戎)

07 历史地看民族,民族地看历史

——读林惠祥《中国民族史》(1936)

20世纪30年代,抗日战争爆发之前的短短三年时间里,多本以《中国民族史》为名的著作纷纷出版或再版。这些同名著作中,王桐龄的专著与吕思勉的专著具有较大的影响力,并且都是在1934年出版。[①] 就在这两位历史学家各自所撰的《中国民族史》出版两年后,商务印书馆又于1936年出版了另一位学者所撰的《中国民族史》,此书在出版后的四个月内就热销了四版,并且还被日本学者中村、大石译为日文,成为日本书报论及中国民族史研究的常用参考书。[②] 有趣的是,这部颇具影响的《中国民族史》却并非由历史学家所撰写的,其执笔者是在菲律宾大学获得人类学硕士学位的林惠祥先生。

回顾这段学林往事,我们或许要问:20世纪30年代,历史学家们为何纷纷关注于"中国民族史"这一话题?而揣着人类学学位证书的林惠祥又缘何跑到历史学中去"凑热闹",写了这样一本"历史书"?他所学的人类学知识,是让他获得了较历史学家更为独到的视角与见地,还是导致了他对中国民族史的误读呢?我想,要回答这些问题,就必须尽可能地去贴近当时学术研究的知识场景,通过理解这位人类学家及其所著的《中国民族史》来重新认识20世纪早期的民族史研究,及其留给当代社会科学的种种启发。

林惠祥及其人类学研究

1901年,林惠祥出生于晋江县蚶江镇莲埭村,幼年时曾念过两年私塾,11岁

[①] 王桐龄:《中国民族史》,北京:文化学社,1934;吕思勉:《中国民族史》,上海:世界书局,1934。
[②] 林惠祥:《天风海涛室遗稿》,12页,厦门:鹭江出版社,2001。

前往福州求学。12岁时,因父亲在台湾继承祖业,经商需要日文,林惠祥进入福州东瀛学堂读书。林惠祥在"自传"中回忆道,在东瀛学堂读书期间,自己"盖完全为一小恶鬼也"。但并不勤奋的林惠祥四年后仍以第一名的成绩毕业。毕业后,林惠祥暂时留居学校,这时遇上了一个来自福州的学生。① 林惠祥受此人影响极大,不仅向他学习古文,甚至跟着他去了英文私塾,后就读于教会所设之青年会中学,不久又嫌学校进度慢而退学转为自学。从此林惠祥"流氓习气涤除净尽","常着一领旧长衫,往福州城内西街旧书肆,选购木版古诗文集。酸气冲天,满腹以名士自许"。②

转变后的林惠祥后曾随父亲到台湾,又辗转到菲律宾,1922年,沉迷于读书的他考入刚创办的厦门大学,读社会学系。1926年,林惠祥成为该系第一届毕业生之一,并留任厦大预科教员,一年后赴菲律宾大学,师从美国人类学家拜耶(Henry Otley Byer)攻读人类学。拜耶毕业于哈佛大学,学习过人类学与考古学,他在菲律宾大学讲授当时美国人类学的理论、实践和准则,特别将重点放在人体测量学方面。③ 林惠祥仅用了一年时间便完成学业,1928年就拿到学位回国,而且无论在他的自传或其他人的回忆中,都没有信息表明林惠祥与拜耶有亲密来往,因此很难说拜耶对他有多大影响。然而,从林惠祥回国后的研究来看,他对人类学的理解与运用,显然是拜耶所传授的美国式人类学四分支合一的体系,而且拜耶专注于东南亚考古研究,痴迷于考古文物收藏④,这自然带动了本就钟爱古文的林惠祥对考古学研究与器物收集的偏好,并最终促成林惠祥得以创办中国第一所人类学博物馆。

回国后,在其师长毛夷庚的推荐下,林惠祥受蔡元培委任担任大学院特约著作员。不久,"中央研究院"成立,院中设民族学组,蔡元培兼任组长,又任用林惠祥为该组助理员。1929年,林惠祥的父亲在台湾逝世,他赴台湾奔丧期间调查高山族(当时称番族),采集大量考古学和民族学文物标本,并著成《台湾番族之原始文化》⑤一书,这可视为林惠祥将所学人类学与考古学知识运用于实地考察的

---

① 林惠祥"自传"中回忆,此人"名似为林振国,年长于余,原系马尾海军学校学生,中文程度甚好,能解古文写文章",使得他对古文与历史产生了极大兴趣(见林惠祥:《天风海涛室遗稿》,12页)。
② 林惠祥:《天风海涛室遗稿》,12~13页。
③ 顾定国:《中国人类学逸史:从马林诺斯基到莫斯科到毛泽东》,胡鸿保、周燕译,47页,北京:社会科学文献出版社,2000。
④ 孔林:"传奇式的博物馆学家",见汪毅夫、郭志超主编:《纪念林惠祥文集》,98页,厦门:厦门大学出版社,2001。
⑤ 林惠祥:《台湾番族之原始文化》,上海:上海文艺出版社,1991[1930]。

一次较为系统的尝试。

1931年,因携眷在京常住不惯,且依恋故乡风土,林惠祥返回福建,在厦门大学任人类学教授,同时兼任"中央研究院"特约研究员一年。20世纪上半叶,中国人类学的研究呈现出一些区域性特征,其中厦门大学即是"南派"或"华南区"①的一个重要学术基地,林惠祥的人类学生涯也在此达到一个巅峰,出版了多本专著,成为今天梳理"南派"或"华南区"的人类学研究时不可绕开的一位重要学者。抗战爆发后,林惠祥不得已流亡南洋,但他的学术研究并未因此中断,在途经香港时曾对之进行考察,在流亡南洋时也在马来西亚、印度等地,对土著民族进行了考古与民族志调查。在这一时期,林惠祥仍然注重收集各种器物,不畏艰难地保护这些器物。抗战胜利后,林惠祥于1947年带着收集的大量器物回到厦大,直至1958年病逝。20世纪50年代是林惠祥学术生涯中的一次转折。在这一时期,"过去的学派和学术倾向界限模糊了,代之以统一的以马克思列宁主义为指导的少数民族研究"②,林惠祥在此时期展开的研究也带有鲜明的时代特色,并与他之前所关注的文化区域与文化丛等概念相结合,这在他对南洋民族与华南古民族之间关系的探讨中极为明显。最为重要的是,回到厦门大学的林惠祥将自己多年收藏的文物和专用图书全部捐献给厦大,并集中校内原有文物,筹建中国第一所人类学博物馆。在他的努力下,1953年3月,由徐悲鸿题写馆名的"厦门大学人类博物馆"正式对外开放。

在林惠祥的人类学研究生涯中,应该说,自1931年回到厦大直到抗战爆发前约六年的时光,是他进行实地考察与学术创作的鼎盛期。③ 其中1936年出版

---

① 一些学者认为,1930年前后,中国学术可分为南北两个派别:以燕京大学社会学系为代表的"北派",以及与"中央研究院"关系密切的"南派"。其中"南派"受德国、美国的影响深刻,特别重视民族的文化史研究,而"北派"则更关注现实社会的组织形态与"改良"研究。(见胡鸿保主编:《中国人类学史》,68~77页,北京:中国人民大学出版社,2006。)而王建民则认为学术的区域特点应该分为三个区域:华东区、华南区与北方区,并指出,华南区的学术特色在于强调民族学、体质人类学、考古学、历史学同时进行,既研究各民族的文化特点和行为模式,又研究各自的体质特点,并特别注重考古、文献资料的运用。一些历史学家,如顾颉刚、罗香林等对这一区域的学术产生了相当的影响。在实地调查方面,华南区的学者侧重于华南地区的少数民族和部分汉族中的特殊文化群体;在理论上,虽受国外民族学学派的影响较大,但却不拘泥于其中某一学派的理论,许多学者试图以中国的史学传统与西方的民族学理论嫁接,主张综合与借鉴各学派的方法(见王建民:《中国民族学史》[上],164~165页,昆明:云南教育出版社,1997)。

② 王建民、张海洋、胡鸿保:《中国民族学史》(下),14页,昆明:云南教育出版社,1998。

③ 在这六年里,林惠祥进行了许多考古工作,如1935年再度赴台考察,收集文物与标本,1936年与郑德坤和庄为玑赴泉州探寻古迹等。其专著有:《罗罗标本图说》("中研院"社会科学研究所专刊,1931),《世界人种志》、《民俗学》、《神话论》(北京:商务印书馆,1934),《文化人类学》(北京:商务印书馆,1934),《中国民族史》(上、下,北京:商务印书馆,1936)。

的《中国民族史》可被视为综合了他之前关于"民族"、人种、民俗、神话、历史等的一些理解与研究的一部专著,而书中所呈现的学术观点与研究理路,更折射出当时中国学界的普遍关怀与困境,使得这本书成为后人了解这一时期思潮的一个缩影,也成为中国人类学的民族研究的一个侧面。也正是在这一时期,林惠祥在综合众多人类学理论流派的基础上,逐渐形成了自己对人类学研究的认识,并为人类学给出了这样一个定义:

> 人类学是用历史的眼光研究人类及其文化之科学,包括人类的起源,种族的区分,以及物质生活,社会构造,心灵反应等的原始状况之研究。换言之,人类学便是一个人类自然史,包括史前时代与有史时代,以及野蛮民族与文明民族之研究,但其重点系在史前时代与野蛮民族。①

在对这个定义的进一步解释中,林惠祥强调:(1)人类学的研究必然用历史的方法;(2)所谓"自然史"指的是包括人类的体质与其行为(即文化)两方面的叙述;(3)而"野蛮民族"指现代的蛮族,"文明民族"则为有史以后的人类,二者必须相互贯通来研究。值得注意的是,林惠祥所理解的"野蛮民族",并非古典进化论意义上的。受到当时渐渐兴起的"新演进论"的影响,他认为"野蛮民族"是一个相对概念,其所指的是简单民族,他们的文化相对更简单,研究其演变的历史过程,更易于找出人类文化的"通则"。寻找"通则"是林惠祥人类学研究的一个基本关怀,但他所谓的"通则"已然不再是一种不可避免的定律,而是理解文化发展的"原则或趋势",即"稍为固定的发展路线",它"凝结了错杂不定的历史经过,把它弄成较为固定的形式"。② 林惠祥的人类学观中所呈现的对体质与历史及其"通则"的重视,成为其回国后学术历程的主要脉络,并且贯穿于他的《中国民族史》之中。

分类与分期——"科学"地看"糅杂"过程

探讨中国民族史要解决的第一个概念,必然是"民族"。在当时,学界通常沿用的是梁启超的定义。梁启超认为"民族与种族异",且二者之间并不一定一致。他还指出,"血缘、语言、信仰,皆为民族成立之有力条件,然断不能以此三者之分

---

① 林惠祥:《文化人类学》,6页,北京:商务印书馆,2002[1934]。
② 同上,46页。

野,径指为民族之分野,民族成立之唯一的要素,在'民族意识'之发现与确立,即'对他而自觉为我'时,便有了民族。"①这种重"文化"轻"血统"的民族定义,以及对"民族意识"的重视与促进,影响了王桐龄与吕思勉两位历史学家,成为他们各自梳理中国民族史的概念基础与探讨目标。不过,在林惠祥的书中,尽管也是以"民族史"为题,但他在论述中却多以"种族"来指称所研究的对象。林惠祥的"种族"概念较梁启超的"种族"概念更为宽泛,可将其理解为一群在体质特征、居住环境与文化特点上相似的人群共同体单位。用这样一个与历史学家们的理解所不同的"种族"概念来研究民族史,林惠祥的研究呈现了一种从"人"(人种)出发来认识"民族"的倾向。因此,不同于当时史学家的研究,林惠祥在关注历史上文化同化的同时,也仔细考察了人种混合的过程。而他对历史上民族混合糅杂过程的研究,则是从民族分类与历史分期开始的。

"欲求明了中国各民族过去之史实,不能不先理清其种族之分类。"林惠祥在《中国民族史》一书的第一章致力探讨的即是分类,而第二章则紧接着探讨了民族史的历史分期,即各民族的"势力涨落,文化变迁"的起伏通则。这两章构成了全书的基础,在1945年的"自传"中,林惠祥自己也称:"余之《中国民族史》……在同类书中最为详者,余之创见颇多。出版四月销至四版,可见颇得国人错爱也。……各书常转载余书中'中国古今民族分类表',及'民族史之分期'。"②可见,林惠祥对自己的民族分类与民族史分期甚为得意与看重,而分类与分期的解析也浓缩地呈现出了他的基本观点与关怀。

在提出自己的分类法之前,林惠祥列举了古今中外众多学者的多种分类方式。他从中国"古代学者"的分类法开始,列举了古文献中对民族进行分类的不同标准,如《小戴记·王制篇》是以服饰与饮食方式来区分民族,而《周官》则是基于邦国与疆域来辨别民族等。然而,这些"旧式分类"在他看来,是带有极大不确定性与随意性的"不合科学"的分类法,于是他转而梳理同时代中外学者的"新式分类"。在林惠祥所列举的十三位学者中,大多为历史学家,他们的分类法不尽相同,如缪凤林是从民族分布的地理方位来进行分类,宋文炳则是以当时公认的、构成中国的满、汉、蒙、回、藏五族加上苗族共六族来区分民族,而钦氏(A. H. Kean)又主要依据语言学来进行分类。林惠祥将各学者在民族名称、数目与民族

---

① 梁启超:"中国历史上民族之研究",见林志均编:《饮冰室合集》(专集之四十二),1~3页,北京:中华书局,1989。
② 林惠祥:《天风海涛室遗稿》,12页。

系统上的歧义归结为视角不同,即在于学者们着眼的是历史上某时期的民族,还是当代的民族,而问题在于"民族非固定而一成不变者,其变迁秩序时时在进行中,不但名称常有更改,即其成分因与其他民族接触混合亦必有变化"①,这使得当代民族与历史上的民族之间,既有相当大的差异,又有错综复杂的联系。因此,要对中国的民族进行分类,便不能回避民族在历史上的变化这一事实,更不能将历史上的民族与当代的民族相互割裂来看。林惠祥由此提出"两重分类法",即"以历史上民族与现代民族各为一种分类,然后将前者连合于后者"。至于在人群单位名称方面,他提出,以"系"指称历史上之民族单位,以"族"作为现代民族的单位②,以示区别。

区分"系"与"族"这样两个概念,某种程度上体现了林惠祥跳出直接使用今天的民族观念来认识历史上的人群及其变化的努力,可以说这正是他的民族分类的独到精妙之处。林惠祥将"历史上的民族"分为 16 个"系"——华夏系、东夷系、荆吴系、百越系、东胡系、肃慎系、匈奴系、突厥系、蒙古系、氐羌系、藏系、苗瑶系、罗缅系、僰掸系、白种、黑种;又将"现代的民族"分为 8 个"族"——汉族、满族、回族、蒙古族、藏族、苗瑶族、罗缅族、僰掸族。基于分类之上,他又非常精彩地指出:"历史上诸民族永远互相接触",而"有接触即有混合。有混合斯有同化,有同化则民族之成分即复杂而不纯矣",故"历史上一民族常不止蜕嬗为现代一民族,而现代一民族亦常不止为历史上一民族之后裔"。③ 当然,这些观点并非林惠祥的独创,而是来源于对梁启超与李济的研究之综合。梁启超在"中国历史上民族之研究"一文中,便将当代的民族分为六组,而将历史上民族分为八组,并分别探讨了历史上的八组民族在历史过程中同化于"中华族"(即汉族)的过程,但其所关注的只是十八省境内的民族历史,强调的是"中华族"对异族的同化能力。④ 李济在其《中国民族的形成》一书中,则是从现代中国人(指汉族)出发进行回溯,从体质上指出现代中国人是黄帝子孙、匈奴群等 13 类人种杂合的结果。⑤ 而林惠祥对历史上民族的分类方式,基本上是对梁启超和李济的分类方式的糅合——前 14 个系的分类,依循的是梁启超式的重文化的分类方式;而最后两种(白种、黑种)则是完全以人种为区分标准,参照的是李济的研究成果。将两

---

① 林惠祥:《中国民族史》(上),6 页。
② 同上,7~8 页。
③ 同上,8 页。
④ 梁启超:"中国历史上民族之研究"。
⑤ 李济:《中国民族的形成》,南京:江苏教育出版社,2005。

种看似不协调的分类法并列在一起,使林惠祥的民族分类显得有点怪异与不可理解,然而这正是林惠祥在中国民族史研究中"创见颇多"的一种表现。

林惠祥"标新立异"地将文化(梁启超意义上的民族)与体质(基于李济的人种分析)并置用于民族分类,所试图论述的却是一个被众多学者所探讨的"旧"话题,即中国与世界的关系。如在历史学家王桐龄的同名专著中,在其"上编"详述中国国内民族史情况之外,还有"下编"专注于中国的民族如何向外扩展并与世界上其他民族相互交错混杂。① 在形式上,与王桐龄类似,林惠祥也关注中国各族与世界其他民族间的互动交往关系。然而,两位学者的分析理路却有着本质的区别,这一区别恰恰在于林惠祥引入了确凿的人种分析,为"非科学"的历史文献记载添加了"科学"的佐证与解析,从而能"科学"地分析"糅杂"的过程。而同样指出了王桐龄等史学家点明的中国各民族向国界外延伸这一特点的林惠祥还指出,远在其他大陆的白种人与黑种人也不断穿行于中国这片土地之上,与中国各族系接触并混合,他们的血脉与文化已经注入中国各族之中,从而展现了一种中国与外界的互动交流史。

为阐明历史上民族之间复杂的接触混合过程,以及历史上民族与现代民族间的关系,林惠祥在书中画出了一个用实线与虚线联结的系统表:表的上方是16个"历史上的民族",下方是8个"现代之民族",实线与虚线表示历史上的民族与现代民族之关系,实线表示"蜕嬗之迹显著关系极为密切者",虚线表示"关系较疏,但仍有影响者"。② 林惠祥试图借助这一系统表,直观地表达自己对中国民族史的理解:(1)历史上的华夏系与现代之8个民族都有着或亲或疏的关系,并非只是"今汉族之主干";(2)现代之汉族的来源,并非只华夏系,而是与历史上的16个民族都有关系,是这16个民族相互之间在接触互动中相混合的结果;(3)无论是华夏系或是其他历史上的民族,都经历了一个与其他族系在接触互动中相互混合的复杂过程,因而并不存在一个"纯粹"的民族。③ 可以说,运用"两重分类法",林惠祥更为明确地表述了历史上的民族与今天的民族间的复杂关系,所以他的民族分类也被认为是"早期人类学发展上,最有系统的一种",甚至被称为"林惠祥分类"。④

---

① 王桐龄:《中国民族史》。
② 林惠祥:《中国民族史》(上),8~9页。
③ 同上,39~40页。
④ 吴燕和:"中国人类学发展与中国民族分类问题",载(台湾)清华大学编:《考古人类学刊》,第47期。

在明确了民族的分类及其相互关系之后,如何对历史上的民族演变为当今之民族这一历史过程进行客观描述,从而找寻中国民族史发展中的"通则"呢?基于"中国民族系统表"对民族关系的呈现,林惠祥认为中国历史上的各族系并非"独立发展"的,而是处于不断的"相互接触中,互相混合"之中,"并且最后有渐趋统一之势"。① 总的来看,"民族间的接触混合之程序乃以其中之一系为主干,逐次加入其他诸系,逐渐扩大主干之内容",而诸系之间也不断混合,这使得各民族在血统上都是掺杂的,常常出现"名称固仍旧,血统已有不同"的情况,因此,民族史的分期,"可以各民族之每一次接触混合而至同化为一期"。而中国民族史上的主干是华夏系,"其余同化皆系消融于华夏系,故每一期之终亦即华夏系之扩大",并且其"同化次序如波澜起伏,一起一落"。② 在中国历史上,这样的一起一落,林惠祥认为共有四次,因此可将中国民族史分为四期:

(1)秦以前:始于蒙古利亚种即黄种有分支以来,至秦末。在此时期,东夷、西戎、南蛮、北狄同化于华夏系,是华夏族的第一次扩大时期。

(2)汉至南北朝终:匈奴、乌桓、鲜卑、氐羌同化,华夏系第二次扩大,并始以汉朝之朝代名取代"华夏"作为族称至今。

(3)隋至元亡:此时期是突厥、回纥、吐蕃、南诏、契丹、党项、女真、蒙古与汉族之接触混合,汉族第三次扩大。此时虽有唐人之称,但终无可取代汉族之名。

(4)明至民国:满族逐渐兴起并大部分同化于汉族,而西南民族也渐启发,蒙回藏族之继续汉化,是华夏系第四次扩大。③

如果说民族的分类是从横的方面入手,将人群区分为不同类别,那么民族史的分期,则是从纵的方面来看各人群间的接触混合的"通则"。于是,两重分类法与历史四分期共同为林惠祥的《中国民族史》的第三至十八章的具体分析构建了一个立体框架。这一框架对于今天的中国民族史研究而言,逐渐成为一种常识性的理解与"通则",然而,在习惯性与熟练地使用这一框架之时,却仍需质疑我们是否已经真正地理解了这一框架得以建立的背后所蕴含的认识中国历史的思路,及其对社会科学的意义。我认为,唯有进一步深究林惠祥的具体分析脉络,我们才有可能把握这一框架的价值。

---

① 林惠祥:《中国民族史》(上),22~24 页。
② 同上,39 页。
③ 同上,24~38 页。

中国民族史——"关系"的历史

基于第一、二章所构建的纵横交错的立体框架,林惠祥将第三至十八章分配给了历史上的各民族,以16个系各为一章,并在副标题中点明其与"现代"8个民族间的主要关系。林惠祥分别分析了14个依文化而区分的"系"的历史线索,以及最后2类人种在历史中的掺杂过程,从而梳理了这16个"历史上之民族"与8个"现代之民族"之间的历史关系,由此呈现出一个内部多轨迹的总体的中国民族史。这种民族沿革史的理解多少带有一些美国人类学"历史特殊论"的色彩。在具体论述中,尽管在总体上将中国的民族史划分为四个时期,然而林惠祥在后面章节的具体论述中,却并不拘泥于此,而是根据各民族具体的情况,来对该民族的历史沿革等进行分析。重视各民族的特殊历史的林惠祥非常精彩地指出,各民族今天的具体状况并非该民族独立发展壮大过程的结果,而是该族与其他民族(常常是以华夏族为主)接触混合的历史与起伏所成就的。在第三至十八章的具体论述中,林惠祥将其每章内容大致分为三段:"首段论民族之起源名称与他族之关系,中段叙该族在历史上之沿革,末段述该族在现今之状况。"① 在此,我亦将从这三个方面入手,来理解林惠祥眼中的中国民族史及其"通则"。

民族的起源及其名称的意义,是关心民族史的学者们力图辨析的问题。历史学者们大多基于今之民族的特点,再返回古文献中去寻找其最早的族系起源与族名之解释,而林惠祥认为这是不可取的,是在用后人的观点来看待古代之民族。这一立场一方面源于他的人类学训练,即认为必须回到"原始人"的风俗习惯中去推测其意义;另一方面,也受到当时史学界对历史文献真实性之争议的影响。总之,林惠祥认为"原始民族"取名,常为"具体浅陋之语,而非高深之辞"②,故不可用"文明人"的眼光来解释之,更何况"古史原多出于后人追作,自难尽信。"③ 以林惠祥对"华夏系"的考察为例。他首先考证了古文献中对"华"与"夏"的几种主要解释,继而称这些解释都是在春秋之后才形成的,已经添加了后人粉饰的释义,因此无应以之作为解释的依据。那如何理解无文字记载的"原始人"的习俗呢?林惠祥转而求助于人类学的"比较法"。他基于摩尔根的《古代社会》中关于初民的图腾制度的分析,指出图腾可以是动物,亦可能是植物。而华

---

① 林惠祥:《中国民族史》(上),"序"。
② 同上,48页。
③ 同上,106页。

夏系兴起时,亦会有与其他原始人类似的风俗。于是林惠祥又回到《说文解字》中,找到其中对华夏系四周民族的名称原本字义的解释,依"南方蛮闽从虫。北方狄从犬"的说法,指出这说明虫、犬都是各民族相应的图腾。林惠祥认为这表明以图腾给自己民族命名的方式是"原始民族"常用的命名法则。至于"华"字,其最初意为"花",由此"华"必是一种植物图腾。至于"夏"字,他也是用这样的思路,根据世界上民族的自称中多称自己为某种"人",并结合《说文解字》亦称"夏"即"人",从而认为"夏"是一种自称。因此,林惠祥总结,"华"为图腾名称,意即"花族";"夏"为自称之语,意即"人",于是"华夏"之最初意思即是以"花"为图腾的民族。

类似的思路,也呈现于林惠祥对各族系起源的分析之中,并糅杂了其他多种方法。这种糅杂的综合视角的主要特点,在于按分析需求选取某个或某些人类学的理论,将之与相关考古发现或历史文献记载相互关联。不过,尽管林惠祥用不少篇幅探讨了华夏系的起源,并且在论述每一族系时,也都详细分析与考证了其起源,但他也指出,考证一民族的起源在何处其实没有太大意义,因为在历史上,人们是在不断迁徙的,民族也在不断分化或融合,即便找到了某民族的起源,也无法说明其迁徙与变迁的过程。因此,在他看来,民族史真正需要关注的,不在于其源头何在,而在于其"历史上的沿革",即探讨各族系在历史上的分合互动的动态过程,以及它们是如何在或分或合的历史过程中形成了现代中国的 8 个民族。

在探讨这一分分合合过程时,既画出了一个复杂的系统图、又为民族史进行了分期的林惠祥,在空间上并没有将特定的民族归入特定区域,在时间上也没有将具体民族的历史沿革僵化地进行四段式切分。受到新进化论以及历史具体主义等流派影响,林惠祥显然认为中国作为一个内部有着不同种族的国家,尽管在总的历史趋势上是一致的,但其内部各民族发展变迁的轨迹却是特殊的。正是这一基本认识,使得他在详述某族系在历史上的沿革及现状部分时,所呈现的并非一个族系在特定区域内独立发展的历史轨迹,而是该族在空间上的流动过程,以及与他族在历史上不断迁徙与接触互动的历史。

就空间上的流动来看,首先,林惠祥笔下的中国作为一个整体,是一个交错分布着多个"种族"的地理空间。这一内部交织在一起的多元空间格局是不同于现代西方"民族—国家"模式的,因此它未导致这一地域内的各民族独立成为国家,从而将中国割裂为一个个独立的地理单元。在林惠祥看来,这一格局之所以有如此特点,是因为各族系在历史上一直处于流动之中,甚至流动到了林惠祥所处时代所理解的"中国"境外,因此无论是中国的哪一个区域,其中所居住的民族都不是捆绑于这一区域之中的。如现代蒙古族所居住的长城以北区域,最初居住着匈奴系,在汉朝时期,匈奴向西迁移之后,此区域又被东胡系之鲜卑所占据,至鲜卑入主中原之后,丁零又南下居住于此,此后在各族系的流动与接触混合之中,混有匈奴、鲜卑、突厥、回纥等族系的蒙古系方逐渐形成,并且蒙古系内部在历史上亦不断整合与分裂,而且经历了多次向外与向内的迁徙。[①] 林惠祥亦指出,历史上向外流动的族系,既有向内陆流动的,如向欧亚大陆之内陆流动的突厥、蒙古等系与向东南亚流动的苗瑶、罗缅等系;也有经海洋而与外界交流的族系,如百越等系。此外,通过介绍历史上的"白种"与"黑种"在"中国"与其他族系的混合,林惠祥也表明了"中国"的开放性及其与世界的贯通。在对族系沿革的分析中,林惠祥也同样注重分析族系的居住地域、生存环境、迁徙路径等,将之与该族系的习俗关联起来,并且在谈及与其他族系之关系时,也看到这些族系在地理空间与文化交流上的来往互动格局。因此,当放眼于地理上的整个中国时,我们所看到的是历史上的16个系不断在其中你来我往相互交错,甚至越过"国界"向外延伸,使得我们无从将每一族系对应于一个具体的区域。

其次,在详述历史上各民族的历史沿革时,尽管以单一族系为线索,但林惠祥所呈现的并非一个个族系的自在的历史,而是不断与他民族交流互动的过程。当我们将林惠祥描述的16个系在历史上的沿革放在一起时,所看到的既是一个个线索明晰的"民族发展轨迹",更是如同线条交织的"中国民族系统图"一样的不同族系间相互交错、接触互动的关系史。在这些互动中,各族系以各种方式,或武力对抗,或会盟联姻,或贸易往来,或同化于他族,或在宗教上进行联合等,形成了一种相互依赖,却又仍保持相对独立的状态。在这种接触混合之中,整个中国民族史也就呈现为各族系分分合合的关系历史。正如林惠祥在民族史的分期中所指出的,在这一分分合合过程中,各族系与华夏系之间的互动成为这一过程的主线,并且在各族系与他族系间的互动中,也因地理、文化、政治等因素的影响而呈现出不同的层次。在这种意义上,林惠祥笔下的"中国"呈现的正是费孝通所说的"多元一体格局",即在一个整体之内部有着多层次的多元格局,且"各个层次关系又存在着分分合合的动态和分而未裂、融而未合的多种情状"。[②]

林惠祥还认为这种分分合合的动态过程,在现代依然延续,然而,梳理历史

---

① 林惠祥:《中国民族史》(下),50~110页。
② 费孝通:《论人类学与文化自觉》,162页,北京:华夏出版社,2004。

上的16个民族演化为现代的8个民族的历史,他的抱负与同时代人一样,仍在于激发民族主义,因此通过这些"客观"材料与"科学"分析,他极力说明历史发展的"通则"是趋向于民族的整合,即"以明各民族已皆互相糅杂,且有日趋同化之势,使各民族扩大眼光,舍去古时部落时代之狭隘的民族观念而趋向于大同之思想。"①

历史地看民族与民族地看历史

在书的"序"中,林惠祥开篇明义地指出了"民族史"的四大效用:(1)为通史之辅助,因通史"范围广阔门类繁多",常对民族言之不详,而范围较狭的民族史正能补足通史;(2)为人类学论述种族状况的部分;(3)民族史的探讨可为实际政策之参考;(4)为民族主义与大同主义之宣传。从林惠祥在这里所谈的民族史的四大功能中可看到,他所谓的"中国民族史"带有一种古今通明与经世致用的双重性质,既可补充传统史学的不足,又可充实现代科学的研究;既能指导当下的实际政策,又能引导未来的观念趋向。给予"民族史"这样的意义与价值的定位,正反映了20世纪前半叶学术研究的一种责任与抱负。

正如梁启超所说的,"民族为历史之主脑,势不可以其难于分析而置之不论。"②这已预示着在20世纪初的中国学界,"民族"与"历史"将被放置在一起,成为新学的一个特色。1902年梁启超发表"新史学"③,批评"旧史学"是一种无理想、无人民、无国家的帝王将相的历史,提出要重新解释史料,以促成"新史学"。既然旧史学的史料记载与解释都是围绕着"帝王"展开的,那去除了"帝王"的新史学,又将以何为其灵魂呢? 或者以梁启超的话来说,应持何种"主观"来研究"客观"的史料呢?这个问题的答案在"新史学"的开篇便已给出,即"今日欧洲民族主义所以发达,列国所以日进文明,史学之功居其半焉。"也就是说,民族主义渐成为抹去了"帝王"的新史学研究的灵魂,在这一灵魂引导下所观察与书写的中国民族及其历史沿革,本质上是在"民族地看历史"。于是,以"史"促进"民族主义",梁启超给出的这一剂良方意味着,从西方借来的"民族主义"将取代"帝王"成为解释历史的新纲要,而且也将是构建一个新的可被称为"国

---

① 林惠祥:《中国民族史》(上),"序"。
② 梁启超:"中国史叙论",见林志均编:《饮冰室合集》(专集之六),6页。
③ 梁启超:"新史学",见林志均编:《饮冰室合集》(专集之四)。

家"的、世界中的"中国"最有效的知识工具。由此,对于从"帝王"的"臣民"转变为"中国"的"国民"的人们而言,"民族"逐渐成为重新书写与解释历史的"正统","民族地看历史"也成为历史书写的基调。

这一思想的形成,与民族主义的兴起过程中,所经历的"天下"两分为"世界"与"国家"的趋势有关。经历了这种两分的知识分子所思考的不再是"平天下",而开始探讨如何使中国作为一个现代国家"进入"世界,成为一个"世界的中国"。然而,民族主义和世界主义在结合的同时,两者之间的紧张也无尽无休。[1] 如何理解作为世界一部分的中国有着何种历史、疆域与人民,是知识分子塑造国民的民族意识、阐明中华民族为世界诸民族中平等的一员之关键。在历史中进行一番中国的"地理大发现"恰是知识分子的历史研究所承担的一项责任,于是承担着构建一个现代国家的使命,民族史探讨也相应的扩大到整个中国领地,而不再局限于梁启超1922年时所探讨的18省范围。这种扩展的民族史研究在王桐龄与吕思勉的论述中已有充分体现,只是他们仍局限于探讨"汉族"同化其他民族并逐渐强大的过程,从而将其他民族置于附属地位。而与这种"汉族"的壮大史不同,林惠祥对民族的人类学观察,试图呈现的是"整个中国"的"混杂的"民族沿革过程,即,"叙述中国各民族古今沿革之历史,详言之即就各族而讨论其种族起源,名称沿革,支派区别,势力涨落,文化变迁,并及种族相互间之接触混合等问题。"[2] 在整个论述中,林惠祥在血统与文化两个方面较系统地论述了历史上"华夷互渗"的"趋同"过程与通则,并在描述这一过程的同时,给予各民族以具体的关照与同等的历史地位。并且如上文所分析,他还通过探讨种族间的人种混合过程,用"科学"的人种分析法,跳出仅依赖于"非科学"的文献记载的局限,得以"科学"地论述中国的"世界性",也为中国民族史定下了一个开放的基调。

尽管"天下"成了由"国家"组成的"世界",大多数讲民族主义的近代中国士人并未放弃大同理想,只是将其列为下一步的目标。这一追求在各本探讨中国民族史或民族研究的专著与论文中都有体现,林惠祥也不例外。他同样将"民族主义"与"大同主义"并置,认为这是促进民族主义的民族史的任务之一,且其目标是"在视各民族为平等的单位的基础上,探讨民族在过去的杂糅混合与趋

---

[1] 罗志田:"天下与世界:清末士人关于人类社会认知的转变",载《中国社会科学》,2007(5),191~208页。

[2] 林惠祥:《中国民族史》(上),"序"。

同"。① 可见,林惠祥的民族史探讨更加重视的是在承认各民族历史主体性之基础上,来看历史上各民族间的互动杂糅关系,而他要阐明的,不单纯是某一民族同化其他民族的单一法则,而是从对历史的阐释中表明中国民族史的"通则"在于文化之大同趋势。这些研究特点正是林惠祥对民族史研究的一种视野扩展,更是对民族史研究的一种胸怀的扩展。

基于以史促成民族主义的学术背景,带着面向未来的理想与现实关怀的责任,林惠祥的《中国民族史》为我们呈现的,却是一种"历史地看民族"的视角。"历史地看民族"与"民族地看历史",这并不只是文字上的颠倒,其关键在于二者是两种不同的视角。梁启超所开启的"民族地看历史"的视角,为的是用一种新的史观来解读历史,以史促成民族意识,导向的是以今日之民族观念为纲要来对特定时空的"史料"的重构与解读。而"历史地看民族"虽同样是以史促成民族主义,但却是在尝试以一种"客观的"、从历史出发来理解人群的相互区分与联合的历程,导向的是在回观历史过程中贴近与理解"人"及其交往互动史。我之所以认为林惠祥的研究所呈现的是"历史地看民族"的可能,主要在于,其一,他非常明确地认为历史上的"系"与现代的"族"属于不同范畴,从而给出了两重分类法来区别对待"系"与"族";其二,他努力站在历史具体主义与文化相对论的立场来理解各民族的历史沿革,因此,他是从历史上的"系"出发来探讨现代的"族"的形成与特点,这使得他对"族"的区分并不是完全从现代的"民族"概念入手来进行的,而是以历史上的各系人群之历史沿革为依据的;其三,从16个系到8个族,林惠祥所呈现的中国民族史是一种在空间与时间上都相互交织的流动的关系史,这使得他笔下呈现的各族系的历史沿革,既有其独特发展轨迹,却又相互交错,互为影响因素,而不是某一民族对他族的同化史。也正是这三点,使得林惠祥笔下的中国民族史呈现为不同人群不断分分合合的开放与动态的历史过程。由于注重历史上民族间的关系及其对各民族沿革演变的影响,以及中国各民族间文化与血统的混合杂糅趋势,林惠祥的研究既对以往以汉族为中心的民族史书写有实质上的超越,也避免了那种割裂地、固定地视某一民族历史沿革为自发的研究方法。如果说,林惠祥的《中国民族史》对我们今天的社会科学有所启发的话,恰在于他那种通过"人"之关系的历史考察,在历史与现代之间寻找一种超越"民族"的视角来理解民族及其历史的研究路径。

此外,在这部《中国民族史》中,林惠祥一方面基于中国的历史,另一方面又

---

① 林惠祥:《中国民族史》(上),"序"。

在借鉴与综合西方社会科学的理论与方法之上,将中国与世界其他民族进行参照与比较,从而给出了以同一种理论架构来理解中国的民族与世界的民族的可能,这也可以被认为是在探寻一条贯通中学与西学的解读历史的路径,即在同一概念层次上来探讨民族及其历史,以此来消解中国与世界其他民族/国家间不同传统的对立。他的这种历史具体主义与历史普遍主义并举的做法也提醒我们,承认文化多元论,并不必然以否认历史的连续性为前提,也不意味着只有将各文化体系视为独立单元才能展开分析。对于社会科学研究而言,从对不同文化和传统的比较与分析中抽象出一些基本概念与理论架构,是使得"不可比较之比较"得以有效进行并被恰当表述的一个基础。而这正是我们今天重新了解林惠祥,并从他所书写的并不完善的《中国民族史》中所得到的一点启发。

(汤　芸)

08 交往的历史、"文化"和"民族—国家"

——读马长寿《凉山罗彝考察报告》(1940)
兼及其20世纪30~40年代的民族研究[①]

一、问题提出

晚清以来,在内忧外患之下,如何推进民族—国家的建设成为中国学术界关心的主题之一。抗战爆发之后,内固民族、外御国亡的现实焦虑显得更为迫切,这使从19世纪中叶起就困扰中国的边疆危机问题,到了此时变得更加尖锐。一时间,认识边疆地区及其民族的边疆研究对国家统一和国家建设的意义完全被凸显了出来。面对边疆危机带来的压力,为建构民族—国家提供必要的学理依据此刻就成为中国知识界必须完成的任务之一。

中国人类学在20世纪30~40年代,在国民政府的大力资助下对边疆少数民族地区,尤其是西南地区展开了大量的调查与研究,[②]即可视为学科对时局的一种积极回应。此时人类学调查研究的目的不仅是要直接为国家的边疆建设服务,而且也是为了证明在"五族共和"的前提下,"中央政府"将幅员广阔的中华帝国版图及其人民纳入民族—国家的框架具有合法性,[③]其中关键的一点即是需要回答国家一体性何以可能的问题。在这个层面上,对国家控制少数民族地区

[①] 《凉山罗彝考察报告》成书于1940年底,但这部手稿一直埋没,直到2005年才由张寿的弟子周伟洲教授整理出版。

[②] 王建民:《中国民族学史》(上),1~13页,昆明:云南教育出版社,1997;马玉华:《国民政府对西南少数民族调查之研究1929~1948》,昆明:云南人民出版社,2006。

[③] 李培林、孙立平、王铭铭:《20世纪的中国:学术与社会·社会学卷》,400~415页,济南:山东人民出版社,2001;王建民:"中国人类学西南田野工作与著述的早期实践",载《西南民族大学学报》(文社版),2007(12),11~12页。

而言,以研究"人类起源、种族的区分"①为己任的人类学研究变得意义攸关。为了建构民族—国家的一体性,除了论证并强调现代中国境内各民族属于同一种族外,学者在此基础上,运用史料文献和实地调查相互印证,探讨现代少数民族的族源问题,从而证明现代少数民族与历史上中国境内古老民族一脉相承的意义也由此变得非同寻常。

可以说,整个国家由抗日激发出来的爱国主义,在进一步弘扬了"中华民族"概念的同时,也让学术研究与国家危亡更紧密地联系在一起。因此,与当时的众多学者一样,研究西南少数民族的马长寿也确信,自己所研究的边疆少数民族属于中国境内的少数民族,少数民族问题是中国的内政问题,而不是国家间的问题,中国的边疆地区不是中国的殖民地而是其不可分的主权领土。② 这一认识促使他在学术研究中不断重申如下前提:"吾人必须基本认同中国民族属于一个种族,然而仍有汉、满、蒙、回、藏、苗族之分者,仍由于文化模式不能尽同之故。"③也因此,我们今天若要理解他当时所做的人类学研究,则不能够回避其学术研究与政治间的密切关系。可以说,尽管研究了不同少数民族的社会文化,但是对马长寿而言,他对文化独特性的探讨是在对中国一体性毋庸置疑的前提下完成的,其学术探究的背后明显有着为当时民族—国家建构服务的一面。

自 20 世纪初以来,中国的国家建设者就按民族国家一体化的要求,围绕如何创造政治和文化的一体性展开了探索,其最终目的是要把中国改造成一个现代意义上的民族—国家。正因如此,这个过程也促使现代化的民族—国家框架逐渐成为指导中国社会科学研究的一股重要理论力量。在中国人类学的学科史上,民族—国家框架对学科的影响不仅表现在学科的研究趋向上,如对学科"本土化"的探索以及将学科与解决现实国家建设问题挂钩,重视学科的应用性,④而且也表现在学科的研究主题上,如公民身份认同、地方社区与国家的关系、民族与国家的关系。其中对民族与国家关系的讨论,自 20 世纪 30 年代被"边政学"提出后,目前主要集中在以"民族问题研究"为形式的探讨上。⑤ 当然,无论是民

---

① 林惠祥对人类学学科定义的完整表述是,"人类学是用历史的眼光研究人类及其文化之科学,包含人类起源、种族的区分,以及物质生活、社会构造、心灵反应等的原始状况之研究。"(林惠祥:《文化人类学》,7 页,上海:上海文艺出版社,1991[1934]。)
② 马长寿:《马长寿民族学论集》,周伟洲编,8~9 页,北京:人民出版社,2003[1947]。
③ 同上,10 页。
④ 哈正利:"民族学的民族国家形态及其他——中国民族学史散论",载《中南民族大学学报》,2006(6),34~37 页。
⑤ 王铭铭:《西学"中国化"的历史困境》,73 页,桂林:广西师范大学出版社,2005。

国时期还是当代中国,对这一问题的关注均可以回到一个更本质追问上,即在借用西方的民族—国家理论讨论中国社会实际状况的同时,又需要回答现代民族—国家理论与中国社会现实是否适宜的问题,其具体表现就是,现代中国如何解决文化和民族多元与建设政治一体性之间可能存在的矛盾。

其实,早在民国时期,尽管中国人类学者的研究离不开与建构国家一体性之间的关系,但是当时就已有学者对西方民族—国家一体化概念提出了批评性见解,并提出在文化(民族精神)的基础上建立多元民族构成的现代强国的设想,比如吴文藻。吴文藻区分了"民族"与"国家"概念的不同内涵,从梳理西方民族主义思想的脉络入手,富有洞见地指出,文化的民族与政治的国家应该有所区分,单族建国的方案并不是历史的必由之路。① 应该说,基于对中国社会现实的直观判断,吴氏的见解是通过理论分析而得。那么,不同于吴文藻的是,马长寿则是通过经验性的人类学研究,从历史分析的视角,为我们提供了认识中国社会的渠道。尽管他研究的目的是通过讨论历史上中国各民族之间相互依赖的关系,包括政治、经济、社会、文化、血缘各方面的关联,来论证中国国家内部早已存在的一体性,但是,他对历史过程的分析却无意间为我们透露出另一种思想启示。

二、马长寿的生平及学术脉络

(一)研究经历

马长寿,山西昔阳人。1936年进入"中央博物院"筹备处下属的民族组工作,1937年初被派往四川考察少数民族地区,一行人途经雷波进入大小凉山,又从西昌取道越西、汉源、雅安等地,沿路调查了彝区以及彝汉杂居区。同年夏秋之交,马长寿一行人又向四川西北部的茂县、汶县、理县、松潘等地进发,调查羌族、番、嘉绒,该年年底返回成都。1941年他再次参加川西北的考察活动,经灌县、理县、杂谷河、梭磨、绰斯甲、大小金川,进入当时西康省的巴底、巴旺和康定地区,然后返回成都。除了上述三次大规模的田野考察外,旅居四川的近10年间,马长寿先后多次辗转于川南、川西各地,为撰写"凉山罗彝的族谱"、"嘉绒民族社会史"、"康藏民族之分类体质种属及其社会组织"等文章积累了丰富的田野素材。可以说,田野调查构成了马长寿当时最主要的学术活动。1946年春,马长

---

① 王铭铭:《西学"中国化"的历史困境》,93页。

寿随金陵大学迁回南京,并于1949年3月起兼任"中央大学"边政系的教职,为系里开设"边政制度"、"边疆民族史"、"民族学调查方法"诸课程,但不久又应浙江大学人类学系的邀请去了杭州,为该系讲授"文化人类学"、"中国民族志"等课程。

1952年院系调整后他被并入复旦大学历史系,主讲"中国兄弟民族史",从此马长寿的学术方向发生了转变,研究完全转向古代民族史领域。1954年马长寿受邀前往西安,先后筹建了西北大学历史系的西北少数民族历史研究室和考古专门化教研室。1957年,马长寿参加少数民族社会历史调查,重赴凉山美姑县九口乡调查,其间他写下"美姑县阿陆马家的迁徙和向外发展的历史"一文。1958年中央下达编写少数民族三套丛书的任务后,他前往云南着手撰写《彝族简史》之古代史部分。20世纪50～60年代,马长寿几部分量颇重的北方民族古代史著作《突厥人和突厥汗国》、《南诏国内的部族组成和奴隶制度》、《北狄与匈奴》、《乌桓与鲜卑》等问世。70年代他本打算再写一部《吐蕃史》,可惜未能遂愿就因病于1971年去世。[1]

由上可知,大约以新中国成立前后为界,马长寿的学术生涯可分为范畴不同、风格迥异的两个时期[2]:前期从事人类学[3]研究,深入西南彝族、(嘉绒)藏族、羌族的聚居区走访调查,后期则致力于民族史的研究,对古代中国北方匈奴、突厥、氐羌、鲜卑和乌桓各民族历史的研究都具有开创意义。有意思的是,在今天的中国民族史学界,马长寿仍然是一个不断被提到的名字,但他却似乎被中国人类学界渐渐淡忘了。

历史学界记住马长寿,不仅因为他是新中国运用唯物史观解释古代北方民族史的第一人,[4]还在于他将西方人类学的田野民族志与史学传统的文献分析有机结合到一起,推进了北方民族史研究方法的革新;而人类学界极少再提及他,固然是与20世纪50年代初社会学、人类学等学科被取消的历史有关,而更合理的解释还可能是,因为学科重建以后的中国社会学、人类学研究曾一度以非历

---

[1] 马长寿的生平主要参考了王宗维所写"马长寿先生传略",见王宗维、周伟洲编:《马长寿纪念文集》,65～84页,西安:西北大学出版社,1993。

[2] 马长寿的学术分期参考周伟洲的意见,见王宗维、周伟洲编:《马长寿纪念文集》,56～58页。

[3] 一般提法是将马长寿此时期的研究称为民族学研究。但是民国时期,"人类学"和"民族学"这两个名称并行于中国,原因在于二者传入国内时依据了不同的国别学科传统,简言之,英美传统称为"人类学",而欧陆传统称为"民族学",但实际上,当时二者在学科内涵上是基本一致的。鉴于本文讨论的范围在民国时期,为讨论方便,文中不对这两个名称作严格区分,通篇采用"人类学"一词。下文不再赘述。

[4] 王宗维、周伟洲编:《马长寿纪念文集》,20页。

的功能分析为主要旨趣,相比之下马长寿民国时期所做的人类学研究却带有浓厚的历史色彩,这一点让人容易忽略了他真正的学术背景——"中央大学"社会学系(1929~1936)。

(二)治学背景

马长寿的治学最易给人留下广博的印象,这与他在研究中综合运用各家学说的风格分不开,对此林耀华就曾经评价说他是"不为学术界常见的藩篱和界限所束缚,'海阔凭鱼跃,天高任鸟飞'"①。据了解,马长寿一生并没有接受过正规的人类学训练,他所掌握的人类学理论和方法,一部分可能是1933~1936年留校任教期间,通过系里开设的"文化人类学"和"中国民族文化"等课程习得的;②另一部分比如比较语言学、体质人类学、考古学和民族调查方法等则均是自学而成。③

马长寿关注的范围非常广泛,从体质到文化,从语言到心理均有涉猎,此外他的研究中还显示出了不同的解释路径:一方面是进化论的观点。比如他认为凉山彝族社会经历过从母系氏族社会到父系宗族社会的进化过程;④再如他把流行于四川康区的钵教(现多写作"苯教")定义为宗教的原始形态,这样理解夹杂泛神信仰和巫术信仰的钵教,⑤所依据的正是从泛神信仰到一神信仰的宗教进化观;此外他还会利用"文化遗存法",通过比较现代嘉绒藏族文化的特征与史书上关于冉駹与唐代嘉良夷的记载,来论证三者是不同时代的异名同族的民族。⑥ 另一方面,还可以从他的研究中看到美国文化历史学派(也称"美国历史具体主义")的影子,而且他的人类学研究受到这一派观点的影响是更为明显的。

马长寿能够吸收到美国人类学的观念,应该说与当时"中央大学"社会学系的学术传统有关。他求学时的"中央大学"社会学系由孙本文执掌,孙氏留学美国受其老师奥格本(Ogburn)的影响,提倡要在中国建立文化社会学。此文化社会学的部分理论和方法来源于博厄斯(Franz Boas)等人开创的美国文化人类学,

---

① 王宗维、周伟洲编:《马长寿纪念文集》,3页。
② "中央大学"社会学系于1934年秋增设了这几门课程,见陈永龄:《民族学浅论文集》,36页,台北:弘毅出版社,1995[1981]。
③ 王宗维、周伟洲编:《马长寿纪念文集》,65页。关于马长寿的治学无特别师承的问题,笔者于2008年9月19日电话访问马先生的弟子周伟洲先生时再次得到确认。
④ 马长寿:《凉山罗彝考察报告》(上册),李绍明、周伟洲等整理,156~162页,成都:巴蜀书社,2006。
⑤ 马长寿:《马长寿民族学论集》,308~316页。
⑥ 同上,126~131页。

因而马长寿在学校里有机会接触到美国文化历史学派的理念自不待言。而且，马长寿深受美国学派影响的表现更在于，他对该派的文化传播理念深信不疑。他曾说："然吾人相信文化传播，在民族演进史上，较独立发明，尤为重要。设使将来世界民族志资料齐备，若干文化或社会现象之联系，当可依传播之原理说明之。"①具体的一条例证则体现在他对康藏社会组织的判断上，他说："（故）康藏的社会制度，不只会吸收中国诸民族文化，而且曾吸收有印度诸民族文化。又不只如此，更有曾吸收克什米尔附近诸民族文化。因此现在的康藏社会组织乃是一诸民族文化累积的丛体。"②从这句话就可以看出，与文化传播论的认识一样，马长寿也认为文化的传播会导致文化的变迁，文化变迁表现在民族文化的内容上就是，某一文化中可以包含其他诸多文化的特征。

要指明的一点是，强调他受到美国学派文化传播观点的影响，远较德奥学派③的传播论为甚，是因为其中牵涉到德奥与美国两个学派对传播的不同理解。德奥传播论产生的源头之一是人文地理学，所以该派对自然环境决定文化特征的异同尤为重视。固然，美国学派的文化传播理论和德奥学派有着密切的亲缘关系，在博厄斯及其身边一批德裔学生的努力下，文化交流和借鉴是文化改变的主要动力的观点，到20世纪初已在美国学界生根发芽了。④ 不过美国学派有关文化传播的观点不同于德奥传播论的地方在于，美国学派认为，决定文化形态的主要因素不是地理环境而是文化自身特殊的历史。在这一点上，马长寿明显更接近于美国学派的认识，因为当他分析少数民族的文化现象时，也并不关心地理环境的制约性，而更注重从历史的角度去看待文化特征的变化。⑤

然而，尽管他深受美国历史具体主义的影响，但我们若仔细推敲他的文章就会发现，其研究中潜藏着的内涵已经不是当时美国学派的理论观点所能全部包容的了，也就是说，马长寿所探讨的"历史"和美国学派文化自身的"历史"所指

---

① 马长寿：《凉山罗彝考察报告》（上册），296 页。
② 马长寿：《马长寿民族学论集》，246 页。
③ 传播学派有德奥派与英国派之分，后者认为世界文明的源头是一元的。此派对美国人类学影响不大，因此本文只讨论德奥学派的问题。
④ 威廉·亚当斯：《人类学的哲学之根》，黄剑波、李文建译，296 页，桂林：广西师范大学出版社，2006。
⑤ 这里并非得出结论说，马长寿对历史过程的关注就是因为受到美国文化历史学派的影响，两者固然会有一定的关联。但实际上，"一些学者，特别是国内培养起来的民族学家（这里指人类学家）受史学传统影响较深……对中国古代史籍更为熟悉和更加强调，有些人甚至一身兼民族学家与历史学家二任。"（王建民：《中国民族学史》，155 页）马长寿的史学特征应当也可归于这一类。

并非一物。

三、人类学研究的历史化

(一) 文化背后的历史:变迁的动力

美国学派的传播主义保留了纯粹的文化发展历史的理论,而不是决定论的理论。也就是说,文化改变被看作是不可预测的文化交流和借鉴事件的结果,而不是任何可预测的过程。① 文化是超有机的、超个人的、超心理的、独立的封闭系统。文化现象只能通过文化现象来解释。简单地说,文化决定了文化。② 因此美国人只要求通过全面细致地搜集文化资料来研究文化特征的分布,而对文化被改变的过程不予考察。

美国学派的文化传播理论之所以不重视实际过程的研究,与现代美国人类学对其核心概念"文化"的看法有关。"文化"概念来源于德国,是在德国19世纪早期的历史情境中产生出来的。当时的德国只是一个松散的公国联盟而非统一的帝国,而在与欧洲各国海外殖民的竞争中,德国也谈不上是一个殖民强国。然而另一方面,德国在思想、学术、艺术等方面却异常的活跃和发达。在这种情境下,德国人唯有通过强调民族精神的独特性和优越性,才能弥补自己现实中因政治分裂以及经济落后所造成的弱势局面,并借此应对来自英、法等国强大的竞争压力。正因如此,德国人创造出了不用参照任何社会和政治背景的"文化"概念,将"文化"从社会中分离出来理解,使得"文化"被当做一个独立实体来研究在社会科学界成为可能。③

受德国思想的影响,美国的文化历史学派同样坚持把"文化"而不是社会或国家作为自己分析、比较和分类的基本单位,④在美国,"文化"依然被当做是一个自为发展的机体。正是在这样的背景下,美国人处理文化的改变时,只看重文化特质本身如何变化,而不会去关心导致文化特征变化的具体历史,因此,他们认为,文化变迁动力正是文化自身的交流和借鉴。这也就是说,美国人所指的历史是文化自身的历史。

---

① 威廉·亚当斯:《人类学的哲学之根》,276 页。
② 王铭铭:《西方人类学思潮十讲》,14 页,桂林:广西师范大学出版社,2005。
③ 威廉·亚当斯:《人类学的哲学之根》,293 页。
④ 同上,294 页。

这一点马长寿的研究明显与美国学派有所区分,其关键就在于他是把文化特征放入文化传播背后的具体历史过程中把握的,绝非只停留在资料的搜集以及特征分布的研究上。比如考察现代凉山彝族①的诸文化特征时,他认为越西地区的彝族有椎髻之风以及东部彝族英雄髻(或称天菩萨)的发式,是古代彝族从云南迁入四川凉山的瓜罗与普雄一带后,受当地原有邛都文化影响所致;而建昌一带彝族有火把节的习俗则是受南诏文化遗风的影响,因为建昌曾经是南诏军民出入的要塞,因此南诏过火把节的风俗也被带到了该地区;而在讨论凉山西部地区的彝族宗教体系中为何有钵教的特征出现时,他还是认为凉山西陲的信仰中有喇嘛教的因子,是历史上西番与彝族在此地族际冲突往来的结果。② 在马长寿看来,我们现在看到的这些彝族文化特征,它们的形成其实隐含在各民族交往的历史中。这部历史一旦被他揭示出来,也就让他对文化传播的理解已经不仅仅停留在对文化要素分布的理解上,而进入到对文化传播背后的民族交往史的理解了。

当马长寿把文化和文化背后的具体历史结合起来考察之后,我们就会发现,实际上根本不存在所谓自成一体的"文化"。可以说,正是因为忽略了文化背后的具体历史,把"文化"抽离出具体的社会历史情境来解释的逻辑,才创造出了能够自为创造的"文化"概念。马长寿的研究显示,不是文化本身能够导致文化的改变,是一部民族间交往的历史导致了文化的变迁,文化背后的历史事实才是文化变迁的真正动力所在。当具体历史被引入对文化的分析后,在这个意义上可以说,他的研究已经超越了美国学派关于文化传播的理论以及"文化"概念的原有内涵。

(二)历史的内容:族际交往

当然,不仅对文化特征的分析如此,马长寿分析少数民族的社会组织,也展现出与其他人类学者不同的路径。以凉山彝族的社会组织为例,不同于林耀华运用结构—功能论,横向分析凉山的结构组织、社会制度的做法,③在《凉山罗彝考察报告》中,马长寿仍是在具体历史中理解凉山彝族独特的社会组织的。

凉山一整套社会组织中,黑彝内部以亲属关系和宗法制度维系,实行宗族外

---

① 彝族是新中国成立以来经过民族识别以后所用的名称,这里为了讨论和理解的方便,直接加以使用。实际上,在马长寿的论述里,他所使用的是"罗彝"或"彝人"。
② 马长寿:《凉山罗彝考察报告》(下册),447 页、614~616 页。
③ 林耀华:《凉山彝家的巨变》,北京:商务印书馆,1995。

婚制;而黑、白彝之间又以族级制度——马长寿在此报告中将黑、白彝之间的等级制度通称为"族级制度"——相区分,严格履行族级内婚制,整个凉山围绕黑、白彝的贵贱区分从上至下构成了由黑彝、白彝,再加上最底层的奴隶组成的等级森严的社会,作为凉山社会一个显著的社会特征,族级间的等级制度可以说是理解彝族社会的枢纽之一。对这一制度成因的解释马长寿没有停留在功能性的判断上,他的分析认为,贵贱等级制形成的基础源于黑彝自命贵胄的牢固观念,而此观念又是古代游牧狩猎的黑彝与周边定居农耕的白彝[1]在交往接触中逐渐被塑造而成的。

历史上彝族与周边各族族际间的军事、政治、经济交往过程显示:彝族的先民——活跃于云南东北部的游牧部族东爨乌蛮(黑彝)发迹后,从南至北一路挺进四川凉山,好战的东爨乌蛮征服了当地原来的统治阶层西爨白蛮(白彝)。入主凉山以后,黑彝继续凭借强大的军事力量俘掠当地的僰夷、苗、汉等各族,迫使这些民族成为黑彝的奴役对象。不仅如此,强悍的黑彝也使得中原王朝仅能用土司制度羁縻凉山。[2] 即使时值民国,凉山彝区仍处于半独立状态,凉山彝族也被冠以"独立倮倮"之称,或许这就能够证明彝族的古风尚存。就这样,族级制度的形成被马长寿复原到了具体的历史情境中,而他又把分析落在了不同民族互动交往的历史中,由此去找寻彝族社会形成的真相。

可以说,从民族交往史出发理解现代少数民族是马长寿始终坚持的研究路径,即使是讨论少数民族的人种,他也沿用了类似的思路。在西方人类学传统下,人种属于体质人类学的研究范畴,一般的做法是测量体质以判定研究对象的种属。考虑到人种的体质具有相当的稳定性,因而马长寿承认体质测量能够有效判定人种属性,但除此以外,他还是强调各族交往的历史对某一民族人种血缘的塑造具有重要的影响。

根据一些中外学者的体质报告[3],当时学界虽已大致认同因为康藏人的体型与汉人,尤其与华北汉人最为接近,所以他们应属于蒙古人种。但是另一派学者的测量却对此提出了反对意见。这些学者认为单凭测量数据来看的话,康藏人的体貌特征明显与印欧人种更为相近,基于这一类报告,一些西方学者认为康藏

---

[1] 马长寿认为白彝不是指同一个民族,而是"非黑彝民族"的总称,由被黑彝掳掠的各民族构成,见马长寿:《凉山罗彝考察报告》(上册),332页。

[2] 马长寿:《马长寿民族学论集》,327~331页、344~346页。

[3] 这里指的是史蒂文生(Stevenson)和吴定良联合所做的测量,以及哈登(A. C. Haddon)的测量,见马长寿:《马长寿民族学论集》,237~238页。

人应该属于印欧人种。①

　　面对这一学术争端,马长寿首先指出后一种偏颇看法产生的原因在于,"若非他(指巴克斯顿[L. H. D. Buxton])不懂中国民族历史与现状,则其为恶意的宣传,企图离间中藏之关系,而使西藏接近英印之意甚明。"②接下来他用中国历史事实解释了导致上述康藏人形貌差异的原因:一方面康藏人是历史上(北方)汉藏、蒙藏各族间由于政治、军事关系诱发的历次混血后产生的人种,因此体形与汉人类似;另一方面之所以康藏人表现出不丹人和尼泊尔人的血统特征,只是因为经济往来以及共同的宗教信仰,使得康藏人与生活在喜马拉雅山麓一带的这些人群不时会互动往来,从而产生了一定的血统融合现象。③即便如此,但他明确指出,前种混血才是中国历史的主流,因此结合已有的体质报告就能够确凿无疑地证明康藏人与汉人同属蒙古黄种人。

　　需要指出的是,今天再看马长寿的这番结论会发现其中仍有值得商榷的地方。在论述过程中,马长寿虽然解释了形貌特征产生的原因,但实际上仍没有彻底解释清楚,何以汉人与康藏人的交往是历史主流。原因在于他所用的史料以中国传统文献为主,在无法比较并排除有其他可能存在的情况下,也就无法完全证明依靠分析这类历史材料所得结论是唯一正确的。

　　当然,西方学者的体质研究并非没有留意到人群接触对形貌变化的作用,像巴克斯顿讨论康藏人体质特征时,也意识到人群接触可能导致体貌特征的变异,但他仅把产生这种接触的可能性限定在距离较近的区域内,以此去判定人种关系亲疏远近以及血缘的融合可能。④但是,只要我们把这个问题放入具体历史中就会知道,此认识显然不符合中国历史的实情,他们不了解中国历史(或者说有意忽略历史),就无法明白中国历史上民族间的交往是如何超越地理限制而实现的,更无法明白这种历史对研究现代民族的意义。的确,当时以"无历史"的部落社会为主要研究单位的西方人类学者都容易犯马长寿上面指出的错误,这些学者中也包括在云南从事民族分类研究的戴维斯(H. R. Davies)。

　　当时做民族分类主要依据语言学,通过区分语言的支系确定民族的族属。马长寿认为,戴维斯纯粹将语言作为分类标准的背后已经预先有了一个假设,即各民族能否交往受自然环境的制约很大,云南险峻的自然环境必定造成各少数

---

① 指端纳(W. Tuner)和毛伦特(G. Morin)的测量结果,同上,232~233 页。
② 马长寿:《马长寿民族学论集》,235 页。
③ 同上,239~244 页。
④ 同上,234 页。

民族的语言不存在与外界接触和交流的可能。当戴维斯排除了由交往接触导致语言变异的可能后,那么他认为只会剩下一种可能——语言是所研究民族原生特有的。①

出于上述逻辑,戴维斯注意到,大理民家周围已经不存在蒙古语系的民族,但语言里却存有蒙古语因素,于是他认定蒙古语就是民家的原始语言,因此把大理民家归入了蒙古语系民族。马长寿指出,戴维斯的分类难以解释为何在民家语汇中实际上是汉语占最大比例。在马长寿看来,民家语言问题的实质是民族交往的结果,唯有语言接触才能让民家语言里沾染上蒙古语汇。他通过当地的历史说明了自己的判断:元代瓦剌等蒙古诸部曾长期屯军于大理,让蒙古人逐渐与当地人融合,最终成为当地"土人"的一员。戴维斯进行调查时的现代大理地区,虽早已没有蒙古族的踪迹,却在语言里面保留下蒙古语素的原因就在于此。

民族接触会使语言产生变异,因此不能全凭实地语言调查就划分民族类别,为此马长寿明确提出:"最要者尤当追溯其民族历史之演变,由历史演变即可辨证语言变迁之所由来矣。"②正是基于这点考虑,所以他自己也从民族交往史出发去把握民家的族类。他认为民家属于与大理当地僰夷同类的掸台语系,因为民家实为明初汉军平定云南后,僰夷与留守的汉人结合而生的混血民族,这段历史也就揭示了汉语在当地语言中占重要位置的原因。③

总而言之,通过上述分析可以看出,面对"有历史"的中国社会,若把历史与现代割裂开来的话,那么势必会造成以上的研究盲点和误区。马长寿说:"中国西南民族,本族无历史记载,赖中国历代有史志以传述之,史志记载之价值直接可辨正语言分类之真伪,其功能远在诸文化物质之上。"④承认分析历史的价值,可以说不止体现在马长寿有关民族分类的研究中,正如前文揭示的那样,也体现在他对文化要素、社会组织、人种体质等一系列问题的关注上。不仅如此,我们还看到他进入历史分析的路径更为集中地体现在对民族交往史的关注上。

重视从民族实际交往的历史讨论问题让他看到了中国民族在彼此混融的状态下得以形塑的过程,并认识到正是这个过程造成了中国民族血统多源、文化亦多元的景象。因此,他在这个层次上体会到:"今日的中国民族血统,我们不能说是汉族血统或其他任何一边疆民族的血统。今日的中国文化,我们也不能说是

---

① 马长寿:《马长寿民族学论集》,59 页。
② 同上,64 页。
③ 同上,62 页、68~69 页。
④ 同上,64 页。

汉族文化或其他任何一种边疆民族的文化,而是汉族与一切边疆文化同化的文化。"①这一点正是现代中国有别于西方国家最重要的地方。

(三)族际混融:对民族—国家叙事的反思

那么,从族际交往史的角度意识到中国民族和文化的混融性,意义何在? 对于我们今天的认识又会有何种启示呢?

一方面,说明中国内部不存在原生论民族观意义上的纯粹民族及其文化。西方实体论的民族观包括客观实体论与主观实体论,前者认为民族是客观原生的实体,民族间的差异天然存在,而后者认为民族是由民族主义塑造的观念共同体,这种观念共同体的产生,是因为个人或群体产生了同属于某一民族的强烈认同感和归属感。②但无论哪一种观点,其主旨均在于确立并巩固民族的同质性,其内涵则是要把民族视为或塑造成为一个有共同地域历史、政治经济、文化认同的实在群体。

然而如同马长寿所看到的,无论血缘还是文化,中国包括汉族在内的各民族自古以来一直处于不断混融、彼此塑造的状态。此外,族际交往的历史让马长寿认识到,少数民族从历史上看绝非固定的人群,而是一个相对的概念,比如东爨与西爨,凉山彝族与周边汉族的身份都会因时因地发生变化。因而他认为,少数民族与多数民族不是人数统计意义上的多少划分,而是"综合社会的、经济的以及政治的各种条件的概念"③,不仅如此"少数民族并不只限定指一个外来的集团。在世界上,许多土著因侵略者、战胜者,与新移民之入侵皆可能由自由民族变成少数民族集团。"④

从中国民族长期以来的混融性,以及主体民族与少数民族间不断互换的过程可以得知,中国民族实际上是历史的产物,若能看到这一点其实就已为破除并反思从实体论理解和研究中国民族提供了有益的启发。

20世纪80年代以后,美国人类学界出于对民族—国家一体化的反思,借用"中心与边缘"模式,开始关注中国内部少数民族文化的多元性。这批西方学者关注中国文化的差异性,希望通过描述社会文化的多元性和地方认同感,强调中

---

① 马长寿:"少数民族问题",载中山文化教育馆编:《民族学研究集刊》,第6辑,21页,重庆:商务印书馆,1948。
② 王军:"民族与民族主义研究——从实体论迈向关系实在论初探",载《民族研究》,2008(5),26~29页。
③ 马长寿:"少数民族问题",载中山文化教育馆编:《民族学研究集刊》,第6辑,12页。
④ 马长寿:《马长寿民族学论集》,11页。

国境内各民族间在历史和现实中的差异,并以此思考和评价民族—国家对消除差异的举措和影响。[①] 尽管如此,此类研究不仅仍落入民族—国家的叙事框架而未实现对其真正的反思,而且也并没有破除用民族—国家的框架研究他者文化的迷思。其原因正在于,他们强调中国少数民族的差异性背后仍然体现出民族实体论的含义,也因如此,中国被美国人理解成了"民族马赛克"(ethnic mosaic)的拼接图。相较而言,若从马长寿所揭示出的中国民族的混融性出发去理解中国民族,则更可能接近中国民族的本质特征:"汉族文化如政治、经济、法律、礼仪以及其他生活方式远播于四裔民族者……俯拾皆是,可以不论……自古迄今,(汉族)无一日不与四裔文化接触,故无一日不在接受四裔文化……今日中国文化,我们也不能说是汉族文化或其他任何一种边疆民族的文化,而是汉族与一切边疆民族同化的文化。"[②]所以,这是一种混融基础上的多元民族观,它表明在中国无论各民族是否能够实现一致化,但至少它们彼此不存在清晰的内部边界,在这个意义上它们可以构成不可析分的整体。

另一方面,用文明—国家替代民族—国家框架的可能性。前面已经论及,马长寿和他同时代的学者一样,其人类学的研究有着应对边疆问题和国族危机的一面,因此他固然意识到并承认国家内部的文化多元现象,但首先还是要强调中国内部的一体性,于他而言,确立国家一体性的基础似乎可以通过承认种族的一致性完成。但同时他又强调:"我们中国自始至终对少数民族是采取多元主义的原则的。多元主义的目的在于容纳异种异文的许多民族于同一国族之内,并行不悖,并育不害,而成一共存互倚的社会集团。"[③]通过梳理和分析历史过程得出的这一结论却恰好可以说明,中国内部不止是在生物性上能够实现一致,实际上中国各民族是在更高层次上能被视为一体的,而这个更高的层次正是源于中国社会是一个包容性极强的文明体系,在历史上它通过一套"礼"的社会秩序将"异种异文"容纳于其中,而这套秩序不单是文化的同样也是政治的、经济的。尽管这个体系中始终存在着"异",但从民族交往史去理解的话则可以看到,这个体系中的"异种异文"早已丧失了它的绝对性。因为自古以来中国各民族及其文化是在"你中有我,我中有你"中呈现出自身特质的,由此对中国而言,所谓"异"仅在相对意义上方能成立,"异"的基础是在更大范围内的混融中实现的。

---

① 彭文斌、汤芸、张原:"20世纪80年代以来美国人类学界的中国西南研究",载王铭铭主编:《中国人类学评论》,第7辑,132~133页,北京:世界图书出版公司,2008。
② 马长寿:"少数民族问题",载中山文化教育馆编:《民族学研究集刊》,第6辑,21页。
③ 同上,20页。

当然,马长寿也不讳言历史上这一文明体系存在着以汉文化为核心的、"内中国而外诸夏、内诸夏而外夷狄"的"同化主义",在他的认识里,这种同化其实应该以另一种方式展开,他说:"中国今日之民族政策无疑地应强调少数民族之同化主义。同化主义是中国以往的传统民族政策。此种政策在历史上虽相当成功,然其本身实有两大严重的错误:第一,过去太偏重汉化主义,……第二,以往的同化方法只有德化和强化二途。……同化主义既非无为而治的羁縻不化,亦非片面的单元主义的汉化,和无确定制度的德化。同化主义需要与多元主义相互配合,或建设同化主义于多元主义之上。"①可以看到,马长寿立足于多元基础上对中国内部文明体系的认识,毫无疑问是反对以单一民族,比如汉族为中心的同化论的。而他立足于混融基础上对中国民族多元的认识恰也再次说明,在中国,各民族及其文化的不同不应该成为这个国家分裂的理由,其原因大概就在于中国内部尚保留着文明体系的印迹。

综上所述,马长寿有关民族的讨论表明,从西方历史经验发展而来的民族—国家,其产生和建构有着独特的历史背景,从最狭义的角度看,它暗含了一族一国的理想。但是这样的理想要运用在有着传统天下式帝国向现代国家转变的中国时,的确会产生不尽和谐的地方,这一点在马长寿的研究里可以清楚地看到。对于中国而言,多民族共存情况下如何调适与民族—国家理想暗含的一族一国观念的关系,的确是至为重要的问题,而这一点马长寿的论述已经尝试为我们提供了一种解决问题的可能,这就是一种文明—国家的思路。

四、结 语

进入 20 世纪 20 年代,西方社会内部的分化和冲突让人类学失去了从"世界史"角度②把握人类文化的兴趣。随即,西方与非西方的关系在学科认识中也发生了变化,学者已不再将二者看成是过去与现在的对立关系,而是将它们视为他者和自我的关系,从此西方人类学一定程度上承认了非西方的价值,并企图从对

---

① 马长寿:"少数民族问题",载中山文化教育馆编:《民族学研究集刊》,第6辑,22~23页。
② 人类学中"世界史"的眼光,主要是指以古典进化论和传播论为代表的人类学理论,尽管二者所论的侧重不同,但根据费边的分析,二者都在共同论证一种全球性的历史过程。(转引自王铭铭:《20世纪的中国:学术与社会·社会学卷》,367页。)然而,二者的论证其实大多建立在"猜想历史"(conjectural history)的基础上,而忽略了坚实的历史证据,见 E. E. Evans-Pritchard, *Social Anthropology*, London: Routledge & Kegan Paul, 1982 [1951], pp. 21~42。

"他者"的理解中寻找到补救自我社会的良方。当学界放弃古典进化论文化进程以及传播论文化分布的宏观考察视角,转向探索他者社会的内部后,人类学学科的新传统随之被建立,从此人类学成为一门以研究当代和当地为主旨的学科。建立在"无时间感"基础上的现代人类学研究,发展出一套适用于研究当代"他者"的方法论,坚持只要通过实地的参与观察就能够读懂当地社会的文化密码。[①]这也使得西方人类学者研究中国社会时要么把历史忽略掉[②],要么对中国社会做微观解剖观察。由此可以说,马长寿半个多世纪前所做的具有浓厚历史色彩的人类学研究,正是在上述层面对今天中国的社会科学有了一定意义。

通常社会科学理论和方法的建立基本上是以共时性分析为基础的,而马长寿的研究却强调了历史过程的分析,并将对问题本质的理解建立在把握具体过程之上。正如他所看到的,历史上各少数民族交往的过程才是理解现代中国少数民族本质的基础,这一点如前文所述对于理解中国社会有着重要的意义。不仅如此,如果我们可以从马长寿历史化的人类学研究去反思中国社会科学中"无历史"的状况的话,就会看到问题的关键不在于发现了方法论上的缺失,更在于这样的研究潜在的意义是让我们意识到,由西方经验发展而来的社会理论,比如民族—国家理论在面对并解释中国社会时可能的缺憾。现代中国社会与其总体历史存在着必然的联系,从天下体系到现代民族—国家建构的进程中,中国的内部始终保留有自己的历史遗产以及发展演化的内在理路,仅简单将中国社会的进程类比于西方,直接套用西方社会理论的成果,则完全可能导致对中国社会的误读。马长寿的例子告诉我们,基于对具体历史分析能看到历史上存在一套有效解决民族与国家关系并支配社会运转的内在逻辑,那么,这套逻辑是否支配现代中国?或者现代中国受什么支配?回答这一切是否也意味着应该回到中国历史本身(包括今天)去寻找?

当然不可否认,自20世纪20年代中国学者陆续在本土展开人类学调查以后,借助西方社会科学的理论和方法来观照中国,与此同时用中国的材料来印证这些理论和方法,成为中国人类学发展上的主要特征。可以说,绝大多数民国学

---

① 但是从20世纪60年代开始,人类学界又重新回到反思本学科与历史学的关系的路上,从此人类学中掺入历史成为当今国际人类学界的重要议题之一,见 Emiko Ohnuki-Tierney, ed., *Culture through Time: Anthropological Approaches*, Stanford: Stanford University Press, 1990, pp. 1~25。

② 实际上,自马林诺夫斯基在20世纪30年代提出建立文明社会的人类学研究后,几代汉学人类学者均意识到历史对于研究中国社会的重要性,但面对庞杂的中国历史又往往束手无策,因而陷入两难境地(见王铭铭:《社会人类学与中国研究》,18~22页,北京:生活·读书·新知三联书店,1997)。

者的研究都未必谈得上是对理论和方法的自觉创新,这一点马长寿当然也不例外。此外,若以我们今天的眼光看来,马长寿的研究固然为我们的学术留下了一笔丰富的遗产,但同样也存在着一些值得继续思考的地方。诚如杜赞奇(Prasenjit Duara)所说,中国的历史叙述会因为民族—国家的建构意图而导致对很多历史的遮蔽。[①] 马长寿的研究中,比如针对有分裂中国之嫌的西方研究所做的康藏研究,其背后明显存在民族—国家建构的意图,也可能成为他取舍历史材料的原因。此外,当马长寿的学术研究为建构民族—国家或现实政治需要提供依据时,是否又可能导致他对中国各民族所做的人类学观察,与西方同行相比少了很多关注异文化的色彩?[②]

然而,无论如何,他的人类学研究里面,加入历史分析后得出的结论还是能为我们提供两点启示,其一,中国研究里潜藏着超越人类学经典概念(如"文化")的可能;其二,研究中国社会时,应当仔细反思西方社会科学的现成理论框架和概念,因为对于一个有历史的文明社会而言,历史维度的引入可能恰恰能够破除社会科学业已存在的迷障。

(伍婷婷)

[①] 杜赞奇:《从民族国家中拯救历史》,44 页,北京:社会科学文献出版社,2003。
[②] 王铭铭:《西学"中国化"的历史困境》,35~36 页。

第二编

旧传统与新科学

09 经学与西学

——读刘师培《经学教科书》(1905)

"《周易》为社会学之祖"[①]，这句话恐怕在任何社会学家看来都不值得给予哪怕最卑微的蔑视，因为这听起来太像国粹家的痴人说梦了。但说这句话的人是清末民初的古文经学大师刘师培，他显然不是个信口开河的人，他说这句话，是以扎实的经学史和经论研究为根基的。

"返本开新"向来都是中国文化最重要的创新机制。清末民初，不单传统中国的帝制在各种或革命或改良的力量的轮番冲击下无奈地等待着瓦解的命运，整个中国的历史和文化都在更加朝气蓬勃的西方世界的映照之下，显得面目可憎，非变革不可了。今文经学力求以孔子的微言大义去笼罩劈头盖脸而来的西方思想，而古文经学则老老实实地到历史中去寻找能够和西方对话的蛛丝马迹。至于新文化运动之后，经学日衰，整个中国几乎陷入无本可返的困境，那是后来的事了。

与西方社会理论的对话将在何种意义上有益于我们面对未来，至今仍旧是个悬而未决的问题，重新回顾经学与西学一百年前的相逢，不但有益于我们从内在理路来理解清代以来的学术问题，而且能够为我们重拾"返本开新"的文化创新机制提供必要的参照。刘师培的《经学教科书》是中国传统经学研究的尾声，同时也是以西学发明经学的发端。虽然后者更多被发扬成了荒诞而近乎混扯的附会，在当初却不失为一种正经的尝试，而且，其中蕴藏的学术潜力到今天仍然值得严肃对待。

《经学教科书》大约成书于 1905 年，由上海国学保存会于当年初印，刘师培时年 22 岁。两年前，他在会试落第归乡的路上滞留上海，结识了章太炎和蔡元培，并加入了中国教育会，此后他一直力图通过办报来申明自己的学术、教育和

[①] 刘师培：《经学教科书》，陈居渊注，230 页，上海：上海古籍出版社，2006。

政治主张。1905年,他发表文章的重要媒体《警钟日报》被封,遂至芜湖皖江中学任教,与陈独秀、章士钊同事,并发行《中国白话报》,这一年,他编写了《伦理教科书》、《中国文学教科书》、《中国历史教科书》、《中国地理教科书》等中学教材。

《经学教科书》全书分成两册,第一册是关于经学历史的简要叙述,第二册是易经专论。其中,第一册可以分成两个组成部分,从第一课至第八课是经学总论,其余的是汉以后的经学传承。第二册也可区分成三个部分,第一课至第二十一课是传统易学,第二十二课至第三十三课以西学发明《易经》,第三十四课至三十六课是《易经》的小学研究。晚清以来的经学史研究中,皮锡瑞是最为重要的学者,皮氏是今文经学学者,立论也严格遵守今文师法,而古文经学一派,虽不乏有人出来与皮锡瑞相难,但真正能够写一部经学通史性质之著作的,也就只有刘师培而已。

《经学教科书》的体例非常特别,刘师培并没有仔细描述每个时代的经学特点,以及时代间的转折,甚至对每个时代他认为重要的作品,也只给予三言两语的描述,看起来十分匆忙。每课的篇幅也只有几百个字,如果不是从字里行间去细心拣别,第一册简直就是一个经学谱系表。他并不想像皮锡瑞那样写出一部学术史意义上的经学史,反而更加注重经学师法,他说:"经学源流不明,则不能得治经之途辙,故前册首述源流,后册当诠大义。"①所以,他的目的仍旧在于治经,而不在于治经学史。第一册的经学史部分,很可能只是为了后面的经论做谱系上的铺垫,可惜的是,经论只写出了《易经》部分,其他的没有写成。

经学史简述

刘师培按照古文经学的一贯观点,认为《六经》起于上古时代,如,《易经》发端于伏羲画卦,《书》、《诗》、《礼》最晚在唐虞时期已经形成,《乐》就更早,可以追溯到黄帝时期。只是"上古之《六经》混淆无序,未能荟萃成编,此古代之《六经》所由,殊于周代之《六经》也。"②西周时,在周文王和周公的推动之下,《六经》趋于完备和清晰,并立官学执掌《六经》,"《易经》掌于太卜,《书经》、《春秋》掌于太史、外史,《诗经》掌于太师,《礼经》掌于宗伯,《乐经》掌于大司乐。有官斯有法,

---

① 刘师培:《经学教科书》,4页。
② 同上,11页。

故法具于官。有法斯有书,故官守其书。"①西周之《六经》实为各官之史书,及周室东迁,官学衰败,孔子得传《六经》而编订为教学课本,为经学史上绝大之转折。"《易经》者,哲理之讲义也。《诗经》者,唱歌之课本也。《尚书》者,国文之课本也。《春秋》者,本国近世史之课本也。《礼经》者,修身之课本也。《乐经》者,唱歌课本以及体操之模范也。"②孔子删定六经,是今文经学和古文经学都承认的历史事实,不过前者强调孔子之前只有散乱之历史记载而没有义理内涵,所以不能认定为经,直到孔子笔削之后,周之一代之法,才成为万世师法,经才得以确立。③而古文经学则认为《六经》都是周公旧典,在孔子之前早已存在了。但像刘师培这样,明确地将孔子手定之《六经》按照西方学校之学科体系界定为"课本",恐是此前之治经学者未发之新意。孔门《六经》自然是课本,恐怕不能以课本限之,刘师培这样分科,有割裂《六经》之嫌疑,如他引述章学诚一样,《六经》乃周公旧史,不过各有所长,须作为一个整体相互参照方得见经学真义,如以学科分之,各成一系统,恐失《六经》之全豹了,刘师培治经固然没有这个缺陷,但他这样来界定《六经》却是大值商榷的。《六经》各有偏重,却都奉天法祖,一本于天道人伦,学科化之后,则全部变成了"通古今之变",而失却了"究天人之际"的意味,这将使中国奉行两千多年的经学体系放弃本土宇宙论的根据,而以西方宗教哲学为转移,同样背离了其治经学的目的。

  经学在中国延续两千多年,要写出一部经学通史,分期自然是关键问题。关于经学史分期的最早的权威说法来自《四库全书总目》,将经学分成了"不过汉学、宋学两家,互为胜负"。后来,康有为进一步将汉学区分成了西汉的今文经学和东汉的古文经学,加上宋学,构成了三派,这一区分得到了后来学者的广泛认可和采用,成为民国时期的经学史研究的基本框架。而刘师培在《经学教科书》中,将经学史分成了两汉、三国南北朝隋唐、宋元明和近儒四个部分,这种分期方式被周予同认为是要"强以时代分派。"④而刘师培自己在第一册"序例"中说:

  汉儒去古未远,说有本源,故汉学明则经诂亦明。欲明汉学,当治近儒说经之书。盖汉学者,《六经》之议也;近儒者,又汉儒之译也。若夫六朝、隋、唐之注疏,两宋元明之经说,其可供参考之资者,亦颇不乏,是在择而用

---

① 刘师培:《经学教科书》,15页。
② 同上,19页。
③ 皮锡瑞:《经学历史》,19~20页,北京:中华书局,1959。
④ 周予同:"经学历史·序言",见皮锡瑞:《经学历史》,4页。

之耳。①

可见,刘师培治经学,其实主要关注的是如何通过汉学和清代经学来理解和发明《六经》,六朝隋唐和宋元明两个时期的经学不过是择其有用之说为参考而已,周予同说他强以时代为分期,实在是囿于《四库全书》以来的经学分期来理解刘师培了。

刘师培治经学,首重训诂,他说:"治经学者,当参考古训,诚以古经非古训不明也。"②这自然是有清一代已经十分成熟的古文经学的门径,并非刘师培的发明。作为古文经学家,他自然不可能接受将汉代经学拆分成西汉今文和新莽古文这样的说法,而是将今古文作为汉代经学的两个分支来看待,"大抵两汉之时,经学有今文、古文之分。今文多属齐学,古文多属鲁学。今文家言多以经术饰吏治,又详于礼制,喜言灾异、五行。古文家言详于训诂,穷声音文字之原。各有偏长,不可诬也。"③

汉代经学兴于秦火之后,观刘师培为汉代经学所立各章俱以某经之"传授"为标题,而后续三个时期则无"传授"字样,可知刘师培认为汉代是一个掇拾经籍、存古续古的时代,汉代经学重在整理与传授,而不强调发明。因汉代重立官学,诸经或来自秦代博士之口传,或来自民间私藏,而发生今古文之争。古文经学辨伪,早已在廖季平、康有为的推动下蔚然成风,但刘师培对此未置一词,而是详细追溯了从孔门弟子以降各经之师传谱系,其中,今文《尚书》之伏生确实没有找到师承所自,及古文《尚书》之凿壁得书没有师法,其余各经传承谱系历历在目,则新学伪经之说不攻自破了。

刘师培将汉末到隋唐的经学列为一个时期,是独到的见解,六朝隋唐的经学以注疏为主,一般情况下,都被看做汉代经学的延续。尤其是郑玄的经注力主古文经学,致使孔子口说之今文至此而绝,这个阶段更是被看做是古文经学一统天下的时代,而今文经学则往往认为这个阶段是经学中衰的时代。但刘师培认为,六朝隋唐是经学从汉学向宋学转型的过渡期,"六朝以降,说经之书分北学、南学两派。北儒学崇尚实际,喜以汉儒之训诂说经,或直质寡文;南儒学尚浮夸,多以魏晋之注说经,故新义日出。及唐人作义疏,黜北学而崇南学,故汉训多亡。"④

---

① 刘师培:《经学教科书》,3页。
② 同上。
③ 同上。
④ 同上。

而宋元明经学本来就以义理发明见长,而不重训诂,刘师培对唐代经学的总结表明,他在唐宋经学之间发现了基于南学的联系。如"唐人治《诗》者,有成伯玙《毛诗》指说,间以己见说经,以《试序》为毛公所续,遂开宋儒疑《序》之先。"①又如"自韩愈、皮袭美诸儒尊崇《孟子》,遂开宋儒尊孟之先。"②"三国以后,说《大学》、《中庸》者,皆附《礼记》解释。唐孔颖达作《礼记正义》,亦并疏《大学》、《中庸》二篇。惟梁武帝《中庸讲疏》裁篇别出,已开宋儒之先。"③可见,刘师培的经学分期,不只重视各个阶段的差别,更注重不同阶段之间的连续性。

清代经学向来对宋明经学评价不高,而刘师培的评价却相对宽容,他说:"宋、明说经之书,喜言空理,不遵古训,或以史事说经,或以义理说经,虽武断穿凿,亦多自得之言。"④其实,他所说的自得之言,多是指存古之功,而对于宋儒以义理说经,则颇不以为然,甚至通篇对于宋儒所谓的"义理"未着一字解释。

从宋元明经学向清代经学的过渡,有两条明显的线索,一是宋儒之空疏引起了晚明诸儒的强烈反弹,尤其是在清入关之后,宋学那种高蹈的姿态被认为是亡天下的主要原因之一,这使得清儒很自然就想到了恢复汉学。二是宋儒承自南学的义理倾向使得他们为周己说而穿凿经典,开疑古之先声,这个习气在清代得到了延续。余英时认为,这是宋明时代之尊德性与道问学的学术分野以训诂考证的方式在后代的体现,而刘师培则更贴近当时的学术热点,主要论述了清代今文经学的兴起及以辨伪考证压制古文经学的过程。另外,虽然今文古文都强烈反感宋学,但两方还是多少都承认了《大学》、《中庸》、《论语》、《孟子》四书之核心地位,这也是宋学对后代经学影响最为明显之处。

刘师培认为清代是经学大备之时代,"近儒说经,崇尚汉学,吴中学派掇拾故籍,诂训昭明;徽州学派详于名物典章,复好学深思,心知其意;常州学派宣究微言大义,或推经致用。故说经之书,至今日而可称大备矣。"⑤但就是在这样一个最为鼎盛的关口,经学受到了来自西方的冲击,面临被连根拔起的危机,刘师培说:"夫《六经》浩博,虽不合于教科,然观于嘉言懿行,有助于修身。考究政治典章,有资于读史。治文学者,可以审文体之变迁。治地理者,可以识方舆之沿革。

---

① 刘师培:《经学教科书》,69 页。
② 同上,80 页。
③ 同上。
④ 同上,3 页。
⑤ 同上。

是经学所该甚广,岂可废乎?"①刘师培撰写《经学教科书》未必不含有与主张废经者论战的意味,而要维系经学,自然不是写一个经学谱系表能够解决的问题,还需说明,经学继续存在的价值和理由是什么。只是,刘师培在通过《易经》来说明这一点的时候,已经坠入了西方中心主义的陷阱了。

从《易经》到西学

刘师培本于《汉书·艺文志》,置《易经》为群经之首,从古文经学的脉络来说,六经乃中国文化之总纲,因此,《易经》在某种程度上可以看做是中国文化的发端,其中已经涵盖了各种各样的可能性。"《易经》一书,所该之学最广,惟必先明其例,然后于所该之学分类以求,则知《易经》非仅空言,实古代致用之学。"②汉代经学治易,或宗言象,或宗言数,而宋学则主言理,刘师培认为他们各得一偏,须观其会通方见易学之真义。可见,在发明《易经》一事上,刘师培已经不那么排斥今文经学和宋学了。

上文曾经提到,总体上,刘师培将《易经》看做是孔子的哲理讲义,但"哲理"二字显然不足以限定《易经》。刘师培非常推崇焦循的易学,并专门引焦氏所言论读易之法:"学《易》者,必先知伏羲未作八卦前系何世界?伏羲作八卦重为六十四卦何以能治天下?神农、尧、舜、文王、周公、孔子何奉此卦画为万古修己治人之道?"③《系辞》中有很多精妙的句子描述了《易经》的作用,如"开物成务,冒天下之道"、"《易》弥纶天地之道"、"《易》之为书,广大悉被,有天道,有地道,有人道"、"列贵贱者存乎位,齐小大者存乎卦,辨吉凶者存乎辞,忧悔吝者存乎介,震无咎者存乎悔",等等,其他的古代经典也多述及《易经》之义旨,如《礼记·祭义》云"圣人建阴阳天地之情,立以为《易》"、《庄子》云"《易》以道阴阳"、《史记》云"《易》著天地阴阳四时,故长于变。《易》以道化",等等。④ 简言之,《易经》一书立象以尽天道人伦。当然,刘师培也本于古文经学,强调了《周易》与《连山》、《归藏》的不同,指出"《周易》之宗旨,所以发挥有周一代之政教典章也"⑤。

刘师培非常鲜明地反对将易经看做是占卜之书,他承认《易经》曾经被用于

---

① 刘师培:《经学教科书》,3 页。
② 同上,147 页。
③ 同上,149 页。
④ 同上,148~149 页。
⑤ 同上,165 页。

筮法,"人心不能无疑,凡作一事,欲先预料其吉凶成败,而后筮法以兴。筮法者,以蓍草揲成卦形,复于揲成之卦,察其变动者为何爻,取原爻之文以释之,以验作事之吉凶成败。"①但他并不认为《易经》是为占卜而作,"古人即以所作之《易》用为卜筮,即以神道设教之义,使之以趋吉避凶之心,化为迁善改过之心,故于尚辞、尚变之外,抑且尚占,果非有所谓神而化之之道也。"②刘师培引用焦循《易图略》进一步说:"其道神,其物亦甚,故称蓍策为神物,神明其德,所谓济民行也。君子自明其德,百姓不能自明其德,而神道设教以明其德,所以神而明之也。……《易》之用于筮者,假《易》以行筮,非作《易》以行筮也。《易》为君子谋,用《易》于卜筮,则为小人谋。此筮之道,即《易》之道,而岂有二哉!"③

这在某种程度上可以看出,刘师培非常清楚《易》从卜筮而来,但不认为文明之前的初民状态是重要的,他所论说的历史其实是从文明开化开始的,而且他非常强调圣人的作用,以及君子与百姓的差别,正因为君子能够自明道,而百姓不能自明道,所以,圣人以神道设教,明民德,导民行,是假借《易经》行占卜,而不是为占卜而作《易经》。圣人作《易》是要使趋吉避凶之心转化成迁善改过之心,《易经》乃寡过之书,而不只是卜筮之书。

这样,《易经》就成为圣人之文明初创的记录,以及导民向善的经典,这种看待《易经》的方式其实也可以看做是刘师培对文明的基本看法。接下来,刘师培就通过对《易经》的钩沉来展示中国文明在起步阶段是否已经包含了20世纪初期他所看到的西方学术的各种可能性。

首先,《易经》中有科学,尤其明显的是化学和博物学,化学是指"地、气、水、火为四行,即化学所谓原素。昔印度以地、风、水、火为'四大',希腊以地、气、水、火为'四行',中国上古之教,亦四行而非五行。"④四行相济而成万物,刘师培认为《易经》所说四行是实在的物质,而不是物象或抽象的功能。博物则指阴阳对待,万物生成,每一物都有阴有阳,这里他引用了《孔子家语》中出现的各种动植物怎样用阴阳来解释。刘师培认为,《易经》言科学,不是为学术而学术,而是为了奠定实业之基础,也就是从应用出发的,不是蹈空之学。

其次,《易经》有益于考史,这大概是受到了从王阳明到章学诚的"六经皆

---

① 刘师培:《经学教科书》,186页。
② 同上,187页。
③ 同上。
④ 同上,222页。四行一般称为四象,其与五行的关系错综复杂,至今也没有定论,但后来学者少有提及"四行"的,反倒是从"六府"论五行的多一些。

史"学说的影响。《易经》记载了很多周代之政,如封建之制见于《震》、《晋》、《屯》等卦,大夫食采见于《讼》卦,出师之制见于《师》、《离》、《萃》等卦,形制见于《离》、《鼎》,九州五服之制见于《系辞》。《易经》记载了很多古代之事,如《既济》、《归妹》、《明夷》等卦多记载殷商时之故事。《易经》还保留了很多古代礼俗,尤其是周代的宗法制度。《易经》还记载了社会进化之秩序和事物发明之次第,可以看做是一个进化的谱系。刘师培总结的这几点,只有宗法制度一条是与章学诚的观点相吻合的,其他要么是作为"事象"予以记载,要么是刘师培的附会,只具备史料的价值,很难作为史学看待。这里出现的问题并不是刘师培对《易》的理解,而是他对史学的界定。中国传统史学其实是一个包罗万象的过去的整体,而刘师培则采用了西方更加学科化的史学定义,两者方枘圆凿,终究难以调和。

第三,《易经》还论及政治,其中包括三点:曰内中国而外夷狄,比如《未济》卦中以高宗为乾象,而以鬼方为坤象,阳为中国,阴为夷狄。曰进君子而退小人,柔以为小人,刚以为君子,阳为君子,阴为小人,内君子而外小人为泰,相反为否。曰损君主以益人民,除了卦辞上零星的提及之外,在汉代盖宽饶引《韩氏易》"五帝官天下,三王家天下"一语也确实成为晚明诸儒批评帝制的重要理论依据。刘师培认为,《易经》论政,就立国之本以立言,可见所谓国之本也就是文明、君子和人民。

第四,《易经》为社会学之祖。"社会学者,必搜集人世之现象,发现人群之秩序,以求事物之总归。"① 他还引用吉登斯(Franklin Giddings)的话说:"社会之始,在同类意识俶扰于差别觉,制胜于模效性。"② 也就是说,个体间的同类意识开始生成,并影响对彼此差异的认知,而这是通过个体之间的彼此模仿实现的。刘师培说,《象》辞就是差别觉,而《爻》辞即模效性,而《象》辞则在说现象。因此,《周易》、《系辞》都在说社会学的应用。刘师培将社会学界定为通过对现象的研究以求得"事务之总归"的学问,他在论社会学时,只提到了吉登斯,而没有提到斯宾塞,这些都体现了他和章太炎一样,都对将社会作为纯粹外在现象来研究的不

---

① 刘师培:《经学教科书》,230 页。这段话出自章太炎的《译社会学序》,原文为:"美人葛通哥斯(吉登斯)之言曰:社会所始,在同类意识,俶扰于差别觉,制胜于模效性,属诸心理,不当以生理术语乱之。故葛氏自定其学,宗主执意,而宾旅夫物化,其于斯氏优矣。"(姚纯安:《社会学在近代中国的进程》,103~104 页,北京:生活·读书·新知三联书店,2006。)

② 同上。吉登斯,又译作委ява史、吉丁斯等。他是美国 20 世纪初期最重要的社会学家之一,他主张社会之所以可能,在于个体之间的同类意识。以吉登斯为代表的心理主义社会学与以斯宾塞为代表的有机体论曾经是清末民初社会学的两个主要思想流派。

满。章太炎曾经说:"社会学始萌芽,皆以物理证明,而排拒超自然说,斯宾塞尔始杂心理,援引浩穰,于玄秘渊微之地,未暇寻也。又其论议,多踪迹成事,顾鲜为后世计。盖其藏往则优,而匮于知来者。"①章太炎是中国最早引介社会学的学者之一,他之所以选择翻译日本学者岸本武能太的《社会学》,很大程度上就是因为对严复引介的斯宾塞学说单纯从生物和物理角度解释社会的不满。从这里也能够看出,当时学者仍旧十分注重道德伦理对于团结一个社会的意义,并没有采用完全的现象学的去道德化的研究方式。

吉登斯的"同类意识"关注的是个体与群体的关系如何通过心理得以体现,而刘师培以《彖》辞、《爻》辞来说明"差别觉"和"模效性"的时候,似乎是在说"象"与"意"——或者符号与本体——之间的关系。但这看起来并非那么风马牛不相及。章太炎说斯宾塞"于玄秘渊微之地,未暇寻也",而所谓"玄秘"其实指的是理学对天道的探索,1908 年,他在比较社会学与理学时曾经认为社会学"不如理学之极成"②。在章太炎看来,理学之境强调人不能以社会限之,要承认人有非社会性,人心与天道之间的关系未必能以社会尽之。章太炎和刘师培都反对斯宾塞而推崇吉登斯,但他们显然赋予了吉登斯所说的"同类意识"以超越心理学的意义,更确切地说,他们是在阳明心学的意义上来理解"同类意识"的。这个概念因此获得了更加丰富的道德内涵,个人与同类意识之间的关系便可以从社会团结追溯到天道,而刘师培所说的"象"与"意"的关系也就是"呈现"与"本体"之间的关系,就与被重新理解后的吉登斯的观念吻合在一起了。③ 刘师培这种看似飘忽的比拟恰好表明了,社会学刚一进入中国就已经遭遇到了来自理学与心学的批评与重新解释,而这些批评和解释的价值却在后来很长一段时间中被忽视和忘却了。

刘师培认为,社会学的作用包含了两个方面,一是藏往察来,一是探颐索隐。其实,前者说的是功用,后者说的是方法。"藏往基于探颐,以事为主,而察来基于索隐,以心为主。"④"藏往"也就是对过去历史的研究,希望从历史中发现通古今之变的道理。刘师培说:"藏往之用,在于聚群分类,援始要终,拟形容以象物

---

① 张静庐辑注:《中国近代出版史料二编》,90~92 页,上海:群联出版社,1954。
② 姚纯安:《社会学在近代中国的进程》,139 页。
③ 这里笔者很明显是以章太炎的思想来解释刘师培的,但考虑到两个人的学术交往,以及刘师培的社会学知识和观点多来自章太炎这一事实,或许这样做也不算冒失。
④ 刘师培:《经学教科书》,231 页。

宜，以推记古今之变迁，是为探颐之学。"①刘师培论社会学，向来十分重视历史，"惟史学家多侈言往迹，历溯古初，稍近斯学"②。这又与章太炎专以社会学发明古史不同。刘师培将"藏往探颐"与社会动力学等同起来，但在论社会学时，并没有提及进化论，而只是强调了古今之"变"，所以和社会动力学着重于进化其实也是不同的。

"藏往以事为主，执一理以推万事，近于分析派，阴阳家之旨本。故邹衍持论先验小事、小物以至于无垠，又观消息始终。"这段话看起来有些混乱，阴阳家在邹衍时代原本是一套宇宙论的体系，力求将天地、人事、时间、空间都放在一个统一的体系下思考，在推理方式上，是将一个理论或者说法在具体经验上检验，成功之后便推向无穷。这自然和《易经》以阴阳、八卦总该天下万物的描述方式是一致的。说阴阳家是分析学派，执一理以推万事，大致是没有问题的，但要将藏往探颐之学说成是分析学派似乎就和上文所谓通古今之变的现象研究相冲突了。阴阳家除了在空间上推论大九州之外，还在时间上建立了"五德始终之说"，看起来似乎是一种通古今之变的说法，但"五德始终说"并非来自对过去历史的观察，而是以一套现成的观念去重新结构历史。"藏往之学"却是要通过对过去的历史研究发现一套能够说明历史规律的观念和原则，应该是"执万事以得一理"的思路才对。

"知来之用，在于无思无为，洗心藏密，证消息、盈虚之理，以逆数而知来，是为索隐之学"，这是宋元明学主智的思路，其核心的观念在于"知几"，也就是见微知著之意。牟宗三曾经专门论"几"说："'幾'这个观念从《易经》出来，从占卜出来，这个观念是超科学的观念，……有智慧的人没有成势以前就知道了，一叶知秋呀。从叶落知道秋天，这个就是知幾。……要从幾那个地方用功，好的幾，把它发展出来，坏的幾，把它化掉。""幾是可以掌握到的，掌握幾靠什么呢？靠一种直觉的能力。"③这显然不是当时的西方社会学能够知晓的观念。刘师培将知来之学等同于社会静力学，而后者是在当前的时间切面上对社会结构的研究，并没有如"知来"之学那样包含了一个指向未来的"几"。

"察来以理为主，执定数以逆未然，近于归纳派，道家之言本之。故《班志》言道家，历叙存亡祸福、古今之道，然后知秉要执本清虚以自守。"④古文经学向来强

---

① 刘师培：《经学教科书》，231页。
② 姚纯安：《社会学在近代中国的进程》，167页。
③ 牟宗三：《周易哲学演讲录》，84～85页、195～231页，上海：华东师范大学出版社，2004。
④ 刘师培：《经学教科书》，231页。

调道家为史家之宗,道家学说也是执史知来之智慧,从这个角度说它近于归纳派是可以的。但是王官失学之后的道家学说其实已经变成了一种超越历史的学问,而直接诉诸智慧和直觉,刘师培将知几与道家的清虚自守放在一起是没有问题的,但他显然将古史官之道家和宋学论说的道家混淆在一起了,而后者是不能用归纳派来比附的,更不再历叙古今了。刘师培所论说的知来之学,更像是后者,是建立在对天道之内在体察上的直觉判断,是一个远远超过社会学的范畴,这也就与社会静力学更加遥远了。

刘师培以藏往、察来分别比附于社会动力学和社会静力学却终究不能相及的原因有二,其一,藏往察来观念本身的丰富性不是社会学能够包容的。《系辞》云:"蓍之德,圆而神;卦之德,方以知;六爻之义,易以贡。圣人以此洗心,退藏于密,吉凶与民同患。神以知来,知以藏往,其孰能与于此哉!古之聪明睿知神武而不杀者夫?是以,明于天之道,而察于民之故,是与神物以前民用。圣人以此斋戒,以神明其德夫!"其中,"方以知"和"知以藏往"是知识能够解决的问题,而"圆而神"和"神以知来"则已经突出到知识的范围之外,是直觉的事。其二,无论是社会动力学还是社会静力学,都是以理解当下为核心的,诉诸的是经验现象之研究;而藏往与察来,虽然一是知识的,一是直觉的,在功用上都是以理解未来为核心的,但诉诸的是对超越性的体验。这背后是西方近代断裂的时间观和中国延续的时间观之间的深刻差别,不是简单的东西方学说的对张就能解释的。

尽管刘师培以藏往察来比附西方社会学不是十分稳妥,但他提出的以"藏往察来"为目标的社会学构想却有着更为重要的意义。过去的一个多世纪,以中国丰富的史料发明西方社会学,已经成为中西方众多学者关注的学术问题,并且在很多重要的社会学、人类学著作中取得了卓越的成果。但是,中国积累的历史材料也并非是历史的直录,除了已经被广泛讨论的政治、时代的影响之外,这些史料的书写自有一套严整的"书法",要理解这套书法,不只是要借鉴西方的历史哲学的分析路径,还要知道这套书法其实是从经学中发展出来的。"藏往察来"也就是这套书法的内在目标,其中的"往"与"来"与其说是现象学意义上的历史和未来,还不如说是经学内在的道德伦理要求的经验呈现。在古文经学的路径上,道德哲学和历史哲学原本就是不分的。这样看来,刘师培所设想的社会学其实就是一种经史学。关键在于,我们要有足够的信心去相信,中国的经史学是在书写一种普遍理论,而不只是在描述中国自己。西方近代断裂的时间观才是一种例外,甚至是一种假象,"藏往察来"反倒可能是世界上各个文化中都存在的一种思考方式——每个社会都在不断重新解释自己的过去,并从中获得一种历史的智慧,每个社会都有自己的"圣人",他们的直觉掌握着未来的方向。关于"直觉"社会学能做什么呢?那要取决于"知几"的能力了。

第五,《周易》为古代伦理之书,其言伦理的两个原则分别是寡过与恒德。寡过是与时和位的概念相联系的:"故处若何之时,居若何之位,即行若何之伦理。如《易》言'时止则止,时行则行',此《易》之言时也。故以变通为趋时。处上位而不骄,在下位而不变,此《易》之言位。……盖时者所以定出处用舍,位者所以别贵贱荣辱。"①刘师培区分了对个人、家族和对社会、国家的伦理要求,并分别在《易经》中找到了相应的描述,其中所谓对个人的是最根本者,这个个人其实就是指自己,而不是对他人。而恒德是说要修身而保持道德修养的恒定。寡过是外在伦理,而恒德是内在伦理,这个区分是值得重视的。

第六,《易经》为言哲理之书,《易经》首言元,被刘师培认为是宇宙一元本体论,这种一元论超越了二元对待之说,即以道为本,以气为用,道本难见,只能就气用而推论。刘师培说,《易经》是中国玄学之滥觞。② 在一元论下,复有二元论,即阴阳对待,刘师培强调说,中国古代哲人言存在论,一是重视门,非开不生;二是强调非交不生,一元之太极生二元之阴阳,遂可推及无穷,万物生焉。如果从"一阴一阳之谓道"来理解,其实二元论可以看做是一元论之"呈现"或"用",而不是和一元论并列的——或者关系不明的——一种存在论。二元论之外,还有唯神论,也就是一元之妙用不可思议;有唯理论,即一元具备道德性;有唯心论,即心性学,后儒所谓天道非人心不得彰显之意,所有这些存在论都是一元论的某种形式的呈现。总之,《易经》言哲理,言有不言无,执简御繁,也就是重视本体论,后朱熹常说"万川一月为化育之理",大约本于此。

刘师培用西方理论发明《易经》之哲理有三,一是不生不灭,这是以佛教因缘解释《易经》之"精气为物"、"游魂为变"的结果,其中不难见到西方物理学物质不灭论的痕迹。二是储能效实。刘师培引用斯宾塞《群学肄言》说:"一群之中,有一事之效实,即有一事之储能。方ृे效实储能以消,而是效实者又为后日之储能。"③斯宾塞大概是说能量转化之理的,而刘师培以翕辟为变证之,"盖储能即翕以合质之说,效实即辟以出力之说也"④。三是进化论,用焦循欲治不欲乱之说来说明治乱循环其实是有进化之意。刘师培这样来论述进化是很堪琢磨的,进化

---

① 刘师培:《经学教科书》,233 页。
② 同上,237 页。
③ 同上,241 页。
④ 同上。

论原本指的是社会整体随时间而进步,但刘师培说进化,恰好选择了中国治乱循环的历史现象,并且没有从治乱之优劣说,而是从人主观欲治不欲乱来说。这就将人们有意识的主观选择与历史宏观走向联系在了一起,将原本只是"否极泰来"的循环论打开了一个出口,从而使历史上的治乱循环获得了新的意义,即治乱之结构是要在整体的历史进程中来理解的,这一方面反驳了中国历史静止不动的说法,一方面也在进化论中加入了心理和道德的因素。

最后,《易经》是周礼之一,郊祀之礼,封禅之礼,宗庙之礼,时祭之礼,馈食之礼,巡守之礼,田狩之礼,婚礼,总之吉凶嘉军宾诸礼《易经》并言之不爽。这一段刘师培是用《周礼》释《周易》,得出结论说,《周易》一书,兼有裨益于典章制度也。①

结　语

经学中是否像刘师培说的那样已经包含了所有西方近代哲学、社会科学的可能性?我想这是毋庸置疑的,周予同也曾经说:"如果我们说,因经今文学的产生而后中国的社会哲学、政治哲学以明,因经古文学的产生而后中国的文字学、考古学以立,因宋学的产生而后中国的形而上学、伦理学以成,决不是什么武断或附会的话。"②民国时期,这已经成为中国经学学者的共识。但不能忽视的是,西方的分科体系同样是其自身的近代化历程的产物,也是西方文化的一个部分,经学自有本身以汉宋、今古文为分野的学科体系,在当时很容易走入强己从人的路径上去,但到了今天,西方的学科建制已经面临强烈的批判和反思,整体主义的学术思想重新回到学者的视野中来,我们是要跟着西方的学者去批判他们的历史,还是要更系统地去重新认识过去一百多年来我们丢掉的自己的学科体系的价值?或者这两件事根本就是一件事?

刘师培苦心孤诣地证明《易经》的智慧不逊于任何西方学说,这自有他的时代困境,其实这个困境我们仍旧没有摆脱。西方社会科学已经被证明既不能涵括中国的历史,又不能解释中国的现在,而中国的传统学术中也被公认包含着强烈的普遍性,这种情况之下,一种中国式的社会理论仍旧没有呼之欲出的可能,其原因就在于,我们的学科体系严重限制了学者的思考。经史学中的普遍性需

---

① 刘师培:《经学教科书》,250 页。
② 周予同:"经学历史·序言",见皮锡瑞,《经学历史》,4 页。

要合适的学科体系来呈现,不是中国的经史学要成为社会科学的材料,而是反过来,将中国的社会科学当作一种经史学来对待,才是出路所在。刘师培认为,《易经》中已经包含了西学诸学科的可能性,这可以发展出两种学术进路,一是拆散经学,各个学科从中各取所需,二是在原有的经学研究中探索发明西学诸学科的方式。如果不假思索地放弃了第二条进路,任何关心着中国经史学的社会科学,恐怕都只能沦为基于史料的社会科学。

(张亚辉)

10 梁漱溟的东西文化观

——读《东西文化及其哲学》(1921)

时下读梁漱溟《东西文化及其哲学》，已远离了那场风起云涌、思潮涤荡的文化论战，参与论战的斗士也都渐渐故去，只留下这些镌刻时代思想印记的文字让我们有可能穿越时空去接近那一代知识分子的思虑与求索。鸦片战争以后，文化之争迭起，中学与西学之争、学校与科举之争、新学与旧学之争，从未间断。知识分子是论战的积极推动者，他们著书立说，磨砺思想之锋刃，探求救亡图存之真理。"五四"前后，文化论战遂形成高潮，大致经历了三个阶段：第一阶段是从1915年《新青年》与《东方杂志》就东西文化差异与优劣问题展开讨论开始，陈独秀和杜亚泉分别代表这两个阵营拉开了论战的帷幕，比较两种文明的基本态度形成了鲜明的思想分野和对立；"五四"运动之后进入了论战的第二阶段，这个阶段的论战是以探讨东西文化能否调和开始而逐步深入的，从比较"东"与"西"到着重探讨"新"与"旧"，演变为新旧文化能否调和的论争；第三阶段是梁启超《欧游心影录》和梁漱溟《东西文化及其哲学》的出版引发了关于第一次世界大战爆发、十月革命胜利之后，中国将采用何种文化、走什么道路的激烈争论，将"五四"前后这场持续了十余年的文化论战推向了高潮。[①]

出版于1921年的《东西文化及其哲学》正是在这场论战的时代背景下出现的。书中，梁漱溟将其东西文化观的比较建立在他对东西哲学的思考之上，得出中国、印度、西方三种不同类型的"文化路向说"，并认为中国文化将在最近的将来复兴。这本书在当时的思想界引起了巨大的反响，受到反对新文化运动人士的热烈欢迎，也遭到以胡适等人为代表的主张全盘学习西方资产阶级新文化的一批人的尖锐反驳。

---

① 参见陈崧编：《五四前后东西文化问题论战文选》，4~5页，北京：中国社会科学出版社，1985。

梁漱溟认为，东方化还是西方化，对于中国来说，已经成为一个急迫的问题，必须在这两条路之间做出一个明确的抉择，而这两条路是不能调和融通的。他旗帜鲜明地反对"东西文化调和论"，他坦称："大家的意思要将东西文化调和融通，另开一种局面作为世界的新文化，只能算是迷离含混的希望，而非明白确切的论断。像这样的糊涂、疲软、不真切的态度全然不对。"①在梁漱溟看来，在目前东方化对西方化步步退让，西方化对东方化节节斩伐的情势下，排除调和融通之道后，只有两种可能的后果，就是东方化要么被连根拔起，要么翻身为一种世界文化。

在此前的文化论战中，东西文化的二元对立已经形成。陈独秀在"东西民族根本思想之差异"②一文中从三个方面论证了东西民族根本思想之差异：（一）西洋民族以战争为本位，东洋民族以安息为本位。（二）西洋民族以个人为本位，东洋民族以家族为本位。（三）西洋民族以法治为本位，以实力为本位；东洋民族以感情为本位，以虚文为本位。陈独秀的主要论敌《东方杂志》主编杜亚泉的代表作之一"静的文明和动的文明"也明确论证了西洋文明和中国文明"乃性质之异，而非程度之差"，他将东西文明的根本差异归结为：西洋为动的文明，中国为静的文明。在他看来，西洋动的文明的弊端要由中国固有的静的文明来救济，"西洋文明浓郁如酒，吾国文明淡泊如水，西洋文明腴美如肉，吾国文明粗砺如蔬，而中酒与肉之毒者当以水及蔬疗之也。"③与杜亚泉有相似之处的是，李大钊在"东西文明根本之异点"也把东方文明和西方文明的差异概括为"动的文明"与"静的文明"，但和杜亚泉的根本不同在于，他并不把东方文明看做西方文明的治病良方，而是"竭力以西洋文明之特长，以济吾静止文明之穷，而立东西文明调和之基础"。他主张将静止的精神根本扫荡，否则"以守静的态度、持静的观念，以临动的生活必至人身、器物、国家和制度都归粉碎"。④到了论战的第二阶段，东西文化的二元论逐渐被新旧文化能否调和论所取代，章士钊首开"新旧调和"之主张引发了一场新的辩论。他指出，世间万物无论进化到什么阶段都是新旧杂糅的，"调和乃是社会进化至精之义"⑤。

梁漱溟掀起的第三轮论战是坚决反对"东西文化调和论"的，因而在主张东

---

① 梁漱溟：《东西文化及其哲学》，21页，北京：商务印书馆，2006。
② 陈崧编：《五四前后东西文化问题论战文选》，12~15页。
③ 同上，17页。
④ 同上，62~63页。
⑤ 同上，169页。

西文化根本不同这一点上,他甚至赞同全盘西化论者陈独秀的看法,要从根本上看到西方化是整个的东西,不能在枝枝节节上下功夫,但东西文化最根本的差别是什么呢,陈独秀在"吾人最后之觉悟"中说:"自西洋文明输入吾国,最初促吾人之觉悟者为学术,相形见绌,举国所知矣;其次为政治,年来政象所证明,已有不克守缺抱残之势,继今以往,国人所怀疑莫决者,当为伦理问题。此而不能觉悟,则前之所谓觉悟者非彻底之觉悟,盖犹在惝恍迷离之境。"[①]陈独秀将东西文化的根本差异最终指向伦理问题,为了使中国真正成为一个民主共和国,必须将封建主义的旧思想、旧道德、旧文化彻底扫荡,建立起资产阶级的新思想、新道德、新文化。梁漱溟不认为根本的问题在于中国文化的伦理道德不如人,而需要从不同文化的根本的生活路向去分析。

梁漱溟的东西文化观依赖于对中西哲学的比较和对生命哲学的体悟,提出"文化三路向说"。他试图将文化的问题回归到最原本的状态,将文化视为一个民族生活的样法,生活则是无尽的意欲,要寻求一种文化的根源,就是要去看这种文化根源的意欲与别的文化有何不同。梁漱溟认为生活中解决问题方法之不同决定了文化的不同路向,梁氏将解决问题的方式概括为三种:

(一)本来的路向:就是奋力取得所要求的东西,设法满足他的要求,遇到问题都是对于前面去下手,这种下手的结果就是改造局面,使其可以满足我们的要求,这是生活本来的路向。

(二)遇到问题不要求去解决,改造局面,就在这种境地上求我自己的满足……他不想奋斗改变局面,而是回想的随遇而安。他所持应付问题的方法,只是自己意欲的调和罢了。

(三)走这条路向的人,其解决问题的方法与前两条路向都不同。遇到问题他根本取消这种问题的要求。这时他既不像第一条路向的改造局面,也不像第二条路向的变更自己的意思。只想根本上将此问题取消。这也是应付困难的一个办法,但是最违背生活本性……[②]

梁漱溟将这三种解决问题的方法分别与西方文化、中国文化和印度文化联系起来,认为它们恰好各自走了一条路,西方文化走的是以意欲向前要求为其根本特征的第一条路;中国文化是以意欲自为调和持中为其根本精神的,走的是第

[①] 转引自陈崧编:《五四前后东西文化问题论战文选》,3 页。
[②] 梁漱溟:《东西文化及其哲学》,61 页。

二条路;印度文化走的第三条路是以意欲向后要求为其根本精神的。所以在梁漱溟看来,中国人与西方人的差别不是走在同一条路线上快慢的差异,而是根本走的就不是同一条路。"我可以断言假使西方文化不同我们接触,中国是完全可闭关与外间不通风的,就是再走三百年、五百年、一千年也断不会有这些轮船、火车、飞行艇、科学方法和德谟克拉西精神产生的。"① 西方文化之所以出现征服自然、科学方法和德谟克拉西精神三大异彩,正是由于西方文化是意欲向前要求为其根本特征的,它们是来源于西方文化的根本,在中国文化中是不可能产生的。

梁漱溟的"文化三路向说"否认了此前争论中将东西文化视为新与旧的对立,以及东西文化要相互调和的主张,回避了文化优劣的比较,将三种文化变成了相互并列、不可融和的文化类型,三种文化因其根本精神和态度的差异而各自走上不同的路向,殆不相涉。这是他东西文化观的主要内涵。但梁漱溟无法否认的现实是,现在西方文化已经破门而入,我们的生活无论精神方面、物质方面和社会方面无处不充满了西方化,东方文化是否要向西方文化彻底投降,这个问题不仅是梁漱溟一个人的忧虑,也是一代知识分子心底最深重的忧虑。以陈独秀为代表的西化派已经给出答案,他们要彻底西化!梁漱溟则选择截然不同的取向,他坚信东方化能够翻身,中国文化将在不久的将来复兴。他认为虽然人类生活只有三大根本态度,由三大根本态度演为三大系文化,但这三种态度都因人类生活中的三大项问题而各有其必要与不适用,所以,最妙的是随问题的转移而变其态度——问题到哪里,就持哪种态度。② 在人类文化之初,都不能不走第一条路,中国人也是这样,但中国人没有把这条路走完,中途就拐弯到了第二条路上来,把以后要走的路提前走了,成为人类文化的早熟,但也因没走完第一条路,耽误了第一条路的路程,在第一问题之下的世界表现得很失败。因此,西洋文化的胜利只是因为它适应了人类目前的问题,而中国文化和印度文化在今日之失败,并非其本身有什么好坏可言,不过是因为它们现在不合时宜,但它们会在将来显示其价值。

> 照我的意思人类文化有三个步骤,人类两眼视线所集而致其研究者也有三个层次:先着眼研究者在外界物质,其所用的是理智;次则着眼研究者在内界生命,所用的是直觉;再其次则着眼研究者在无生本体,其所用的是现量。初指古代的西洋及在近世之复兴,次指古代的中国及其将在最近未

---

① 梁漱溟:《东西文化及其哲学》,72 页。
② 同上,202 页。

来之复兴,再次指古代的印度及其将在较远未来之复兴。①

在展望世界未来之文化时,梁漱溟相信未来世界人的生活正在从人对物质的问题转向人对人的问题,这样一来就导致人类文化要有一个根本的变革,由第一路向改变为第二路向,亦即由西洋的态度转变为中国的态度。西洋的文化路向是在处理人与外在的物质世界问题上不能不持有的态度,但是现在生存问题已失其必要,而代之以人与人问题的兴起,西洋的路向必须转变为中国的路向,才能解决这个问题。那么,中国文化为什么可以解决这个问题呢?梁漱溟找到了孔子的人生哲学。

比较了中、西、印度三方哲学之后,梁漱溟指出:"西洋生活是直觉运用理智的;中国生活是理智运用直觉的;印度生活是理智运用现量的。"②孔家的根本思想就是:双、调和、平衡、中,走的是双的路,一方面是由乎内的,一任直觉的,直对前境的,自然流行而求中的,只是一往的;另一方面,又是兼顾其外的,兼用理智的,离开前境的,有所拣择而求中的,一往一返的。③ 因而在梁漱溟看来,孔子的人生哲学在处理人类的冲动和欲望时有它独特的解决之道,一方面,他看清了人类生活本来是怎么一回事,会顺着生活的本性而听任本能冲动的活泼流畅,一改统驭抑制冲动的态度,这就是孔子对于"生"的赞美;另一方面,他又强调一种调和、平衡,须养得一种和乐恬静的心理,这便是孔子所说的"仁的生活"。梁漱溟坚信:"西方人两眼睛的视线渐渐乃与孔子两眼视线所集相接近到一处……于是我就一言断定不怕他不走孔子的路。"④也因为此直率的表白,梁漱溟被现代新儒家认定是开山鼻祖,这本类似宣言的书也被视为新儒家的开山之作。

梁漱溟在《东西文化及其哲学》中所提出的主张其实质是要否认中西文化是古今之别,否认西方现代文化比中国传统文化优越,从而清算新文化运动向西方学习的主张。这本书出版后立即遭到了新文化运动倡导者们的猛烈抨击。胡适发表了"读梁漱溟先生的《东西文化及其哲学》",针对梁漱溟的"文化路向说"给予严厉批评,提出了自己的"有限可能说",之后梁漱溟又写了"答胡评《东西文化及其哲学》",两人之间有着密切的书信交往,彼此都不能说服对方。胡适尖锐地指出梁漱溟的根本缺陷在于他试图把文化装进简单整齐的公式里去,"只是一

---

① 梁漱溟:《东西文化及其哲学》,180 页。
② 同上,162 页。
③ 同上,147 页。
④ 同上,174~175 页。

堆笼统话,全无'真知灼见'",他的"文化路向说"是"主观的文化哲学",犯了笼统的大病。胡适认为:

> 文化是民族生活的样法,而民族生活的样法是根本大同小异的。为什么呢?因为生活只是生物对环境的适应,而人类的生理结构根本上大致相同,故在大同小异的问题之下,解决的方法,也不出那大同小异的几种。这个道理叫做"有限可能说"。例如饥饿的问题,只有"吃"的解决,而吃的东西或是饭,或是面包,或是棒子面,……而总不出植物与动物两种,绝不会吃石头……①

胡适与梁漱溟的最大不同在于,胡适认为各个民族都是在"生活本来的路"上走,而梁漱溟认为中国、印度走了另外两条路。梁漱溟在"答胡评《东西文化及其哲学》"中反唇相讥,认为胡适的"有限可能说"更为笼统武断,将世界各种不同的文化全部纳入到一个简单的公式里,企图用一条"生活本来的路"来规范世界各民族文化的发展。从两人有趣的争论中可以看出,梁漱溟借助他的"文化路向说"是想突出人类文化发展过程中的特殊性和民族性,而胡适的"有限可能说"则反其道而行之,试图凸显人类文化的普同性。这从一个侧面反映了"五四"前后这场旷日持久的论战中新文化倡导者和文化保守主义者之间的基本分歧,他们都承认中西文化存在着差异,但他们的分歧在于:"中西文化的差异是时代的不同还是类型的区别?是西方近代文化优于中国传统文化,还是中国传统文化优于西方近代文化?中国文化的出路是西方化还是东方化?"②梁漱溟被树为文化保守主义的代表,他站在与新文化运动截然相反的立场上,认为西方文化代表着过去,中国文化代表着现在,印度文化代表着未来,中国文化正在成为世界文化,未来不是中国文化的西方化,而是西方文化的中国化。这种看法与新文化运动所提倡的向西方学习,用西方文化批判、改造甚至是取代中国文化的主张背道而驰。梁漱溟的这种表白,不能把他看做是个人的思想宣泄,而是那个时代知识分子的一种思潮,与新文化运动者一道共同构筑了那个时代的时代精神。

鸦片战争的败绩冲击着中国知识分子对世界的想象,走向西方寻找真理,成为一代知识分子艰难而无奈的求索。始之康有为把自己当成"遍尝百草"的神农,"哀中国之病而思有药而寿之",游历欧洲十一国,内心深处却在时刻思量"欧

---

① 陈崧编:《五四前后东西文化问题论战文选》,521 页。
② 郑大华:《梁漱溟与胡适——文化保守主义与西化思潮的比较》,198 页,北京:中华书局,1994。

洲何以为中国师"的道理。他游历的目的在于"考政治",试图通过欧洲各国的政治和历史现实来为中国找到"只可行立宪,不可革命"的他山之石。① 继而梁启超亲眼目睹第一次世界大战后欧洲的衰败,开始对"科学万能论"产生怀疑,他看到欧洲近世文明对于科学的迷信,使欧洲失去了安心立命之本的宗教和旧哲学,近代西方虽然创造了空前的物质进步,但是人类不仅没有得到幸福,反倒带来许多灾难,好像沙漠中失路的旅人。② 再到终其一生没有出过国门的梁漱溟,他比较东西文化哲学的心路历程也是要获得对中国该何去何从的认识。梁漱溟自述:"我常常说我一生受两大问题的支配:一个是中国问题,再一个是人生的问题。我一生几十年在这两大问题支配下而思想而活动——这就是我整整的一生。"③ 从在北大讲学出版《东西文化及其哲学》,到离开北大,开办"乡治"讲习所,开展乡村建设运动,梁漱溟希望通过讲学、做学问和社会运动的合一来实现中国问题的解决,将其一生的学术使命与国家的命运联系在一起。

在近代中国寻求富强的道路上,"西方"作为知识分子观照中国自身的"他者",以它或远或近、亦真亦幻的面目出现在知识分子的语境中,汇成一首东西变奏的交响曲。

(舒 瑜)

---

① 康有为:《欧洲十一国游记》,长沙:岳麓书社,1985。
② 梁启超:《梁启超游记》,17~20 页,北京:东方出版社,2006。
③ 梁漱溟:《东西文化及其哲学》,239 页。

11 发须爪中的"迷信"与"道德"

——读江绍原《发须爪——关于它们的迷信》(1928)

江绍原《发须爪——关于它们的迷信》（以下简称《发须爪》）一书于1928年由上海开明书店出版，由钱玄同题签，周作人作序的这本小书曾轰动一时，在当时被认为是用人类学派的理论进行迷信研究的开拓性著作。江绍原在给周作人的信中谦逊地调侃说："另封寄上《发须爪》一册，封面可喻为'华丝葛'，尊序是一顶'高帽子'，而帽子下面的人，怕是'其貌不扬'吧。"[①]周作人对该书评价甚高，在回信中说道："日前会到玄同、士远，均大赞叹，可见穿'华丝葛'而其貌仍甚'扬'也。"[②]周作人和江绍原二人私交甚笃，在学术上有共同的兴趣和爱好，尤其是在民俗学领域，两人更是志同道合。二人在《语丝》上关于"礼"的一系列讨论直接促成了江绍原对"礼俗"的研究以及《发须爪》的写作[③]，最初以"礼部文件之九：发须爪"为名连续发表在1926年1月到4月的《京报副刊》上，出版时又增添了不少材料，对不少观点重新进行了讨论，成为我们现在看到的这个版本。

发须爪中的宇宙观

在《发须爪》一书中，江绍原试图从前科学时代人之发观、须观和爪观中来窥

[①] 张挺、江小蕙笺注：《周作人早年佚简笺注》，348页，成都：四川文艺出版社，1992。"华丝葛"是当时流行的一种做中式古装的华美丝质面料，江绍原的意思是钱玄同题签的封面很漂亮，周作人写的序言更是充满溢美之处，但书的质量不高。

[②] 同上，70页。

[③] 周作人"生活的艺术"为礼部文件一，江绍原"礼的问题"为礼部文件二，江绍原、周作人"女裤的心理之研究"为文件三，关于内务部礼制编纂会呈文等为文件四，江绍原"催生"为文件五，江绍原"礼部文件之六：《预官》媒氏"，江绍原"礼部文件之七：读经救国论发凡"，江绍原"礼部文件之八：血•红血"，江绍原"礼部文件之九：发须爪"。

测前科学时代人之宇宙观、道德观。在他看来,"所谓宇宙观,人生观……也仅是瓶儿观、罐儿观、大小两便观、须发爪观……之和,再加某物或无物。本书的探讨,虽以关于须发爪三件小事物的言行为限,然这些言行,处处与古今人的药物观,治疗观,病因观,身心关系观,祭观,刑观,时观,死观,死后生存观,(中略)故发须爪观的研究,实在是关于那些较大的'观'的研究之一部分,犹如那些较大的'观'的研究,想就是那再大不过的宇宙人生观的研究之一部分也。"[1]那么,从发须爪观小处着眼,来看更大的宇宙观、人生观,其背后的意义又是什么呢?从这些"小观"中可以观照"大观",古人的发须爪观中承载着古人的宇宙观、道德观。如果古今人在发须爪这样的"小观"上大不相同,那么他们的宇宙观、道德观也肯定发生了改变,江绍原不过是借发须爪来谈古今人宇宙观、道德观的变化。

周作人在该书的序言中说,自己是一个嗜好颇多的人,但在诸多嗜好中,有一件总是喜欢,从来没有厌弃过,这个足以统一他凌乱趣味的,就是对神话的喜爱,尤其是希腊神话,他从人类学派的神话解释中对神话感味很深。周作人对神话的喜爱,源于他长期以来对文化、宗教道德起源历史的兴趣,他一直寄希望于研究社会学的朋友能够关注"道德观念变迁",然而"荏苒十年杳无希望,因为那些社会学似乎都是弄社会政策的,只注意现代,对于历史的研究大抵不着重的"。令周作人欣慰和兴奋的是,江绍原的《发须爪》实现了他对社会学家的期望,这个期望就是在《发须爪》这本小册子中所试图表明的,"道德并非不变,打破一点天经地义的迷梦,有益于人心世道"。在他看来,在相信天不变道亦不变的中国,实在切需这样的著作,他将该书列为青年必读书之一,"我觉得绍原的研究于阐明中国礼教之迷信的起源,有益于学术之外,还能给予青年学生一种重大的暗示,养成明白的头脑,以反抗现代的复古运动,有更为实际的功用"。[2] 在对礼教迷信的批判上,江绍原和周作人是同道的,站在了"反抗现代的复古运动"的对立面上。

江绍原将当时的中国人分为三类:一类是受了西洋科学影响,思想起了变动甚至是革命的人。一类是思想虽然没有变动但已经被西洋科学像漆似的涂了一层的人,这种人一天比一天多,但是这类人仍很动摇,他们一旦不幸为疾病痛苦所折磨之时,就不免"现原形",其实这类人是仍未从旧思想中真正解放出来的人。第三类则是除前两类之外其余的人。江绍原把前两类人称之为"新人",后一类称为"旧人"。他认为新人与旧人不仅在大处,诸如"祭天祭祖是否必要?"、

---

[1] 江绍原:《发须爪——关于它们的迷信》,136页,北京:中华书局,2007[1928]。
[2] 周作人:"序",同上,3页。

"奴婢制度、多妻制度合理乎？"这样的问题上会有鲜明的意见分歧,而且即使小到诸如灶观、门观、嚏观、耳鸣观、盆儿观、罐儿观、大小两便观,两种人所持的观念也大相悬殊。在江绍原看来,这些前科学时代的人的"小观",盆儿观、罐儿观、大小两便观与他们的宗教、道德、医药、两性生活及其中的观念都有关系,在这些"观"中先民的"精神"、"智慧"并没有泯灭。在许多事物上,"现代的旧人"的观念中仍可见这种"先民"的"精神"和"智慧",他们是三类人中道德观和宇宙观没有发生变化的人。江绍原在书中侧重谈的就是这一类所谓"旧人"的发须爪观,他们的发须爪观中承载着传统的道德宇宙观,而在近代西方科学知识、观念影响下的"新人",他们将修理发须爪视为卫生和美观的需要,随意弃之,其宇宙观、道德观已经发生了变化。

江绍原对发须爪的研究,是带着人类学"他者"的眼光去看待前科学时代人的发须爪观,并对这些观念的出发点或这些观念之所以能出现的原因加以说明,最终要阐明的是这些观念尽管荒诞,却不是无因不至的,因为这些观念背后承载着他们的宇宙观和道德观念。现代人在讲求美观和卫生的观念下,对于发须爪的清洁整齐予以相当的注意,在修剪发须爪时显得毫不吝啬。然而,古人却以截然不同的态度来对待他们的发须爪,我们且来看江绍原如何细致地呈现和分析前科学时代人之发须爪观及其背后原因。他按照(1)发须爪被认为有药物的功效,(2)发被认为能致病,(3)本主与其发爪被认为有同感的关系,(4)发须爪被用为本人的替代品,(5)去发须爪被认为有择日的必要,(6)死者的发须爪被认为有埋葬的必要等六个方面进行分门别类的介绍。

为什么发须爪会被认为具有药物的功效呢？江绍原先列举了以发须爪入药的病症有：胞衣不下、小便不利、尿血、破伤中风、男女淋疾、泻血、阴阳易、脚气,以及一切目疾等。强壮男子的顶心发被认为是药效最好的,因为人们相信男子的"阳气"精力特别充足;而子女们要用父母的发爪,则是来自父母本是子女精力生命源头的观念;至于男病要用女子的发爪和女病要用男子的发爪,则是始于阴阳必须调和之说。发爪可以做药,江绍原认为这是因为在前科学时代生理智识尚不发达的人们相信发须爪是人身上最神妙最富有生命与精力的东西,因而在他们觉得自己生命精力衰退之时,就千方百计把发爪等当作具有药物功效之物送到自己的身体里去。这种发须爪观与将"血视为生命之源"的观念颇为类似,因而有"发须爪乃血余"之说,血亏或是出血,可用发须爪三者弥补,当发须爪三物出现衰相时,亦可以乞灵于血。人身上的这四种东西,是可以相互调剂余缺的。这种"以血导血",以及发"自还神化"的观念,乃是先民对于"物质不灭说"

怀有坚固的信心,并以这样直接朴实的方式加以应用。江绍原以"物质不灭说"分析和解释了古人以发须爪入药背后的药物观。

有趣的是,发须爪一方面被认为是良药,而另一方面却又被视为能够致病的物质,这又是为什么?江绍原看来,前一方面说明了前科学时代的药物观念,而后一方面正好表明前科学时代的病理观念。他提到一种叫"发瘕"或"发症"的病,古人相信如果发不小心误随饮食入胃,是消化不了的,不但消化不了,而且会变成虫或者蛇,为人大患。鬼物害人有时亦用发,只有想办法把腹中的毛、发吐出或者泻出,病人才会无恙。其中有一法就是病人须服用野狐鼻、狸头骨、大虫头骨、五畜毛等研末制成的丸药。江绍原关心的问题是发在腹中何以变成虫、蛇呢?他认为人腹是一个奥妙的场所,在古人心目中,女子的腹,能做人胎、兽胎或鬼胎的发育地,男子的,相传有时也能。因而,发这样一种本能"神化"之物,当然也就可能在那里被孕育为虫蛇。生物与非生物的界限在古人那里不是绝对不可逾越的。无生物一旦有了合适的外缘,比如人腹所独有的孕育生命的"暖气",即能变成生物。这就是前科学时代的人认为发能致病的病理学。

古人的另一种发爪观是,把发爪看做与本主有同感关系。发爪作为人身体的一部分,即使已经同本主分离,所受到的待遇,所处的境况,仍被认为能影响到本主的寿命、健康。如果人的发爪不小心为动物所得而食,或是被别人用来施行害人的法术,本主就会致病丧命,或是精力元气被夺,或是精神心境被扰乱。因此民间就有很多相应的保护好自己发爪的习俗,例如:珍护胎发与小儿顶心发之俗,新郎新娘"结发"之俗,剃下发慎重处置之俗,护爪与蓄爪之风。这些习俗都是为了防止发爪为别有用心者或动物所得,从而伤害本人。在谈及今俗中对于保护胎发和小儿发之风仍很盛时,江绍原感叹道:"一个民族在政治、宗教、学术等方面,无论经过怎么剧烈的变迁,然在他的大多数人之中,那些最古老最荒唐的迷信,却往往并不消灭。"①因此,在他看来,用科学知识破除迷信的工作仍任重道远。但江绍原同时看到这种迷信的背后承载着人们的道德观念,诸如认为发须爪是父母给我们的,"身体发肤,受之父母","不敢毁伤,孝之始也"。

发爪既然被认为与本主有同感关系,发须爪往往被用为本人的替代品。在第四部分,江绍原列举了不少将发须爪看做本人替代品的例子,发须爪可以代主人入井,代他送命,代他受人或鬼神的惩罚。其中有两个故事较为精彩,其一是来自《史记·鲁周公世家》中周公为成王祈病好,断爪以祭先祖上帝的故事。

---

① 江绍原:《发须爪——关于它们的迷信》,63 页。

"初,成王少时,病,周公乃自揃其蚤(段玉裁注:叉,手足甲也)沉之河,以祝于神曰:'王少未有识,奸神命者乃旦也。'亦藏其策于府,成王病有瘳。"①另一个故事是《吕氏春秋》和《太平御览》记载成汤"剪发断爪,以己为牲,祷于桑林之社"的故事。"汤自伐桀后,大旱七年,洛川竭。……殷史卜,曰:'当以人祷'。汤曰:'吾所请雨者民也。若必以人祷,吾请自当'。遂斋戒,剪发断爪,以己为牲,祷于桑林之社。"②江绍原在分析这两个故事时,特别提醒读者,不要以为周公和成汤将发爪剪下,献给上帝或者旱魃,当做"以己为牲"的做法是最潦草最圆滑最惠而不费的办法。其实并非如此,他强调在古人看来,发爪是人的精华,君王除去他们的性命之外,几乎没有比发爪更可贵的东西。成汤的发爪,几乎是古代中国人所拿得出的最上等的祭品或法宝,是君王自身最好的替代品。在这两个例子中以发爪作为本人的替代品是较为明显的,本人能做到但一做到就不能再活着的事,可以用它们去代替;本人绝对做不到的事,也可以用它们去做。其背后的观念仍是因为,在古人看来,发爪是人之精华,发爪与本主有同感的关系。

　　古人历来看重发须爪而不敢轻易惊动它们的心理,还表现为发须爪的修理,被认为必须要选择吉日避免凶日。江绍原以剃胎发、拔白以及近代民俗和官书中所说剃头修须整手足爪甲要择日为例来说明这个问题。关于剃胎发,古人不但剃下来要珍藏,而且于何日何时剃也有相当的讲究。早在《礼记·内则》中已经有"三月之末择日剪发为鬌"的记载。不仅剃胎发有择日的讲究,就连拔除白发、白须也要选择相宜之日,否则白发白须会越长越多。古人对白发的厌恶不仅仅是出于美观的追求,更重要的是他们相信发须的黑若能保持,身体的健康必能增加。民间流行的"通书",把一年十二月里的日子是吉是凶,以及宜或忌人生哪些行动,全都推算明白,记载清楚,成为人们日常生活的指南,直到江绍原所生活的年代仍很普遍。江绍原指出,这种择日之历,不仅是民间行为,连国家制定的历,也成了择日书。清朝掌"授时"之政的钦天监最主要的职务就是,每年查照一定的义例,把次年全年诸日之吉凶与所宜所忌之事一一注明,制成时宪书,颁布给各行省及藩属。直到近代,民间仍奉为人生宝鉴,这种择日的民俗正是始于制定时历的官书。

　　介绍完活人的发须爪观,江绍原最后介绍了古人如何处理死者的发须爪。他追溯了《仪礼》、《礼记》、《开元礼》、《通典》、《明会典》、《大清通礼》等文献所

---

① 江绍原:《发须爪——关于它们的迷信》,92 页。
② 同上。

记丧仪中,如何处理殓棺前为死者梳发剪须修甲所余发须爪的礼俗,然而在梳理这些文献时,江绍原敏锐地觉察到礼仪上发生一些细微的变化,以及后人以"今俗追释古礼"的现象。比如江绍原分析了《丧大记》中"君大夫鬊爪,实于绿中;士,埋之"这句话,后来就被郑康成、孔颖达解释为"死者的乱发和手足之爪,君大夫则盛于小囊,实于棺角之中;士贱,亦有物盛发爪而埋之",江绍原认为,按照《礼记》中的记载来看死者所余发爪最初似只是筑坎埋了而已,并不置于棺木中给死者带去,郑康成、孔颖达将《丧大记》中的"绿"字解释为"角"字,以为用小囊盛放发爪置于棺内,这只是郑康成、孔颖达辈以当时的习俗来追释古礼书所造成的,在郑、孔所生活的时代必定已经存在以囊盛发爪而与尸同置棺中之俗,而唐代以来,官礼中出现了将死者发爪盛于囊、置棺中的明文记载,由此可知较晚的官礼为了适应民俗起见,并规定生时所落发齿与所剪爪甲也应实棺中埋却,这种做法就是采纳了民间不知始于何时将死者生前从身上所落的各种东西(如牙、整片的爪甲等)放入"招魂袋"死后置于棺中的习俗。江绍原认为:"实乱发等于棺中的办法,实在比埋于坎的办法,更使人和鬼心安,假使后一法的确较古,则这个古法后来为什么会让位给那个新法,是我们可以理解的。像这样细微的差异,不知从前研究古今礼的人们曾予注意否。如未曾,也可见发须爪观盆儿观罐儿观……的研究之有裨于'读经'、'学礼',实不在世界观人生观的研究之下也!"①

在这里,江绍原触及了"官礼"与"俗礼"的问题。他说:"'俗'与'礼',或云俗礼与官礼,往往相差甚远。愚夫愚妇们,无法禁止古今的章太炎辈在喝饱了浓茶之后制官礼;但制礼的大先生们也从未能统一民间的习俗。这是必然的。俗礼有地方色彩与较大的因时变通性;而官礼是一统的,死板的。俗礼所有解决的问题,官礼许没顾及,而它的解决方案亦未必果适合人心。反之,官礼所不肯放松之点,一般人颇许久已不感到其必要。"②在他看来,官礼和俗礼似乎相差甚远,俗礼是灵活变化的,官礼是一统的、死板的。但在上述对择日和丧仪的分析中,江绍原已经意识到"官礼"和"俗礼"是可以相互吸纳的,俗礼可以被官礼吸纳,官礼亦可以影响俗礼。在"礼与俗"这篇文章中,江绍原明确提出:"研究者应该把礼俗的界限打破,是我们近来的主张。古俗有一部分见于著录,因而得了古礼的美称,成为后人叹赞、保存的对象。然没有这样幸运,久已湮没无闻之古俗,正不知有凡几,虽则这一部分古俗中应又有一部分至今尚以或种形式流传于民众

---

① 江绍原:《发须爪——关于它们的迷信》,122~123页。
② 同上,128页。

间。故不但古礼与古俗不可分为两事,即古礼俗与今礼俗,亦不应该认为了不相干的两个研究区域。"①在江绍原看来,礼俗不可分为两事,亦不可分士庶。这与"五四"新文化运动影响下的民俗研究领域"平民化"的追求有关,研究者开始注意"眼光朝下",走出庙宇朝廷,走向田间巷坊去与平民接近。

死者的发须爪也需埋葬的习俗背后,不过是古人灵魂不灭的观念,在古人看来,死不过是魂灵离开躯壳迁到另一个地方去生活而已,它的需要和满足需要的方法,都和人间相同。正如活人落下或剪下的发须爪要埋藏好以防意外,死人的发须爪亦当如此。江绍原嘲讽地说:"中国鬼的发须爪观,只是中国人的发须爪观的反映。可怜的鬼!你们的心理,竟只得和阳间这般笨伯的完全相同!'洋鬼子'的科学再不移植到中国来,连鬼也是'前科学'的模样;人,更不必说了!"②江绍原说这段话是充满感情的,他迫切希望能用"洋鬼子"的科学来破除中国人的迷信,创造科学昌明的新世界。

最后,江绍原试图表明中国古人对发须爪的迷信,并非仅仅是中国古代所独有的现象,他把自己的视野放到全世界的文化中去考察,并借助人类学"他者"的眼光,对世界他处的发须爪迷信进行一次鸟瞰,发现世界各地都多少存在着对发须爪的迷信,从而更能清楚地理解中国的发须爪观。江绍原是具有"世界"眼光的学者,在该书的附录"世界他处的关于须发爪甲的迷信"中,开篇他就强调中国的学术界应该要具备和逐渐养成一种"世界"的眼光,要关注"西学",不能只会闭门造车。他说:"西洋的人文学家和民俗学家的著作,的确值得我们研读:里面的多方面的材料,可以引起我们研究本国的礼俗迷信的兴趣,并使我们对于它们的了解力,多少能有所增加。中国现在的学术界,显然还不很留意这一部分'西学',所以在偌大的一个北京城里面,连极普通的参考书,我们也无处去找。"③他通过对人类学民族志材料,诸如弗雷泽的《金枝》、泰勒的《原始文化》等的广泛阅读后发现,将剪下或者落下的发爪,小心谨慎地聚在一处,或者是埋掉、烧掉,或是收藏起来,在人类中是极为常见的风俗。他从冒栗人(Maori)酋长把剃下的头发埋在坟地里,讲到暹罗小儿初次剪下的顶心发要放在篮内随河水漂去,再讲到古罗马童贞女祭司的发要挂在一棵老树上,以及在黑岛海群岛和南非洲都普遍存在着埋葬发爪的风俗。他认为,各处和各时代的人,对于长在身上或者已剪

---

① 江绍原:"礼与俗",载《语丝》,第九十九期,1926年10月2日。
② 江绍原:《发须爪——关于它们的迷信》,131页。
③ 同上,139页。

下的发须爪之所以如此小心,实在有种种缘故,或因他们相信发须爪可以招致风雨雷电,或因他们以为将来魂灵与躯壳复合的时候,肉体上原来有的各部分,是一件也缺少不得的。在世界各处的法术的治疗术里面,发爪都不失为极为有用的东西,将发爪入药,也并非中国民族所独有,把发爪作为本人之替代品也是普遍存在的现象。通过这些来自世界各地的民族志、宗教学资料,江绍原试图说明他所提出的中国古人发须爪迷信六个方面的内容在世界范围内都具有普遍性,并非中国古代所特有,这些迷信和观念是世界未开化民族所共有的现象,因为他们都还生活在科学未昌明的蒙昧之中。

发须爪之灵力

江绍原认为中国古人的发须爪观不外乎两个观念。一方面,它们是人身的一种精华,其中寓有人之生命与精力,故保存之于人身极有益,无故伤损之最有害。另一方面,人与那三件东西的同感是有继续性的:能使它们与人身分离,但不能斩断那同感的关系。① 从他分析发须爪可以入药,发须爪被认为和本主有同感关系,可以作为本人的替代品等方面的内容看,明显受到弗雷泽巫术理论中"相似律"和"接触律"的影响。弗雷泽认为人类思想方式的进步经历了巫术—宗教—科学三个阶段。但同时,他又认为巫术和科学在认识世界的方式上是相近的,两者都认定事件的演进是有规律可循的,掌握了其中不变的规律就可以推算和预知事件的发展和演变。不同的是,巫术是一种被歪曲了的自然规律的体系,它受到一套谬误的指导行动的准则的影响,因而巫术是一种伪科学。② 江绍原亦接受了这一进化公式,将发须爪中的迷信视为前科学时代的观念,这些观念中渗透了古人的巫术思想。在他看来,用发来治疗与出血相关的病症,正是在"发乃血余"的观念下"同类相生"原则的应用,把发须爪当做与本人有同感关系的替代品则是运用了"接触律"的结果。

然而发须爪的灵力究竟来自哪里?发须爪本身是否具有这种灵力?江绍原在自序中讲到,在该书即将排完的时候,他发现了一件让他很兴奋的事,他偶阅霍布金斯(E. Washburn Hopkins)的 Origin and Evolution of Religion 一书中对发的研究,霍布金斯提出用"质魂"(physical soul)这一概念来解释发自身是有力量的

---

① 江绍原:《发须爪——关于它们的迷信》,138 页。
② 弗雷泽:《金枝》,徐育新等译,刘魁立审校,15~16 页,北京:新世界出版社,2006。

(the hair in itself is a seat of power),霍布金斯认为弗雷泽的理论缺少一个基本的原则来解释为什么发会那样被对待,霍布金斯认为这个基本的原则就是:发本身是具有力量的,这是野蛮人所熟知的一种"质魂",野蛮人不能明确地将物质的力量与纯粹的精神力量区分开来,将灵魂或质魂视为各种力量的来源。[①] 江绍原坦言:"本书的见解幸与霍布金斯的提议很相合,虽则我只说头发被认为'人身的一种精华,其中寓有人之生命与精力',而不会称之为'质魂'。又我只将此点与同感关系说相提并论,没敢给它 fundamental underlying principle 的地位,至于我所以能认明发被人看作是人身的一种精华,许不过是偶然的。我研究关于发须爪的迷信之前,会研究国人关于血的迷信,血被人认为生命之力,是最明显不过的,而我国人关于发爪的种种迷信,类似关于血的迷信者实甚多,所以我能说发爪是被认为人身上生命力所在之部分。"[②]

从这段表白中我们看到,江绍原之所以看到霍布金斯关于发的叙述会如此激动,原因在于霍布金斯提出"发本身是具有力量的"这一观点对江绍原来说尤为刺激,霍布金斯批评弗雷泽交感巫术的理论并不足以解释发的功用。但江绍原对于霍布金斯提出来的"质魂"一说,持有保留意见,其背后更深层次的原因可能在于灵魂"soul"这个词,江绍原对于用西方的灵魂观念来解释中国的物观,持有谨慎的态度。他并没有采用"质魂"一说来解释发之灵力,而是转向了"发是人的生命力之所在",这一观点受到他之前对血的研究的影响,他在"古代的'衅'(涂血)礼"、"礼部文件之八:血·红血"、"血与天癸:关于它们的迷信言行"等文章中表明中国人视"血为生命之源"的观念[③],但江绍原并不满足于"发是血余"来进行解释,因为发的许多功能并不都源于"发乃血余"这个单独观念。他试图寻找更全面的解释,在古人看来,发须爪的颜色以及生长速度,与本人的强弱寿夭直接相关,是一个人生命力的体现;人身上别的部分的发育和生长都有一定的时期和限度,丧失之后不能复生,而活人身上的发须爪则是生生不息的;发须爪是人身上不易消灭的部分,即使尸体腐化,发爪尚存。基于这三方面的原因,古人很自然将发须爪看成人身上最神妙最富有生命力与精力的东西。因此,江绍

---

① 转引自江绍原:《发须爪——关于它们的迷信》,3~4页。
② 同上,4页。
③ 如衅礼中,衅的目的在于通过涂血既可以使所衅之物成为圣物,人获得与圣物中神明相交的可能,也可以除秽厌怪,保持圣物的洁净。歃血为盟时多个人将表征人的生命和情感意志的血共同饮下,达成一心一德的盟誓,以及以血入药的各种药方。在江绍原看来,尽管中国人对于血的各种行为信仰林林总总,但是它们是相互发明的,最根本的原因在于"血是生命力之源"的观念(参见王文宝、江小蕙编:《江绍原民俗学论集》,158~160页,上海:上海文艺出版社,1998)。

原认可发须爪本身具有力量,而这种力量的来源,他并不愿意用霍布金斯"质魂"的概念去解释,而是转向用中国古人对于"生"的观念去进行解释,将发须爪看成是人身的一种精华,其中寓有人之生命与精力。江绍原对于"发须爪"的物观,明显不同于西方"泛灵论"影响下的物观。他不是将发须爪看成是灵魂的寄居所,而是把它们视为生命力的来源,并同样具有生命力。正如王铭铭梳理了中西方认识论中物观的渊源之后指出,西方以精神之在(灵魂)来诠释生命之在,与中国物论中的"泛生论"截然不同,英国人类学家泰勒提出的"万物有灵说",没有脱离欧洲认识论的传统,西方人对灵魂或精灵的想象源于人对死亡的认识,将万物之活生生的特性归结为人死后灵魂填补的虚空,与古代中国"物"观念之原型,认为世界之物全为生命,并无有生和无生之分的"泛生论"形成了分疏。[①]

江绍原对发须爪的研究,正是要尝试从"物"来看"人",古今人不同的发须爪观呈现出古今人不同的宇宙观、道德观、人生观,唯有这样才能理解现代人嗤之以鼻的"迷信"中所蕴含的丰富内涵。江绍原清楚地意识到:"所谓'迷信'的研究,与所谓'礼教'、'道德'的研究,往往是不能分家——因为在种种礼教观念、道德观念中,有些至少是以或种迷信为基础的,另有些完全就是迷信。"[②]正是基于这样的洞察,江绍原选择从最不起眼的发、须、爪出发来关切迷信、礼教和道德的问题,而这些问题正是他那个时代的知识分子无法回避的问题。

是否存在本来的礼?

江绍原于1898年出生在北京的一个"京官"家庭,幼年时期经历了晚清社会的巨变,13岁赴上海就学,毕业于上海沪江大学预科班,年仅17岁即赴美国留学,后因病回国,到北京大学哲学系学习,开始受到《新青年》等进步思想的影响,积极投入到"五四"运动和新文化运动之中。他曾作为学生总代表参加了"五四"当天的示威游行,火烧赵家楼,当场被军警逮捕。1920年下半年被选派赴美深造,在芝加哥大学攻读比较宗教学,毕业后到伊利诺伊大学获哲学博士学位,学成归国在北大哲学系任教。江绍原接受了较为系统的西学教育,作为在"五四"思想狂飙下成长起来的一代,在拥抱"德先生"、"赛先生"的同时,他仍立足于中国的历史和现实来进行思考,这一点是难能可贵的。《发须爪》写作的缘起

---

① 王铭铭:《心与物游》,183~191页,桂林:广西师范大学出版社,2006。
② 江绍原:《发须爪——关于它们的迷信》,75页。

正是由于他与周作人关于礼的一系列讨论,他们关注的问题是:当作为宇宙观、道德观总体呈献的"礼"沦落为一种没有生命力的刻板"礼教"时,如何重建维系人心的道德和恢复生活的艺术?这也是江绍原在《发须爪》中所焦虑的,当越来越多的"新"人接受了西方的科学知识,在"新"的卫生、美观等观念的影响之下,发须爪不再被视为寓有人之生命与精力之物,而被视为肮脏的、杂乱的无用之物轻易抛入垃圾堆时,发须爪上所承载的道德观、宗教观、宇宙观、药物观、治疗观、病因观、身心关系观、死观、死后生存观等是否也该一同被抛进历史的垃圾箱里?

1924年《语丝》创刊,在创刊号上周作人发表了"生活的艺术"一文,文章从契诃夫对中国人饮酒礼节的看法谈起,中国人喝酒要说"请",而且不是一饮而尽,而是"一口一口地啜",这给契诃夫留下一个深刻的印象,中国人是一个"怪有礼的民族"。而周作人却感叹中国的礼早已丧失,仅仅略存于茶酒之间而已。"中国人对于饮食还知道一点享用之术,但是一般的生活之艺术却早已失传了。中国生活的方式现在只是两个极端,非禁欲即是纵欲,非连酒字都不准说即是浸身在酒槽里,二者相反动,各益增长,而结果则是同样的污糟,动物的生活本有自然的调节,中国在千年以前文化发达,一时有臻于灵肉一致之象,后来为禁欲思想所战胜,几成现在这样的生活,无自由,无节制,一切在礼教的面具底下实行迫压和放恣,实在所谓礼者早已消灭无存了。"①周作人认为所谓生活之艺术是在禁欲与纵欲之间的调和,而中国的现实是只存在禁欲和纵欲两个极端,因为我们已经丧失了礼。他接着说:"生活艺术这个名词,用中国固有的字来说便是所谓的'礼'。从前听辜鸿铭先生批评英文《礼记》译名的不妥当,以为'礼'不是 Rite,而是 Art,当时觉得有点乖僻,其实却是对的,不过这是指本来的礼,后来的礼义、礼教都是堕落了的东西,不足当这个称呼了。"②

周作人将"礼"视为"生活的艺术",是禁欲和纵欲之间的调和,"礼"是 Art,而非 Rite;并认为这仅仅是指"本来的礼",而后来的礼义、礼教都是堕落了的东西,担当不起"礼"的称呼。周作人的这篇文章引发了他与江绍原之间关于"礼"的系列讨论,两人以制定民国"新礼"为名,江绍原戏荐周作人任"礼部总长",自己出任"礼部次长",先后共汇成九份"礼部文件",由此江绍原也展开了对"礼"的研究。用周作人的话说:"他们当时只是说'闲话',后来却弄假成真,绍原的

---

① 周作人:"生活的艺术",载《语丝》,第一期,1924年11月17日。
② 同上。

'礼部文件'逐渐成为礼教之研究。"①作为"礼部文件之一:生活的艺术"发表后,江绍原很快做出回应,他极为敏锐地抓住了周作人"本来的礼"这个说法,并展开了质问:"先生讲中国固有的'礼'的一段话,我却以为太把'礼'理想化了。这'本来的礼'几个字,我不知道先生怎样解——不知道先生倒推到怎样古的时代,若是以宋朝以前的礼为本来的礼,我还要追问一句:宋朝以前多久? 如说不久:唐朝,即历史的问题来了:唐朝人实际上遵循的礼是否全部当得起'生活的艺术'的好名字。若说离宋很远很远,那么到底有多远呢? 而且无论多远,总是某一时代,而这一时代的礼是否像先生所想象的那样微妙,我们都非有历史的佐证不敢轻信。如果远到了有史以前的原始时代,我想先生就未必肯担保他们的礼是全部合理的。大概先生不过要攻击'宋以来的道学家',因而恭维'本来的礼'。其实这本来的礼——此指社会上真真通行的礼,不是指那一位或那几位'先哲'的礼论——是否有我们理想的那样高,乃是另一个问题。我对于理想化本来的礼之说法,却很怀疑。"②

江绍原尖锐地指出,周作人不过是因为要批判宋以来道学家的禁欲主义,因而抬高了"本来的礼",而所谓"本来的礼"只是一种理想化的说法,并不存在本来的"礼"。在江绍原看来,似乎每个时代都应有每个时代的"礼","无论怎样古的礼,若不用我们的科学智识、道德标准和艺术兴趣,好好的提炼一番改造一番,决不能合我们今人的用。"③不同于周作人将"礼"视为"生活的艺术",江绍原认为,礼是文化的复体。他说:"研究人类学的告诉我们,世界各处的野蛮民族,几乎个个有或种的礼和乐:野蛮人自生至死,几乎天天事事受'礼'的支配。……野蛮人的礼,的确是文化的复体:若用我们的眼光去分析,其中至少有我们所谓'法术'(magic)的分子,宗教的分子,还有艺术的(狭义的)分子。我信中国真正'本来的礼'也是如此。"④这可看作江绍原对"礼"的界定,礼作为文化的复体,由法术、宗教、艺术等分子组成。江绍原将礼等同于文化的做法,排除了礼的神圣性。

在这场争论中,江周二人的焦点在于是否存在"本来的礼"。在这一点上,两人的立场是截然不同的,周作人认为存在"本来的礼",只是后世不断堕落,使得"礼"不再成为一种调节纵欲和禁欲的生活艺术,而只有纵欲和禁欲两个极端,其中深含对宋以来禁欲主义的批判,周作人很理想化地想要去追寻一种"本来的

---

① 转引自张挺、江小慧笺注:《周作人早年佚简笺注》,"序",4页。
② 江绍原:"礼的问题",载《语丝》,第三期,1924年12月1日。
③ 同上。
④ 同上。

礼",他所谓的"生活的艺术"。他坦言:"中国现在所切要的是一种新的自由与新的节制,去建造中国的新文明,也就是复兴千年前的旧文明,也就是与西方文化的基础之希腊文明相合一了。这些话或者会说的太大太高了,但据我想舍此中国别无得救之道。"①周作人看到,中国古代有着与古希腊文明一致的地方,即存在"禁欲和纵欲的调和"的"生活的艺术",这样一种追求"本来的礼"的倾向江绍原是反对的,他认为从来就不存理想化的"本来的礼",古礼要为今人所用,必须经过一番科学智识、道德标准的提炼,排除其中迷信、蒙昧的因素。

在"礼部文件之七:读经救国论发凡"②一文里,江绍原谈及"礼"在当时现实生活中的价值。这篇文章受到周作人的高度评价:"'读经救国论发凡'约略读过一遍,取材甚是精当,加上说明也应该有的恰恰有了:想不到在现今这世界还能够看见这样的文章。"③在这篇文章里江绍原关注的是《礼记·月令》中关于天子个人生活的规定,他认为《月令》等书为天子所定生活项目,"不外乎法术性质的和象征主义的顺天或者法天思想"。他以弗雷泽《金枝》中神圣王权的例子来解释为什么要以严格的规定来约束天子的个人生活。因为野蛮时代的人把他们的酋长视为地上的活神、人神间的媒介,总是把他们当作不可轻渎的、神圣的、与普通人不同的特殊人物,他们必须保持康健、寿命、精神与洁净,才能上通于神,因此,野蛮时代的人就要强迫他们的酋长守很多戒律、禁令。《月令》中对天子起居住行的严格规定和限制,正是来自维持天子作为人神之间媒介的神圣性之必要,和野蛮时代大人物被幽禁、被限制的生活比较,已经是"一大进步"、"大革命"了。

江绍原并不是没有现实关怀,空洞地去谈《月令》所规定的这套"礼",而是基于对现实深刻的思考,他感叹道:"呜呼,吾观野蛮人之事,方悟月令为古圣之书也,夫皇古对于君王限制既不可复,月令作者又何必创为不彻底之礼以难天子哉?无他,惧后世人心不古,争做皇帝致兵连祸结、众生涂炭耳。故古礼虽不可尽复,仍于天子生活的规定中,稍示限制天子自由之意,庶几天下皆知皇宫与天堂不是一样的地方,不敢妄想做里面的主人翁;且备叔季之世,研读古经之识者,参透其中真义,加重其中苦味,制为新礼,以寒野心家之胆而回神州之命。呜呼,古人制礼,既不泥古以苦当时,又不溺古致百世以下的人没办法,其用心良苦矣。"④在他看来,这一套限制天子自由的"礼",正是防止人人都想争做皇帝而引

---

① 周作人:"生活的艺术"。
② 江绍原:"读经救国论发凡",载《语丝》,第五十三期,1925年11月16日。
③ 周作人的回应,转引自江绍原:"读经救国论发凡"。
④ 江绍原:"读经救国论发凡"。

发兵连祸结、生灵涂炭的济世良方。江绍原所处之时代,正是溥仪退位、军阀混战、建立代议制呼声高涨的时代,军阀争战就是觊觎总统宝座,使得社会纲纪荡然无存。在江绍原看来,在中国,代议制和复辟都非良策。那么,出路在哪?他说:"故知谏官之制与复辟之举,皆非立国大计也。然则唯有倡礼治哉。礼者防淫杀佚,治内感之良剂也。今日应制之礼甚多,然最要者莫过于关于总统个人起居饮食之礼。苟能仿月令之意而广之,使此部分的礼具有极严重的痛苦的色彩,则想做总统者流必能恍然于总统之不可羡,不复抢做。"①

江绍原是在内忧外患的危急关头提出"以礼救国"的看法。我们看到了江绍原与周作人所说的"中国现在所切要的是一种新的自由与新的节制,去建造中国的新文明,也就是复兴千年前的旧文明,舍此中国别无得救之道"②形成某种契合,江绍原也明确表示,"盖《月令》等书里关于天子个人生活的规定,虽是'文明的野蛮',然同时又是救亡医国的良药,善读经者苟能窥破其中真意并应用之,中国之强,可坐而待也。"③但是,他仍坚持认为:《月令》等书关于天子个人生活的条文,我们可以断然地说不是周总长所谓生活艺术,而只是他说的'文明的野蛮',其中的思想,是比较文明的中国社会,半意识的把野蛮时代约束君王的办法承继了来,又改造一番的结果。"④在他看来,这套关于天子个人生活之"礼"所遵从的不过是浅陋的带有法术性质和象征主义的顺天、法天思想,并无高深精微的道理。因而在这个层次上,他又是有别于周作人将"本来的礼"视为后代应该效法的理想。江绍原和周作人关于"礼"的讨论中,他们共同认为在当时"礼治"才是救国之良方,但周作人认为只有复兴"本来的礼",寻找到调和纵欲与禁欲的生活艺术,中国才能创造新的文明;而江绍原则认为,不存在"本来的礼",古礼只有经过今世科学智识的提炼才能为今世所用,但"以礼救国"才是最可行的道路,而江绍原所说的这套"礼"正是维系人心的道德。

礼、迷信、道德

如果说江绍原和周作人在《语丝》上围绕"礼"的系列讨论的核心是要"立"礼,那么,在《发须爪》一书中江绍原则要思考如何"破"俗,或者说"破"除迷信的

---

① 江绍原:"读经救国论发凡"。
② 周作人:"生活的艺术"。
③ 江绍原:"读经救国论发凡"。
④ 同上。

问题。他已意识到"迷信"与"礼教"、"道德观"是结合在一起的,种种礼教和道德观念就建立在被现代人视为"迷信"的观念之上。如果"迷信"被破除,那么道德观将建立在什么样的基础之上？在这一立一破中,我们看到江绍原作为"五四"成长起来的一代知识分子,他们如何在时代巨变中去思考问题,同时这种思考和学术旨趣也深深打上了时代的烙印。

我们先来看,江周二人如何"立"礼。1925 年夏天,据称有鉴于人民"或竞尚新奇、或流于简亵,内损国信、外失观瞻,有意谋整齐划一之必要",内务总长龚心湛拟在内部设立"礼制编撰委员会"编订民国新礼。江绍原立即将这一消息写信告诉周作人,周作人却不以为然,不疾不徐地说:"因该会所编纂者全系'赖脱'(Rite),而本部所管者则'哀忒'(Art)也。该会编纂当然均系'学者',熟读三礼,此外临时参考一点《西洋礼节须知》,婚丧冠祭之礼即可编成,惟一纸空文,毫无实效,此之谓死礼,与'死文字'相似,足下职守在制出'活泼泼地'鸢飞鱼跃的气象之礼,与彼辈截不相同。"① 在周作人看来,"礼"不简单是一套停留在文字上空虚无用的仪式,而是一种养成自制和整饬的"生活的艺术",更接近于内心的道德。宋以后的礼逐渐堕落成禁欲主义的礼教、礼义,已不再能够担当"礼",只有恢复宋之前存在的"本来的礼"才是复兴中国文明的关键。为什么要恢复宋以前"本来的礼"呢？这与周作人对当时中国文化基础的判断有关,周作人说道:"中国据说以礼教立国,是崇奉至圣先师的儒教国,然而实际上国民的思想全是萨满教的(Shamanistic 比称道教的更确)。中国决不是无宗教国,虽然国民的思想里法术的分子比宗教的要多得多。"② "周作人引以为憾的是,在现实的中国,这种尊崇理性的儒教早已没有了,至少已不再是'中国文化的基础',支配着国民的,已经是萨满教的(道教的)原始宗教(巫术)狂热。"③ 因此,我们可以理解周作人所说恢复一种新的自由与节制,与希腊文明合一,根本上是要恢复理性化倾向的儒学传统。在"乡村与道教思想"中周作人更进一步说:"平常讲中国宗教的人,总说有儒释道三教,其实儒教的纲常早已崩坏,佛教也只剩下轮回因果几件和道教同化了的信仰还流行民间。支配民国思想的已经完全是道教的势力了。……在没有士类来支撑门面的乡村,这个情形自然更为显著。"④ 他分析说在乡村,嗣续问题已经完全成为死后生活的问题,回到道教的精灵崇拜上去,是害怕死后受

---

① 江绍原、周作人:"礼部文件",载《语丝》,第三十八期,1925 年 8 月 3 日。
② 周作人:"萨满教的礼教思想",见其《谈虎集》,220 页,石家庄:河北教育出版社,2002。
③ 钱理群:《周作人研究二十一讲》,70~71 页,北京:中华书局,2004。
④ 周作人:"乡村与道教思想",见其《谈虎集》,222~223 页。

饿,与族姓血统这些大道理别无关系了。在乡村里有一种俗剧,名叫目连戏,其中一节叫《张蛮打爹》,讲的就是儿子打老子的事,可见民间道德的颓败,儒教纲常的崩坏了。

周作人和江绍原要立"礼"的思考,正是源于他们观察到民间道德的颓废。在"风纪之柔脆"一文中,周作人注意到1925年4月上海一则新闻说,淞沪城一带的浴堂以有伤风纪为由,禁止十岁上下之女孩入内洗浴。周作人为此深深感叹道:"不得不承认中国人之道德或确已堕落至于非禁止十岁左右女孩入浴室不能维持风纪矣,呜呼,岂不深可寒心乎哉!"①"立礼"的根本目的正是要重新建立社会的道德。但是,有一点需要明确的是,江周二人这套立"礼"的理想,在"五四"新文化运动标榜"民主"与"科学"的思想狂澜中,已经失去其本来的合法性。作为直接积极参与到"五四"运动中的江周二人来说,他们本人也在自觉地对这一套"礼教"的东西进行抨击。于是,在他们的思想体系中,才会出现"迷信"与"科学"、"新"与"旧"、"文明"与"野蛮"这样的分类,这种分类在《发须爪》中表现得很明显,江绍原的论述也是在这种对立双方的张力之中展开的。

江绍原非常敏锐地指出,"迷信"这个词是一个受西方影响的概念,他说道:"迷信这个概名,我国是从何时才有的呢? 不管它是否为西方 superstition 之译语,近若干年来始从日本输入我国的,我们用之来称呼本国(和外国)的种种迷信言、行、念,则似乎直接或间接颇受西洋的影响。"②为了更明确这一西来概念的所指,江绍原专门给迷信下了定义:"一切和近代科学相冲突的意念,信念以及与它们并存的行止,我们皆呼为迷信,其中有一部分(或许是一大部分)普遍常用'宗教''法术'这两个名词去包括。"③可见,在江绍原看来"迷信"这一概念是作为"科学"的对立面出现的,他认为:"迷信研究是人类文化演进程途中黑暗错误方面的研究,这研究既然不是任何一种学或一种人所能胜任愉快,故实不能成立一个单独的迷信学科,而只能由一切有关的学问分途努力,随着各自自身的进展而洗练人类积存的经验,评判各种言,行,信,念,及其系统之价值,逐渐发现,观察,收集,鉴定和说明各个迷信,并阐明迷信全体与非迷信的争斗的经过,或云文化演进程途中黑暗错误方面和光明灿烂方面,伪,恶,丑方面和真,善,美方面的消长史。"④

---

① 周作人:"风纪之柔脆",同上,218页。
② 江绍原:《中国礼俗迷信》,1页,天津:渤海湾出版公司,1989。
③ 同上,4页。
④ 同上,41~42页。

在江绍原的思想体系中,"迷信"与"科学"被放置在进化论的系列之中,迷信就是黑暗、蒙昧,是人类进化和文明发展的初级阶段。同样,浸润着迷信的"礼俗"也被视为是"文明的野蛮"。这个说法是周作人受到弗雷泽的影响而提出的,他说:"现代文明国的民俗大都即是古代蛮风之遗留,也即现今野蛮风俗的变相,因为大多数的文明衣冠的人物在心里还依旧是个野蛮。"①《发须爪》正是在科学与迷信的对立中展开论述的,他要呈现前科学时代和科学时代的发须爪观是两副鲜明不同的面孔,而且这些迷信并非只有古人才有,现代人中仍相信迷信者仍大有人在,而这正是江绍原最担忧的,他试图通过他的书去影响和改变这些人,尤其是青年人。周作人也对这本书能够教育和影响青年一代寄予很高的期待。

江绍原和周作人对迷信的关注,是与"五四"运动中对"国民性"的研究紧密结合在一起的。民俗学研究是"五四"时期的"显学"之一,"《语丝》中民俗学资料的搜集与讨论,常与《语丝》作者特别关注的'社会批评'与'文明批评'结合在一起,产生了很大影响。"②"五四"时期的民俗学以国民性的研究为其主要目的和内容,正如钱理群所指出的"民俗学研究,特别是'五四'为开端的中国民俗学研究,几乎天生地就具有一种民族主义的色彩"③,江绍原对于"礼俗与迷信"的系列研究,也只有放置在这样的时代和学术背景下才能被理解。他试图通过揭示这些迷信观念,利用科学的智识进行改造和批判,建立科学的新文化、新生活。

在对礼教、迷信进行深刻剖析的同时,江周二人也注意到,有的迷信之中承载着道德观。在《发须爪》中江绍原已表明古人对发须爪小心翼翼的迷信,有一部分正是源于"身体发肤,受之父母"、"不敢毁伤,孝之始也"的道德观念。在"礼部文件之六:《周官》媒氏"一文中,江绍原指出:野蛮时代的中国,有以男女交媾去催生物繁殖的风俗,这种风俗背后实际上是两种思想结合而成,即天时人事必须相合的法天思想与防淫防佚之礼教思想。④ 周作人也注意到弗雷泽书中相关的记载,野蛮人以为只需举行或者禁戒某种性的行为,就可以直接促成鸟兽之繁殖和草木之生长。因而在野蛮人看来,性的过失并不单是道德上的罪,只与直接有关的少数人相关,而会牵涉全族遭遇危险与灾难。⑤ 可见很多被视为迷信或礼教的风俗,往往承载着人们的道德观,也因此很多迷信思想是根深蒂固的。

---

① 周作人:"乡村与道教思想",见其《谈虎集》,225 页。
② 钱理群:《周作人研究二十一讲》,68 页。
③ 同上,74 页。
④ 江绍原:"礼部文件之六:《周官》媒氏",载《语丝》,第四十三期,1925 年 9 月 7 日。
⑤ 周作人:"萨满教的礼教思想",见其《谈虎集》,219~220 页。

我们因此能够看出江绍原思想的复杂性和其中矛盾的张力,这种张力在《发须爪》一书中是可以感受得到的。一方面,他受到"五四"新文化运动的洗礼,怀抱着对"科学"、"民主"的追求,试图用"科学"的利剑来斩除前进道路上"礼教"、"迷信"的荆棘。但另一方面,他又深深意识到,迷信与道德、宇宙观是结合在一起的,在把传统迷信统统砸碎的同时,我们是不是也把古人的道德和宇宙观一起砸碎,那么我们要如何建立新时代的道德和宇宙观,这种道德和宇宙观建立在什么基础之上,这才是江绍原等受到"五四"影响的民国知识分子心底最深处的忧思!这不仅是江绍原一个人面临的问题,而是整个民国时期知识分子在不断求索的问题。"天"变了,"道"要如何变?帝制结束,中国走向何处?像西方一样走民主的道路?传统怎么办?是否还存在"本来的礼"?"五四"思想狂潮已呈摧枯拉朽之势,江绍原正是处在风口浪尖的人物,对于科学、民主,他热情呼唤,对于传统和道德,他仍旧珍视,如何基于中国的历史和现实来思考未来,如何在传统的道德宇宙观中树立起新时代的道德宇宙观,正是江绍原辈民国知识分子提出的问题。

(舒　瑜)

12 儒学人类学

——读李安宅《〈仪礼〉与〈礼记〉之社会学的研究》(1931)[①]

前　言

中国人类学是中国文明传统的产物,也是中西两种学问结合的产物。现代中国人类学尤其是其南派的产生,离不开中国史学尤其是"中研院"史语所,但它和儒学的关系则较少有人涉及,本文即以李安宅的《〈仪礼〉与〈礼记〉之社会学的研究》为例,看它和儒学的关系。

一般谈论中国现代人类学,都离不开吴文藻的贡献。吴文藻在美读书期间,并没有专门修习人类学,接触人类学只是兴趣而已。[②] 1929年2月回国时对西方人类学当无全面而总体的把握;他在1932年才发表"文化人类学"[③],文中对功能主义也只是说"此派将来的地位如何很难预料"[④],可见他此时亦没有决定英国的功能主义人类学为燕京人类学的首选,不久即有学者对他的决定表示不同意。[⑤] 无论如何,本书可说是和吴氏的学术渊源殊少。非但如此,他的理论取向且和吴氏不同。不过这并不否认吴文藻是李安宅的老师,对他翻译马林诺夫斯基的著作起过作用和出国访学写过推荐信等。

[①] 在2007年11月中旬和李印生先生的一次谈话中,他认为目前对《〈仪礼〉与〈礼记〉之社会学的研究》的研究不足,我答应他将就此写点什么。后来读到王铭铭教授已经将李安宅先生此书和费孝通先生、钱穆先生的相关论述并述,加以精彩阐发,李印生先生当感慰藉;尽管如此,我仍诺不可卸。本文曾受惠于和李绍明、赵旭东、梁永佳、罗杨、杨丽萍、张原、汤芸、汪洪亮之交谈,对相关问题的认识益见增进;更因王铭铭教授之邀而动写作之意,并按他提出的文明路径加以思考而成;谨向上述师友致谢忱。

[②] 吴文藻:"我的自传",见冰心、吴文藻:《有爱就有了一切》,7页,南京:江苏文艺出版社,1998。

[③] "吴文藻先生著译一览表",见王庆仁、马启成、白振声主编:《吴文藻纪念文集》,304页,北京:中央民族大学出版社,1997。

[④] 吴文藻:"文化人类学",见王铭铭主编:《西方与非西方》,28页,北京:华夏出版社,2003。

[⑤] 徐益棠:"十年来中国边疆民族研究之回顾与前瞻",载《边政公论》,1942年第一卷第五十六期,61页。

李安宅,河北迁安白塔寨村人。中国早期人类学家,从小"师从大伯的学生张子和读四书五经";初小所在地是白塔寨,高小所在地是团汀;李安宅17岁高小毕业时,奉父母之命媒妁之言,娶了家乡澥河桥镇"烧锅"(酿酒作坊)张家的女儿张瑞芝。① 初中和高中都在遵化。1921年中学毕业。1923～1924年在教会学校齐鲁大学读选科;1924年转入燕京大学社会学系,所修专业为社会服务。在此期间,开始接触西方有关共产主义的著作。1926年毕业,但无学位,留校任助教。同年,经李大钊推荐,入苏联张家口领事馆从事英文翻译工作。次年,时局变化,仍回燕京大学本系,继续攻读学位,逐渐转向人类学,期间仍从事革命活动。1929年,张瑞芝因肺病去世,是年,李安宅以《〈仪礼〉与〈礼记〉之社会学的研究》②为论文毕业,获得理学学士学位。该文于1931年由商务印书馆以"国学小丛书"之一出版。

李安宅先生为何要对这两部圣书加以研究？我认为对这部著作的解释,必须和李先生的时代结合起来,站在他的处境去审查其圜局(context),才可以使我们接近于历史的真实。其实,这本是李先生同时代人看待历史的基本方法。李先生在该书第二章"礼"中说:"我们生在现代,绝对不该用现代的眼光,以为古人在古时所说的没有道理,因为当时的用处与社会价值,并没有什么不好,竟或是很好。"③他说:"不过这种民风,传到写礼的时代已经净化了(sublimed)好多,原始的含义,诸多晦暗。至于正式所托载的意义,也是当时凭着写礼的人加上去的推理,不一定与原始意义不相出入。"④

这种看法和民国以还新史学者如顾颉刚先生的古史辨倡导的辨伪方法,其精髓几无二致。顾颉刚先生在《古史辨》(1926)自序中说,"我惟一的宗旨,是要依据了各时代的时势来解释各时代的传说中的古史……我们在这上,不但可以理出那时人的古史观念,并且可以用了那时人的古史观念去看出它的背景——那时的社会制度和思想潮流。"⑤1927年,黄子通在一篇文中说:"我并不想用古人的哲学来发挥我的主张。假若有了主张,然后批评古人的思想,就不免穿凿附会。"⑥陈寅恪先生在"冯友兰中国哲学史上册审查报告"(1931)中说:"必须备艺

---

① 参阅李印生:"两个学者的故事",未刊稿,3页。2005年初,李印生先生于其寓所惠赐该文,笔者深蒙惠泽;该文同年在北京大学王铭铭教授主编的一份人类学内部刊物中刊载。
② 李安宅:《〈仪礼〉与〈礼记〉之社会学的研究》,上海:上海人民出版社,2005。
③ 同上,8页。
④ 同上,38页。
⑤ 顾颉刚:"〈古史辨〉自序",见《顾颉刚卷》,480页,石家庄:河北教育出版社,1996。
⑥ 黄子通:"王守仁的哲学",载《燕京学报》,1927年第二期,445页。

术家欣赏古代绘画雕刻之眼光及精神,然后古人立说之用意与对象,始可以真了解。所谓真了解者,必神游冥想,与立说之古人,处于同一境界,而对于其持论所以不得不如是之苦心孤诣,表一种同情,始能批评其学说之是非得失,而无隔阂肤廓之论。"①傅斯年(1926)亦曾强调要用古时就有的名词,以免割离或者添加。② 罗志田先生将这种方法上溯到清代的恽敬的察凡俗、赴时势、考通方,乃至最早到孟子的"以意逆志"法,提出这种方法"可以宽到社会文化的深层结构,也可以窄到一事一书一言一语之前后左右"③。我们看到 20 世纪 20 年代和 30 年代之际,中国学者对待历史有着类似的关于历史他者和结构的观点与方法;后世中国史学对他们有继承,而在西方学者如博厄斯(Franz Boas)和埃利亚斯(Norbert Elias)那里也有类似的发现。

这使得我们有必要重新审视李安宅生活时代的前后和该书之间的密切关系,并进一步将他的第一部著作放在中国文明的长段中去考察。笔者对该书的初步结论就是:对儒学重新解释和以儒学来批评时弊,才是该书的真正目的。这迫使我们把它当作一个文明接触的文本,和本文明自身扩展的文本。要理解这一点,离不开儒学人类学。

什么是儒学人类学? 笔者以为李安宅的进路为我们显示儒学人类学的一种可能的进路。简单说来,儒学人类学就是人类学对儒学的研究,其中至少包含后世可以继续申发的辩证人类学、象征人类学和本土人类学等,其核心是儒学。

体 例

尽管燕京大学 1929 年的毕业论文中没有收藏《〈仪礼〉与〈礼记〉之社会学的研究》,我们也无法考察谁是他的论文指导老师,但我们还是能基本同意,说它是李安宅先生的学士毕业论文。据记载,1928 年燕京大学社会学与社会工作服务学系发表"燕京大学社会学系一九二八秋季消息",内称该年即将开展的研究有十七项,除开第一、二项是出版书籍,第三项是"生物派社会理论"以外,其余皆

---

① 陈寅恪:"冯友兰中国哲学史上册审查报告",见其《金明馆丛稿二编》,279 页,北京:生活·读书·新知三联书店,2001。

② 傅斯年致胡适,1926 年 8 月 18 日,见耿云志编:《胡适遗稿及秘藏书信》(37 册),357 页,合肥:黄山书社,1994。此处引自罗志田:"陈寅恪史料解读与学术表述臆解",见其《近代中国史学十论》,180~181 页,上海:复旦大学出版社,2003。

③ 罗志田:"陈寅恪史料解读与学术表述臆解",见其《近代中国史学十论》,182 页。

是对当时的社会状况进行研究,唯独第九项"《礼记》社会理论"是对中国古籍进行社会学的考察。① 由于各项研究没有说明是谁主持,我们只能猜想它和李安宅后来出版的这部著作有关。我想从中国文明传统、英国功能主义人类学和美国博厄斯学派人类学的结合这一立场出发,来说明这部著作的"诞生史"。

吴文藻先生发表于1932年的"文化人类学"中说,最近的人类学趋势有两方面,"一是实地调查的注重,一是文化概念的尊崇","打破历来学者以自己的文化为中心来衡量他种文化的态度,而养成克罗伯所说的'文化的超脱精神'"。英国功用(后译功能)学派于此有贡献,"——马氏说得很简明。他以为此派的目的在于本功用的眼光,来解释一切文化现象。"②我以为他的工作是当时中国学者对西方人类学的"拣选"过程之一,在文化观点上,正和李安宅先生的看法一致。

李先生在1934年出版的译作《两性社会学》的"译者序"中说:"翻译的工作已在一九二八年夏间告竣,经到许地山教授校阅一过,并于中国相关之点指明印证与类比的情形,以便译者附加按语。""一九二九年夏间修正字句,重新抄了一遍。究因文体太重,原书形式又在一九三二年秋季修改一遍,重抄一遍,大致才成现在的模样。"③

马林诺夫斯基在《两性社会学》中有两个工作,一是提出一个家庭情结(family complex)的概念,认为俄狄浦斯情结和杀舅舅娶妹妹的情结是它的两个表现,从而纠正弗洛伊德的单一假说,并指出这两种情结是人的本能在不同的社会环境中被塑造的;二是对功能主义做说明,并由此去解释两种情结,认定人机体的功能是最终的决定因素,文化和社会不过是对这种天生机能的压制。如果去掉生物机体需要和功能满足作为其理论的根基的话,马氏的比较研究具有相当诱人的理论前景,十分接近于后来的结构主义。

今天看来,李安宅翻译这部著作的时候,所受影响非浅。从后来李先生的著作中,尽管1934年他还翻译过类似立场的文章④,我们可以看到他去掉马林诺夫斯基的机体功能说,而接受其比较研究的方法和文化体系论的观点。

---

① 燕京大学:"燕京大学社会学系一九二八秋季消息",载《社会学界》,1929年第3卷,284页。
② 吴文藻:"文化人类学",见其《吴文藻人类学社会学研究文集》,65~66页,北京:民族出版社,1990。
③ 李安宅:"译者序",见马林诺夫斯基:《两性社会学》,李安宅译,6~7页,北京:中国民间文艺出版社,1986。
④ 李安宅:"卜里法特论《爱的起源》",见其《社会学论集》,111~120页,燕大李安宅自印,1938。笔者在北大社会学系就读人类学时,蒙梁永佳(同学间皆呼为"梁少"者)慨然见赠其从周末书市所淘之书《社会学论集》,书匣有"北大图书馆藏书"(书号62/282)。梁少之慷慨,以及北大图书馆之豪掷,谨志于此。

马氏倡导的,乃是文化是人的生物机体的功能。① 这种让儒家不齿的观点,放在李安宅先生的著作中,就有别样的意义。譬如谈到礼的功用,第一就是使人别于禽兽,"这与人类学所说,颇相暗合:'文化的萌芽,就包含着本能的抑制……乱伦试探,是人类不得不尽量抑制的,因为乱伦和有组织的家庭生活是不相能的事。'(马林诺夫斯基:《两性社会学》,第 182~183 页)"②这个引用完全颠倒了马氏理论中机体—文化功能的关系。他引用马氏的言论,一是佐证儒家的学说,二是改造马氏的理论:这就是西式人类学遇上中国文明的后果之一。世间万物,无往而不在天下之中。无论如何,马林诺夫斯基的作为机体功能的文化论被改造,对礼的解释带上苏俄学者布哈林理论的色彩,但又不完全是物质决定论的,因为李先生也讲这两部书是"社会积累过程的结果","那项作品与养成作品之作家的时代背景"分不开;而《礼记》"不像《周礼》似的专写一代的东西,而是写时代性较长久的东西;也不像《仪礼》似的专写做官阶级的东西,而是写阶级性较普遍的东西。"③时代性较长久和阶级性较普遍,这两点可以说明李安宅先生关注的是那些稳定的文明因素。

在马氏看来,俄狄浦斯情结是"与我们阿利安人(Aryan)的父系家庭及父权发生连带关系的,那就是被罗马法律和耶教道德所保障且为近代资产阶级的阶级条件所加重的家庭形式与父权"。弗洛伊德却认为这情结是所有的蛮野(savage)社会或鄙野(barbarous)社会里面都存在的。马氏说:"这种假定的看法,自然是错误的";"因为心灵分析(即后来翻译的心理分析)所知道的是我们欧洲人的家庭组织,可是到了完全不与欧西家庭相同的情形,再不特别小心,反倒随意制造假说,当然不能得到正当结果。"④该书的第一编和第二编都在比较马氏自己于其中成长起来的西方父系的社会与太平洋上的母系的超卜连兹社会,这两种不同的社会将机体需要造就为不同的情结(李氏译作复识)。⑤

我们在威斯勒(Clark Wissler)那里也发现这种强调比较的观点。⑥ 他的著作《人与文化》第一部分的标题即"文化的意义",开篇第一章便是"比较的观点"

---

① 譬如马林诺夫斯基"生物需要的文化转变",讲亲属制度作为人类种族繁衍的文化功能,见其《文化论》,费孝通译,26~29 页,北京:中国民间文艺出版社,1987。
② 李安宅:《〈仪礼〉与〈礼记〉之社会学的研究》,9~10 页。
③ 同上,2 页。
④ 马林诺夫斯基:《两性社会学》,5~6 页。
⑤ 同上,79 页。
⑥ 威斯勒:《人与文化》,钱岗南、傅志强译,5~8 页,北京:商务印书馆,2004。

(the comparative point of view)。① 另外,美国红色主教布朗(William Montgomery Brown)的《共产主义与基督主义》,以比较二者作为叙述方式,并在比较中寻求二者结合处,亦对李安宅有影响。② 李安宅的比较和结构的视角,因分析儒家的礼而得以充实、互补,在稍后经过语言学和意义学的充实以后,在祖尼研究和康藏文化接触研究中得到更多更全面的呈现。

马氏的方法是一个体系论,如他说:"这些土人是母系的,那就是说,他们的社会制度只用母亲来做纪认宗亲(kinship)的标准,而且继承和遗产也都以母系来做递坛的线索。他们的男孩或女孩都隶属于母亲的家庭,氏族(或母系族,clan)和社会;男孩袭母舅的爵位和社会的地位;男女儿童承受遗产,都不是承受父亲,乃是男的承受母舅,女的承受舅母。"这个不同,引起的是整个系统的不同。③ 在马氏看来,社会的设置会造就一个有地域特色的文化体系。李安宅的《〈仪礼〉与〈礼记〉之社会学的研究》即将礼视作一个文化体系。这个体系论的视角,还得到美国批评学派的文化模型视角的加强。

吴文藻曾认为文化模型(culture pattern)的概念为批评学派方法之一。"这种能适合于一切文化内容的共同的基本结构,卫氏称之为普遍的文化模型。"④作为博厄斯的学生,⑤威斯勒说:"文化发展过程就是这些综合体的完善与丰富,就是我们某些时候所说的进步过程。现在我们明白了,在原始文化与较高级的文化之间,除了他们的复杂性或内容的丰富性存在差异外,为什么我们几乎不可能作出满意的区分。"⑥他认为"文化是由特质综合体组成的,它们在文化综合体中纠缠或粘着在一起",纲要中所列的类别,就是特制综合体:"人们认为这些特质综合体与作为整体的部落文化也缠结在一起。这清楚地说明,纲要的简单仅仅是表面的,但是,另一方面,文化还存在着一个通过基本概念表现出来的统一体。"⑦

威斯勒认为,"在永远存在的阶级(class)(比如性别)差异的启发下,我们可以预料会出现意想不到的阶级和分工上的差异";"因此看到文明这座令人迷惑的迷宫原来是个庞然大物,却并不复杂,人们不必惊奇,因为我们在其中到处都

---

① Clark Wissler, *Man and Culture*, New York: Thomas Y. Crowell Company Publishers, 1923.
② William Montgomery Brown, *Communism and Christianism*, Ohil: Bradford-Brown Educational Company, 1920.
③ 马林诺夫斯基:《两性社会学》,10~11 页。
④ 吴文藻:"文化人类学",见其《吴文藻人类学社会学研究文集》,63 页。
⑤ 茂铎克:"卫士勒传略",梁钊韬译,见《梁钊韬文集》,72 页,广州:中山大学出版社,2004。
⑥ 威斯勒:《人与文化》,74 页。
⑦ 同上,74 页、76 页。

发现了熟悉的特质综合体,而每一种又都是按照同样的普遍模式形成的。更为重要的是,每当一群男女结合的时候,人们就会从中发现所有这些综合体赖以形成的带有本质意义的活动。"①

李安宅在1929年春写成的《〈仪礼〉与〈礼记〉之社会学的研究》中说:"本文的结构,除第二章'礼'不在威斯勒的范畴之内,及'战争'一项归并在第九章'政治'以外,其他各章都以威氏之'普遍型式'的次序为次序。第二章可以说是礼书本身对于文化现象(超有机现象)的绪论。以次各章,便是礼所包括的内容,便是文化的'普遍型式'。一切都是两书本身自有的记载,间或加以比较和批评。"②

对照李安宅著作的目录与威氏原文化纲要,让人联想之处甚多。譬如,威氏第一部分的原文为"语言、书写系统等",李先生但言"语言";威氏第二部分为"物质性特性",其下头四项为饮食、居住、交通和旅行、衣饰,李先生则言"物质文化",头四项亦改为衣饰、饮食、居住、游行,合中国人衣食住行之例。威氏第六项为武器,李先生删去;威氏第七项为职业和生业(industries,或译工业),李先生但言职业,无生业,却于职业下细分两项:分工与贱艺。"贱艺"二字点出中国文明中职业的特点,为他说明礼的特质作铺陈。威氏第三部分为"艺术:雕塑、绘画、图画、音乐等",下不分项;李先生但以"乐"为题,下分定义与作用两项,以说明礼与乐的关系:"乐由阳来者也(积极),礼由阴作者也(被动)。""乐是经,礼(制度文物)是纬,欲求大效,两者必兼。"③

威氏第四部分为"神话与科学知识",无分项。李先生但言"知识",下分三项:演化的知识、对于宇宙的认识和对于地理的认识,尤其是文中提到演化与维新④,这就超越了威氏的无时间性文化纲要,将读者带回到中国知识的现代处境。这也表明这部著作不是简单的民族志,而具有更深刻的意涵。

威氏第五部分为"宗教实践",下面分三项,仪式形式、对病人的处置和对死者的处理。李先生则以"宗教与仪式"为题,下分七项,包括育子(产前、产后、接子与名子和抚养等)、冠笄之礼(含仪式和意义)、婚嫁(含仪式和意义)、丧葬(葬前、葬、葬后和丧仪)、祭祀(种类、准备、处所和理论)、卜筮和其他信仰(梦、人为天地心)。他去掉对病人的处置一项,但是将仪式形式扩充,并增加祭祀、卜筮和其他信仰等项。

---

① 同上,89~91页;Clark Wissler, *Man and Culture*, p.96。
② 李安宅:《〈仪礼〉与〈礼记〉之社会学的研究》,5页。
③ 同上,30~31页。
④ 同上,33页。

威氏第六部分为"家庭和社会系统",下分婚姻形式、识别亲属的方法、继承、社会控制和体育与游戏五项。李先生但以"社会组织"为题,下分七项,其中继承一项入纪认宗亲法中,去掉体育,增加的是社会关系、财产、教育,将增加的娱乐与游戏合并。威氏第七部分为财产,包括不动产和动产,价值的标准和交换,以及贸易;李先生但以财产入此,下不分项。威氏第八部分为政府,下分政治形式和司法与法律程序两项。① 李先生于此作政治,下分三项:领袖、政令(下分刑罚与战争)和政治理想三项。关于战争,因为讲礼,所以必为礼所规范,而为政治的延续。譬如,"杀人之中,又有礼焉!"(《礼记·檀弓下》)②

上面简单的比较说明,李先生以中国文明的内容修改威氏的文化纲要,把它从文化改造成为有文明意涵的民族志,也让我们看到威氏文化纲要带有的美国资产阶级文化背景,如李先生删掉的动产与不动产、价值的标准与交换、贸易等。清末以来,以西方的框架/体裁来书写中国历史和文明,始于夏增佑先生。他的《最新中学中国历史教科书》将外国史书分章叙述和中国纪事本末体糅合起来,"创造了新的史书编撰形式,这同样体现了进步公羊学者要求变革旧事物、适应时代变化的思维方式和学术风格"③。

李先生于书前增加一章"礼",说明礼的本质、功用(即后来说的功能)、行礼的资藉和礼的理论。礼的本质就是始于人情的文化,以人情为本,以节仪为文。礼的功能,乃是别禽兽、定亲疏、决嫌疑、别同异、明是非、安身立命、治国、知人、防敝等。④ 这就为礼定下一个本质,也将礼作为文化的组织性原则。换言之,汉文明是一个文化的象征体系,其本质和组织原则是礼。这为威氏的文化纲要赋予灵魂:"礼节所载的,又不止是节文、制度或态度的单方面,而是各方面的全体,则我们为着便于材料的整理起见,可将礼节的一切材料,穿插在文化之'普遍型式'(universal pattern)的范畴里。"⑤它的理论以中庸为首。

康有为曾为中华文明发一言:"夫所谓中国之国魂者何?曰:孔子之教而已。孔子之教,自人伦、物理、国政、天道,本末精粗,无一而不举。"又曰:"中国之人心、风俗、礼义、法度,皆以孔教为本。"⑥若省却其政治目的,而专就观点而言,康

---

① Clark Wissler, *Man and Culture*, p. 74.
② 李安宅:《〈仪礼〉与〈礼记〉之社会学的研究》,73 页。
③ 陈其泰:《清代公羊学》,341 页,北京:东方出版社,1997。
④ 李安宅:《〈仪礼〉与〈礼记〉之社会学的研究》,7~11 页。
⑤ 同上,5 页。
⑥ 转引自钱穆:《中国近三百年学术史》,763~764 页,北京:商务印书馆,1997。

有为和李安宅之间,有多么亲近的一个看法。

以时代解释礼,以礼针砭时弊

上文的讨论如果使我们故步自封,我们就看不到《〈仪礼〉与〈礼记〉之社会学的研究》一书想要表达的时代内容。

关于儒家,李先生谈道:"儒家以人格作社会治安的保障,如《大学》所说正心、诚意、齐家、治国、平天下这一贯而下的观念已太普通,不必说了……儒者自立以为社会砥柱是'忠信以为甲胄,礼仪以为干橹;戴仁而行,抱义而处,虽有暴政,不更其所。'"①又有:"儒家的观念,在乎用礼作为人的概念,人之所以为人,就是因为有礼。"在西方哲学上,人是一个讨论甚多而抽象的概念,但在儒家这里,是用礼来定义人。这个观点受冯友兰先生的影响。②

他对先前儒学的批评,见于他在讨论礼的自下而上和自上而下两个过程以后,说:"又是溯源,又是解释后来肯定民风的礼或者制定政令的礼,是不被文化学者所允许的事。古书之称圣王者多类此,宜分看。"③

李先生此书的时代性不言而喻,他在书中明确表露:"多妻的复婚制,率都行于自士而上的一切阶级,天子之妻有夫人、世妇、嫔、妻、妾这么多种……这种制度,好多我们都亲眼见过或依然存在,不必多说。"④

对历史上女子地位的他者观:"女人所被给的地位既如此,故其所受的教育也不出这一套……不过,这一套不能归咎(或归功?)于儒家,因为儒家以前就已如此……但在儒家观点看来,女人这种地步,并不有损于人格,因那只是男女两方人之所以为人的概念不同罢了(?)。只要尽了所被给予的职分,就算合于人之概念,正如唱戏的只要达到艺术条件,不管所形容的是哪一流的人品。"⑤"儒家以前就已如此"此语当来自冯友兰。⑥

用西学来解释礼的,并由此为礼赋予一个新的场景的有:"人不成年,不被看做资格全称的人,不过附带生活于成人之胯下而已。及到一定年龄,青年男女,

---

① 李安宅:《〈仪礼〉与〈礼记〉之社会学的研究》,64页。
② 同上,7~16页;冯友兰:"中国之社会伦理",载《社会学界》,21页。
③ 同上,9~10页。
④ 同上,53页。
⑤ 同上,54~55页。
⑥ 冯友兰:"中国之社会伦理",载《社会学界》,1927年第1卷,23~26页。

在原始社会里,多要经过一种繁缛的仪式,然后才算正式的人。这种仪式,与教门之受戒相当,缘原始社会所宝贵的主要文化因素,也是假的科学或流产的艺术(弗雷泽:《金枝·交感巫术》),那就是巫术,所以也非经过正当手续受了入社典礼不足以为成人而获该项文化遗业(马林诺夫斯基:《两性社会学》,第257~258页)。"①

他看到东西文明中有共通的东西:"儒家理想,以'圣人参于天地,并于鬼神'并以'天地为本'的精神,得到人与自然界的平衡;以伦理的人伦之正,得到社会内部的平衡;再以正心诚意的功夫,得到人心内部的平衡,颇能成功一个整个的思想系统,在那么多年前的中国社会思想竟有合乎现代社会学之思想的许多部件(霍布豪斯的社会协调思想见于他的《社会发展》与《合理的行为》两书;平衡的观念,可看布哈林的《历史唯物主义》五、六章),总是我们承受这等社会遗业的人所该感谢的。"②

以礼的精神来批评西洋的:

"礼闻取于人,不闻取人;礼闻来学,不闻往教。"(《曲礼上》)中国历来的怀柔羁縻政策,对于自己文化的夸大狂,适与西洋的传教精神(missionary spirit resuming the whiteman's burden)相反,不知受到这样的教训有多大?③

以西学证礼的:

有了这几样义,你的责任就是要忠于义,实现义,而不是你的对手方,你的对手方不过是义所籍以表现的对象罢了。那么,臣、子、妇之殉君、父、夫,所殉的是君、父、夫,而不是代表君、父、夫的个人。所以不管个人怎样,你对于他或她的抽象概念是绝对的,"天下无不是的父母"在这种解释之下,才有意义。不过这么一来,责望对方实行其抽象的概念,就单独落在优制(dominant)者的手里,被制者享不到这种权利。形而上的国家论者(the metaphysical theorists of the state or the idealists)之只能为统治阶级制造哲学的根据,理由也是一样。(霍布豪斯,L. T. Hobhouse:《国家的形而上的学说》,*The Metaphysical Theory of the State*。)④

---

① 李安宅:《〈仪礼〉与〈礼记〉之社会学的研究》,38页。
② 同上,74~75页。
③ 同上,16页。
④ 同上,17页。

以礼来针砭时弊的：

> 世故凡因知人之事发生责任而不能为力者，则不如不问："吊丧弗能赙，不问其所费；问疾弗能遗，不问其所欲，见人弗能馆，不问其所舍。"(《曲礼上》)这未始不是好的办法，但在现实社会我们所常见那样有力相助，却于人急难时，偏要装聋作哑的滑头手段，想与这等教训，总有相当的关系。①

反思清中晚期以来与西方接触中文化比勘下的教训的：

> 士以下的阶级，除不与士齿外，所作皆要切实用，不尚技巧，——岂但不尚而已，且有诛焉。《乐记》有："德成而上，艺成而上；行成而先，事成而后。"这是根本注重伦理的德行，看轻功利的艺能；这种传统的观念一直传到现在，被帝国主义的洋枪火炮轰了一阵，也不过弄了个"中学为体，西学为用"、"外国物质文明不算一回事，我们的精神文明超越一切"这类传统观念。结晶成民仪，真是不易拔出的东西。②

批评儒家内部出现极化倾向、远离中庸的：

> 《礼器》又有"礼之近人情者，非其至者"，这不过是说文化愈发达，则去天然状态愈远；因为底下接着说，"君子之于礼也，非作而致其情也，此有由始也。是故七介以相见也，不然则已悫；三辞三让而至，不然则已蹙。"然而泥其字义，竟或与"人情而已矣"的话相矛盾，成为后来越讲礼越不近于人情的习气的张本。③

以时代印证礼的：

> （战争）"师必有名。"(《檀弓下》)这个师必有名的教训，不知误尽多少苍生！是真庄子所谓"重利盗跖而使不可禁者"也。凡欲战争，名颇现成，试看欧战之为正义、公理、和平。或谓之为民意，其他之为护法，举皆名正言顺，可以了然。④

对礼的传统加以重新解释的：

> 注重敬而不注重爱，用心理学的眼光看来，也未始不是创造爱的很好方

---

① 李安宅：《〈仪礼〉与〈礼记〉之社会学的研究》，63 页。
② 同上，27 页。
③ 同上，8 页。
④ 同上，73 页。

法。所以真能实感礼教之神髓的中国旧式家庭,也未始没有"相敬如宾"那样净化的家庭生活。因为两方多少要客气些,而且不将自身的初始欲望看得很重,当然要发生圣洁美善的情感。近代所说的永在创造的爱(creative love)使爱情不致丧在结婚过程上,当也不外这种法门,这真无怪国粹家夸赞我们自己的文明高。不过,这种神髓,不是浅化的人所可易于几及的。男人毫不客气地强迫女人履行妇顺,女人也就毫无意识地被人践踏,爱既未曾有过,敬与别也都被不客气的习惯所取消,则又怎怪中国普通家庭生活之阴惨呢?①

这也可以从李安宅先生其时自己的婚姻得到解释。以时代重新解释儒礼的:

> 守丧之礼,近已不可履行,论者以为人心不古,不复能尽孝道,不知此乃生活条件使然,古代生简事稀,在家里埋头三年,算不了怎样一回事,反正他们的事也是大半在家里办,用不着出多少门的;即做官的人,也可服除而后,官复原职,用不着为饭碗子发愁。及到近代,则生事日繁,绝无闲功夫守上三年丧。试想任何一件事,倘若完全停顿三年,尚成什么情形?而且,有一定职业的人,倘若丁忧三年,什么职业也丢掉了。所以即使有人诚意地要居三年之丧,也是势所不能的。②

讥世卿。讥世卿本为《春秋公羊传》阐扬大一统、尊王室之义,讥贬大臣世袭、专擅国政、威胁君权的。③ 民国以降,此义不复有,转而为民生、民本(此二者即后世衍为人民者是)为第一要义者。由此讥刺世卿不顾民生的:

> 鬼神卜筮这些东西是要个人自用,或为民上者用的……知识分子纵然用法律来禁止,无知识的群众依然坚守固有的民风而不懈——就像现在国法禁止迷信之祀,而同时悟善社等团体依然盛行,大委员官僚们也要以个人资格到里面焚香扶乩一样。④

以及:

> 讲礼当在遑于讲礼的时候,故曾子说:"国无道,君子耻盈礼焉"(《檀弓

---

① 李安宅:《〈仪礼〉与〈礼记〉之社会学的研究》,43~44 页。
② 同上,46 页。
③ 陈其泰:《清代公羊学》,16 页。
④ 李安宅:《〈仪礼〉与〈礼记〉之社会学的研究》,52 页。

下》)。国内军阀为虐,偏偏用礼来纹饰太平,如孙传芳之投壶,而国学大师章炳麟也像煞有介事地委蛇于其间,真怪不得国人为之齿冷了。正当的方法是:"国奢则示之以俭,国俭则示之以礼。"①

这是李安宅对时代的儒见。李安宅认为尽管已是民国之时,但儒家之礼仍是需要的,只不过在不同的圜局中,讲的礼的内容应当根据奢俭的情况,而有俭和礼的分别,且这种讲礼的方法,是引导时人朝向礼的方向,对时弊加以纠谬,而不应当虚伪和逢迎时世,否则将遭受世人的讥讽和抛弃。

对后世儒学的单向偏激化加以针砭的:"君臣是很客气而有相互关系(reciprocity)的。臣只是君的相而已,不似后世那样绝对地奴颜婢膝。"②

儒者之见

李先生《〈仪礼〉与〈礼记〉之社会学的研究》吸收清末今文经学派公羊学研究的成果,并以之批评西人的儒学研究,说:"有人以为三礼之中《礼记》最晚(注一),而且以为主要部分不能早过周之衰世(注二)(公元前400年)。其实,《周礼》是刘歆为王莽托古称制的辩论已很普遍,当然要算更晚。据说《仪礼》是孔子时代的东西,《礼记》是孔子以后四百年的产物(注三)。列在《五经》的应该是《仪礼》,不该是《礼记》。然而《礼记》较其他二礼都有势力而且列在《五经》者。"③这几句话中,李先生用三条注来引用他人的研究,前两条是斯蒂尔(J. Steele,翻译《仪礼》)和理雅各(James Legge,翻译《礼记》)的研究,第三条是许士廉的"礼记的政治思想"。但有一点他没有注解,而是直接说"《周礼》是刘歆为王莽托古称制的辩论已很普遍"。这个结论是19世纪末今文经学派康有为(1858~1927)的《新学伪经考》(1891)和廖平(1852~1932)的《古学考》(1894)的最重要的今文经学成就,而这个成就则是廖平和康有为先后(廖平1886年先有《今古学考》)和互相(康有为的《新学伪经考》先《古学考》面世三年,廖平于己书中有引用康氏著作之处)启发之下达成的。如康氏《长兴学记》言:"刘歆挟校书之权,伪撰古文,杂乱诸经";④廖季平《今古学考》云:"今古经本不同,人知者

---

① 李安宅:《〈仪礼〉与〈礼记〉之社会学的研究》,16页。
② 同上,57页。
③ 同上,2页。
④ 转引自钱穆:《中国近三百年学术史》,712页。

多。至于学官皆今学,民间皆古学,则知者鲜矣;知今学为齐鲁派,十四博士同源共贯,不自相异;古学为燕赵派,群经共为一家,与今学为敌,而不自相异,则知者更鲜矣。"①廖氏的观点,将我们引向结构的视角。他们的成绩,离不开儒学常州学派的传统。这个传统在史学里面的最大贡献,就是顾颉刚先生倡导的古史辨。② 从这里,我们或许可以窥见李先生嗣后学术和古史辨派之间的亲缘基础。

李先生对儒学目录学的见解,即《礼记》应该列入"五经"的理由,在于它代表汉以前的儒家思想和它的二重超越性(超越时间和阶级)。在关于《礼记》的思想意义上,李先生似乎承冯友兰先生的说法:"《仪礼》是本有的,是儒家所述,而《礼记》却是儒家所作。而《礼记》在思想史上的价值,却又远在《仪礼》之上"。③ 从汉到清,有大影响于人心的,不是《仪礼》,而是有《礼记》为根据的《仪礼》。

可以肯定地说,李安宅先生继承了儒家的今文经学派尤其是其公羊学研究传统。譬如公羊学讲九世复仇,李著中谈道:"复仇虽是社会集合制裁不慎发达的时候才会存在,但在复仇观念认为正当的时期,即其观念也可成功社会制裁。复仇的范围,是'父之仇弗与其戴天,兄弟之仇不反兵(不必返取兵器,遇则斗),交游之仇不同国'(《曲礼上》)。"④

我们知道,西欧学界的进化论进入中国,为相当多国人所接受,是和公羊学的三世三统观念分不开的。《公羊传》记载,隐公元年,"公子益都卒。何以不日?远也。所见异辞,所闻异辞,所传闻异辞。"传中凡三次讲到这一点。董仲舒"张三世",把春秋推定为所见世61年,所闻世85年,所传闻世96年,"于所见微其词,于所闻痛其祸,于传闻杀其恩"。董儒在《春秋繁露》中以"通三统",则把结构的历史维度强调出来:

> 夏正黑统,以建寅为岁首,色尚黑;汤受命而王,正白统,"应天变夏作殷",以建丑为岁首,色尚白,作宫邑于下洛之阳,作濩乐;周文王受命而王,正赤统,"应天变殷作周号"。以建子为岁首,色尚赤,作宫邑于丰,武王又作于鄗,周公作于洛阳,作象乐。⑤

---

① 转引自陈其泰:《清代公羊学》,276 页。
② 顾颉刚:"〈古史辨〉自序",见《顾颉刚卷》,452 页、458 页;亦见陈其泰:《清代公羊学》,301 页、325 页。
③ 冯友兰:"儒家对于婚丧祭礼之理论",载《燕京学报》,1928 年第三期,345 页。
④ 李安宅:《〈仪礼〉与〈礼记〉之社会学的研究》,65 页。
⑤ 陈其泰:《清代公羊学》,15~16 页。

董儒三统改易之意,在于汉代改制。儒家历史转型的观念由此始,隐含能动者的观念,然能动者的概念,始自荀子的"天人之分"和"治天命而用之"的概念。① 然荀董二论实不可分而言之。清季,儒学之士多将三世三统解读为进化,以合乎西洋单线进化学说,以梁启超为典型。他在 1899 年说:"《春秋》之立法也,有三世,……其意言世界初起,必起于据乱,渐进而为升平,又渐进而为太平,今胜于古,后胜于今。此西人打捞乌盈(即达尔文)、士啤生(即斯宾塞)氏等,所倡进化之说也。"②

　　若进化之为变,则三统之变亦可为结构之变。由于它是结构性的,所以李安宅认为那是中国传统的循环观,由于它是能动的,所以儒者和君王能推动历史发生转变。不合时宜的儒者或者观念,就要受到另一些儒者的批判。如李先生说:"有些不长进的人的妙论以为中国社会虽陈腐,外国社会虽发展得迅速,等到他们转过圈子来,我们就到他们的前头了。至于另一派国粹家拼命地喊着说中国的礼教是圣哲所启示,是天之经地之义,放诸四海而皆准,绳之百世而不惑的东西,天天叹惜人心不古,尽力开其倒车,则连'君子而时中'和'孔子圣之时者也'的'时'字都不懂,那真是无理可喻了。"③他在 1934 年时又进一步发挥这个观念:"礼教与国粹,自然是命脉,自然非要不可,但不一定固守哪一种礼教,固守什么时候的国粹。在那时中庸、时宜、客观了,到这时或者会正相反。所以我们要的是此时此地的中庸、时宜、客观的礼教与国粹。"④不同的礼可以根据时代的不同(结构的转型)而加以择选,但根本的礼则不变。

　　他肯定能动的观念:"宇宙是一个有机体,有人格的,故人可与天地并列为三,以匹其德……这种观念,一方面可以助人有勇气成功超象之用(transcendentalism),与天地万物为一体;中国民胞物与的精神,受赐于此的,当不在少。"⑤这种能动的观念在边疆社会工作中发挥积极的作用,李先生并因此发挥它的意义:到边疆工作者要有适当的态度,即自重自爱因而爱人利人,这样的人"必也热心而无偏见。所谓热心,即是根据民胞物与的襟怀,视人之肌如己肌,视人之溺如己溺,抱着'我不入地狱谁入地狱'的决心,脚踏实地,任劳任怨地助人自助,而且

---

① 李泽厚:《中国古代思想史论》,114~116 页,北京:人民出版社,1986。
② 梁启超:"论支那宗教改革",见其《饮冰室合集》,第二册。此处转引自陈其泰:《清代公羊学》,330~331 页。
③ 李安宅:《〈仪礼〉与〈礼记〉之社会学的研究》,4 页。
④ 李安宅:"礼教与国粹",见其《社会学论集》,211 页。
⑤ 李安宅:《〈仪礼〉与〈礼记〉之社会学的研究》,34 页。

善与人同。工作人员而能善与人同,必是光风霁月,廓然而大公,物来而顺应的。能如此,与人相处还有问题吗?其适应于人群者,还不圆满无缺吗?""我国理学家本以此等功夫为'修身'之极则,无奈极则自是极则,因为抽象提倡的多,指示具体步骤的少,所以真能常驻这种境界者大不容易。"①

儒家讲修身。李先生认为实践的成分不够,所以从儒学中发挥其行的那一面,并进一步扩充,作为边疆社会工作或者应用人类学的指导原则。在"修身"有着道德考量这一点上,李安宅的见解和陆王学派的养性论尤其阳明心学却有着很深的关联。养性论在近代有梁启超推其学,以"三代之学制"把"教"、"政"、"艺"完美地实行于人生的个阶段,从而造成一种和谐的社会。② 无论如何,我们说李安宅的边疆社会工作或者应用人类学是儒学的扩展,当不为过。正因如此,"边疆社会工作"才带有一种自我修身的面相,而首先不是改造他人。这和后来片面以及与李先生前后和同时的那种专以改造他人甚至向他人传教为务的社会工作形成比照。

1929 年后,李安宅曾从哲学家黄子通读康德,按李泽厚的看法,在实质的意义上,康德更接近于以朱熹为首的宋明理学(新儒学)。就宋明理学"全程"而言,张载建立理学,朱熹集其大成,王阳明则使之瓦解。王阳明强调"心"③,讲"人是天地的心"(《传习录》下)。黄子通更说得明白:阳明的基本概念是"身即是心,心即是性,性即是理,理即是物,心、性是至善的,心无动静与体用,天地万物只是一心。"④所以,李安宅在书中于宗教与仪式之其他信仰处,但列"人为天地心":

《礼运》曰:"人者,其天地之德,阴阳之交,鬼神之会,五行之秀气也";"故人者,天地之心也"。⑤

李安宅接受王阳明心学,在"边疆社会工作"中有进一步的发挥,将"以天地万物为一体"与孟子的"浩然之气"连接起来。⑥

民初之际,梁启超把康德和王阳明视为同类:"阳明之良知即康德之真我,其

---

① 李安宅:"边疆社会工作",见其《〈仪礼〉与〈礼记〉之社会学的研究》,129~130 页。
② 汪晖:《现代中国思想的兴起》,939 页,北京:生活·读书·新知三联书店,2008。
③ 李泽厚:《中国古代思想史论》,220 页、242 页。
④ 黄子通:"王守仁的哲学",载《燕京学报》,1927 年第二期,449 页、453 页。
⑤ 李安宅:《〈仪礼〉与〈礼记〉之社会学的研究》,52 页。
⑥ 李安宅:"边疆社会工作",见其《〈仪礼〉与〈礼记〉之社会学的研究》,131~132 页。

学说之基础全同"①;他利用康德改造王学,为后世的科学/道德二元论的张本。②李安宅在看到二元区分的时候,还考虑到统一二者的问题。

情感和理智的两分之见,亦是李安宅之前即有的观点。我以为他关于情感和理智两分的看法,直接来自他的老师冯友兰先生。冯氏在1924年(科玄论战的次年)出版的《一种人生观》中有"诗与宗教"一章,说:"诗对于宇宙及其间各事物,皆可随时随地,依人之幻想,加以推测解释;亦可随时随地,依人之幻想,说自己哄自己之话。此诗与散文根本不同之处。""至于宗教自身,我以为只要大家以诗的眼光看他就可以了。许多迷信神话,依此看法,皆为甚美。"③1928年,冯先生在讨论儒家对于丧葬的理论时,进一步发挥诗的观点,说:"我们人的心,有感情及理智两方面。""我们对待死者,若纯依理智,则为感情所不许;若专凭情感,则使人流于迷信,而妨碍进步。其有折中于此二者之间,兼顾理智与情感者,则儒家所说对待死者之道是也。依其所与之理论与解释,儒家所宣传之丧礼祭礼,是诗与艺术而非宗教。儒家对待死者之态度,是诗的,艺术的,而非宗教的。""依儒家对于其所拥护之丧礼与祭礼之解释与理论,则儒家早已将古时之宗教,修正为诗。古时所已有之丧祭礼,或为宗教的仪式,其中或包含不少之迷信与独断。但儒家以述为作,加以澄清,与之以新意义,使之由宗教而变为诗,斯乃儒家之大贡献也。""近人以为人之见鬼,乃由于心理作用。依《礼记》此说,则祭者正宜利用此等心理作用,'乡'死者而想象之,庶得'恍惚'而见其鬼焉。""此等诗的态度,儒家不但于祭祀祖宗时有之。即对于任何祭祀,亦持此态度。"④

李安宅将冯先生的观点去掉丧礼和祭礼的侧重,但以"诗的态度"作为礼的重要理论之一,但在它的前面,更放置"中庸"作为礼的首要理论。而这一点,似乎统一了诗的态度、礼不下庶人、不求变俗、不往教、日常化、相互性、诚、适时、辞达、定义人等十种理论。

冯先生关于儒家丧祭理论的观点,李先生则采纳他的"报"的观点,仅作为祭的九种理论之一,另外加入的八点,大多从社会和文化的视角谈的,"祭可以为民

---

① 梁启超:"近世第一大哲康德之学说",见其《梁启超文集》之十三,63页。此处转引自汪晖:《现代中国思想的兴起》,966页。
② 汪晖:《现代中国思想的兴起》,959页。
③ 冯友兰:《冯友兰集》,108页,北京:群言出版社,1993。布朗则认为宗教中有情感的和诗的因素,见 William Montgomery Brown, *Communism and Christianism*, p. 23。李安宅在燕京大学期间所翻译的《共产主义与基督教》,当是1920年版,而非笔者眼下所能见到的当在1928年以后出版的版本。
④ 冯友兰:"儒家对于婚丧祭礼之理论",载《燕京学报》,1928年第3期,347~348页、353页。

表率,达到德化的治平"一条似乎可以从"报"中推导出来。①

冯先生认为儒家丧祭礼仪的另外一种理论,是人死后如何让人记忆,不朽者可以靠立德、立功和立言让社会记忆,而绝大多数普通平庸者,"不能使社会知而记忆之,可知而记忆之者,惟其家族与子孙",这才特别注重祭礼,就是使自己存在于后世子孙的记忆中。② 在李先生的"祭"的理论中没有这一条,关于后世的观念,仅在婚嫁部分略言之,因为婚嫁是"合二姓之好","事宗庙"和"继后世",而不是夫妇自己的快乐与享受。③

观其后来的著作,李安宅接受冯友兰的儒学/哲学思想还在《边疆社会工作》中有体现,那时冯氏的《新原人》出版,提出人生的功利境界和道德境界等;李先生即以此作为边疆社会工作者的境界,加强自身修养。④

以礼为中心的人类学

王铭铭教授曾说:"李先生的《〈仪礼〉与〈礼记〉之社会学的研究》,居然也特别像是一部以礼为中心的人类学导论。"⑤本文即将"一部以礼为中心的人类学导论"于此加以别样申发。

1929～1934 年,李安宅曾任哈佛燕京社(后改名国学研究所)编译员、三路河中学教师、农大社会科学讲师、平民大学教授、燕大社会学系社会调查室翻译;同吕嘉慈(I. A. Richards)、博特(Lucius Porter)等合作翻译和研究《孟子》,出版《意义学》(基于吕著《意义之意义》)和《美学》(基于吕著《文学批评》)。1930 年4 月,在于道泉的介绍下,李安宅与于道泉之妹于式玉(1904～1969)结婚。1931年"九·一八"事变,曾拟回乡搞义勇军,但未成功。关于组织义勇军这一点,也为别的记载所证实。⑥

在吕嘉慈的影响下,李安宅在 20 世纪 30 年代初最终放弃参与直接革命活动的念头。经他提议,李安宅开始考虑留美深造。吕嘉慈曾试图为他联系哈佛大

---

① 李安宅:《〈仪礼〉与〈礼记〉之社会学的研究》,49～51 页。
② 冯友兰:"儒家对于婚丧"祭"礼之理论",载《燕京学报》,1928 年第三期,356～357 页。
③ 李安宅:《〈仪礼〉与〈礼记〉之社会学的研究》,42 页。
④ 李安宅:《边疆社会工作》,40～41 页,重庆:中华书局,1944。
⑤ 王铭铭:"从礼仪看中国式社会理论",见其《经验与心态》,236 页,桂林:广西师范大学出版社,2007。
⑥ Chiang Yung-chen, *Social Engineering and the Social Science in China*, London: Cambridge University Press, 2001, p.238. 2007 年夏,蒙麦吉福(Jeff McClain)赠阅此书,志此以为谢。

学,但未妥,后来联系的罗氏基金会(即洛克菲勒基金会)最终同意资助李安宅留学美国两年(1934~1936)[1],深造西方人类学理论与方法。李安宅随后的人类学研究对象包括北美印第安祖尼人、墨西哥的教育、回族、藏族,其成就各不相同,各有长短。无论怎样,他都把他们看作是他者,在审视的眼光后面,有一个"我"在。这个"我",就是他的这一学士毕业论文中所显露出来的儒家思想。

他在祖尼研究中谈到,当地人夫妻一旦吵架分手,男人就只得离开,而将他辛辛苦苦修建起来的房屋等留给妻子儿女,以及她可能的后夫。祖尼人对房子等并不担心。他可以回到父母那里。"他并没有失去什么,反而可以获取一切。"[2]因为这是母系社会,所以他们的地位,就如中国社会里妇女的地位。他们得看岳父的脸色,不得随意发泄自己的情绪。在我国以前的社会里,女子嫁到男家,会受到好的照顾,但就是这种照顾使她处于祖尼男人的地位。中国人会感到奇怪:祖尼妇女的许多个前夫怎能保持友好的关系?

面对作为他者的祖尼人,"我"的特点便呈现出来:"中国的婚制,是父系的、父方的、父权的;单婚制与多妻的复婚制同时并用,且是族外婚制。"[3]

> 离婚是片面的,只有怎样出妻,没怎样可使妇人提出离婚的理由(《郊特牲》:"一与之齐,终身不改,故夫死不嫁。")……出妻的依据,按《大戴礼记·本命》是:"不顺父母去,无子去,淫去,妒去,有恶疾去,多言去,窃盗去";好在就举出几件可以不去的条件来,尚是补救的办法:"有所取(娶)无所归不去,与更三年丧不去,前贫贱后富贵不去。"[4]

李先生在20世纪40年代初的一篇关于回族研究的文章中,反对以种族/血统观念来分别民族,尤其抨击欧洲(批判希特勒以混血者而造纯种神话)的血统论,而主张在一国之内即国民,彼此难以血统来加以截然分割。回族之部分先祖从西域东来华夏,在长期的历史过程中与中国血统纠结不可分,已经成为中华民族和中国的一员。"中国之大,包括无数的种族分别,宗教门类,以及其他种种在文化上的不同。"大同之法,则在全国一致,"以便步伐整齐,纪律严明,走入大同

---

[1] 即便是在这个过程中,他燕大的许多同事写了不少匿名信给基金会,要求基金会不给李安宅资助。基金会当时的官员衮氏(Gunn)力排众议,给予李氏资助。见 Chiang Yung-chen, *Social Engineering and the Social Science in China*, p.237.

[2] Li An-che, "Zuni: Some Observations and Querries", in *American Anthropologist*, Vol.39, 1937, p.73.

[3] 李安宅:《〈仪礼〉与〈礼记〉之社会学的研究》,53页。

[4] 同上,54页。

之域,而不要忘了每个地方的特殊需要,每个国民的个性发展"。① 李先生在《〈仪礼〉与〈礼记〉之社会学的研究》中谈到儒家的两种政治理想,"大同不及,勉为小康"②,可见他对人类学研究的期许之大之高。

1. 宗教人类学

李安宅先生关于宗教的看法,王铭铭教授特别喜欢"李先生说人白天做梦,'白昼见鬼','明知故作',造就了礼仪。""白天做梦和晚上做梦有不同,因为白天做梦有一种'自觉',晚上做梦是无意识的。根据'自觉'造就信仰,与根据无意识造就信仰,二者之间的差异很大。"③

王教授所述之信仰的起源与礼仪的关系,见解深刻,可以进一步阐发。我们知道,区分礼教与礼,是李安宅绪言的一个要点。要而言之,礼教可以不要,但礼不能抛弃。他关于礼教与礼的关系的观点以及他对自身文化的正反合的态度,成为他考察宗教与信仰、学校与教育关系的基点。

这个思想有前音。李安宅到燕大求学之时,科玄论战④刚过。论战中一个重要人物梁启超与他在宗教方面的观点极为类似。⑤ 但在1923年以后"科学与人生观"的论战中,梁启超开始调和科学与自由意志二元论,他在"人生观与科学"中说:"人生关涉理智方面的事项,绝对要用科学方法来解决;关涉情感方面的事项,绝对的超科学。"他不同意张君劢独尊自由意志,也不赞成丁文江"迷信科学万能",他要把人生观统一。他超越二者的办法,就是区分科学本身与科学的"结果",把数、理、化等概念与"科学概念"区别开来,突出超越二者的"科学精神"概念。这个概念一端连接着具体的科学研究,一端联系人的心灵。⑥

李安宅的老师冯友兰先生于1924年出版的《一种人生观》对他在这个问题上的影响很大。冯氏说:"因所爱者之故,而信死者之有知,而又自认其所以信死者之有知,及为因所爱者之故。这便是诗的态度,而非宗教的态度。若所信可以谓之宗教,则其所信即是诗的宗教,亦即合理的宗教。""至于随宗教以兴之建筑、雕刻、音乐,则更有其自身之价值。若因宗教所说,既非真实,则一切关于宗教之

---

① 李安宅:"回教与回族",载《学思》,1943年第三卷第五期,16页。此文另载《新西北月刊》,第二卷第一期,题为"论回教非即回族"。
② 李安宅:《〈仪礼〉与〈礼记〉之社会学的研究》,102~103页。
③ 王铭铭:"从礼仪看中国式社会理论",见其《经验与心态》,236页。
④ 本文的修正以及有关民初知识界的历史知识,曾受惠于冯佳同学。
⑤ 汪晖:《现代中国思想的兴起》,969页。
⑥ 他的二元论来源于康德两种理性的区分。梁启超:"人生观与科学",见其《人生观之论战》(中),90页,上海:泰东图书局印行,1923。此处转引自汪晖:《现代中国思想的兴起》,997页。

物,皆必毁弃,则即如'煮鹤焚琴',不免'大伤风雅'了。"因为这个原因,孔子对于宗教的态度是诗的。①

在这个议题上,李安宅与梁启超相似之处很多。二人不同之处,在于梁启超寻求二者之外的第三者来完成超越,而李安宅则是通过将其中一元超脱出来,从而统一二者,而冯李在此问题上的因缘更是直接,冯先生以诗来沟通合理(或可说科学)与宗教。

李安宅在讨论人类学对祖尼宗教的研究时,说美国民族学家对祖尼宗教的普遍印象,是它纯属形式主义,而较少带有个人情感,以本尼迪克特(Ruth Benedict)和邦泽(Bunzel)为代表。后者说"心灵的自然发泄",与重复祈祷的"固定程式相冲突"。为什么会是这样呢?这是谁的问题呢?他说:"毫无疑问,圣转滚者②的一些成员,在他们的大喊大叫和疯狂表现中,和沉湎于幻觉追求中的某些人一样,完全是机械的。毕竟,在官样形式和内心真实之间有着巨大的差异。"③

礼仪的官样形式和内心真实情感的关系,儒家早有讨论。李安宅说:"礼不勉强使人欢悦,说话是辞达而已。《曲礼上》:'礼不妄说人,不辞费。礼不逾节,不侵侮,不好狎。'好多人满口称礼,一遇直口而谈的人,便觉逆耳;一遇势不己敌的,便加侵犯。则无怪讲礼的越多礼,越不可收拾了。"④

二者的关系,在王阳明那里更有意思:比如母死而为孺泣,虽为人情之至,孔子也嫌难为继,非要主张哭踊有节,"即哭踊有节一层,理学大家王阳明已经提出反抗;他的亲死,有哀则哭,无哀则止,虽有吊者,也不陪着强哭"⑤。

李安宅研究藏文明完全是历史的偶然。他本来的准备是研究西北的回族。1936~1938年间他搜集的资料就是关于回族的。抗日战争爆发后,李氏夫妇不能继续有尊严地在燕京大学任教,遂于1939年夏离开北平,绕道上海、香港,经越南、昆明、贵州、重庆、成都、西安,至兰州的甘肃科学教育馆。在那里,听人们说起拉卜楞,夫妇二人遂在是年内先后前往拉卜楞,并在那里开始学习藏文和藏语安多方言。1941年夏,李安宅受聘至华西大学社会学系担任系主任,随即创办华西边疆研究所。李安宅于1947年二度赴美前,曾前往康区调查,延续拉卜楞的研究,并随时在海内外刊物上发表若干相关论文。其间于1943年出版《边疆

---

① 冯友兰:《冯友兰集》,109页。
② Holy Rollers,在做礼拜时以叫喊和乱动来表示虔敬的"摇喊"派教徒。
③ Li An-che, "Zuni: Some Observations and Querries", in *American Anthropologist*, p.64.
④ 李安宅:《〈仪礼〉与〈礼记〉之社会学的研究》,16页。
⑤ 同上,13页。

社会工作》(中华书局)。他在该书中谈到宗教与部族(即后世所说民族)问题对于边民最为重要。就前者而言,"一般混同视为宗教的,实在包括三个部分:一个是信仰本身,一个是关于信仰对象的神话,一个是表现信仰的方式。就中三者,信仰本身是宗教之所以为宗教者,是宗教的核心,神话与方式都是信仰本身的手段,都是宗教之所以依附的东西,都是宗教的糟粕。"[1]这段表述说明,他基于礼与礼教的区分从而推及信仰与宗教两分的基本原则并没有改变。

他接着说:

> 为什么信仰本身是宗教的核心呢?因为认真充实的人生,除了自利的顾虑以外,还有追求一种仰之弥高的情绪。这种情绪,正是"以天地万物为一体"的"大人"所有者,所以真有信仰的人,都是十分受人崇敬的人物。王阳明说得好:"大人之能以天地万物为一体也,非意之也,其心之仁本若是。其与天地万物为一也,岂惟大人?虽小人亦莫不然,彼顾自小之耳。"

> 这种具有扩大、提高、加强等作用的态度既是宗教本身,正是孟子所谓"浩然之气",正是到处都受欢迎的……宗教不在信仰本身成问题,则成问题的当在关于信仰对象的神话,或者表现信仰的方式。[2]

1947~1948年,李安宅在耶鲁大学人类学系主任欧兹古(Cornelius Osgood)的邀请下,在该系任教,同时将自己的藏文明研究论文以英文整理和编写,最后撰成《藏族宗教史之实地研究》交耶鲁大学出版社。此书在编辑过程中,由于受"二战"后冷战的影响而被搁置,经王晓毅、谭·戈伦夫(Tom Grunfeld)在20世纪80年代的努力,从耶鲁大学寻见,1994年方由中国新世纪出版社整理出版。[3] 在该书的结论中,他明确地将宗教和信仰区分开来,说:"宗教的基础似乎是'信仰'(belief)……为什么需要信仰呢?科学知识不是更好吗?如果科学能够决定生活,那当然好。不过,生命是一个连续体,等不得科学的决定……在每一个关节点上,人们都遇着不可知的东西。从智识上讲,我们迟早都会碰到个人能力或者群体知识的局限。从情感上来说,我们需要解决实际问题,就似乎运气的因素不存在一般。这种情感的要求并不受自然发生的限制,所以人们得以自在地在任何强度和广度上寻求精神的综合和认同。自然地,人们越是能确认自身,或竟自

---

[1] 李安宅:《边疆社会工作》,131页。

[2] 同上,131~132页。

[3] 承蒙纽约州立大学谭·戈伦夫教授于2007年5月慷慨惠赐耶鲁大学出版社未出版稿复印件,比勘之后,发现新世纪版与之高度一致。笔者在研究过程中常对此心怀感激。

我的整合包含的东西越多,他的人性就越大,也就越具有宗教性。""宗教制度并非就是宗教。历史上,它就像其他任何制度一样,随时随地都在发生同样的变化。学校可以改变,但只要社会存在,教育就依旧延续下去。所以,教会可能会变,但是宗教则延续。没人因为学校的不成功,就号召要取消教育。但让人不解的是,抛弃宗教、神话和仪式的言论却相当时髦。正是这种事关宗教的无稽之谈,让藏人对变迁感到害怕,也让有良好愿望的人们无能为力。"①这个论述,使我们能回味他对礼的从下至上和从上至下这两个社会过程的论述。如果我们看看他的另一个论述,这一点就更清楚。

1948~1949年,李安宅在英国伦敦经济学院访学,与弗斯(R. Firth)过从甚多,由此留下相当的档案记录。伦敦经济学院档案馆所藏的一份档案中,有一份李先生的英文稿"宗教的基础及其表现"(1949),其中一段写着:

> 宗教的基础似乎是"信仰"。对自己的信仰是自信,对其他人的信仰是信赖和相信,对某事的信仰是信念。在中文里面,用来表示 belief 或 faith 的,是信(Hsin),这个词由两个部首组成:人(jen)和言(yen)。在中文和英文中,人包括自我和他人,常常指人类(human)和人性(humanity)。"人的话"(human word)就包括自我意识和沟通交流的意义。这就要求信仰或信念。这意味着信仰的问题是一个人类的问题。②

另一部分的讨论,更引人入胜:

> 在儒家的祖先以及其他崇拜中,"好似"的态度得到优美的体现。(孟子的弟子)荀子曾问:"雩而雨,何也?曰:无何也,犹不雩而雨也。天旱而雩,卜筮然后决大事,非以为得求也,以文之也。故君子以为文,而百姓以为神。以为文则吉,以为神则凶也。"(《荀子·天论》)儒家认为,当亲人逝去,人们总是不接受事实。智识上知道死亡是事实,但情感上不愿接受,人们就竖起一块牌子,似乎亲者犹在。因此之故,随葬就只有纸钱以及仿制器物,而不是真正的钱币与器物。这些随葬的器物叫做"明器"(ming-ch'i),因为实际没有用处,仅起着空的或抽象的作用。孔子(西历纪元前479~351年)甚至

---

① Li An-che, *History of Tibetan Religion—A Study in the Field*, Beijing: New World Press, 1994, pp. 255~258.
② Li An-che, *Religion: Its Basis and Manifestations*, LSE Archive, Feb. 28, 1949, p. 1. 2007年11月,在王铭铭教授主持于香山召开的关于文明的人类学会议期间,我得以结识王斯福(Stephan Feuchtwang)教授,蒙他的热忱帮助,我得以顺利阅览这些珍贵的档案。谨于此遥致谢忱。

反对随葬人形器物,更不用说用真人随葬。情感要求与理智之间成功协和,就构成造成儒家关于"喜丧"的似非而是的说法。冯友兰教授指出,儒家的这种态度乃是诗的精髓。

不过,这种诗性精髓只代表人们调适于运气的一个层次。另一个层次更为正面,代表的是严肃的完工或成绩,而不是遭遇挫折时的诗的方式。孟子(西历纪元前372~289年)曰:"充实(内在包容与外在开放)之谓美,充实而有光辉之谓大,大而化之之谓圣,圣而不可知之之谓神。"他在另一处把这种完全发展的积极力量叫做"气(Ch'i)",亦即"至大至刚"和"塞于天地之间"。①

此处诗的态度,可与《〈仪礼〉与〈礼记〉之社会学的研究》中有关礼的理论第二部分"诗的态度"相参酌。档案此页,有两行多用手写的补充:

王阳明(1472~1528)通过将人内在的本性与万物——孩童、禽兽草木诸般万物相连,而将其从宇宙中解脱出来,因而成就"大人"者。②

李安宅此文探讨两个问题,一是宗教的情感基础及其展现的理念途径或神话学;一是仪式,以将情感整合显现于坚实的形式中。文末,他说:

除了我的儒教文化背景以及对宗教的兴趣,我的探讨还直接受到我的田野工作处境的影响。在伊斯兰教、佛教和基督教都有的地方,各自或明或暗斗得厉害。他们的代表人物曾迫使我表明立场,用我用人类学对不同文化的洞察,对此提出我的看法。有的人同意我的看法,另一些人尽管不觉满意,却不能从理论上反驳我的立场。③

2. 辩证人类学

辩证人类学离不开文化结构的观点。这种结构可能是多种表现形式的,譬如同一文化内部等级的上下关系和不同的对立因素之间的关系,以及文化之间的结构关系等。在其中嵌入一个能动者的概念,则是儒家思想的独特贡献:能动者服务于结构关系的操练和转型。

李先生在《〈仪礼〉与〈礼记〉之社会学的研究》中谈到一个社会过程。他说:"据社会学的研究,一切民风都起源于人群应付生活条件的努力。某种应付方法

---

① Li An-che, *Religion: Its Basis and Manifestations*, pp. 2~3.
② Ibid., p. 3.
③ Ibid., pp. 6~8.

显得有效即被大伙所自然无意识地采用着,变成群众现象,那就是变成民风。等到民风得到群众的自觉,以为那是有关全体之福利的时候,它就变成民仪。直到民仪这东西再加上具体的结构或肩架,它就变成制度。"①

这段意思,是他对萨姆纳《民风》的解释,说明了一个重要的道理,即文化从下而上,自民间风习成为政府制度的过程。另一方面,他从威斯勒关于政府和文化之间不对称的观点,②看到一个从上而下的过程:

> 至于为民上者所定的制度(那就是政令)是否能得民心而有效,则全靠这种政令之是否合乎既成的民风。合则有效,否则不过一纸空文而已。所以普通观念里都以为礼是某某圣王创造出来的,这种观念并不正确;因为成为群众现象的礼,特别是能够传到后世的礼,绝对不是某个人某机关所可制定而有效的;倘欲有效,非有生活条件以为根据不可。③

在另一处,他说得更明白:"礼之社会价值是显然的。但是若假想在礼之先就有圣王想到礼的必要,则是不可能的事。至多也不过是有了礼,见到利益,加以肯定罢了。若已有礼,已经别于禽兽,而有圣王作,制定礼制,那是很自然的事。"④这就可以引申到文化决定论和唯物决定论的辩证关系上。值得注意的是,1944年,他在《边疆社会工作》中,将这两种关系看成"制度与制度之间的适应"关系。⑤ 可见,李先生并没有偏取一端,而是将两种意见糅合到他对礼的总体解释中:

> 说礼似有文化决定论,并非牵强,有时真将礼说得等于文化了。《檀弓下》引子游的话曰:"礼有微情者,有以故兴物者。有直情而径行者,戎狄之道也,礼道则不然。"直情径行是天然状态(state of nature),礼道是用人为品节的功夫。那么,和人类学家将天然加上人为就等于文化,不是一样吗?《礼器》引孔子的话,以为"礼也者,物之致也","先王之制礼也,因其财物之致其义焉";《仲尼燕居》也说:"礼者何也? 即事之治也";《礼器》又说:"故作大事必顺天时,为朝夕必放于日月,为高必因丘陵,为下必因川泽;是故天

---

① 李安宅:《〈仪礼〉与〈礼记〉之社会学的研究》,3页。
② Clark Wissler, *Man and Culture*, p.18.
③ 李安宅:《〈仪礼〉与〈礼记〉之社会学的研究》,3页。
④ 同上,9页。
⑤ 李安宅:《边疆社会工作》,25页。

时雨泽,君子达矣焉"。这还不是唯物的文化决定论吗?①

这两个过程让我们想起清代以降今古经学的争论,尤其关于孔子改制。康有为的今文经学认为,六经以前,无复书记,孔子是托古改制,创立六经。清末的古文经学则认为,孔子未生,天下已有六经,孔子不过是将前已有的典制系统化成书而已。② 在李先生这里,在政治历史过程中截然对立的两种学派之见被整合为文化上的两个不同但共时的过程。

他从这个互动过程中看到上下之间存在着一个复杂的关系领域,而关键之处还在于他以礼(文化)的视角统一唯物的看法:"中国的'礼'既包括日常所需要的物件(人与物、人与人、人与超自然等关系的节文),又包括制度与态度。那么,虽然以前没人说过,我们也可以说,'礼'就是人类学上的'文化',包括物质与精神两方面。"③这种包容关系,若离开中庸的理论便显得无力且无根,所以孔子在《仲尼燕居》中说"夫礼所以制中也",李安宅因此说:"因为要求中庸,所以凡事不走极端,即行礼都不要太拘泥,更不用说礼在定义上就是制中的了。"④

他在前述手稿中说:"葛底斯式的(Geddesian)探讨地方—工作—民俗"(place work-folk)和"民俗—工作—地方"的两种进路,使得对于探讨调适的机体过程更为坚实。该公式的前半部分是被动的,而后半部分则是积极的。随着文化的进程,人类调适越来越正面。如果以前所受外界的影响更多,则人们就更为富有意味和开阔。因此从想象—构思(ideation)—共同情感(coemotion)的内在世界中就冒出成就—协同—民族精神(ethno)—政体这个外在世界。⑤

其实,关于上下和下上两个过程的关系,李氏的辩证看法已在前文分析过,这里不过是狗尾续貂而已。他说的是:在社会过程中,"这样平衡而破裂,破裂而平衡的社会过程,认之为演化的就是'辩证法'(dialectic method)。"⑥此义可略作延伸。

他说:

---

① 李安宅:《〈仪礼〉与〈礼记〉之社会学的研究》,8 页。
② 参见陈其泰:《清代公羊学》,302 页;郑师渠:《晚清国粹派》,273 页,北京:北京师范大学出版社,1993。
③ 李安宅:《〈仪礼〉与〈礼记〉之社会学的研究》,5 页。
④ 同上,12~13 页。1934 年,在前引李安宅"礼教与国粹"中,这段论述成为他一篇文章的基本组织框架,讨论形式与内容、礼教与国粹的形式与内容的时宜的问题。
⑤ Li An-che, Religion: Its Basis and Manifestations, p. 3.
⑥ 李安宅:《〈仪礼〉与〈礼记〉之社会学的研究》,3 页。

> 礼有以多为贵的……有以大为贵者,有以小为贵者,有以高为贵者,有以下为贵者,有以文为贵者,——都是要因地制宜,因时制宜,因人制宜,因情节制宜;宜就是"称"。①

关于社会阶级的等级结构以及社会之"变"的概念,他说:

> 礼书讲阶级之分的地方很多,……举不胜举。其所以要分阶级的理由,又是取证于天地人性等方面,《乐记》说得好:"天尊地卑,君臣定矣;卑高已陈,贵贱位矣;动静有常,大小殊矣;方以类聚,物以群分,则性命不同矣。在天成象,在地成形。如此,则礼者天地之别也。"

又说:

> 这样的论证,好像是贵贱之差,天造地设,不可转移,然又不然,如《郊特牲》载无太子之冠礼的理由是:"天子之元子,士也,天下无生而贵者也。"天下既无生而贵者,则以上所举的理由为不充分,这是两文相矛盾处。②

有意思的是,这些观念都包含在礼的体系中。他说:

> 乐即是心理的直接表现,礼(节文)即是超有机(超乎生理与心理)的文化现象(广义的礼,就是文化全体),因而在行礼(节文)的人成为受制于社会文化的反应的东西,故曰:"乐也者,施也;礼也者,报也";(《乐记》)"礼也者,反其所自生(生于文化现象,回报以同样行为);乐也者,乐其所自成(得表现而满足)";(《礼器》)"乐由阳来者也(积极),礼由阴作者也(被动)。"③

至于相互的关系,则多有说明:

> 君臣是很客气而有相互关系(reciprocity)的。……《文王世子》载:"知为人臣,然后可以为人君,知事人,然后能使人",这可见两方是颇同情而谅解的。……君臣的关系是为一定目的而结合的(functional-group),所以历来就有合则留、不合则去的精神。④

礼的原则有:

---

① 李安宅:《〈仪礼〉与〈礼记〉之社会学的研究》,11~12页。
② 同上,62页。
③ 同上,30页。
④ 同上,57页。

"礼尚往来",那就是注重相互的关系。"往而不来,非礼也;来而不往,亦非礼也。"(《曲礼上》)①

这种相互的理解,在 20 世纪 30 年代他和美国人类学家欧兹古推动的互惠人类学中得到更为清晰的体现,上升为一种人类学认识论。1963 年,欧兹古出版有关云南高峣的著作《旧中国的村落生活》(Village Life in Old China)。在"附录"中,他说:"1935 年,我到中国做简短的试探性访问,我随后幸运地结识燕大的李安宅。1935～1936 年度他在美国访问一年,第二学期在耶鲁。② 因为我们对文化研究都有满腔热情,所以他很快同意合作开展一项研究。这项研究合理且雄心勃勃。我们一致同意合作研究两个社区,一个是他在河北的本土村子,一个(美国)东南部佛蒙特的定居点;在我这一方来说,后者要尽可能接近通常认定的美国文化知识,以便于比较。这项计划从中国开始我们的工作,李氏按照他所了解的情况来描述该村的文化,而我则记录资料,这对只有本土人才可能了解的精微之处则不敏感,但必然更客观。然后我们要在佛蒙特倒转这个程序,最终的目的是提供资料,以便于在有效的认识论范围内进行双重比较。我们决定于 1938 年夏天在河北开始工作。"③

欧兹古在 1985 年的一篇自传性文字"失败"中也谈到此事,对最终未能研究故祖之地,他弥留人际之时,升起无限悲凉,所写文字读来令人潸然泪下。④

这种儒家相互的思想,也是 20 世纪 40 年代他具有思想性的一部著作《边疆社会工作》(1943)的核心原则。他说,为什么需要进行边疆社会工作呢?"第一种是边疆需要内地的扶植与发扬,第二种是内地需要边疆的充实与洗炼。"⑤双方如果没有达成这种相互的关系,就会有边疆社会工作的困难,之一即在于内地与边疆的社会距离过远,原因是"两种现象:一为双方知识分子没有接触的机会,一为双方之间不免居间人的捉弄"。⑥ 边疆工作虽有困难,但边民还是有吸引力:第

---

① 李安宅:《〈仪礼〉与〈礼记〉之社会学的研究》,16 页。
② 李安宅 1934～1936 年在美国访问,1936 年在耶鲁。此处欧兹古误记。
③ Cornelius Osgood, Village Life in Old China, A Community Study of Gao Yao Yunnan, New York: The Ronald Press Company, 1963, p.367. 蒙耶鲁大学人类学系主任 W. Kelly 教授提供有关欧兹古教授资料,哥伦比亚大学滕华睿(Gray Tuttle)教授代为购置欧兹古著作,在写作过程中,曾参考何国强先生所译欧兹古《旧中国的村落生活》一书的草稿,仅此致感谢之情。
④ Cornelius Osgood, "Failures", in American Anthropologist, New Series, Vol.87, No.2, Jun.1985, pp.383～384.
⑤ 李安宅:《边疆社会工作》,102 页。
⑥ 同上,122 页。

一,他们具有天真的健美;第二,他们富于超世的热情。① 内地与边疆是不同文化上的关系,其矛盾有不同:"盖在同一文化型的人,彼此还有原谅,将某人失仪看做个人的私事。两种文化接触的当儿,便将个例视作团体代表;稍有不慎,即至贻害无穷。"②从事边疆社会工作者,便要从事沟通的工作,譬如"沟通物质文化的人,对于衣食住行等不同的方式,要有设身处地地同情,才能推求其所以然的道理,而不被外表的歧异所隔阂。"③

他希望促成繁复与统一的辩证关系。他提倡用区域分工的办法,提倡、改善和扩充适宜于边疆的生产方式,引入近代的工业技术提高边疆的生产:"内地所宜者,如精耕之类,不必强向边疆推进了。内地所缺乏者,如畜牧产品之类,得到丰富的供给了。这种两得其便的事,虽似相反,而适相成,便是区域分工的制度",他要实现的目标是:"既同样是属于中华民族,又有血统的分别;既有统一的典章制度,又有各别的设置与习惯。盖在过去,分则离心,合则不平。今后则要一中有多,多中有一。多以成其复异丰富,一以成其庄严伟大。亦惟庄严伟大始足以包容复异丰富的成分,复异丰富才能够促成庄严伟大的统一。这种在统一中求得个别的适应,又在个别适应中达成真正统一的原则,普通的说法叫做公民原则。换个说法亦可叫做精神的区域分工。"④实际上,李安宅的整个边疆工作观念都是建立在这种"两得其便,相反相成"和"一中有多,多中有一"的理论之上。区域分工的基础,是一种结构关系的演练。

如果内地学者与边地知识分子"共同研究,长久接触,则彼此启发,本末分别,沟通文化,自易水到渠成。文化接触,乃是创新之母。……取者丰,接者广,感者切,志者大:一切革命的先进,都是这样沛然而莫之能御的。外来势力只能培植生机,不能越俎代庖;只能供给因缘,不能消极破坏。"⑤文化接触和某文化的内外之别,各有作用,遵循的是辩证的内外因逻辑。李先生在这里定义了革命:革命就是文化接触的后果。

双方之间的这种辩证的互动关系,被一个更大的概念所包容,那就是"在国土以内都是中国的国民,一切血统的不同,早就没有关系了。"⑥"我国的文化,复

---

① 李安宅:《边疆社会工作》,125~126页。
② 同上,129页。
③ 同上,133页。
④ 同上,5~6页。
⑤ 同上,148页。
⑥ 同上,130页。

异中有统一,所以成其伟大;统一中有复异,所以成其富丽。"①二者之间的辩证关系,在《〈仪礼〉与〈礼记〉之社会学的研究》中即有:"人只要尽了为人的本分,就是完人,不管特殊的人所要尽的特殊本分是什么……儒家先将人分成类……每类给你一个应尽之道,那就是义,那就是人之所以为人的概念。"②这里是人的特殊本分和共同本分之间、完人和类人之间的关系。

结　论

据言,1980 年,李安宅先生八十高龄之际,曾为学生写下调查大纲,其最后一段开头一句就是"人之所以异于禽兽者在于有文化"。这句话源自《礼记·曲礼上》。③ 耄耋之年,仍不改青年时之观点,儒者之忠矣。

本文探讨中国人类学北派早期的特点,实际说应该是华西学派的特点,是它和传统儒学之间的密切关系;与南派人类学和史学之间的密切关系不同。结论是:《〈仪礼〉与〈礼记〉之社会学的研究》是中国人类学以西欧、苏俄和美洲的人类学理论和哲学理论互相参照与互补,修正、解释与融合以解释中国文明,以中国文明改造欧洲功能主义人类学和美洲历史学派人类学,是人类学中国本土化的最早实践。它是中国文明传统脉络在近世的一环,是李安宅用中西文化/文明之理论互相解释与改造、中西文化/文明之理论与时代处境互动的结果,它的成绩在晚近得到中国人类学的进一步延伸。它是儒家传统的一次扩张,是在近世社会科学中扩张的开端之一,亦是它在人类学领域扩展的开端之一。其影响有后音。

拙文中已经提到,李安宅的儒学人类学思想和明代王阳明的心学之间有着密切的关联。康有为和梁启超晚年的观点和李安宅的观点之间有着亲缘关系。李安宅在儒学上的很多观点受到他的老师冯友兰的直接影响,譬如他说礼的理论之一是诗的态度就来自冯友兰先生的观点,他对冯先生的观点作了取舍和改造。

李安宅先生此书首先是一部以礼为中心的人类学导论,而他此后的人类学研究则是以礼为中心的人类学,在李先生面对的解释不同他者的过程中,这个礼

---

① 李安宅:《边疆社会工作》,134 页。
② 李安宅:《〈仪礼〉与〈礼记〉之社会学的研究》,16~17 页。
③ 同上,164 页、160 页、9 页。

作为文化/文明的观念始终起着作用。以他的祖尼研究、藏族文化/文明研究和回族研究中,可以看出礼作为自我的身影。

近来以王铭铭教授等为代表的中国人类学家在挖掘中国人类学的本土文明资源和发挥中贡献颇丰,在中国文明传统中考察他者、天对现代的启示,又提出三圈人类学等概念,将中国现代人类学奠基于本国传统文明之上,昭示甚伙。本文的探讨,不过是在这个脉络之上作一些小的探讨而已。

1949年10月,李安宅与于式玉伉俪携手自英伦归国,仍入华西协和大学。年底成都解放,旋即受贺龙礼遇;1950年2月,李安宅在成都参加中国人民解放军十八军,在"十八军政策研究室"任研究员;1951年冬至1953年,担任西藏军区编译委员会副主任(至1952年8月),西藏军区藏文藏语干部训练班班务委员、教务长(1951年12月至1952年9月)①,1952年1月担任入藏部队藏文藏语训练班教育长、西藏军区藏文藏语训练班教师;1952年8月15日至1954年底,担任拉萨小学董事、第二副校长等职。1954年底离开西藏,前往内蒙等地参观;1955年初在京初步接触内地的知识分子圈局。1956年调至西南民院,是年春起担任西南民族学院民族教研室第一副主任,其间参加四川省政协;1957年初在西南民院任副教务长,随即参加四川省高级干部哲学自修班;1962年4月前往四川师范学院担任副教务长和外语系主任,并在此工作、退休直至1985年3月4日辞世;于式玉先生于1969年8月6日含冤去世。②

1987年9月,四川省正式成立李安宅、于式玉教授遗著整理编辑委员会,并于1989年开始陆续出版,总共八部,包括《藏族宗教史之实地研究》、《李安宅藏学文论选》、《于式玉藏区考察文集》、《社会学论集》、《两性社会学》、《巫术的分析》、《语言·意义与美学》,以及《仪礼与礼记之社会学的研究》,其中《藏族宗教史之实地研究》又于1994年出版英文本。其中近来又有再版的。

本文将以李安宅先生在20世纪30~40年代的人类学合作伙伴欧兹古的一段话,作为结束。他在1963年的书中致谢时说:"那些与我一起在云南工作和生活的人们,我领受过他们的恩惠,但战争和悲剧切断了我们所有的联系。他们当中谁也比不上李安宅和他的妻子那么重要,他们对人类的深切关怀,依旧如阴霾天空中耀眼的明星。十五年过去,他俩的生死变故我全然不知。现在我高兴地

---

① 西藏大学组织史编写办公室:《西藏大学行政系统、群众团体、学术机构组织史资料》,38~39页,拉萨:西藏大学,1989。

② 李印生:"两个学者的故事",26页。

把这本书奉献给我的朋友,希望给李安宅带去平安和幸福。"①若把他的话放在儒家祭祀礼仪中,别有意义。跨越数万里和数十年后,这寥寥数语,当使李安宅夫妇的在天之灵得到慰藉。

(陈　波)

---

① Cornelius Osgood, *Village Life in Old China*, p.369.

13 作为水利社会的传统中国

——冀朝鼎《中国历史上的基本经济区
与水利事业的发展》读后(1934)

冀朝鼎一生做了很多大事,在他的同代人中做一名首屈一指的学者只是他众多身份中的一个。

冀朝鼎,1903年出生于山西汾阳,是著名法学家冀贡泉之子。1916年,冀朝鼎考入北京清华学堂预科,1919年参加北京"五四学生爱国运动",在"六三大宣传"中被捕。后参与组织校学生自治会,任评议部委员,成立唯真学会,编辑出版《清华通俗周刊》,并组织工读团。1924年秋毕业赴美国留学,考入芝加哥大学攻读历史学。1926年参加留美学生和华侨响应上海"五卅运动"的反帝爱国活动,任《芝城侨声报》编辑,并被推选为大学国际学生会委员长及会计。同年冬被选为芝加哥中国留学生会会长,拥护孙中山三大政策和国共合作的北伐战争。1927年前往欧洲出席世界反帝、反殖民主义大同盟大会,经与会的中共代表团介绍,加入中国共产党。不久参与组织美国共产党中央中国局,任委员兼《先锋报》编辑。1928年被组织派回国参加斗争,途经莫斯科见到周恩来,改留在莫斯科中山大学学习。不久参加中共出席共产国际六大代表团工作,随后调任中国驻赤色职工国际代表邓中夏的秘书兼翻译。1929年被派到美国,参加美共《工人日报》和美共中国局工作,创办《今日中国》和《美亚杂志》。同时继续攻读经济学,1936年出版《中国历史上的基本经济区与水利事业的发展》,获得哥伦比亚大学经济学博士学位。此后应聘在美国各大学讲学,曾在太平洋研究所从事研究工作。抗日战争爆发后,1938年作为留美学生代表曾回国考察。1941年回国,被中共组织派到国民政府从事经济工作。先后任平准基金会秘书长、国民政府外汇管理委员会主任、中央银行经济研究处处长,并兼任圣约翰大学、暨南大学商学院教授等。抗日战争胜利后任中央银行稽核处处长,到上海接收日、伪金融机构。他利用合法身份和经常接近国民党要员的机会,为中共中央提供了许多重要经济情报,为解放区购买医药器械,掩护过许多地下党员。1948年到北平任

"华北剿总"经济处处长,曾数次与傅作义商谈和平解放北平的问题。新中国成立后,历任中国国际贸易促进会副主席兼中国人民银行副董事长、中国拉丁美洲友好协会副会长等职,创办并主持贸易促进会研究室工作。曾多次率外贸代表团赴西欧访问和举办展览,被誉为"中国最干练的经济学家"。1963年8月9日,因病在北京逝世。

冀朝鼎一生做过学者、编辑、卧底、官员,等等,但无论如何,都应承认,他一生的经历都是以扎实的中国经济史研究为基础的。冀朝鼎与魏特夫(Karl Wittfogel)、拉铁摩尔(Owen Lattimore)在学术上过从甚密,学术观点上也多相互砥砺激发之处,由冀朝鼎在《中国历史上的基本经济区与水利事业的发展》①中首倡,后两位发扬光大的对中国水利历史的政治与文明研究已经成为后来学者理解中国历史时,不可回避的一脉观点。

基本经济区概念的解析

冀朝鼎非常清楚自己的研究是要重写中国的历史,"人类撰写自己的历史,不只是在借用历史留传给它的各种条件下进行的,而且还要对过去的历史加以再写。……新的经验会导致新的历史见识,而根据新的见解,又可以阐述新的问题,可以重新审查新老论据,可以从大量似乎无用的资料中挑选出颇有意义的事实来。因此,历史必须不断地加以再写。"②冀朝鼎重写历史的工具是"基本经济区"这样一个概念。关于这个概念,冀朝鼎是这样定义的:"在半封建的历史时期,中国商业发展的水平从来都没有达到能够克服农业经济的地方性和狭隘的闭关状态的程度。这些地区性的组织是高度自给自足的,且彼此间互不依赖;在这种情况下,中国的统一与中央集权问题,就只能看作控制着这样一种经济区的问题:其农业生产条件与运输设施,对于提供贡纳谷物来说,比其他地区要优越得多,以至不管是哪一个集团,只要控制了这一地区,它就有可能征服与统一全国。"③可见,关于基本经济区对重写历史的有效性,有两个前提条件:一是封闭的中国的假设,二是地区性组织的自给自足。

要找到支持这两条假设的史料其实和找到对反的史料一样容易,冀朝鼎之

---

① 冀朝鼎:《中国历史上的基本经济区与水利事业的发展》,朱诗鳌译,北京:中国社会科学出版社,1981。
② 同上,1页。
③ 同上,10页。

所以选择了前者,很大程度上是当时的时势造成的,但也能够看到马克思的"亚细亚生产方式"的论断对冀朝鼎的影响。他说:"通过对灌溉与防洪工程以及运渠建设的历史研究,去探求基本经济区的发展,就能看出基本经济区作为控制附属地区的一种工具和作为政治斗争的一种武器所起到的作用,就能阐明基本经济区是如何运转的。"①从这段话中能够看出,冀朝鼎的研究取向是以经济史来诠释政治史的一种努力。他认为传统中国,至少是他要重新书写的从汉代到清末的中国是以农业为基础,他将各个时期的中国区分成基本经济区和附属地区两个部分来看待——当然附属经济区也不只一个,朝廷是通过控制基本经济区来控制整个国家的。当基本经济区与国家的政治中心相重合的时候,核心问题是灌溉,而当这两者相分离,尤其是分离得相当遥远的时候,水运甚至成为比灌溉更加重要的问题。

冀朝鼎显然不认为中国的水利事业是出于实际的农业生产的需要而发展起来的,所有宏大的水利工程都是一种控制工具和政治斗争的武器。中国历史上的分合治乱莫不与基本经济区的变化历史有关。从汉代开始,中国的基本经济区经历了一个漫长的从西北向东南移动的过程,不同地区的相对实力与政治上的重要性也随之变化,"如果撇开外部入侵、农民起义、商业和其他因素不谈,那么,关于领土扩张连同经济与政治中心的改变问题,就成了一个关于基本经济区转移的问题。"②但冀朝鼎不承认基本经济区的线性移动能够带来社会和经济结构的变化,在冀朝鼎看来,传统中国就是一套恒定不变的政治体制追随着向东南漂移的基本经济区在打转转,后文中将看到,这种想法其实来自马克思主义的经济基础决定上层建筑的学说。

与当时美国汉学的流行看法一样,冀朝鼎将秦汉以来的传统中国的历史区分成五个时期。秦汉为第一个统一与和平时期,"以泾水、渭水、汾水和黄河下游为基本经济区"③。三国魏晋南北朝为第一个分裂与斗争时期,"因为灌溉与防洪事业的发展,使得四川与长江下游逐渐得以开发,因而出现了一个能与前一时期的基本经济区所具有的优势相抗衡的重要农业生产区。"④隋唐为第二个统一与和平时期,"长江流域取得基本经济区的地位,大运河也同时得到迅速的发展,从

---

① 冀朝鼎:《中国历史上的基本经济区与水利事业的发展》,10页。
② 同上,9页。
③ 同上,13页。
④ 同上。

而将首都与基本经济区连接起来了。"[①]第二个分裂与斗争时期包括了五代、宋和辽金,长江流域的基本经济区进一步发展。元明清为第三个统一与和平时期,"统治者们对于首都与基本经济区相距太远这件事越来越发愁,因而多次想把海河流域发展成为基本经济区。"[②]从这个简要的分析中能够看到,基本经济区对于统一与分裂的循环有相当的解释力,尤其是在统一与和平时期的分析上尤其见长。但是,冀朝鼎对第一个分裂与斗争时期的解释似乎更加适合三国时期,而对后来的五胡乱华的解释力就显得不足,另外,他将宋代放在第二个分裂与斗争时期来考虑,虽不无道理,但终归是牵强了些,在这一时期内,也没有看到基本经济区的多元化趋势,经济与政治的关联性没有那么明显。这当然说明类似朝代循环这样的宏大历史问题很难从某个单一的视角予以全面的理解,但也并不意味着冀朝鼎的分析就是无端的经济决定论的附会。冀朝鼎的作品出版三年之后,曾经帮助他审查全部文稿并推荐出版的拉铁摩尔写出了《中国的亚洲内陆边疆》,拉铁摩尔在书中这样评价冀朝鼎的上述分期方式:"冀氏的解释没有什么主观的独断。他把秦汉间及元明之间的血战时期也列入'统一与和平'的时期,而非'分裂与争战'的时期,他之所以这样做,是想不纯粹按照年代排列的形式,而是以数字以外的指标来估计中国的发展。他所用的指标是水利工作,不但有防洪和灌溉,而且还有运河运输。这不是一个僵化的标准,而是一个活的,因为它对于中国农业非常重要,也是整个中国文化的重要标准。"[③]这本深受冀朝鼎影响的著作将灌溉提升到文明的层面来理解,在灌溉农业与其他产业类型的边疆地带展开论述,引入了草原地带的影响,对中国的朝代循环给予了更加令人信服的说明。

治水的起源

中国由国家主持的治水工程当然不会像上述分期那样是起源于汉代的。冀朝鼎肯定了顾颉刚对大禹治水传说的怀疑,但对顾所持的大禹的故事由长江流域传播到黄河流域的观点有保留。"将来新发现的证据,可能证实也可能推翻顾颉刚所作结论的积极贡献,但不管怎样,他对这个传说的传统说法所给予的批

[①] 冀朝鼎:《中国历史上的基本经济区与水利事业的发展》,13页。
[②] 同上。
[③] 拉铁摩尔:《中国的亚洲内陆边疆》,唐晓峰译,342~343页,南京:江苏人民出版社,2005。

判,似乎已经成功打破了这样一种神秘的理论:即中国水利事业的开端,要归功于一个英雄神灵的仁慈和他的自我牺牲的活动。"①这段文字的最后一句才是他引述顾颉刚的目的所在,这与当时很多中西方学者对中国古史的反思形成了微妙的差别。后者往往强调,文化不可能是某个圣王创造的,而一定是在进化论的大原则下,首先在民间生成的,这在不久的将来就被大量的人类学研究证实了。而冀朝鼎强调的是,文化不可归功于英雄的"仁慈"和"自我牺牲",其中有着浓烈的阶级论的气息。

灌溉的组织必然是与土地制度相关的。冀朝鼎因此也考察了先秦时期的井田制。他不同意疑古派对《孟子·滕文公》中关于井田制记载的全盘否定,认为井田制可能是确实存在的。在他看来,孟子讨论井田制的背景是春秋时期的铁骑和耕牛的出现导致了生产力的提高,进而使"暴君"和"污吏"有可能破坏原有的经界而大规模兼并土地。"这就很难避免产生严重的社会后果,……孟子看到了这种极端的与不公平的剥削是使社会动荡不安的原因"②,方才主张滕文公通过执行井田制来行仁政。井田是靠沟洫体系来灌溉的,虽然《周礼》中的沟洫过于整齐而显得有些伪造的嫌疑,但沟洫本身的存在是"用不着怀疑"的,而且,沟洫需要井田单位的农奴的共同劳作方才可能。冀朝鼎并不是说沟洫体系是最早的国家主持的水利工程,相反,大型水利工程需要动用大量劳动力,而在井田制的约束下,农奴各归其主,大型水利工程是很难组织起来的。

由于分封制度将全国分成了大大小小等级不同的封国,周天子只是名义和礼仪上的天下共主,所以,在秦汉之前的封建制度之下,并不存在基本经济区和其他附属区域之间的分别,天子也就没有可能通过基本经济区去控制全天下。以灌溉农业为核心的基本经济区也因此对秦汉之前的中国是一个没有解释力、甚至没有必要的概念。因此,虽然从井田制衰落到秦重新统一天下这段时间内,周室衰微,诸侯并起,仍旧修建了很多大型的水利工程,而且有些工程还与秦汉以后基本经济区的形成关系密切,但在当时,这些水利工程往往只在某个封国的内部有意义。其中一些是出于封建战争中运输军队和粮草的需要而开掘的。比如,公元前486年由吴王夫差开挖的邗沟,就是为了他的北伐大计;李冰在成都平原的运河则是为了支持秦国伐楚。还有一些则是以灌溉为目的的水利工程,比如,孙叔敖兴建的芍陂,西门豹在邺县开凿的灌渠,李冰也曾在成都开挖了大

---

① 冀朝鼎:《中国历史上的基本经济区与水利事业的发展》,46页。
② 同上,52页。

量的灌溉渠道。

无论是用于灌溉还是用于战争的水利工程,从一开始就是属于公共工程,而且都发挥了国家的公共职能的作用。冀朝鼎认为这符合马克思对亚细亚生产方式的判断,即由于居统治地位的官僚的阻挠,民间商业资本无法获得足够的发展空间,因此也就无法团结起来营建任何大规模的公共工程。水利工程的建设和维护就必须动用国家的资源和权威,因此也就成为国家官吏的特权和义务。而这些官吏兴建和维护大型水利工程,更多地是为了统治集团的政治目的,而不是出于对人民的义务。

冀朝鼎对先秦时期的讨论虽然还无法引入"基本经济区"的概念,但对水利工程与国家之间的关系已经有了深入的剖析。这里的很多看法都和魏特夫在《东方专制主义》中发表的观点有相通之处[1],但其中也有着十分有趣的差别,冀朝鼎并不认为治水是导致国家专制的原因,而是"统治阶级"为了自身的政治和经济目标动用手中集中的权力与经济资源营建水利工程,至于这是否导致了进一步的权力集中,似乎不是他要关注的问题。

基本经济区的移动

在先秦时期,最为重要的一个水利工程是郑国渠,这原本是诸侯斗争间接的

---

[1] 魏特夫认为,当人们开始尝试在干燥地区从事农业时,必须采用小规模的灌溉农业或者大规模的政府管理的农业——即治水农业——来获取环境中的能量,因此,整个人类文明就可以分为治水和非治水两个基本类别。以中国(尤其是华北)、印度、美索不达米亚和埃及等治水文明为例,作者指出,在大规模的治水工程的建设中,徭役一直是主要的劳动力来源;而为了征集、组织和管理这些劳动力,并有效推进工程的进展,一体化的计划就是必不可少的;庞大的治水大军必须要有强有力的领导者和一丝不苟的作业规范和强制措施才能有效工作;最后,要管理若干类似的工程,就必须发展出一个全国的组织网络,也就是中央集权的政府。这样一个推导理路严格说来并没有超过亚当·斯密和马克思的观点。魏特夫的过人之处在于,他进一步指出,为了开展和维持治水事业,国家的方方面面都以此为中心发展起来,并最终形成了一整套严丝合缝的专制制度。比如,为了准确把握洪水泛滥的时间,并与雨水配合来调节水量,人们发展了更为精确的历法、几何学和数学;为了准确掌握人力物力资源的储备状况和可利用程度,人们发明了更为严密的档案记录和管理方法;而由于治水事业积累的技术、经验和政治基础,国家得以发展古代城市的供水系统,得以修建规模宏大的航运和灌溉运河,得以为了保护耕地和财产而修建庞大的防御建筑,得以修筑贯穿整个国家的道路并为统治者修建宏大的宫殿、都城、陵墓和寺庙。这种组织能力甚至用来组织以"驿站"为代表的快速交通和精密的情报系统——这一直是"令人生畏的社会控制武器",以及统一调配的军事组织。这种政治上的早熟现象使国家的力量远远高于社会,甚至成为一种无法制衡的力量。治水文明的国家的赋税水平要远高于非治水国家,其对个人的财产和自由的控制和侵犯也达到了无以复加的高度,就连宗教力量也被网罗在国家的羽翼之下,失去了独立发展的可能性。参见魏特夫:《东方专制主义》,徐式谷等译,北京:中国社会科学出版社,1989。

产物,但最终使陕西中部成为中国历史上第一个基本经济区。本来,郑国渠是韩国为了削弱秦国实力而发动的一场阴谋,旨在通过大规模的水利工程来钳制秦国的战争能力,没想到郑国渠一旦建成"就像血管布满人体一样布满秦国领土","秦国的粮仓也因此充实起来"①,郑国渠反而成为秦征伐六国的重要武器。但历史证明,秦靠着这个基本经济区在战国末年脱颖而出,却无法在此基础上国运绵长,反而很快就被颠覆掉了。基本经济区只是提供了物质上的保障,却不能保证不被别人抢了去,冀朝鼎认为,秦始皇大量征用劳役,阶级矛盾迅速激化,导致了人民群众的起义,终于天下大乱。西汉刘邦在伐秦的过程中牢牢把握了关中地区,并委派萧何镇守关中,为大军提供充足的粮草辎重。司马迁曾经说,"故关中之地,于天下三分之一,而人众不过什三;然量其富,什居其六。"②刘邦最后能够在诸方势力的长期鏖战中胜出,文治武功固然重要,但萧何转运粮草之功才是根本所在。

关中作为基本经济区在战争中发挥了巨大的作用,但是,"统治政权从来都不是单靠基本经济区的供给以维持其生计的。"③每当国家在保持了一个时期的统一与和平之后,统治者就会产生更多的奢侈欲望和领土征服的欲望。汉武帝时期,为了向长安运输黄河下游的贡纳谷物,大司农郑当时曾建议修建一条连接黄河与长安的三百余里长的渠道,这条渠道同时也被用来灌溉两岸的农田。汉武帝更将中国改变成了一个农本主义的国家,在武帝时期,就已经开始重视农业灌溉了,他先后在河东(今山西)和关中修建了专门用于灌溉的河渠,甚至为了修建六辅渠而延宕了黄河防洪要务。后世对此颇有恶辞,但冀朝鼎认为,正是由于汉武帝对基本经济区的重要性有深刻的理解,他才正确判断了关中灌溉与河南防洪之间的轻重关系。

而武帝之后,中央政府再没有能力为较大的公共治水工程提供资金,关中地区的灌溉事业也因而被忽视,并引起了基本经济区的衰退。而一些有作为的地方官员则开始在其他地方着手水利事业,这些工程大多集中在淮河上游。公元前38年~公元前34年,南阳太守召信臣在汉水北部修建了钳庐陂,这项工程因在中国历史上首次建立了用水管理制度而著称。《汉书》中还记载了被称为鸿隙大陂的蓄水工程。而一直困扰这一地区的黄河水患,也在这一时期得到了缓解。

---

① 冀朝鼎:《中国历史上的基本经济区与水利事业的发展》,66 页。
② 同上,69 页。
③ 同上。

等到光武帝刘秀联合天下群雄清算了王莽政权之后,基本经济区已经从关中转移到河内(今河南北部安阳、新乡),东汉王朝因此定都洛阳。与此同时,关中的基本经济区的衰退并没有完成,它在整个东汉时期与新兴的河内地区已经连成一片,冀朝鼎说:"包括泾水、渭水和汾水流域,以及黄河的河南—河北部分在内的这一整个地区,却构成了一个基本经济区,这一基本经济区,是公元前206年到公元220年整个两汉时期主要的供应基地和政权所在地。"[1]

三国是半封建时代的第一个持续分裂时期,与后来由于游牧民族入侵导致的分裂不同,这次分裂的根本原因是四川和长江中下游作为新的有竞争力的经济区削弱了关中经济区的核心地位。其中四川的兴起是由于秦时太守李冰的不朽工程都江堰,该工程将整个成都平原变成了"陆海",灌溉、航运和以水落差为动力的手工业迅猛发展,到汉末,四川已经变得十分富有。而汉时的长江下游(即通常所指的楚越之地)在司马迁的笔下还是"地广人稀,饭稻羹鱼……无冻饿之人,亦无千金之家"的原始状态,《三国志》记载,就算到了三国时期,在武陵的许多县也还居住着"蛮人",但汉末长期战乱使中原很多带有先进农业技术装备的移民涌入江南,该地区的巨大经济潜力便被迅速发掘出来,并形成了吴政权。

对于盘踞江南的吴来说,当时最大的困难是劳动力不足,为此,226年,吴国曾经实行军事屯田制,也就是令军队承担耕田的任务。245年,陈勋率领军队开凿了句容运河,随后又在丹阳附近修建了赤山湖,这都是专门用于灌溉的水利工程。蜀汉一方,在成都平原的灌溉已经不成问题,诸葛亮为了收复中原而挺进汉中,却屡屡被司马懿阻挡,为了打持久战,诸葛武侯便于234年在渭水流域建造了军事屯田区。三国时期水利事业发展最快的要数最终完成一统的魏国。魏的水利工程一部分是为征服吴做准备的,都集中在魏和吴的主要战场淮河流域,另一部分则是为了保证首都许昌供应而在山西、河北修建的通往许昌的水运渠道。

三国鼎立局面的形成是由于经济因素,三国战争所比拼的最终也是经济实力,军事天才诸葛亮终于不敌司马懿就是因为后者避其军事锋芒而采用屯田策略,蜀政权在坚持了50年之后宣告溃败。魏吴之争同样是因为大将邓艾在淮河流域紧邻吴的边境建立了一个发达的灌溉农业区,使二者的力量对比彻底倾斜而以魏国胜利告终。吴政权虽然覆灭了,但却极大地发展了长江下游的经济区。随后,国祚短促的西晋席不暇暖就因五胡乱华而退守江南,并将中原的大量门阀士族带到了江南,随后南朝四国前赴后继地在今天的江苏境内修建了大量的水

---

[1] 冀朝鼎:《中国历史上的基本经济区与水利事业的发展》,78页。

利工程,长江中下游经济区进一步发展壮大起来。

但随后的历史却呈现出一种矛盾的发展势态,自隋以后的统一王朝,全部都定都于中国的北方——冀朝鼎认为这是由于传统习惯与政治上的惰性①,这种政治中心和经济中心相分离的状态使得联系南北方的运输系统成为必不可少的,此后的十多个世纪,联系南北的大运河引起了各个朝代统治者的极大关注。隋唐运河并不是我们今天所说的京杭大运河,而是联结长江下游和长安的一个扇形水域和另一个联结沁水流域与河北涿郡的扇形水域的总称,分为通济渠、山阳渎邗沟、江南河、广通渠和永济渠五个部分。这个水运系统虽然屡经毁建,但一直到元朝时期,基本上都保持了原状。大运河可以说是中国历史上工程量最大、铺设最广泛的人工水道,不但将中国北方的政治中心与南方的基本经济区联系起来,首都成功地获取了江南地区的财富,而江南地区也因为首都的拉动而在随后的历史时期中迅猛发展;而且,这些运河沟通了原本互相隔绝的几条大的自然河流,进而为整个中国的统一奠定了基础。

隋朝这些浩大的水利工程,很快就成为隋炀帝奢侈与残暴的例证,无论从中国传统史学的道义判断还是从马克思主义的阶级分析来看,这似乎都是没有疑问的。冀朝鼎说:"尽管中国森严的等级制度已消失,实质上,中国这一国家仍是建立在阶级统治的理论基础上的,而阶级统治则意味着剩余物资的集中,以此作为维护政权的一种手段并满足统治阶级的奢求。……物资集中就要开凿运河;反过来,开凿又要求进一步集中物资,这无疑地就将导致超额的租税,和制定残酷而庞大的强制劳动计划。"②这段话看起来与魏特夫的论调更加靠近了。

但是,冀朝鼎显然还记得西门豹那句名言:"民可以乐成,不可与虑始。"对隋炀帝个人的判断是一回事,而对他推动修建的这些水利工程的历史判断则是另外一回事。冀朝鼎引用一位评论家的话说,隋炀帝"为其国促数年之祚,而为后世开万世之利,可谓不仁而有功者矣。"③虽然冀朝鼎极力强调运河来自统治者对腐败生活的渴求,并造成了人民大众深重的灾难,但他也承认这些工程都是"政府的不朽的成就"④。

到了唐朝,江南田赋已经达到全国总数的十分之九,真可谓是"苏杭收,天下足"了。朝廷对江南贡赋的依赖也促使连接南北方的漕运迅速发展。在官制方

---

① 冀朝鼎:《中国历史上的基本经济区与水利事业的发展》,92 页。
② 同上,98 页。
③ 同上。
④ 同上,106 页。

面,从裴耀卿在漕运上的杰出作为之后,朝廷大吏负责漕运事务就成为常例,后世很多官员都以此闻名。完善的漕运制度也是在这一时期才开始形成的。为了运输江南贡纳,水陆联合的方式和特型船只纷纷出现。所有这一切都成为后来朝代竭力模仿的先例。唐代的水利事业直到安史之乱,才由于朝廷本身的一蹶不振而逐渐衰落下去了。

五代是中国历史上另一个分裂与斗争时期的开始,唐朝虽然大力开发江南,但直到唐朝灭亡,江南还没有成为一个一体化的基本经济区。冀朝鼎认为,江南地区的丘陵与山岳妨碍了整个经济区的联合,五代时期,这里还可以区分为六个相对独立的小区域,"除了四川、云南同两广这两个在经济上自给自足并维持了很长时期独立的地区外,另外四个特殊的独立地区也是自然的地理区划。"①这四个区域分别是:太湖与钱塘江流域为吴越所占;淮河流域和长江下游是吴的所在地,后来吴被南唐所取代;福建为闽国;湖南和湖北一带为岐国。与三国时期的分裂相比较,冀朝鼎认为:"如果从经济基础的观点或从基本经济区的观点来看,那么,前一个分裂时期,是由于敌对经济区的兴起而出现的,这些敌对的经济区,起到了削弱占统治地位的那些地区的经济霸权的作用;而后一个分裂时期的出现,说明了这个富有生产能力的地区,尚未形成一个统一的整体,以至于内部所存在的分化现象,削弱了它的潜在能力。"②也正因为如此,较为统一的黄河流域仍旧保持了相对优势,最终由后周大将赵匡胤再次完成了中国的统一。

在北方游牧民族的干扰下,北宋的统一十分短暂,③赵氏朝廷的南迁和当初的"衣冠南渡"一样,再次推动了长江流域的开发,《宋史》云:"水田之利,富于中原,故水利大兴。"④长江下游的基本经济区至此完全成熟。长江流域面临的水利问题主要是"围田",即将沼泽地排干,变成能够耕种的田地,南宋的水利工程大多与"围田"有关。"围田"在给南宋朝廷带来巨额收入的同时,也带来了严重的社会问题。由于湖床和沼泽地一旦被排干都将成为异常丰美的耕地,因此,这些土地原本"无主"的状态必然导致大规模的兼并,甚至很多朝廷大吏参与到兼并土地的行列中来。无序的土地兼并自然使得江南丰沛的雨水找不到泄洪的出路,于是,孟子曾经讥讽过的"以邻为壑"就成为长江流域十分常见的问题。一田

---

① 冀朝鼎:《中国历史上的基本经济区与水利事业的发展》,106 页。
② 同上,107 页。
③ 关于蒙古入主中原一事,冀朝鼎的框架非常明显地暴露出对朝代周期的解释力的不足,这也从反面显示出拉铁摩尔的洞见。
④ 冀朝鼎:《中国历史上的基本经济区与水利事业的发展》,107 页。

丰收往往是以百田绝产为代价，朝廷的收入锐减不算，社会也因此变得日益等级悬殊。冀朝鼎认为，这个难题非得经由国家对土地与水利的统一设计与管理方能解决。但这直到他自己生活的年代仍旧是江南的核心难题。

元朝是第一个定都于北京的朝代。隋运河在多年战争中基本被损毁殆尽，元朝因此一度鼓励海运，但由于人员和货物损失太大，最终还是决定改建大运河。新建成的大运河从大都经通州到天津、东昌、临清、扬州，最后到常州。这条运河在明清两代仍旧是连通江南的基本经济区和北方政治中心的主要航道。但这样的长途跋涉不但时间上经常捉襟见肘，也造成经年累月的浪费，更严重的是，由于运河与黄河交叉，而黄河上任一河段的溃堤都将给运河带来麻烦，这使得连续几个朝代在黄河治理上取得了伟大的成就，但冀朝鼎指出："整个中国半封建时期中，政府总是把谷物运输的利益放在灌溉与防洪利益之上。因为前者主要是一种私用行为，或者说是统治者对既得利益的一种直接享用的行为，同时，也是出自一种明显的需要，即利用军粮供养兵力来维持其政权。而灌溉与防洪，尽管也是生死攸关的事，但那是一个更直接关系到农民生活的问题，对统治者来说，同私用目的与政权的维护相比，就不那么重要了。"这段话可以看作是冀朝鼎对从汉代到清代中叶的水利发展史的一个总体看法。

对运河体系的维护令每个朝廷都疲惫不堪。因此，元、明、清三代不断有人建议将京畿地区建设成一个能够供给中央谷物的经济区，这虽然在很大程度上提高了华北地区的灌溉农业的精细水平，但建设另一个基本经济区的努力却从来没有成功过。这三个朝代都在经济和政治的南北分离中首鼠两端。以明代为例，这个极端重视农业的朝代从淮河流域起家，一路向北，将元王朝逐回了漠北。朱元璋最初号召推翻元朝的理由就是朝廷将南方的财富全部聚敛到了北方。明朝最初定都在江南的基本经济区的核心城市南京，但北方的鞑靼势力一直不肯放弃侵扰边境，在燕王和晋王的持续努力下才终于平定下来。紧接着就发生了朱棣勤王事件，中国的政治中心再次回到了北方。有清一代，南方先后发生了三次大规模的政权争夺，先是吴三桂企图与清廷划江而制，之后是太平天国定都天京，最后是辛亥革命。基本经济区与国家政治中心的分离无疑为这些反对政府的运动提供了机会。

冀朝鼎着重指出，上述分析的适用范围只能是从公元前255年到公元1842年之间，这段时间内，中国是一个以农业为基础的组织松散的国家，各个农业地区基本上是自给自足的，唯有通过官吏控制的灌溉工程，以及被国家牢牢把持的基本经济区提供的保障，才能维持国家的统一。因此，灌溉事业和对基本经济区的控制就不是单纯的经济问题,而是政治斗争中最有力的,甚至是终极性的武器。鸦片战争之后,西方列强的入侵彻底打破了中国原有的农业文明的宁静,农业的基本经济区在解释历史趋势方面也就不再重要了。

结　语

从上面综述的本书内容很容易看出,冀朝鼎总体上采用的是马克思主义的分析框架,这当然和他很早就加入共产党有密切的关系。但是,他的历史观并不是那么一致的。冀朝鼎希望利用基本经济区的概念来证明"经济基础决定上层建筑",并且在论述各个时期的水利发展史时总是在强调统治者是为了自身的利益而不是出于对人民大众的义务而关心水利的,但在有些情况下会反过来强调,基本经济区只能为政治斗争提供物质上的支持,而不能决定战争的成败。这种文本内部的张力并没有影响"基本经济区"概念的解释力,反而使冀朝鼎没有像后来论述治水的魏特夫那样掉到自我辩护的陷阱中去。其实,阶级并非一个可以随便用到近代西方之前的历史中的概念,以马克思主义的视角看到的统治者和被统治者之间的阶级对立在历史的语境中是不是存在需要仔细地考订,因此,断定何为"统治者的利益",何为"被统治者的利益",并非一个简单的事情。比如说,在汉武帝放弃治理河内的黄河决口,而专心于六辅渠建设这一个案上,冀朝鼎也须承认,汉武帝的眼光其实超越了后来的批评者。冀朝鼎在整本书中没有区分皇室与朝廷,而在中国历史上,这个区别至少到明代废除宰相制度之前都是非常重要的,哪些水利工程是为了皇室,哪些是为了朝廷,在冀朝鼎这里没有得到细致的分辨,虽然他也承认隋炀帝修建运河这件事需要更长远的历史眼光才能给出客观的判断。

冀朝鼎通过基本经济区的变迁重新梳理了从汉代到清代末年的历史,这个历史可以看作是一个政治中心和经济中心逐渐分离的历史,而他本人所采用的框架对这个分离的过程却少有令人信服的说明。两汉时期,基本经济区和政治中心是合一的,接下来的一个影响后来所有历史的事件是江南的开发,冀朝鼎当然意识到导致衣冠南渡是因为北方游牧民族的入侵造成的,但关于这一点,却不是他的历史眼光能够予以解释的。隋唐之后,基本经济区和政治中心的分离成了除南宋之外所有朝廷的常态,冀朝鼎也只是简单归因于政治惰性。中国的南北格局的形成是一个极为复杂的历史过程,无论是冀朝鼎的经济史的看法,还是拉铁摩尔的民族关系史的角度,都忽视了衣冠南渡之后逐渐形成的文化格局的积累与变化。这是一个历史问题,而不是单纯的逻辑问题,说基本经济区对这一格局有影响、有贡献是可以的,但将其看作一种决定性的因素就难免显得刻板。

冀朝鼎、魏特夫和拉铁摩尔都十分关注灌溉问题,冀朝鼎的学术关怀总体上来说,更接近拉铁摩尔,他们共同关注的是水利事业对中国历史进程的影响,而魏特夫则更集中在对马克思主义的反思与发展上,尤其是对亚细亚生产方式这一概念的细致研究构成了魏特夫的水利研究的核心。本文引述拉铁摩尔,以对比说明冀朝鼎的框架的不足,实际上,两人的观点更多的是相互补充,而非龃龉。在拉铁摩尔关心的灌溉农业与草原之间的边疆地带上所展开的历史,其实可以看作是朝廷依靠基本经济区提供的支持与草原势力长期拉锯的结果。冀朝鼎的论述在这里显示出了强大的理论潜力,只是,他过于简单地相信,中国似乎只有一个朝廷,而没有看到,在中国历史的大部分时间里,草原势力都维持着或大或小、或依附或独立的朝廷。或者说,在冀朝鼎看来,从汉代到清代中叶是一个单线的历史,而杨联陞则主张,中国的历史是以多线起伏为特征的,并且明确指出,冀朝鼎的研究代表了其中的一条线。[①] 灌溉农业只有在与其他生态产业类型的关系中才能显示出其对整个中国历史的作用和意义。

(张亚辉)

[①] 杨联陞:《国史探微》,27 页,北京:新星出版社,2005。

14 曾经沧海难为水

——重读杨堃"葛兰言研究导论"(1943)

近几年来,"历史"突然变成了人类学家、社会学家热烈追逐的对象,随之也涌现出相当数量的机构、课题和著述。而且,据说还出现了对某些概念如"历史人类学"的"抢注"现象,说不定,在将来的某一本学术史著作中,这也会成为一个"事件"。

几年前,我因翻译法国社会学家葛兰言(Marcel Granet)的《古代中国的节庆与歌谣》①一书,重新阅读杨堃先生的著作时,却不无惊讶地意识到,假如杨先生活在今天的话,他也许会对此报以宽厚的一笑:早在70多年以前,他就已经开始有意识地以历史来改造当时中国的社会学和人类学的领域了。

我顿觉自己的浅薄,因为在此之前,不是没有读过这位老人的书,我的书架上有他全套的著作,但对他那些作品的价值却始终未曾真正地意识到。说起来,当我多年前还在北师大读书的时候,竟有缘数次去他的家中拜望过他,我至今仍保留着在师大书店购买的他那本《原始社会史》,上面还用红笔密密麻麻地划了不少道道。我在北大读书时的导师周星教授就是他的弟子,周星教授刚刚替他编完一厚册《社会学与民俗学》,也送给我一册。此后,我的第一个工作单位就是杨先生任职的中国社科院民族研究所民族学研究室。记得有一次,我去民族所资料室借书,在一个角落里找到了杨先生捐给资料室的厚厚两大册法文原版《中国古代的舞蹈与传说》,扉页上还有他的亲笔签名,但拿在手里时,心中多少感到有些凄凉。显然,自从杨先生将这部书送来之后,就没人翻过,上面蒙了一层厚厚的尘土。在研究所里,我也不记得谁曾向我提起"杨堃"这个名字,他似乎是一个不曾存在过的影子。我开始嗅到了"蒙尘"一词的干涩气味。显然,遭到"蒙尘"之命运的,不只是这部书,还有他的主人——杨堃。

---

① 葛兰言:《古代中国的节庆与歌谣》,赵丙祥、张宏明译,桂林:广西师范大学出版社,2005。

民国学人与法国社会学年鉴学派颇有渊源,除杨堃外,凌纯声也是莫斯的学生,李璜在巴黎跟随莫斯、葛兰言读书时,还对葛兰言《中国古代的舞蹈与传说》的材料和观点有所贡献①。但与杨堃在大陆的学术命运有些相似,凌纯声去台湾后,其学术思想也几乎无人继承。在完成博士论文之后,杨堃从1928年开始,跟随莫斯和葛兰言这两位法国社会学派的大师研习民族学,从这时开始,一直到1949年,他写下了大量文章,专门评述这个学派的历史与思想。在同时代的社会学家中,杨堃在热心于介绍海外流派之学术思想方面,可能是最高产的一位了。

在此,我选取了杨堃先生在1943年发表的"葛兰言研究导论"一文,试图由此入手,来思考民国时期中国学人在接受外来思想方面,究竟对我们有何教益。当然,在今天,重新阅读一位前辈对另一位先贤的阅读,是一桩颇为困难的任务。这种困难在于,既要对葛兰言本人的思想有所了解,又须是解读杨堃对于葛氏的解读,我的目的是借此考察杨堃眼中的葛兰言,惟有如此,方有助于了解杨堃自身的学术思想脉络。

将这篇文章放在杨堃先生整个写作生涯中来看,这显然是他比较用力的一篇。而且,从题目和内容来看,这似乎是他一部著作的开篇部分,以下的计划应该是对葛兰言著作的逐部(篇)解读,他说:"我深信,我们对于葛兰言,应该先下一番研究工作,应该先去了解他,然后才可谈到批评。"不过,由于各种原因,杨堃先生除了在其他文章中零星涉及葛兰言的著作之外,并未从总体上完成这项工作。

杨堃先生既受莫斯、葛兰言之亲炙,在本文中也从葛兰言在学术上的师承关系开始写起。我猜想,他之所以特别看重这种传承关系,有可能有两个原因:其一,法国社会学年鉴学派本身就很强调学术思想的继承,其二,这也有可能是由于他出生在我们这样一个特别看重代际传承的文明中。

他首先梳理了葛兰言社会学研究的两条脉络。葛兰言在1919年发表《古代中国的节庆与歌谣》一书时,在扉页上写了一个献辞,"纪念涂尔干与沙畹",到1926年出版其代表作《中国古代的舞蹈与传说》一书时,又写了一个献辞,乃是"献给莫斯"。在杨堃看来,这两个献辞并不是没有意味的,它们分别表明了葛兰言本人在学术思想上的来源:一个是沙畹(Edouard Chavannes),一个是涂尔干(Émile Durkheim)和莫斯(Marcel Mauss)。

沙畹在承受了语文学派之特长的同时,又深通当前各种研究方法,杨堃指

---

① 参见李璜译述:《古中国的跳舞与神秘故事》,1~9页,上海:中华书局,1933。

出,更重要的一点在于,他有着在中国实地研究的经验,使他深感到中国文化须与中国实际社会相接触,也就是说,沙畹是把中国文化当作"活的文化",而非"死的文化"来看待的,这对葛兰言产生了重大的影响。故此,沙畹在研究中国时,是将"整个的中国文化,与整个的活动的中国社会"作为考察对象的。

杨堃认为,葛兰言的特殊贡献,在于他对于中国之宗教社会学的研究。他是一个神话学家,他的一切著作全是以神话学家的看法为出发点,如此才能明白他的著作,了解他的价值。然而,在这一方面,他从莫斯那里受到的影响,却比受自沙畹者,要大得多,不过,在杨堃先生看来,沙畹的著作《中国古代的社神》等,应该是葛兰言接受莫斯思想的"基石"。

在接受涂尔干的思想方面,葛兰言不太喜欢涂尔干的《社会学方法论》和《社会分工论》两书的原因,据杨堃推测,很可能是由于这两部著作有着过于浓厚的理论风格,并带有哲学的气味。而他更喜欢涂尔干的《自杀论》,这是由于《自杀论》有着严谨的方法论,所探讨的也都是一些"具体的社会事实":

> 从具体的社会事实之中,可以看出这一个极复杂的社会事实,而且是一个全体的社会事实,与带有进化性的历史的社会事实。并且,研究此类事实,须要避免心理的与道德的主观的解释,而专在客观的社会事实之中,去寻求社会学的说明。

"全体的社会事实"就是"具体的社会事实"。这是杨堃先生特别强调的葛氏方法论的特征,他举出涂尔干的《宗教生活的基本形式》为例,指出本书以澳大利亚的具体事实为对象,并且该书在结论内所发挥的"全体性"之理论,在近代社会学方法论内是极其重要的一个概念。故此,葛兰言的《中国古代之婚姻范畴》不仅超过了涂尔干,亦可视为《宗教生活的基本形式》的补充。其《中国思想史》一书,同样也可以看作是以涂尔干和莫斯合著之《原始分类》为出发点的。

但对葛兰言影响最大的,不是涂尔干,而是莫斯。在杨堃的心目中,莫斯不仅是涂尔干的学术继承人,而且是新的法国社会学派的开创者,如果将莫斯仅仅看作涂尔干的一个信徒,那便是"对于近二十年来法国社会学全不了解之错误的观念"。在他看来,葛兰言推崇莫斯的根本原因,大约有两个:

一是莫斯作为社会学家而兼宗教史学家、神话学家,故在精神上与葛兰言颇相投合。二是涂尔干的方法论仍充满了哲学的色彩与系统的说明,而到了莫斯手中,则完全成为分析事实与研究事实的方法。这种方法是柔性的与相对主义的,而不复是硬性的与绝对主义的。莫斯不怎么信任一般社会学家所用的"比较法"，却主张采用涂尔干学派原本比较轻视的历史的方法，主张社会学家与史学家要采取合作的态度。

杨堃先生对于社会学派从涂尔干到莫斯时代之转变的把握，其深入和精确程度令人惊叹。他指出，法国学派的"社会学"与一般所说的社会学不很相同，反而与我们所叫的"民族学"或"文化人类学"，颇为相近，从而，到莫斯领导这个学派的时候，"法国社会学派"已经改称为"法国民族学派"了。他在另一篇"莫斯教授的社会学学说与方法论"中，也专门叙述了从涂尔干到莫斯的这个转变过程是如何完成的：莫斯创立的"新的社会学主义"（艾塞尔杰语）的贡献在于打破了"社会学的藩篱"，而使社会学与民族学合流，从而形成为"一种新的势力，那即是一般所说的'法国民族学派'"。[①]

不过，如果说葛兰言只是一个民族学家，还是远远不够的。杨堃在前面指出了葛兰言从沙畹等人那里学来的史学方法后，又着重指出，涂尔干学派实际上与法国的新史学运动的倡导者们有着十分密切的联系，他们在观点上十分接近，并且在发表论文、出版著作等方面都互相合作，葛兰言的《中国文化》与《中国思想》两书就是在新史学大师亨利·白尔主编的"人类演化丛书"内出版的，他的社会学方法与法国历史学的关联是实质性的。

杨堃接下来讨论了葛兰言的方法论。他指出，法国社会学派最重要的贡献之一就在于他们在方法论上的创新，葛兰言对方法论的重视也是无以复加的，他的著作在发表时无一例外地都会在一开始有一个很长的"绪论"，来讨论方法。并且杨堃认为，葛兰言《中国古代的舞蹈与传说》一书的绪论不仅是葛兰言方法论中一个很好的说明书，而且是他"向整个的中国学界一种革命的宣言"；这个绪论表明，从1926年起，西方中国学界正式诞生了一个"社会学派"。

葛兰言并不是这个方法的开创者，但他首先将法国社会学派的方法论应用于中国研究，不仅使中国研究从此开创出一个新学派，法国社会学派的方法论也因此新的领域之应用，而更趋于精密，这是葛兰言最伟大的贡献。他也由此成为继莫斯之后公认的领袖人物。

那么，葛兰言的社会学分析法究竟有哪些基本的特征呢？杨堃先生总结出四条：

1. 这种方法既然是以具体事实为研究对象的，那么，如何选择研究的事实，

[①] 杨堃："莫斯教授的社会学学说与方法论"，见其《杨堃民族研究文集》，110页，北京：民族出版社，1991。他另有其他不少文章谈论过这个问题，不再一一引述。

便是方法论首先要面对的一个问题。社会学派的根本信条在于,对事实的选择,"不贵多而在精",如果能将一种极有意义的事实研究清楚,那么,其功效会比一大堆不正确的、不彻底的研究还大。这是葛兰言所有研究工作的基础。

这也是社会学分析法与历史分析法的不同之处,历史法为"叙述法",而社会学分析法为"说明法"。这种说明的方法以事实之分析为主,这是先有事实然后才有理论,而不是相反,因此,它不是一种"求证"的方法。

2. 社会学的观点与其他社会科学有着一个根本的不同,那就是,它以"社会事实的整体"为研究对象,而其他社会科学全是研究社会事实或社会制度的一方面,并且往往将那一方面的事实当作一独立的事实,比如经济学家视人类为"经济的人";而社会学则是研究社会事实的整体,是将社会事实当作自然的与客观的,而且是活动的,极其复杂,而各部互相联系、彼此息息相关之一全体的事实。仅有这样的看法,才能把握住社会事实之具体性与全体性,亦仅有这样的社会学才真是科学的"全部的与具体的社会学"。

3. 社会学分析法同时也是一种"比较法",没有比较,也就没有"说明"。这与杨堃先生曾在前面说过的,莫斯不太信任比较方法,有没有冲突呢?我认为,杨先生并未犯自相矛盾的错误,他在前后两处所说的"比较法",实际上所指是不同的。前面所提到的比较法,乃是指他所说的"旧派社会学家",他们未能注意到文化的全体性,仅将某一制度抽出,拿来随便比较,其结论每每不可靠。而此处所说的比较法,乃是"新派学者"独有的,他们因为处处看到文化的全体性,故仅在社会模式相同或本属同一文化领域内的社会事实,始才加以比较。葛兰言并非不知道弗雷泽的《金枝》与《社会学年刊》中那些民族学资料的价值,而他始终不肯加以利用;但他又不是不用民族学资料,他所看重的,一是汉藏语系的西南各民族,二是北太平洋领域内的东北各民族。此外,还有澳亚语系的各民族也可利用,因为这些民族曾经与中国文化发生过亲属的关系,全是大的中国文化领域内的文化,同属于一个"文化集团",其社会模式也大致相同,如此方可作为比较的对象。即便如此,也须时刻谨慎为是,譬如葛兰言《古代中国的节庆与歌谣》中,在运用这类民族学资料时,均放在附录中,并未收入正文,即是一例[①]。

在具体运用比较法的时候,葛兰言强调要将各种制度的发展阶段拿来互相比较,此即为"历史比较法"。换言之,这种比较法并不是比较两种制度中的单个要素或事项,在其背后,仍是一种"总体性"的眼光。葛兰言称之为"试验法"或

---

① 参见葛兰言:《古代中国的节庆与歌谣》,227~256 页。

"间接的试验法",杨堃指出,唯有从此方面入手,方不至于在理解葛兰言的著作上误入歧途。

4. 最后一点尤其重要,杨堃先生写道:"社会学分析法在骨子里,原是一种调查与田野研究的方法。"读葛兰言的著作,常常使人误会他只是一个"上古史"的专家,其实不然,杨先生说,葛氏对于中国现代社会之研究,亦有一套很值得介绍的方法论。不过,很可惜,由于这篇文章的主旨是讨论葛兰言的方法论的,故杨先生没有进行这方面的介绍。葛兰言的方法论与莫斯在巴黎民族学学院讲的民族学调查法大致是相同的,但在应用于中国的研究时,他主张以"乡村文化"为中心,而且在乡村研究中,要选择受都市文化影响最少,并最能保存旧日文化之形态者,作为入手的对象。葛兰言的这个看法实际上很容易引起误解,我在后面会略加以延伸的解说。这也影响了杨堃先生后来研究的思路。

葛兰言虽对田野调查有独到的见解,如他不太认可当时一般学者所常用的问题表格,而主张必须亲身调查,待到有了一种"长久体验、见闻既多"之后,方能将已经准备的问题表格,陆续修正,时时增加,而趋于完备,不过他自己的研究,却仍然专注于中国的古代社会。杨堃先生对于葛兰言的中国古代社会分期作了自己的归纳,分为三个时期:

(1)原始时代:这一时期纯属传说时代,然而其历史也最长;

(2)封建时代:虽有文献,但大半均系晚出,屡经窜改,未可信赖,可称为"半文献时代";

(3)帝国时代:始于秦汉,从此进入真正的历史时代。

葛兰言的专门研究在于前两期,并特别在于"封建社会"。杨堃先生说,他并非不重视地下的考古材料,一是由于当时地下发掘尚处于起步阶段,造假事件太多,"中央研究院"的《安阳发掘报告》也尚未出版;二是对上古社会的理解需要古文字史、古语言史、古动植物史的研究齐头并进才行。由于这两个原因,葛兰言的主要贡献在于运用新的社会学方法,从故纸堆中发现许多惊人的事实,故他的方法也可以称作是一种新史学的方法。

既然葛兰言的方法是一种史学方法,那么,他与一般的历史学家有何不同?首先在于他对"史料"有着自己独特的看法与取舍标准。与校雠考证家不同,葛兰言并不太看重古籍的出版年代,而专在"事实"上用力,而"事实"与"真伪"并无必然的关联,纵然是"伪书",但作伪之人的"态度"总是"真"的。杨先生说,丁文江对葛兰言的指责,是由于并未真正了解葛氏的意思,而李璜说他是"伪中求真",才是正确的。然而,他又说,李璜将葛氏的方法解为"用心理学的眼光去判断这些材料的价值",这却是错了,其实葛氏的眼光永远是史学的和社会学的,纵然他说了"颇注意于史家下笔时的心理方面",但这个"心理"方面指的却是史学家的"社会态度",研究者可以从此态度中探寻当时的社会形态与整个的社会文化,这是"社会学上的真",而不仅是"心理学上的真"。

其次,葛氏所说的事实是指"社会事实",他在《中国文化》与《中国思想》中要寻求的,乃是"古代中国人之社会制度"与"中国思想之制度的实质"。对于历史事实与社会事实的关系,史学家有不少争论,而葛氏认为,历史事实本就是过去的活的社会事实,惟经过史学家的制造,而始见之于书,才变成了历史事实。如何寻出当时活的社会事实之本来面目,不能专用语文学的方法,而非依赖社会学分析法。

第三,关于历史事实的年代,葛兰言认为古籍中所说的年代是靠不住的,应该寻求"社会学的年代"。当然,葛兰言并不是完全不重视历史学家的年代,虽然他的同事席密昂曾刻薄地讥讽历史学家对年代的痴迷为"史学家部落内的一种偶像",但葛兰言称这些"假"年代为"礼式的年代",同样看得很重要。他要从这些假造的年代中,寻找出作假者的社会心理与假年代在神话学内代表的真的意义。惟其因此,葛兰言不肯轻易使用"民族学资料",却很重视"民俗学资料",方能得到理解。并且这种眼光延伸到他的学生一辈,杨先生特别指出,葛兰言的学生全都对宗教与民俗两项特为注意,而且总会有一种新的看法,亦即社会学的看法。

关于莫斯与葛兰言的这种方法,杨堃先生本人曾在另一篇商榷文章中举出一个具体的例子,讨论所谓"社会学的年代"。当时,民俗学家娄子匡在"打擂台"一文中提出一个研究的题目,他认为,战国以至秦汉的角抵之戏以及后来的"打擂台"应该就是莫斯所讲的"保特拉吃"(Potlatch)。杨堃就此写了一篇文章予以回应,他认为,在具体研究中运用一个概念时,首先应当弄清楚它的来龙去脉,因为惟有在此前提下,才能决定这个概念的适用程度。如"保特拉吃"一词,他指出,是"原始社会内一种比较普遍并极复杂而属于多方面的社会制度",第一个将这个词介绍到社会学内的,并不是莫斯,而是美国人类学家保爱斯(即博厄斯)。但莫斯的贡献在于,他第一个发现了"保特拉吃"的真实价值,看出它的普遍性绝不是仅以北美印第安民族为限,并且认为它是原始社会演化的一个阶段,即由原始的图腾社会过渡为文明社会之中间物。至于中国古代的角抵、打擂台是否是一种"保特拉吃",即使考证出打擂台起源于相扑,还不算完,还必须考证出,"在某个时代,相扑并非是一种古戏而是当时实行的一种礼节,一种社会制度,如果此种社会制度之本质与以上所说的'保特拉吃'之本质完全相同或大致相同,则先生的假定就算有据了。"

随后,杨堃先生在梳理了莫斯、达卫(John Davey)和葛兰言等人的观点及主要研究成果之后,精辟地写道:

> 打擂台在起源时,或许与"保特拉吃"有关,甚或在当时原是"保特拉吃"制度内很重要的一幕亦说不定。然而到了秦汉以后,中国文化早已进入于文明社会之林,则界于原始的图腾社会与文明社会之间的"保特拉吃",纵有过想也已死亡,势无幸存之理。固然社会学上有一定律,可以告诉我们,每一社会制度只要是真正流行过的,大概全很难完全消灭,丝毫不留遗痕。然后某种社会制度之遗痕,究与某种社会制度之本身大不相同。今就先生所引证的各段文字而言,我们至多仅能说在打擂台这件事内,包含着"保特拉吃"的遗痕,我们似乎不能说,打擂台就是"保特拉吃"之一种。①

可见,杨堃先生在运用一些关键概念的时候,是十分严谨的。他一再强调的意思,无非是说,任何一个概念都有其特定的历史的和学术史的背景,研究者对此一定要十分清楚才行,方不至于犯下张冠李戴的错误。正是出于这种考虑,他还特别希望顾颉刚对中国历史上的"保特拉吃"现象发表自己的意见。他在本文的结尾部分也专门谈到了中国的史学。他认为,顾颉刚先生作为新史学运动的中心人物,虽然并未参考过葛兰言,但他编辑的《古史辨》、《民俗》与《禹贡》等刊物,却与葛兰言是"智者所见略同"。在他看来,顾颉刚的新史学与葛兰言的社会学,在许多地方都有殊途同归之处。

最后,还有一个问题:我们如何看待这篇文章在杨堃先生的著述中的角色?先前,我在读杨堃先生的著作时,心头始终有一个挥之不去的困惑,他花了许多力气和偌大篇幅来介绍孔德、涂尔干、莫斯、凡·盖纳普(Arnold van Gennep)、莫斯等人的著作与思想,但从他自身的一些研究来看,显然留下了不少令后人困惑的问题。为了更好地说明,我将稍微扩展开去,举他的《五祀考》②为例。我在读这几篇文章时,时常觉得,如非对此素有训练及关心此类题目者,会感到殊为难读,杨先生从事此类十分繁琐的考证工作,他最终的关注点究竟在哪里呢?

---

① 杨堃:"与娄子匡书:论'保特拉吃'(Potlatch)",见其《杨堃民族研究文集》,38~48页。
② 《五祀考》并未最终完成,他本想就此写成一部专著,但最终由于各种原因,只完成了一篇"五祀考通论"和三篇专论"中神考"、"行神考"和"灶神考",以上文章分别见于《社会学与民俗学》和《杨堃民族研究文集》。

他认为,"五祀"与"五行"原是不相干的两套体系,五祀是一种所谓的"群祀"或"全祀",不必一定为五种,其种类也不必完全相同,因为五祀是一个通名而非专名。但是,后来随着五行说的兴起,五祀也终于被五行"吞并",成为五行体系内的一面,所以在神话与仪式方面均依五行说之需要,在本质上须经一度之改变,而且,从此之后,

> 乃由民间的而成为国家的,由地方的而成为统一的,而同时亦由活泼的与复杂的一变而为刻板的与单调的。而此种演变之关键,据吾人之推测,则系开始于战国末年,盖与当时之社会组织与政治结构之由封建的变为帝国的,由分裂的而变为统一的,亦均有联系,而完成于东汉。因此之故,本文以后所应讨论者,则可分为战国以前之五祀于战国以后之五祀两章。在战国以前的一章内,又可分为初民时代与封建时代两大节。①

不难看出,他在考察五祀的演变历史时所运用的,正是他在本文中所介绍的葛兰言的方法论。我们如果将"葛兰言研究导论"、"五祀考"以及他后来的一些工作如指导学生论文、云南民族调查等联系起来看,这篇"葛兰言研究导论"与"莫斯教授的社会学学说与方法"等文中介绍的法国年鉴学派方法乃是他所有研究工作的基础,它们不仅是一种"介绍性"的文章,也是他的方法论总纲,这是很显然的。他不止在从事历史研究时运用莫斯和葛兰言的社会学方法,在开展现实的、田野的考察时,他也始终坚持一种历史的眼光。正如杨堃先生在文中提到的,葛兰言十分重视田野的调查。举例来说,杨堃先生在北京各大学从事教学期间,除了阐述法国社会学派的理论和方法之外,还常常将"观察和访问的体会加进我的讲义和论文之内",并且"常以调查报告代替考试,因而积累了许多有关民族学和民俗学的资料"。他还指导许多学生从事小规模的民族学调查,"从自身的体验与观察中取得材料"。② 北京大学图书馆现存的燕京大学社会学系学士与硕士论文书目中,举凡与礼俗和宗教有关的题目,几乎都是杨堃指导的。据杨堃先生自己的统计,总共有19篇之多,并且他自己也积累了数万张卡片③。

在此,他的民俗学考察工作又涉及到他在本文中提到的莫斯和葛兰言特别看重的"乡村研究"与"民俗学"问题。民俗学运动自从在北大兴起以来,始终与

---

① 杨堃:"五祀考通论",见其《社会学与民族学》,382页,成都:四川民族出版社,1997。
② 杨堃:"我的民族学研究五十年",见其《民族与民族学》,398页,成都:四川民族出版社,1983;"自述",见其《杨堃民族研究文集》,518页。
③ 杨堃:"我国民俗学运动史略",见其《杨堃民族研究文集》,228~231页。

一种(广义的)民粹主义观念分不开,"打倒圣贤文化","到民间去",这些口号都表明这样一种意识形态的普及程度。杨堃先生对民俗学也有诸多的讨论,我不能说,杨堃先生没有这样的观念,毕竟,这是一个时代性的思想。但在学术眼光上,他却与其他民俗学家有着不小的区别。

他始终认为,民俗学不应当是一门"独立的科学",而是"民族学"的一个分支,即主张采取狭义的说法。这是与他从葛兰言那里接受的思想分不开的,他主张,研究民间社会须用民族学家或社会人类学家的亲身研究方法,即用"局内观察法"研究民间社会的整个生活,将一般所说的物质文化与精神文化完全包括在内,考察它们彼此间的相互关系,而不应只研究民间生活的一方面。①

这种观点中还有着更深远的意思,他说,"野蛮民族"的研究应当交给民族学家,而"文明民族"的都市文明或高等文明,交给其他社会科学去办理,民俗学者应缩小范围,用全副精力去研究各文明民族的民间社会及其文化。② 这意味着,在他看来,虽然在研究的领域上,民俗学家只需研究民间社会及其文化,但并非要弃"高等文明"于不顾,它们之间是互相参照的关系。在这种分工合作的背后,实际上仍然是一种历史学的总体性眼光,惟其如此,才能解释何以杨堃先生在承认"民间文化"与"初民文化"无非是两个"概括的概念"的同时,却又主张将它们区分对待。③ 在他看来,"民间文化"的独特之处或许就在于,它隐藏着一个与"都市文化"或"高等文化"不同的"社会学的年代"。

以上所述表明,杨堃先生始终在践行着他在这篇"葛兰言研究导论"中介绍的葛氏方法论:"历史事实"一定是"社会事实",而"社会事实"也一定是"历史事实"。换言之,在杨堃先生眼里,社会学(民族学)是一门历史的社会学(民族学)。比如说,我注意到,他在燕京大学指导学生做关于礼俗与宗教的论文时,虽也鼓励采用社区研究法(并且他对于布朗在燕京大学所做的演讲很是赞赏),但与吴文藻、雷洁琼、杨开道等人仍有所不同。他并不一定要将学生严格限于一个社区之内,而是采取了一种散在的眼光和笔法,如李慰祖的《四大门》,研究的乃是整个北京的四种动物崇拜。而这恰好是费孝通先生后来不以为然的。费孝通的学士论文题目为"亲迎婚俗之研究",采用了一种历史地理学的分布研究方法,但他后来在反思时认为,那种方法是有问题的。

---

① 杨堃:"民俗学与通俗读物",见其《社会学与民族学》,202 页。
② 杨堃:"民人学与民族学",同上,221 页。
③ 同上,224 页。

实际上,在杨堃先生指导学生论文采用的方法背后,隐含着他自己的一种历史的框架,这是他何以特别鼓励学生去从事礼俗和宗教两个主题之研究的根本原因,他的关怀始终是历史—宗教社会学性质的。

在"结论"部分,杨堃先生说,葛兰言继涂尔干和莫斯成为社会学派的第三代领袖后,培养出一大批优秀弟子,除了在法国以外,在东亚,无论在中国,在日本,还是在越南,他的门徒也为数不少,但令他不无慨叹的是,

> 惟到现在为止,在"中国学"界之内,他们似尚未占有相当的地位,形成一个有力的学派。至于说这个学派的前途如何,因为它尚在发展时期,自然是为时尚早,未便多谈。然而以现势度之,继语文学派而起者,其为此派乎?

显然,在写下这最后一句话的时候,杨堃先生怀有"继语文学派而起"的雄心,他在回国之后,曾经有过一系列的设想,并且开始付诸实施,但此后的政治冲击却是他未曾预料到的,由此也终结了他在20年前就开始着手的写作计划。造化真是弄人。

直到20世纪80年代初期,杨堃先生在为他的一部论文集《民族与民族学》写学术自传文章时,仍然战战兢兢地将自己描绘为一个"旧知识分子",批判自己当年在北京高校讲授的社会学和民族学为"资产阶级民族学"。1958年夏天,突遭夫人张若名自杀身亡这样重大的事件,他虽然悲痛万分,但仍然只用了一天时间来处理善后,便忍痛返京,继续参加对资产阶级民族学的批判工作。[1]

据严汝娴教授说,杨堃先生最后在云南大学的工作是干批《三字经》的杂活。她在云南大学时受教于杨堃先生,并在"文革"后与刘尧汉一道,通过费孝通、胡德平等人将杨堃先生从云南调回北京,她是这样回忆当年的学术氛围,以及她心目中的杨堃的:

> 有人认为社会学根本就不是一门学问,就是贩卖资产阶级的那一套意识形态,就是跟中国的社会主义捣乱的,他们的知识是完全无用的。他就不知道杨堃根本不是那种人,杨堃不是耍嘴皮的人,是扎扎实实做学问的人,而且是对各个学派研究得很精深,功夫下得很扎实的那种人。……杨先生是不善于跟人交往的,讲课讲得很好,逻辑特别清楚,各个学派,都讲得非常

---

[1] 杨堃:"我的民族学研究五十年",见其《民族与民族学》,第390~406页。

清楚,尤其是对法国学派,非常在行。他对法国有感情。①

逝者已矣。时过境迁之后,我们对杨堃先生的学术记忆,却仍然是他曾经为之痛心疾首的"资产阶级民族学"②,他对法国社会学派(民族学派)的把握和理解之全面性与深度,竟然是那样的难以企及!我在一个读书会的场合中做关于杨堃先生研究的报告时,梁永佳博士评说道:"这是一个令人悲哀的题目!"这句话虽然多少有些愤世嫉俗的意味,却不为无因。毕竟,在这样一个无处话语不革命的年代,承认前贤之"新",与正视己身之"旧",都是需要勇气的。

(赵丙祥)

---

① 曾穷石:"人类学家严汝娴教授访谈录",载王铭铭主编:《中国人类学评论》,第6辑,第147页,北京:世界图书出版公司,2008。

② 如,杨堃先生健在时,周星教授为他选编了一册《社会学与民族学》(成都:四川民族出版社,1997),所收文章仍以他在民国期间撰写的学术述评为主。王铭铭教授在编《西方与非西方:文化人类学述评选集》(北京:华夏出版社,2003)时,选了他的四篇论文,都是对法国年鉴学派的述评。

15 社会意识中的"隐"

——"皇权与绅权"的一个补注(1948)[①]

1948年,费孝通与吴晗将他们组织的"中国社会结构"讨论班的文章编在一起,出版了《皇权与绅权》。在这本书中,费先生回到古代经典,指出士大夫为了找到"逃避权力的渊薮",创造了"消极"的社会意识。"绅士"已成为海内外中国社会研究的关键词之一,但是很少有人检讨费先生回到经典的原因及其启示。笔者认为,费先生在《皇权与绅权》中,超越了经验主义的研究方法,将士绅视为一种观念中的范畴、一种社会意识,并指出,绅士的社会意识表现为一种消极的态度。费先生不仅详细讨论了士大夫退任为绅的消极,而且提出了士大夫的另一种消极态度——"隐",但未作进一步论述。本文将尝试按着《皇权与绅权》的思路[②],从社会意识入手,透视作为隐之士的消极特征。笔者提出,绅的消极是为了回避皇帝,隐的消极是为了拒绝皇帝,这两种消极态度构成互补关系,使得士大夫在社会意识上有两种面向:既可以入世为官绅,也可以出世为隐逸。由于世间与超世间的"不即不离"的关系,所以入世与出世都是"士志于道"的途径,并通过修身实现。

本文不拟对士、绅、隐的概念做总体研究,而是希望在《皇权与绅权》启发下,提出一个目前社会学鲜有论及的"隐"的问题。提出这个问题,是为了让"士"与"绅"两个概念在一定程度上清晰化。笔者对于士、绅、隐、皇等概念,既不拟以演绎的方式预先定义,也不是以历史的方式分别追溯,而是将其放在彼此的关系中逐步透视。

[①] 本文观点得益于与多位学者的讨论,笔者尤其感谢王铭铭教授的指正和纪仁博(David Gibeault)、赵丙祥、吴飞、张亚辉、曾穷石的意见。当然,错误由笔者负责。原文曾载于《社会学研究》,2008年第5期,43~56页。

[②] 这本书在首次出版的时候,同时收录了其他作者的文章,但本文仅讨论费先生撰写的部分,即"论绅权"、"论'知识阶级'"、"论师儒"。本文所说的"皇权与绅权",也仅指这三篇文章。

一、作为社会意识的"绅权"

费先生有关"绅权"的论述来自他的"双轨政治"概念,主要体现在他的三部著作《乡土重建》、《乡土中国》和《皇权与绅权》中。① 双轨政治由自上而下的皇权与自下而上的绅权构成,前者属于皇帝,后者属于绅士。费先生认为,"一个健全的、能持久的政治必须是上通下达,来往自如的双轨形式。"②中国大一统社会能够绵延数千年,不可能是一个任由皇帝为所欲为的制度,虽然正式的制度似乎如此。所以,在中国古代社会中,应该存在其他非正式的权力形式,绅权就是其中之一。与西方用民权控制政府权力相仿,中国靠政治哲学中的无为主义和绅士软禁皇权。无为主义的目的是"软禁权力,使它不出乱子,以政治的无为主义来代替宪法。"③绅士则在县衙到家门的区域内实现地方自治。他们不直接听命于官吏的差人,而是凭着自己的社会地位,通过私人关系出入各级衙门,甚至可以直通皇帝本人,从而达成协议,修改政令。因此,绅权在一定程度上起到了限制皇权的作用。这种自下而上的政治轨道"不在政府之内,但是其效力却很大的,就是中国政治中极重要的人物——绅士。绅士可以从一切社会关系:亲戚、同乡、同年,等等,把压力透到上层,一直可以到皇帝本人"。④

为了进一步说明这个问题,费先生在总结三部著作的时候,区分了中国传统社会中的四种权力:皇权、绅权、帮权和民权。其中,帮权和民权没有得到详细的论述,皇权也是个令他不太满意的概念⑤,而绅权则是费先生最重视的概念,也是引起最多讨论的问题,更"是个值得从长商榷的题目"⑥。费先生认为,绅权大体上外在于皇权,它"与皇权的来源不同,绅权是社会经济的产物,握有传统的势力。"⑦说它是社会经济的产物,是指绅权的工具性,即一种经济基础较好的人家面对专制皇权的自保手段;说它握有传统势力,是指绅权的影响力,即绅士用"规范知识"服务于皇帝并驾驭或影响皇权,同时,也包括他们对社会的影响力,这种

---

① 梁永佳:"从《皇权与绅权》看中国的'双轨政治'",见赵汀阳主编:《年度学术2006》,北京:中国人民大学出版社,2006。
② 费孝通:"乡土重建",见其《费孝通文集》,第四卷,336页,北京:群言出版社,1999。
③ 同上,337页。
④ 同上,340页。
⑤ 费先生将"皇权"定义为"秦统一以前一直到现在那种不向人民负责的政府权力"(同上,430页),但他希望有人能够想出更合适的词。
⑥ 同上,432页。
⑦ 同上,432页。

"规范知识"被称为"道统"。道统将规范、传统、文字三者结合,"社会上才有知道标准规范知识的特殊人物,称之为君子,为士,为读书人,为知识分子都可以。"① 为了区分皇权与绅权的性质,费先生特别在《乡土中国》里区分了四种不同的权力:横暴权力、同意权力、教化权力、时势权力,并认为皇权属于横暴权力,而绅权则主要是一种教化权力。②

上述观察大体基于费先生对中国社会的经验性把握。因此,在《乡土重建》和《乡土中国》中,有关绅权的论述各自与其他同样基于经验观察而写作的章节构成了一个连贯的整体。但是,《皇权与绅权》的情况则有不同。在这本书里,费先生的文章一共有三篇:"论绅权"、"论'知识阶级'"、"论师儒"。除了"论'知识阶级'"中"现代知识分子"这一小节之外,讨论的基本是相当"非经验"的内容,尤其是后两篇文章。值得注意的是,这些讨论多建立在对于古代经典的把握上,且集中于《论语》,也提到了《史记》、《春秋繁露》、《汉书》、《前汉纪》等著作。说这些内容是"非经验"的,是因为它们既非基于实地调查而对当代社会进行归纳,也非基于阅读史料而对古代社会进行还原,而是基于引用经典(主要是《论语》)而对社会思想进行解读。换句话说,《皇权与绅权》超越了那种将全部知识的获得建立在经验材料基础上的经验主义方法,而是致力于解读经典思想家的"社会理论"。笔者认为,这种回到经典思想家的研究方法,是费先生特有的、与今天主流社会学方法不同的研究法,对今天的社会学研究弥足珍贵。

要理解费先生在《皇权与绅权》中采用的研究方法,就应该将该书与《乡土中国》和《乡土重建》放在一起考虑。在《乡土重建》的"后记"(对于各家批评的总答复)中,费先生申明了这三本书的关系。《乡土中国》的任务是"勾出一些中国基层社会结构的原则"③;《皇权与绅权》则专注于中国社会结构,"更具体把这结构,从各部分的配搭中,描画出一个棱角"④;《乡土重建》的任务则是"把这传统结构配入当前的处境里去看出我们现在身受的种种问题的症结,然后再提出一些积极性的主张来,希望有助于当前各种问题的解决。"⑤在《皇权与绅权》中,费先生更进一步说明了研究中国社会结构的目的是"让自己多读一点中国历史,而且希望能和实地研究的材料连串配合起来,纠正那些认为功能学派轻视历史的

---

① 费孝通:"皇权与绅权",见其《乡土中国》,105 页,上海:上海人民出版社,2007。
② 费孝通:《乡土中国》,60~70 页。
③ 费孝通:"乡土重建",见其《费孝通文集》,第四卷,418 页。
④ 同上。
⑤ 同上。

说法。"①可见,《皇权与绅权》一方面的意图是要将《乡土中国》中提出的一些结构原则具体化,另一方面则是与《乡土重建》的实地材料配合。它介于原则和经验之间,是两本书之间在逻辑上的过渡,是名副其实的关于社会结构的研究。

那么,为什么可以通过对古代经典的解读完成这种过渡呢?笔者认为,"社会意识"是这种非经验研究的关键。"非经验"的社会意识与"经验性"的社会结构存在一种支撑的关系:"任何一种社会结构必然包括一套意识,就是认为应当如此的态度。它支持着那种结构。"②而且,这套意识同样来自结构本身。这里,个别思想家的论述,是认识社会意识的关键,也是回到思想家讨论的原因:

> 我并不愿意把一种社会意识的形成归原于一二思想家的言行。在我看来,一个时代的思想家,他们的言行能被社会所接受,主要的是因为他们反映了社会上一般的观点,他们不过把已经由客观事实所造成的观点用比较明白和肯定的言行表达出来罢了。在封建过渡到皇权时,最能反映出这趋势的思想家是儒家。儒家最后能超过百家而成为皇权时代最有力的思想体系,可以说是因为它所表达出来的观点是最适合于皇权时代政治结构中所需的意识形态。③

由此可见,费先生回到经典的理由是,社会意识来自社会生活本身,经过思想家的总结和全社会的实践,为后世建立了所谓"社会行动"的意义基础。这个社会意识是非经验的,甚至是"反经验"的,例如被认为总结了社会意识的孔子,并非那个生活在春秋时代的孔子,而是汉儒所说的、理论化的孔子,"是个传说或神话性的孔子,正是这个孔子象征了皇权时代士大夫的表率,一直到现在还没有完全死去的模型。"④费先生的研究提醒我们,社会生活固然不是古代学说的傀儡(那些思想家大都清楚这个问题),但社会生活却是靠它们获得意义的,社会学研究应该将"非经验的"、"一二思想家的言行"纳入自己的考察范围。

《皇权与绅权》正是在这个意义上,构成了费先生所期望的效果,达到将历史的著述"和实地研究的材料连串配合起来"的目的。也正因如此,经典中表达为社会意识的"绅"的概念,也就应该在社会学研究中获得了方法论的一席之地。

---

① 费孝通:《皇权与绅权》,124 页。从《皇权与绅权》的内容看(如对孔子的态度),费先生此处所说的"历史",并非仅指经验意义上的历史真实,而是将史书上的观念视为一种真实,并认为这些观念具备社会功能。
② 同上,111 页。
③ 同上。
④ 同上,112 页。

如果说"双轨政治"是基于对中国社会的经验观察而提炼的一个模式,那么《皇权与绅权》则通过回到经典的方式突出了"绅权"的社会意识一面,在逻辑上是理论和材料之间的一个必要环节。

二、绅的消极和隐的消极

那么,绅士的社会意识有什么特点呢？中国思想家对此的讨论浩如烟海,《皇权与绅权》则提纲挈领地直接从中国本土社会意识的奠基文献即《论语》入手。费先生认为,有关绅士的论述,都突出了"消极"二字。

《皇权与绅权》有关消极的论述集中于两处。第一处在"论绅权"中,为了找到"逃避权力的渊薮",绅士一方面给皇帝服务,一方面清楚地告诉皇帝,自己绝不觊觎皇位,自己的理想是"告老还乡":

> 中国的官吏在做官时掩护他亲亲戚戚,做了一阵,他任务完成,就要告老还乡了,所谓"归去来兮"那一套。"退隐山林"是中国人的理想。这时,上边没有了随时可以杀他的主子,周围是感激他的亲戚街坊,他的财产有了安全……这种人就是绅士。绅士是退任的官僚或是官僚的亲亲戚戚。他们在野,可是朝内有人。①

第二处在"论师儒"里。费先生认为士的消极出自他们对自己政治地位的看法,这种看法是"一种维持传统结构,那种'朕即国家'的政治结构"②。儒家尊周公、封素王、创师儒,都是为了将道统与政统分开,建立事归政统,理归道统的格局:"在儒家道统是一个'理',一个应当这样做的规范,一个依着这样做就能王天下路子,并不是'事',因为按不按理做和有没有理是分得开的。事归政统,而理则归道统。"③因此士大夫不要求得到政权来推行道统,而是消极地等待与皇权碰面的机会,像孔子那样,"一方面要有耐心的等待,一方面要不辞劳苦的游说"④,士大夫就是这种"用之则行舍之则藏的卫道者":

> 依孔子的看法,明白规范的人可以在被用的时候把道拿出来,不被用的时候把道藏好。师儒就是和这道统不相离的人物。皇权和道接近时,师儒

---

① 费孝通:《皇权与绅权》,97 页。
② 同上,110 页。
③ 同上,114 页。
④ 同上,116 页。

可以出而仕,皇权和道分离时,师儒退而守。所以他一再说:"笃信好学,守死善道。危邦不入,乱邦不居。天下有道则见,无道则隐。邦有道,贫且贱焉,耻也;邦无道,富且贵,耻也。"①

可以看到,两处有关消极的论述是有不同的。"论绅权"中,消极的人指"出而仕"的人,费先生称他们为"官"和"绅";"论师儒"中,消极的人是"退而守"的人,孔子称他们为"隐"。仔细辨析,会发现"出而仕"与"退而守"并非可以全由绅士担当,后者从汉代以来发展成另一种人,他们拒绝做官或弃官不做,所以不同于志得意满、告老还乡的"绅"。而且,从《皇权与绅权》的论述出发,前者可解释为"富人自保",但后者却不能。因为"隐"不仅回避权力,而且连特权也不要。但"隐"显然是一种极端重要的社会意识,也是费先生谈及却没有展开的思路。笔者认为,"绅"与"隐"虽然都属于士②,但"出而仕"的消极与"退而守"的消极却需要区别对待。战战兢兢为皇帝服务的绅士,只是"士"这枚铜钱的一面,它的另一面,则是特立独行不事王侯的隐士。换句话说,"绅""隐"互补,才能让我们看到完整的"士"。

绅的消极正如《皇权与绅权》所说,在于士大夫绝不觊觎皇权,在于告老还乡的理想。退任之后,士大夫享受皇帝的关照,获得免役免税的特权,接受族人的拥戴,掌握地方事务,成为制约皇权的绅士。他们为皇帝服务,并不与皇帝对抗。这种消极以积极为前提,即做官,或者考中功名,或者有个做官的亲戚。这些条件是做绅士的资格。官和绅的消极,属于"出而仕"的消极,是士之入世所崇尚的消极。

隐的消极则不同。隐并非退任为绅的士,而是拒不出仕的士。他没有告老还乡的理想,也不追求免役免税的特权,更不能掌握地方事务、制约皇权。多数隐者不仅拒绝出仕,甚至拒绝参加科举考试。隐的消极比绅的消极彻底得多,且性质不同:他不为皇帝服务,甚至可以鄙视皇帝。

---

① 费孝通:《皇权与绅权》,115 页。
② 近六十年有关隐逸的研究不多,但有一个基本共识,认为隐是可以做官但拒绝做官的士。蒋星煜曾详细追溯了有关"隐"的各种名称,提出隐即"士不见于世"(蒋星煜:《中国隐士与中国文化》,1 页,北京:中华书局,1947)的说法。后人基本持同样看法(高敏:《隐士传》,2 页,郑州:河南人民出版社,1994;韩兆琦:《中国古代的隐士》,107 页,北京:商务印书馆国际有限公司,1996),认为隐士具备出仕为官的素质,却主动疏离政治(胡翼鹏:"论中国古代隐士的价值取向及其社会意义",载《学术论坛》,2002 年第 5 期),隐与仕是士大夫的两种生存方式(梅斌:"隐士:我国古代士大夫中的一个群体",载《广西社会科学》,2005 年第 8 期)。张立伟的观点具有代表性:"隐与仕相对,可以仕而不仕即为隐。"(张立伟:《归去来兮——隐逸的文化透视》,1 页,北京:生活·读书·新知三联书店,1995)

隐与皇帝的关系是一种相当非经验的社会意识。多数隐士并不存在,即使存在也不大可能像书上说得那么高尚。但有关隐与皇帝的论述却史不绝书,且极为重要。据蒋星煜统计,中国史籍中的隐士有万余人。[①] 他们不仅人数众多,而且在帝国书写体系的重要文献中占据重要位置。《论语·微子》、《孟子·万章下》都专门讨论隐者。《史记》将《吴太伯世家》列为世家之首,将《伯夷列传》置于列传开篇。《后汉书》更创制"逸民传"。此后,有十五部正史设有隐逸传、处士传,地方志中的隐逸传记更是不胜枚举。此外,士大夫的其他著述也一向重视隐士,孔、孟、老、庄、刘向、嵇康、皇甫谧、韩愈、苏轼、朱熹、龚自珍,都十分崇尚隐的价值。姜子牙、范蠡、陶渊明、阮籍、陶弘景、孙思邈、王维、李白、陈抟、黄宗羲、王夫之、傅山……数不清的隐士塞满了中国古代文献的各个角落。且不论他们在政治、哲学等方面的成就,仅仅把"隐士"所写的诗,和其他人所写的与隐士,或与隐士生活有关的诗加起来,其总量恐怕要占到古代诗歌史的三分之一。[②] 隐士显然是一种极其重要的社会意识。

如果说绅的消极仅仅是让皇帝放心,那么隐的消极则让帝王无奈。以最受推崇的伯夷、叔齐为例,《史记》上说,他们扣马而谏,批评周武王不孝不仁,可是武王不能惩罚他,只能由姜太公"扶而去之"。"武王全夷齐之志"从此成为隐士的基本含义,正史中但凡有隐逸传,几乎都会提到这一点。这个样板表达了一个重要的社会意识:帝王有义务成全隐者的志向,甚至要对隐者低眉顿首。

这样的帝王不胜枚举。尧让天下于许由而遭到许由嘲讽;文王要搀姜子牙走路;晋文公"以绵上为之田",追悔自己对介之推犯下的过错。王莽对向子平、刘备对诸葛亮、司马昭对孙登、梁武帝对陶弘景、宋真宗对种放、朱元璋对刘基、康熙对黄宗羲,都要低眉顿首去请,请不出来也无可奈何。似乎,每个隐士背后都有一位贤君或者自命贤君的帝王。《梁书·处士传》这样评价说:"自古帝王,莫不崇尚其'处士'道。虽唐尧不屈巢、许,周武不降夷、齐;以汉高肆慢而长揖黄、绮,光武按法而折意严、周;自兹以来,世有人矣!"

"光武按法而折意严、周"的例子最能说明问题。刘秀虽然"侧席幽人",但仍然有不少为士者决心隐遁。有个周党,被光武帝引见时"伏而不谒"。博士范升奏毁他,刘秀却下诏说:"自古明王圣主必有不宾之士。伯夷、叔齐不食周粟,太原周党不受朕禄,亦各有志焉。其赐帛四十匹。"刘秀想请严光出来做官,几乎

---

① 蒋星煜:《中国隐士与中国文化》,2页。
② 韩兆琦:《中国古代的隐士》,107页。

到了低三下四的程度:

> 车驾即日幸其馆。光卧不起,帝即其卧所,抚光腹曰:"咄咄子陵,不可相助为理邪?"光又眠不应,良久,乃张目熟视,曰:"昔唐尧著德,巢父洗耳。士故有志,何至相迫乎!"帝曰:"子陵,我竟不能下汝邪?"于是升舆叹息而去。(《后汉书·逸民传》)

"明王圣主必有不宾之士",成为光武帝为后世定下的政策,也基本上得到历代皇帝的继承。[①] 如《晋书·隐逸传》说:"自典午运开,旁求隐逸,谯元彦之杜绝人事,江思俊之啸咏林薮,峻其贞白之轨,成其出尘之迹,虽不应其嘉招,亦足激其贪竞。"《旧唐书·隐逸传》说:"高宗天后,访道山林,飞书岩穴,屡造幽人之宅,坚回隐士之车。"唐宋皇帝崇敬隐士,几乎到了"溺爱"的程度,以至于出了很多沽名钓誉之徒,假扮成隐士走"终南捷径"。这恰恰说明了,越进入经验领域,"隐"的概念越不真实;越靠近观念领域,"隐"的概念越具有价值。

朱元璋或许是唯一对隐士动粗的皇帝。他不仅订立了"不为君用"的罪过,而且杀掉了不少被征不至的人才。[②] 但他同样被说成敬重隐士的皇帝,刘基就是他请出来的。《明史·隐逸传》还说:"明太祖兴礼儒士,聘文学,搜求岩穴,侧席幽人,后置不为君用之罚,然韬迹自远者,亦不乏人。"同是朱元璋为何判若两人?这里仍是一个社会意识的问题。皇帝在实际政治中必然玩弄政治伎俩,既可敬隐,也可反隐。但"皇帝敬隐"并非惺惺作态,"皇帝反隐"也非为所欲为。敬隐反隐都没有消解"隐"的范畴,说明在实际政治的背后,存在共同的社会意识基础。就算朱元璋杀人,也只能先论证被杀者不配做隐士,而不能直接颠覆隐的价值。问题的关键是,隐作为一个范畴,以一个个隐逸传的形式一再被载入史册,这本身就说明了一种社会意识、一种价值的存在:皇帝有义务吸引读书人出仕,也有义务成全隐士的志向。我们看到,古人几乎是用喊的方式告诉后人:隐体现了一种重要的价值,他们与皇帝在观念上构成了一种"前者拒绝后者"的关系。

三、入世与出世:"士志于道"的两个面向

将入世的官绅与出世的隐逸放在一起考虑,可以发现士大夫的一项更为基

[①] 张立伟:《归去来兮——隐逸的文化透视》,252 页。

[②] 同上,245 页。

本的价值观——"道"。《皇权与绅权》讲了很多"入世行道"的内容,在探讨士绅的消极态度之时,也引用了不少儒家对于出世的态度。让我们回到《论语》看看孔子对于"出世守道"的言论。

孔子对于隐逸有明确的标准,这就是《皇权与绅权》也曾引用的那句话:

> 笃信好学,守死善道。危邦不入,乱邦不居。天下有道则见,无道则隐。

对于孔子来说,"见"与"隐"是"守死善道"的两条路,其实是殊途同归。这里,"守死善道",并非以死殉道,而是明哲保身、不轻死,即"邦有道,不废,邦无道,免于刑戮",目的仍是存道守道,所以孔子赞扬蘧伯玉说:"邦有道,则仕,邦无道,则可卷而怀之"。这些话的含义,正如《皇权与绅权》指出的那样,是在讲士大夫的抉择。何去何从要看为政者是否有道,隐逸只是君子守道的一个途径,并非一定如此。孔子对于自己是否要隐逸的态度是颇为彷徨的,[①]所以他说,"我则异于是,无可无不可"。孔子认为时局虽然礼崩乐坏,但是并非完全不可为,所以要周游列国,试试到底会不会为国君所用。他更想做周公,而不是做夷齐。无可无不可的态度到了孟子那里,被引申为一个"时"的概念[②],即君子必须审时度势,决定隐或仕,而不能一味逃避。

孔子之所以对于出世和入世的态度"无可无不可",是因为他认为这只是一个审时度势的问题,更关键的问题则在于"道":

> 士志于道,而耻恶衣恶食者,未足与议也。

能不能守道,是评价士的唯一标准,也是评价隐的唯一标准。守道并非一隐即可,因此孔子对隐者是区别对待的。他十分推崇微子,称他是殷代的三个仁者之一,因为他的隐逸是为了"仁"。孔子同样推崇吴太伯,他的隐逸"其可谓至德也已矣。三以天下让,民无得而称焉",老百姓都不知道如何赞扬他了。他更十分推崇夷齐,说他们是"古之贤人也",称赞他们"饿于首阳之下,民到于今称之",他们的隐完全是为了追求仁,并且"求仁而得仁",在原则问题上丝毫没有让步:"不降其志,不辱其身,伯夷、叔齐与!"以"道"衡量柳下惠、少连,孔子则认为他们没有一直坚持原则,"降志辱身矣。言中伦,行中虑,其斯而已";虞仲、夷逸更是"隐居放言,身中清,废中权",比不上伯夷、叔齐。正因为守道是评价隐的唯一标准,所以他对同时代的隐者既无恶意,也无好感。因为连他自己也是"无可

---

① 乔清举:"论归隐思想与《周易》中归隐思想的学派归属",载《周易研究》,2007年第6期。
② 同上。

无不可"。他试图说服楚狂接舆而不得,他反对长沮、桀溺,说:"鸟兽不可与同群!吾非斯人之徒与而谁与?天下有道,丘不与易也。"荷蓧丈人更招致子路的批评:"欲洁其身,而乱大伦。"孔子深知颜回的隐逸完全符合道的标准,所以他高度认同颜回的做法,对颜回说:"用之则行,舍之则藏,唯我与尔有是夫!"颜回一生未仕,所以此处的"藏",显然是隐遁之藏。

根据余英时的研究,"士志于道"是孔子时代新出现的历史情况,[①]不仅儒家提出"道"的问题,墨家、道家也都深入地讨论过道的问题。此前的"士"仅指"有职之人",各种职所具备的"道"是不同的。西周的"士"与宗法制度紧密联系在一起,他们不仅要在宫廷处理今天所说的政治事务,还要在宗族中处理宗族事务。[②] 西周封建秩序解体后,原在贵族最下层的"士"沦为四民之首,这使曾经"思不出其位"的"士"产生了一种超越精神,"不但使他们能够对于现世世界进行比较全面的反思和批判,而且也使他们能够自由自在地探求理想的世界——'道'"。[③] 余英时借用章学诚的观点指出,孔子成为中国思想的核心,是因为他和先秦诸子一起创造了"道"这种新的超越性知识。

从"道"的性质理解"士",继而理解儒家对于出世与入世的种种态度,可以让我们看到:绅的消极与隐的消极要放在"道"的概念下考察:士可以"仕"也可以"隐",因为两者都服从于一个目的——"士志于道"。正是"士志于道",使得"士"独占了想象世界的可能,获得了一种超越性(transcendence)。

不同的社会建立超越性的方式有着较大的不同。"集体欢腾"是一种较为常见的方式,社会成员在一定时刻通过共同仪式实现社会的"集体表现",让社会最大程度地可见化,让个体让渡自己去膜拜这种表现,这就是宗教生活的基本形式。[④] 另一种模式通过反结构实现,社会成员通过反结构的仪式体会到日常生活的含义。[⑤]

第三种模式出现在欧洲和印度两个"有文明"的社会中。在早期欧洲和印度(尤其是南部),并不存在让全体成员都参加的"集体欢腾"或者"反结构"仪式。[⑥]

---

① 参见余英时:《士与中国文化》,上海:上海人民出版社,2003。
② 参见阎步克:《士大夫政治演生史稿》,北京:北京大学出版社,1998;王铭铭:"作为世界图式的'天下'",见赵汀阳主编:《年度学术2004》,北京:中国人民大学出版社,2004。
③ 余英时:《士与中国文化》,602页。
④ 参见涂尔干:《宗教生活的基本形式》,渠东、汲喆译,上海:上海人民出版社,1999。
⑤ 参见特纳:《仪式过程》,黄剑波、柳博赟译,北京:中国人民大学出版社,2006。
⑥ Mary Douglas, *Natural Symbols*, London: Barrie & Rockliff, 1970; Louis Dumont, "World Renunciation in Indian Religions", in *Contributions to Indian Sociology*, 1960(4).

杜蒙认为,超越性在印欧社会是通过遁世修行(world renunciation)实现的。印度教的本质就在于遁世修行者与世间之人的对话:在婆罗门的生命理论中,关系是真实的,经验上看得到的具体种姓和具体个人在社会意识层面是被否定的。其他宗教(包括佛教)皆以遁世修行建立个体的存有性,印度教又将遁世修行者纳入自己的宇宙观。[1] 所以在印度社会中,"寻求最高真理的人放弃了社会生活及其束缚,以便全心关注本身的进步与命运。当他回头看社会世界时,他远远地将它视为虚幻的东西。"[2]在早期欧洲,基督教认为人是与上帝相关的个体,基本上是出世的个体,他通过遁世修行离弃社会,并辩证地实现了超越性。遁世修行的观念经过一千七百余年的复杂演变,终于演变成当代社会——个体主义的社会,出世的个体成为入世的个体。[3] 两个社会的遁世修行者都承载绝对价值,并因此使世间的价值相对化。

印度与欧洲的社会意识对于遁世修行的看法之所以相似,是因为二者都强调超世间与世间的截然二分,且认为超世间是价值之源,外在于世间并高于世间。印度社会各宗教都认为世间是无常的轮回和虚妄,只有离弃世间,才可能到达恒常世界的"梵",其出世个体通过出世而追求"解脱"(moksha)。犹太教—基督教传统的上帝观念使世间完全依赖上帝存在,终极价值仅存在于天国,其出世个体通过出世而追求"拯救"(salvation)。

但在中国,儒道两家都认为世间和超世间是"不即不离"的关系。"如果以'道'代表儒家的'超世间',以日常人生代表儒家的'世间',那么我们便可看到:这两个世界既不是完全合一的,又不是截然分离的。"[4]这是一种"内向的超越":

> 孔子所说的"士志于道",不但适用于先秦时代的儒家知识人,而且也同样适用于后世各派的知识人。中国的"道"从一开始便具有特色,我们可以称这种特色为"内向的超越"(inward transcendence)。中国知识人大体上都带有"内向超越"的色彩。[5]

世间和超世间的"不即不离",使中国的隐者一直不同于印、欧的遁世修行者,表现之一就是,个体主义从未成为中国的社会意识。由于世间与超世间不即

---

[1] Louis Dumont, "World Renunciation in Indian Religions".
[2] 杜蒙:"从出世的个体到入世的个体",见其《论个体主义》,谷方译,23页,上海:上海人民出版社,2003。
[3] 同上。
[4] 余英时:《士与中国文化》,606页。
[5] 同上,607页。

不离,绝对价值在两个领域都存在,所以获得超越性的"士",虽"志于道"但不一定要靠遁世修得。

如果说印度的终极价值必通过解脱实现,欧洲的终极价值必通过拯救实现,那么中国的终极价值则必通过"修身"实现。只有"反求诸己"、修身正心,才能保证"道"。中国社会意识中,身体不是肮脏和有罪的,而是可以承载道的容器,这是中国不同于其他社会的身体观。"自中国古代'超越的突破'以后,'修身'或'修己'是儒、墨、道各家共同强调的一个观念。"①就是说,出世与入世,取决于"士"能否"志于道";能否"志于道",则取决于"士"能否修身正心。余英时坚定地认为:"可以完全确定:中国古代'哲学突破'以后,超越性的'道'已收入人的内心;因此先秦知识人无论是'为道'或'为学',都强调'反求诸己',强调'自得',这是'内向超越'的确切含义。"②

由此我们看到,"士"的入世为官(以及退任为绅)和出世为隐,是"士志于道"的两个互补的面向。"隐"虽然高于"仕",但它却不能否定"仕"的价值。用钱穆的话说:"逸民可与儒林相抗衡,而实亦出于儒林,为其别支。故儒林之在城市,亦多慕为隐逸者。"③儒家认为"天下有道则见,无道则隐",是因为他们与诸子百家类似,都承认"道"的两面性:一方面,"道"是具有超越性的有关世间与超世间的总的知识;另一方面,世间与超世间的关系又"不即不离"。所以,中国的士既可以入世也可以出世,都服从于"守死善道"的操守。而守死善道的关键则是"修身",实现"内向的超越"。正是在这个意义上,我们可以理解"读书做官、读书不做官"的说法——读书只是修身的门径;也可以理解"大隐隐于朝,中隐隐于市,小隐隐于野"的说法——隐逸既然为了更好地守死善道,那么在世间守道当然是艰难的隐逸,也是最了不起的"守死善道",更可以理解"以出世之心入世,以入世之心出世"的说法——"道"存于超世间,也可以存于世间,两者的交流正是世间与超世间的不即不离的关系。这些说法都在诠释"士志于道"的各种变通方式。

引入隐的价值,可以让我们更清楚地看到,在社会生活里,隐的观念和"士志于道"的观念真切存在,是士与皇帝关系的意义框架。因此,士的消极不仅出自士大夫自保这种经济原因,它支撑的也不仅是一个政治结构。消极的真正原因

---

① 余英时:《士与中国文化》,614 页。
② 同上,617 页。
③ 钱穆:《现代中国学术论衡》,202 页,北京:生活·读书·新知三联书店,2001。

是实现"士志于道"的理想,它支撑的是世间和超世间的不即不离的关系。在这个意义上,"士"与"皇"的关系是一种社会意识上的关系。

四、小　结

　　费孝通先生从"双轨政治"的论述中提出"绅权"的问题,并分别通过《乡土重建》《乡土中国》和《皇权与绅权》加以讨论。如果说前两部著作大体建立在经验性考察的基础上,那么《皇权与绅权》则回到经典,透视古代思想家有关"绅"的思想,从而突出了"社会意识"的方法论意义。这种方法超脱了经验主义,在理论和经验材料之间建立了逻辑联系。

　　费先生指出,绅士在社会意识上表现为一种"消极"的态度。但《皇权与绅权》主要讨论的是士大夫入世的消极,没有详细讨论他们出世的消极。笔者认为,在社会意识上,士存在两个面向:入世为官绅和出世为隐逸。前者回避皇权,后者拒绝皇权。回避皇权表现在士以退休为绅作为做官的理想,拒绝皇权则表现为士根本拒绝为皇帝服务,但皇帝却有义务成全隐士的不合作志向,甚至向他们低眉顿首。

　　儒家认为士的"出世"与"入世"都服从于一个更基本的原则——"士志于道"。这使得"士"独占了想象世界的可能,实现了"道"的超越性。与印度和欧洲不同,中国的"道"作为绝对价值并不仅仅存在于超世间,也存在于世间。中国世间和超世间是"不即不离"的关系,这是一种内向的超越。因此,士的存道守道不必一定离弃世间,而是通过修身来实现。

　　从"隐"入手,让我们看到"士"不仅存在"绅"的一面,而且存在"隐"的一面,两个面向都刻画了"士"与"皇"的关系。这种关系并不一定存在于经验中,但却大量地存在于观念中,因此是一种社会意识,一种基于超越性的"道"的结构框架。可以说,费先生有关绅士的论述,是一种超脱经验主义方法的社会学见解。以"隐"的价值补注《皇权与绅权》,有助于深化对这一见解的认识,深化费先生有关"中国社会结构"的探讨。

（梁永佳）

16 考古学中的"文明观"与"历史感"
——读李济《中国民族的开始》(1957)

1955年春,李济先生应邀于华盛顿大学讲学。在该校,他基于对河南安阳之考古发掘工作的介绍,做了题为"中国文明的开始"(The Beginning of Chinese Civilization)的三次学术讲演。两年之后,他的演讲稿由华盛顿大学出版,书名正是《中国文明的开始》。该校的罗杰斯(M. Rogers)教授为此书作序时,称赞李济先生领导的安阳发掘工作堪与特洛伊遗址的发掘相媲美,因为二者"都把传说变成了现实",并认为这些讲演对一些中国的历史问题提出了"成熟的见解"。[1] 罗氏的这番评价,并非是在夸大安阳发掘工作的意义,也绝非是在说些客套话抬举李济的学术成就。因为正是安阳殷墟的考古发现证明了商代并非"传说"之事,而是确实存在过的一段"现实"之史,也因为李济以"科学"的方法重新阐释了中国文明的开始,使得人们不再轻易"疑古"。所以对于中国文明的开始之研究而言,李济在华盛顿大学的这番讲演虽不见得是成熟的结论,但也确为一种成熟的见解。

"拿证据来"与"挖掘出的中国历史"

当然,李济的见解之所以"成熟",恰在于20世纪前半叶的中国学界在对待中国历史时,所带有的几分稚气,甚至莽撞。当时的学者在接受了启蒙主义式的怀疑精神后,提出了"拿证据来"的口号来质问中国史学的传统治学方法。而当这种怀疑精神渐成气候之后,则发展为对中国历史本身的怀疑。在这种"疑古"气氛下,中国人似乎失去了自己"信而好古"的价值基础,也失去了对"中华文明"的根本认同。这样的彷徨与紧张正是中国士人当时普遍存在的心态,而李济

---

[1] 李光谟编印:《李济先生学行纪略》,20页,未出版,2006。

则在讲演的一开始就先交代了自己的这样一个学术研究之"心史",他坦言道:"四十多年以前,我初入中学读书,当我知道自己生于一个有五千年悠久历史的国度里时,常觉欢欣莫似。"然而,"辛亥革命以后,事情开始变了。"因为,"中国的革新者,对过去的记载和关于过去的记载全都发生了怀疑,也怀疑历史本身。"所以,"如果你对中国尧舜的盛世给予过多的颂赞,好吧,拿出你的证据来。"①

在这样的背景之下,国人苦于缺乏有力的证据,甚至无法对中国五千年的文明感到欢欣莫似,这实在让人郁闷与空虚。而"成熟"的李济却认为,"'拿证据来'在本质上虽然具有破坏性",但却给他这一代人的历史研究方法"带来了较多批判的精神"。② 此时,文字记录的历史一落千丈,特别是传统史学研究中所依赖的各种经典古籍的真实性遭到了普遍的怀疑,也正是在史学研究的这场革命性的转变中,人们对于一种"真实可信"的历史之追求使中国的考古学作为拯救历史的英雄,得以承天命,应时而生。这一学科恰如当时"中央研究院"历史语言研究所的第一任所长傅斯年所期望的那样,符合为求中国史学发展、探取新方法及新途径的急迫需要。③ 当然,考古学对历史的拯救是通过"挖掘"来实现的,所以李济在这充满"成熟见解"的系列讲座中,正是以"挖掘出中国的历史"为题,开始其第一讲。

所谓"国可灭,史不可灭",当20世纪初中国社会的"革新者"与"疑古派"以"拿证据来"这一极有威力的口号来摧毁世人对中国历史的信心时,作为考古学家的李济则以"挖掘出中国的历史"来概括他的学术工作与考古任务,这本身就充满了令人深思的意味。而收录于中文版《中国文明的开始》一书中的另一场讲演报告"安阳的发现对谱写中国可考历史新的首章的重要性",则充分体现了李济对于自己领导的安阳考古发掘工作之意义的评判。在他看来,通过考古挖掘所获得的实物证据已经表明了中国的可靠历史可追溯至商代,而且像《史记》这样的早期文献所载原始材料的高度真实性也得到了重新的肯定。④ 这样一来,李济在安阳所挖掘出的不仅是中国的历史,还有中国人"信而好古"的价值基础。

对于当时中国史学研究而言,考古学之"挖掘"作为一种革命性的新学科,它确实提供了一些新史料、新方法与新视野。但这样一种貌似新奇的西学洋物是否提供了一种新的中国历史,或者说对历史有所颠覆呢? 此外,就当时中国社会

---

① 李济:《中国文明的开始》,7页,南京:江苏教育出版社,2005。
② 同上,8页。
③ 傅斯年:"发刊词",载《"中央研究院"历史语言研究所集刊》,第一本,1928。
④ 李济:《中国文明的开始》,55~57页。

科学之发展而言,李济的考古研究代表了什么样的时代风格与学术追求?这均为值得探讨的问题,而通过李济的这本《中国文明的开始》我们是可以对此进行一些讨论的。作为李济先生对于"中国文明的开始"之研究的"成熟"之作,该书所收录的讲演稿和专题论文不仅对安阳考古挖掘工作进行了生动详细的介绍,还对古代中国文明与中国上古史的诸多问题提出了一些富有启发的观点,由此我们可对20世纪初中国文明之考古工作的经验与心态进行一番解读。因为,李济作为中国考古学的第一人,他的研究所反映的也正是这一学科的一个"开始",其学术态度和研究经历包含了无限可能,并对此后的学术发展有着深远的影响。并且"见解成熟"的李济也是一个被时代所"格式化"了的人,他的考古研究作为一种"文化格局下人的表述"也必然包含了那一时代的一种较为普遍的社会经验与文化心态。所以,李济的考古研究中所蕴含的历史观与文明观到底有多少观点是创新独到的,有多少见解是承继常识的,又有多少立论是与他人针锋相对的,这些正是我们今天理解这本书的意义最应关心和发掘的问题之一。

考古发掘中的"中国"问题与"中央"情结

"挖掘出中国的历史",这一带有口号性的标题已经表明李济通过考古工作所挖掘出的历史前面有一个醒目的定语——"中国的"。这也就是说,现代考古学在传入中国之初,就被中国本土的实践者平添了几分"中国式"的关怀。

在华盛顿大学的这次演讲,李济曾特别地强调道:"现代中国考古学家的工作,不能仅限于找寻证据以重现中国过去的辉煌,其重要的责任,毋宁说是回答那些以前历史学家所含混解释的,却在近代科学影响下酝酿出的一些问题。"[①]这番表白让人觉得"现代的"中国考古学关心的将是一些"新"问题,然而,李济却颇有意味地将这些在近代科学影响下酝酿出的新问题归纳为两类:一为中华民族的原始及其形成,一为中国文明的性质及其成长。换言之,在李济看来,现代中国考古学所要"挖掘"的即是在"中国地区"发现与追溯"中国人之始祖"和"中国文明的源流"。这样一来,在中国境内所展开的人种考古学研究所要回答的首要问题,不是人种之进化演变,而是要解决"中华民族之形成",与之对应的文化考古学所要解决的问题则是"中国文明之发展"。可见,以李济先生为代表的现代中国考古学家的工作,其重要的责任并非是要回答一些"现代科学"的问题,而

---

① 李济:《中国文明的开始》,8页。

是要以"科学"之方法来回答中国人最为关心的"根本何在"的问题。这一研究取向表明了,20世纪初的社会科学无论如何"西化",但当其在中国扎根之后就必然要经历一个"中国化"的演变。

20世纪上半叶,已经"中国化"了的考古学作为中国"新史学"的一部分,其实正担负着为中国史学"减压"的任务。当时中国史学家的学术研究则面临如下三种挑战:首先,他们必须寻求一种对于中国历史的新理解,以使中国历史成为世界历史的一部分,并使得中国在世界民族之林中至少是平等的成员之一;其次,他们还必须维护历史的延续性,从而为中国认同提供基础;最后,他们对历史的书写还要满足于让中国能与西方比肩的要求。而上述这些工作又必须在历史传统与当时环境之双重背景下实现,这也使得历史与历史学家处于一种特别的政治性地位和压力之中。[①] 简而言之,当时史学界所面临的挑战与压力就是要用"科学"的研究方法来为"中国的现代认同"寻找历史资源,而如何调整"科学之怀疑精神"与"中国之认同情感"的关系则让当时的史学家颇感困窘。因为这里出现了李文森(Joseph Levenson)所言的"历史"与"价值"的冲突[②],或者说出现了一系列中西新旧学术之间的紧张。[③] 当学者们逐渐认识到西学的标准无法完全适用于中国之现实,且"新思想"也无法彻底取代"旧传统"之时,如何化解二者之间的冲突则成为学界努力的方向。而以李济为代表的中国现代考古学,由于富有"实证"的色彩,同时又是用"科学"的方法为中国文明之五千年的历史追根溯源,其研究无疑让那些已经意识到自己"在思想方面完全西洋化了,但在安身立命之处,我们仍旧是传统的中国人"[④]颇感心安,因为这让中国认同之历史情感拥有了"科学实证"的有力支持。

可以说,以"科学实证"的方法为中国文明之五千年的历史追根溯源,以此重塑我们对历史的信心,这正是当时中国考古学开展"挖掘"工作的激情与动力之所在。有了这样一种经验与心态,李济在华盛顿大学的演讲中对中国文明之挖掘工作的介绍也就有了自己"成熟"的逻辑与格式。

在演讲中,对于中国文明的开始之论证,李济首先讨论的是"人种"问题,即

[①] 施耐德:《真理与历史——傅斯年、陈寅恪的史学思想与民族认同》,关山、李貌华译,238~239页,北京:社会科学文献出版社,2008。

[②] Joseph Levenson, *Liang Ch'i-ch'ao and the Mind of Modern China*, Berkeley: University of California Press, 1967.

[③] 罗志田:《裂变中的传承——20世纪前期的中国文化与学术》,北京:中华书局,2003。

[④] 胡适:《胡适日记全编》,曹伯言整理,第5册,404页,合肥:安徽教育出版社,2001。

"中华民族的形成",这也正是他的博士论文所关注的问题。① 虽然在20世纪30年代于中国地区所发现的"智人"(Homo Sapiens)②的人种类型是多元的,但李济所要做的却是要截断众流,取其大宗。比如,山顶洞所遗的头骨中虽然"出乎意料的包括了好几个种族",然而那些与今天在华北一带占多数的蒙古人种不同的种族,在李济先生旁征博引的论证下"他们无疑是少数民族"。实际上,当时中国境内所发现的人种至少包含三种类型:爱斯基摩人种、美拉尼西亚人种与原始蒙古人种,这三种人种可以山顶洞遗址中保存最为完整的三颗头骨为代表。今天看来,这"三个代表"中,爱斯基摩人种与美拉尼西亚人种主要是一北一南地分布于中国之外,而唯有蒙古人种恰居于中国之"中间",且在人口数量上占多数。因此,蒙古人种一直被李济视为古代中国人之主流代表。当时虽没DNA技术来证明原始蒙古人种与现代中国人的关系,但通过"箕形门齿"这一体质特征,李济还是较为有效地论证了"中国人的祖先和蒙古人种有密切的关系似已不成问题了"。③ 当说明了中国人种之主流为蒙古人种之后,李济不仅为中国人找到了"祖宗",也为中国文明找到了"老家"。这样,对于中国文明之解说,按其所言"就有了更好的基础"。

当然,这样的基础并非是完全建立在科学实证之上的。李济认为,在时间上,由于"到了新石器时代末期,华北一带占多数的民族是华北人种",所以"讨论早期的中国历史应自新石器时代开始"。这一判断与其说是因为"只有从这个时期开始,我们才有可信而可征的资料",不如说这是因为"中国本土人种的主干——有辫的荷谟中的蒙古种族"在"旧石器文化的发展中,他们从未显示过明显的作用"。④ 此外,在空间上,由于圈定了蒙古人种为中国人之主流,所以华北平原也就成为李济讨论中国文明的开始之核心地域。由此可知,在论及中国文明开始的时空框架之时,李济科学实证的态度中其实隐含着一种情感认同上的选择,这也使得中国考古学的"科学"挖掘工作在其开始之初就充满了一种"中

---

① 李济博士论文《中国民族的形成》初稿完成于1922年,英文标题初为 The Formation of the People of the Middle Kingdom,后由华盛顿大学于1928年正式出版,定名为 The Formation of the Chinses People: An Anthropological Inquiry. 书中以人体体质测量、城墙构筑年代、姓氏源流为构架,并通过对1500年来中国人口资料和各种历史记载的研究,得出了现代中国人的基本成分的排列顺序:黄帝的后代、通古斯族、藏缅语族群、孟—高棉语族群、掸语族群、匈奴族、蒙古族、"侏儒"。见李济:《中国民族的形成》,南京:江苏教育出版社,2005。

② 李济先生将之翻译为"有辫的荷谟"。
③ 李济:《中国文明的开始》,14页。
④ 同上,84页。

原"情结与"重北轻南"的取向。

随着人种、时间与地域的圈定,李济对中国文明的挖掘与讨论也就有了具体的聚焦方向。新石器晚期的华北黄河流域,成为他眼中孕育中华文明之摇篮。有趣的是,安阳遗址包含了这三种文化的遗物,即底层的彩陶文化、中间的黑陶文化与最上层的商文化,其分布层次也表明三者的时代先后顺序。不过,李济所要强调的是,"这样的层次是有其地区性"的,也就是说,华北作为一个整体,分布于其中的"史前文化"有着"东西之分":华北之西是以彩陶为代表的仰韶文化,其中心位于河南与山西交界的太行山和潼关之间的黄河流域,其影响所及东至"满洲",西迄新疆;华北之东则是以黑陶为代表的龙山文化,其中心位于山东省,其文化远及中国东部及东北部,北至辽东半岛,南迄杭州湾三角地带。而位于中原腹地,并与分布于华北一东一西的这两种"史前文化"之间"有一中断的时期"的小屯文化则被李济视为"历史期间"最早的中国文化——商文化。所以,处于华北"中央"的小屯商代遗址作为中国文明的开始之地,顺理成章地成为李济"中国文明的开始"之系列演讲中所主要介绍和讨论的部分,而这里也是"中研院"史语所的考古组扬起第一铲的地方。当然,李济在安阳小屯进行"中国文明的开始"的考古挖掘工作,与之前在此发现的刻有文字的甲骨有密切关系,不过这也和这一地区在中国人的历史意识中所具有的"中原"地位有关。实际上,"中央研究院"在中原腹地挖掘中国文明的开始,这种种"中"之意象是耐人寻味的。在某种程度上,将反映于这一地区的遗物之上的文化成就视为中国文明开始的典型代表,这既是现代的"科学实证"之结果,也是当时的"中国认同"之必然,更是传统的"中央情结"之产物。

可以说,李济的考古研究无论如何地"新"、如何地科学实证,其见解也无疑地充满着一种"中原中心主义"的情感认同。将中国文明之源头圈定为华北平原的黄河一带,李济所挖掘的实为一种"中央"的历史,而这一方法新颖、情感传统的考古学正好调和弥缝了当时中国知识分子中普遍存在的一种"价值"与"历史"之间的紧张冲突。[①] 与顾颉刚所代表的"疑古派"相比较,李济的考古学在方法和见解上既有建设性,也不失革命性,在材料和观点上既符合人们对"科学实证"的价值追求,也满足了人们对"中国认同"的历史认识。这里所表现出的这种"中庸"的学术态度,在当时之中国学界实为一份难得的"成熟"。

[①] 施耐德:《真理与历史——傅斯年、陈寅恪的史学思想与民族认同》,6~7页。

源远流长：从传说到历史

伴随着20世纪初以来中国史学的"成熟"，人们逐渐认识到，要赞扬古代中国的文明成就，就要先对这一成就有所证明。此时，传统文献的文字记录不再是可靠的证据，而地下考古的出土实物则成为论说这一文明成就的有力证据。所以，当殷商遗址被挖掘出来之后，李济可以非常自信地告诉众人："商朝的年代约当公元前第二千年的中期至晚期。由这个坐落在河南省北部、黄河北岸的遗址所表现的来看，中国文明不但相当进步，而且已臻成熟。"[1] 如此一来，曾被具有"新思想"的疑古派史学家视为历史传说的商代，终被具有"新方法"的考古学家李济证明为一种历史现实。

这样一个成熟的商文明与之前的彩陶文化和黑陶文化相比，表现出以下几个重要的特点：(1) 制陶业的新发展，如白陶的出现，以及形制和制作方法的改变；(2) 利用青铜铸造工具、武器及铭器；(3) 高度发展的文字体系；(4) 大规模的墓葬及人为的牺牲；(5) 战车的利用；(6) 进步的石刻。由于"以上六种文化，没有一件能和仰韶与龙山文化拉上一点关系"，所以恰如李济所言："既然商文化和仰韶文化截然不同，又和龙山文化互异，那么随之而来的问题是商文化从哪儿来的。"[2] 李济认为，在成熟的商文明之前，还应有一个"原商文化"。从小屯遗址出土的种类繁多、数量巨大的动物遗骨，特别是野生动物的遗骨要多于家畜的这一情况来看，原商文化的人们并不像仰韶与龙山文化的居民那样过着一种平静的农业定居生活，而是习惯于到森林中去狩猎。并且，在安阳挖掘出土的许多刻有文字的甲骨中，所记录的正是商代各个帝王狩猎之前的占卜和狩猎之后的收获情况，这也进一步表明，商的王室与仰韶及龙山的农民不同，他们对于狩猎运动有着一种普遍的狂热。[3] 虽然"原商文化"并未被真正挖掘出来，但这并不影响李济将之"想象"为中国文明开始之中心性的原点，并以此来构建商文明这样"一个多方面的综合体"中的各种文化间的关系结构。

基于出土器物的形制演变、装饰艺术，及其反映的经济形态与社会环境等因素之分析，来表现中国文明形成之初围绕着中原腹地东西南北之间具有向心性的文化互动关系，以及商文明与之前的史前文化和之后的周文明之间的文化延

---

[1] 李济：《中国文明的开始》，19页。
[2] 同上，23页。
[3] 同上，22页。

续关系,正是李济考古研究的一项主要贡献,如张光直所言,这奠定了"中国器物学的新基础"。①

对安阳挖掘出的器物进行了细致研究后,李济指出,商代的方形铜器在形制、方法和文饰模式上均继承了木器的形式,这是对一种形成于亚洲东部,并广泛分布于太平洋沿岸的主要艺术传统之表现;而商代的圆形铜器主要模仿的是陶器,这里面可以看到其与亚洲西部的中东与近东的文化有许多相似之处,如陶罐的盖子中央有一根阴茎状的柄。② 这也就说,表现于西方之陶艺与东方之木雕上的文化因素均被综合表现于位于"中央"之商代的青铜器物上。由此可见,李济所开创的"中国器物学的新基础"虽然承认传播论中的文化接触现象,但其对发生于中国境内的"文化接触的性质"却是以"商文化的真正基础仍在亚洲东部"为前提来展开研究的,并形成了一套中心对于东西南北之四方文化吸纳融合的关系结构,来阐释中国文明如何融合了不同的文化源流。如在对小屯文化中出现的来自南方的文化因素(肩石斧、锡锭、米、象和水牛)进行论述时,李济沿引了董作宾先生基于甲骨文的解释而形成的观点来说明这些物品可能是由藩属国贡献给殷王室的,并由此证明殷王朝在长江以南有一大片政治力量可以达到的领域。③ 从李济对出土器物的解读中可看到,中原与四方的关系是基于征伐战争与朝贡交流而展开的,而这样一种具有向心性的文化接触使得位于中原地区的商文明具有了高度的文化成就。

以一种跨文明、跨地域的文化融合观来阐释中国文明在形成之初如何"融合了很多不同文化源流",李济的解释确有比文化传播论高明之处,因为他看到了一个文明恰是围绕着一定的中心,并在与其他文明或文化的互动关系中得以形成自身的特点与成就的。在其"中国文明的开始"的第二讲"中国文明的起源和它早期的发展"中,他特别指出:"商朝的文明,综合了西夏、东夷与原商三种文化传统。"④这里虽不能确定李济的观点到底受到傅斯年的"夷夏东西说"⑤的影响有多少,但李济对西夏、东夷与原商这三种人群的关系叙述多少具有一种"东征西讨"的影子。通过分析出土器物上的装饰艺术,李济给我们讲述了商文明所具

---

① 张光直:"人类学派的古史学家——李济先生",同上,2~9页。
② 同上,23~29页。
③ 同上,31~32页。
④ 李济:《中国文明的开始》,20页。
⑤ 傅斯年在1934年发表的"夷夏东西说"中指出,在中国上古史时期,东西对峙构成了中国历史的一个特点,并认为夷与殷为东系,夏与周为西系。

有的这样一个"文治武功"的历史,他谈道:"商朝的祖先首先征服了东夷,吸取了他们的某些艺术传统,也教给他们一些战争新技术,则为相当确定的史实,当然他们只能在商人的领导下作战。商人挟此新练之兵,西指克夏,又吸收了一部分他们认为有价值的夏文化。"如此,商文明于亚洲东部得以"在原地"①通过不断吸纳各种文化而发展起来。

基于其所开创的"中国器物学的新基础",李济对中国文明早期之成就的介绍也就有了自己的底气,他说道:"这是一种充满了活力和生命力的文明,但其间不免含有残酷和黩武的因素。纵然如此,这个文化也为后来周朝的孔子及其学派所代表的人文主义哲学奠定了相当的基础。"②在当时"疑古"风潮之影响下,中国历史学家大多将周代之前的殷商视为传说时代,不愿过多论及这一时期的文明成就。而李济基于挖掘出土的器物将这一"传说"变为现实,可见他的研究工作对中国上古史研究而言,无疑有着一种"化腐朽为神奇"的力量。李济这一充满了底气的研究建立了一段被"可靠的"地下器物所证明的历史,而这段历史如何与被可靠的地上文献所证明的历史(即周代)进行联结,则成为他要详细说明的另一个重要问题。

由于当时所定义的中国的青铜时代约在公元前1500年至公元前500年之间,这正将商周鼎革的时代包含于其中,所以在"中国文明的开始"的第三讲"中国的青铜时代"中,青铜器物作为联结商周两代的一个桥梁,其沿革演变正是李济介绍的重点,特别是青铜器物中的青铜戈成为他构建表现于地下实物的商代与表现于地上文献的周代之间的渊源流传关系的有力武器。对于"戈"这一"中国固有的发明,并仅在中国得到发展"的武器,李济曾做过专门研究,并曾"将戈由其石器的原始形态、青铜的仿制品及各种铜戈的变化阶段,以至《考工记》所载的标准形制这一系列的变化探溯出来"。③在演讲中,通过对青铜戈在形制上历经"千余年之久"的前后演变之介绍,以及戈与矛于战国时期逐渐综合为戟,成为秦统一中国与汉征服中亚的战争中所使用的武器这一历史之说明,李济为我们展示了在一个起于新石器时代止于秦汉时期的历史阶段中,中国文明是如何地源远流长、成就斐然的。

正如李济对安阳发掘的重要性的归纳中曾提到的,"这些发掘还提供了实物

---

① 书中此三字的下面加了黑点着重号,见李济:《中国文明的开始》,33页。
② 同上,46页。
③ 同上,54页。

证据,把历史文献跟早期历史时期和史前时期的考古遗存紧紧联系在一起"。可以说,李济开创的"中国器物学的新研究"所要说明和建立的正是中国文明的史前时期与历史时期之间源远流长的关系。但同时我们也应注意到,李济所奠定的"中国器物学的新基础",其灵感却并非来自"器物"的研究,而是直接来自"文献"的考证。实际上,王国维的"二重证据法"对于李济所开创的现代中国考古学的器物研究产生了无法忽视的深刻影响,虽然王国维所做的无非是用地下的文字与地上的文献来互证,但他这种局限于文献考证的研究方法却真正地奠定了"中国器物学的新基础"。恰如李济所言,"因为在他(王国维)的研究成果中,我们不但看到考古记载和历史传说的根本一致,而且看到历史和史前的牢固联系。"所以,"中央研究院"的考古学家们在田野工作中就沿着这条路线进一步地做了许多工作,最终在地下的各种墓穴和窖藏中发现了许多新的联系:"带字的甲骨结合着青铜器,青铜器结合着陶器,乃至可以追溯到更古老时期的各种器物。通过这些联系,中国早期历史就跟原史,而原史则跟史前史紧密地衔接了起来。"①

恢复信心:中国上古史的重建问题

用"内忧外患"来形容20世纪上半叶的中国上古史研究也许是贴切的,一方面是国外的学者为了证明中国文明"西来说"的理论不惜篡改证据,另一方面是国内的学者为了迎合"疑古派"的态度不惜忽视证据。而这两种学说都在一定程度上伤害了中国人正在兴起的民族情感与认同,且最让李济不能平静的是二者均打着"科学"的旗号歪曲了中国上古史的一些事实。因此在演讲中,每当李济谈到中国上古史的重建问题之时,他往往在情绪激昂之际将自己一些比较"主观"的学术观点较为自白地表达而出。当然,有时候让李济情绪激昂的并非是自己的考古挖掘有了多大的进展,而是在他看来自己所要驳斥的有些观点"太过胡说"。

"安阳的发现对谱写中国可考历史新的首章的重要性"②可能是李济最具煽动性的一场演讲,令人印象深刻的是当涉及对中国文明起源的讨论时,特别是在

---

① 李济:《中国文明的开始》,57页。
② 本文是李济于1953年秋在菲律宾举行的"第八届太平洋科学会议"上做的英文报告,1988年由李光谟译成中文,收录于中文版《中国文明的开始》,53~64页。

人种、时间、空间与文化成就的介绍中,李济就会表现出一种强烈的"本土"意识。如他对安阳考古发掘出土的实物中所反映出的中国文明的一些"东方特征",常常是津津乐道不嫌啰嗦的,这也许正是李济学术演讲的风格之一。到了1961年,当65岁的李济为美国《柯里尔百科全书》写作"古代中国文明"这一条目时,他进一步指出:"现代人类的这一支(蒙古人种),其起源和历史可能局限在以太平洋的扇形边缘为界的一个地区上。"①此时,已过花甲之年的李济虽然更为"成熟"了,但这一充满"东方"情结的论断却是颇为冒险的,如他所承认:"要拿出任何有力的证据还为时过早",不过这并不影响讲求"科学实证"的李济先生将中国文明开始之讨论与挖掘的区域范围圈定在贴近太平洋的远东地区,而非邻近西方的西部地区。实际上,无论是在演讲时,还是在论文中,李济关于中国上古史的这些"成熟"的见解或"大胆"的设想,对于当时受到人种与文明"西来说"所压迫的中国人而言,足以让人宽心释怀。

值得注意的是,李济这种带有"东方"情结与"本土"意识的研究和讨论,也绝非一时的意气用事,而是有其成熟考虑的。针对"西来说",李济特别强调中国文明的"东方特征",并拿出了他的证据:文字、骨卜、养蚕、装饰艺术。在他看来,这四项文化均起源于华北地区并在这里发展,它们分别代表着周代以前早期中国人的宗教生活、经济生活和艺术生活。② 这表明中国文明可以基于东方来与其他地区的文化发生种种交流关系,从而成就自身。

当然,要理直气壮地驳斥"西来说",李济所掌握的材料也是明显不足的。但他却非常巧妙地运用了"一份材料说一份话"之规范,来剔除中国文明的"西来"因素。首先,他以非常"科学实证"的严谨语气说道:"纵使是最热心的文化传播论者,也得在华北平原与美索不达米亚之间找到证据,才能支持他们的移植的假设。"然后又非常老道地向众人强调:"我认为今日和过去所有伟大文明的发生都是由于文化接触的后果。但在应用此种理论于某种特殊的文明之前,我们必须不遗余力地收集资料来详细考察文明实际成长中的每一个细节。"③这也就是在质问那些持"西来说"的学者:如果你们要充分说明中国文明是由美索不达米亚移植过来的,"好吧,拿出你的证据来"。然而要他的对手在当时拿出可靠的证据来,这无疑是在刁难对方,因为正如李济所坦言:"截至目前,中国仅有一小部分

---

① 李济:《中国文明的开始》,84页。
② 同上,60页。
③ 同上,18页。

地域曾适当地予以发掘,而即使连这一小部分地区工作也仅做了不到一半。事实是,在30年代的中叶,当科学的资料正在积累时,日本人的侵略使一切都归于停顿。"在这里,我们足见李济的"成熟",正是基于"一份材料说一份话"之原则,他依据1929~1937年这九年间在安阳及其附近地区发掘所获的资料,来阐述中国文明在开始之初所具有的"东方"特征,这也算既有理有据,又留有余地的。而那些与其观点相左的学者,却因为战争爆发与时局动荡陷于缺少证据的困境之中。李济曾发出这样的感慨:"(在中国)纵然是可能获得丰富成果的地区,几乎不曾作过适当的考古发掘。"① 我们可以这样认为,这句话是李济替自己的对手们道出了无奈与苦衷。

实际上,在面对类似于商文明这样一种与之前的地层文化有比较明显的断裂现象的文化时,当时的学界大多会采用传播论来进行解释。然而,李济虽也承认商文明并"不是均一的,土著的,完全独立发展而未受外界影响的",但他却认为:"殷商帝国之经济基础是典型东亚的,并且是在原地发展起来的",并强调"此一事实为许多卓越的田野工作者,如安特生、德日进及杨钟健等指出,又由甲骨文得到了证实。"② 由此可见,李济对于传播论的接受是有条件的,他会采用这一理论来讨论中国境内各文化间的相互影响如何促成了中国文明之开始,而当涉及中国文明之基础由何而来时,他对传播论又会保持一种明显的警惕。李济的这种警惕并非完全是民族意识作祟,而是意识到一个文明的形成必然要有自己的中心与根本,如此才有可能在与其他的文明展开一系列的互动关系中发展起来。这样的解释对于我们认识文明的开始是有一定创见的,至少它能在减少当时文化传播论所带有的民族色彩的同时,来解释文化间的交流。而这也正是李济在阐释文明开始的问题时一直重申的一个态度:"我以为要写一部准确的、可靠的、能为一般人所接受的世界人类历史,各国的历史学家们必须先要放弃国家地域的偏见",因为"文化一分畛域,就可能为外来或本国独创等意念所影响",而"实际上没有一个区域的文化是完全孤立而独自发展成长的,吸收外来文化并不足奇"。③

当然,李济也意识到,由于商文明与之前的彩陶文化和黑陶文化之间存在着文化发展的断裂问题,并且原商文化并未被发掘出来,因此,商文明的发生仍有

---

① 李济:《中国文明的开始》,34页。
② 同上,33页。
③ 同上,68~69页。

许多基本问题是未明了的。但在演讲中,他却"成熟"地提醒着人们:"在这方面,我们必须记住,截至目前,仅有华北很小地区曾被挖掘。如果别的重要的地区也像恒河流域一样经过系统的彻底挖掘与研究,那么获致这一基本问题之最后答案,只不过是时间早晚而已。"①这让人觉得,他之所以没把问题证明清楚,是因为他还没来得及去做深入系统的挖掘。而这一看似"科学"的回答其实隐藏了一种并不"实证"的自信。

但正是李济的这份自信,使得中国那些受"疑古"传统影响的历史学家们改变了他们对于中国上古史的怀疑态度。李济曾不止一次地在演讲中愉快地回忆了一段"学林旧事",并在多篇论文中不无得意地讲述了一个"学界八卦":20世纪初,作为当时学界领军人物之一的章炳麟曾"认定甲骨文是以罗振玉为首的一群江湖骗子伪造的假古董"。而章炳麟的学生们在那短暂的"中国文艺复兴"时期里,虽然"造了他们老师的反,但是积极贡献并不多",因为这些人作为"疑古派",虽是中国知识界中"很重要的一伙人",然而他们却"怀疑整个中国古代传说,声称所谓的殷代不管包括着什么内涵,仍然处在石器时代"。可是"科学考古学后来证明,在中国古代这个问题上,章炳麟和他造反的学生都错了"。而且让李济颇觉趣味的是,中国的考古学实际上是由"这些不可知论者"对中国历史的怀疑所逼迫出来的,因此他极为"谦虚"地强调道:"然而这段思想十分混乱的时期也不是没有产生任何社会价值,至少它催生了中国的科学考古学"。可以说,最让李济"解气"的是,安阳的挖掘工作不仅"彻底消除了对甲骨文真实性的怀疑",并且还"充分说明殷代已不仅是一个全盛的青铜时代,事实上小屯在公元前第二千纪的下半叶已是远东的青铜制造业中心之一"。因此,"随着安阳发现的公开,那些'疑古派'们也就不再发表某些激烈的胡话了。章炳麟晚年在得知这些新发现后,曾私下试读过罗振玉论甲骨文的著作(《殷墟书契》),尽管他从未公开承认此事。"②既然名人章炳麟从未公开承认自己晚年曾私下读过罗振玉的《殷墟书契》,那么李济在公开演讲专门详谈此事,且还在自己最为重要的学术著作中将这一"学界八卦"的诸多细节(如章炳麟所读的《殷墟书契》是其学生送给他的生日礼物等)公之于众,③这未免太不厚道了。不过考虑到李济言及此事之意图在于打击"疑古"风气以重建人们对历史之信心,那么他如此热心地传播这

---

① 李济:《中国文明的开始》,33页。
② 同上,56页。
③ 如在李济的最后一部专著《安阳》中,就有对此事的详细描述,见李济:《安阳》,23~24页,上海:上海人民出版社,2007。

一"八卦新闻"也是可以理解的。

在某种程度上,李济所认为的"中国上古史的重建问题",其关键正在于"恢复信心",即首先恢复中国知识界对历史古籍可信性的信心,然后恢复他们对中国古代历史的信心,最后恢复他们对中国古代文明的信心。当这三种信心得以恢复之后,士人对于中国的文化价值与民族情感之心态也就会发生改变,这也许正是李济在演讲中总是情绪激昂的一个主要原因。如其所言,"安阳发掘的结果使这一代的中国史学家对大量早期文献,特别是对司马迁《史记》中资料的高度可靠性恢复了信心。"① 可见,"中国的科学考古学"在当时至少为这一恢复士人信心的事业迈出了坚实的第一步。在谈及如何谱写中国可靠历史之首章这一问题时,李济曾特别指出:"在满怀热情和坚毅勇敢地从事任何这样一种研究工作之前,恢复这种对历史古籍的信心是必要的。"这里,李济作为一个偏重于摆弄器物的考古学家表达出对历史古籍的如此重视,这是值得我们深思的。此外,在谈及中国上古史之史前部分时,他又认为"传说历史的史料,就现代考古学的立场说,是史学界不能完全忽视的一组材料",并以现代考古学的立场,肯定了大禹治水与夏朝的传说是具有一定真实性的,且强调说,"传说历史中有若干成分构成了史前史的主要事件"。② 这里,李济作为一个讲求科学实证的考古学家表达出对传说历史的这般肯定,同样是值得我们回味的。从上述的这些言辞中,我们能够看到,手握地下实物之"可靠证据"的李济较轻松地恢复了地上文献与口头传说作为史料的"可信性"。而在"古史辨"运动时期,这些都是不可靠的材料,以至于当时的学者,如胡适等人在进行中国上古史研究时不得不"先把古史缩短二三千年,从《诗三百篇》做起"。③ 这种尴尬的起因犹如伍启元所指出的,在于"在地下发掘未能建设中国古史之前,中国自东周以上只好说是无史。"④所以,当李济的考古挖掘有了一定的成果之后,不仅拉长了东周以前的古史,也使得学人恢复了对历史古籍与历史传说的信心。有了这份信心的学者则可以更为"心安"地在现代知识体系与古代中国思想之间找到自己的阐释立场,这对于中国社会科学的发展是极有意义的。

① 李济:《中国文明的开始》,53 页。
② 同上,143~144 页。
③ 胡适:"自述古史观书",载《古史辨》,第一册,22 页,上海:上海古籍出版社,1982。
④ 转引自罗志田:《近代中国史学十论》,106 页,上海:复旦大学出版社,2003。

加点想象的活:考古学中的历史感观

曾被张光直批评"过于科学"的李济[①],对于中国文明开始之理解与阐述其实是饱含情感和富有想象的。李济的考古研究并非用"科学"就能完整概括,他对中国历史的经验考察与理解阐释,不仅反映了那个时代的学人在中国开展社会科学时所表现出的一些特色,也反映了李济在学术研究中所具有的一种"成熟"。

《中国文明的开始》反映了中国考古学在兴起之初所表现出的两个相互关联的特点:(1)较偏重于历史的重建而非史前史的考察;(2)与文献史料的紧密联系而不局限于器物的研究。这使得中国考古学具有较强的"史学化"特色,一方面考古研究成为考证古史、特别是印证补充上古史的历史记载的一个手段,另一方面考古研究对历史的重建与阐释又较大地依赖于传统典籍中的史观。这样一种考古概念和考古学研究取向,正是对中国20世纪上半叶的知识转型过程的一个生动写照,它反映了科学实证与历史感观的相互调和。

20世纪初,为追求一种"真实可信的"历史,不少学者试图将史料、史观、著史相区分,并以"科学实证"为标准来建立一种历史科学,如傅斯年在"历史语言研究所工作旨趣"一文中提出了:"近代的历史学只是史料学,利用自然科学供给我们的一切工具,整理一切可逢着的史料学。"[②]然而要将客观的历史材料与主观的历史观感相区分,来试图树立一个更加"科学"的历史学,这无非是在"痴人说梦"。考古学重建中国上古史要靠实物,而实物之后还有一套阐释工具,因此中国考古学从一开始就不是史料学,作为一种所谓的"历史科学",其研究并没有局限于史料的整理与考证工作中。李济的学术研究表明了,仅建立在史料实证之上的考古学是不存在的,而考古学的研究在中国之所以有意义则是因为它对挖掘成果进行分析时所运用的一套阐释体系。所以李济曾经"成熟"地指出,如"不能应付有血肉、有灵魂的一般人类感情中的愿望",那么作为"科学事实"的史料则是"一堆枯骨"。因此,"觉得要预备写一部中国上古史,我们不但要参照铁的事实,也需要若干活的想象。"[③]而当李济在"再谈中国上古史的重建问题"[④]一文

---

① 1956年李济任总编辑并亲自撰写的《小屯·第三本·殷墟器物甲编·陶器上辑》出版后,张光直写了评论,指出,该书作者"过于科学",限制了"想象"的活动能力。李济于次年就此评论做了回复,除对许多意见表示同意外,还对"过于科学"一词提出异议。参见李光谟印:《李济先生学行纪略》,20页。
② 傅斯年:"历史语言研究所工作旨趣",载《中央研究院》历史语言研究所集刊,第一本,1928。
③ 李济:《中国文明的开始》,107页。
④ 该文是李济为指导《中国上古史》文集的编写工作于1962年所做的一次演讲,收录于《中国文明的开始》,92~109页。

中劝诫科学家要重视"文学家所表现的是另外一种人类生活的事实"时,史学在李济这里已是一门实证与想象相统一的学科,史料、史观、著史不再被对立撕裂开来,它们构成了完整的历史。这充分表明了李济对中国的历史人文与学术有着深刻的理解。

今天看来,考古学家在重建中国历史时,往往需要加点想象的活来"点活"史料。这要求他们在书写历史之时,不仅要有文学家的手段,还应在史料阐释中表现一定的史学道义。而李济的考古研究之所以是"成熟"的,恰在于他在一定程度上实现了历史、道义、科学三者之统一。如此,李济的研究才有可能如罗杰斯所夸奖的那样,充满着一些"成熟的见解"。依据地下挖掘的器物来重新统合古史与古书,李济的研究既符合现代科学之规范要求,又蕴含了历史人文之深刻体验,从而构成了中国现代知识体系中重要的一环,并为学者重新书写历史和进行历史研究提供了一种典范。从中我们可以看到,中国考古学重新发现和书写历史的方式,不仅包含了一种实地挖掘的经验性实证的技术和方法,还蕴含了一套阐释实物的解释历史的工具。而这套解释历史的方式,本身就昭示着一种建立总体性社会科学的可能。

历史与文明:社会科学考察中国的尺度

李济对于中国上古史问题的关注常会让人忘却其考古学家的身份,或许正如他的学生张光直所总结的那样,李济的学术身份应该定义为"人类学派的古史学家"。[①] 而当我们发现李济其实是一个古史学家,并且他真正的学术兴趣在于历史重建而非考古发掘时,我们或许要问:历史对他这一代学人而言有何重要的意义,以至于中国考古学从一开始就担当了"证经补史"的任务,给人一种史学的附庸之不独立的印象?

在当时思潮激荡的背景下,处理传统史学与现代科学之间的关系是在中国建立起一种具有总体关怀的现代社会科学的关键,而如何定义历史、进行史学研究则无疑成为知识转型过程中一个困扰学人的问题。历史与史学之所以在中国具有一种特别的地位,是因为在"道统"与"政统"之外,中国社会还有一个"史

---

① 张光直:"人类学派的古史学家——李济先生"。

统"。所谓"史统",即道义在历史中存在和显现的方式。① 它不仅是社会价值观念的形成基石,也为社会自身的动力来源。因此,在某种程度上,中国的史学是人文社会科学的总和,将历史与道义相统一正是士人们的一份现实担当与学术追求。比较而言,在古史研究方面,旧式学人的关怀重点在于古书而非古史,而现代学人的关怀重点则在建立一个"真实可信"的古史。由于"史统"的分裂消解正是当时中国所面临的社会与文化的危机之一,因此学人们所肩负的责任是要以新的史观与方法来重新恢复"史统",进而重新树立中国之认同情感、确认中国文明在世界上的地位,并最终催生出一套全面完整地认识和阐释中国的知识体系来。受西学影响而建立起来的中国考古学也承担起这一"历史使命",特别是当"中国化"了的考古学承担起恢复"史统"的任务之后,这一新兴的科学与中国学术的传统达成了一种和谐。它的兴起,一方面使那些讲求科学实证的现代学人看到了通过考古实物将古史从古书中解放出来的希望,一方面又使那些讲求明经证史的旧式学人看到了通过考古实物来印证古书中的古史记载的可能。所以,在诸类新兴的现代学科中,考古学无疑是最受瞩目的。

作为当时中国考古学的代表人物,李济的研究旨趣与学界长达数十年的"中国文明起源热"息息相关。中国文明起源的探讨其实正是中国知识分子重建"史统"的一个表现,因而掺杂了许多非学术的因素在其中。考古学也不例外,除了要挖掘地下之器物外,还要为这些器物加上历史之道义。当"成熟"的李济在其考古研究中将历史、道义、科学三者统一在一起后,也就成就了一种新的"史统"。依据这一新的"史统"作为其阐释工具,李济的研究必然充满着"成熟的见解"。今天看来,李济的不少观点是要被修正的。但我们阅读他的著作并不是要用后来的考古发现,以一种后见之明,来批评他,而是要基于同情与理解之上来阅读和反思他。今天的学人要真正超越李济的考古研究,借助新的考古资料来修正他的观点只是一种讨巧的做法。唯有促进阐释工具的进一步发展,来更为深刻地透过实物认识中国的历史与人文,才是考古学发展的正途。也只有这样,考古学才是真正的史学、真正的社会科学。

李济的学术实践中所表现的种种"成熟",是否出于一种自觉我们无须妄断,他的研究已为我们认识中国的历史人文与现代学术留下了丰富的资源。《中国文明的开始》带给我们的一个重要启迪也许在于,李济是以文明为尺度来考察中

---

① 柳诒徵在"国史要义"一文中,以"史术"名史学之道,以"史化"名因革变化,而"史统"也就是二者之合一(见柳诒徵:《柳诒徵说文化》,117~180页,上海:上海古籍出版社,1999)。

国的,这为在中国形成一种总体性的社会科学开创了一个极有创见的路径。必须注意李济是以一种跨文明比较的方法和视野来考察文明的,特别是他对于中国上古史的分析,说明了中国文明形成之开始,恰是在几种文明与地域文化的互动关系中才可认识。这种跨文明的研究视野促使我们意识到,在认识和阐释中国时,使用诸如文化、社会、民族等概念未必是妥当的,因此应对当代社会科学的一些关键的学术概念与研究视角进行一番检讨。犹如李济所感叹的,由于我们自己用后来的观念为文明的开始设置了"民族"、"国家"这样的边界,因此,现代人读到"相土烈烈、海外有截"一类的古史,反觉得新鲜。所以他喊出了"打倒以长城自封的中国文化观"[1],以及"把中国历史关在一间老房子内孤芳自赏的日子已经过去了"[2]的口号,可见李济对于中国文明开始的研究对狭隘的民族主义式的解说已有所超越,并体现了一种对文明的超越性的自觉。

以文明为尺度来历史地考察中国,这是李济的一种成熟,也是社会科学所需要的成熟。这份成熟来自中国特定的历史经验与历史感观,而这些正是今天的社会科学所缺少的。所以,重读李济《中国文明的开始》,我们不仅要认识到中国考古学兴起之初的研究具有何种充满了历史感观的阐释与想象,也要对这些阐释与想象进行一番深刻的解读与总结。只有尝试在理解这种历史感观之基础上来超越前人的研究,社会科学对中国文明的认识才会有一个真正的开始。

(张 原)

---

[1] 李济:"关于中国民族及文化发展的初始的几点看法",载《李济考古学论文选集》,963 页,北京:文物出版社,1990。

[2] 李济:《中国文明的开始》,109 页。

第三编
游走、描述与思考

17 顾颉刚与土地神

——1926~1927年东南沿海的"游士"与"风俗"（1927）

1926年，北京时局动荡，学者纷纷南下。7月，顾颉刚收到厦门大学的邀请函，8月，欣然赴职。从北京到厦门，一路颠簸，到了厦门又屡遇台风，加之南方饭菜清淡无味，生活困苦可想而知。顾颉刚却颇享受这种清淡与清闲，课程之余，孜孜于读书，不仅《孔子》、《孟子》、《周易》是枕边书，而且《闽杂记》、《福建通志》等也常在手边。① 由于只身一人先行入闽，省却了家长里短，于是便多出闲暇交朋会友——林语堂、容肇祖、孙伏园、潘家洵、马寅初、史禄国②都是座上客。与此同时，顾颉刚还不断与良师益友胡适、傅斯年等书信往来，虽然置身东南一隅，却心怀远在京沪的"朴社"和"北大国学研究社。"③

小小的厦门当时俨然已成一个学术中心。

1926年9月18日下午，在厦门大学国学研究院编辑事务谈话会上，决议组织风俗调查会，在座者有林语堂、沈兼士、黄坚、周树人、顾颉刚、孙伏园、潘家洵、丁山等。10月10日，在国学研究院成立大会上，沈兼士演讲道："本院于研究考古学之外，并组织风俗调查会，调查各处民情、生活、习惯，与考古学同时并进。考古学发掘各处文物，风俗调查则先从闽省入手。"④在此感召之下，10月31日~

---

① 顾颉刚：《顾颉刚日记（1913~1926）》，第一卷，785页、788页，台北：联经出版事业股份有限公司，2007。
② 在1926年9月17日的日记中，顾颉刚记录道，"俄人史禄国先生研究中国人种学若干年，对我有所质问，叫我如何回答。"（顾颉刚：《顾颉刚日记》，793~794页。）他们的谈话内容已无从得知，但是能够想象当时多种知识的碰撞与补充。
③ "朴社"是顾颉刚的《古史辨》（第一册）的出版机构，也是顾先生发起并主持的学术组织；"北大国学研究社"开民俗调查与古史讨论之风，厦门大学国学研究院的创办就受其影响。
④ 转引自陈育伦："对二三十年代福建民俗学运动的回顾"，见苑利主编：《二十世纪中国民俗学经典》（学术史卷），71页，北京：社会科学文献出版社，2002。

11月3日,张星烺、陈万里和艾鄂风(Gustave Ecke)①着手进行了第一次泉州田野调查;继而,12月15日~24日,顾颉刚、张星烺、陈万里进行了第二次泉州行;次年1月16日~19日,陈万里、孙贵定、张早因第三次踏入泉州。这三次调查的结果很快就刊登在《厦门大学国学研究院周刊》②(以下简称《周刊》),包括林幽的"风俗调查计划书"、顾颉刚的"泉州的土地神"、陈万里的"泉州的第一次旅游"、林语堂的"平闽十八洞所载的古迹"、高子化的"云霄的械斗",第四期还预告了潘家洵的"观世音"和顾颉刚的"天后"。在田野调查的间隙,国学研究院还召集了大规模的学术讲座,1926年11月13日,张星烺讲"中世纪之泉州"③;1926年11月18日,林语堂讲"闽粤方言之来源";1926年12月30日,罗常培讲"朱子与闽南文化之关系"。④ 这几次讲座的告示均见于《厦门大学国学研究院周刊》第一期,可惜没有刊登讲稿内容。

在浓厚的学术氛围中,大量厦大学生参与到国学研究会,在《周刊》的第三期,可以看到学生们的调查课题包括"太姥山"、"古代井田的研究"、"牡丹亭传奇考"、"莆田方言及闽南各县方言"等。

轰轰烈烈的闽南风俗调查运动的影响还溢出了校园,《周刊》连续三期刊出面向全社会的"召集令","收集各地古器物及风俗物品以资研究",并且还发出了"征集本省家谱启事"。⑤

顾颉刚、陈万里等身体力行的泉州考察更推波助澜,使知识"走向民间。"⑥

在泉州短短十天的考察,顾颉刚被泉州土地神的混乱所吸引。顾颉刚在厦门时,就发现厦门的土地神、江苏的土地神和北方的土地神各不相同:

> 江苏南部的土地神是各各不同的,有的是有名的古人,有的是离奇怪诞的封号。但北方的土地神似乎不是这样的复杂,或为白胡须的无姓名的神

---

① 艾鄂风先生的这次考察后来形成英文著作《刺桐双塔》(*The Twin Pagodas of Zayton: A Study of Later Buddist Sculptures in China*),哈佛大学出版社于1935年出版。在《刺桐双塔》中记录,法国汉学家沙畹(Edouard Chavannes)曾辗转得到泉州东塔塔基上雕刻的照片,并做出部分注解。(汪毅夫:"厦门大学国学研究院与泉州历史文化研究",载《海交史研究》,2002年第2期,98~103页。)
② 这三次调查成果参见《厦门大学国学研究院周刊》(Vol. 1, No. 1; Vol. 2, No. 2; Vol. 3, No. 3),1927年1月5日、12日、19日。
③ 应为《泉州访古记》,载《史学与地学》,1928年第4期。"泉州访古记"是奠定"泉州学"的扛鼎之作。
④ 后改为《朱熹对于闽南风俗的影响》,载《中山大学语言历史研究所周刊》,1927年第4期。
⑤ 《厦门大学国学研究院周刊》(Vol. 1, No. 1),1927年1月5日,1页。
⑥ 在泉州考察之后,顾颉刚还先后到福州和漳州进行考察并收集风俗物品和文物古迹(顾颉刚:《顾颉刚日记(1927~1932)》,第二卷,5~11页),但是这些考察都未能成文。

（即正式的土地神），或为韩文公，说是韩湘子要度他成仙，不幸他过蓝关时走入了一所小庙，于是他只得成为小庙的神了。自来厦门，看看厦门的土地神，似和江苏的相近。但是此地很不一律，有的是一间小屋，塑上一尊白须神像，题为"福德正神"，有的祀奉"保生大帝"、"协天大帝"、"金府王爷"、"黄大帝"等，而"福德正神"仅仅是配享。①

北方的土地神比较单一，或者无名姓，或为韩文公；江苏南部的土地神开始变得复杂，皆为有来头的古人；厦门和泉州的土地神则非常混乱，作为主祀的"福德正神"成为配享，而成为主祀的神身份杂乱，有的尚有古史传说为背景，例如"通天文武尊王"，顾颉刚考证说，这个神诞生于"洪承畴降了清廷之后，他的弟弟洪承畯瞧他不起，以忠节自守，在宅旁盖了一所唐忠烈祠，祀张巡许远。道光年间，有人上一匾额，文为'道通天地'。但此祠成了铺神祠之后，民众不能知道张巡和许远是何如人，而他们所要求的乃是圣神文武萃于一身的神，于是上他的尊号为文武尊王。但文武尊王是一个普通的尊号，何以分别于他处的文武尊王呢？于是又在匾额上摘下了'通天'二字加在上面，而这一个境也就名为通天境了。"而大部分的神，"一望而知是没有历史的根据的。里面当然有许多是有民众的传说做背景的（例如张文照七王，闻临水娘娘是古田人），有的恐怕只有学人家的样，随便立出一个神道而已（例如西坡大元帅、义全大元帅等）。"②面对这种斑杂的现实，顾颉刚认为，"我们要解释它，原只能顺了它的演进历史去解释，而不能用了我们的理性去解释。"③那么，土地神的演进历史究竟是什么样的？

社本是古代的庙宇，除了祭地以外含有很多的任务，其中的一项是附祀有功德于民的贤人。古书上所见甚多，兹举两例：

畏垒之民相与言曰："庚桑子……庶几其圣贤乎？子胡不相与尸而祝之，社而稷之乎？"……庚桑子曰："……今以畏垒之细民而窃窃焉欲俎豆予于贤人之间。……"（《庄子·庚桑楚》篇）

为颍川太守，市无二价，道不拾遗。病免，卒于家。汝阴人配社祀之。（《后汉书·宋登传》）

不知何时社庙变成了土地庙，社神变成了土地神，更规定尊号为福德正

---

① 顾颉刚："泉州的土地神"，载《厦门大学国学研究院周刊》(Vol.1, No.1; Vol.1, No.2)，1927年1月，4~5页。
② 同上，6页。
③ 同上。

神。我们从历史上看土地神的原有的地位是很高的,他是后土,是和皇天上帝受同等的崇奉的神。安海的鳌头宫有一副对联,叫做"天下无双大老,世间第一正神。"这实在不是过分的称誉。但自从变成了土地庙之后,学士大夫是不屑过问的了,凡是应该配祀于社的名贤,都由学士大夫替他建立专祠,或合设乡贤祠和名宦祠。在民众方面呢,他们的知识是很浅薄的,除了口耳相传的传说之外不能再有历史。但是他们虽没有历史的知识,而他们一样的要求有配社的名贤,所以他们除了福德正神以外,还有他们的某大帝、某圣贤、某元帅和某夫人。这些大帝、圣君……原是配祀于土地庙的,意义甚为显著。只因福德正神的样子太柔懦了,神迹太平庸了,他虽然为民众所托,但终不能获得民众的热烈的信仰。配祀的神既为民众的自由想象所建立,当然极适合于民众的脾胃。威严的是大帝,雄武的是元帅,俊秀的是太子,美丽的是仙姑,神的个性既甚发展,人的感情也自然满足。于是民众信仰土地庙中的配祀的神比正神深切得多,寝假而配祀的神占夺了正神的地位,升为土地庙中的主祀,把正式的土地神排挤到庑间或阶下去了。久假不归,由来久矣!但是我们何必替福德正神抱不平呢,新鬼大而故鬼小,原是世界上的一条公理。①

顾颉刚的解释,有些接近"历史心理学",他追溯了"社"的坠落史——从与"皇天上帝"齐名的"后土",转变成"社庙"中的"土地神",又从作为"主祀"的神沦落为名贤的配享,而这一切,皆源于其神迹太平庸,不能获得民众的信仰,而民众自由想象的诸神个性甚发展,因而人的感情也自然满足。民众的信仰当然包含功能满足的一面,但是,之所以民众不相信土地神的神迹,反而相信自己想象的神明,个中原因是颇耐人寻味的。正如顾颉刚所说,民众的想象常常是依托历史传说而来的,"某大帝、某圣贤、某元帅和某夫人"常常可以追溯到诸如"张巡许远"这样的忠烈,即使不是以这些忠烈故事为原型,也是照此学来的,可见,适应民众脾胃的不仅是"威严、雄武、俊秀、美丽",更是背后对于"圣神文武萃于一身"的道德需求。而忠烈故事的流传常常始自"洪承畯"这样的忠贤之士,因此,这个历史演化链条中重要的一环,应当是士大夫对于土地神的"不屑过问"以及另立乡贤祠和名宦祠。为什么在士大夫的眼中,作为"世间第一正神"的后土反而不如乡贤祠和名宦祠重要呢?显然,"新鬼大而故鬼小"只是历史的结果而非

---

① 顾颉刚:"泉州的土地神",载《厦门大学国学研究院周刊》(Vol. 1, No. 1; Vol. 1; Vol. 1, No. 2),6~7页。

历史的动力。如何追寻历史的动力？还要从顾颉刚缘何对"社"感兴趣说起。

在文章的第一段，顾颉刚就指出，"数年来，因为我辩论古史，注意到禹，又注意到社，又注意到社中祭祀的土地。"①顾颉刚在论证"层累式的历史观"时，以战国、秦汉间的造伪辨伪为起点，在这个过程中注意到了"禹"，认为禹在汉代之前是正社神，"土地所在就是他的权力所在：南山、梁山是他所甸，丰水是他所注，洪水是他所湮，宋国人说下土是他所敷，秦国人说宅居是他的迹，鲁国人说后稷奄有下土是缵他的绪，齐国人说成汤咸有九州是处在他的堵，王朝人说方行天下至于海表都是陟他的迹。"②当时很多学者对此不以为然，认为因个人的德性高大而将所有功德之事皆归附于他并树之为神是后人尊功报德之举，这在历史上比比皆是。顾颉刚则认为，历史过程是从"神人不分"的神话传说而逐渐演化成史料记载，关帝可以由人变神，玉皇大帝也可以具有人格，追溯一个人物究竟是人还是神并无多大意义，整理历史的宗旨是"依据了各时代的时势来解释各时代的传说中的古史"③。汉代之前，传说与古史是没有区分的，汉代之后，由于书籍的普及，流动的故事凝固下来，因此对于古史的研究要将"古史"和"故事"并重，唯有如此才能勾画出古代的"社会制度和思想潮流"。④ 这是顾颉刚一生古史与民俗研究的起点。

顾颉刚最有影响力的民俗研究是其1925年主编的"妙峰山香会"研究专号。这次民俗调查是一次"到民间去"的实践，对"官文化"和"士文化"的颠覆意味要大于民俗文化研究的学术意味⑤，但是，这次研究也是顾颉刚对于"社会"的关注的一个延伸。"社会的研究，是论禹为社神引起的。社会（祀社神之集会）的旧仪，现在差不多已经停止；但实际上，乡村祭神的结会，迎神送祟的赛会，都是社

---

① 顾颉刚："泉州的土地神"，载《厦门大学国学研究院周刊》，（Vol. 1, No. 1; Vol. 1; Vol. 1, No. 2），4页。
② 顾颉刚：《古史辨》（第一册）自序，见其《古史辨自序》（上），79页，石家庄：河北教育出版社，2002。
③ 同上，81页。
④ 同上。
⑤ 顾颉刚说："本来我们一班读书人和民众离得太远了，自以为雅人而鄙薄他们为俗物，自居于贵族而呼斥他们为贱民。弄得我们所知道的国民生活只有两种：一种是做官的，一种是做师的。此外满不知道（至多只有加上两种为了娱乐而连带知道的优伶和娼妓的生活）。……在从前的贤人政治之下，只要有几个贤士大夫就可以造成有声有色的政治事业，这当然可以不理会民众。但时移世易，到了现在，政治的责任竟由不得不给全国人民共同负担，知识阶级已再不能包办了，于是我们不但不应该拒绝他们，并且要好好的和他们联络起来。"（顾颉刚："妙峰山进香专号引言"，53～54 页。）在这一段话中，顾颉刚的启蒙意识毕现，认为以"官文化"和"士文化"为代表的精英文化在当前的社会现实中已经无力回天，若要存亡救国，应该从生机勃勃的"民文化"中寻找动力。其政治关怀与学术关怀是一体的。

会的变相。"①在周代,社祭是从天子到庶民的普遍祭祀,到了佛教流入,到处塑像立庙,旧有的信仰为了与之对抗,也遍寻风景优美之处塑像立庙,于是"借佛游春"就形成了香会。朝圣之旅将固定的"社会"化成了"流动"的社会,流动的社会包括从庙中异神出巡的赛会和同地同业人齐到庙中进香的香会,"本来'社'是独尊的,自从有了佛教、道教的庙宇以来,它的势力就一落千丈,到如今各处的社坛都是若存若亡的了。社会是从前的一件大事,但自从分出了赛会和香会之后,它也就无声无息的消失了。"②"社"的历史演变不仅和佛道庙宇的兴起与对峙相连,各地方的社会仪式中的神明之形形色色也隐含着更深层的含义。社神在沦为土地神之后,作为宗庙之外的总庙的土地庙被一分为三:社坛、城隍庙和土地堂。"社坛没有指实的神人。城隍神有省、府、县之别,有指实姓名的,也有不指实的。土地神或一村落一个,或一城市多少个,指实与否也与城隍神相同。……这些神是如何成立的,是否由于天师的委派,还是由于民众的拥戴,实在很有研究的价值。倘使由于天师的委派,这不过是道士们的弄鬼,只要寻到了他们的簿册便可完事。但若是出于民众们的拥戴,那么,这里面自有复杂的因缘,不是可以急遽了解的了。……我很愿意把城隍神和土地神的人物历史弄明白,上接春秋以来有功而祀的人物,并看出民众的信仰的旨趣。"③不难看出,顾颉刚在1926年的泉州之行中,对于土地神投入如此关注,有其原因。顾颉刚用近乎肯定的语气断定,土地神绝不会是道士们的弄鬼,而泉州的调查也印证了他的推断。

"圣神文武萃于一身"

首先,泉州人对于神的信仰伴随着道德性的神迹,从顾颉刚考证的通天境中"通天文武尊王"的来源——张巡许远等忠烈,还有耳闻但没有目睹的藏有"韩琦出胎的血迹石"的生韩宫——韩琦是有名的宋相④,可以清楚地看出德性是如何将人转化为神的,作为原始神明系统的"后土",并不能够因为位列仙班而一劳永

---

① 顾颉刚:"《古史辨》(第一册)自序",见其《古史辨自序》(上),88页。
② 顾颉刚:"妙峰山的香会",见李文海主编:《民国时期社会调查丛编》(宗教民俗卷),56页,福州:福建教育出版社,2004。
③ 顾颉刚:"《古史辨》(第一册)自序",见其《古史辨自序》(上),89~90页。
④ 韩琦(公元1008~1075年),宋相州安阳人,字稚圭,天圣五年(公元1027年)进士。仁宗时,西北边事起,琦任陕西经略招讨使,与范仲淹率兵拒战。韩琦久在兵间,名重当时,为宋廷所倚重,时人称为"韩范"。西夏和成,入为枢密副使,嘉祐中官同中书门下平章事。英宗立,封魏国公。琦为相十年,临大事,决大议,虽处危疑之际,知无不为。卒谥忠献。《宋史》有传。

逸,如果没有德性的支撑,也很快会被遗忘。而清军入关之后才新晋升为神的"张巡许远",也并不因为出身"卑微"而不受重视,反而香火旺盛,皆因"忠烈"二字。与此类似的有北方关于"韩文公"之成为土地神的传说。但在神人的转化过程中,是士人在推波助澜。其实这一点暗合了顾颉刚的古史辨过程。

不可否认,顾颉刚接受了胡适先生的科学史学观并受到了西方启蒙运动的洗礼,其研究的出发点是"去伪存真",但是在一步步去伪的过程中,又向我们展示出伪史层累的实质:士人大夫试图用"道统"驯化"帝统"的努力。

他认为,上古史之所以会随着历史的前进而与我们越来越疏远、陌生,实际上是因为士大夫在不断编织能够笼罩君王的"天",而天命流传的基质是道德。德性要洽合五行一上下四方的自然节律,因此"五德始终说"和"三统说"才能够在几千年中被视为正统。为了使历史洽合"五德始终说"和"三统说",三皇五帝的阵容才要不断扩充①;因此才能够"王"上生"帝","帝"上生"皇"。其实最初的"帝"已经是"神",其实最早的"皇"不过是一形容词罢了,之所以要在"王"之上造出"帝",在"帝"之上造出"皇"的观念,何也?顾颉刚用《白虎通·号篇》做出了回答:"帝王者何?号也。号者功之表也,所以表功明德,号令臣下也。德合天地者称帝,仁义合者称王,别优劣也。皇者何谓也?亦号也。"②战国秦汉之间,"黄帝"本来是天神,结果被从天上拉下来成了人王,作为中国人的种族偶像被制造了出来,使中国人成为中国人。

神的另外一面是武力。经过春秋战国的混战和秦的大一统,曾经界限分明的"诸夏"和"蛮夷"成为一体,在统一的过程中,神的体系逐渐混溶扩充,"将四方小种族的祖先排列起来,使横的系统变成了纵的系统。如伯夷,本是姜姓一族的祖先;皋陶,本是偃姓一族的祖先;益,(或伯翳),本是嬴姓一族的祖先(见《左传》及《国语》),他们都请来放在《尧典》里,使得他们和夏祖禹,商祖契,周祖稷成了同寅,……这样一来,任何异种族异文化的古人都串联到诸夏民族与中原文化的系统里,直把'地图'写成了'年表'。"③文化的统一伴随着地域的扩大,始皇帝前无古人的坐拥"六合之内","西涉流沙,南尽北户,东有东海,北过大夏"。④ 怎能坐视秦始皇的势力膨胀并超越古代圣王?为了使五帝的威德凌驾于秦始皇,儒生们制造出《禹贡》"禹在古代的传说中,本来是平地成天的一个神人。到了这时,即由始皇统一的

---

① 顾颉刚:"三皇考",见《古史辨自序》(上),151~153 页、231~233 页。
② 同上,225 页。
③ 同上,138 页。
④ 同上,140 页。

反映,逼得古帝王的土地必须和他一样广,于是禹的偶像遂重新唤起,而有《禹贡》一篇的著作,把当时的境域分作九州,硬叫禹担此分州的责任。"①于是,"禹"作为中国疆域的偶像也被制造出来了,这使中国成为中国。

德性与武力的混合,亦即"圣神文武萃于一身",在泉州人的信仰中充满淋漓尽致的对于武力的崇尚。顾颉刚记录了一则泉州"东西佛"械斗的传说:

> 听说这许多城内的神祠又分为"东佛"和"西佛"。这并不是就城的东西分别的,乃是地方上的两个大党派。这党派起于两个大户人家。清初,泉州城内有两个名人,一是打平台湾封为靖海侯的施琅,一是翰林富鸿基。富鸿基嫁女于施家,问施琅行民礼呢还是行官礼。施琅是位位极人臣的人,听了此话很生气;在婚娶的那天,他便供上了皇上的黄衣,使富鸿基见了不能不跪。哪里知道富鸿基家中还有"五日权君"的铁鼻,施琅去的时候,他也高高供着,施琅也只得跪了。从此两家交恶,亲家变成了冤家。他们俩一文一武,很得地方上人民的信仰,就各各植起党来;富家在西,施家在东,因此把各铺境分成了东佛和西佛两派。每逢迎神赛会的时候,东西两派遇见,各不相让,常致打架,以至流血毙命。②

这个传说意涵极为丰富。神、皇、绅都是这个传说中的角色。对于神的信仰是"迎神赛会"的基础,正如前面所谈到,迎神赛会是流动的社会的一种方式,顾颉刚指出,"赛会是南方好,因为他们的文化发达,般得出许多花样,而且会斗心思,一个地方有了几个赛会,就要争奇赌胜,竭尽他们的浮华力量。"③顾颉刚的心理分析虽不见得精准,但是指出了迎神赛会的特点——带有夸耀性。神的道德和灵验似乎在财富夸耀和流血械斗中更加彰显。这一点和人类学中的一个重要概念"夸富宴"(Potlatch)有着某种暗合,也许能够更好解释这种群体心理动力学。④

---

① 顾颉刚:"三皇考",见《古史辨自序》(上),141 页。
② 顾颉刚:"泉州的土地神",载《厦门大学国学研究院周刊》,5 页。
③ 顾颉刚:"妙峰山的香会",见李文海主编:《民国时期社会调查丛编》(宗教民俗卷),(Vol. 1, No. 1; Vol. 1; Vol. 1, No. 2),56 页。
④ 法国人类学家莫斯(Marcel Mauss, 1872~1950),在整理多种民族志尤其是马林诺夫斯基的"库拉"(kula)交换的材料过程中,发现在美拉尼西亚和波利尼西亚,甚至印度和中国,都存在一种道德经济,以"夸富宴"为极端表现形式,这种道德性的交换形式发生在人神之间以及部落之间。向神的献祭常常以毁坏牺牲告终,目的是为了确保这份牺牲能够成为必须回报的献礼。部落间的"夸富宴"常常引发暴力、夸张和敌对,以毁掉东西来压倒对手显示富有。(莫斯:《礼物:古式社会中交换的形式与理由》,上海:上海人民出版社,2005。)在东西佛的械斗中,在夸耀中增强的神力与马纳(mana)是内在一致的,在炫耀中再次回归的祖先与神明也与"夸富宴"是内在一致的。

不仅如此，在迎神赛会过程中，铺境神被搬出神庙，在神与神的斗法过程中，铺境的区域边界和心理边界被强化，"地域性社区之间的'分'和地域性社区内部的凝聚力通过与别的社区的'分'来获得一种'合'"①。当然，这种由分而合的营造，不仅因为神，更有"绅"的推动和引导。

皇、绅和民

再说"皇"和"绅"。作为有皇权和绅权的中国社会，似乎比部落社会的夸富宴多了几种滋味。对抗的直接表现是神（东西佛）的对抗，导致对抗的直接原因是作为地方士绅的施琅和富鸿基在当地的党派之争，但是导致两大党派对峙的根本原因是两家都与皇权间接相关——皇上的黄衣与"五日权君"的铁鼻。中国之所以为中国，不仅是符号上的认同——黄帝和禹，更有现实的黏合剂——被费孝通先生称为"士绅"的群体，他们上接皇权，下联地方，中心与边缘的互动就在士绅们的上下游移之间产生，中国政治的张力通过士绅的向心力和离心力实现平衡。②

士的双重角色在地处帝国边缘的泉州就更加明显。在对土地庙做历史追溯的过程中，顾颉刚看到了"民"在塑造地方神明多样性的过程中，表现出对于神明"圣神文武萃于一身"的追求，也看到了"士"通过另立乡贤祠和名宦祠这些典范而不断重塑与强化"民"的道德诉求，可惜的是，顾颉刚将帝国的存在作为背景忽视了。王铭铭在《逝去的繁荣》中，将泉州的土地庙置放在"帝国—士绅—民众"的框架中，重新进行了历史分析："明清时期，宋明理学被官方接受为正统的模式之后，对于政府行为产生了巨大的影响。这种影响主要表现在两个方面：其一，为了营造一个一体化的理想社会，朝廷及在朝廷授意下的地方政府需要不断通过树立为政和为人的范型（exemplary models of government and person）来确立自身为民众认可的权威；其二，为了同一个目的，朝廷及在朝廷授意下的地方政府也积极从民间的民俗文化中吸收具有典范意义的文化形式。"③这么说，并不是为了表现朝廷统治艺术的高超，因为"皇权"自身也处在"统"之中——正像顾颉刚所指出的，士大夫通过不断解读经典来塑造能够笼罩皇权的"道"，在这里，就是

---

① 王铭铭：《逝去的繁荣》，218 页，杭州：浙江人民出版社，1999。
② 吴晗、费孝通等：《皇权与绅权》，天津：天津人民出版社，1988。
③ 王铭铭：《逝去的繁荣》，182 页。

宋明理学。因此,皇权的昭显不是通过"暴",而是通过"德"——与"天地合德",其面向,不仅是地上的国家,而且是天下的社会。因此,被纳入帝国神明体系的神灵,"有的是沟通天、地、人的媒介,有的是体现政府理想中的正统的历史人物,有的则是曾经为地方作出巨大贡献的超自然力量。把政府权威的象征性和地方公益性糅合起来,政府营造出来的显然是一种具有典范意义的符号体系。"[①]

其代表是"保生大帝",被顾颉刚称为"某大帝"的神,原名吴夲,本为宋泉州同安县人,为名医,逝世后于景祐年间(公元1034~1038年)被泉州、漳州一带民众奉为地方性神明。宋绍兴年间(公元1131~1162年)任太学士伏阙上书的同安人在泉州城创建真人庙,供奉吴夲,之后,地方官员"或遇水旱"之时也在此祀奉。宋嘉定十年(公元1217年)及绍定五年(公元1232年),理学家真德秀两度知泉州,不仅多次至祭,而且"著为定例,一岁两祠于神"[②],自此之后,自宋至明,吴夲28次受朝廷直接褒封。[③] 在这个自下而上的造神过程中,两次重要的转折——吴夲从无名到有名于民间,从有名到扬名于朝廷——都是由士扭转的。

在另外一个方向上,朝廷为了自上而下普及教化,自宋开始,强化了乡约制度,乡约由来已久,包括社学、保甲和社仓,即集教化、防御和救助为一体的地方性制度。至明代中期,由于王阳明、丘浚等人的提倡,嘉靖年间,礼部正式檄文天下,举行乡约。乡约会所设于里社,仪式与社会大致相同。[④] 在泉州,各基层政权单位(铺境)同样开设"社学",在此由作为地方官员的宣教来执行教化。然而,由于清代地方政府的末端是"县",县以下不在中央财政体系之内,只是凭借"知县"这个"一人政府"将基层统摄在行政体系之中,但是作为"流官"的知县在地方上行动多方受阻,不得不依靠地方乡绅来共同治理。[⑤] 地方乡绅的角色不断活跃,势力不断膨胀,就逐渐以教化一方的身份,和地方宗教团体一道形成相互保护、共同发展的关系,导致正规宗教的地方化,同时,不断模仿官办的乡贤祠和名宦祠兴建各种非官方神庙,甚至将官方祠庙改为非官方,于是,曾经代表官方的社逐渐被地方性神明占据,顾颉刚在泉州就看到了各种各样的"淫祀"和"淫祠"。[⑥]

顾颉刚受到法国启蒙思想的影响,志在普及知识,提升民智,却没有看到其

---

① 王铭铭:《逝去的繁荣》,182页。
② 《真西山文集》卷四十八"慈济庙祝文",转引自王铭铭:《逝去的繁荣》,183页。
③ 同上。
④ 陈宝良:《中国的社与会》,156~160页,杭州:浙江人民出版社,1996。
⑤ 瞿同祖:《清代地方政府》,范忠信、晏锋译,北京:法律出版社,2003。
⑥ 王铭铭:《逝去的繁荣》,186~190页。

所反对的"官文化"、"士文化"与"民文化"之间的互动。但是,顾颉刚敏锐地捕捉到民俗文化与超越性的神鬼之间的联系,他在最初进行妙峰山朝山进香的调查中,就声明道,"朝山进香,是他们生活中的一个重要部分,绝不是可用迷信二字一笔抹杀的。我们在这上,可以看出他们意欲的要求,互助的同情,严密的组织,神奇的想象;可以知道这是他们实现理想生活的一条大路。"①在参与调查的过程中,顾颉刚真切地感受到,"眼中见得是生龙活虎般的健儿的好身手,耳中听的是豪迈勇壮的鼓乐之声。这一路的山光水色已使人意中畅豁,感到自然界的有情,加以到处所见的人如朋友般的招呼,杂耍场般的游艺,一切的情谊与享乐都不关于金钱,更知道人类也是有情的,怎不使人得着无穷的安慰,仿佛到了另一个世界呢!"②北方的朝山进香再现了自然的有情和人类的有情,使人仿佛进入到另外一个世界,这与人类学家维克多·特纳(Victor Turner)在《仪式过程:结构与反结构》③中所展现的"混融"(communitas)阶段不谋而合,在这种"反结构"的状态下,人类感受集体的温暖和平等的快乐,年度的时钟在这一刻摆回原点,从而在仪式结束之后再次投入阶层化的生活。然而,北方其乐融融的凝聚力在泉州却展现为血雨腥风的械斗,那么以泉州为典型的东南社会如何在纷争中凝聚?

在泉州的械斗中,佛与佛争高低,人与人争上下。这种表面上的混乱隐现着秩序:施琅和富鸿基在皇权体系内势均力敌,在地方上的影响力不相伯仲。因此,等级结构在械斗中是被强化而不是被削弱的,"在等级结构与等级秩序中,相同等级地位的个体之间表现为竞争关系,不同等级个体之间主要表现为庇护和福佑式的道义互惠关系"。④ 这里所说的"等级结构"并不是马克思意义上的由经济权力所分化的阶级,而是一种分类图式,指"因社会分工或分化而形成的社会成员之间在身份地位上的高低差别,包括宗教、政治、亲属、经济、年龄、声望等领域的权威结构中的身份地位差异。它表现在特权、权力义务与责任等方面。"⑤这个分类图式并不局限于政治经济领域,甚至不局限于人类自身,而是囊括了神、皇、绅、民等一切的总体呈现。这种分类图式在仪式时刻是最完整的展现。正如利奇所说,当人们使用象征符号区分不同类别的事物时,就在某一自然延续

---

① 顾颉刚:"妙峰山进香专号引言",54 页。
② 顾颉刚:"妙峰山的香会",见李文海主编:《民国时期社会调查丛编》(宗教民俗卷),72 页。
③ 特纳:《仪式过程:结构与反结构》,黄剑波、柳博赟译,北京:中国人民大学出版社,2006。
④ 褚建芳:《人神之间:云南芒市一个傣族村寨的仪式生活与等级秩序》,160 页,北京大学人类学博士论文,2003。
⑤ 同上,165 页。

的领域内创造了一个人为的界限。这一界限把社会空间和社会时间分为两个范围,一个是正常的、有时间的、明确的、位于中心的和世俗的,另一个则被当作界限的空间和时间的标志,是不正常的、无时间的、模糊的、位于边缘的和神圣的,跨越这个界限是与仪式相伴的。① 所以在泉州,才能在迎神赛会中看到混乱的械斗,才能够在械斗中看到等级秩序。正如王铭铭所讲,泉州的仪式参与者被归入不同的社会阶层和不同的社会空间单位,不同社区之间有排外的倾向。明清泉州仪式中展现的层次有家户、宗族、地缘性社区(铺境)和城市整体空间。不同的仪式在不同的层次上举行,不同身份的人参加不同的仪式。②

不仅如此,即使是在"正常的、有时间的、明确的、位于中心的和世俗的"分类范围中,依然能够看到,这种分类图式盈溢于泉州人的日常生活和自我认同之中。正如顾颉刚所看到的,"泉州人对于铺境看得很重,所以门牌上只写铺名而不写街巷名。在这一点上,可以知道他们对于祠铺中神灵的信仰心。不像我们苏州,虽也由土地祠分了乡隅(我家在东北隅道义乡,属于任大明王土地),但除了写疏之外是没有用处的。"③更有趣的是顾颉刚摘录的一处碑记:

重修奏魁宫记

> 吾泉附郭四隅分为各铺,每铺皆有祀神之所,春秋于此祈报焉。其区域稍大者,一铺之中复分数境,或境自为祀,或附于铺中之所祀,规制不一。奏魁宫即宽仁铺之主。神宫之举废可觇乎铺之兴衰,安可坐视倾圮而不重为葺修乎!……(民国十年黄鹤撰)④

铺境,原为类似于保甲制度的地方行政监控体系,明清时期经历了前文所描述的阶段,逐渐被民间改造,成为民间地方信仰的分类仪式体系。以神明的铺境作为定义自身居所的坐标,这里不仅体现对于神灵的信仰心,也投射出泉州人的自我分类。更为重要的是,这种分类不是等一的无差别的分类,这与部落社会以图腾作为分类标志的分类是不同的,而是等级性的分类,"吾泉附郭"高于"铺","铺"高于"境",因此,在重修奏魁宫时,处于奏魁宫"管辖之内"的"宽仁铺"中各境,都是能够被动员的力量和资源。除了修建庙宇,平时的建醮、演剧、宴神也会动员铺内各户,顾颉刚凑过几次"热闹",抄下了几条墙壁上粘贴的狭长红条子:

---

① 利奇:《文化与交流》,郭凡、邹和译,上海:上海人民出版社,2000。
② 王铭铭:《逝去的繁荣》,199~200页。
③ 顾颉刚:"泉州的土地神",载《厦门大学国学研究院周刊》,(Vol. 1, No. 1;Vol. 1;Vol. 1,No. 2),5页。
④ 同上,13页。

(1)奉铺主郑大帝示,阳月初三四日叩答天恩,各家交天金九金神金黄红钞,是夜各家门首犒赏神兵,以昭诚敬。谨白。

(2)泉郡许坑古灵殿四王府刘星官大七巡择十月十四日寅时起鼓,演唱目莲全部,谨白。

(3)涓阳月初三日,演唱庆司五名家全台,叩答天恩。铺中诸蝼蚁叩答。

(4)本月廿八日,喜敬邢朱李三王府大筵一席,掌中班一台。弟子某某仝敬。

(5)义泉唐陵烟阁功臣张真君示谕,择十月初六七日建设保安清醮,并叩答上苍。铺中各家交桶金,男丁一桶,九金一千,黄红钞各三千,代人名一身,女人随愿。是夜各家门首犒赏神兵,以昭诚敬。①

顾颉刚敏锐地指出,"在这些条子上,很可见民众对于铺主的信仰的热烈。他们每一铺里的人能够团结,恐怕也是铺主的力量呢。"②人的生活与神的生活在这里是合一的,神的分类图式和生活节奏规定了人的互动规范和年度时间。这使得铺境之内的生活井然有序,也使得铺与铺之间的互动有序进行。顾颉刚同样也记录了铺主与铺主之间的称呼,他发现奏魁宫殿上的楹联写道:

奏鼓迎府,重新庙貌。魁枓献瑞,上应奎星。
民国辛酉仲冬,弟孝悌敬贺。
庙貌仰巍峨,轮奂常新垂万世。神灵昭赫濯,宽仁大道美千秋。
中华民国壬戌正月旦,弟生韩敬。③

这个楹联"颇使我发呆:如何郑大帝有了弟兄呢?如何他的弟兄是民国时代的人呢?问了一问,才知道孝悌和生韩都是宫名,因为他们和奏魁的地位平等,所以称起弟兄来了。生韩宫的神是秦大帝,为什么不写'弟秦大帝敬贺'呢?"④顾颉刚的疑惑有着启蒙色彩:如果说个体的觉醒是启蒙思想的根本的话,他自然是不能够明白为什么神的"署名"上不写自己的名字,而署以"宫名"。作为法国人,涂尔干却没有陷入肇始于法国的个体主义启蒙运动中,在他眼中,神是作为抽象的社会的具体化存在而出现的,神之下的社区的最小分类单位不是个人,而

---

① 顾颉刚:"泉州的土地神",载《厦门大学国学研究院周刊》,(Vol.1, No.1;Vol.1;Vol.1,No.2),14页。
② 同上。
③ 同上。
④ 同上。

是作为整体的社区。① 因此,神是没有个体身份的,其个体性只是在与他者的区分过程中才有意义,而在社区层面上神是整体性的。在这个意义上,如果写"弟秦大帝敬贺"才是意料之外的。所以,不仅在此处楹联上看到的是"宫名",在所有神祠中粘贴的红片子上,即,"神灵出巡经过别的神祠的时候投递的。正如我们活人谒客的名片"②上,顾颉刚看到,"写的是宫名(此地称神祠为'宫',也称为'古地'和'福地'),底下是一个'敬'字。"③

"有求必应"的神

同时,让顾颉刚疑惑不解的还有另外一个问题,即,"祀神的杂乱,看奏魁宫就可知。宫名奏魁,联上又说'魁杓献瑞',则阁上应祀魁星。但是我们上去一看,祀的神却是观音,桌围上写的字也是'奏魁大慈悲'。祀观音也罢了,而神龛的匾额却又是'蕊榜文衡',难道他们去请观音大士看文章吗?"④这个问题,不仅困扰着顾颉刚,很多学者在面对中国民间信仰的杂乱无章时都束手无策。⑤ 相对于体系严密的佛教、基督教和伊斯兰教等制度化宗教,中国民间信仰有着非常大

---

① 参见涂尔干:《宗教生活的基本形式》。
② 顾颉刚:"泉州的土地神",载《厦门大学国学研究院周刊》,(Vol.1,No.1;Vol.1;Vol.1,No.2),5页。
③ 同上。
④ 同上,14页。
⑤ 对于中国民间宗教、信仰和仪式,研究者通常持两种态度:英国古典人类学家泰勒(Edward Tylor)的《原始文化》(1871)和弗雷泽(James Frazer)的《金枝》(1890)中,都将中国的民间信仰和仪式视为"原始文化",而非宗教;法国汉学家葛兰言(M. Granet)在《古代中国的节庆与歌谣》(1919)中认为民间文化行为是远古民间生产习俗的表现,后被士大夫整合为完整的宗教象征体系,但其本身并非宗教形态;德国社会学家韦伯(Max Weber)在《中国的宗教》(1915)中主张民间宗教属于巫术和习俗,自身并非独立的宗教体系。另一类学者恰与之相反,荷兰汉学家德格鲁特(de Groot)在《中国宗教体系》(1892)中指出民间信仰体系是中国古典文化传统的实践,是系统化的宗教;英国人类学家拉德克里夫-布朗(Radcliffe-Brown)在"宗教与社会"(1945)一文中证明中国宗教的主要内涵是仪式,合乎规范的举行仪式是维系社会秩序的关键,不管是原始社会还是文明社会,仪式是宗教体系的关键;英国人类学家弗里德曼(Maurice Freedman)在"中国宗教的社会学研究"(1974)一文中明确提出,中国民间信仰和仪式在弥散的文化元素组合之下存在一个宗教秩序;而弗里德曼的学生王斯福(Stephan Feuchtwang)在《帝国的隐喻》(1993)中进一步丰满了弗里德曼的宗教的内涵,认为宗教不一定要被定义为单一的社会秩序和文化内涵的表现,相反,宗教最终成为表象本身;美国人类学家桑高仁(P. Steven Sangren)在《一个中国社区的历史和巫术》(1987)中发展了民间宗教研究方法论,指出在历史和现代时空中探讨中国人的宗教文化体系的系统方法。作为中国学者,王铭铭指出,弗里德曼提出的"观念层面"和"仪式层面"的研究依然具有价值,两者之间的不对称恰恰能够反映社会变迁和地方化,因此民间宗教的历史性和社会性综合的研究方法才能够解释中国宗教多元性,才能够回应中国作为文明社会社会与国家并存以及大传统与小传统同在的挑战。(王铭铭:《社会人类学与中国研究》,132~164页,桂林:广西师范大学出版社,2005。)

的弹性,能够容纳各方神圣,不仅能够吸纳本土的道教和儒教,还能够接纳佛教甚至基督教,顾颉刚在泉州的奏魁宫中看到了古代天主教徒坟上的天使石像,据说"这块石像,本来流落在奏魁宫附近,有一个美国人肯出五百元买去,宽仁铺中人不肯,乘重修的机会索性砌入壁中,与关圣一龛相对。现在烧香到天使像前的也颇有其人了。"①顾颉刚认为此举说明"民众要在土地庙里保存古迹的心"②,但是民众缘何要保存古迹呢? 自然不是出自考古的需要。

原因也许很简单,可能是民众对于"灵验"的期许。这一点猜测也许能够从顾颉刚抄录的另外一块碑文上得到印证:

重修溥泉宫记

浦泉古地,崇祀中坛太子神像,由来旧矣。里之人休咎必祷,水旱必祈,塑望必卜,岁时祭祀,荷神庥者几二百年,而未悉其崇祀之缘起也。及采故老传闻,乃知宫地为兵宪故衙之福德祠,后因郡中大水,祠之对门。左畔有井,俗呼浦泉井。方水涌时,神像从井中浮出,里人收而置之祠中。犹未有以崇奉也。而神乃数化为人,以医药疗人疾病,并自募资塑新其像,神灵由是赫焉。香火云集,有求必应,里中人于是仍其初地,为宫而祀之。……(咸丰丁巳黄廷赞撰)③

在这段记载中,"神乃数化为人,以医药疗人疾病"和耶稣遣子基督入凡间医人救世的故事十分近似。当然这里并非要生硬地探讨基督教在中国的传播史,只是要指出,中国的民间传说中有某种空间来容纳不同的文化,从而在行为实践上看似多样性的文化并置在文化观念上并不存在冲突。正如萨林斯在《历史之岛》中指出的,某种外来物进入的前提是在文化观和宇宙图式中找到位置。④ 为什么中国的民间宗教观念能够具有如此大的容纳性? 也许和"有求必应"有关。中国民间信仰和仪式的世俗化本质不同于西方宗教的神圣需要,"灵验"的需要是一个非常重要的心理动力。当然,中国民间信仰和仪式的复杂性并不能够简单归结为功能主义,在中国横向的文化并接常常受到纵向的帝国结构的影响。

其实,参与第一次泉州行的张星烺也注意到了这个天使像,这个研究中西交通史的专家敏锐地感到,这个天使像可能承载着一段中西互动的历史。据他考

---

① 顾颉刚:"泉州的土地神",载《厦门大学国学研究院周刊》,(Vol.1, No.1;Vol.1;Vol.1,No.2),14 页。
② 同上。
③ 同上。
④ 参见萨林斯:《历史之岛》,蓝达居等译,上海:上海人民出版社,2003。

证,"中古时代中国之基督徒分聂思托里派(Nestorian)及圣方济各派(Franciscan),聂思托里派唐太宗时即入中国。所谓景教是也。以先来及距策源地近之故,在中国势力最大。圣方济各派元世祖末始由约翰孟德高维奴(John of Montecorcino)自西欧传入中国。先布教于北京,后乃及汪古部及泉州两地。"[1]不仅如此,他还考证了《马可·波罗游记》、高僧和德理(Friar Odoric)的记录、主教安德鲁(Bishop Andrew of Peugia)的书信以及教皇专使马黎诺里(Marignolli)的记载,只有关于泉州圣方济各派教堂的记载,而"皆不言有聂思托里派。"[2]因此,他认为这天使像应为圣方济各派在泉州传教的遗物。[3] 基督教的影子还见于泉州开元寺大殿梁柱上的绘像,"像多有翼,颇异于他处庙宇"[4]。其实,曾经作为世界第一港的刺桐港,泉州不仅有基督教的遗迹,而且还有回教清净寺和三贤四贤圣墓。张星烺不仅在回教清净寺看到了明成祖的劝谕,大意是回教在中国诚心好善,敬天事上,益效忠诚,因此受到朝廷嘉奖,当地官员军民不可怠慢欺凌[5];而且看到在圣墓旁汉人官员维修时立的石碑以及郑和下西洋之前祭祀的碑。

在这里,再一次看到所谓的民间宗教背后的帝国力量,这种力量指向"教化",朝廷希望控制的不是外来的军事力量,而是信仰力量,这与帝国的政治理想是相一致的。外来神明要被帝国的道德驯化之后才能纳入帝国的神明体系,否则,神明将被朝廷取缔。1724年雍正下谕,禁止传习西方宗教,其原因是1715年罗马教皇颁布命令禁止中国教徒行中国礼仪。而在此之前,基督教在中国的发展是以尊重中国文化为前提的,例如活跃于福建地区的耶稣会会长艾略儒,常与闽中名流相论道,其天主教被泉州士人称为与孔孟之道"相羽翼"[6]。外来的神明和外来的使者在清帝国有着一样的际遇,被视为鸦片战争导火索的马嘎尔尼访华事件,其核心依然是礼仪之争。[7]

对于泉州的土地神,顾颉刚解释了时间维度上的变迁,张星烺揭示了空间维

---

[1] 张星烺:《泉州访古记》,9页,北京大学图书馆藏。
[2] 同上。
[3] 同上。
[4] 同上,2页。
[5] 张星烺:《泉州访古记》,6页。劝谕内容如下:"大明皇帝劝谕米里哈只:朕惟能诚心好善者,必能敬天事上,劝率善类,阴翊皇度。故天赐以福,享有无穷之庆。尔米里哈只早从马哈麻之教,笃志好善,又敬天事上,益效忠诚;暨兹善行,良可嘉尚! 今特受尔以勅谕,护持,所在官员军民一应人等,毋怠慢欺凌;敢有故违朕命,慢侮欺凌者,以罪罪之。故谕。永乐五年五月十一日。"
[6] 王铭铭:《逝去的繁荣》,245页。
[7] 参见何伟亚:《怀柔远人》,邓常春译,北京:社会科学文献出版社,2002。

度上的碰撞,将泉州的土地神放在这样的时空坐落上,看似的"杂乱"也就变得有章可循了。泉州民间宗教的宽容性和排他性,是帝国和民间的文化理性和实践理性相互糅合的结果。

往事如烟

1926年,短短10天的泉州之行和仅仅四千余字的"泉州的土地神",却浮现出民间文化研究的所有母题,并隐现一道走入中国文化和中国社会的门。

如前文指出的,顾颉刚对"社"的兴趣也许是理解其文的关键,此处尚需补充指出,对"社"的兴趣也可能是理解顾颉刚一生追求的关键。

"社"作为古史辨的起点,上起上古史中的"禹",下连现实中的"土地",这两头挑起的正是顾颉刚的两个学术兴趣——古史和民俗;更微妙的是,"禹"的历史演化——战国秦汉间的造伪——是"士"操弄历史的过程,"土地"的演化——迎神赛会和朝山进香——是"民"搬演历史的过程,而历史正是多线的合一。顾颉刚对于"社"的关注不仅是要从方法论上揭示如何一层一层揭开环绕在禹身上的伪史,从而还原真史的面貌,也是从历史建构的角度展现造伪的历史背后的社会现实。其中,更有着顾颉刚作为士自身脱不开的现实关怀。

在中国,"社会"一词的演化史反映了中国士人的心态史。

正如顾颉刚所说,"社"最初指土地神。后来"社"的概念外延扩大,成为一种以社神为中心的地理组织——里社,在此基础上于社日进行"社会",于是有了团体的意味,后人就有了"聚徒结会谓之社"。① 这个过程隐隐反映出"社会"一词从宗教性向民间性的转化,而从这种转化的过程中亦能看出中国公共空间的宗教性基础。中国之构成不同于西方,没有神权和王权相分离而出现的社会,中国的构成是纵向的,钱穆认为,"中国本无社会一名称,家国天下皆即一社会。……人生在天之下,地之上。中国有社,乃土地神。十室之邑乃至三家村皆可有社。推而上之有城隍神。一国之神则称社稷。稷为五谷神。中国以农立国,故稷亦与社同亲同尊。中国人观念,凡共同和合相通处皆有神。故不仅天地有神,山川有神,禽兽草木金石万物亦各有神。人心最灵,最能和通会合,故亦有神,而与天地同称三才。则人群社会亦必有神可知。今可谓社会可分天下与地上两

---

① 陈宝良:《中国的社与会》,1~4页。

种。西方社会为地上社会,非天下社会。"[1]中国的天下社会是由"乡民、士绅、皇权"贯穿的"家、国、天下",不仅如此,中国的天下还包括"天、地、人三才",在其中,人与物呈现"美感和道德感的混溶"。[2]

然而,"从1850年到1900年间,士大夫开始接触及翻译西方社会哲学,这个模式依旧以'群学'为依托,呈现着自身的完整性。可惜的是,20世纪一开始,古代中国的'社会'观念就开始衰落了。"[3]1903年,严复在翻译"society"时放弃了"群"的概念。而在此之前,士大夫们仍然怀有恢复中国社会一体性的抱负,因此试图用"群"的概念来结合中国士大夫、皇权和民间力量。随着"戊戌变法"的失败,士大夫对皇权彻底失望,放弃了君主立宪的思路,转而走向民间。这是严复采用"社会"来翻译"society"时的心态背景。[4] 于是,"社"被赋予了一种新的意涵,这种意涵来源于语言的殖民,有了与"国家"相对立的语义。被西方启蒙运动和新史学运动影响的一批知识分子,在维新、变法、改良、革命中起起伏伏的新一批士人,对于"国家"感到失望之后,希望在国家之外的"社会"中找寻救世图强的动力。

那么中国社会是什么呢?顾颉刚认为"黄帝"定义了中国人,而"禹"定义了中国的疆域。那么如何拯救危在旦夕的中国社会呢?顾颉刚的答案是从启蒙运动中找到的"民主"与"科学"。从严复提出"民智、民德、民生"开始,大批知识分子将目光投向"民",顾颉刚亦不例外。这种对于"民间"的研究,不仅引领了中国的民俗学和历史学,还包括社会学和人类学。

1926年,蔡元培和吴文藻开始探索研究中国社会的范式[5],1935年,吴文藻提出了"社区研究"。"'社区'一词是英文community的译名。这是和'社会'相对而称的。我所要提出的新观点,即是从社区着眼,来观察社会,了解社会……"[6]作为吴文藻的学生,费孝通在《江村经济》和《乡土中国》中进一步发展了社区研究的方法,他认为,"以全盘社会结构的格式作为研究对象,这对象并不能是概然性的,必须是具体的社区,因为联系着各个社会制度的是人们的生活,人们的生活有空间的坐落,这就是社区……社区分析的初步工作是在一定的时空

---

[1] 钱穆:《现代中国学术论衡》,218~219页,北京:生活·读书·新知三联书店,2001。
[2] 王铭铭:"中国之现代,或'社会'观念的衰落",见其《经验与心态》,157页,桂林:广西师范大学出版社,2007。
[3] 同上,158页。
[4] 同上。
[5] 胡鸿保主编:《中国人类学史》,北京:中国人民大学出版社,2006。
[6] 转引自王铭铭:《社会人类学与中国研究》,26页。

坐落中去描述出一个地方人民所赖以生活的社会结构……第二步是比较研究，在比较不同社区的社会结构时，常发现每个社会结构有它配合的原则，表现出来的结构形式也不一样。"[1]费孝通对于自己士人心态的表述非常坦然，"我早年自己提出的学习要求是了解中国人是怎样生活的，了解的目的是在改善中国人的生活。"[2]因此，他格外关注社区的结构以及配合社会结构的原则，即制度，希望通过认识社会结构来改良社会制度从而改善社会生活。

与费孝通不同，顾颉刚对于民间的研究是从现象追溯历史，从而在民间找到被湮没的历史真相，了解真相的目的是开启民智，建立民主。这种隐蔽的士人心态在其谈及傅斯年时表露出来，"傅在欧久，甚欲步法国汉学之后尘，且与之角胜，故其旨在提高，我意不同。以为欲与人争胜，非一二人独特之钻研所可为功，……首须注意普及。普及者，非将学术浅化也，乃以做提高之基础。"[3]余英时在分析顾颉刚和傅斯年后来的分道扬镳时，惋惜于二人不同的学术取向，如果说傅斯年是"科学精英主义"的话，那么顾颉刚就是"科学民众主义"。[4] 不仅在精英和民众的态度上有分歧，在对于科学的追求上，二人也有着"善"与"真"的不同。在《周刊》的"缘起"[5]中，顾颉刚的求真意识可窥一斑，"学问应以实物为对象，书本不过是实物的记录，我们知道如果不能了解现代的社会，那么所讲的古代的社会必定是梦呓。所以我们要掘地看古人的生活，要旅行看现代一般人的生活，任何肮脏和丑恶的东西，我们都要搜集，因为我们的目的不是求善，乃是求真。"[6]这种求真的精神使顾颉刚在20世纪20年代引领中国史学走向一个高潮。但是，30年代，傅斯年重建古代信史的行动渐领风骚，因为在信史的建立过程中，需要想象力和触类旁通，更需要一种"求善"的史观。顾颉刚在晚年逐渐抛却科学史观

---

[1] 转引自王铭铭：《社会人类学与中国研究》，27页。
[2] 费孝通：《乡土中国 生育制度》，326页，北京：北京大学出版社，1998。
[3] 顾颉刚：《顾颉刚日记》，第一卷，1913～1926，10页。
[4] 余英时："未尽的才情"，见顾颉刚：《顾颉刚日记》，台北：联经出版事业股份有限公司，2007。这两个脸谱化的"主义"式的区分，是我为了方便展开比较总结出来的。对于傅顾二人的学术，余英时认为，"1920年代是'古史辨'的时代，但这个运动在两三年后已进入'常态研究'(normal research)的状态，其成绩继续见于七巨册《古史辨》，不过高潮已过，不再像初出现时那样激荡了。1930年代则是傅斯年领导下的史语所重建古代信史的阶段，其特色是大规模的考古发掘，傅的古书记诵和触类旁通在考古发掘上发挥过导向的作用。"(余英时："未尽的才情"，32页。)
[5] 作者没有署名，但是从顾颉刚的日记中能够看到，"作《研究院周刊缘起》略毕"，"元胎所作《周刊缘起》无刺激性，因为易之"，"修改重抄《周刊缘起》，毕，计一千二百字"等字句（顾颉刚：《顾颉刚日记》，第二卷，1927～1932，830页），可以断定文章为其所作。
[6] 顾颉刚："缘起"，载《厦门大学国学研究院周刊》(Vol.1, No.1)，1927年，2页。

试图走向一种更精细的王国维式的历史书写,可惜没有成行。

除了费孝通的制度研究以及顾颉刚的历史分析之外,还有第三种路径,就是张星烺的交通研究。在对社区研究的论述中,费孝通提出"时空坐落"的视角,可惜被其实用主义心态遮蔽了"时空",只留下了"坐落",因此,中国就成了一个相对封闭的坐落,安土重迁的乡土性隐藏了中国社会的丰富性和开放性,中国并非单一的农民社会,而应该是"四民社会",正如钱穆所讲,"今论中国社会,应可分为四部分,一城市,二乡镇,三山林,四江湖。……西汉全国有一千多县,即一千多城,同时即是一商业集中区。……中国以农立国,然商业早兴。……城市乡镇之外为山林。其重要性不下于城市,主要乃为宗教区。天下名山僧占尽……其次为道院……儒林中亦有终身在山林者。中国山林多寓有社会文化精神,与近代所谓观光游览区者大不同。又次为江湖。……中国主要乃一静态社会,而江湖则为其静态下层一动态,其人多豪侠,其名亦多为忠义。亦有江湖势力侵入城市,则如清代之帮会。"①以此观之,费孝通的社区研究重在乡镇;顾颉刚在对于流动于山林和城镇之间的"社会"的研究中,发现了中国社会的流动性;张星烺通过海洋沟通了中西,进一步延伸了江湖的视角。如何能够将"时空"还原到"坐落"之中,是另外一部现代知识分子在"世界体系"和"民族主义"的张力中呈现的学术史和心态史②,只是1927年时的顾颉刚,还不曾想到。

1926～1927年,厦门大学轰轰烈烈的民俗运动由于"风潮"而转瞬即逝。在民俗学的历史记载上,中国民俗学发端于北大时期,繁盛于中大时期③,厦大时期从来备受冷落。但是,这一时期却孕育了中大时期的繁荣,在《周刊》的第一期就预告出林惠祥的《闽南的下等宗教》、顾颉刚的《厦门的墓碑》、王肇鼎的《石湖的五圣》、孙伏园的《绍兴的堕民》、林幽的《儿童游戏的种类》、仝上的《家族经济》、容肇祖的《神鬼的迷信》、丁山的《新风俗论》,以及林惠祥的《闽南乡村生活》,虽然这些篇目没有出版,但是其中很多学者及其话题都在后来的中大时期大放异彩。

1926～1927年,顾颉刚在厦大,参与召集"国学研究院",参与创办《厦门大

---

① 钱穆:《现代中国学术论衡》,227～230页。
② 王铭铭在《溪村家族——社区史、仪式与地方政治》(贵阳:贵州人民出版社,2004)和《逝去的繁荣》中试图将历史注入社区研究,并在"居与游:侨乡研究对'乡土中国'人类学的挑战"(载其《西学"中国化"的历史困境》,桂林:广西师范大学出版社,2005)一文中提出"乡土性"和"流动性"结合的视角。
③ 杨堃:"我国民俗学运动史略",见苑利主编:《二十世纪中国民俗学经典》(学术史卷),134～142页,北京:社会科学文献出版社,2002。

学国学研究院周刊》,参加了泉州访古行,发表了"泉州的土地神"。在这之前,顾颉刚的《与钱玄同先生论古史书》(1923)引发了一场史学革命,《妙峰山》(1925)煽起了一场民俗学大讨论。在这期间,顾颉刚的《古史辨》(第一册)再版,"朴社"经历了人事调整。在这之后,顾颉刚和傅斯年不欢而散(1927),并最终和胡适天各一方(1948)。这一年在顾颉刚的一生中并不是辉煌的顶点,或者人生的低谷,但是这个瞬间折射出顾颉刚的学术人生以及那个年代的一段学术往事。

(张　帆)

18 田野工作与历史之维

——凌纯声与他的《松花江下游的赫哲族》(1934)

凌纯声(1901~1978),字民复,号润生,江苏武进人,1919年自江苏省常州中学毕业,考入南京高等师范学校(南京高师1921年改建为国立东南大学)[1],1924年毕业于国立东南大学教育系。1926年至法国巴黎大学留学,师从莫斯(Marcel Mauss)、里韦特(Paul Rivet)等人,1929年获民族学博士学位。1929年归国任"中央研究院"社会科学研究所民族学组专任研究员,1933年民族学组改隶历史语言所,凌先生也随之转任史语所研究员,1944年起兼任民族学组主任,历任"中央大学"教授、系主任、教育部边疆教育司司长,1949年到台湾兼任台湾大学教授,1955年筹办"中研院"民族学研究所,任民族学研究所所长(1955~1970)、中研院评议员(1949~1958)、院士(1959年起)等。凌先生早期关于赫哲族和湘西苗族的田野作品被誉为中国早期民族学人类学研究的代表性著作;后期移居台湾后多次调查台湾的少数民族的社会文化,在中国古代南方民族文化与东南亚民族文化的渊源关系以及中国古代民族文化与太平洋区域民族文化的传播关系方面卓有建树,对20世纪的中国人类学民族学的发展做出了卓越贡献。《"中央研究院"民族学研究所集刊》第29期(1970年春季)、第30期(1970年秋季)、第32期(1971年秋季)、第33期(1972年春季)有"庆祝凌纯声先生七十岁论文集专号",第46期(1978年秋季)有"凌纯声先生逝去纪念论文集"。

凌纯声及其赫哲族调查是中国民族学科学田野调查的起点,其《松花江下游的赫哲族》"向来被认为是中国第一次正式的科学民族田野调查,也开创了本院民族学、文化人类学实地调查研究的传统"[2],被认为是"一本极其完整的科学民

---

[1] 国立东南大学于1928年改名"中央大学",1949年在大陆改名为南京大学,1962年在台复校,所以也有学者如王建民等将凌纯声归为曾在"中央大学"学习。

[2] 李亦园:"凌纯声先生的民族学",见其《李亦园自选集》,431页,上海:上海教育出版社,2002。

族志,它具有典型民族志书的内容与章节"①,被誉为"中国民族学的开创性的历史丰碑"②,"早期的中国民族学工作的圭臬"。③ 他享有这样的殊荣,与当时提倡实地调查和革新学术研究范式的历史要求相关联。④ 蔡元培于1926年12月发表"说民族学",第一次提出了"民族学"的概念,并将民族学定义为"记录的民族学"和"比较的民族学"两种,这既被视为中国现代民族学和人类学诞生的标志,也标志着既有学术研究范式的科学转向,即由引进西学转向社会科学具体研究,采用西方的科学方法来研究中国问题,这是当时为建立现代中国学术所必需的。而民族学自其诞生之日起就极力提倡实地调查,并采用了科学的田野调查方法来搜集具体研究资料,体现出当时学术界实证主义学风的影响。1934年出版的《松花江下游的赫哲族》作为当时"中央研究院"历史语言研究所单刊甲种之十四的出版品,"与当时史语所的田野考古报告等刊物并列,成为当时注重实地田野调查资料采集的代表著作"。⑤

  1928年蔡元培创办"中央研究院",其将历史语言所、社会科学所与自然科学并立于研究院的做法正是体现了社会科学的研究理路。1928年3月"中研院"社会科学研究所正式成立,其中第一组为民族学组,蔡元培亲自兼任民族学组主任。凌纯声学成归国成为民族学组专任研究员,其研究无不受到蔡先生的影响。《松花江下游的赫哲族》的"序言"中,凌纯声在开篇第一句便采用了蔡元培的观点:"民族学可分为纪录⑥的与比较的两种研究:偏于记录的我们称之为民族志(Ethnography);偏于比较的为民族学(Ethnology)"⑦,并将其赫哲族的研究归类为民族志研究。同时,这书稿完成后又曾经过蔡元培、傅斯年、李济三位先生的"精审指正"。⑧ 由此可见,蔡元培等人对凌纯声的鼓励和影响。也因此,杨堃才

---

① 李亦园:"凌纯声先生对中国民族学之贡献",载《"中央研究院"民族学研究所集刊》,1970(29),1~10页。
② 祁庆富:"凌纯声和他的《松花江下游的赫哲族》",载《中南民族大学学报》,2004(6),34页。
③ 王建民:《中国民族学史》(上卷),391页,昆明:云南教育出版社,1997。
④ 陈伯霖:"凌纯声先生的赫哲族田野调查——从现代中国学术实地调查研究的学术背景谈起",载《黑龙江民族丛刊》,2005(6),90页。
⑤ 李亦园:"凌纯声先生的民族学",见其《李亦园选集》,430页。
⑥ 原文如此,按照蔡元培的"说民族学",这里的"纪录"应改为"记录"更为妥当一些。
⑦ 凌纯声:"序言",见其《松花江下游的赫哲族》(上册),"中央研究院"历史语言研究所单刊甲种之十四,1934。
⑧ 同上。

将凌纯声视为蔡元培民族学方面的学术继承者。[①]

凌先生的赫哲族研究及其著作,不但引领着当时的人类学研究的走向,也是当时"中研院"民族学研究的典型代表。但就当时的学术界而言,一般认为,人类学在中国发展向来有南北两大中心。北方以燕京大学为代表,受英美"功能学派"影响很大,具有强烈的社会学取向,主要以汉人乡村社区为研究对象;南方是以"中央研究院"为中心,与欧洲大陆"历史学派"联系紧密,以少数民族为研究对象,着重于民情风俗、历史源流的民族志描述。[②] 凌先生的研究旨向深受欧洲大陆民族学传统的影响,代表着"中央研究院"的"历史学派"的民族学取向,体现出田野工作与历史之维相结合的研究路径,有别于北派人类学。黄应贵据此认为,《松花江下游的赫哲族》正可以说明"历史学派"的特性。[③]

《松花江下游的赫哲族》一书在1934年出版时分为3册(图版、上册、下册),其中共有333幅图、694页的文字。在"序言"中,凌纯声首先大致介绍了调查过程:1930年春夏之间,凌纯声和商承祖两人奔赴东北调查被称为"鱼皮鞑子"的赫哲族,主要调查区域在松花江下游,"自依兰以至抚远一带实地考察该民族生活状况与社会情形,历时3个月,所得材料及标本颇多;携归后研究整理,两经寒暑,始成此书"。[④] 接着,凌先生概括了本书的主要内容:第一章是对赫哲族的文献记载及其与东北古代民族关系的历史分析,第二章是从物质生活、精神生活、家庭生活、社会生活四个方面对赫哲族的文化进行细致描述,第三章是赫哲族语言的专门整理,这三章在上册集中呈现(图版则为文中赫哲文化所涉及各种描述的影像资料),第四章赫哲故事则作为附录在下册整本呈现,占了非常大的篇幅。由此可见,这一时期的凌先生,已大致勾勒出了对一个民族进行实地调查框架的雏形,一直到"民族学实地调查方法"(1936)一文得以进行系统经验总结,即28类842条的实地调查问题表格。[⑤]《松花江下游的赫哲族》作为第一本科学的民族志,其所采用的历史分析与田野调查相结合的方法也被当时学者普遍采用,成为当时边疆民族调查的范本。

[①] 杨堃:《民族学概论》,141页,北京:中国社会科学出版社,1984。
[②] 高怡萍:"汉学人类学之今昔与未来",载《广西民族学院学报》,2002(5),16页。
[③] 黄应贵:"历史学与人类学的会合:一个人类学者的观点",见"中央研究院"历史语言研究所七十周年研讨会论文集编辑委员会编辑《学术史与方法学的省思》,285~316页,台北:"中央研究院"历史语言研究所,2000。
[④] 凌纯声:"松花江下游的赫哲族"(上册),"序言"。
[⑤] 凌纯声:"民族学实地调查方法",见《20世纪中国人类学民族学研究方法与方法论》,17~41页,北京:民族出版社,2004。

《松花江下游的赫哲族》的第一章以"东北的古代民族与赫哲族"为题,主要分析了赫哲族的历史源流及其与周边民族的关系。与那种"无文字社会"的人类学研究不同的是,在中国这样的文献大国从事民族学研究该怎么做,凌先生用他的研究实践回答了这个问题。在这一章导言中,凌先生指出:"现代中国研究民族史的学者,大都是上了欧洲汉学家的老当,毫不致疑①地相信:今之通古斯即为古代的东胡。"②这一说法即表明了其当时的研究态度:不是"毫不致疑地相信",而是通过文献考据进行科学研究。而在凌先生看来,这样的考据是十分必要的,"在未述赫哲文化之前,对于古代东北民族与赫哲族,均详加考证,以明其源流及其相互的关系"③,即"明了他们在东北诸民族中的地位和关系",也就是说,在了解赫哲文化之前,就必先搜集古代东北民族与赫哲族的资料详加考证,先弄清楚他们的源流以及相互的关系是至关重要的。

凌先生首先列举了当时"通古斯为东胡"说的主要学人,在国内为梁启超、王桐龄、张其昀、缪凤林等人,在国外则为汉学家雷慕沙(Abel Rémusat)、克拉普罗特(Julius Klaproth)、庄延龄(Edward Harper Parker)、沙畹(Edouard Chavannes)等人,凌先生从"东胡"的词源考据着手,采取史料分析和民族比较相结合的方法首先论证了"通古斯并非东胡"的观点,然后采用同样的方法结合近人顾颉刚、史禄国、卞鸿儒、鸟居龙藏等人的考证阐明了通古斯与东夷的关系,即"通古斯族为东夷的一种,自可深信无疑了"。④ 在此基础上,凌先生通过"同音异译"的方式,采用《皇清职贡图》的"赫哲"一词来取代黑哲、黑津、黑真、黑金、黑斤、额登等繁多而又凌乱的民族称谓,也摒弃了 Godli 的欧洲科学研究称谓(也包括日本的科里特人说法)。此外,凌先生还着手对"中国文献中记载的赫哲"进行梳理,其范围不但涉及《隋书》、《元一统志》等历史典籍,而且对其认为"中国实地调查赫哲的第一人"⑤的曹廷杰《西伯利东偏纪要》(1885)中有关赫哲的记载进行了分析,凌先生据此认为,自曹氏起,中国人对于赫哲族就有了一个明确的概念,用之泛指森林民族的"赫哲"渐渐成为一个民族的专用名称。最后,凌先生在此综合了曹廷杰的游记、俄人洛帕京(Lopatin)的果尔特民族志等资料对现代赫哲族及其地理分布作了简要叙述,完成了其对赫哲族名的确定及其在东北诸民族地位和关

---

① 原文如此,应为"毫无置疑"更精确些。
② 凌纯声:《松花江下游的赫哲族》(上册),1页。
③ 同上,"序言"。
④ 同上,44页。
⑤ 同上,57页。

系的历史分析。

在完成了赫哲族与东北各民族历史关系的梳理之后,凌先生就从古籍文献的历史考证走向了科学的田野调查,这一章的标题为"赫哲的文化",其分析都是建立在田野调查所搜集资料的科学分析基础之上。在这一章的导言中,凌先生认为"在叙述赫哲的文化之前,什么叫做文化?尚有把他说明的必要",而其将文化概念界定为"是人类应付生活环境的产物",具体来说,"人类因为要维持生活的生存,而创造了衣食住行种种的文化;为维持生活的秩序,解决生活的疑难,并谋生活的愉快,而创造了道德法律,政府,宗教,艺术等等的文化",因此又可以说"文化是人类应付生活环境而创造的文物和制度"[1],并附列了拉策尔(Friedrich Ratzel)(其认为"民族学所研究的是人类各方面的生活")和施密特(Max Schmidt)(其认为"生活一词是民族学研究的真实基础")的观点。由此可以看出,凌先生将文化界定为"文物"和"制度",这两个方面的内容也就成为其在田野调查过程中所关注的焦点,成为其叙述的主要着眼点。同时,凌先生将赫哲的文化分为物质的、精神的、家庭的、社会的四个方面来进行具体论述,但凌先生又指出,"我们研究赫哲的文化,亦从他们各方面的生活去观察",而这个生活在他看来是"整个的,各方面都是息息相关,本不能分离"[2],尤其是初民,其各方面的生活都是密切相关的,勉强地保留此种划分只是为了叙述的方便。具体而言,凌先生采用图文并茂的方式来叙述赫哲族的文化,主要分为四节:(1)物质生活(分为饮食、衣服、居住、交通、渔猎、武器、工艺和用具七个方面);(2)精神生活(分为宗教、歌舞、音乐、游戏、艺术、科学六个方面);(3)家庭生活(分为家庭、生育、名字、婚姻、丧葬五个方面);(4)社会生活(分为氏族、政治和法律、战争和贸易三个方面)。

第一节以"物质生活"为题,凌先生将之分为饮食、衣服、居住、交通、渔猎、武器、工艺和用具七个方面,包括了图版中根据正文叙述需要而拍摄的照片,全方位地展现了作者在田野调查中所观察到的赫哲文化。这一部分的描述方法以饮食器具"木盘"词条为例,凌先生的描述为"如图20,为两长形大木盆:a,长35cm,阔21cm,深5.1cm,两端有阔4.5cm的阔边,边缘做波状形。左右钻小孔,中穿皮带,以便悬挂。b,长35.5cm,阔27cm,深6.4cm,其余制作与a盆无异,唯祇一段有穿绳

---

[1] 凌纯声:《松花江下游的赫哲族》(上册),63页。
[2] 同上。

孔",并指出了其制作方法和用途,即"都用独木剜成,用以盛储食物"。① 由此可见,凌先生描述了日常生活中各种器物的细部特征,并配上了图片,使读者很容易就了解研究者在田野中所观察到的科学"事实",这种对田野搜集标本的博物馆陈列说明式词条的细致描写,体现了当时科学民族志所具有的严谨求真的实证特征。

  凌先生也采用一组物质词条的方式来描述赫哲人的日常饮食生活。以赫哲人的烟为例,凌先生采用了吸烟、烟卷、烟袋、烟的替代物、烟盒、烟荷包、烟的礼节7个词条作为一组来进行描述:(1)"吸烟"主要介绍了赫哲人种植、收获、制作烟的过程,并在图31附录了一扎烟叶的图片;(2)"烟卷"介绍了烟卷的制法,"形如吕宋烟而短","吸时必须装在烟袋上,不直接吸烟卷";(3)"烟袋"(附图32)则与汉人的烟杆进行了比较,"短烟杆无以异,惟不用水烟袋",而被称为"木什头克"的木刻烟袋未能找到标本,据说上有金蟾饰物;(4)"烟的替代物"介绍赫哲人在山打猎时采用一种名为山白菜的植物作为替代,赫哲人称为"麃子耳朵",并介绍了制法;(5)"烟盒"采用与上述"木盘"的描述方法,也附有图片,这是凌先生根据所搜集的标本进行测量后所得出的说明;(6)"烟荷包"(附图33和34)的描述方法与"烟盒"相同,不同的是,烟荷包在生活中还具有饰物的作用,"妇女常制作极精致的烟荷包为馈赠品";(7)"烟的礼节"的介绍与上面6个词条都不同,没有实物的介绍,而是将烟作为赫哲人礼仪的表示,"幼辈须和长者装烟,订婚时未婚妻须和未婚夫装烟,装烟须用长烟杆,烟卷可做馈赠或订婚的礼物"②,需要注意的是,凌先生在这一句话中加上了两个注,"订婚时未婚妻须和未婚夫装烟"这一描述并非来自田野调查发现,而是来自赫哲故事中"阿而奇五故事",而"烟卷可做馈赠或订婚的礼物"则来自"亚热勾故事"。③ 通过对这7个词条的描述,再加上图片的具体呈现,还有传说故事的佐证,读者便很容易了解烟在赫哲人日常生活中的作用和功能。

  随后的赫哲"衣服"、"居住"、"交通"三节基本上采用和"饮食"这一节类似的描述和介绍方法,同样也融合了赫哲故事中的细节("除此之外,在赫哲的故事中,尚看到许多其他交通的方法",如"木竹林故事"中的"马"与"马车"、"亚热勾故事"中的"轿"等④)。在对第五节"渔猎"的描述中,则非常典型地体现出凌先生"以物为中心对赫哲人日常生活进行细致描述"这一研究旨向,即"我们研究赫

---

① 凌纯声:《松花江下游的赫哲族》(上册),63页。
② 同上,69~70页。
③ 同上,70页。
④ 同上,81页。

哲的文化,是从他们各方面的生活去考察"①。具体言之,赫哲人的捕鱼可分为江鱼、海鱼两种,江鱼无论冬夏都可以捕捉,而捕海鱼却有特定的时节。凌先生借引了曹廷杰的《西伯利东偏纪要》中"其人皆不知岁月,特以江蛾为捕鱼之候"的记载,认为捕海鱼"须有定时",而捕江鱼也因气候的变迁而有"开江前,封江后,夏季等时候的不同","其捕鱼的方法,及所得鱼的种类亦因之而异"。② 同时,凌先生通过田野调查对赫哲人的捕鱼进行了具体描述:赫哲人每年普通打鱼三次,每次打鱼的方式方法各不相同,第一次是开江的时候(以网捕为主),第二次是立夏以后(有网捕、叉鱼、钓鱼等方法),第三次是封江的时候(有冰上网鱼、冰上叉鱼、冰上钓鱼等方法),捕鱼的方法不同所采用的工具也随之不同。

凌先生征引了曹廷杰的《西伯利东偏纪要》、郭熙楞的《吉林汇征》中关于赫哲人捕鱼方法的描述,也利用赫哲故事中"满斗故事"、"木竹林故事"、"一新萨满故事"中涉及捕鱼的细节,再加上其在田野调查中所得的捕鱼工具标本,对赫哲人的各种捕鱼活动进行了详尽的描述。以叉鱼为例,《西伯利东偏纪要》的记载为"当于波平浪静时,往江面认取鱼行水纹,抛叉取之,百无一失。虽然寸鱼亦如探囊取物,从旁观之,不知何神异若此也。"而凌先生的描述从叉鱼的工具鱼叉出发,先将鱼叉分为连柄鱼叉和脱柄鱼叉两种,并通过图106详细地描述了赫哲人所用的三头扁叉,分别对a叉、b叉、c叉进行了测量,同时还详细地描述了赫哲人使用鱼叉的方法,即先抛鱼叉,然后追鱼,有时还需要有人协助捕捉大鱼,甚至有的时候需要使用长达二丈的大鱼叉。与曹廷杰的游记描述不同,凌先生的科学民族志书写采用了更加细致的科学描述,从叉鱼的工具测量,到叉鱼的具体过程,又到叉鱼的特殊工具和协作方式,从几个角度展示出科学书写和游记描述的不同,这一点也同样体现在其在打猎描述中与郭熙楞的《吉林汇征》的相互映衬之中,特别是在对赫哲人钓鱼的描述中针对各种鳇鱼钩(图107)、鲫鱼钩(图108)进行了细致描述,同时也将妇女用鱼钩(图109)纳入其中,这些细致描述都建立在其对赫哲人捕鱼生活细致观察的基础之上。

第二节以"精神生活"为题,凌先生将之分为宗教、歌舞、音乐、游戏、艺术、科学六个方面来展开详细论述,其中,宗教是凌先生所着重强调和介绍的内容。凌先生首先认为赫哲人和其他原始民族一样,其"宗教的基本观念是属于生气主义

---

① 凌纯声:《松花江下游的赫哲族》(上册),"序言"。
② 同上,82页。

(Animism)"①,具体表现在三个方面,即他们崇拜祖先、崇拜鬼神、崇拜自然界。赫哲人认为人有三个灵魂:"生命的灵魂"、"思想的灵魂"、"转生的灵魂",并用这三个灵魂解释许多人生的现象。赫哲人认为,"人生的祸福,社会的制度,以及宇宙间变化的一切现象,都有神鬼在冥中主宰。在这信仰生气主义环境之中,自然而然的产生了萨满教。"②凌先生借鉴史禄国对萨满教的定义,认为中国的原始宗教也是萨满教,即古代所称的巫,并认为佛教和回教传入之前,巫是中国唯一的宗教,道教不过是巫转变而来,而蒙古的黑教、回民的毛拉、苗人的鬼师、畲民的巫师都是萨满的遗迹,这一观点是建立在比较的基础之上的,即"巫的起源亦与萨满相同"。③ 所以,在讨论汉化对赫哲宗教的影响时,凌先生认为:"两民族宗教的基本观念均属于生气主义,所以神可以增加,亦可以混杂,毫无门户之见、宗教之争,故同处亦能相安无事。"④

在此基础上,凌先生提出了研究萨满教的方法,就是"由具体而到抽象",即"先研究萨满穿戴的神衣神帽,所用的神刀神鼓和一切的神具,以及所领诸神的偶像,再研究他们的神术。"⑤在萨满神服神具的研究中,主要包括神帽、神衣、神裙、神手套、神鞋、腰铃、神鼓、鼓槌、鼓袋、神刀、神杖、龙头杖、铜镜、神箱、神杆、爱米⑥、鸠神杆、鹰神等。接着,凌先生从具体神衣神具的研究转向抽象神术的研究,即"我们详细地研究了萨满的神具,对于萨满已有一个具体的观念,再进而研究他抽象方面的神术。萨满既是通鬼神的人,此事绝非人人可做,现在首先要研究的是一个普通人怎样的能成为萨满?"⑦因为"赫哲人的做萨满完全是凭神的选择而来附在他的身上"⑧,则"领神"就成为普通人和萨满之间的界线,而凌先生详尽地描述了领神的过程:先是某人精神病久治不愈,萨满祈祷神预备领神;然后是领神过程的具体描述,涉及神服、爱米、鼓等神具,萨满通神为之报神,病人开始反应,则"将萨满的腰铃及神裙解下为之系上,萨满授之以鼓及槌";病人开始随萨满一起击鼓跳舞,随着病人神智的恢复,萨满开始传授其请神的咒语,授神的仪式也随之结束,新萨满三年之内不能为人跳舞看病。介绍完领神过程,凌

---

① 凌纯声:《松花江下游的赫哲族》(上册),102页。
② 同上,103页。
③ 同上,104页。
④ 同上,142页。
⑤ 同上,105页。
⑥ "爱米"为赫哲人的萨满教神名。
⑦ 同上,114页。
⑧ 同上,116页。

先生才开始逐一研究萨满的职务:跳神看病、跳鹿神、萨满求子、祭天神、祭吉星神庙、家祭、骨卜、筮、卵卜等。凌先生采用平实的科学语言将领神过程作了详细阐述,在此基础上也将之进行了学理上的比较分析,凌先生就萨满和《国语·楚语》里中国古代的巫进行了比较,指出两者具有通神的相似点,同时所承担的职务也有相似之处,这一研究倾向尤其体现在对"骨卜"的分析之中。

"骨卜"词条占据了 9 页的篇幅,凌先生一开始就引用了容肇祖"占卜的起源"(1928)一文的观点"占卜的起源,虽未得直穷他的本始,而殷代的占卜的状况,已可了然明白"①,同时,凌先生又引用了罗振玉《殷墟书契考释》(1914)中对骨占的详细描述,认为殷代的骨卜方法已经很缜密,手续也很复杂。由此,"在这种卜法之前,一定有更简单的或原始的卜法"②,结合沈括《梦溪笔谈》、余庆远《维西见闻》、《辽史·西夏传》、《后汉书·东夷传》等历史记载,认为西戎契丹的羊卜方法比殷的骨卜来得简单,但没有实物可以观察。同时,凌先生又引用了博格拉斯(Waldemar Bogoras)和乔基尔森(Waldemar Jochelson)的西伯利亚民族志材料,然后才转到赫哲人的骨卜标本的具体描述(图 253~255)。实际上,前 6 页对骨卜的描述与赫哲人无关,"以上关于骨卜的研究,在本书里占的篇幅,似乎太多些"③,但凌先生认为,当时的殷墟甲骨研究虽然有实物研究,但仅仅专从殷墟甲骨本身去解释是不够的,他希望像闻宥在《研究甲骨文字的两条新路》(1929)所提出的用其他民族的骨卜做比较研究的思路,"著者才把手头已有的材料,拉杂书来以供研究殷墟骨卜的学者参考,同时从比较上来证明赫哲的骨卜也许是骨卜方法中属于原始的一种"。④ 随后,凌先生就采用了赫哲等民族的骨卜资料来解释殷墟的骨卜,涉及骨卜的"燋灼"、"兆与墨坼"、"钻与凿"、"审与坼"的不同方法。特别是在骨卜的材料问题中,董作宾在《新获卜辞写本后记》(1919)中认为骨卜材料最初完全用龟甲,后来不够用才用牛胛骨替代,而凌先生则依据民族志材料认为"最初用天然兽骨,只求其得兆而已,所用牛肩胛骨磨光润以便刻字;肩胛骨虽经磨刮,然终不如龟腹甲的平正,易于编成典册,因此殷代骨卜多用龟甲"。⑤ 对骨卜的分析体现了凌先生将赫哲族文化作为"原始文化遗存",作为印证上古史未解之谜的证据,对物的考古研究也体现了其将之作为"活的史料"

---

① 凌纯声:《松花江下游的赫哲族》(上册),130 页。
② 同上,131 页。
③ 同上,135 页。
④ 同上,136 页。
⑤ 同上,138 页。

来佐证历史研究的倾向,体现出民族学研究的历史之维。而在其后,凌先生指出,世界民族中有骨卜的民族尚有北美洲的印第安人、北非洲的盛那塔(Zanatah)人、土耳其人、欧洲的"omoplatoscopy",凌先生希望能将这些材料收集后撰写"世界各族的骨卜"一文,体现出其后期带有强烈传播论色彩的文化比较研究的萌芽。

就"歌舞"和"音乐"两部分而言,凌先生一开始就指出:"原始民族的歌舞,常与宗教有密切的关系。中国古代的歌舞亦是如此。"[1]在论述之前,凌先生又寻找中国古代关于巫之舞态的记载,主要文献为《诗·陈风·宛丘》和《楚辞·九歌》,然后转为描述萨满跳舞的形态,如立舞、伛舞、蹲舞等,并在两者的比较中"发见其相似之点甚多","研究了萨满的歌舞来读宛丘与九歌更饶兴趣"[2]。就音乐而言,凌先生认为能代表赫哲音乐的只有击乐器的鼓(萨满的鼓)与声乐中的唱歌两种。由于没有收音机,记录音乐对凌先生而言是一项苦差事,第一曲整理费了五个晚上,一共学了二十七首,自称为"活的收音机",每天晚上总把二十七曲从头至尾唱一遍,"唱歌本是乐事,然如此唱歌,乃是苦工了"[3]。调查过后经过刘天华等人的帮助才将其歌整理成歌谱,列于本节之中,每首歌按照"五线谱—歌词—翻译歌词—背景材料"的方式排列,展示出赫哲人全景生活的一个方面。由此可以看出,对歌舞的研究延续其文化比较研究倾向,而对赫哲音乐的研究则体现出其实证科学研究的态度和田野工作的细致,这些也体现在其在"游戏"、"艺术"、"科学"三个方面的研究中。

在第三节"家庭生活"和第四节"社会生活"中,凌先生开始研究赫哲人的制度,在"家庭生活"中涉及了家庭、生育、名字、婚姻、丧葬等五个方面,"社会生活"中涉及了氏族、政治和法律、战争和贸易,这些制度研究采取与文物研究类似的研究路径,虽然各种制度类似家庭,其"赫哲人的家庭组织,先由满化,再经汉化。其本来面目如何?现已很难确言"[4],但凌先生结合了田野调查标本、图片、古代文献、纪要游记、学者研究、传说故事等方方面面的内容全景式地展示了赫哲人的各种制度。

凌纯声对赫哲文化的调查与研究是本书的重点,其通过细致的分类所形成的问题表格逐一对赫哲族的文化形态组成(物质、精神、家庭、社会)进行细致入

---

[1] 凌纯声:《松花江下游的赫哲族》(上册),142~143页。
[2] 同上,144页。
[3] 同上,147页。
[4] 同上,209页。

微的调查,还利用摄影技术留下了弥足珍贵的影像资料,采用图文并茂的方式介绍了赫哲文化的方方面面,甚至借用神话传说中的记述来佐证,事无巨细都记录在调查报告之中,体现了以"记录"见长的"民族志"研究,由此也可见其对蔡元培"说民族学"所提主张的严格贯彻。虽然这一章以描述见长,但少许讨论穿插其中,这些只言片语也贯穿着以"比较"见长的"民族学"眼光,凌先生在每一章的开头都详细地借用了诸如史禄国等人的研究成果,对不同民族与赫哲族在同一文化形态进行相关比较,分析体现了物质文化研究的民族学色彩。

凌先生对赫哲文化的研究体现了其对物质文化的人文关怀,当然,这一关怀是建立在物质文化比较的基础之上的。这一观点也与当前人类学者对人类学去历史化和去多样化的学科反思相呼应,正如罗兰(Michale Rowlands)所指出的"从这样一个混杂的文化加物品的视角出发,如何重新写作一个区域或一个民族的民族志"。[①] 在罗兰看来,以物的流动为中心的文化区是作为一种网络和通道,以此来理解一种超越性但仍属于世俗的"文明"观念。受罗兰观点的启发来看这本书,凌先生的研究正是体现出对物的人文关怀。例如,鼓作为萨满最重要的神具,凌先生并不仅仅将其研究局限于赫哲人,而是"做一个简单的神鼓的比较研究"[②],这个作者所认为的"简单比较研究"具有非常广阔的视野,从赫哲周边的科利雅克(Koryak)人、于卡吉尔(Yukaghir)人、雅库特(Yakut)人、通古斯人一直到远处的爱斯基摩(Eskimo)人、阿尔泰(Altai)人、叶尼塞(Yeniseian)人等,又追溯到《诗·陈风·宛丘》等古籍所记载的中国古代的巫也用鼓,并从《楚辞·九歌》中对鼓的记载转到了西南少数民族如云南昆明东乡女巫的鼓,从一个小小的鼓出发便延伸出如此广阔的视野,大致勾画出一个以鼓为中心的物质文化区域,在此区域内的物质文化比较就成为可能。在凌先生看来,赫哲人各种各样的物在其笔下并非仅仅是一个封闭社区的日常物件,而是一种不同文化区的不同民族历史交往的见证,比如从赫哲器物的装饰图案可以看出世界范围内土著人擅长画物的特征;赫哲萨满仪式的生气主义与汉族宗教、蒙古黑教等的勾连关系,特别是其与中华民族的关系都能通过物来体现。这样看来,表面上赫哲是处于中华帝国第三圈[③]的"渔猎采集圈",与作为核心圈的汉族"农耕文化圈"中间虽

---

① Michale Rowlands:"从民族学到物质文化(再到民族学)",梁永佳译,载王铭铭主编:《中国人类学评论》,第5辑,83页,北京:世界图书出版公司,2008。
② 凌纯声:《松花江下游的赫哲族》(上册),110页。
③ 这一观点由王铭铭提出,参见唐戈:"'镜头下的赫哲族'研讨会综述",载王铭铭主编:《中国人类学评论》,第5辑,194页,北京:世界图书出版公司,2008。

隔"游牧文化圈",但仍可从物中看出两者在历史上的互动与交往。总之,凌先生的人文关怀让我们看到了人类学尚未被社会学化"污染"之前的精彩风貌,也让我们意识到了民族学的那种关注文化多样性的文化区研究视野在当前的重要性。虽然这种人文关怀背后仍不可避免地具有强烈的"国族中心主义",但也不可否认其所具有的重要学科意义。

凌先生对赫哲文化的研究体现出三个方面的贡献:一是以物为中心对日常生活的科学观察,二是以物为中心的历史考古研究,三是物质文化区域比较的人文关怀。这三个不同维度体现出物质文化研究所具有的学术意义,也不由让我们在反思物质文化研究的基础上思考罗兰提出的"从这样一个混杂的文化加物品的视角出发,如何重新写作一个区域或一个民族的民族志"[①]的问题。确实,如何从社会人类学来重新思考物质文化研究,这种回归历史化和意象化的方式进行文化多样性研究是非常紧迫的。从这个意义出发,凌先生的赫哲研究在今天看来仍具有非常重要的方法论意义。

在完成了赫哲历史、赫哲文化的论述之后,凌纯声开始转入对赫哲语言的研究,这是本书的第三章,其后还有第四章作为附录的19个赫哲口头传说故事(作为下册呈现)。虽然语言这一部分是经芮逸夫整理,材料多来自其他学者的赫哲民族志,较少田野调查所得,但凌先生在"导言"中指出了语言研究的重要性和对语言研究所应具有的研究态度,因为很多民族的分类"很多是根据语言的"。他也指出了语言研究在民族学研究中的重要性:"要研究一民族的文化,不得不略知他们的语言;同时语言本身亦可代表文化的一部分,并且可由语言中找出邻族输入的文化。"[②]在凌先生看来,对赫哲语言的记录和研究已经指向一种文化区勾连的媒介分析,其对赫哲语言的比较研究,既希望从中发现赫哲族过去的制度,也希望从中得出赫哲族与其他民族交往的证据。

在第四部分作为附录的"赫哲故事"中,共收录了木竹林、什而大如、阿而奇五、杜步秀、木杜里、香草、萨里比五、沙日奇五、亚热勾、西热勾、莫土格格、满斗、武步奇五、葛门主格格、土如高、达南布、查占哈特尔、一新萨满、那翁巴而君萨满等19个赫哲口传故事(其中,"一新萨满"乃赫哲人依据满文口译而成),这些神话传说故事占据了全书693页中411页的篇幅,由此可见凌先生赋予其在本书的

---

① Michale Rowlands:"从民族学到物质文化(再到民族学)",载王铭铭主编:《中国人类学评论》,第5辑,83页。
② 凌纯声:《松花江下游的赫哲族》(上册),231页。

重要性。

凌先生认为,"我们研究赫哲故事的主要目的,是要蒐集他们过去的文化以为研究现代文化的参证。所以在前面叙述赫哲文化的几章里,常常引用故事里的事物来参证或比较。至于故事本身有没有文学的和历史的价值,我们是无暇顾及的。因为研究民族学的人在研究一民族时,对于所见所闻,都要很忠实的一一记录,既不能如文学家的作小说,可以凭空悬想;也不能如史学家的修史,必须考证事迹。我们只本了有闻必录的精神,不论其荒唐的神话,或可信的史料,一概记录。要知道,我们视为荒唐的神话,在初民的信仰上比可信的事实影响他们行为的力量更大。因此我们记录故事的目的,只在探求他们过去的生活各方面的情形,而不计及文学的和历史的价值。"[1]从这段话中,我们便可以看出凌先生对待赫哲族口传故事的研究方法和田野工作所应具有的学术态度,这些在今天看来仍具有重要的启示意义。

在"赫哲故事"的"导论"中,凌先生希望对赫哲的研究不是仅仅停留在现在的文化,而是希望通过口传故事去研究他们过去的文化,即"一个民族不能孤立无邻,假使他所接触的邻族文化较高而有文字的记载,则在他们邻族的历史中至少可找出片断的材料。同时,任何民族总有借口传的故事,在故事中也可以找到许多他们过去的文化。读一个民族的故事,虽不能信为史实,然总可以得到些关于他们的文化、制度、思想、信仰等各方面的知识,对于他们的文化就能有更进一层的了解。"[2]这段话就点出了凌先生记录赫哲故事的主旨,即将神话传说作为材料去研究他们过去的文化,并可以作为研究现代赫哲文化的参证。

通观全书,凌纯声及其《松花江下游的赫哲族》既向我们展示了"科学民族志"记录见长的优点,也向我们展示了其民族考据所具有的客观史学色彩。无论从哪一方面来看,凌先生的研究有着后辈无法企及的优点:他既充分利用已有的历史文献资料,又充分利用了田野调查所能获取的资料(比如物质、故事等),这是许多人类学家从事中国研究无法达到的深度和广度,也是当时实证主义学风的具体表现。作为民族学的奠基之作,虽然只有三个月的调查时间,凌先生的《松花江下游的赫哲族》就已经达到了"运用科学方法进行民族研究"的高峰,其田野工作与历史分析相结合的方式也为"如何在中国从事科学民族志研究"这个问题给予了凌式答案,虽然由于调查时间不足仍存在各种缺憾,但这种田野工作

---

[1] 凌纯声:《松花江下游的赫哲族》(上册),281 页。
[2] 凌纯声:《松花江下游的赫哲族》(下册),282 页。

与历史之维相结合的研究旨向影响了当时一大批从事民族学研究的学者,在中国民族学/人类学学科发展过程中形成了南派民族学研究范式。

　　由此看来,《松花江下游的赫哲族》这一文本及其背后的启发意义告诉我们,那种认为"人类学田野调查只要研究现在的文化而不去关注过去的文化"的观点确实是不可取的。只有兼具"田野工作"与"历史之维"的人类学研究才是好的研究,这也是凌纯声及其研究给我们的最大启示。

(张友庭)

19 社区研究与民族研究的初步尝试

——重读费孝通《花篮瑶社会组织》(1936)[①]

1935年10月在广西大瑶山,费孝通先生开展了他第一次人类学田野调查工作。此行得到广西省政府的资助,他和新婚妻子王同惠一起赴桂开展"广西省人种及特种民族社会组织及其他文化特性研究计划",原本想调查苗族,后来因为苗人叛乱改道去了瑶山,其目的一是在体质人类学方面为军队编制和训练提供有用资料,二是为省县政府治理少数民族提供咨询意见。[②] 夫妻俩从首府南宁北往柳州,进入象县大瑶山区,第一站到的是花篮瑶的村落王桑,接着经门头行至六巷,王同惠便一直留在村中进行社会文化方面的调查;费孝通则与向导先后去访了大橙、古浦等花篮瑶村子,继而行至黄黔、冷冲和中庙等板瑶村落,再到山子瑶居住的山子盆架,进行体质人类学测量,后返回六巷。时值1935年12月,费、王两人在转移调查点途中不幸发生事故,费孝通重伤,王同惠身故。在养伤期间,费孝通写成了《花篮瑶社会组织》一书。书中的材料大致来自王同惠的调查以及费孝通自己在板瑶与山子瑶村落穿行的经验,可以说,其中包含了费孝通和王同惠两人的心血。而它作为费孝通人类学田野的起点,关系着他一生学术研究的两个重要方面:社区研究和民族研究。[③]

大瑶山与费孝通的缘分,在20世纪中国社会科学的总体经历中时远时近。瑶山调查之后,费孝通不久即到江苏地区的江村调查。后来关于花篮瑶的初稿连同江村的调查资料被费孝通漂洋过海携至英伦,作为面谒英国伦敦政治经济学院功能主义大师马林诺夫斯基(Bronislaw Malinowski)的"拜师帖"。马氏相中

[①] 我在写作这篇文章的过程中曾受到赵丙祥教授、梁永佳教授和张亚辉博士的启发甚多,三易其稿,但对他们的精彩意见仍没有完全把握,这完全是我个人责任,在此对他们的帮助表示感谢。

[②] 费孝通、王同惠:"桂行通讯",见费孝通:《六上瑶山》,4页,北京:中央民族大学出版社,2006。

[③] 费孝通:"简述我的民族研究经历和思考",同上,152~153页。

了他"无心插柳"的《江村经济》①,认为它实现了人类学研究从部落社会到文明社会的转型。此后直到20世纪50年代,即使在云南这样的"少数民族地区",费孝通一直做的是汉人社区研究。50年代开始,新中国的知识分子带着缔结新国家的使命开始了"西游",费孝通去了湖南和贵州,他离瑶山已是那样近。80年代以后,他先后5次上瑶山,畅谈"南岭走廊"的边区开发构想,并时常回忆起王同惠和他的清华导师史禄国等人。费孝通曾说:"当我进入大瑶山的时候,我还是一个体质人类学家,但当我离开那儿的时候已经是一个社会人类学家。我就再也没有做过体质人类学研究。"②青年费孝通的抱负也许未必在于成为一个体质人类学家,《花篮瑶社会组织》作为他第一项结合实地的学术研究,初步呈现了他对整体的中国社会研究的关注。

一、花篮瑶社会的"内"与"外"

《花篮瑶社会组织》一书的叙述主线,是从家到姻亲和宗族,其次到村落,再到族团之间的相互关系,有一个根据社会组织从小到大的顺序,若将社会视为一个有机体,家则是社会的细胞,从宗族到村落到更大的族团,都是一级比一级功能更为复杂的器官。这些社会组织之间的相互关系是费孝通关注的重点,他想探讨的是作为整体的中国文化是如何整合的:不同层次的社会组织各自如何整合,而最终一个"中国"在何种程度上能够实现。

在这个主线上,费孝通对花篮瑶社会的探讨,又是以家庭为基点的。在家户里,容纳了与"己"有关的三对关系:父母、夫妻和姻亲,父母与"己"构成纵向的关系,即继嗣;而夫妻和姻亲则与"己"构成横向的关系,即联姻。

从横向关系来看,联姻是发生在家庭与家庭之间的关系,确切地说是分别在不同宗族内部的不同家庭之间的两性交换。花篮瑶采取的是双系均可的继嗣制度,但以父系为主,以母系作为后起的补充。③ 在通常情况下,会尽量保持一对夫妻所代表的父系和母系各自的香火延续。但是同时,又对这种延续进行了严格的限制,不以家户分蘖为目标,只要有人丁继承即可,来维持一户一对夫妻的规

---

① 费孝通:《江村经济——中国农民的生活》,戴可景译,北京:商务印书馆,2005。
② Burton Pasternak, "A Conversation with Fei Xiaotong", in *Current Anthropology*, Vol. 29, No. 4, 1988, p. 641.
③ 费孝通、王同惠:《花篮瑶的社会组织》,见费孝通:《六上瑶山》,61页。

模,也即核心家庭的形式。根据他在本书中所论及的种种家庭继嗣与联姻的情况[①],综合起来可得下图:

如图所示,在一个花篮瑶寨子里共有4支宗族,a、b、c、d,4户人家分别来自不同的宗族,相互之间可以联姻。情况有如下几种:(1)假如a家只有1个男孩,b家只有2个女孩,并且其中一个出嫁了,那余下的1个就要招女婿,实际由她继承宗祧。如果a和b联姻,生育了1男1女,那么男的顶父系,女的顶母系;如果只生育1个孩子,那么不管是男是女都要兼双系,直到下一代出生再分继两家宗祧。但有一个特殊情况,就是如果在这一代所继承的家庭财产已经不足以维持两个家庭,那么往下就不需要生育两个孩子分成两个家庭了。(2)假如c家有2个男孩,那么1个男孩要"嫁"出去,余下1个男孩继承宗祧。d家有1个女孩,即由她继承宗祧。如果c家和d家联姻,生育了1男1女,实际是由男孩继承d家的宗祧,因为c家作为"出嫁"男孩的一方,其宗祧另有继承者。如果只生育了1个女孩,那么也由她继承d家的宗祧。(3)发生在b和c之间的联姻,则最能体现出父系继嗣的特点,b家的女孩嫁到c家,如果生育了1男1女,那么由男孩继承宗祧,女孩嫁出去。(4)假如再不济,出现了一个家庭没有后代,那么可以选择收养养子来继承。

同时,在花篮瑶社会中对通婚范围进行了规定:(1)在族团内通婚;(2)同一宗族不允许结婚;(3)凡有姻亲关系的亲属4代之内不允许通婚,这也就意味着

---

① 费孝通、王同惠:《花篮瑶的社会组织》,见费孝通:《六上瑶山》,55~67页、87~92页。

排除了姑舅表婚。但是舅舅依然是很重要的,因为女子一旦离婚,再婚之时是不能带着孩子再嫁的,孩子只能留给自己娘家的兄弟,长大了无论男女都"嫁"出去。再婚的上门女婿也是如此。同时,花篮瑶社会中还存在妇女节育和杀婴的行为。在费孝通看来,这些制度的安排都是为了保证一个家户内只有一对夫妇。一个家庭虽能绵延,但规模总能维持不变。由此,宗族和社区的规模便很难扩大,除非有外部的移民加入进来。由于家庭不含有绝对的血缘上的意义,夫妻所承担的是社会和经济方面的功能,家庭本身不是必须依靠双方感情来维持,因而在花篮瑶社会中存在的半公开的情人制度,实际成为婚姻制度和生育制度的补充,一方面能够在感情上补偿,另一方面亦可在生育上提供保证。

　　从纵向关系来看,费孝通讨论的是家庭的继嗣、社会的绵延。他经由几个重要的仪式来呈现个人的生命周期,诸如订婚、结婚、生育、满月、成年礼、葬礼、祭祖、拜神和驱鬼,这一生命周期实际上也是家庭的生命周期,是完成社会继替的过程。这部分的内容成为后来《生育制度》①的一个基础并加以发挥。在花篮瑶社会中,他强调因为社会规模的自我限制,分工程度低,家庭组织最基本的功能是形成一个经济活动单位;②后来在《生育制度》中,他又补充认为随着现代社会变迁,家庭曾经吸收的政治、经济、宗教、抚育等功能都逐渐转移出去,由别的社会组织承担,仅余抚育功能。③ 围绕家庭的描述刻画出花篮瑶社会对社会规模进行严格的自我限制之特点。据费孝通考证,关于这种限制人口的风俗,当地一个传说称,大约100年前有一个兄弟分家导致家破人亡的惨剧,才立下石牌约定限制人口。也由于此,花篮瑶的宗族组织,已经没有扩大的可能,只可能缩小。宗族本是血缘组织和经济组织的合一,同姓为宗,并由族长管理一族的公地。公地都是林地或者旱地,其上的出产属于全族共有,无论买卖或出租所得都要分给族内各家。在花篮瑶中存在同姓不一定同宗的情况,费孝通认为,这可能是由于姓、宗族和外婚单位已经分离成不同的实体。在花篮瑶人的记忆中,曾经有过"同姓不婚"的习俗。他们的结婚酒席上,媒人还要唱歌解释打破这种规矩的苦衷,乃是由于迁入山中之后,村落之间相隔遥远,通婚不便而采取的变通,故而约定以亲属为外婚单位。费孝通据此判断,宗族组织主要职能已由亲属组织和村落组织所替代,进入逐渐衰微的过程。④ 这也意味着更大程度的社会整合,已经

---

① 费孝通:《乡土中国 生育制度》。
② 费孝通、王同惠:《花篮瑶社会组织》,见费孝通:《六上瑶山》,78 页。
③ 费孝通:《乡土中国 生育制度》,281 页。
④ 费孝通、王同惠:《花篮瑶社会组织》,见费孝通:《六上瑶山》,87 页。

不是以血缘纽带联系的相互关系较为松散的状态。

那么,应该如何解释这样一种自我限制的社会形态?费孝通认为,最基本的原因是自然资源有限和土地制度的不平等。① 花篮瑶作为山主占有土地——包括水田和旱地,以农耕为主要的经济生产方式,由于自然条件的限制,可耕地资源非常有限,如果不限制人口,家庭规模扩大就可能导致财产缩小,引发争斗乃至家庭破败。这一可能性后来在《生育制度》中得到更明确的解释,即处在更强的汉人势力包围中的瑶人,如果儿女多了,增多的人口是不容易在山外和汉人竞争的,大多还是得留在当地分享有限的资源,这样就免不了沦为贫困。② 在保有水田的基础上,通过发展灌溉等合作生产,花篮瑶得以形成像汉人那样固定的农耕村落,并保有财富,巩固其山主的地位,同时通过将旱地作为公田或租给汉人和山子瑶,建立了花篮瑶等山主对无地的山子族团的控制,并在客观上造成了他们的流动不居。由于水田有限,村落的大小也有限,费孝通举例子说明,当时花篮瑶村子平均只有 130 人。③ 如此小规模的一个村落,其内部的社会分工极为有限,虽然由于不能完全自给,还是存在互通有无以及相互之间的借贷,即劳力和物品在社区内的循环流动。不过这种流动无法产生额外的利益,因而商业不可能发展。

如果对比《花篮瑶社会组织》和《生育制度》两个文本,可以看到无论是瑶人还是汉人,在家庭这个基本关系中的实际差异,并非如进化论所构拟的,处在一种从杂交、群婚、多夫多妻到单婚的直线过程之不同阶段,而是不同人群在历史自然条件下作出不同的适应性选择。费孝通曾经批评进化论的这种历史构拟"包含着一错误之文化概念,就是在他们文化好像是一堆各自为谋,各有各历史,各不相关的特质所构成的……所以一旦实地研究的风气一开,各初民社会实地调查的材料日增,他们的结论亦一一地站不住了"④。在这里,他所说的初民社会实地调查乃是首指马林诺夫斯基的特罗布里恩德岛(Trobriand)个案。在这次田野之前,1933 年费孝通曾写过"《野蛮人之性生活》书后"一文,赞扬马氏的研究所代表的功能学派的贡献要在人类学发展史中方能见全,而马氏这本书的重点

---

① 费孝通、王同惠:《花篮瑶社会组织》,见费孝通:《六上瑶山》,58~59 页、108~109 页。
② 费孝通:《乡土中国 生育制度》,248~249 页。
③ 同上,92~95 页。
④ 费孝通:"人类学几大派别——功能学派之地位",见其《费孝通文集》,第一卷,73 页,北京:群言出版社,1999。

在于说明"两性的社会关系,影响于一切社会生活,尤以性的生活为甚"。① 如同马氏在自序中所强调的,其写作目的乃是在理论和方法上的开拓,"任你从何方入手研究,性、家庭、亲属等问题总是表示着有机的整体,不是支离破碎的"②,而费孝通关于花篮瑶社会的研究颇有实践这一方法的味道。他所理解的功能学派的"文化的整体",指的是"文化各部分间及部分与整体间,结构的功能关系。这种关系是抽象的、普遍性的、没有时间性的,所以可以得到一般的原则"。③ 也就是说,这一整体在经验层面上是诸社会事实的集合,由各种互动关系联系在一起,而这一集合的具体历史过程是不谈的。由此,费孝通认为,社会学与人类学/民族学之间、科学与历史之间得以区分,"功能的研究即属于前者"。④ 他在《花篮瑶社会组织》中的叙述,当限制在一个社区内部的讨论之时,比如上述的家庭和村落宗族,这一功能主义的文化论似乎仍可解释,而当他进入社区外部族团之间关系的讨论时,他却必须面对更为复杂的帝国历史在当地的延续,这是功能主义并未关注的。

　　费孝通早在进入调查之前就已经把这个问题写进了计划书中说:"特种民族社会组织及其他文化特性之研究,则拟首重行政组织,即省县政府治苗实况,与土司对苗之统治情形……方法除与相关政府询问调查考核外,并拟介绍诸可靠之瑶酋土司,俾得直接住其地,更以局内观察记录其人民、家庭、市集之组织,与风俗、习惯、美术、宗教及其他种种文化特性。"⑤他还在通讯中特意抄录了一段在他们赴瑶山前一年(1932)桂北地区发生的大规模瑶人动乱事件始末⑥,内称:中央政府势力欲直接深入瑶人地区始于明朝,当时遭到瑶人的强烈抵抗,大藤瑶山血流成河。清朝之时缓以通过土酋间接治理,遂将瑶人编成数个团练,赋税极轻甚至不取徭赋。当时灌县瑶人有五团,都由瑶人秀才梁化龙所管辖。民国初年将瑶团裁撤并入汉团,五去其四,并大大增加了余下这一瑶团的税捐。加上汉人欺行霸市,控告瑶人作反,于是终于酿成武力冲突。后有瑶人巫师自诩有神术并谶言风水将出帝王,消息传出,远近瑶人皆来朝贺,叛乱乃起,历时月余,瑶人死亡达1000多人。⑦ 这一事件直接刺激了费孝通对族团关系的思考。他否定强制

---

① 费孝通:"《野蛮人之性生活》书后",见其《费孝通文集》,第一卷,86~87页。
② 同上,85页。
③ 费孝通:"人类学几大派别——功能学派之地位",同上,76页。
④ 同上。
⑤ 费孝通、王同惠:"桂行通讯",见费孝通:《六上瑶山》,4页。
⑥ 同上,7页。
⑦ 费孝通、王同惠:"桂行通讯"。

同化的手段，认为那只能导致瑶人人口的大规模减少①，实际无异于种族灭绝的暴行，要使瑶人在心理上产生对国家和民族的认同，首先必先包容瑶人的自我认同。他认为，"他们自成团体的民族心理，和这种心理所表现的宗教形式。在我们虽可说是'妖巫谣言惑众'，但是在他们的信仰系统中却是凿凿有据的事实……是有以民族历史的根据，所以使它能'惑众'举事。"②进而，他提出更为温和的治理策略，最基本的在于开发地方经济，"特种民族住的是高山，不是汉族所住得惯的地方，加以广西人口稀少，山地大量荒废，正可和他们密切合作，来加以开发……若能制定一个妥当的交易办法和传授他们新知识，得使他们从事生产工作，广西十几万特种人民，都能在广西的经济组织中成为生产者。"③

也就是说，在接触瑶人之前，费孝通基于对少数民族和汉人之间关系的认识，已经在心中勾画了对西南边疆地带进行改造的初步蓝图，要使"夷"汉之间的勾连关系在历史变迁中维持一种和谐的状态，不在于消灭文化的多样性，也不能继续旧有的宽松的羁縻，而是要使少数民族定居化和乡土化。

这个设想在《花篮瑶社会组织》中通过土地问题的讨论来得到进一步论证。在费孝通看来，瑶山冲突的核心在于土地问题，瑶山原来形成的山主和山子这对关系，其基本的经济基础就是土地占有的不均等，这本来是潜在的矛盾。"过山瑶"原来称呼的是作为佃户的板瑶、山子及少数汉人，"他们在团练的组织里是没有地位的"，因而，"过山瑶不能有土地权，而且所耕的都是山地，没有水田，因之不易有集中和永久的村落。……他们没有力量来反抗长毛，所以只有养成一种顺服听命的心理。这种心理对于他们的文化有很大的影响。……但是他们的勤苦和耐劳及逐渐增加的人口数量却给长毛一种很严重的压力。长毛出租土地的数量逐渐增加，甚至有的都把水田租给他们。……过山瑶永远没有忘记，他们是没有土地，也永远在希望有一天他们能耕自己所有的土地。……而且，现在所输入的汉族思想是民族平等、耕者有其田等等概念正合他们的需要。从'特种民族教育'中，他们希望有解决他们土地问题的一天。"④可见，土地虽然可以说是生活的保障，但已经超出了基本生存条件的意义，而意味着定居、结束漂泊。近来汉人侵入瑶山，一方面汉人和山主瑶人争地的冲突日益严重，另一方面刺激了山主和过山瑶之间这个潜在的矛盾。费孝通在书写这一情景之时，既是在写现实又

---

① 费孝通、王同惠："桂行通讯"，8页。
② 同上。
③ 同上。
④ 费孝通、王同惠：《花篮瑶社会组织》，见费孝通：《六上瑶山》，108～109页。

是在描绘他的想象世界。客观存在的各方争地事件,既是关于土地资源的争夺,而其背后的原因则是依恋于乡土、捆绑在土地上的乡土意识。在费孝通的描述中,瑶人和汉人一样依恋土地、向往定居,他们也是"患了土地饥饿症"的农民。[1]然而令人疑惑的是,苗瑶民族是历史上有名的迁徙人群,即使在汉人没有进入山区腹地的时代,他们也并不急着下山定居,而是保持着与汉人文明的观望。[2] 费孝通看到瑶人也有对文明的向往,而这种向往又来自帝国对周边民族地区进行教化的历史目的。

实际在《花篮瑶社会组织》中,费孝通不断在寻找帝国政教的痕迹,包括帝国对民族地方的行政和军事控制。他指出,瑶人社会有一套自己的政治组织和法律制度,即石牌头人和石牌会议。石牌是指瑶人社会中的一种社会规约,订立石牌最小的范围是村落,由村子中一部分有地位的人商议订立——这些有地位的人即村里德高望重的人。石牌订立之后,就有石牌头人,一般的纠纷就由石牌头人根据石牌进行仲裁。石牌头人并不是由村落公举产生,既不世袭也不投票选举,而是"有德者归之",是一个村子中最明白的人[3],也就是说当经常有人找某一个人解决纠纷的时候,他的威望便会逐渐增加,如果大家都来找他,他就成为石牌头人。当纠纷重大难以排解的时候,就可能召开石牌会议,全村人只要愿意都可以参加,参加的人聚到广场上讨论,但是对判决最有影响的还是一些有地位的人。[4] 对此,费孝通赞叹,孟子所说的"天与之,人与之"的政治理想,在瑶山已经实现了。[5] 在山主瑶人集团之间,很早就建立了联盟关系,遇到重大事情的时候召开大石牌,各村的头目都来集合。[6] 这一套政治和法律制度在清朝时有所改变,四个山主族团花篮瑶、坳瑶、茶山瑶和滴水花篮瑶接受清朝的封号,并协助朝廷剿灭了山内的汉人土匪,朝廷按照原来的山主族团组织编成四个团练,并确立了四个团总,又以四个团总中最能干者为首领。虽然费孝通描写大石牌头人即

---

[1] 这一推论所引直接来自费孝通在1940年所写的文章"患土地饥饿症者"。这篇文章写于江村和云南三村的调查完成之后,他在文中指出,土地本身产生的利润太低,因而不能吸引资本,它主要对农民有意义,是农民的最后退路,也是保持村落共同体的根本,保住了它,就保住了人与乡土的道德联系。文中,费孝通特意举出瑶山的例子,说明瑶人也有汉人农民一样的乡土意识(见《费孝通文集》,第一卷,439~444页)。

[2] 参见杨渝东:《永久的漂泊——对一个定居苗寨中苗族迁徙感的人类学研究》,北京:中国社会科学文献出版社,2007。

[3] 费孝通、王同惠:"桂行通讯",见费孝通:《六上瑶山》,50~51页。

[4] 费孝通、王同惠:《花篮瑶社会组织》,同上,98页。

[5] 费孝通、王同惠:"桂行通讯",同上,51页。

[6] 费孝通、王同惠:《花篮瑶社会组织》,同上,108页。

首领有多亲民,没有阶级之分,①但这一政治身份的性质已然不同。他明白地写道:"大团总在瑶山是最高权力,他依法可以杀人、罚款。"②在"桂行通讯"的这一段,还附有当时瑶山大团总的照片,他身着清朝的官服,足蹬平底布鞋,与身边的石牌头人穿着明显不同。③

不仅如此,费孝通还注意到许多仪式当中表达的历史上汉人与瑶人之间的社会关系结构。首先,对家户而言,瑶人选择坟地要看风水,费孝通推测这是受到汉人影响。④成了仙的祖先要由甘王和雷神管辖⑤,而甘王相传是汉人成的神,雷王则是天上司雷电的神祇⑥。瑶人还容易受到邪鬼的滋扰,最厉害的邪鬼叫山鬼,是由被杀的土匪变成,费孝通在访谈中得知其中有一些是汉人。⑦其次,每个村落都有庙,庙里的神像大多是从汉人传入,并且"每隔四五年或两三年,瑶人要请汉人在庙里吹打,他们献祭跳舞"。⑧在这些信仰和仪式中汉人所具有的神圣或者禁忌的地位,未必是由普通的移民所带来,而很可能与帝国对边境的军事征服有关,尤其是对明代血洗大藤峡的惨痛记忆。费孝通认为,这一历史的结果逐渐塑造了一个"瑶族"出来。⑨也就是说,"民族"是一个历史过程中出现的阶段性、混合性的产物,我们今天所说的某个民族,并不能直接等同于史书上记载的某民族。这个看法也是他此后一生对民族研究的基本认识。

也就是说,帝国的政教使山主在大瑶山确立了其统治的合法性,在根本上,正是整个瑶山对帝国的依附关系决定了过山瑶对山主的依附关系。虽然费孝通谈到,土地的占有是基于一种先来者的契约,"先入山的占据了这区域,成了这瑶山的地主,后入山的因为该地已经被人占据,于是成了租地生活的佃户"⑩,然而他对帝国历史的密切关注却否定了这个过于随意的猜测,站在这个角度来看,大瑶山在费孝通的视野中位于帝国边隅,尽管他此时并未能完全意识到这一点。这种帝国心态并不因为他的不自觉就不存在或者甚至没有影响,实际上却正好

---

① 费孝通、王同惠:"桂行通讯",见费孝通:《六上瑶山》,51页。
② 同上。
③ 同上。
④ 费孝通、王同惠:《花篮瑶社会组织》,同上,76页。
⑤ 同上,77页。
⑥ 同上,102页。
⑦ 同上,77页。
⑧ 同上,103页。近年来,从仪式和象征方面对民族地区"夷"汉社会关系的探讨有新的成果,如汤芸:《以山川为盟:黔中文化接触中的地景、传闻与历史感》,北京:民族出版社,2008。
⑨ 同上,104页。
⑩ 同上,107页。

相反。正是在从"天下"到"国族"这一个历史转型过程中①,一方面对客观上帝国时代结束的体认促使费孝通考虑整个中国的现代化转变的问题;另一方面他对中国的认识仍延续了帝国心态,即中原与边地、汉人地区和少数民族地区组合起来的"一点四方"的空间区位仍旧是他的中国地图。通观费孝通在 20 世纪 50 年代和 80 年代的民族研究,他尤为坚持这一点,并批评"分族写志"。② 在这种心态下,他对整个中国的转型设计是有汉人社会和少数民族社会之区分的。他在燕京大学念书的时候,很早便曾撰文讨论过乡村工业问题③,即汉人社会如何从乡土转向资本主义。而在少数民族地区,费孝通认为首先要乡土化,他将之视为帝国开化边疆的历史目的,完成这一目的,也即终结了帝国历史在边疆的延续。他所闻见的日益尖锐的"夷"汉冲突,背后正是苗、瑶少数民族客观上和心态上延续的帝国历史在中国社会转型中的"不合时宜"。瑶山的实地调查使他有机会进一步去确认这种乡土化的具体可行之处。因为有对上述历史的关注,费孝通最终没有将花篮瑶社会写成特罗布里恩德岛民,他用史禄国的 ethnos 理论,将自己论述的社区范围大约推向了整个大藤瑶山。

二、社区研究:如何研究文化与民族

花篮瑶的调查曾受到吴文藻的高度评价,他认为,"这是一本广西象县东南乡花篮瑶社会组织研究专刊,可以说是用我们所谓'功能法'来实地考察一个非汉族团的文化的某一方面的一点收获。这种工作,我们曾用一个新名词来表述,称作'社区研究'。"④社区研究的基本概念和理论最初来自芝加哥大学社会学家派克(Robert Park),他于 1933 年来到燕京大学讲学一个季度,开设了"社会学研究的方法"等课程。费孝通在 90 岁高龄时专门写了重温派克来华的《补课札记》,回忆说:"不仅我一个人,凡是和我一起听派克老师这门课程的同学,多多少少在灵魂上震动了一下,而且这一震动,实实在在改变了其后几十年里的学术生

---

① 王铭铭:"从天下到国族",见其《走在乡土上——历史人类学札记》,295~305 页,北京:中国人民大学出版社,2006。
② 参见费孝通:"简述我的民族研究经历和思考",见其《六上瑶山》,262 页。
③ 费孝通:"复兴丝业的先声",见其《费孝通文集》,第一卷,237~249 页。在这篇文章中,费孝通以姐姐费达生的口吻,描述了这群新绅士推动乡村变革的实验,虽然他自己并不亲自从事这类工作,而是作为旁观的科学研究者进行观察、记录和预测。(费孝通、李亦园:"中国文化与新世纪的社会学人类学",见其《费孝通文集》,第十四卷,383~384 页)。
④ 吴文藻:"《花篮瑶社会组织》导言",见费孝通:《六上瑶山》,116 页。

活,说不定也影响了中国社会学前进的道路。"①

根据吴文藻的总结,派克对美国社会学贡献有如下四点:(1)培养人才为主;(2)形成了社会学上的主要概念,如"人格—文化"——属于社会心理学的范围、"共生—协和"——为都市社会学和人文区位学张本、"社会化(或交感互动)"——指社会历程分析、"集合行为"——也属社会心理学,主要是秘密结社、群众运动等研究、"文物"制度——以"神圣"与"世俗"的二分来分析社会道德境界与政治境界的历程;(3)开辟都市社会学的园地;(4)发挥人文区位学的观点及研究方法。② 当时在吴文藻指导下,费孝通等一批燕大学生翻译并讨论了派克的社会学学说,重点放在其基本的社会学概念和理论引介上。在派克那里,人类群体之间发生的最基本的关系就是竞争,竞争导致合作即竞争式的合作(competitive cooperation),这是一切人类社会特有的一种形态:"从生物竞争产生出来的人口分布,就是社会的区位组织(ecological organization of society)。根据区位组织而起来的社会(在地域基础上的社会)就成了一个社区(community),而不止是一个社会(society)了。"③"社会可以拆解成四种等级渐进的关系:区位的关系、经济的关系、政治的关系和道德的关系",关系的密切程度是逐渐上升的,并且四种关系"构成了不同的人类交互关系的系统。这四种不同的系统,交织地网罗着一切人类的生活"。就是说,社会本身是一种关系存在,人文地理学、政治学、经济学和社会学等都是结合某一地域来观察社会。区位组织也是一种地理空间,不过它是自然形成的,由小的自然区域集合成诸如城市这样的大区域④,社会学人类学即可以此作为观察社会变迁的入手。简言之,社会变迁实质就是社会关系的变化,派克认为这一变化有其根本的规律,即竞争、冲突、调协与同化,这四个连续的社会历程即社会化,在这个过程中,自然社区逐渐生成最密切的道德关系,最后成为真正意义上的社会。⑤

这种"社会观"并非涂尔干意义上的"社会",费孝通也曾说,对何谓"社会"有两种基本观点,一种认为社会即人类群体实体,包括一切群体规范和文化这些人为的、服务于人的手段,如严复所引进的斯宾塞之"群学";另一种认为"社会"

---

① 费孝通:"补课札记",同上,139页。
② 吴文藻:"导言",见北京大学社会学人类学所编:《社区与功能——派克、布朗社会学文集及学记》,7~16页,北京:北京大学,2002。
③ 派克:"论社会之性质与社会之概念",同上,55页。
④ 赵承信:"派克与人文区位学",同上,78页。
⑤ 林耀华:"社会历程之分析",同上,84~97页。

是高于个人之上的实体,如涂尔干。一直到他开始云南三村的"类型比较"研究之前,他所采用的都是第一种对"社会"的看法。① 他在写《花篮瑶社会组织》的时候,已经表露出这个观点。整个瑶山对他而言是山主和过山瑶组合而成的一个集合,"瑶"不是一个有群体意识的人群共同体,也不是一个社会。② 而具体到不同的瑶人族团,群体意识的强弱也有不同表现,比如"山子瑶的名称还没有完全成立"。③ 实际这种"社会"与前述他讨论过的马林诺夫斯基的功能主义的"文化"之间有很大差别,不像后者那样强调整合的整体。费孝通对这些概念的理解很大一部分是直接承自吴文藻。

吴文藻在给《花篮瑶社会组织》一书所作"导言"中明确说到,"社会是描述集合生活的抽象概念,是一切复杂的社会关系全部体系之总称;而社区乃是一地人民实际生活的具体表词,有实质的基础,自然容易加以观察和叙述。"④"文化是社区研究的核心,文化最简单的定义可说是某一社区内居民所形成的生活方式;所谓生活方式系指居民在其生活各方面活动的结果形成的一定结构,文化也可以说是一个民族应付环境——物质的、概念的、社会的和精神的环境——的总成绩。"⑤ 也就是说,"文化"是一个民族适应其环境的特殊产物,每个民族的文化都有其特点,而"社会"则是人类社会普遍具有的社会关系的抽象。吴文藻师从美国历史批评学派大师博厄斯(Franz Boas),故而对"文化"概念多有偏爱,称"人类学家本实地考察的经验而创造的文化概念,乃是 20 世纪社会科学上最伟大的贡献。"⑥ 他所致力的社会学"中国化"⑦,力图融合人类学与社会学研究,其中人类学方面的底子是他师承的历史批评学派,而社会学的底子是派克的人文区位学。但这还不够,从 1932 年到 1934 年间,他又花了很多精力从派克追溯到了齐美尔(Georg Simmel)这一脉的德国形式社会学⑧,后来在这个基础上来诠释马林诺夫斯基的"文化"概念,将其分为"文化三因子":"人与自然的关系等于物质底层,

---

① 费孝通:"个人·群体·社会",见其《论人类学与文化自觉》,101~111 页,北京:华夏出版社,2004。
② 费孝通、王同惠:《花篮瑶社会组织》,见费孝通:《六上瑶山》,107 页。
③ 同上,104 页。
④ 吴文藻:"《花篮瑶社会组织》导言",同上,119 页。
⑤ 同上,120 页。
⑥ 吴文藻:"文化人类学",见其《吴文藻人类学社会学研究文集》,65 页,北京:民族出版社,1990。
⑦ 林耀华、陈永龄、王庆仁:"吴文藻传略",同上,341 页。
⑧ 吴文藻:"德国的系统社会学派",同上,85~121 页。

人与人的关系等于社会组织,人的心理正与精神生活相当。"① 因而,他提出社区调查在描写经济生活和技术制度之外,还要关心民风、礼俗、典章、制度,以及民族的精神和理想。② 那么,作为中国社会学/人类学重要特点的社区研究,可以考察汉人移民社区、内地农村社区、沿海都市社区、海外华侨社区和非汉族团的地方社区,等等。③ "中国"就是诸多社区的集合。

《花篮瑶社会组织》作为一个初步和中断的调查,不可能完成三个层面的调查,但它毕竟在第二个层面的探索上迈出了一小步,吴文藻的肯定和鼓励是以它作为中国社会学/人类学研究的一块铺路石。④ 此后他的真正兴趣是在边政学研究⑤,费孝通和王同惠的这项瑶山调查之所以特别得到他重视,原因也在于此:"研究非汉族团所得的材料,不仅在学术上有极大的价值,就是在中华民族立国的基础上,亦将有它实际的效用……我们汉人都得承认,民国虽已成立25年,而离'民族国家'建设完成之期尚远。"⑥ 然而费孝通对民族地区的研究并不像吴文藻那样充满热情,1938年他从英国学成回来以后就一头扎进云南农村做汉人社区研究,一直到20世纪50年代民族学研究成为主流,汉人研究已无空间,他才又重新开始少数民族研究。其中的原因或许在于,吴文藻所持的是对民族国家的关怀,因而他关注今日具有国家边疆和边界意味的民族地区;而费孝通的视野延续的是汉人居中的天下图式,他更关注核心地带能否成功转型和重建社会秩序。

如前所述,从吴文藻那里承袭的"文化"概念,已经表示中国社会学/人类学研究是基于民族的文化研究。⑦ 费孝通在20世纪40年代的时候曾将《花篮瑶社会组织》与江村和云南三村的汉人社区研究并置,认为它因为缺乏自觉的理论探索,还算不上真正的社区研究;⑧ 到了晚年的时候,则强调从"民族共同体"的角度去认识,并提倡联合贵州和广东做南岭走廊研究,认为瑶人是一种山区民族的代表类型。⑨ 最终,他将大瑶山的调查归入民族研究里,将其与他对汉人村落的研

---

① 吴文藻:"论文化表格",见其《吴文藻人类学社会学研究文集》,195页。
② 吴文藻:"《花篮瑶社会组织》导言",见费孝通:《六上瑶山》,121页。
③ 同上,122页。
④ 同上,116页。
⑤ 吴文藻:"边政学发凡",见其《吴文藻人类学社会学研究文集》,263~281页。
⑥ 吴文藻:"《花篮瑶社会组织》导言",见费孝通:《六上瑶山》,124页。
⑦ 同上,120~121页。
⑧ 费孝通:"《禄村农田》导言",见费孝通、张之毅:《云南三村》,11~12页,北京:社会科学文献出版社,2006。
⑨ 费孝通:"民族社会学调查的尝试",同上,166~180页。

究区分开来,表明他意识到以村落为单位的社区研究是不足以研究民族地区的。基于这一思考,他提出民族研究"微观"与"宏观"结合①,实际上仍延续着吴文藻所指出的这一学科发展方向。

三、从社区到走廊:文明进程中的民族关系史

1943年之后,费孝通重访瑶山,作了如下描述:

> 桂东的大瑶山是出自柳江和桂江之间的一个大约2300平方公里的高山区,海拔最高达1900多米,四周却是平原或丘陵地带,山区边缘尽是几百公尺的陡坡悬崖……整个南岭山脉,东起广东,经广西、贵州进入云南的横断山脉直到印支半岛,高山峻岭里,若断若续地可以见到绵延不断的瑶家村寨。桂东大瑶山不过是其中的一个环节而已。②

这一段像是补叙的话,明确提示了《花篮瑶社会组织》中蕴涵的超越村落社区研究之处,而这在当年费孝通的观察中未能有意识朝这方面挖掘。在《花篮瑶社会组织》中,费孝通谈到有两种方式组成的村落,一种是定居的,一种是游耕的,在定居的村落里边,因为"逐水田而分布"的关系,村子的边界也在流动之中,有使村子形态分解的可能。③ 定居村落和游耕村落的形成被他解释为来当地垦殖的人群先来后到的关系,这并非历史,而是一种猜测,他没有考虑到这种相对的居与游之间在更长的时间和空间中能诉说的文明史过程。费孝通晚年的这段话,某种程度上对此加以补充,提醒我们瑶人所在实为一片广阔的区域,山岭与河谷,平原与丘陵,构成了这一区域的整体。这片区域绵延不断,横亘在整个南部边陲,除了瑶人和汉人之外,还生活着其他众多族群,他们的交流互动是活生生的历史过程。

以此为背景,费孝通提出了"民族社会学调查"④,他设想这个调查可以覆盖的范围是整个中国:"从宏观的研究来说,中华民族所在的地域至少可以大体分成北部草原地区、东北角的高山森林区、西南角的青藏高原、藏彝走廊,然后云贵

---

① 费孝通、王同惠:"民族社会学调查的尝试",见其《六上瑶山》,174页。
② 费孝通、王同惠:"四十三年后重访大瑶山",同上,137页。
③ 费孝通、王同惠:《花篮瑶社会组织》,同上,92~93页。
④ 费孝通:"民族社会学调查的尝试",同上,166~180页。

高原、南岭走廊、沿海地区和中原地区。这是全国这个棋盘的格局。"①他批评过去的民族社会历史调查以现有的民族为单位进行孤立的研究,根本不顾具体历史变化,简单地将现在的民族等同于历史上的民族②,认为民族研究应在突破这一狭隘观点的基础上,将宏观的民族研究方法和微型的社会人类学方法结合起来。③ 这种微型就是使用深度的参与观察,实现微观和类型的结合,也即微观研究要达到体现类型的程度;而"'微型'研究是民族研究的基础,通过比较不同的'型',就能逐步完成全面的宏观的认识。"④

费孝通关于微型研究的这部分想法,实际是来自20世纪30年代末他所作的类型比较的思路,如《云南三村》。⑤ 而关于宏观的民族研究的这部分想法,他援引了潘光旦在20世纪50年代对古代巴人的迁徙和变化的研究⑥,谈到潘光旦认为今日的苗、瑶民族很可能是在春秋战国时代居住在淮河与黄河之间的一支东夷,向长江一带不断迁徙而形成的。⑦ 费孝通将这种研究称之为"宏观的历史研究"⑧,也许是要区别于20世纪50年代的教条化马克思主义民族史学,因而避开了"民族史"这个特定的称谓,实际谈的还是宏观民族历史的内容。他提到,潘光旦曾试图从地方志材料来看畲族传说信仰的分布,然后从中推测其传播的历史路线,只可惜现在已经见不到这个研究发表。⑨ 实际上这类研究费孝通并不陌生,他自己的学士论文就是从史料入手做的"亲迎婚俗的分布",结合体质人类学的研究来考察亲迎区域分布和周族移民的关系,试图找到整个中国文化发展的梗概。⑩ 后来他虽然转到微观研究,但是在大瑶山的调查却仍旧有区域和历史的感觉。费孝通在晚年的反思中,这些以为被抛却的曾经的想法得以再度浮现。他认为潘光旦在这方面所做的工作是值得珍惜的,但还是不够。原因是"中华民族又分又合的历史过程不可能作具体的观察,许多关键性的问题只能通过文字

---

① 费孝通:"民族社会学调查的尝试",见其《六上瑶山》,174页。
② 同上,171~174页。
③ 同上,174页。
④ 同上,175页。
⑤ 费孝通、张之毅:《云南三村》。
⑥ 潘光旦:"湘西北的'土家'与古代的巴人",见其《潘光旦民族研究文集》,160~330页,北京:民族出版社,1995。
⑦ 费孝通:"潘光旦先生关于畲族历史问题的构想",见其《费孝通民族研究文集新编》,下卷,5页,北京:中央民族大学出版社,2006。
⑧ 同上,7页。
⑨ 同上,6页。
⑩ 费孝通:"亲迎婚俗之研究",见其《费孝通文集》,第一卷,157~212页。

记录、遗留的文物,以及现有的习俗、习惯、传说、信仰等去推考,但是如果从微型的具体实况来观察各民族间又分又合的关系,就可以丰富我们对中华民族形成和变化过程的理解,充实我们对民族问题的理论认识了。从这个角度看,大瑶山提供了研究这个问题的一个园地。"①他的意思是,一方面现有的经验材料所支持的历史推拟不一定确切,另一方面更重要的是研究民族分分合合的内在规律,而不仅停留在呈现历史过程。费孝通所说的"民族社会学调查",意味着他认为存在民族研究与社会学人类学结合的可能,这一启发来自于他对大瑶山调查的重新思考。

在《花篮瑶社会组织》中有过一些端倪,它说明早年费孝通对民族动态历史过程的某些触及。他将史禄国的ethnos理论和派克的社会历程的说法结合在一起,解释不同部落瑶人的关系。首先,花篮瑶"有相同的言语和文化,自认为出于一源,具有团体意识,并且在相当例外之下实行内婚。这种团体相当于史禄国教授Prof. S. M. Shirokogoroff 所谓ethical unit。Ethical unit 我们可译作族团。"②其次,这些文化、语言、团体意识以及内婚范围是不断流动的,"史教授曾以两种动向来解释这种变迁:一是向心动向,一是离心动向",促成动向的是来自族团外部的力量。③再者,"因族团间关系不易达到一个平衡的状态,固定的族团单位很少成立,我们所能观察的只是在族团关系网中,族团单位分合的历程而已,这样的历程史教授称作ethnos。"④这里所说的"固定的族团"很少,大概是指作为固定类型的民族实体几乎不存在,存在的是相互关系的历史,ethical unit实际应作为科学观察的分类范畴来看待。费孝通所讨论的汉人、花篮瑶、坳瑶、茶山瑶、滴水花篮瑶、板瑶和山子瑶也正是试图描述一个文化变迁过程中所用的分类。但他把史禄国所说的历程理解为抽象的社会历程,却是一个误解。他从派克那里学到的形式社会学研究方式是:"(一)确定研究的单位是何种群体。(二)社会状态的研究:a. 物质文化;b. 社会组织;c. 社会态度。(三)社会变迁历程的研究:a. 冲突;b. 调解;c. 同化。(四)社会变迁历史的研究。"⑤在这里,历史表现为持续变化的社会状态,历程则是一种恒定的抽象关系,从第三步社会变迁历程研究到第四步社会变迁历史研究,即把社会变迁的一般规律用以解释特殊类型的社会变

---

① 费孝通:"民族社会学调查的尝试",见其《六上瑶山》,173页。
② 费孝通、王同惠:《花篮瑶社会组织》,同上,103页。
③ 同上。
④ 同上。
⑤ 费孝通:"社会研究的程序",见其《费孝通文集》,第一卷,95页。

迁过程。由此可以理解，费孝通对 ethnos 的运用实际是在社会历程的意义上，目的不是讨论具体的历史变化，因而他的花篮瑶研究虽然使用了一些历史材料，强调民族研究是个动态过程，但不是在说历史本身。

在史禄国那里，ethnos 还是必须承认具体历史过程的。费孝通一直感到没有充分把握他的理论，在1994年曾撰写文章讨论过这个问题。他谈到，ethnos 一词本来是史禄国引自拉丁文古词的用法，要避开现代英语中的 nation 一词所沾染的民族和民族—国家（nation-state）的意味，其意是在说明一个人的生物机体和社会文化深入的嵌格关系。Ethnos 既是一个具有认同的群体，又是这一群体与同类单位接触时的变化过程；这一变化是由双方所表现出来的各自的能量关系所促成的。所谓"能量是这一群体的地、人、文三个变量相生相克的综合，地包括生存空间和资源，人包括成员的数量和质即生物基础，文是人造的环境，包括社会结构和文化积累。三个变量相生相克的关系中表现为向心力和离心力的消长。"[1]费孝通认为，史禄国把体质人类学作为他的人类学基础并一以贯之的考虑，是把人的生物现象和社会及文化现象对接，突破人的精神领域，再从宗教信仰进入意识形态和精神境界，由此将人当作自然现象的思考贯彻到底。[2]这个"自然"是宇宙论意义上的。对此，费孝通评论道，"我时常感觉到他的眼光是一直看到后人类的时期。宇宙的发展不会停止在出现了人类的阶段上。……在读了史氏的理论后，油然而生的一种感觉是宇宙本身发生了有'智力'的这种人类，因而产生了社会文化现象，其后不可能不在生物基础上又冒出一种新的突破而出现一种后人类的物体。这种物体所创造的世界将是宇宙演化的新阶段。当前的一切世态不过是向这方向演化积累过程中的一些表现罢了，Ethnos 只是其中的一部分。"[3]

从如此宏大的理论中，费孝通试图挖掘出对整体中国研究的理论和方法论潜力，他指出自己所写的"中华民族多元一体格局"正是用来翻译这个难以翻译的 ethnos："Ethnos 是一个形成民族的过程，也可以说正是我想从'多元一体'的动态中去认识中国大地上几千年来，一代代的人们聚合和分散形成各个民族的历史。"[4]这个多元一体的格局，实际描述的是费孝通心中的天下图景，一个流动

---

[1] 费孝通："人不知而不愠"，见其《师承·补课·治学》，84页，北京：生活·读书·新知三联书店，2001。

[2] 同上，85页。

[3] 同上。

[4] 费孝通："简述我的民族研究经历和思考"，见其《六上瑶山》，267页。

的文明进程。在瑶山调查之后,直到 20 世纪 80 年代他才重新开始思考 ethnos,回忆潘光旦等人的民族研究作出的贡献,可以说,大瑶山作为他一生唯一一次在民族地区的人类学田野工作地点,不是没有给他留下遗憾的,除了王同惠的身故,还有他放弃的体质人类学,等等。他自责道:

> 如果我联系了史老师的 Ethnos 论来看我这篇'多元一体论',就可以看出我这个学生对老师的理论并没有学到家,我只是从中国境内各民族在历史上的分合处着眼,粗枝大叶地勾画出了一个前后变化的轮廓,一张简易的示意草图,并没有深入史老师在 Ethnos 理论中指出的在这分合历史过程中各个民族单位是怎样分、怎样合和为什么分、为什么合的道理。现在重读史老师的著作发觉这是由于我并没有抓住他在 Ethnos 理论中提出的,一直在民族单位中起作用的凝聚力和离心力的概念。更没有注意到从民族单位之间相互冲击的场合中发生和引起的有关单位本身的变化。这些变化事实上就表现为民族兴衰存亡和分裂融合的历史。①

费孝通思考的是史禄国的 ethnos 所提示的人群分分合合的内在规律,如果不是他在《花篮瑶社会组织》中讨论的社会历程,那究竟是什么?简言之,这一规律也即中国文明的内在动力机制。他认为自己并没有很好地解答这个问题,因而他将期待留给了我们。

四、结　语

费孝通和王同惠并不是最早对瑶人进行调查的人类学者,也不是唯一的一个调查小组。在他们前后,曾经有过"中央研究院"、中山大学等组织的瑶山调查。较早的调查在 1928 年,"中央研究院"社会科学所派遣颜复礼与专任编辑员商承祖到广西百色凌云一带进行实地调查,对凌云瑶人的族源、语言等作了初步介绍。和费孝通瑶山调查同年,从法国巴黎大学民族学院毕业回来的徐益棠进入广西象(县)平(平南)间地区调查瑶人,并撰写了数篇调查报告,其内容为瑶人宗教、法律和仪式等。② 同样是留学过法国的杨成志于 1936 年带了一批中山大学的师生在广东北江调查瑶人,并有数篇较为详细的考察报告,内容涉及体

---

① 费孝通:"简述我的民族研究经历和思考",见其《六上瑶山》,267 页。
② 徐益棠:"广西象平间瑶民之饮食"、"广西象平间瑶民之宗教及其宗教的文献",见杨成志等:《瑶族调查报告文集》,北京:民族出版社,2007。

质、族源、宗教、房屋、工具、衣饰、农作、经济,等等。① 上述这些研究共同的特点是在较广的区域内开展多点调查,限于当时的交通状况,相当多时间花在路程上,并且在一个调查点所待的时间不如费孝通、王同惠他们长。

其中,杨成志曾在报告中称,"'社区研究'为人类学与社会学新近的一种学派,在今日中国尤当努力推进,若我们想把人类文化或社会现象当作动力的(dynamic)或功能(functional)的比较研究,推出其过程或趋势时。"②而他所说的"文化"是指:"凡人类由手或由脑,或由环境创造出来的物质、精神和社会三重综合的生活型,包括一切器物、技艺品、宗教、美术、音乐、思想、语言、制度、风俗、惯习及仪式,有形的或无形的总表现,我们便可总称为文化(Culture)。"③他根据泰勒(Edward Tylor)的说法,认为"这种极复杂的文化网的表现,常由进步、退化、遗袭、复兴、改变诸形态所织成"。④ 他研究瑶人的方式,是从上述三个方面的文化现象入手,"因为动物的人——故有物质与经济组织的需要;因为理性的——反顾及静察的思想——故有精神的与增加权力的制度的需要。因为社会的人,故有自然联合的需要,这种联合能够组成事实或制度。换言之,这三方面可用经济的、心理的、社会的三个词来做代表。"⑤在他对瑶人的诸多描述中,他最关注的是瑶人的精神品性,并对其自然、淳朴大为赞赏,"瑶人的性格与自称文明人比较起来,文明人所缺乏而想培成的美德,在瑶人已经自然而然地成为习惯了。文明人所具有的虚伪、猜疑、诈骗、夸大、自私、奸淫、掠夺、侵杀……的罪恶,虽云劣性的瑶人,尚望尘莫及哪!"⑥他认为,瑶人的美德是天性,而那些比如保守、迷信、顽固等则是由于环境闭塞和缺乏教育导致的生活缺陷,不是本质上的。⑦ 最后他要说明的是,瑶人在历史上长期处在汉人的文化区内,早就在体质和文化上与汉人混血,因此实际上根本难以截然区分。⑧ 与费孝通相似的是,在杨成志看来,农耕是一种美好的德性,比如瑶山客观上适合作为畜牧的良区,但是终究没有变成牧区而是农林结合,一个重要原因是"他们的农业技术,诚然曾经过'随山散处、刀耕

---

① 徐益棠:"广西象平间瑶民之饮食"、"广西象平间瑶民之宗教及其宗教的文献",见杨成志等:《瑶族调查报告文集》,北京:民族出版社,2007。
② 杨成志:"广东北江瑶人的文化现象与体质型",同上,190页。
③ 同上,191页。
④ 同上。
⑤ 同上,195页。
⑥ 同上,220页。
⑦ 同上。
⑧ 杨成志:"广东北江瑶人的文化现象与体质型",见杨成志等:《瑶族调查报告文集》,221页。

火种'的原始阶段,他们今日之所倚能够采用汉人的耕耘方法,却因时代的横流,需要的急迫及模仿的结果所致,并不是要循秩序而进步的。至瑶山之树木,简直是一个'绿阴丛密'的林国,瑶人爱惜树林的美性,植物学家将其奉为完人!"①

杨成志对文化之网三个层面的论述,与吴文藻所说的文化概念有诸多相合之处,他的民族志文本与费孝通的描写在重视瑶汉关系的历史、重视瑶人的心理和精神,以及强调农耕方面亦有异曲同工的地方。究其根本,或许是因为法国民族学和美国历史批评学派都或多或少遗传了德国民族学的因子所致。不过,吴文藻为中国社会学、人类学开创的"社区研究"这个基础,有他更长远的考虑,历史和民族精神并不是他在当时提倡的第一位研究,这是和杨成志有所区别的地方。在他看来,当时的客观情势要求中国社会科学本土研究的第一步是要奠定实证的经验基础,继而才是研究历史和民族精神。可以想见,杨成志所理解的"社区研究"也许未必如吴文藻心中所想。"社区研究"在当时一提出,引起不少讨论和模仿,《花篮瑶社会组织》之所以受到吴文藻的肯定,其原因也与此有关,在根本上他是以此实地个案奠定了他对学科一整套设想的方向。

《花篮瑶社会组织》的写作使费孝通初次用上了他的社会科学理论储备。有学者指出,《花篮瑶社会组织》一书充分体现了费孝通的功能主义色彩及突破,一方面是功能分析和历史背景及发展脉络相结合,另一方面是对社区研究的功能分析拓展到了系统之外。②然而这并不能表明费孝通在此时已充分意识到历史本身的重要性,他所分析和讨论的历史实际是要表达一种历史目的论,这是与他初步显露的帝国心态密切相关的。费孝通自己在生命最后阶段提出了中国社会学/人类学要研究中国传统思想中的"心"这个范畴,指出"中国社会学现在还没有特别讲这个'心',但是要在中国文化背景下研究社会,不讲这个'心'是肯定不行的。"③像费孝通这样经历了一个世纪时代巨变的知识分子,他的"心"又是什么?如果我们将"心"理解为思考和领悟,那么在这个意义上来重新阅读这本书,也许才能真正理解费孝通。

(杨清媚)

---

① 杨成志:"广东北江瑶人的文化现象与体质型",见杨成志等:《瑶族调查报告文集》,197页。
② 褚建芳:"社区研究的范例",见赵汀阳主编:《年度学术2006》,16页,北京:中国人民大学出版社,2006。
③ 费孝通:"试谈扩展社会学的传统界限",见其《费孝通文集》,第十六卷,168页,北京:群言出版社,2004。

20 一个民国学者的田野行走

——任乃强和他的《泸定导游》(1939)

一、边疆·地理

1939年,中国的抗日战争进入第三个年头,北方大部分城镇相继陷落,西南地区成为全国的大后方,战略地位日渐凸显。川康一带,多年来关于西康建省的争执终于尘埃落定,地区的治理和发展已经提上政府的管理日程。战火蔓延,学术机构纷纷南下西迁,人文学与社会科学研究开始真正深入到边疆少数民族生活当中,政府和学者的目光,共同聚焦于西南边疆这片丰饶的处女地,实地考察成为了解这块神奇土地的基本方法。这一年10月,由康定县政人员训练班同学会创办的地方杂志《康导月刊》开始连载任乃强先生的游记体考察报告《泸定导游》。

泸定县地处川西高原重山峡谷地带,扼汉藏茶马贸道枢纽一千余年,具有悠久的发展历程和丰富的文献记载。1938年冬,任乃强以西康建省委员身份赴康定泸定一带藏、彝、汉民族聚居地区进行实地考察。1939~1940年间,任乃强根据这次考察结果创作《泸定导游》,连载于《康导月刊》,后结集为《泸定考察记》出版。

《泸定导游》采用中国古代游记体裁书写。全书共88小节,每节字数少则五六百,多则一两千,内容或为地质地貌描述,或为历史考证分析,大都针对当地地理环境、历史发展和现实社会特点进行专题讲述,向读者展示了泸定县及其周边地区的自然环境以及当地社会的历史状况和现实存在。

游记在中国古代历史文献中被归入"地理类"。传统地学对地质地貌状况所做的真实记录常常以游记的形式呈现。这样的游记通过作者的亲身游历来介绍区域内的自然景观和社会环境,反对充满陈腐气息的书斋考证和仅凭故纸记载的随意猜测,强调实地考察在认识事物方面的根本作用。任乃强将其作品命名为"导游"以表现其"游记"性质的原因之一正是为了强调作品创作过程中所坚持的实地考察传统。

在考察过程中,任乃强总是深入观察细微事物,仔细聆听当地人的表述,以求达到对考察对象最大限度的真实呈现。在"小天都"一节中,为了探求小天都壁书题写人的真实情况,作者亲自"攀登崖壁,扪其款识,乃'乾隆五十七年仲冬文华殿大学士孙士毅书'十八字"①,从而指出史籍嘉庆《四川通志》记载其为果亲王书写之谬误,并由此发出感慨:"当修志之时,必曾饬地方官吏郑重搜访,乃亦讹谬若此。则其他辗转传抄之载籍,与信口雌黄之著作,更不可恃也"②,强调通过实地考察来获得相关内容第一手素材的重要性。

在"头道水果亲王行宫"一节中,任乃强通过对地理环境的亲自体察,和头道水居民师正国以及汉源负茶老人的回忆和讲述,分析论证了"头道水市街与果亲王行馆,为前五十年被水漂没,为时应是光绪五年或六年也",并指出,"果亲王诗碑,在化林坪,与泰宁者皆存,独此地诗传而碑没。余昔曾遍访之,无能言漂没之事,幸赖此两老人传其厓略,即此已可见边区文献收采之重要"。③

"铁王庙"中,任乃强指出实地考察的文物发掘对还原地理空间中的历史面貌的重要意义:"……两百余年前巨灾,赖此鄙俚碑文传出。又借以测知当时边地之文风。又可知乾隆以前此间已开金矿。又可知其时得妥仅吴李等姓,无上陈诸族。"④

在缺乏直接历史记录的情况下,任乃强往往根据相关记载和实地考察中所见到的自然环境作出判断:

> 此营垒为攻大冈时所筑,故无疑。当时三路进兵,每遇阻拒,则扎营为持久计。此去大冈,虽尚有二十余里,中间并无可以屯兵之处。冷竹关、回马坪皆不过能驻前锋数百人耳。唯此地内卫烹坝,外济冷竹,地既平旷,又复临水,樵汲皆便,攻守两宜。又不与大冈相望,足避敌人窥测。其为马尔植营盘遗迹无疑也。⑤

就中国传统文化而言,实地考察的方法源于地学研究。中国传统的地学,偏

---

① 任乃强:《泸定考察记》,见《川大史学·任乃强卷》,任新建编,381 页,成都:四川大学出版社,2006。
② 同上。
③ 同上,384 页。
④ 同上,465 页。
⑤ 同上,394 页。

重史籍考证。但自明末以来，不少学者敢于冲破传统思想束缚，从书斋考证走向实地考察。晚明地理学家徐宏祖历时三十多年探险考察，写成皇皇巨著《徐霞客游记》，详细记录了我国广大地区的山川形胜、地质地貌、水文气象、生物矿产和民风民俗，修正了许多古代地志的谬误。明清以来，随着边疆民族问题和疆界纠纷的产生，传统地学在边疆舆地研究中有了较大的发展。清初地理学家梁份（1642~1729）研究西北地理十分重视野外考察，他认为"凡书可闭户而著，唯地舆必身至其地"①，强调地理学经世致用、不尚空谈的学术思想。

清代嘉道以后至民国，随着殖民势力侵华，边疆危机四起，国人对边疆问题日益重视，在边疆舆地学基础上，知识分子的责任感和危机感促成边疆史地研究的逐步发展。为了充分了解地理环境封闭，文化习俗迥异的边疆少数民族社会，学者、官员以及旅行者们开始逐渐深入到民族地区内部进行实地考察，对边疆地区的研究逐渐从地理交通、历史发展，扩展到对民族宗教、经济文化等方面的考察，其研究成果也从对历史文献的考证到学者亲身亲历的调查研究，成就卓然。

作为我国著名的历史地理学家、民族学家，近代藏学研究的先驱者之一，任乃强就是一位从边疆舆地研究逐渐步入其他相关领域的学者。他曾经多次表述自己"因地学需要而治史。因习史而泛涉政治、社会诸学科"②的学术发展历程，并在晚年回顾自己的学术成就时，更为明确地表示：

> 余自束发受书，偏嗜地理。……余虽就读于农学院，然遍求诸家之论著研习之。窃以为地学当为各科学之基础，盖万事万物莫不受时空之影响也。因是，由经济地理而沿革地理，而民族地理，转而跻于历史地理学之研究，民族研究亦因此始。……于是，得有长时间与土著各民族接触，研究其语言、历史、情俗以及生产消费、文化艺术、宗教信仰、社会结构各个方面，以历史地理学之方法，探究康藏民族之社会发展历史。……六十年来，所有论著，莫不围绕康藏民族问题。然半途出家，于民族学基本知识初无所习，固不敢自诩为民族学者也。③

这一学术发展路线体现了清代以来边疆研究的发展方向。从中也可以看出任乃强的学术发展历程中深厚的地学渊源。

---

① 梁份："怀葛堂集"、"豫章丛书"，转引自韩光辉：《历史地理学丛稿》，39页，北京：商务印书馆，2006。
② 任乃强：《康藏史地大纲》"自序"，拉萨：西藏古籍出版社，2000。
③ 任乃强：《任乃强民族研究文集》，"自序"，1页，北京：民族出版社，1990。

1920 年,26 岁的任乃强从北京农业专门学堂本科毕业,受"乡土地理教育"运动的影响,返还家乡四川从事史地研究的相关工作。1928 年,任乃强出版了近代第一部系统阐述巴蜀历史、地理沿革的专著《四川史地》。[1] 1929 年,任乃强深入川康地区进行实地考察,并于 1932～1935 年,根据入康考察资料,陆续撰写成《西康图经》三卷:《境域篇》、《民俗篇》、《地文篇》,其中 1935 年完成的《地文篇》,首次运用现代地学知识,科学地论述了康藏高原地质、气象、水文等各个方面,并对汉藏地名的翻译规范进行了尝试。

任乃强的学术著作始终贯穿着对地质地貌的描述和对地理环境发展变迁的关注。在《泸定导游》中,每到一地,必先详细介绍当地自然环境和地理景观,并在此基础上进行社会状况描述和历史考证分析,一些篇章专门对地质地貌进行介绍和分析,例如第四节日地名胜,描述日地自然景观;第十六节冷竹关,描述地理奇景;第三十六节化林市街与古迹,描述当地地理环境及社会现状;第四十节飞越岭,描述当地地理景观;第四十一节附飞越岭至泥头,描述当地地理景观和历史沿革;第五十三节菱湖荡桨,描述泸定八景之一的地理景观;第五十五节花石吹箫,描述泸定八景之一并记载当地传说;第五十九节雨洒坪道中,描述道中景;第七十四节干沟与嘉庆河坝,描述当地地质水利状况;第七十六节象鼻吹沙,为泸定八景之一;第七十七节岚州(岩州)考,描述当地地势交通和生计特产;第八十二节岩州至瓦斯沟,描述地理交通;第八十六节泸定特色,描述泸定地势之特色;第八十七节关于泸定之地图,记录十年以来所搜集的关于泸定之地图。

《泸定导游》最后部分"泸定乡土志"中总结道:"夫地志之体多矣,曰观,曰雅,曰志,曰记,曰典,曰书,曰谱,曰代答,曰纪程,要其归不外导人游观而已。余恢纪程之礼,兼志记之质,目为导游,且以代答焉。"[2] 即强调在游历过程中对地理历史的"志记"本质,作品虽名之为"导游",其实乃"地志"。

地理学的本身特点,尤其是边疆地理——国土政治的边疆区域和民族文化的边缘地带——对国家政治的重要意义,使得晚清以来的地理研究与民族救亡运动紧密相关。正是因为受到 20 世纪初"乡土地理教育"运动的影响,任乃强由农学转入地学兼治史学,回到家乡担任中学史地教员工作。《泸定导游》中记载的大多数地理环境都和当地生计特点、社会发展紧密相关,表现出为政府管理提供自然和人文信息的目的。

---

[1] 任新健:"前言",见《川大史学·任乃强卷》,1 页。
[2] 任乃强:《泸定考察记》,见《川大史学·任乃强卷》,504 页。

"边疆"一词本身就是国家话语系统中的意义存在,因此,边疆舆地学以及边疆史地研究尽管大多是学者个人的学术研究,但其与传统文人的国家意识和政治关注以及政府管理需要的推进密不可分。在西南地区,国家力量对地处边疆区域和民族文化边缘地带的少数民族社会的考察伴随着学者们的研究逐渐发展起来。20世纪20年代,四川军阀刘文辉开始有目的地培训政府职员进入民族地区进行深入考察,协助政府管理当地事务。民国后,为了广泛控制西南西北地区,实现全国范围内的统一,国民政府倡导开展调查,研究思考新的治边措施。1930年,国民政府在中央政治学校开办西康学生特别训练班,着手奠定普遍开展康区调查工作的基础。1932年,中央政治学校内附设蒙藏班,招收藏族、蒙族、维吾尔族等地区的学生,后将其升格为蒙藏学校。

西康建省前后,各级政府更加意识到认识当地的社会实际、经济概况、风俗习惯等,对于有的放矢地制定和贯彻政令的重要意义,《新西康》《新亚细亚》等杂志开始出版,为康藏地区的实地考察传递信息,扩大影响。随后,《边事研究》、《康藏前锋》、《新青海》等杂志相继创办,更多就读蒙藏学校的边疆青年开始在家乡开展社会调查,撰写调查报告,介绍边地事物,反映社会问题。

有着传统舆地学素养和边疆政治意识的任乃强,较早深入后人称之为"藏彝走廊"的地区了解现状。1929年,西康特区政务委员会成立,负责西康民政事务的管理。当年,川康边防总指挥部筹备开办川边垦务,任乃强接受政府招募,首次赴西康进行深入考察。作为考察成果,1929~1930年间,任乃强相继在《边政》杂志上发表"康定县视察报告"、"泸定县视察报告"、"丹巴视察报告"、"霍炉视察报告"、"道孚视察报告"、"甘孜县、瞻化县、理化县、雅江县视察报告"和"西康视察总报告书"等多篇调查报告。这些考察报告比较详细地描述了当地自然形势和社会发展现状,其主要目的是提供给当局作为施政参考。

到任乃强赴康泸一带考察并创作《泸定导游》的时候,整个西南地区普遍盛行实地调查之风,大量社会考察共同指向地理环境封闭的少数民族地区。其目的亦如《康导月刊》之发刊词所言:"我们借在边疆工作的机会,就所见、所闻、所行,关于政治的,经济的,文化的,教育的,宗教的,法律的,生活的,习俗的,气候的,地理的,生物的,矿藏的实际情况、现象,在我们理解的范围内,尽量介绍,提供素材,以作为政府施政的参考,引起国人开发的兴趣,纠正过去一般人对边疆的唯蛮论和唯冷论。"[①]刊载在《康导月刊》上的《泸定导游》的创作目的正符合刊

---

① 编者:"《康导月刊》发刊词",载《康导月刊》,1938年,第一卷,第一期。

物的基本宗旨。

二、地理·历史

　　《泸定导游》所体现出的一个突出的传统文化特点即对康藏地区沿革地理的历史考证。任乃强将作品命名为《泸定导游》，除了强调其实地考察特征以外，另外一个原因即在于表现作品之地理沿革和历史考证方面的特点和价值。

　　中国传统地学自《汉书·地理志》以下逐步形成和发展了沿革地理学说，致力于历史上疆域、政区、地名和水道沿革的史籍考证。清代康乾大一统引发这一学说的研究热潮，随后乾嘉间考据学促进其进一步发展。在中国地学的发展过程中，沿革地理的考证传统根深蒂固，这方面的著作就形式而言，一部分是学者异域考察的著述，另一部分则是对历史上地志著作所作的校证、考释和注疏。《泸定导游》在形式上类属前者，但其对史籍的运用和考证也表现出对后者的研究方法的借鉴。也就是说，任乃强的地学研究尽管强调在实地考察基础上加强对现实环境的了解，但依然重视对考察对象的历史考证。

　　1928年出版的第一部专著《四川史地》，任乃强即首次系统地阐述了巴蜀地区的历史地理沿革。1932年出版的《西康图经》之《境域篇》"根据史籍与档卷，将康藏间历史的、自然的、拟议的、实现的、种种界线之成立的原因，变革的状况，与其相关之一切因素，分条剖析，绘图说明"；①《地文篇》也第一次系统地对西康的山脉、河流走向、分支和古今中外异名作了考证，纠驳了诸多谬说，澄清了不少讹传。

　　《泸定导游》同样根据史籍文献和亲身考察，进行了大量的历史地理沿革考证，纠驳了此前存在的诸多相关谬误，体现了中国传统地学中的史学特征。例如第十三节大冈战绩:考证历史真实面貌;第十四节冷竹关岩路，根据史料和现状分析开凿旧事;第十七节岳营背水:营垒遗迹考证;第二十二节泸定繁荣史:历史沿革;第二十七节冷碛兴衰:考证分析当地兴衰变化过程;第二十九节冷碛访古:查佛耳崖开凿年月;第三十三节龙巴铺:历史介绍和现状描述;第三十五节化林坪今昔:历史沿革;第三十六节化林市街与古迹:古迹的历史变迁;第四十一节附飞越岭至泥头:地理景观和历史沿革;第四十三节唐杖义城考附唐清溪关及黎州诸城戍考:典籍考证;第四十八节沈村:历史沿革;第四十九节汉安县考:考证沈

---

① 任乃强:"整理说明"，见其《西康图经》，拉萨:西藏古籍出版社，2000。

村即为古之安上县;第五十节唐大渡县考:考证;第五十二节白马古家附唐三王墓:墓葬考证;第六十九节雅加埂:地理历史沿革;第七十节咱威与奎武:历史沿革与现状;第七十二节泸定金石:泸定之文物碑刻;第七十八节唐罗岩州考:历史考证;第七十九节岩州在明代:历史考证。以上所述均可看出任乃强对历史文物的重视。

任乃强的历史意识和史学积累来自中国传统史学的长期熏陶,他十分擅长根据史料记载,运用逻辑方法,层层归纳事实,逐步深入地揭示出历史事件的发展过程,展现其真实面貌。此外,从比较考证中分析历史真实面貌的方法,即把记载同一时期历史内容的史述加以比较,得出对事物更全面的认识,也是任乃强历史分析方法中的重要方面。在任乃强的学术著作中,对不同地区地理环境变迁、历史发展进程,尤其是后来对民族文化源流的探究,大多采用这种史籍考证和逻辑分析的方法。在第七十八节唐罗岩州考和第七十九节岩州在明代等章节中,任乃强钩稽大量史料,相互对比分析,得出令人信服的结论。

任乃强的历史分析方法一方面继承了清代乾嘉时期史家在对史书和史事考证中形成的系统、严密的历史考证方法,另一方面也强调地学研究中的实地考察资料,两者相互参证,相互补充,辨别比较,去伪存真,最终得出对历史面貌全面可靠的认识。因此,我们可以看到,任乃强的著作,尤其是《西康图经》之《境域篇》、《地文篇》和《泸定导游》中所运用的历史考证方法并不仅是传统沿革地理学说的文献资料考证,而是试图在实地调查的基础上,将空间和时间相结合来进行理论与实证的统一和文献与田野调查的互证,从而表现地理在历史空间中的真实面貌。

在《泸定导游》之第十四节"冷竹关岩路"中,作者首先钩稽大量相关史料,参照互证,对岩路开凿的时期进行初步逻辑推理:

> 由大冈之役,可知康熙时此岩路尚未开凿。使其有之,则奇兵自瓦斯沟绕进,大冈亦无如之何,何用羊鼓伪攻,窃绕雪山耶?再由小天都诸题咏,可知乾隆五十六、五十七、五十八年,诸大臣往来,行军转运皆自头道水上下大冈,则此岩必尚无路。又据《四川通志》所记川泸驿铺,皆由大冈,可知嘉庆二十年修志时岩路犹未通也。①

但"自是以后,无可考据"。又根据实地考察的现状在前面推理的基础上作

---

① 任乃强:《泸定考察记》,见《川大史学·任乃强卷》,391页。

进一步的分析,判断冷竹关岩路开凿旧事:

> 然康泸一带,嘉庆时所建寺庙甚多,足见此时移民之胜。瓦斯沟街市,亦于此时成立,则此岩必已新开有路矣。然度其所开,亦不过容趾鸟径,骡马决难通行。当时"苗乱"、"教乱",川省正多事中,炉边无人注意,政府必不暇营此岩路,人民之力有限,仅能凿石结栈,勉通行人而已。此路之通行骡马,如不出于光绪二十年鹿传霖改流瞻对之际,即为三十年知厅事刘廷恕所开。刘所开之路甚多,自飞越岭至炉城,沿途不下数十处……以刘之努力路政,断不致遗此段不凿,除刘以外人,恐无此魄力也。①

任乃强注重实地调查和历史考证相结合的治学风格来自舆地研究传统。他认为像康藏这样史志资料缺乏、社会环境封闭的民族地区,对地理环境的认识必须依靠第一手的调查资料来补充和印证前人的著述,达到研究的深度。他认为:

> 考据之道,无非以书证书,然边荒地理,书记多缺,考证极难。历代地志,对于旋置旋省之县,暂筑即废之城,或仅存其名,或多所遗弃,虽欲考订,无可着手,于是学者弃之,视为无关重要,此亦国人轻视边疆之陋习也。偶有一二有心人欲为考订,无书可据,则不免滥采土人传说,或以管见妄推,辗转幸误,为弊滋甚。……乃一切唯以山川形势与原书全部史事是否相合为断,非曾身游目验,亦不妄考,每有所获,多非前人所能料及,后之来者或亦无以难焉。②

根据史料进行考证和分析是任乃强学术研究的重要特征之一,这种历史分析方法的大量使用除了任乃强本身的史学积淀外,和当时西南地区史学流派思想的传统意识也不无关系。20世纪20年代起,不同学术风格的交流融汇造就了四川史学界的学术繁荣。张森楷、叶秉诚、蒙文通等近代"蜀学派"多为中国传统学人,他们重视古经、正史等基本典籍的训练,崇尚博通的治学取向,留意乡邦文献的搜集整理和研究,而以何鲁之、李思纯、周谦冲为代表的学者则或者是留学归国,或者在国内受到较为完整的史学训练,他们不赞同"新文化运动"对中国传统的否定态度,对主流派新史学有所批评,主张结合传统与现代,对历史作连贯的考察。这两派学者的观点与当时在国内学术界占据主流地位的新史学有着较大的不同,更强调在学术研究中"引西学以兴中学",这种对传统史学思想的汲取

---

① 任乃强:《泸定考察记》,见《川大史学·任乃强卷》,391页。
② 同上,447页。

在任乃强的学术著作中有明显的体现。

三、民族·国家

  泸定县所在的康区北接甘肃、青海，南连云南、贵州，东临四川盆地，西通藏区，因其独特的地理位置，成为贯通南北，勾连藏汉的战略要地。自元代以来，中央政府与西藏相通的官道和汉藏贸易的主要商道都取道于此，历来被视为"治藏之依托"，"控驭青甘滇藏区之锁钥"①，尤其是供应藏区之茶主要产于四川，使得康区不仅成为汉藏茶马互市之要隘，并且是历代"以茶治番"策略的关键所在。

  "治番"或者把"番"纳入到国家政治的疆域中是任乃强康藏民族文化研究的重要意图之一，也是其部分历史考证的深意所在：

> 然考明以前的交通，系由岚州下山，自瓦斯沟口渡大渡河至泸，即清嘉、咸以前之天全茶运，尚循此路。此地既为孔道渡头，不能毫无人烟。又查市头小学校，系关帝庙修改，遗有铁钟，乃嘉庆十一年六月铸，钟上序文，且谓"旧有钟一口，发音不洪，因而募资重铸"云云。则嘉庆以前，此地已有汉人建有寺庙可知矣。②
>
> ——"瓦斯沟"
>
> 余考化林坪，即唐杖义城也。……杖义城，必在大渡与清溪关之间，控扼险阻足以制夷者，其在飞越岭左右无疑。③
>
> ——"唐杖义城考"
>
> 以安上县为沈村，于陈志合，于常志合，于山势形势亦合，于民族分布情况及地文变化情形亦无不合今。故曰沈村，汉安上县也。④
>
> ——"汉安上县考"

  这些考证为将不同民族地区纳入国土疆域提出了历史依据。此外，任乃强考证分析了泸定历史上作为军事要隘和交通要道的战略地位，其中"大冈战绩"一节充满激情地详细描述了大冈战役艰难而惨烈的征伐过程：

---

① 任新建："略论'汉藏民族走廊'之民族历史文化特点"，见石硕主编：《藏彝走廊：历史与文化》，71页，成都：四川人民出版社，2005。
② 任乃强：《泸定考察记》，见《川大史学·任乃强卷》，383~384页。
③ 同上，442页。
④ 同上，446页。

> 大冈当山梁脊部,三面悬崖,一面雪岭,中间盘道一线,成为军事要地。……番人之守大冈也,因山为垣,垒木石其上,俯瞰泠竹关,见清军来攻,即投木石,人随木石颠坠,不得驻足。……泸定把总王允吉,天全士官杨自堂皆骁勇善战,为军锋,失利当斩,贷死三日,限破贼赎罪。允吉等探知由雪峰丛菁,可以绕出冈后,因无路可登,守军未设备御。乃募健卒五百人,饷以牛酒,令其醉饱,相约共死。括羊数百头,以火绳缚角上,乘夜,令老弱驱至大冈下,大鸣钲鼓,发巨炮,示欲正面仰攻。守军悉登栏御敌,下木石,不悟其诱也。允吉、自唐,潜与五百壮士攀藤葛棵升悬壁,践荆蟒丛菁,一夜绕出冈后,排刃突起,纵火焚碉,守军大乱溃窜,斩首千余级,生擒数百人,遂下大冈。①

康区是仅次于西藏的第二大藏族聚居区。除藏族外,还有汉、羌、彝、纳西、蒙、回等十多个民族杂居于此,民族交融广泛而复杂,自清末以来有"治藏必先安康"之说,足见其显著的政治意义。

因此,任乃强对历史上的民族迁移,尤其是汉人入康过程和汉夷文化间的相互影响和交融情况进行了比较详细的记述。其"泸定繁荣史"一节堪称一部民族迁移的历史:

> 大抵川边汉人之移植,以乾、嘉时为最盛。乾隆金川之役,前后三十余年(乾隆十二年至四十一年),恒分三至五路进兵,打箭炉与灌县两路,最为重要。史称其"转运之艰,或数石而致一石;禁旅所至,以数夫而供一夫"。官兵夫役之外,商贾从而逐利者,当不乏人。当时汉人赴边者之众,可以想见。居边日久,或遂娶妻生子,垦地经商,乐此不归。所有瓦斯沟等处之汉人,当系此时徙置。其后廓尔喀之役,虽仅三年即平,但四川总督之自炉赴藏从役者,达于五人之多(鄂辉、惠龄、孙士毅、福康安、和琳),其他官吏、胥役、兵丁、商贾,可以推知。此役甫定,川中"教匪"之乱大作,川人避地不归者,应较往时更多。大渡河谷之采矿事业,此时最盛,瓦斯沟市廛与庙宇亦应由是建设。②

对于"番人",任乃强视之为落后民族,对其民俗文化毫不留情地加以鄙薄:"(塔)凌云,盖夸言也。余见其塔甚小,座山亦卑,去云层远甚";"古柏连云,谓

---

① 任乃强:《泸定考察记》,见《川大史学·任乃强卷》,389~390页。
② 同上,384页。

市外大白果树高与云连也。聆下忍俊不禁。白果,曰银杏,曰公孙树,从无训为柏者。此树即在坊侧,往来者无不见。寿龄不过百年,高不过三丈,以为圣物,已奇。诬为连云,又奇。诘为柏,可谓奇想三绝";"(灵蟹吐霞)所云荒诞,而强云确凿。即如所云,以蟾为蟹,雾为霞,亦殊荒谬。"①并随后评论说:"冷碛附近,有佛耳崖万历石刻、对岸营盘河坝之古磊、金竹坪之周土司世茔,与近今新开盘旋空际之马路,及利济全坝之堰水,皆极有标题价值。冷人未取,而为此荒诞标语,亦可惜。"②

他曾经这样明确表述:"番族文明程度,适足与汉族周秦之际相当",并认为应当对其采取"汉化"政策。他拟牛顿之万有引力定律总结出"同化定律":"两民族间之同化力,与其文明程度为正比例,与其距离为反比例。"③这一观点受人类学进化论的影响,在当时西南少数民族地区普遍盛行。1935年,西康省政府主席刘文辉在庄学本先生的《西南夷族调查报告》"序文"中提到:"宁属倮倮,在吾国各民族中,其文化不惟远逊汉族,即蒙藏各族亦所弗及。"④并认为"宁属倮倮……数千年来,恃其强悍之性,竟不能为汉族所同化。……昔孙子以为制胜之道,在知彼知己之情状,为治何不独然。"⑤庄学本也在"绪言"中表示:"目前边地民族之整理,又极需要民族学的帮助"⑥,将民族学的调查作为边疆事务管理的方法和手段。

这与任乃强的想法十分一致。早在创作《西康图经》之时,任乃强就在《民俗篇》上篇中以一章的篇幅分析了政府制定政策同化番族的必要性和应当采取的策略方法。

在《民俗篇》下篇关于当地汉族和其他各民族的记述中,作者介绍了当地客民来历并记录了数位普通客民之生活经历,目的是"举西康客民兴业致富之实例数则,以见边地谋生立业之容易,初未逊于南洋诸岛。"⑦其中最长一篇描述入康汉民李占云跌宕起伏之坎坷半生,因"觉其一生事业,实川民入康初期之完备模

---

① 任乃强:《泸定考察记》,见《川大史学·任乃强卷》,403页。
② 同上,414页。
③ 任乃强:《西康图经·民俗篇》。
④ 刘文辉:"西康夷族调查报告·序言",见庄学本:《西康夷族调查报告》,1946年5月西康省政府印行。
⑤ 庄学本:《西康夷族调查报告》。
⑥ 同上。
⑦ 任乃强:"客民小传",见其《西康图经·民俗篇》,下篇,441页。

型"①,可以此鼓励国民"认定方向,开拓新境,携手西进,亦如闽越同胞之赴南洋也"②。在随后的篇章中,任乃强对西康地区实际存在的移民问题进行了详细分析,提出相应的解决方案。

从"天下观念"转变为国族意识,在中国文人政治抱负印象和西方文化冲击影响下,对政府管理的关注成为任乃强著作中始终贯穿的一条线索。这一意图早在1928年创作《四川史地》时就初现端倪。1929年,任乃强在入康考察的过程中创作一系列社会调查报告,相继刊登在《边政》杂志上,以供政府工作参考。在20世纪30年代初期创作的《西康图经》中,任乃强借友人之口表述了《西康图经》的创作目的:"足下之愿,徒欲国人明了西康情形,促其向往开发之志而已。……夫今国人尚多不知西康为何物,更无论其内容,即有谈论西康问题者,亦如群盲论象,疵缪丛生。足下笔记虽不佳,但能以实地观察之事物,翔实记载,宛转诱导,使人能想见西康之实况,为功已不小矣,讵可藐其委琐而弃之耶?"③

在《西康图经·境域篇》中,任乃强明确表示,研究和创作的目的是为了对国家事务的管理和国际争端的解决有所帮助,文中说道:"本篇根据史籍与档卷,将康藏间历史的、自然的、拟议的、实现的,种种界线之成立的原因,变革的状况,与其相关之一切因素,分条剖析,绘图说明。冀国人阅之,能深切明了康藏界务上之各种线纹与其理据,庶将来有所争持时,进退裕如,不复如昔人之徒遗笑柄也。"④因此,《境域篇》主要针对当时康、藏界务纠纷及国内对西康建省之条件和必要的争论,阐明康藏境域界分的历史变迁和西康建省的理论依据和实践途径。除此之外,《境域篇》还针对康区人民不堪乌拉差徭之苦的情况,提出"牧站联营"的办法,以解决康藏运输问题;并针对康区社会的特点,深入探究喇嘛教与康藏政治的关系,提出了"治康首在利导其教"⑤的见解,极具实用性。

对于《泸定导游》,作者更是希望自己的作品能够凭借"游记"之体裁内容引人入胜,做到"茶酒之暇,舟车之间,随地皆宜,不择读者"。若面目严肃,则"是宜供学者参考,非一般人所能尽解也"。⑥(任乃强还曾经以中国传统章回小说的形式创作了《新西游记》和《张献忠》等,向民众介绍康藏地区的历史文化和社会现状——这

---

① 任乃强:"客民小传",见其《西康图经·民俗篇》,下篇,459页。
② 同上,441页。
③ 任乃强:《西康图经·自记》。
④ 任乃强:《西康图经·境域篇》。
⑤ 《川大史学·任乃强卷》,5页。
⑥ 任乃强:《西康图经·自记》。

与当时梁启超等人倡导小说界革命,期待借通俗小说的广泛影响开民风、启民智不无关联。)其目的无非欲引起大众兴趣,进而引起政府的重视和管理。

因此,反映当地社会现状,以为当局施政参考之意图在《泸定导游》中有明确的表现,在第六十节"雨洒坪与其异疾"中,任乃强对政府提出这样的建议:

> 余以为雨洒坪最宜修盖营房,训练军队。康滇马路经此,则交通便;附近饶森林,则盖屋易;农产有余,则给养赡,不育小儿,与群雄无碍。冷风骨七八年乃成,无害暂住者,荒地多,则可施行屯垦也。①

在第六十四节"得妥磨西面"中,任乃强对政府管理不善提出批评:

> 自得妥渡河之磨西面,凡三道。函劝修路。大抵政府中人,罕为深谋远虑,一切建议,皆取易者为之,聊以谩世塞责而已。②

第六十六节"磨西水利"中,任乃强经过分析之后提出对政府的忠告:

> 王荆公有云,天下无有利无弊之事,亦无徒弊无利之事。磨西水利,利民之处至为显著,然亦不能过于乐观。假使堤工管理不善,水政管理失人,亦无在不呈其害也。③

针对当地特殊的地理位置,任乃强还专节描述了川康公路和康滇公路的筹备和修建过程,强调地理交通对于政治经济发展的重要作用。④

相关的章节还包括:第八十三节"泸定保甲户口"、第八十四节"川康公路小史"、第八十五节"康滇公路"等。其他大部分章节中也隐含为当局提供地理环境、生计特点、历史发展等社会信息资料的意图。例如第十五节"仙掌之国",描述特殊地理环境中植被之简介、成因及功用;第十九节"沙湾特产",描述川边四种梨之品性。第二十六节"甘露寺香桃",描述当地特产;第三十六节"化林市街与古迹",描述当地地理环境及社会现状;第六十三节"香杉花板",描述泸南特产;第七十四节"干沟与嘉庆河坝",描述当地地质水利状况;第七十七节"岚州(岩州)考",描述当地地势交通和生计特产;第八十二节"岩州至瓦斯沟",描述地理交通。

通过西康地区的发展,任乃强表达了他对近代国家建设的乐观态度:"改土

---

① 任乃强:《泸定考察记》,见《川大史学·任乃强卷》,462 页。
② 同上,465 页。
③ 同上,468 页。
④ 同上,494~496 页。

归流后,人民摆脱土司束缚,政教集中于县府。于是桥上日臻繁荣,市户增至三百余户。改筑马路,市面一新。……近日川康公路,经过县治,市面再一改变。现正在拆改中,市情不免一时憔悴。他日川康、康滇两公路会和于此,另建钢桥以代铁索,可使汽车驰达两岸,桥成后,此地将成新西康省之交通中心。"①

"天下兴亡,匹夫有责"的思想伴随了中国文化数千年的发展变化,而近代以来,随着知识分子对传统文化的反思,他们在政治上对民族国家力量建构的设想也日益强化,从20世纪初期开始,人们不仅希望知识分子承担起拯救国家危亡的重任,并且渴望那些西方传入的社会科学——包括人类学但不仅仅是人类学——能够有助于中国的强盛和"现代化"。蔡元培就极力主张,将民族学引入中国并不是要在学术领域内增添一新学科,而是要运用它来制定更完善的社会政策。许多具有革新思想的社会科学家都在中央和地方机关任职。在西南地区,面对日益突出的边疆问题,投身边事研究和边疆建设成为川滇一带很多学者的选择。

任乃强1928年第一次入康考察即受当地政府招募前往。1936年,任乃强被推荐为西康建省委员,随即二次入康,继续完成对西康各县的考察。随着抗战爆发和学术机构的西迁,中央政府撤离到了接近少数民族的内地,更加增强了国民政府对这些"边疆地区"进行有效管理的愿望。国民党需要掌握更多有关这些地区的知识,地方和中央的研究机构开始搜集民族文化信息,以协助政府官员管理和控制这些地区。1941年,任乃强为西康省地方干部培训团开设"康藏史地"课程,所撰写的讲义后来集结为《康藏史地大纲》出版。《康藏史地大纲》立足于"阐发康藏问题各要点之目的"②,紧紧围绕西藏、西康与国家关系这一主线,论述了上自汉唐、下迄20世纪40年代康藏地区的政治关系、民族风貌、社会状况、地理环境、产业分布、宗教源流和重大历史事件,重点剖析了历代治藏之得失与近代康藏问题的由来和症结,被认为是"康藏史地之杰作,研究康藏问题者允宜人手一篇;而政府机关与团体研究康藏政策者,尤应先参考此书"③。在这种背景下,随着学术机构西迁而传播开来的近代科学知识被广泛运用于边疆事物的管理中,无论是对边疆民族文化的调查,还是对边疆教育事业的推进,其目的都在于奠定新边政的基础,辅助新边政的推行,使学科知识有助于民族国家的政治

---

① 任乃强:《泸定考察记》,见《川大史学·任乃强卷》,402页。
② 丁实存:《康藏书录解题续辑》,转引自任乃强:《康藏史地大纲》。
③ 同上。

建设。

四、西学·中学

在 1939 年发表或出版的众多社会考察报告中,《泸定导游》具有明显的传统文学色彩。相比同期出现的大多数平淡琐碎的社会状况和民族文化记录,使用文言创作的《泸定导游》以作者的地理行程为线索,记录沿途所见所闻所感,引经据典,指陈利弊,描述生动形象,分析鞭辟入里。这种书写方式继承了中国古代游记的创作风格,尤其是对地理景观的生动描述,表现出较强的传统文学功底:

> 察道正对象鼻梁,象鼻梁一名凤冈,绝壁临江,二百公尺,其上为台,地名三冈坪……自察道河坝,望象鼻梁,恰如巨象伸鼻自北斜向东南,而又微转其鼻孔于东北,正对察道大渡河自西北流来,至此折向正南,成一大曲。大渡河谷之谷风,皆北向,阻于象鼻梁,多向察道山坡吹去,近地面之风挟有多量河沙,经象鼻之阻不能沿河坠落,乃随斜行疾风向察道左右之山坡射去,层层累积于山麓斜坡上,成为砂,原有至丈余者,成为数带,带有阔至数丈者。人畜行走其上,迹必后移,前进三尺,后退常四五寸焉,每逢风起沙落,作飒飒影。自察道望之,恰似从象鼻孔喷来,故曰"象鼻吹沙",为泸定八景之一,诚化景也。[①]

作为一位接受过西式教育的中国文人,任乃强身上保留了深刻的中国传统思想。尽管白话文在新文化运动之后已经普遍盛行,但直到新中国成立前,任乃强的各种学术作品大多采用文言创作,语言简洁明快,文字优美流畅,表达清晰扼要,在同期学术作品中不可多得。

在生活上,任乃强同样保留着纳妾、鞭仆等部分中国传统"习俗"。1928 年第一次入康考察期间,任乃强娶藏族女子罗哲情错为妻,并在她的帮助下,完成《西康图经》三卷本,尤其是《风俗篇》的创作。而此时,任乃强在川已有家室。对此任乃强解释说:"余娶此妇,非为色也。当时决心研究边事,欲借此妇力,详知番中风俗语言,及其他一切实况。又当于在瞻对时,曾重惩劣绅土豪数人,虑其途中报复,故结婚上瞻土司家,借以自卫。"[②]

[①] 任乃强:《泸定考察记》,见《川大史学·任乃强卷》,478 页。
[②] 任乃强:"余之番妇",见其《西康图经·民俗篇》,314 页。

新婚不久,尽管任乃强对他的藏族妻子的纯洁、质朴十分喜爱,并对妻子能够识大体、别名分、辨尊卑感到满意:"到川后,屡请余接大妇来同住,以节费用。又数询女友,设大妇来,应如何承侍。细查其情,不惟毫无妒意,且能辨名分识尊卑云。"① 但面对夫妻间的不同民族文化冲突,任乃强称:"余复性烈,辄以拳足达意。妇手足便捷,拳将着体,恒为所持,不得拔脱。幸不还殴,否则鸡肋不胜任矣。"② 而每当女仆和妻子有所争执,任乃强"性暴而恶嚣,喝之不止,即施鞭仆"③。

任乃强是这样一位学者:纳妾,打老婆,主张尊卑有序,使用文言创作,有深厚的史地学积累,坚持实地考察,关注国家政治和政府管理……我们可以说,尽管接受了西式教育,但任乃强还是一位在中国传统文化熏陶下成长起来的本土学者,他的学术研究也毫无疑问充满着传统观念影响下的思考。

因此,《泸定导游》对民间文化和社会发展的记载表现了较多中国传统文化的印记。传记文学的影响——人物小传和评述是其中比较显著的一个方面,例如第八节"瓦斯沟铁索桥",作者评论道:"书生以笔墨起家,能斥如此巨资,为地方建公益,而不求誉于后世,亦贤矣哉。"第一节追忆杨倬之同样为侠义人物传记。④

任乃强的民族文化记录还部分保留着中国古代"子不语怪力乱神"的传统。第二十五节"瓦角狐仙"中,作者评论道:"鬼神妖魅,皆游戏小计,无大效用。"第二十八节"佛耳崖"中,也有类似表述:"灯固无奇,土人故神其说曰:此灯无论上油多少,皆通夜光明,故为奇迹。—其为妄言,不待辨矣。"

此外,士大夫心态、对民俗文化的鄙视在文中也有明显表露,第二十四节"泸定内八景"评论说:"其所标目,字句长短不一,文尤鄙俚不堪。今已为土人所不尽悉。盖士大夫羞言之也。好事如我,不忍其湮没,亦不忍听其鄙俚太甚,特就原意修改标目,并为注释如下。"⑤

对于《泸定导游》作为政府施政参考的意图,任乃强也从传统文化中找到了依据,即将其作品视为以佐时务、治郡国为主要功能的"方志":"嗣念创修县志,必深资于采访,非政府力莫办,不宜于此多事也。因以游泸观察考订所得,并入

---

① 任乃强:"贞淫问题之反证",见其《西康图经·民俗篇》,315页。
② 任乃强:"余之番妇",同上,314页。
③ 同上。
④ 任乃强:《泸定考察记》,见《川大史学·任乃强卷》,385页。
⑤ 同上,404页。

此编,命曰导游。……泸定无志。有此庶免于陋耳。"①

事实上,任乃强1915年考入北京农业专门学堂本科(今北京农业大学),即接受了西式的学科教育。"五四"运动中,他作为学生领袖被捕入狱,后在全国声援下,得获释复学。1920年,任乃强以优异成绩毕业,旋即返川,协助张澜先生创办四川第一所新型学校——南充中学,担任教务主任兼史地教员。②后因"痛感列强对藏觊觎,而国人向对藏事扦隔"③,逐渐步入康藏问题研究。在《泸定导游》第六十八节关于木雅贡嘎山的记录中,他说:"木雅贡嘎山乃西康第一高峰。……国人管理川边数千年,虽知有些雪山,而不能辨其名位。必待西人数番探险,著于籍,播于世界,而后我国少数学者知其崖略。是亦可耻事也。"④体现出近代知识分子国家民族意识在西方文化冲击下的觉醒。

任乃强的地学思想较早受到西方近代地理科学的影响。其1935年完成的《西康图经》之《地文篇》,首次在实地考察的基础上,运用现代地学知识,科学地论述了康藏高原地质、气象、水文等各个方面,并对汉藏地名的翻译规范进行了尝试。

20世纪以来,人类学在世界范围内广泛进行的田野作业使部分国内外学者远赴中国边疆地区,进行少数民族社会文化调查。1910年,位于四川成都的私立华西协和大学在建校不久就进行了人类学与社会学的教学研究,并建立以人类学为主要内容的博物部,深入田间地头和荒山野岭,广泛搜集各种文物。1922年,华大以外籍学者为骨干,成立了一个以人类学研究为主,兼及地理学、地质学和生物学等学科在内的国际性学术团体——华西边疆研究学会,学会的宗旨是研究四川、云南、贵州、西藏、甘肃等地民族的风俗习惯和自然环境,鼓励支持对西南地区的地理、历史、经济、政治和民族文化进行的综合研究。

以英文出版的学会刊物《华西边疆研究学会杂志》主要刊登有关西南地区人类学——包括民族学、考古学、语言学,以及历史学、民俗学、社会学、地理学和生物学等方面的论著——其中三分之一为人类学田野考察著作。随着学科建设的不断发展和学术研究的不断进步,该刊逐渐成为当时研究这一地区的各个学科的世界性权威刊物,在社会人文学科领域产生了巨大的影响。

由于各方面研究——包括政府出于管理需要进行的调查——共同强调实地

---

① 任乃强:《泸定考察记》,见《川大史学·任乃强卷》,505页。
② 任新建:"前言",同上,1页。
③ 同上,5页。
④ 任乃强:《泸定考察记》,同上,470页。

考察的重要意义,并在实践中相互沟通,彼此促进,以实地考察为主要研究方法和途径的人类学①、考古学、地方史,以及地理、生物等学科,都由此获得了相当的发展。20世纪30~40年代,在时任四川大学教授的冯汉骥的提议和领导下,四川大学史学系先后主持或参与了四川文物调查、三星堆、汶川石棺墓和前蜀王建墓的发掘等多项工作,引起学界广泛重视,进一步推动了注重实践的学术风气。此时,不是学科的发展决定相关的研究方法,而是实地考察的研究方法促进了相关学科的发展。

在西南地区,关注不同族群文化的人类学理论的影响日渐凸显,在一些非人类学的社会考察文章中出现了对人类学理论的应用,有人试图以摩尔根用亚美利亚加印第安人来探索古代社会的方法,将道孚榆科与中国内地情况相比,借以认识中国古代社会。② 甚至出现了部分深入人的心灵史的考察。王涤瑕《榆科见闻记》记载:"西康关外人民一般都忽略物的所有权,似乎物之所以为你的,并不是你有物的所有权,而是你有威力可以保管它,假使你的威力不足或消失,你的物未尝不可为我的物。所以康人都喜欢出高价买好枪,因为有枪便可以增加保管物品的威力。"③这样的认识不仅可以解释当时藏族社会某些行为和现象,而且涉及私有观念的产生和实质问题。

体质人类学和人种起源等方面的知识在西南地区的社会考察中也产生了很大影响。虽然没有受到专业的民族学人类学培训,但庄学本先生于1942年完成的《西康夷族调查报告》具有专业的民族志规范,至今被一些大学作为民族学教材使用。该报告详细记录了当地民族名称及种类起源、人口分布、体质测量、物质生活、家庭生活、社会生活、心理生活等各个方面,从中可以看出人类学知识在当时的普及和影响。任乃强《西康图经》之《民俗篇》中也记载了当地各族人的体质特点。

20世纪30年代中期以后,新史学对民族文化和地理环境之间关系的关注进一步影响了任乃强注重地理空间中的历史发展的学术方法。在这种学术环境的影响下,任乃强的研究呈现出学科沟通和借鉴的明显特征。20世纪20~30年代也是中国沿革地理受西方历史地理学思想理论影响之时,德国地理学家赫特纳认为,"就其考察方式而言,历史地理学是一门地理学科。因为它主要涉及人类,

---

① 此时从事人类学研究的多为外国学者。
② 赵心愚、秦和平主编:《康区藏族社会历史调查资料辑要》,9页,成都:四川人民出版社,2004。
③ 任乃强:《康藏史地大纲》,"自序"。

它应该说是一门人类地理学的学科。但是,在这方面它的兴趣是历史的,只是在用过去来解释现在这方面才间接地是地理学的。"[1]

赫特纳对历史地理学的解释体现了地理、历史和民族文化等学科之间的沟通和融合,这和任乃强的实践有相通之处。任乃强认为,从单一的学科领域来研究复杂的社会事物,势必存在局限。因此,打通学科界限,全面考察区域社会地理历史文化的状态,从整体上进行客观描述和深入分析,才能获得对民族地区的准确理解。正因为对地区的多方面关注和整体性研究,任乃强在学术研究的过程中感到"以未能专力一艺为憾","乃约束研究范围为川康藏三区。民国17年(1928)后,更专以西康为研究对象"[2],最终形成其对康藏地区的民族文化研究。

在近代西方学科理论和方法的影响下,任乃强1933~1935年创作的《西康图经》三卷本,内容和1929年发表在《边政》杂志上的七篇考察报告有了很大的不同。尤其是《西康图经》之《民俗篇》因首次最为详尽地论述西康的民俗文化而著名。任乃强根据其经步行深入西康各县搜集到的大量第一手资料,对藏族文化作了比较客观、真实的描述。更重要的是,由于长期以来人们往往片面地将藏族文化概括为宗教文化,忽视藏族文化中的非宗教文化,因而书中所记述的西康民俗文化,更显其民族资料方面的价值。

在《民俗篇》和后来的《泸定导游》中,记述不仅建立在实地调查的基础上,而且部分采纳当地人的表述,体现了一定的人类学田野民族志的特征。在《民俗篇》的叙例部分,任乃强表明了其对待民族文化细节的态度转变:"昔人图经,多志怪异。著者向习科学,痛斥迷信。近为见闻所移,觉怪异亦有可研究处。故于世传康藏异事,亦选录之。非以惑世,为存图经体也。"[3]这种以客观眼光看待民族文化的态度正是人类学家应有的基本素养,而与中国以往舆地研究的拓宽题材——异域志的描述有着根本的不同。

正是由于这些实践意义上的认识,使《泸定导游》表现出和当时一般社会考察的不同之处。作者在"序言"中提到,在游历过程中,"民情谣俗,市易之事,无不留心","口好问,耳好听,眼善察,足能跋涉,手喜抄记",因此,"游迹所至,每能得其地概况"。[4] 这种细心体验民间文化的态度和亲身体会以获取第一手材料的调查方法以及对民情民俗的详细记载都有类于人类学者的田野考察工作,从

---

[1] 赫特纳:《地理学——它的历史、性质和方法》,王兰生译,北京:商务印书馆,1983。
[2] 任乃强:《西康图经·民俗卷》,10页。
[3] 任乃强:《泸定考察记》,见《川大史学·任乃强卷》,377页。
[4] 同上,385页。

而使《泸定导游》的记述表现出一定的人类学民族志特征。

在实地探访的过程中,任乃强还意识到普通人的讲述对客观历史呈现的作用。在第九节"石岩蟒"中,任乃强提到:"瓦斯沟坊古迹栏,标有'铁索桥,石岩蟒'二语,不知石岩蟒谓何。于观音岩上,遇木匠杨姓,述其故事",①方知其传说来历。第八十节"岩州古道"中,任乃强更是"广招此间猎户远行者询之,询得古道梗概。"②

尤其是对当地一些传统习俗和风物人情记载,栩栩如生,例如第四十七节"高压下之谐剧",描绘滑竿与背子之对骂:

> 其实各自在高压之下挣扎向前,口虽恶而心未尝怒也,相去已远,骂声不闻,乃复相与大笑,各自夸其口舌犀利,骂技工巧,欣欣然自鸣得意,竟忘其为行将委弃沟壑之苦力焉。③

其他相关的记载例如:第十一节"好讼陋习:习俗";第十二节"性的故事:民风";第二十节"咱里土千户:三土司之家世流变";第三十二节"冷碛周土司:小传";第三十三节"龙巴铺:社会现状";第三十四节"青灵秽迹:社会现状";第三十六节"化林市街与古迹:社会现状";第三十七节"化林汪土司:女为人妾之详";第三十八节"化林周姓神道碑:民俗";第三十九节"观音阁:碑记、景观、习俗";第四十五节"川康骡队:骡队之作息情形及生活状态";第四十六节"背子:背子生存状态";第五十一节"沈边土司:身家历史、后世";第五十四节"加郡之暮气:社会现状";第五十五节"花石吹箫:泸定八景之一";传说;第五十六节"得妥巨室:吴姓、山姓、陈姓";第六十一节"翁冈坪与康熙鹏:翁冈坪之现状和康熙鹏之事迹";第六十二节"泸南'猓猓':考其由来";第六十五节"磨西面:现状";第六十七节"天主教堂与麻风院:社会现状分析";第七十一节"泸定天主堂教产:教堂之狡猾与功利";第七十三节"船头:现状";第七十五节"察道:当地人住房、土地和寺庙";第八十一节"岩州散记:风物人情"。

在实地考察的共同基础上,学科之间的相互沟通更加便捷。任乃强学术研究领域由地理、历史,拓展到政治和社会文化的各个方面。正是在实地考察过程中,任乃强"得有长时间与土著各民族接触,研究其语言、历史、情俗以及生产消费、文化艺术、宗教信仰、社会结构各个方面,以历史地理学之方法,探究康藏民

---

① 任乃强:《泸定考察记》,见《川大史学·任乃强卷》,214 页。
② 同上,485 页。
③ 同上,441 页。

族之社会发展历史"①。

但与在国外接受过人类学专业训练的学者们不同的是,任乃强对西南地区少数民族文化的研究是从其史地研究中拓展出来的,因此,《泸定导游》在内容上凸显出传统地学的地理景观描述分析,在方法上大量使用历史考证分析,表现出较强的国学根基。但也应注意到,任乃强不仅用实地考察和文献考证相结合的方法来进行研究,还特别注重实际地理环境对民族、历史的作用,采用史地参证的跨学科综合研究,以近代科学的地理研究阐发自然、人文、经济地理环境,以及这一环境对康藏历史发展的影响,形成一种独特的学术风格。在《泸定导游》中,我们可以清晰地看到地理环境分析、历史沿革考证和民族文化描写三者的相互融合,看到一个民国学者在中西学之间的游走。

五、小　结

在中国人类学史上,吴文藻先生发表于1942年的"边政学发凡"被认为是边政学的奠基之作。但实际上,19世纪40年代后,传统的边疆舆地研究就逐步向史治研究转变。在内忧外患的时局下,仁人志士期望以现代西学开启和唤醒国人对国家疆土危机和民生危机的意识,催生了对边疆民族社会状况的考察和研究,内容涵盖了历史、地理、民族文化、统治策略等各个方面。

在这个发展过程中,除了民族国家在现实危机中的强化力量外,传统文化和外来思想中不同学术研究的思考方法也在延续自身固有方向的基础上相互碰撞,相互影响。20世纪30年代以来,在不断的实践和探索中,西南地区的学术研究展现出明确的风格和特点,即中西知识相结合造就的跨学科视野和学术的多元性。

就人类学而言,重视史学研究,大量利用中国古代民族史料的特征无疑是传统思想与现代学术以及不同学科之间相互沟通影响的结果,而对任乃强来说,学科间的相互影响和学术研究的交流沟通也造就了其独特的学术风格。

王铭铭教授认为:"任何跳过历史基础而展开的所谓'现代民族志研究',都会面对历史的巨大挑战。民族志书写者若无法基于历史中存在的多重关系展开

---

① 任乃强:《任乃强民族研究文集》,1页。

更广泛的思考,那么,其从时间之河切割下来的'现代'都将失去任何意义。"①正是这种"历史中存在的多重关系"的相互作用,造就了今天的现实民族文化。因此,人类学对社会文化任何一个方面的考察都应当追溯其历史演变过程,由历史演变来分析文化变迁之由来。尤其是川康间民族交融地区,不同文化的形成往往存在于各民族相互征服和迁徙交往的过程中,不能单凭田野观察到的现实状况作出判断。这一点在当时被西方学者所忽略,却在中国学者的著作中有明确体现。这一方面由于西方人类学和民族学从研究较少历史记载的部落文化发展而来,另一方面则源于中国民族文化研究中深厚的史地传统。

相比在国外接受过人类学专业训练的学者们,在西南地区进行社会文化调查的民族学者,大多是在国内成长起来的,由于接受到更多传统文化的熏陶,他们已经充分意识到历史角度对解决民族学问题的重要意义。马长寿曾分别于1937年和1939年两次深入四川省凉山彝族地区,进行历时八个月的调查后写成《凉山罗彝考察报告》,大量采用历史分析的方法,解释凉山社会中独特的社会文化特征。林耀华的实地调查报告《川康北界的嘉戎土司》注意到当地土司传承方式的历史流变,并将之与现实的社会关系相结合,体现了西南地区人类学注重历史方法的影响。

在关注历史变迁的过程中,一些学者进一步认识到历史上族际间政治、贸易、宗教、军事等方面的融合和交往对形成少数民族独特社会文化的普遍意义,进而将民族文化置于历史脉络下的互动关系中考察,从中理解社会文化的内在含义。

作为具有传统文化思想的民族学家,任乃强对康藏地区民族文化的研究,体现了西南地区民族研究关注地理空间中的文化发展的历史方法,这也可以说是民国时期中国西南地区民族学者基于自身社会和文化,自然形成的一种学术取向。而这种地理空间中的历史分析方法与中国传统文化对历史考证的关注有着不可分割的关系。

可以说,民族学研究在中国的形成除了西方近代学科思想的影响以外,由于历史文化的渊源,还存在着自身的传统特色。传统地理志中对民俗文化的记录虽然还不能称之为人类学的思考,但关注族群文化的独特内容已经部分体现出民族学的学科特征。20世纪以来,对边疆民族的社会考察受到西方传入的民族

---

① 王铭铭:"东南与西南——寻找'学术区'之间的纽带",载王铭铭主编:《中国人类学评论》,第7辑,163页,北京:世界图书出版公司,2008。

学人类学的理论和方法的影响,更加注重以客观的眼光看待和分析边疆少数民族的历史文化。20 世纪 30 年代中期,一批主流派新史家进入川大,对西南地区的史学思想产生了深远影响。新史学强调进化历史的分析,注重新材料的发掘和利用,为中国史学注入了新的活力,在多个学科领域内产生了较大的影响。由于新史学的影响,加上传统史学观在西南地区的强大实力,使西南地区的史学研究呈现出传统和现代、西学和中学相互影响、彼此借鉴的局面。随着政府管理的推进,对西南地区少数民族文化的研究在多种因素的共同影响下,进一步发展为带有深刻的自身文化传统的民族研究。

在西南地区,以华大和川大为中心的人类学者部分汲取了中国传统文化中的历史意识,注重考古发掘和历史文献材料记载,在学科间的相互沟通中逐渐形成"华西学派"。[①] 相对于中国人类学南方学派和北方学派而言,华西学派的特点是包括了社会文化人类学、考古学和博物馆学等多学科的结合,在学者们的研究中,也大量借鉴了历史学和地理学的资料和方法。

华西学者在学术理论上的兼收并蓄和学术研究方法上的史志结合都是在西南地区这一特定学术环境中形成的。把民族文化放在其特定的历史和地理空间中加以描述和理解,不仅是华西学派学者,也是以任乃强为代表的民族学者的研究路径。

《泸定导游》可以说是任乃强学术发展过程中的一部重要作品,体现了任乃强民族文化研究的渊源及其在当时政治形势和学术氛围影响下的发展趋向。作为一部包含了地理、历史、政治经济和民族文化等多方面内容的独特作品,《泸定导游》也展示出传统中国文化在西方近代思想碰撞下的特征。今天我们重读这部作品,仍然可以看出 20 世纪 30 年代一批学者在特殊社会形势下学术形成和发展的倾向。

(徐振燕)

---

① 李绍明:"中国人类学的华西学派",载王铭铭主编:《中国人类学评论》,第 5 辑。

21 另一种民族志

——读吴泽霖等《贵州苗夷社会研究》(1942)

导 言

抗战,使中国近现代史进入了不平凡的一页。中央首府的西迁,高校、研究机构的内迁,人才的纷攘西走,造就了中国西南历史从未有过的繁华一刻,曾为化外荒蛮的贵州,也在此时,成为中国高校人才的聚集地。① 而与此同时,中国民族学、人类学史掀开了新的一页,形成了以成都华西坝、川南李庄、云南昆明和贵州贵阳为代表的四大重镇。② 当这些久未被外人"识其庐山真面目"的西部第一次如此展示在东部"文明人"眼前之时,陌生与惊异撞击出了思想的火花,一大批至今弥足珍贵的文本在战火与求存的交融中得以产生,《贵州苗夷社会研究》即为其中之一本。

《贵州苗夷社会研究》是一本由吴泽霖、陈国钧等主编的贵州田野调查论文集,最早在1942年8月作为"苗夷研究丛刊"由贵州文通书局印行。时隔半个多世纪,2004年该书作为"20世纪中国民族学人类学经典著作丛书"之一再次出版,成为中国民族学、人类学早期研究的一本代表性著作。

一、大夏大学社会研究部与贵州调查

回顾抗战时期作为西南地区人类学民族学研究一部分的贵州人类学田野工

---

① 当时前往贵州的高校有浙江大学、大夏大学、湘雅医学院、唐山工学院、之江大学工学院、陆军大学、广西大学、桂林师院等8所;著名学人有竺可桢、张孝骞、欧元怀、李四光、谈家桢、苏步青、翦伯赞、吴泽霖等。见何长凤:"抗战时期的贵州文通书局编辑所",载《贵州民族研究》,2001(1)。
② 李绍明:"西南人类学民族学研究的历史、现状与展望",载《西南民族大学学报》,2007(10)。

作,就不得不提到由沪迁黔的大夏大学。大夏大学是现今华东师范大学的主要前身之一,是在1924年从厦门大学分离出来的一部分师生基础上成立的一所综合性私立大学。在当时校董也即国民政府高官王伯群的积极努力下,吸引了大批著名的学者,成为华东地区著名的高等学府之一。在社会学、民族学方面,吴泽霖、陈国钧等一批接受社会学、民族学、人类学训练的学者从海外学成归国后,就职于大夏大学。1928年,大夏大学成立了社会学系。1931年,大夏大学社会学系成立了社会学研究室。1934年,随着对边疆问题的日益关注,该校在国民政府的支持下,开设了边疆问题讲座。但是,"该系在上海时期的调查和研究多属于社会学的课题","他们的民族学调查研究,是抗战时迁至贵阳以后开始得以加强的"。[1]

抗战爆发后,大夏大学从上海迁往贵阳,院系经过调整,社会学系转移至文学院下。1938年,设立了社会经济调查室,附属于文学院,由吴泽霖主持。[2] 社会经济调查室在1938~1939年将近一年的时间中,主要完成了贵州省乡土教育调查、望亭镇社区研究、贵阳城区劳工概况初步调查、贵阳劳动人口研究、黔垣二四灾情调查、贵州各省风俗迷信调查、编印史地社会论文摘要等工作,并将调查成果在其主编的《社会旬刊》,假《贵州晨报》副刊地位发表。[3] 可以看出,社会经济调查室的研究工作仍然沿袭了在上海时的研究方向——以社会学研究为主。然而随着抗战形势的进一步严峻,西南作为大后方地位的日趋重要,团结贵州苗夷进行抗战呼声的增高,本着"特别着重黔省境内苗夷生活之实际调查工作"的宗旨,在黔省政府各部门财力的积极支持下[4],"为促进工作效能,充实内容设备起见",1939年,社会经济调查室改名为社会研究部。自此,在吴泽霖的主持下,大夏大学一批教授与学生联合中国研究院的吴定良、李方桂以及中英庚款董事会的李植人、杨汉先等开始了对贵州省内少数民族全面深入的调查工作。在短短几年的时间中,社会研究部取得了大量的成果,包括1939年开始的历时八个月的黔省苗夷概况研究[5]、1939年开始的历时半年的黔省各县苗夷民俗资料收

---

[1] 王建民:《中国民族学史》(上卷),193页,昆明:云南教育出版社,1997。
[2] 陈国钧:"大夏大学社会研究部工作述要",见吴泽霖、陈国钧等:《贵州苗夷社会研究》,269页,北京:民族出版社,2004。
[3] 同上。
[4] 具体获得的支持可参见何长凤:"贵州近代少数民族调查研究的拓荒者",载《贵州民族研究》,2002(1),160页。
[5] 调查成果见陈国钧:"大夏大学社会研究部工作述要",见吴泽霖、陈国钧等:《贵州苗夷社会研究》,271页。

集、1940年开始的历时五个月的黔省各县苗夷社会状况调查、1940年开始的历时十三个月的黔省东南两区苗夷生活调查、1942年开始的历时三个月的北盘江流域苗夷状况调查、1940年开始的黔省各种苗夷语言调查等。调查所得成果由《社会研究》假《贵州日报》每期发表,并同时出版本部乙种丛刊①,以及贵州苗夷研究丛刊。② 此外,与各调查同时进行的摄制"苗胞影荟"以及征集苗夷各种文物、举办文物展览会、设立苗夷文物陈列室等活动也成为社会研究部工作成果的重要一部分。

《贵州苗夷社会研究》即为"贵州苗夷研究丛刊"之一,被称为"对贵州苗夷社会调查研究成果的集大成者"③,获得了后人的颇多褒扬,成为贵州少数民族研究中不可或缺的一本早期田野工作论文集。

二、俯瞰文本:救国与学术

《贵州苗夷社会研究》全书共包括三部分:序言、正文、附录。全书正文共收录了吴泽霖、陈国钧、杨汉先、李植人、李振麟、吴修勤等六人所写的45篇文章,这些文章都是已于1938~1942年间发表在各报刊上的作品;序言两篇:一为王伯群为"贵州苗夷社会研究丛刊"的总序,另一篇是主编吴泽霖及陈国钧共同为本书所作的序;附录六篇,包括陈国钧、柴骋陆、邝充、张少微等四人的作品,除陈国钧特为大夏大学社会研究部工作所作的总述一文外,其余五篇均为20世纪40年代初期已发表在贵州报纸上的文章。该书的研究对象不同于同一时代其他经典民族志的研究是针对于某一个族群或者某一具体村寨,而是对贵州省内被称呼为"苗夷族"的人的一个总括。而所谓的"苗夷",则是指对不同于汉人的"他者"的一种统称,苗分为黑苗、花苗、青苗等诸多种,夷则包括有仲家、水家、侗家、僮家等诸多族群在内。对于现今的我们来说,"苗夷"也就是自20世纪50年代民族识别之后贵州省内的各少数民族。虽然《贵州苗夷社会研究》不具有马林诺夫斯基所开创的至今为人类学调查所倡导的参与观察式田野调查的基础,但是正如王伯群在"序言"中所说:"拟定研究计划,延聘专门人员,率领本校社会学系诸生,积极从事,先后分往本省各苗夷县份实地调查,不惜心力与时间,餐风露

---

① 调查成果见陈国钧:"大夏大学社会研究部工作述要",见吴泽霖、陈国钧等:《贵州苗夷社会研究》,272页。
② 同上。
③ 何长凤:"贵州近代少数民族调查研究的拓荒者",载《贵州民族研究》,2002(1),162页。

宿,博采周咨,阅时四年……"①这仍是中国早期民族学实践中走向田野的第一步,正是大夏大学师生们不辞辛苦的田野工作奠定了本书的基础。

本书内容庞杂繁多,涉及苗夷历史源流、语言、教育、妇女、地理分布、神话传说、社会政治制度、节庆娱乐活动、歌谣、风俗、宗教信仰、婚姻家庭以及丧葬礼仪等诸多方面,囊括了苗夷社会生活的方方面面。这些内容都曾陆续发表于大夏大学1938年主编的《社会旬刊》及1939年主编的《社会研究》上,当时引起极大的社会反响。

正如上文所述,吴泽霖主持下的大夏大学社会研究部20世纪30年代末40年代初期所做的贵州调查规模庞大,成果丰硕,发表在《贵州日报》、《贵州晨报》、《贵州时事导报》、《贵州农报》、《贵州革命日报》、《建国导报》、《边政公论》、《中央日报》、《东方杂志》、《贵州教育》等报纸杂志上的文章也是难以尽陈的,那缘何在编辑《贵州苗夷社会研究》一书时,吴泽霖、陈国钧等选择了以上的篇章?很清楚的是,诸多的篇章并不代表主编者们的随意选择,相反,尽管全书内容庞杂,但是我们仍然可以从诸篇文章中寻找到文本呈现的两条清晰的脉络:其一与当时抗战的大环境——学术为政治服务有关,其二则是在为政治当局寻求出路之时学者们也同样在寻求自身的学术道路。救国与研究同时成为学者们需要承担的双重使命,也就在此样的环境中,中国的人类学研究开始了其早期的旅途。

三、想象之国家与现实之事实

对于中国来说,20世纪30~40年代注定是一个不寻常的时代。中华民族在历经了帝国主义残暴蹂躏的痛楚下摧毁了腐朽无能的清王朝,满怀希望地建立起新的国家政权,却又陷入在一个毗邻岛国的铁蹄之下。1937年抗战全面爆发,国民政府西迁,将重庆作为陪都。随后,为了免遭日本侵略军的轰炸与破坏,东部城市高校机构及工厂企业进行了中国历史上唯一一次大规模的西进运动。云南、贵州、四川西南三省一时成为中国知识分子力量汇聚之地,与此同时,西南边疆的重要性日益凸显于当政者与学者们面前。因此,不仅国民政府对于了解与建设作为抗战大后方的西南地区的意图日益上涨——1941年9月成立了中国边政学会、在重庆成立西南边疆问题研究会、西南边疆学会等,同时,战争的危机感

---

① 王伯群:"贵州苗夷研究丛刊序",见吴泽霖、陈国钧等:《贵州苗夷社会研究》,1页。

与屈辱感也使知识分子们的救国图存意识上升至最高点,正如李安宅在"边疆社会工作"一文的"何谓边疆"中写道:

> 及至帝国主义侵入以来,农耕大被剥削,中原文化骤呈危机,而边地文化更被虎视眈眈者所窥伺。探险队、传教士、化装侦探,无孔不入,远超过内地人士足迹所超过的范围。我所应知者不知,彼所不应知者知道得特别详细。故在经济、政治、宗教各种手段之下,中原文化动摇破裂,边地文化亦因缺乏内地引发力量而无由进步。全国都在内求发展、外求独立的迫切要求之中,更为迟滞的边疆,乃以国防意义显得问题最大了。①

正是这样一种亡国危机感普遍存在于当时的知识分子心中,因此,试图通过投身于边疆研究从而建设边疆成为当时知识分子们救国图存的首要选择。出于此种目的,边疆问题、边政学研究如雨后春笋出现在当时高校研究机构中,较早的如1934年大夏大学开设边疆问题讲座、1937年4月大夏大学邀请"西南夷族代表团"成员到校演讲等,其后如1942年并入西南联合大学的南开大学成立了边疆人文研究室,云南大学成立了西南文化研究室,1944年迁入重庆的"中央大学"设立边政学系,1941年成都华西坝的华西协和大学创立了华西边疆文化研究所,1944年陕西的西北联大设立边政学系等。这些研究机构都以西南民族文化研究为要务,并出版了诸多相关的边疆研究杂志来宣传和展示自己的研究。

东部国土已经沦陷于侵略者铁蹄之下,如何坚守住西部边疆这一为侵略者虎视眈眈的最后的广阔疆域成为当时知识分子思考的一个问题。受到西方民族主义思潮影响的知识分子们,将这种希望寄托于民族的团结之上,他们以一种理想主义的想象去构建解救国家的途径与道路。他们认为国家的危亡将使整个国土之内的人民激起爱国的热情,民族的团结将会是拯救中国于水深火热之中的最后希望。这一心态普遍存在于当时知识分子的心中——如吴泽霖所说:

> 但我又注意到第一次世界大战以后在世界各地掀起的抗拒帝国主义侵略的民族主义浪潮的高涨,我就以为,谁想从后门入侵我们神圣国土,必然会同样地遭到我国边疆各族人民坚强的抵抗,因为团结的民族是一座活的长城。②

在《贵州苗夷社会研究》一书中这种情感也常常涌现:

---

① 李安宅:《〈礼仪〉与〈礼记〉之社会学研究》,100页,上海:上海人民出版社,2005。
② 吴泽霖:《吴泽霖民族研究文集》,4页,北京:民族出版社,1991。

> 吾人今认清苗夷两族源流。与中国关系深切,都系我族类,同属炎黄子孙,则至今日大中华民族争生存之民族抗张中,苗夷族也应和其他各族一般地位,当无轩轾之分,与全国各民族,同调同步,共策共励,齐站在一条阵线上抗敌御侮。①

在《贵州苗夷社会研究》一书中,类似"大中华民族"的称呼比比皆是,正是带着这样一种自我构建起来的民族国家共同反帝的美好愿望与理想,政府和知识分子积极投身到团结边疆少数民族共同抗战之中。然而,事实则是,深入田野的知识分子们并没有看到一种理想中的边疆各族人民团结一致顽强抵抗的情形,情况恰恰相反,如吴泽霖后来所说:

> 抗战爆发后,我来到边疆少数民族地区。从我亲身接触到的以及从别处听到的一些情况,才发现边境上或靠近边境的少数民族并不都是团结一致的,并不是一座坚固的长城。相反,少数民族中的大多数人对国事了解不多,对民族概念、民族意识、民族多层次的范围、民族与国家的关系等等的认识都很模糊。同时我又注意到,我国的少数民族中有很大一部分是跨国境而居的,而其中一部分人对国境和国籍的观念是淡薄、模糊的。这些新的了解使我对国内少数民族的问题又有了一些新的看法和忧虑。②

理想与现实相左,恰恰一方面是由于当时西南山区纷繁复杂的各族群生活在闭塞隔绝的大山中,限于小小的地域内,语言、服饰、习俗、信仰各不相同,如同调查报告中所说:

> 但是这四五百万的苗夷族在语言上、风俗上、服装上,及文化程度上,各不相同,因之他们的名称(汉人称他们的名称)竟有百余种之多;例如青苗、黑苗、白苗、红苗、花苗、长裙苗、短裙苗、打铁苗、谷蔺苗、花裙苗、仲家、水家、东家、蔡家、侗家、仡兜、木老……③

诸多种类与分支的差异使各个族群根本不能超越自我而认同一个更为广阔层次上的"大中华民族"概念甚或"国族"之观念。因此,民国时期蒋介石主张的中国只有国族而其他非汉族皆为中华民族的宗支或宗族的概念并没有得到西南边疆各少数民族的认可,相反,国民党在西南地区的强制同化政策更引起了当地

---

① 陈国钧:"贵州苗夷族社会概况",见吴泽霖、陈国钧等:《贵州苗夷社会研究》,2页。
② 吴泽霖:《吴泽霖民族研究文集》,4页。
③ 吴泽霖:"贵州短裙黑苗的概况",见吴泽霖、陈国钧等:《贵州苗夷社会研究》,14页。

苗夷民的不满,例如贵州当局曾几次企图强行改变少数民族的服装,都以失败告终。

另一方面,深入苗夷生活现实的知识分子们才真正认识到,不仅是这种地域的隔绝、文化的差异使认同不能形成,更为重要的是苗夷民文化水平的低下和物质生活的贫乏根本毫无能力团结抗战。如陈国钧在"贵州苗夷社会概况"中所描述——贵州苗夷没有文字,以往没有教育可言。童时在家,于无意间学习成人所知所能的千古如斯的简单生活知识,稍长之时在家庭以外,仗其天赋的"可塑性"本能,日积月累在不知不觉中模仿学来,并无教育帮助,因此苗夷民所有知识简单,文化也就无从进步,物质生活永远不能改善。①

或者在"贵州省的苗夷教育"一文中所说:

贵州位居西南诸省中心,向为苗夷族会集所在,只因僻居崇山峻岭,交通梗阻,遂至文化落后,智识简陋,历代政府视若化外,民族间隔阂日深,乱事时起,死亡惨烈,地方糜烂不堪,国家元气亦伤,殊令人痛心!②

同时,我们又知道他们的社会生活是停滞在自给自足闭锢思想里的,而且是极低的生活标准,仅够养活自己的一条生命,有的遇了灾难,还要不够,所以他们永远是穷苦着,他们既是救死不赡,又有何物力可以助给国家?他们抵抗病菌尚且来不及,又有何力可以参加抗战建国?这些,都是需要训练的。要训练他们不但能够自给自足,还要有余力供给国家。③

期待让西南后方能够成为整个抗战的物质、人力的供给地,是将西南边疆之民纳入民族国家的主要意图。

与此同时,另一种危机感同时也普遍存在于当时人的心中,那就是如吴修勤所说:

就消极方面说,敌人的铁蹄,东面到了湘北,南面到了越南,这是抗战建国的核心地,它也是一座防敌的重要堡垒,这堡垒中间,蕴藏着三百多万的特殊人力,他们的每个脑海是纯洁无色体,如果我们不急急替他们染上"青天白日满地红"的颜色,那敌人便会替他们染上将薄嶷嶷的"红日"颜色,这是多么危险……④

---

① 陈国钧:"贵州苗夷族社会概况",见吴泽霖、陈国钧等:《贵州苗夷社会研究》,12页。
② 陈国钧:"贵州省的苗夷教育",同上,35页。
③ 吴修勤:"怎样训练苗夷族的干部",同上,49页。
④ 同上。

唯恐殖民势力从意识形态上拉拢这些尚处于民族意识蒙眬状态的边疆之民是当时知识分子们从外蒙古的独立中获得的教训总结。因此，从精神上来获得边民的认可成为当时形势下需要达到的迫切要求。

也就在以上理想与现实的矛盾之中，更加深入细致地获得对苗夷民情况的了解，通过诸多途径加快对苗夷民的同化与当地的建设，获得一种精神上的民族认可成为当时知识分子们面临的重要任务。

四、一种蓝图的构建

对于那个年代的中国知识分子来说，有一种蓝图在他们的心中不断描绘，这一蓝图不仅是如上面所说寻找摆脱国家困境的道路，而且包括了寻求解决自身学术渴望的方式，在这两种寻找之中，他们的田野调查成为一种获得平衡的聚焦点，成为描绘蓝图的最好工具。

构建一个有着民族团结意识的国家成为当时知识分子以及政府共同努力的目标。在此基础之上，如何进行构建则成为这些知识分子试图解答的疑问。在从向外的抵抗转向向内的构建之时，在疑问为何今天之现状会形成之时，"民族关系"成为学者们关注的焦点。改变传统的民族关系而塑造一种新型的民族关系成为学者们相信能够救国的途径。这种新型关系的建立，一方面包括了加深汉族对苗夷族的了解，使其认识到苗夷族文化的独特性；另一方面，打破苗夷族对汉族历史形象的偏见，使其接受各种政策与措施以尽快融入中华民族的团结一心当中。

尽管抗战时期，西南已经成为具有显著地位的大后方，但是作为主体的汉族对于这些西部民族的认识仍然是陌生的，这种陌生感在全书的序言中就已经提及：

> 可惜关于他们（贵州苗夷，作者加）的生活，很少有人加以精确的调查，或客观的叙述，所以一直到现在，苗夷族的一切，在一般汉人的心目中，仍还是一种谜。苗夷二字，仍还是笼罩着一种神秘的观念，对于他们有种种荒诞无稽的传说，甚至有许多不近人情的污蔑。①

因此，打破这种认识上的盲区、了解苗夷民社会文化的独特性及原因之所

---

① 吴泽霖、陈国钧等：《贵州苗夷社会研究》，"序言"，1页。

在,从而获得对苗夷民一种新的身份的定位成为当时吴泽霖等人试图将其纳入大中华民族的重要途径之一。由此,社会研究部的成员在将近三年的时间中对苗夷族地理分布、语言、宗教信仰、神话、婚俗习惯等诸多方面进行了全面的调查。早在1929年始,为了将贵州少数民族纳入自我政权管制之下,贵州省国民政府开展了一系列的调查工作,以加强对少数民族的管理。抗战爆发后,作为西南交通枢纽的贵州战略地位重要性愈加凸显,为了督促贵州省内各族人民团结起来一致抗战,贵州省国民政府更加积极从事于贵州少数民族的调查工作,如1938年的西南边区民族调查、1939年的改土归流土司情况调查等。① 国民政府对贵州省境内苗夷民的关注大大支持与鼓励了从事于研究而同时试图解救中国的知识分子。1939年吴泽霖等改进原有的社会经济调查室而"特别着重于黔省境内苗夷生活之实际调查工作"②即是应这种时事所需。随后,社会研究部开展的一系列调查工作都是应当局现实所需而进行的。如1939年开展的黔省苗夷概况调查即是受到内政部之委托,1939年初的黔省各县苗夷民俗资料调查是受贵州省教育厅民俗研究会之托,1941年对黔省各县苗夷民社会状况的调查是应贵州省政府主办边远农村工作宣传团需要之委托。这些工作的成果使得一幅完整的贵州族群图展现在大众面前,《贵州苗夷社会研究》中诸多关于苗夷民生活风俗的内容意图正在于此。譬如苗夷族的"放蛊"事件、"摇马郎"习俗、"吃牯藏"信仰等,都意在揭示外人所不知的苗夷社会。不仅通过文字来传达这种信息,同时,1940年,大夏大学社会研究部在贵阳先后举办了三次贵州少数民族文物图片展,被誉为"贵阳的首次",由此开始了吴泽霖作为中国民族博物馆事业的开创者坚持民族博物馆事业的生涯。③ 正如吴泽霖自己后来所说,民族文物是反映生产和生活情况的实物,它必然带有某种民族风格的烙印。因此,进行少数民族文物的收集,经过整理举办展览,为的是通过直观教育来增加民族间的了解,加强民族团结,消除历史上遗留下来的一些隔阂。④

对于吴泽霖、陈国钧等来说,他们面对的苗夷族确实是一个让他们矛盾的对象。一方面,身处汉文明之中,在目睹了西方现代化建设下的物质的繁荣和制度的完善之后,苗夷族社会必然是一个原初的后进的族类,这是他们必然试图去加以改造的目标,因此在教育、风俗、宗教信仰上让他们思考怎样加以汉化甚或同

---

① 马玉华:"试论民国政府对贵州少数民族的调查",载《贵州民族研究》,2005(2)。
② 陈国钧:"大夏大学社会研究部述要",见吴泽霖、陈国钧等:《贵州苗夷社会研究》,271页。
③ 费孝通:"在人生的天平上",载《读书》,1990(12)。
④ 吴泽霖:《吴泽霖民族研究文集》,240页。

化。另一方面,抗战的失败,汉民族的一盘散沙,同时加以学术上的修养使得他们又在一定程度上不得不承认这些身处高山大菁中的苗夷民吃苦耐劳的优秀品质。因此,在书中,这两方面的思考处处存在。对苗夷族妇女的描述即是其典型代表。"苗夷族妇女的特质"、"水家的妇女生活"两文即是对苗夷族妇女特征的详细描述,苗夷妇女一方面是"可说在中国,是最艰苦耐劳,最自重自立,于社会,于国家,是最有贡献,最使我们钦佩的妇女了"[1],同时又是"尤其崇尚鬼神"、"目不识丁",因此,"在大中华民族中竟有这两种优异的女同胞,今后如何发扬苗夷妇女的特质,使她们参加抗战建国事业,这是当前应该推进的一项妇女工作"[2]。同样,"怎样训练苗夷族的妇女"、"怎样训练苗夷族的干部"、"贵州省的苗夷教育"、"边民教育之借鉴"等篇都直接明白地体现出加以改造之意图。

以教育为例,"教育救国"曾经在很长的时间里被中国知识分子认为是拯救国家的一项重要措施。边疆教育作为民国政府"建设西南"中极为重要的一项[3],同样也是学者们认为同化苗民的最重要手段。陈国钧有关教育的文章正是出于此意。他认为"苗夷民所有知识简单,文化也就无从进步"[4],"教育是民族建立的基础,苗夷从来无教育,故其民族进化迟缓,不逮国内其他民族,是则如何使苗夷同胞沾受教育,诚感刻不容缓"[5]。就教育问题,在本书中共有陈国钧的三篇文章:"石门坎的苗民教育"、"边民教育之借鉴"、"贵州省的苗夷教育"。在前一篇文章中他分析了西方教会在石门坎地区推行教育的成功之处,强烈的民族自尊感使其认为这是国外人的一种"文化侵略的方式"[6],应该设法防止。可以看到,这种积极鼓吹国外势力在中国进行的各项活动是"不怀好意"的实质是如王明珂所说的"19世纪至20世纪上半叶,在西方资本主义国家间全球资源的争夺中,清帝国及其周边藩属成为被瓜分侵夺的对象。在此忧患之下"的结果。[7] 在"边民教育之借鉴"中,他将粤省边教与桂省边教实施方案加以详述,认为贵州需要借鉴其方法,从而形成对于贵州苗夷民应有的教育措施。而"贵州省的苗夷教育"一文则从历史的角度回顾了贵州苗夷民的教育沿革,以针砭现状,促进改进。

附庸于政治实用主义、试图为危机中的国民政府的国族建构意图助一臂之

---

[1] 陈国钧:"苗夷族妇女的特质",见吴泽霖、陈国钧等:《贵州苗夷社会研究》,59页。
[2] 同上,62页。
[3] 有关民国政府开展边疆教育的内容,可参见张永民硕士论文"抗战时期的西南边疆教育研究"。
[4] 陈国钧:"贵州苗夷社会概况",见吴泽霖、陈国钧等:《贵州苗夷社会研究》,12页。
[5] 陈国钧:"边民教育之借鉴",同上,283页。
[6] 陈国钧:"石门坎的苗民教育",同上,297页。
[7] 王明珂:"论西南民族的族群特质",载王铭铭主编:《中国人类学评论》,第7辑,20页。

力的民国时期的学术实践已昭然于后人。应该看到的是,尽管那个时代的学者们抛弃了传统知识分子的学术清高与矜持,积极为政治服务,但学者的理想与追求并不尽然已经成为一种历史的过去,尤其对于抗战时期的中国学术来说,我们仍然能从当时的文本中解读出在那一特殊背景下的一代人的学术追求。大夏大学社会研究部的研究即如此。《贵州苗夷社会研究》不仅是前文所述的支持国民政府社会建设西部民众目的的产物,同时它还是吴泽霖等一代留洋归国学者自身学术思想的聚集地。

可以看出,那时的学者都是带着各自的学术印记,来表达自己的思想的。作为社会研究部主要工作指导者以及全书主编者身份的吴泽霖,1922年赴美接受了长达5年的社会学、人类学方面的教育。20世纪20～30年代的美国,博厄斯的思想风靡全美,无论是伦理学上的文化相对主义思想,还是反对古典进化论的理论主张,都影响了当时的一大批人。正如陈永龄、王晓义在"20世纪前期的中国民族学"一文中所说,吴泽霖恰恰是同当时的黄文山、孙本文等一起成为历史文化学派在中国的代表人物。[1] 正是带着一种文化相对主义的视角,吴泽霖在调查中对于苗夷族的诸多风俗习惯表现出一种尊重和理解,如他对苗族的跳花场就认为:"目的无非是在发泄社会情绪,使他们苦闷的单调的生活,得着一点暂时的调剂,现在有一种主张改良苗族的汉苗人们,主张把这类风俗革除,其实大可不必,因为这一类的风俗,都有它生活上的背景,除非另外有了替代,废掉了它,对于民族情绪的表现上,是有害无益的。"[2]正如他当时在其他文章中的宣言:我们承认语言、文化宗教信仰等方面,在汉族与非汉族、边区与非边区之间,确有显著的不同。但不同的现象有其历史的背景,并不牵涉到优劣的问题,并且一个国家内尽管有不同的语言文化,并不损害一国的统一精神。只要协调得法反而增加生活的丰满。英国、瑞士就是很好的例子。当然,政府中也有主张同化政策的,不过我们觉得强制一个民族去改变他们的语言、信仰、风俗习惯是最不明智的政策。这些非物质的文化特征是人民精神寄托的象征,压制它们的发展,徒然激起边民情绪上的反抗与疑虑,与精神团结上反而有损无益。[3] 而受美国人类学的影响,他在调查中极为关注比较民族间的神话传说及故事,他说:"比较民族间

---

[1] 杨圣敏、良警宇主编:《中国人类学民族学学科建设百年文选》,126～127页,北京:知识产权出版社,2009。
[2] 吴泽霖:"贵阳苗族的跳花场",见吴泽霖、陈国钧等:《贵州苗夷社会研究》,171页。
[3] 赵培中主编:《吴泽霖执教60周年暨90寿辰纪念文集》,200页,武汉:湖北科学技术出版社,1988。

的神话传说及故事,美国人类学派极为重视,因为从他们共同的传说或故事中,可以察见部落间相互影响的证据。这种研究的方法,普通称为人类学的历史方法。它并不顾及部落内的神话所表现的历史价值,不述及神话在部落中的作用,也不去讲究神话的文学价值。这种方法不仅是把神话的各种事节作一种客观的比较,借可明白民族的隶属及部落流动的途径。"①

　　回观20世纪30~40年代的那批学者与著作,不仅是贵州吴泽霖主持的大夏大学社会研究部,同样也包括云南的魁阁、四川李庄史语所,以及成都的华西坝,整个中国的知识分子都担负着救国与研究的双重使命,在政治追求中坚持学术,在学术研究同时服务于政治,这样一种双重特征交织在他们的调查中、文章里。这样一种特征,也就构筑了中国早期的民族学、人类学学科。

五、民族志之思考

　　20世纪20~30年代,中国的民族学、人类学学科在一种中西合璧的交融下在中国兴起。这一批早期的学科知识分子往往从中国传统的四书五经之学启蒙,继而留学海外接受西方的社会科学思想,辗转回国却面临着国破家亡的民族危机,遂西迁至前所未往的西部边疆,应时事之需带着各自的学术训练之背景投身到西部边疆少数民族的调查当中。学科意义上的民族志由此得到了在中国的第一次辉煌。一大批田野调查报告在20世纪30~40年代纷纷出版。被称为当时中国"最为科学的民族调查报告"的凌纯声的《松花江下游的赫哲族》也在此时出版。时至今日,半个多世纪过去了,当我们手捧着那个年代制造的文本时,我们看到的、想到的必定不仅是文本之内容,我们仍然会思考它们为何?它们怎样?《贵州苗夷社会研究》作为20世纪30年代末40年代初大夏大学那批师生们共同合作之结晶,又将是怎样?

1. 集体作业的民族志

　　谈到人类学史上抗战时期的学术研究机构,费孝通领导下的魁阁成为一种象征。正是魁阁精神的存在,才使得学术研究成为一种极富成效的工作,中国学术才能凝聚为一股力量甚至影响到世界。那么,是否大夏大学社会研究部的研究亦同于云南的魁阁?在吴泽霖的领导下,汇聚着一群充满学术热情的共同追随某种精神的知识分子?应该说,大夏大学的社会研究部更具有自我的特征。

---

① 吴泽霖:"苗族中祖先来历的传说",见吴泽霖、陈国钧等:《贵州苗夷社会研究》,94~95页。

尽管今天有关本土学者与他者、主位与客位等话题一直是人类学研究中方法论问题的核心问题之一,其实早在中国人类学萌芽之时,有关本土与非本土的问题便开始呈现出来。《贵州苗夷社会研究》一书的作者,既包括留学归国、突然从文明国家闯入荒蛮之地的学者,如吴泽霖、张少微、陈国钧,也包括生长于"蛮夷之地"在国内高校接受了相关学科训练的本土学者,如杨汉先、李植人等。这些身份与求学背景的差异必然影响着他们在研究中的不同情感与表述。

吴泽霖、陈国钧等在西方人类学对"他者"的追寻这种熏陶中成长起来,从熟悉的东部文化走入西部陌生的异域,听到语言的截然不同,看到风俗的鲜明差别,苗夷族的文化成为一种"奇风异俗",也同样能够让学者意识到这是"最值得研究的对象"。因此,努力将所学的理论、所掌握的欧美知识与所见的苗夷族现实加以比较,分析其在学科意义上的价值,很分明地呈现在某些文章中。成长于一个有着几千年文明的文化中,抗战救国成为其不可推卸的责任。这种责任与当时的国情相联系。一方面,外国帝国主义对中国边疆的虎视眈眈使得学者们对于帝国主义极为警惕与防范。因此,在《贵州苗夷社会研究》一书中,对外国传教士在中国的活动都被视为离间挑拨、意图侵占我国领土的行为,一种敌对与仇视充斥在对传教士的描述中。另一方面,对于研究对象,试图通过研究而对其社会加以改造使之融入抗战之中是学者们最终的目的。因此,通过与自我文明体系中文化差异的比较试图对苗夷民社会生活加以改造和教育,成为这批学者们努力的目标。

20世纪30年代,苗族已经成长出一批接受过高等教育的知识分子。杨汉先作为苗族本土知识分子的代表,成长于教会学校的环境中。目睹历史上与现今自我民族遭受的剥削与压迫,这些本土知识分子族群意识高涨,对自我文化的辩护成为一种毫无疑问的事实。就在1938年,国民党政府在威宁石门坎地区设立"贵州省直属石门坎特别党部",推行同化政策,杨汉先受到当时全国呼吁团结抗战以及蒙藏委员会高呼民族团结政治气氛的鼓舞和激励,与苗族青年学生一起策划旨在谋求民族团结、抵制外来欺压的活动,在他起草的《告石川联区同胞》的宣言中,他提到苗族要在抗日之时,奋力前进,以求达到自决自治之目的。[①] 因此,杨汉先的"大花苗名称的来源"、"威宁花苗歌乐杂谈"、"大花苗歌谣种类"就是专注于对家乡威宁花苗的研究。从对花苗的歌曲、娱乐的介绍中,他流露出对自我族群文化的热爱之情,并认为这是一种值得称道的艺术之风,希望民俗学者

---

① 龙基成:"社会变迁、基督教与中国苗族知识分子",载《贵州民族研究》,1997(1)。

能多多搜集,否则这样的材料不久之后就会消失。①

因此,由这样一群成长经历极具差异、学术背景各异、带着各自情感关怀的学者造就的民族志,是极为独特的。它不同于我们一般意义上对一个民族的集中关怀的民族志,也不同于传统人类学研究中的孤独的人类学家独自一人前往异域从而撰写的一本完整的民族志,它是集体合作的产物,也是针对多样纷繁研究对象的产物,甚至仍沿用当时流行的称呼——它是调查报告。然而,直至今日,它对我们今天学科的影响仍然是深远的,甚至,它开创了民族志的一种新模式,成为后学效仿的对象。

2. 西学中国化的努力——民族志的科学抑或非科学

20世纪20~30年代的民族学者,带着留洋的背景,学习了西方人类学、民族学的新知识和新方法,怀抱着一种对西方"科学主义"精神的拥戴与忠诚,总是试图让自己的学术活动更具科学性,对于他们的田野调查以及民族志写作同样如此。在对他们的田野调查及民族志写作的总结与反思中,这种对科学精神的追求总是呈现在文本中。在1940年所写的"水家的妇女生活"一文的后记中,吴泽霖曾写道:"科学的民族学田野调查,在我国正在摸索进行中。只有从多方面的成功和失败中吸取经验教训,才能促成这一工作的成长和进步。本文和我们在其他方面的调查报告的发表,都是为了这一意图提供一些素材。"②另外,吴泽霖又曾在多处提及那个年代的田野调查之特点,民族志撰写之科学性问题。如他在"炉山黑苗的生活"一文中说:"如以民族学或社会学的观点来看,那我们的调查报告离开科学标准尚远,但是其中一部分的原始资料在社会科学上,甚而对于从政者未始没有一点贡献,所以这篇小型调查报告,或许不算是多此一举吧!"③而对西方学者人类学研究方法则是大加赞赏,"一些欧美的著名人类学家和民族学家在国外田野调查中之所以能获得较好成就,是与他们往往能长年累月,有的甚至挈眷同行,长期与当地人生活在一起,不无关系。"④

在这种思考之下,反省自身研究之不足欣然可见于文本,"这篇报告是根据上面所述的意图而进行的一次调查后写成的,内容叙述了水家妇女生活的一些侧面,从民族学的角度来衡量,这篇论文的质量水平不高:横向叙述几乎没有述

---

① 杨汉先:"大花苗歌谣种类",见吴泽霖、陈国钧等:《贵州苗夷社会研究》,180页。
② 吴泽霖:《吴泽霖民族研究文集》,30页。
③ 同上,56页。
④ 同上,29~30页。

及,纵的追溯也未深入。但作为一次探索性的调查中所获得的一些经验和体会,还是值得在此一提。我在汉族聚居地区以外进行田野调查,是从抗日战争以后内迁贵州后才开始的,经验不足,现在仍在探索中。在民族调查的方法上和遇到的一些问题,深愿乘此机会向同好者请教。"①受西方民族志标准的影响,一种系统而全面的民族志在当时更被认为是颇具水准的民族志,因此,类如凌纯声1934年出版的《松花江下游的赫哲族》长达700页的调查报告被视为"中国民族志专刊应有的水准"。②

作为一种西学中国化的表现,对当时的学者而言,民族志文本仅仅只是当时学者们追求的一种表现而已,例如吴泽霖开始的对民族博物馆学的努力也正是这种追求的一部分:"当年我在考虑如何促进民族之间的相互了解时,回忆起我在欧美时看到博物馆所起的作用,联想到民族博物馆在我国可能发挥一定的效能。因此,我在贵州少数民族地区进行调查时,只要财力许可,总尽量顺便收集一些富有代表性的民族文物,存放在贵阳大夏大学的社会研究室内。尽管在规模上只是一种微不足道的民族文物陈列,但对民族文化交流起过一点宣传作用。这点小小的效果却增强了我对少数民族民族博物馆在促进民族关系上能起到积极作用的信念,并鼓舞了我在嗣后岁月里为促进建立各级民族博物馆而不断努力。"③

六、尾 记

几十年后,当我们重拾20世纪初那批民族志的读本,我们可以思考的问题太多。然而,对于学科史的思考却又不得不使我们重新看待我们的学科。中国的人类学,一方面具有强烈的实用主义倾向,将自身参与到当政者国族建构的历史进程中;另一方面却也将学科知识融入其中,将国外社会科学的理论与中国的实际相结合,掀开了中国自身研究的序幕。这样场景下的中国民族志,伴随着"调查报告"这一具有本土化特征的称呼,开始了学科进入中国后的第一次面世。这样的见面夹杂着时代的要求,在学术之中包含着应用的倾向,奠定了一种结构的模式。尽管当时的学者们会声称自己的研究摆脱了西方殖民主义的特征,但

---

① 吴泽霖:《吴泽霖民族研究文集》,28页。
② 吴文藻:"中国社区研究的西洋影响与国内近状",载《社会研究》,1935年(101、102),转引自王建民:《中国民族学史》,169页。
③ 吴泽霖:《吴泽霖民族研究文集》,7页。

是恰恰又继承着西方帝国主义的精髓,将人类学作为一种与政治挂钩的应用性学科不断实践。虽然经历了学科的历史性中断,但是这一种实践却一直伴随在中国历史的进程中。从20世纪30年代的抗战到后来民族识别、社会历史调查乃至于到现今的发展报告之类的应用性生产,都是一种民族志文本结构的不断实现,那么结构能否超越、模式能否颠覆正是我们当代人类学研究中值得思考的问题。

(李金花)

22 山水·交游·罗罗国

——读林耀华《凉山夷家》(1944)

引 言

林耀华先生的学术生涯可以新中国成立为界分前后两阶段。《凉山夷家》[①]为其前一阶段之作,故其后阶段的活动暂且不表。从他求学经历看,幼年受传统私塾教育;后考取燕京大学社会服务系学士及硕士,师从吴文藻和拉德克利夫-布朗,深受结构功能主义影响;再到哈佛大学人类学系攻读博士,但偏重考古、体质人类学,对建国后他从事民族学、民族史的研究助益更大。从其主要著述看,学士论文为《严复研究》,硕士阶段过渡到汉人宗族方面,如《义序宗族的研究》、《金翼》,他在哈佛大学的博士论文为《贵州苗蛮》,可以说是他从汉人研究转向少数民族研究的分水岭,其后写作了诸如《凉山夷家》、《康北藏民的社会状况》、《川康北界的嘉戎土司》等一系列边疆民族研究作品。

写作《凉山夷家》之时,林先生已从哈佛大学毕业回国,任华西燕京大学社会学系主任。凉山之行是他利用暑假考察西南边疆少数民族计划的第一步,后又相继去了康定、甘孜藏区和嘉戎藏区。无论是《凉山夷家》还是关于藏区的作品,林先生依然延续着作为主要社会组织的宗族的关注,理论方法上仍运用结构功能主义的分析框架。但林先生的书中始终交杂着中学—西学,以及作为一位留洋知识分子,处理夷夏历史性的等级关系,国难当头下的国族、民族主义和人类学家文化相对观种种矛盾时的困惑。

---

① 彝族的"彝"字是新中国成立后毛主席更改的,他认为"彝"字好,字中有米有丝,有吃有穿;又是古代祭祀用的一种器具,含有庄重美好的意思,而"夷"含有华夷偏见。于是"彝"字就作为彝族的称呼定了下来。林先生的《凉山夷家》初版于1947年,书中一律用"夷"指称现在的"彝族"。为了遵循林先生的初衷,本文还是沿用"夷"字。由于引文参考的是1995年收入《凉山彝家的巨变》中的版本,此版已将"夷"改为"彝",因此本文仅在引文部分按照新版原文对"夷"字做了修改。

所以,本文对《凉山夷家》的解读分为三部分:林先生入凉山之行,与随行夷人的交往,最后是他对于夷人社会的认识。

一、行 游

当时的"凉山"和林先生的身份所勾连的国族—民族、蛮夷—华夏乃至中外等关系,使这次"游走"充满多重象征意味。

其时,凉山已由二三十年代杨成志等知识分子笔下的"边陲之地"变成中华民族的抗战大后方。同时,由于"中华民国"取代满清皇权,汉人心态由排他尤其是排满的民族主义转变为一种包容的国族主义,日本的侵略亦促使这种包容的民族主义心态膨胀,所有中国人都不过是隶属于中华民国的不同民族。汉人对国族、民族认识的变化使得历来盘踞于此、不通教化、少人问津的"独立"罗罗国,无论从政治、军事、经济的边政战略角度,还是汉夷种族源流关系、文化沟通角度,骤然成为政治家和知识分子们亟待解决的一个"认识"问题。伴随着战时国家政治中心南迁,保守着"中华民族"文化精粹的知识分子们亦"衣冠南渡",林耀华正是在这种情景下圆了自己"十余年来梦想游历凉山"的"梦"。

林先生的凉山之行受"中国抗建垦殖社"、"罗氏基金委员会"和"哈佛燕京学社"兼及中外的三方资助。纵观他的凉山之旅,一路上与之打交道的是哪些人士呢?按其旅行线路,依次是:屏山县长、屏山土司后裔、中国抗建垦殖社、地方保长、驻军排长、雷波土司后裔、雷波县长、马边县长、沐川县长和黑夷头人——他的保头里区打吉、老穆和哲觉。既有国家行政系统的地方领导,又有取代土司而称霸一方的夷人头领。他是深入夷区调查的汉人知识分子,有时又作为"中央"下来的"汉夷委员"。

他的行李充满"洋味":被夷人视作摄人魂魄的相机和奇技淫巧般的测量人体的工具;脸盆和行军床:脸盆既是炊具又是洗漱工具,两种用途都与夷人的饮食和卫生习惯相异——夷人出门在外要么带干粮要么直接用火烤土豆、苞谷等,且没有早晚洗脸洗脚的习惯;尤其让人惊讶的是,此行交通如此艰险不便,林先生竟带了行军床,以至他屡屡见到夷人用随身披的披毡就地一铺,既当床又当被而安然入睡时,不由得感慨万千。

凉山,在林先生的书写中不仅不是对外隔绝的封闭实体,其内部也不是各自孤立,而是通过许多地理上的点处处通联;对于山、水的描绘,不是把它们作为纯粹的地理环境介绍,而是使地理格局成为认识夷汉关系的谱系,山、水因其是夷汉历史性互动的场域而赋予人文意义,因为活跃于这些山水之间的既有官方道路网络的开拓、军事力量的驻扎,又有民间繁荣的集市贸易和夷汉杂居村落。

　　林先生对行进凉山路线描述的特点之一便是尤其关注地理空间上通衢各方的点。此时官道尚未遍布凉山,在多数汉人心中此处还是一个封闭的"独立国",在中华民国的版图上,它依然是一个盲区。林先生的此种关注具有此时边政学的眼光。从成都直至大凉山腹心,从纯汉区、夷汉杂处到纯夷区,林先生分别摘取了组成和打通这一文化线路的几个地理关键点。首先是西宁:"居于雷、马、屏三县的交界处,又为夷汉杂居的中枢,如欲开发小凉山,发展西宁则为先决条件。西面不远即为大凉山,将来如要开发纯粹夷区,也不能不利用西宁的位置,而为向西发展的根据。"① 接下来是雷波,它是翻越大小凉山天然分界线黄茅埂的门户,如果西宁是汉夷分界点,那么雷波可算熟夷和生夷的分界点。他写道:"从雷波登黄茅埂有三条路线。北路可由雷波北锦屏山,经山棱岗、田家湾,到大小谷堆翻岗。南路从拉里沟过母狗坡、羊子桥,由粒米翻岗。南北两路都曾经前届考察团走过。作者此次特走中路,一条新路线,由拉里沟登马颈子,经过丁家坪、捉脚那达,马卡哈落,然后穿过一片大老林,由毛昔剧烈翻黄茅埂。"② 最后便是翻过黄茅埂后大凉山的中枢——牛牛坝。"牛牛坝往东可至雷波,往西可至越西。西南至昭觉,北行至洼海,更通峨、马二县,为用兵凉山必争之地。"③

　　不仅地理的关键点是林先生沿途关注的重点,这些点之间的相互策应关系亦极重要,甚至这些关键点之间的相互关系胜于作为它们作为孤立的地方存在,因为如果没有它们与周边各处的相互巩卫关系,它们即将不保,而夷汉势力的争夺、消长恰是从破坏这些点的相互连通关系开始。譬如,他写道:"黄螂与雷波之间皆系汉地,交通无阻。他如三河口、油榨坪、中山坪、滥坝子、山棱岗、马颈子、西苏角、小屋基等处都在汉人手中,虽不能连成一片,若一旦有事,皆可相为策应,民国以后,驻军减少,罗罗大形猖獗。先是失去菖蒲田,雷波、黄螂间交通断绝。失去山棱岗、马颈子,雷波城西就没有保障。失去烟峰、油榨坪,马边通大凉山的中路隔断。再失去三河口,马边和峨边间的交通亦告断绝。"④

　　这些地理空间点和它们之间的相互策应关系贯穿林先生的凉山之行,象征汉人行政势力的官道到底修到了哪里?这也是林先生一直留心的问题。譬如,

---

① 林耀华:《凉山彝家的巨变》,114 页,北京:商务印书馆,1995。
② 同上,12 页。
③ 同上,6 页。
④ 同上,7 页。

"赵尔丰计划彻底整理凉山夷区,谋筑雷、建通道。建昌部分已经沟通昭觉,越过美姑河,达耶路那达。雷波部分仅修至山棱岗附近,因夷人率群劫夺,乱起停工。后来通道的工程,全部被夷人毁去。"①林先生考察之时,抗建垦殖社亦在积极地谋划打通凉山的道路,他听闻已有委员会计划一切,由衷希望早日成功。他此行的危险亦多源自道路的状况:"沿途森林草丛之中,尽为夷匪埋伏之处,他们在暗中可以窥见我们,但我们无法看见他们的存匿处。"②而在夷区修路不同于在别地筑路的一个重要特征是开辟大道时,必须"砍伐路旁草丛",而不像汉区的林荫道,这既极生动地呈现了夷人的所谓"族性"——居山地、善游击等,也反映出哪怕仅仅是这样一个细节,都是汉夷拉锯关系的有趣写照。

当时凉山在世人心目中一个主要特点便是隔绝,但这与近代民族—国家对版图内任何地方的控制和了解欲是矛盾的。官道的延伸,不仅是国家行政力量的深入,更伴随着汉文明或者中华文明的渗入,甚至道路修得越"细",整个凉山便被国家拉拢得越紧。这一潜在背景,使林先生的书写与古代行游四方的士人相比,似乎少了几分"美人之美,美美与共"的超脱与潇洒,而多了些对夷务的忧虑。但他并没有简单否定这个"他者"。他脑海中交织着汉夷、中西各方文化,但还没有完全地为各方找到一个适当的"安放"位置以及处理它们之间的关系,他的心态复杂而模糊。比如,当他泛舟马湖时,"默视此良辰美景,依恋不舍。回忆三年前曾在美国东北省避暑胜地的白山之下,与内子饶毓苏划舟于银湖之上的境况,却依稀相似。"可是笔锋一转,"我国有此美丽山河,只因地处边区,不能开辟游览,诚可浩叹。"③

相比于道路,一路上的军事驻所既是林先生沿途必须交涉和依赖的重要力量,也是汉夷关系、边区特色的鲜明反映。在夷汉交界的西宁城,"社会秩序的维持,操之于各武力团体如保卫队、垦社、秘密会社等。这些团体,气息相通,彼此皆以兄弟相称"④。至雷波,原为杨土司统治的核心地,现今已经"变为夷区包围中的孤城"。对于夷汉紧张的拉锯关系,双方势力变幻莫测的格局,作者不由感慨"三年前庙内驻扎队伍,以防关外夷人,今则反成为夷族的重要关隘"⑤。行至马颈子、山棱岗——大凉山的东部门户,生夷、熟夷的分界区域时,他感到这里的

---

① 林耀华:《凉山彝家的巨变》,7页。
② 同上,115页。
③ 同上。
④ 同上,114页。
⑤ 同上,11页。

夷汉军事势力消长更为错综复杂:"明清两代极力经营边区,至嘉、道之间汉人势力渐达黄茅埂以东之地。道光十八年变乱开始,夷人侵占大小谷堆,汉军退守山棱岗筑城自固,又于马颈子设要寨,于山棱岗成犄角之势","当时民谣尝云:'生成马颈子,铁打山棱岗,该死的黑角,救命五宝山(黑角常遭夷祸,由五宝山派兵救援)。'可见当时兵力尚能自保河东诸地。"但"今已尽毁,只留一二墙基而已"①。越过黄茅埂后,对军事驻地的书写代之以夷人家支、头人势力的描绘,因为大凉山完全是夷人的势力范围。

虽然国家道路和军事力量止于大凉山麓,但夷汉关系的另一重表征即民间的互动往来却是早已遍布大小凉山,是以贸易和夷汉杂居村落展开的。第一个在林先生笔下显出"边区气象"的市镇是屏山西部重镇秉彝场,因为"今秉彝场以东,已无夷人踪迹"。"此镇为内地通达边区要点,外间盐布货物,皆在此起卸,转由工人运到边地,与夷人贸易。"②到了小凉山的中心西宁,"街道两旁有各种商店,并旅社茶楼等,颇称热闹,村街之上多为汉人,夷人往来者亦甚多"。作为边城,西宁的兴衰当然与各方政治力量的消长息息相关,"遍访西宁附近地带存留前清乾嘉时代的石牌、石坊,可见当时是个繁华场所,清末是地没落,民国以来更甚。新近西宁重兴,赖垦殖社开殖之力为多"③。但另一方面,边地贸易似乎是各种天灾人祸都无法阻挡的。在此行前不久,西宁城因一处失火,几乎村落尽毁,但短短二十余天,毛竹屋宇又重新排列成行,重现上文所引之繁荣。从行政、军事方面考察已成为夷区孤岛的雷波,"逢场日挤满着四方来临的买卖行客。许多货物如布匹、盐巴、针线等,专为供给夷人的需要。平日街上夷人也不断地往来,县府门旁设有边民公寓,以资夷人过夜"④。可见大小凉山的山山水水从不寂寞,历史上即充满着汉夷贸易往来、物资流动的繁盛和热闹;那些茶馆、旅社、街市以及充斥在这些场所中的汉人、夷人乃至更远的藏人、蒙人,使华夏帝国的内外接触地带同样有声有色。

夷汉的接触并不仅限于行政、军事或贸易层面,而是深达两方百姓日常生活,因汉人娃子买卖,汉人可"变"为夷人,亦有夷人在城中伪装成汉人,不愿承认自己是夷人。汉夷百姓亦可和睦共居,汉人村落居平地或河谷,四围山上皆系夷家;或村中夷人居多,汉人只占几户,"投在黑彝治下求生存"。此外,边民之间的

---

① 林耀华:《凉山彝家的巨变》,13 页。
② 同上,112 页。
③ 同上,114 页。
④ 同上,116 页。

往来互动并非简单地汉治夷或夷排汉,而是极丰富有趣。例如,林先生的保头里区达吉的住屋"是夷汉文化综合的表示":瓦顶、砖墙、石制拱门,不同于夷人的土墙木顶,尤有趣味的是,"门顶夷石雕刻'一品当朝'四个汉字,两边联句则为'门钱当门一品水,坐厚高山出贤人'","屋为汉娃所建,稍读汉书,文句不通,别字层出","前进有天井亦汉式,两旁为牛马羊猪之栏,"① 而汉人布局中左右应为厢房、客房。所以对于夷汉关系,林先生写道:"夷汉之争,夷汉联合对汉,汉夷联合对夷,夷对夷,汉对汉,纠纷捣乱之事,相继不绝。处理边政,一时尚难廓清。"②

综观林先生此行,对凉山的认识是基于地理上通联各方的关键点和这些点之间的网络关系,书写活跃在这些点和关系之上的夷汉间行政、军事、贸易和文化的互往、拉锯、消长等丰富多彩的面貌。因当时知识分子与国家间微妙的权力关系,使他的行程如同是国家最高政权的化身在民族边疆穿行,所及之处,即为国家"教化"力量延伸之处;另一方面,他是一个系统学习过西方文化相对观念的知识分子,这种文化相对观与民族—国家的理念既有矛盾又有共通之点,而林先生作为一个深受中华传统熏陶的近代学者的身份,使得这种矛盾更加复杂和暧昧:边民在现代国家体系下,与汉人是平等民族,而非帝国时代华夷的等级格局,这与文化相对观不谋而合,但夷汉历史性的文野等级使他又不能完全达到文化相对论的境界;另一方面,国家开发边疆、改造边民的理想又会激起这位接受文化相对论者的隐隐反思,这块区域因汉人学者的陌生而有值得深入研究和暂行保留之处。他正是在这种模糊的"中间"心态下,开始了与夷人的交往和对夷区社会的研究。

二、交　往

林先生对所谓"夷人"的了解亦是通过某种意义上的"中间层"展开。纵观他的田野调查,普通白夷百姓或纯粹定居村里的黑夷,似乎仅是林先生做体质测量的"标本"。真正和他打交道,形成他对夷人个性的印象和好恶感情的,是引领他穿行于夷区、汉区之间的夷人保头们。所谓保头,即一些黑夷头人。"当时的凉山夷区是个没有政府的社会,境内有一百多个各自为政的黑彝家支,你的保头只能在其家支的势力范围内保证你的安全。在那些与你的保头有世仇的家支所

---

① 林耀华:《凉山彝家的巨变》,123 页。
② 同上,116~117 页。

控制的地域内,甚至连你的保头本身的安全也成为问题。当然,在一般情况下,保头是会通过转保或者其他办法来避免这种危险的"①。保头,既不同于旧时土司,也异于现任官员。

但中间层的各色人物并非千篇一律。负责林先生凉山之行的共三位保头,他们彼此是亲戚。里区达吉为主要保头,老穆是达吉族侄,哲觉是老穆母舅。一路的交往,林先生对三位的感情差别极其分明:达吉似乎是"好"夷人的代表,让他由衷感到一种"真诚的友谊"日益加深;哲觉是"坏"夷人的典型,让他一路担惊受怕;老穆多数时候是沉默的在场,对他的感情可谓中立。如果从与汉人的亲疏关系考察,这三位对应地表现出与汉人关系由近及远的趋向。林先生对他们情感亲疏的距离和他们本身在夷汉之间与汉人的距离似乎巧合般地一致。透过他与这三位保头之间的故事,可以窥见与不同中间人打交道时所呈现出的夷汉关系的复杂多样,以及他处理夷汉关系时的矛盾心态。

林先生与达吉正式"建交"始于一场仪式。"由雷波李开第县长,于八月十二日在县府主持实行简单仪式,由双方当事人到场行礼,然后入山。"②但此前,无论是国家委派的考察团,还是民间往来的商客,举行的仪式却是"先与保头杀鸡宰牛发誓,双方饮血酒为盟。因为夷人信鬼,发誓之后,不敢背叛,免鬼来作祟"③。林先生对于这种"改良"感慨有三:夷人饮血盟誓,事后背叛者甚多,徒赖盟誓,不足担保;我们此次未饮血酒,开汉夷往来关系之先例;希望以后考察员不必拘泥于迷信风俗,反阻夷汉文化之流通。

这三点感慨反映出当时一个核心问题:夷汉之间的信任,或者说和平的"盟约"究竟该如何建立,建立的基础应是什么?在他看来,夷人喝血酒盟誓那套规矩,只能约束夷人,这套规范一旦跨越文化的边界就失效了,反而成为夷人利用汉人的手段,因此,它不是夷汉双方建立互信的有效方式。依照汉人礼节,比如"行礼",是否可以成为双方"缔约"的有力约束呢?从林先生后来的举动看,实则也不是,行完礼却又特意写了两封快信,"一封寄重庆内子饶毓苏,一封寄会燕京大学法学院院长吴其玉兄,通告他们入山日程,黑彝保头的支系姓名,办理夷务的介绍人等等,以防意外事变的发生"④。

其次,仪式改良本身也反映出当事人微妙的心态变迁。"喝血酒"建立的是

---

① 林耀华:《林耀华学述》,66 页,杭州:浙江人民出版社,1999。
② 林耀华:《凉山彝家的巨变》,117 页。
③ 同上。
④ 同上,118 页。

兄弟或亲戚关系,且这种血缘关系往往暗含着辈分等级差别。"行礼"双方却是平等的,但这种"貌似的"平等很脆弱,它没有一种双方都完全认可的文化或权力约束作保障。如果林先生凭借的是象征性的国家政权或与夷族同为中华民国一分子的汉族,但这两者对于达吉都没有真正地影响力,他心里甚至向往的还是以前的"皇帝"、"一品大员"(从他房屋的对联可看出)。所以,不管盟誓的细节如何改良,如果汉夷之间没有真正找到一个双方真心诚服的"约",那么,林先生此行的猜疑、隔阂、担忧的情绪依然会在后来者身上重复。

行程中,达吉既琢磨不定也捉摸不透。不知道他会突然在哪里消失,隔一段时间又会在哪里早早地等待着与林先生他们会合。达吉的去留固然与当地夷人家支势力的分布相关,但这给林先生一种印象:达吉自己的行踪飘忽不定,但对考察团的行程了如指掌,这种对比反而显出他运筹帷幄的能力。当他看到达吉那所"夷汉文化综合"的"豪宅"以及门楣上荒诞的文字,仅仅一笑置之;林先生因不懂夷语之故,达吉夫妇谈话时,只见达吉"虽闭目,却亦静听,不时发言,类似安慰,又似批评",但始终不明白他到底在表达什么。林先生后来回忆说:"'文革'期间,他(达吉)受到了冲击。据说,他对于自己在这期间一共挨了多少次批斗是计数得十分清楚的。至于他为什么要计数这种痛苦,没有人能知道。这个达吉,总是让人捉摸不透。50年前他曾帮助我理解凉山夷家,但对于他怎样理解我们汉人,我却几乎是一无所知。人类学家的任务本来就是理解人,可我究竟在多大程度上理解了达吉和我们自己,这却仍是个问题。今天想到这些,我心里仍不免有一种难言的迷惘和惆怅。"[①]

对于保头老穆,林先生着重记述了"办学"一事:"有一次老穆带我到他自己的住屋坡下,勘察地形……老穆问我此地可否盖一所小学,并问政府能否来此兴办教育事宜。"[②]林先生听闻后有一连串反应:先是"喜出望外,顿时发现存在于我们之间的隔膜并不是不能消解";再是发现"夷人有向慕汉化之心,我们自应极力成全他们的愿望;"最后,这种"成全"立即转化成"代他计划兴建小学",比如建在哪里最适宜,但他的"计划"是建立在机械统计数据基础上,如临近各村有多少户,到达学校地点要多久,但这也许和夷人的生活方式不合拍。

如果之前和达吉是通过"行礼"来缔结一种"盟约","学校"则是林先生发现的另一个可能创造汉夷友好关系的中介物。他如此欣喜,因为"办学"这一意向

---

① 林耀华:《林耀华学述》,92~93页。
② 林耀华:《凉山彝家的巨变》,125页。

的多重象征恰恰与他作为一个"中间"知识分子的模糊心态相符:它与传统中国文明中心向四周蛮夷输出教化的情调相合;可它教化的内容又置换成西方传入的当时被奉为最先进的现代知识,这正与近代知识分子的追求相符。但问题是,办学的"行使权"究竟应该掌握在谁手中? 从当时夷区的情况看,国民政府办的几所学校都因与当地文化格格不入而停办,只有夷族土司领光电办的小学得以维持。这无论对林先生还有后来者都应颇有启示。

保头哲觉,在林先生笔下几乎汇集了各种"野蛮人"的特征。他们的第一次碰面就是在一种"不文明"的喧嚣中开始:"一进屋即滔滔不绝的喊叫,……开口就要求我们杀羊招待,带骂带闹的喊了半天。晚上睡在我们隔壁,整夜说话,闹到天明"[1],甚至,同行汉人即称呼他为"疯夷人"。他又爱财贪心,入山后,途中曾向林先生索要钱财,"说前面有冤家,要求我们出一锭银子为买路钱。若应允出银,夷人贪求无厌,此去不堪设想。若不应允,他举枪反叛,我们死无葬身之地"[2]。最后与他的分别也是不欢而散,他让翻译前来索取护送礼物,但事前不知他的加入,故没准备,"谁知哲觉不信,猝然翻脸,破口大骂,他走到我们面前举枪相向,两分钟后哲觉不受达吉劝阻,把原送的毛巾一条,狠力的丢向我身上,并且叽哩咕噜的骂了一大顿"[3]。

但事隔多年之后,对这位当时最厌恶的保头林先生的歉疚、反思之情反而最多,"哲觉虽然为人粗暴,但也很尽职。他不仅要保证我们的安全,还要负责安排我们的食宿","他辛苦了一路后却不能兑现应得报酬,在这种情况下恼火,其实是应该理解也可以理解的",他甚至反躬自问:"自己当时凭什么把他看成贪得无厌的人呢? 如果家乡人提出类似要求,我会这样想吗?"[4]正如林先生提到的,这些情感归于"文化隔阂",这种隔阂在他未入凉山之时已有,亦不能归咎于他个人的文化偏见,而是中华文明历史性的等级观念使然。

除了三位保头,林先生沿途不免要在夷人家中吃住歇脚。如果与达吉、老穆是以行礼、办学等作为沟通汉夷的中介,他与这些夷乡的主人家们也存在着一种潜在的"约"或"换"的关系,留他吃住,杀鸡宰羊,他给予主人家"礼物"以报偿。这些用来打开"双边"关系的礼物是什么呢?"我们赠主妇剪刀丝线等,狂喜大

---

[1] 林耀华:《凉山彝家的巨变》,119 页。
[2] 同上,121 页。
[3] 同上,122 页。
[4] 林耀华:《林耀华学述》,70 页。

呼"①，"我们送上盐、布、镜子、剪刀、丝线、罐头等各色礼物，约哈（老穆的父亲）表示欢喜态度，即命娃子宰羊杀鸡，又是一场宴饮，尽情招待"②。最有趣的是，在一户只有老太婆、回娘家的女儿和儿媳的人家里，"我们搬出针线、徽章、玩物等，劝请姑嫂二人演奏夷家音乐"，"我们说明以丝线交换他们的锅装舞，姑嫂二人最初表示羞涩，不肯起舞，老太婆贪想丝线有些心急，自告奋勇，单人舞蹈，但我们未表满意。经过数度催促，又由翻译敦劝，姑嫂才肯答允，起立跳舞"。③

林先生置办的礼物都是给女人的，给老穆的父亲送的也是"布、镜子、剪刀、丝线"，等等。有的礼物对夷人来说并没实际用途，甚至不知道到底是什么，如徽章。当地人又如何看待这些礼物呢？"三河以打山后遇见樵夫老者一对夫妇，老者系一胡姓汉娃，在夷地已四十余年，其妇于二十余年前在海脑坝被掳到凉山，家主为之婚配。同行有两个别家女娃子，一系第二代汉娃，一系第三代汉娃。考察团分赠各人针线，老人手指第三代女娃对作者云：'此女已是蛮子，可不必给她。'"④这些礼物本是夷汉身份的表征。如果帝国时代的皇帝酷爱收集来自异域的奇技淫巧之物，体现帝国"以他者为上"的心态和"包举宇内"的证明，那么，当地夷人、夷妇对这些徽章、玩物、各色丝线的欢喜、渴求，是否也隐含着这样一种心态，只不过可能他们更实用，比如全戴在身上以展示。

综上所述，林先生对夷人的认识是从穿行于汉夷间的中间人展开，这些中间人因其与汉文明亲疏之别，使林先生觉得他们优劣不等。在与这些人打交道的过程中，他似乎一直在寻找某种能够真正沟通汉夷文化交往的中介物，无论是汉家、夷家的礼俗，西方传入的学校教育，还是土洋兼有的礼物。夷汉"文化隔阂"如此根深蒂固，或许与两方之间缺乏这样一些真正有共同文明基础的中介物或者说"盟约物"息息相关。而林先生直到耄耋之年依然对此存有困惑和反思，是不是暗示着这样一些文明的基础仍然空缺呢？

三、夷人社会

如果林先生的行游和与夷人的交往既带有民族—国家背景下的边政学关怀，亦隐约延续着中国传统士人游历于华夷山水之间的情调，那么，他对于夷区

---

① 林耀华：《凉山彝家的巨变》，119 页。
② 同上，125 页。
③ 同上，126 页。
④ 同上，79 页。

社会的认识,则运用内化后的西学知识。他对夷区社会的叙述,以几个核心概念为基础——功能、结构和这二者的均衡,通过三套系统展开:氏族与头人,亲属系统,以及社会组织中的"文化"结点,如经济、阶级等,它们亦能辅助社会组织均衡运转。值得一提的是,虽然林先生完全运用结构—功能理论,社会均衡的观点分析夷人社会,但实则他提供的有些材料本身已超出此分析框架。

首先,罗罗既无近代的政治团体,也没有一定的领袖方式,那么,它如何将此区域统合成一个外部看来是一体的社会呢?林先生认为是"氏族":"凉山的罗罗社会,以氏族为最有规模的组织。氏族之间,有时暂时联盟抵御外侮,稍具部落组织的性质,但事后又必分道扬镳,各自为政,并没有超乎氏族之上的永久团体"①。族与族之间,繁衍错综,犬牙交错,极难划出一定的界限或者成块孤立的支系势力范围。氏族中又以氏族村落为最主要的社会团体。它是血缘与地缘结合的共同体,血缘上系同一父系祖先所传下来的子孙,又占据一定的地理范围,为全村人民生活的根据地。氏族之间犬牙相隔、交错的总体格局与定居和相对封闭的氏族村落如何实现往来联系呢?林先生提到的一个关键因素即支系头人。

罗罗支系头人的产生靠一种众望所归的习俗机制。头人不能世袭,也不是最年长者或辈分最高者,而完全依赖个人能力。怎样的"个人能力"是为罗罗社会所崇奉的呢?按照林先生的比喻,像竹竿和橡皮带的架构一样,个人生活在与他者共同构成的关系网络中,这个"他者"包括邻人、同支系不同地域的亲戚,甚至汉人、藏人等。个人能够建立、控制和维持的系网络越广大,"个人能力"越强,越能维持这套体系的均衡。正是这样一些头人,使罗罗社会在定居氏族村落与交错的氏族支系格局间充满着各种"远交近攻"、"纵横捭阖"的生趣。

里区达吉的妹妹里区氏便是这样的头领。她在其夫胡兴民去世后,利用夷汉文化中各种资源,保全自身地位。按照夷俗,她应被转房给胡兴民的族叔长保,里区氏不愿转嫁,暗使其娘家兄弟将长保击毙,引起长保的舅家表兄吴奇孤保要替兄报仇,率族众来此村打冤家。但兴民与长保为同族叔侄,按夷人习惯,族间冲突应以族内惯例解决,不可以冤家对待。同时,胡兴民的次妻吴奇氏和吴奇孤保又是同族。吴奇氏及其娘家如果助其夫家对孤保,又会引起吴奇族间的冤家械斗。所以,经中间人说和,逐渐平息下去。长保案解决后,族议又拥胡兴民的堂弟招赘里区氏。但她始终不从。胡兴民的次妻吴奇氏死后,此村的统治

---

① 林耀华:《凉山彝家的巨变》,17页。

之权全操于里区氏之手,乃至雷波县政府任命她为特编保保长。她在村中的地位之维系与其兄里区达吉经常前来辅助她,且里区支势力雄厚,使无人敢起觊觎之心息息相关。里区氏之所以能违反转房习俗,依据竟是"依汉俗将守寡终身"。

为了把乌角村纳入里区支的势力范围,里区氏一再违背夷人转房的制度,理由是要依照汉人守寡习俗;其兄达吉支持其妹反抗夷人规矩,帮她杀死夫家族叔,还帮其管理村中事务。胡家族人,没有反对胡兴民效仿汉人纳两妻,违背夷人一夫一妻的规矩,但坚持要求里区氏照夷人规矩转房,企图重新收回胡家在乌角村的权势。三方似乎纠缠在依夷俗还是仿汉俗——转房还是守寡,但这两种制度实则也是三方在各自特定的处境和权力关系网中所选择的不同凭借而已。这些头人们时而表现得对汉人文化无比崇奉和开通,以示自身的不"野蛮"和开化;时而又把它作为攻击和反对对手的理由,比如达吉曾被同村人讽刺"变成汉人"。但不管夷俗还是汉俗,它们共同构成了大小凉山区域的一套"言语说法",个人可以灵活撷取这套言语中的资源,作为维持其所处关系网络的力量。

亲属制度也是维持夷区社会均衡、有序功能的另一重要结构。它不仅区分出人人之间的内外、上下关系,且这套关系内蕴含着各人应如何在这些体系内行事的"规矩",通过这套体系有秩序地运转,夷区社会能在维持总体结构的基础上得以持续。

夷人亲属制度最为注重内外之别。按照与己身的远近关系,可分为血亲、姻亲,血亲又分为父族与外族,即使父族内也有直系、旁系之别。直系血亲即与自己有直接血缘继承关系的亲属,如祖、父、子女、孙子女等;旁系血亲包括伯叔、姑、兄弟姊妹(对于同辈男女,夷人不太注重直系旁系之别,皆为兄弟姊妹)、侄子、侄女等。血亲中的族外血亲主要指父族血亲中的女性所生育的后代,它是一代一代往外排除的,如姑姑、亲姊妹、女儿都为父族血亲,但她们的子女都变成了族外血亲。但由于夷人实行姑舅表婚,使得这些被排除在血亲之外的亲属以姻亲的方式重归亲属关系谱系。姻亲又可分为三类。与父族血亲发生婚姻关系的亲属,包括从父族娶出女性的男性,如姑父、姊妹夫、女婿、侄婿等与嫁入父族的女性,如伯叔母、兄嫂弟媳、儿媳、侄媳等。其次是与族外血亲发生婚姻关系的亲属,如姑表兄弟之妻、姑姊妹之夫、外侄婿外侄媳、外孙媳外孙女婿等。最后是由于自己婚姻而发生关系的亲属,从男子立场看则为妻党,如岳父母、妻兄弟;从女子而论则是夫族的亲属团体。

由于罗罗累代实行交错从表的连婚关系,使得岳婿翁媳关系在开亲的两族之间轮流变换。以父子孙三辈为例,第一代甲乙两男为两族,且各有一妹,甲之妹丁嫁与乙为妻，乙之妹丙嫁与甲为妻，即甲乙二人互换其妹为配偶。第二代，甲乙之子女因姑舅表婚又互为配偶，甲之子娶乙之女，乙之子娶甲之女；甲之子实则娶的是自己姑姑（乙妻甲妹）的女儿，乙之女嫁的是自己舅舅（其母甲妹之兄）的儿子。第三代，又因交错从表之故，关系状态又回到第一代的方式。甲的外孙女嫁与甲的孙子，乙的外孙女嫁与乙的孙子，第一代交换出去的女子又各归本族。

除了实行姑舅表婚，罗罗的婚姻制度还有其特殊的规例，支配着男女间的关系，控制亲属团体的形成。夷人社会等级极森严，黑夷白夷之间绝无通婚可能。若黑女私通白男，男女两方皆处死刑；但黑男与白女相好则可宽容，不过所生子女称为"黄骨头"，黑白二阶级都不予承认。夷人亲属又重内外之别，同父系氏族内禁止通婚。姑舅表婚实则也是为严格排斥同姓内婚。夷人有转房的习俗，哥死弟娶兄嫂或弟死兄娶弟媳，因为凡妇女嫁入氏族之内，永为该族成员，只能在族内转嫁，甚至无平辈兄弟，可转嫁叔伯。但寡妇不一定都会转房，若妇女娘家家支势力雄厚，其又不愿转房，夫家也奈何不得，例如上文提到的里区达吉之妹即凭借娘家势力，以仿汉人双挑的名义，拒绝转房。最后，夷人婚姻普遍实行一夫一妻制，但某些夷人首领出于政治上的野心，欲图以妻党背景扩张势力，则娶多个女子。但男人在娶次妻之前，先向大妻赔礼，献上牛羊或增马匹，妻兄弟亦必先说通，招待宴饮，征求同意，以免将来打冤家。

林先生认为对亲属制度的研究，最重要的是通过其揭示人与人之间的关系及其相应的规矩，从而反映社会的组织。例如在英语中，舅父与伯叔父同为一词，姨母、姑母与伯叔母也同为一词，可见他们并不重视父系母系的区分。但在夷人社会中，舅父与伯叔父、姨母与姑母是性质完全不同的亲属关系。因为舅方、姑母方可以开亲，而伯叔与姨母的子女不能与己方通婚。同理，夷人亲属称谓中有"ma dzz gni mo"一词表示"兄弟姐妹"，其实仅指姨母、伯叔之子女，都是绝对禁止与己婚配的，甚至从小不能同榻而眠，成年之后单独同行、同处都会引起长辈的责骂与不安。不在"兄弟姐妹"之列的姑表兄妹、舅表兄妹相互打情骂俏则视为平常之举，但不得在长辈或女方兄弟面前嬉戏，否则其兄必举拳击之，甚至引起打冤家。翁媳、岳母女婿、兄与弟媳之间也须回避，严格来讲彼此不能见面、不能对话，不能同食。

夷人的亲属制度如同一张网络，通过追忆共同的始祖、背诵家支谱系、开亲乃至打冤家，将整个大小凉山结为一个整体。它不仅确立起人与人之间的内外、上下、远近关系，每种关系都蕴含着相应的行为规矩，使夷人社会有序运转。亲属制度也是夷人社会活动的基础,个人生老病死的人生仪式、一年四季的各种节庆、从说媒到生育子女整个过程、家庭日常生活等,都是以亲属关系为主要组织。整个大小凉山区域的分和、治乱都与各家支开亲、打冤家密切相关。

对于罗罗的经济生活,林先生已敏锐地察觉到,"经济组织分为生产、分配、消费各种历程分别的研讨。这种分类不能应用于初民社会,因为他们的经济问题与我们不同","经济功能实包括许多社会的意义,这功能并不限于财富的生产与消费"①。这个观点一是指出罗罗的经济并不单纯与钱财相关,而是含有许多社会的意义,是这些社会意义决定着夷人的经济方式,而非反之。其次,罗罗的经济生活并不是其社会生活中的一个独立领域,它勾连着夷人家系内部、村落之间乃至汉夷之间的各种关系。

首先,经济活动的社会意义决定着夷人的经济生活。从林先生书中提供的材料看,夷人的经济活动似乎遵循着某种结构:"黑夷自己牧羊,不像耕种一般视为下贱工作。"②"黑夷家户格外拥有畜群,这才是富裕的表现。白夷富者亦可牧畜"③。"农业耕种,无论是旱地的包谷与水田的稻米,全部都是白夷包办,黑夷从来不去参加"④。"黑夷的土地都是锅庄娃子代其农作,出产物整个归家主所有,若有剩余土地,可租给土地不足自给的白夷百姓,以出产一半为租金归还黑夷地主,一半白夷佃农自得"⑤。

这种牧—农,黑夷—白夷的对应关系,是夷人社会等级结构的反映。正如林先生的分析:"罗罗并非因经济生活的不同,或职业生产的不同而划分阶级。罗罗黑夷贵族之拥有土地并统治势力,与白夷奴隶之专司劳作,实系阶级划分的结果"⑥。并不是经济分工、财富多寡等引起罗罗社会黑—白、贵—贱的二分结构,而是夷人根据社会等级结构的区别,划分出不同阶级各自的经济活动,以经济活动——放羊还是耕地,来巩固和强化等级身份。

为什么在罗罗社会中是以放羊为代表的畜牧和"旱地的包谷、水田的稻米"为代表的农耕,作为社会等级结构的表征呢? 只有从罗罗与汉人历史性的关系结构中才能窥见这种观念的由来。"罗罗对农牧观感的不同,或系因于黑白夷原

---

① 林耀华:《凉山彝家的巨变》,60 页。
② 同上,61 页。
③ 同上,65 页。
④ 同上,61 页。
⑤ 同上,63 页。
⑥ 同上,61 页。

来经济生活的互异,又或因于侵略与被侵略的关系"①。林先生认为,夷人原来就为畜牧的民族,而现在的白夷其实祖上多系汉娃,只因居住夷地年代长久,不自知始祖而沦为夷人。黑夷侵略白夷或者掳掠汉人为娃子后,奴使这些被侵略的汉人劳作耕种,而黑夷自身保持着从事牧畜的经济生活。所以,夷人社会中对于牧—耕的等级结构实则暗指夷人为此地之主,汉人为从属;通过牧畜与农耕,既要不断强调夷汉的主从关系与区分,又伴随着汉人不断变成为在畜牧社会中从事农耕的"夷人"。由此可见,畜牧与农耕的等级关系并不是截然的二元对立,而是可以流通:畜牧的人既排斥和看不起农耕的人,但又要尽力把农耕的人变成自己人,这两个过程不断循环,相辅相成。

夷人的经济生活不仅划分出牧畜与农耕的结构,从林先生记下的材料看,即使在牧畜内部,亦有等级的区分。夷人把各种牲畜置入一套观念上的亲疏、贵贱结构中,这套划分与其别的社会观念勾连。如林先生写道:"马为最贵重的牲畜,不食其肉,为黑夷专有,但不成群。黑夷用为骑坐行猎,嬉戏赛跑";"黄牛可用为犁地耕作,贵重过于羊豕。夷人不用牛乳,但食牛肉,杀牛为大礼节"②;羊在夷人心目中的地位仅次于牛,通常由黑夷亲自放牧,也是财富的重要标准;猪的地位又次之,一般"由女娃驱牧"。对各种牲畜地位的划分,是夷人各种"社会意义"的反映,这些社会意义深刻地影响了他们的经济生活。马之所以最为重要,因为它用来行猎、嬉戏和赛跑,狩猎、牧畜原本为罗罗社会之根基,嬉戏、赛跑不过是将这些行为仪式化,使其作为彰显夷人族性的集中场合。马是其媒介,也是夷人族性的象征。"杀牛为大礼节",在夷人看来,他们是与祖先、神、鬼生活在一个世界中,人在世上的生活就是协调好与祖先、神鬼的关系,因此,各种祭祀成为处理人与神、鬼关系的媒介。牛是夷人祭祀中献祭给祖先、神灵的最高等祭品,也是招待生活中最尊贵客人的食品。作为一个父系社会,女性的地位相对低贱;女娃子又不同于里区氏那样的女性有强大家支的支持,而且很多尚未脱离"汉根",这种处境与猪在夷人观念中的地位对应,所以,猪就交与女娃放牧。

经济不仅反映出夷人社会的等级结构,也沟通着夷人内部和汉夷之间各种关系。在家庭内部,"继承之法,住屋传给幼子,因女子出嫁,他子结婚之后自立住屋,惟幼子与父母同居,承受住处。其他财产男女皆有继承之权,多半田园土地由男子分袭,银钱财物,枪支牲畜,以及男女娃子,则视子女多寡平均分派。男

---

① 林耀华:《凉山彝家的巨变》,61~62 页。

② 同上,65 页。

娃分给男子,女娃分给女子。"①林先生并不认为有绝对的父系、母系或单系、双系社会,不过是与某方关系占主导,但并不意味着完全隔断与其他方的联系。其次,村落之间的土地、森林、牧场等名义上人人都有利用的权利,甚至隔村的也可以利用。但罗罗支系多有冤家,特别邻村邻族结仇结怨者,所在皆是,冤家不许入境,所以,村与村中必有边缘地带为两村人不敢跨越。土地的利用范围是以冤家、亲家为标准。虽然有冤家隔阂,但并未阻挡人们的经济往来。譬如,每年7月的羊毛会,"各村人民驱羊至黄茅埂,半以避暑,半以行剪。各族各村聚会一处,剪毛之余交相宴饮嬉戏,互换食品礼物,买卖贸易,社交谈笑,极一时之盛"。②又如,"每年小凉山的夷人必去大凉山游历一次,或访同支族人,或访戚友,但路中经过之区可随便寄宿,主人必须招待。无论何等食物,主客分食,不能独享。吝啬之人为社会所鄙视,习俗所不许。"③最后,夷汉的经济往来也颇为频繁,主要为鸦片、枪支和娃子。"夷地因人工缺乏,则从边地掳掠汉人为娃子,以作大规模的鸦片种植","同时鸦片种植与收割都有一定节期,在此期间从边地运入大批汉工,事毕又送汉工出夷境"。④ 夷人又以鸦片收入换取汉地的枪支及白银。枪支、白银又影响着夷汉彼此的实力。

除了经济,阶级也是维系夷人社会均衡的重要方面。用阶级的立场观之,夷人社会分为三个等级:黑夷、白夷和汉娃。一方面等级严苛,黑夷与白夷、娃子之间不可能流动,白夷对黑夷应尽各种义务;另一方面,白夷与娃子之间可以升降变化,黑夷与白夷、娃子之间除了不能磨灭的等级差异外,也有真挚的爱护与依恋之情。

首先,黑夷、白夷之间等级界限分明。夷人信"根骨",所谓"黄牛是黄牛,水牛是水牛"。黑夷不可能沦为白夷或娃子,即使穷困潦倒,再富裕有权势的白夷见之,也须毕恭毕敬。打冤家时,若黑夷被俘,多数被敌方杀死或自杀,或被亲戚以金钱赎回,但不得奴使其为娃子,也不能转手贩卖。黑夷与白夷的等级关系体现在社会生活的各个方面:主人家农耕繁忙,或建屋营造,可随时征召白夷工作,只供饮食,没有报酬;打冤家时,白夷须出征御侮。冤家和议赔款,百姓共负赔偿的责任;每逢年节,百姓每家敬献主人酒一壶,猪头半边。主家婚丧火葬,白夷皆必献酒礼;餐饭饮食,白夷必先献黑夷家主,然后始敢自食。且食时在锅庄旁边

---

① 林耀华:《凉山彝家的巨变》,69 页。
② 同上,65 页。
③ 同上,66 页。
④ 同上,68 页。

主奴有地位方向的规定。睡眠主人居屋左或锅庄左边,白夷奴娃居屋右石磨旁边或锅庄下边;行路时,黑夷空手或执枪,白夷随从为主人荷枪持械,背负行装银物及食粮。主人要吸烟,娃子送上石制竹柄烟斗,装上烟丝,然后燃火,以便主人吹吸。主人口渴,奴娃从行装中取出木碗到远处取水送上。一路上,主人行止栖息,白夷莫不紧紧追随。

这套等级秩序虽然严苛,但也充满感情。新入山的汉娃,虽痛苦不堪,但在夷中经过数代,生活方式全部夷化,夷人也逐渐接纳其为同类。汉娃若取得主人信任,或与白夷通婚则可升格为白夷。但即使娃子已取得白夷地位,有的仍对主子如同娃子般尽职尽责。黑夷治理白夷,并不严厉,亦不虐待。主子无论有何新鲜食品,必分赠诸娃,即小娃子亦不向隅。客人送礼给家主,亦必送给奴娃,否则娃子虽不敢发言,主人主妇不悦之意形于颜色;白夷娃子若有困难产生,主人必极力谋解决的办法,充分表示娃子事情自己应当负责,使白夷坦心服从,所以凉山迄今未闻白夷对黑夷叛变的事情。据林先生分析,黑白夷之间之所以形成这样的关系,因为白夷人多,公意至为重要,能够左右黑夷首领地位的起落,势力的兴衰。家主厚待娃子,远近传名,归附的百姓亦渐增多。所以他们之间的义务与责任是互相的。

文中有一例极好地表现了黑夷与娃子间既有等级又有感情的复杂关系:"作者在西宁村考察之时,适逢马边恩扎支有某黑夷,在屏边与另一黑夷赌博,恩扎夷人大败,白银付清,尚欠债甚多,立命其随身的锅庄娃子追随赌博得胜的黑夷。娃子多年服侍家主,颇有感情,不愿另属他人,大哭抗命。恩扎黑夷追其娃子到西宁河边,在愤怒之下,以大石投击,幸未命中。"[①]娃子依恋主子,甚至大哭抗命,但不得不服从主子命令,否则主子可任意打杀。黑夷把娃子视作自己的人,爱护、保护娃子,但它又是自己的财产,不能容忍他们不遵从自己的意愿。所以,黑夷与白夷、娃子的关系既不能只看其等级秩序,亦不能只讲情感。

除了经济与阶级,打冤家也是夷人社会生活的一个重要机构。如林先生所述,任何人进入夷区,没有不感觉到夷人冤家打杀的普遍现象。家族之间,氏族村落之间,氏族支系之间,莫不打成一片。凉山夷家没有一支一系完全和睦,不受四围冤家的牵制。常见今日两族结为亲家,往来亲善,明日因事误会,争执打杀,即成为冤家。冤家械斗囊括了社会生活的各方面,并非单纯的战争或者政治。

---

① 林耀华:《凉山彝家的巨变》,72页。

冤家结怨的原因多种多样。有老冤家,怨恨系先辈结成,祖传父、父传子、子传孙,累代仇杀,不能和解;也有新冤家,因误会或利益,彼此皆不能忍受,激成公开的械斗。打冤家的原因多半也是不单纯的。譬如命案,夷例有赔款的规则,如果杀人者不愿赔偿,被杀者的血族即诉诸武力,引起两族血斗;或因娃子纠葛,娃子由一家族逃出另投其他支系,或本族娃子受到他族夷人欺凌,黑夷家主出而保护娃子,或娃子犯事,黑夷家主偏袒本族娃子,都会引起支系间的冤家械斗;妇女问题也是打冤家的原因,因夫族虐待,或因转房引起纠葛,或聘金问题。

夷人打冤家遵循一套规矩和程序。出发前先行占卜,以问吉凶。在夷人心目中,战争的胜负冥冥之中已有神示预兆;战士佩戴护身符,并隔离女色,符灵必保护战士,使刀枪不能入身。有时还须联合别的氏族,各族壮士就联合举行盟誓之礼,打鸡杀牲,互饮血酒,发誓互助到底。具体打的过程在枪支传入凉山前后有所变化。枪支未传入时,"夷家的战争武器乃是弓、箭、标杆、皮甲、长刀、投掷石弹等等。此等武器皆须短兵相接,械斗的时候,必须盛装出场,以示威武。头上的布帕挽起成一英雄结,身上披挂金饰的绸缎。即马匹亦配上金鞍银蹬,一切皆用以表示富强,威压敌人。"[1]而今日罗罗习用快枪,冤家战争已无打扮夸示的举动,战时采取迅雷不及掩耳的攻击方法。械斗中,妇女的出场亦是一重要环节。"黑夷妇女盛装出场,立于两方对阵之中,用以劝告两方停战和议。这等妇女多与双方都有亲属的关系,好比一方为母族,一方为夫族。夷例妇女出场,两方必皆罢兵,如果坚欲一战,妇女则脱裙裸体,羞辱自杀,这么一来,更将牵动亲属族支,扩大冤家的范围,争斗获至不可收拾的地步。"[2]所以,妇女尤其是寡妇出场,冤家往往打不成。除此之外,还有一些约定俗成的规矩:不许夜半攻击,必待鸡鸣始可行事;冤家攻入村落,不杀妇孺,不杀白夷,但皆掳之而去。这些夷家不成文的法律,必须遵守,违背者将受公意严重的制裁,各族将联合共同攻击之。

夷人打冤家虽非常普遍,但并非绝对地延长下去,也有和平解决的办法。冤家和议多由双方共同的亲戚、朋友作为中间调解人,奔走交涉磋商条件。比如,人命对抵,黑夷抵偿黑夷,白夷抵偿白夷,无法抵偿的人命,则出命价赔偿,但黑夷命价贵,白夷较贱。人命之外,结怨原因也在考虑之列,若甲方挑起,则要出款若干,以为赔罪之礼。和议完成之日,要举行和平的仪式。"大家择定在一个山坡之上两方聚会,赔礼一方备办牛羊鸡豕宴客。事前杀鸡滴血于酒中,两方代表

---

[1] 林耀华:《凉山彝家的巨变》,84 页。
[2] 同上,85 页。

人互饮血酒为誓,彼此不再为仇,言归和好。誓毕大宴,互贺饮酒,尽欢而散。"①

但林先生只把"打冤家"这一极重要的社会现象简单归结为"维持社会均衡"——虽然他提供的材料远远不止于此,而没有进一步看到这一独特的战争方式实则对我们反思各种社会关系有重大的启迪。夷人正是以打冤家这样一种貌似"乱"的方式使得凉山夷区被统合为一个整体。在打冤家的过程中,所有的社会关系得到集中地呈现和整理,以结盟去拉拢族外群体,以妇女威慑其夫族、母族乃至母族的母族;从另一角度看,所有支系都可能同时也是别支系拉拢和被威慑的对象。两家可能是冤家,但通过中人和议,随后便可开亲,成为亲族,或者成为下次打冤家时对方的盟友。这种关系又极不稳定,娃子、女人等都会使友好的关系重新陷入敌对,于是,新一轮的分和又开始上演。所以,所有支系都处于这样一种有战有和,亦敌亦友的关系网中。但是,正是因为有了打冤家这种联合各方势力与关系的方式,才把凉山夷家们紧密地"粘合"在一起,使整个大小凉山区域成为一个外人眼中的"独立罗罗国"。

结　语

林先生此次凉山之行留下两个截然不同的文本:游记和规范的民族志。他在行记中的精彩呈现,譬如官方行政、军事力量与夷人的拉锯、角逐,活跃于大小凉山山水之间的夷汉贸易和民众交往;对三位保头爱憎分明的感情,以及他与夷人打交道、送礼物、建立"盟约"关系的各种努力等,在他的民族志中,却遗憾地被结构—功能理论所取代,使得原本如此丰富、生动的社会现象全部归结于社会的均衡。其实即使是在林先生的民族志中,他所提供的很多材料也已经超出了结构—功能主义的理论框架,例如夷人的经济生活、打冤家、亲属关系等,结构—功能主义反而成为其更进一步分析、认识材料的理论束缚。

在行记中,林先生非常诚恳地书写下穿行夷区时的复杂心态,这是他第一次深入"中华民国"的边陲,且罗罗尚未成为国家认可的"民族"。一路行游,他始终无法摆脱华夷历史等级、国族—民族主义和西方文化相对观的矛盾。但恰是这种模糊而迷惘的心态使他不局限于某种固定的视野,而看到了夷汉关系的多重面相。但在他的民族志文本中,这些矛盾的心态却让位于一个西方的社会理论及其民族—国家的概念。譬如,他分明已看到此区域并不是所谓的"独立罗

---

① 林耀华:《凉山彝家的巨变》,88 页。

国",而是夷、汉乃至藏、蒙错综复杂交织着,但其民族志却成为夷族研究的典范。

此时林先生对凉山夷家的书写,虽然有国族主义的情怀和边政开发的目的,但尚存文化相对主义的观念,对比其20世纪80年代对凉山的文本,此地已明确成为少数民族和边疆地区,他的笔调也换成一种"现代化"的论调。如果说1940年代时他还在不断寻找能真正沟通夷汉的"盟约物",此时他似乎已找寻到,那便是"现代化"。但他依旧的困惑与迷茫又暗示出"现代化"并非是汉夷之间具有共通"文明"基础的盟约物。

综上所述,《凉山夷家》无论在林先生的个人学术生涯中,还是当时的民族学领域,都是一部开拓性的作品。但他的行记和规范民族志的分离,乃至40年代《凉山夷家》与新中国成立后《凉山彝家的巨变》的大相径庭,这些微妙的关系,对于所谓的民族研究如何"反思地继承"前辈们的遗产,都是颇有启迪的。

(罗　杨)

23 人心与群性的省思

——读田汝康《芒市边民的摆》(1946)[①]

田汝康先生是我国著名的人类学家,1916年生于昆明。田先生早年曾在北京师范大学就读心理学专业,抗战爆发后,他转入在昆明的西南联大,旁听了吴文藻和费孝通两位先生的课后,对社会学和人类学产生浓厚兴趣,毕业后,便加入了由费孝通主持的燕京大学—云南大学社会学实地调查工作站,即后来闻名于世的"魁阁"。[②] 1945年田先生留学英国,先是在剑桥学习心理学,后又转入伦敦政治经济学院随弗斯学习人类学并获得了博士学位。1950年他回国后,曾先后任教于浙江大学人类学系和复旦大学历史系,直到退休。[③]《芒市边民的摆》是田先生在"魁阁"时期的代表作。[④] 作为一本对云南芒市地区一种傣族宗教仪式的研究报告,它不仅在简练的记述中囊括了丰富的经验材料、思路清晰的理论分析,而且还铺陈以优美的描述语言。如果说这是一部具有文学价值的民族志作品,似乎也并不为过,因为它展现给我们的,除了那个仿若桃花源般的傣族(摆夷)社会,还有田先生在那个特殊时代的思绪与情愁。在后文中我们将看到,他是如何结合马林诺夫斯基和涂尔干的理论,来解释一个傣族社会中,一种以巨额消费为主要特色的宗教仪式,并且将这种思考与更大的时代背景联系到一起的。

[①] 本文的完成得益于王铭铭教授主讲的课程《人类学原著选读》及课堂讨论,其中,王铭铭教授的指正,王博、侯豫新、杨清媚和郑少雄等的评议,给予作者很多启发,特此致谢。

[②] 1940年,为躲避日本飞机的空袭,研究站由昆明迁到呈贡县古城外的"魁星阁",遂名"魁阁",参见潘乃谷、王铭铭主编:《重归魁阁》,北京:社会科学文献出版社,2005。

[③] 褚建芳:"桃李不言自成蹊——记我与田汝康先生的交往兼评其芒市傣族研究及其对人类学的贡献",见田汝康:《芒市边民的摆》,127~140页,昆明:云南人民出版社,2008。

[④] 该书原名《摆夷的摆》,最早被编入由吴文藻主编的《社会学丛刊》乙集第四种,为手工油印本,1946年作为单行本正式出版时,改名为《芒市边民的摆》,"摆夷"是对傣族的旧称。

边民与摆

芒市地区的傣族人一生中大致要经历四个阶段:首先是幼年时期在家里由父母抚养的时期,这时称作"小人";步入青少年后,要参加为佛教活动服役的青年团体,这个时候,男孩称作"小菩毛",女孩叫做"小菩色",一方面算是接受社会训练,另一方面也有了结交异性谈情说爱的社交资格;结婚之后,成年人要暂时退出宗教活动,专心从事劳作与俗务,抚养子女;直到他们接近老年,积攒了足够的财富,在做了一次名为"大摆"的仪式后,才又脱离繁重的工作,转而过上每天焚香礼佛的生活。田先生所关注的,就是以这大摆为主要内容的傣族宗教仪式。根据内容,我们大体可以将《芒市边民的摆》这本书分为三个部分:第一、二、三章构成以经验材料叙述为主的第一部分,介绍了"大摆"、"公摆"等仪式的主要内容和过程;第二部分所要分析的,是不同仪式间的区别,确定它们的类别和性质,这是第四、五章的主要内容;后面的三章则是对仪式社会功能的探讨和研究。

"摆"在缅语中的意思是"集会",但从所描述的情形看来,它是指向佛祖贡献功德的仪式。具有人生阶段转变意义的"大摆",是其中最为重要的一种,它不仅对做摆主人具有重要意义,而且对于整个社区来说,也是一件足以动员所有人的集体事件。田先生所观察的大摆,是由芒市那木寨的七户人家共同完成的。仅是从做摆前一个月的准备工作中,就已能看出摆对于当地人的非凡意义。用来贡献的佛像要从缅甸的南坎购买,扛运佛像可不是件轻松的工作,为了不受磕碰,需要请寨里的小菩毛们扛着佛像步行回来,这几天的路程艰辛而且危险,主人却只能提供食宿的费用。对一个信奉经济理性的头脑来说,这绝不是一件划算的差事,可受雇的青年却并不嫌麻烦,更无怨言,对于所负的资费也从无不满,因为在他们看来,这抬佛的职责,正是为佛效劳的本分。层层山峦曲线上闪烁的光点、晨露未稀时的薄雾中,若隐若现的一队人影,抑或深邃幽暗的山谷中,暂且露营时的星火,都构成了抬佛队伍的生动画面,也为大摆拉开了帷幕。好容易到达寨子,又不免引起一阵骚动,比一比谁家的佛像气派,谁家的佛像有别样的特色。七家的老小要开始更多其他的准备了,他们竭尽全力,甚至不惜耗尽一生的积蓄,因为在他们看来,这一切都是佛祖所赐,所以理应尽数献佛。

一个月后大摆仪式的正式开始,是更大一番的热闹,又可分为三天。第一天为"起摆",将寄存在冢房(佛寺)里的佛像请到各家,然后将其他的供品全部陈列在事先准备好的竹棚里,以供大家参观。晚上是聚餐和通宵的狂欢。第二天是最热闹的一天,即"正摆"。上午,做摆的人将佛像展示在正屋中,自己坐在正座,陪坐的人和布冢(佛爷的平民代理人)则坐在两侧,接待来访的客人。客人赠送礼物,布冢则为他们向佛祖祷告,然后客人便被引到屋后吃饭。客人络绎不绝,频率宛如快餐店,服役的小菩毛和小菩色们穿梭来去,收拾碗筷添饭加菜,好不忙碌。

　　做摆的主人是这天最光彩的人,不仅享受了平日只有土司和佛爷才能接受的跪拜,甚至连土司的母亲也来探望。紧接着是下午更为隆重的"绕冢",即抬着佛像和供品在人群的簇拥中围绕佛寺游行。主人走在自己的佛像前,他"通身雪白的衣服,缠着白头,打着白布伞……脚步放得很慢,两眼直向前方,做出那种目不斜视的神情。不过嘴角边的一线微笑,随便哪个都看得见"。① 多年来的劳苦所期待的愿望,终于实现了——据说,他将在天上拥有一个佛祖所赐的宝座,一个死后来世中可以安顿的位置……这一夜,老佛爷要为做摆的七家诵经,而小菩毛和小菩色们则在忙碌与偷闲中获得了寻觅另一半的机会。佛爷们念经到天明,便是"赠名",做这样大摆仪式的主人,将由佛爷授予"巴戛(大善人)"的称号,寓意他社会身份与人生阶段的转变,他将可以全然将凡俗的家务推给子女去操心,自己专心念经礼佛,等待俗世的人生结束后,奔向天上那个已经预订好的宝座。最后,在将供品送入佛寺献给佛爷之后,七家人还需要在殿前的广场上各竖起一支挂有布幡的竹竿,作为指引他们将来寻得各自宝座的路标。人潮散尽,欢宴散场,主人的心愿在这盛况中终于得以满足,供奉的物品被打入佛爷的"冷宫",他永远也用不完,或许还能卖掉一些。作者细细算了笔账,却发现这一次七家人所举行的大摆,无论是用于备置供奉,还是款待客人吃喝,竟耗费掉了相当于全寨六分之一人口一年生活所需的财富。

　　特别细腻地描写了大摆之后,田先生在第二章还介绍了其他一些也被称为"摆"的规模较小的仪式,并将它们概括为"公摆"。如青年男女靠自己的劳动所得所做的规模较小的献佛仪式,即"合摆";雨季结束,干季来临的"出凹"时,青年人们所进行的被称为"干躲"的集体拜佛;老年人在插秧前和稻子黄熟时,在寨子通衢大道上的集体听经,或曰"挺塘摆"仪式;还有妇女们为感谢神人授予纺织技术而组织的谢佛仪式"金黄单摆",其主题是,已婚妇女们在广场上通宵纺好一块块用于制作袈裟的"金黄单",献给寺院答谢佛祖;最后还有有点难以界定算不算摆的"冷细摆",也就是在旧历元旦向寺院和土司衙门的拜年,在这里新婚夫妇

---

① 田汝康:《芒市边民的摆》,21 页。

向佛爷拜年有特别的意义？它标志着结过婚的年轻人暂时告别了佛爷和宗教事务，转而去忙于凡俗的劳作了。

除了上面这些活动之外，那些没有被归为"摆"的关乎超自然信仰的团体活动也值得注意。在田先生于第三章的描述中，或许最重要的就属"祭社神"了。社神信仰是傣族人与佛教信仰相对应的另一个核心，社神是第一个开辟寨子的那位祖先的化身。如果说佛祖是一位善神，那么社神则是一位恶神，人们必须尽力讨好之，生怕激怒他而降祸于人。生病、盖房、结婚生子、买卖牲口，都要向社神通报，否则就可能倒霉。插秧前几天，全寨人要带着饭团一起祭拜社神一次，每年七月十五，还要在土司的主持下进行一次全坝子的祭大社，杀掉两头特选的一样的白牛，由土司领导各寨子的头人下跪祈祷，请求社神降福一方，然后分食牛肉和菜。需要强调的是，作为与佛教对立的信仰，大佛爷对于这样的活动是多少有些反对的，而在举行祭社仪式时，也是完全摒除大佛爷参加的。其余规模较小的活动还有老年人在湿闷凹期的每日礼拜——"汉辛弄"、佛爷在立春时为引导地气回暖所进行的"烧白柴"，以及早已闻名四方的傣族泼水节。这样一来，田先生就将傣族人的几种主要宗教活动展现在我们眼前了，同时确立的，还有"摆"与"非摆"的本土范畴分类。

在第二部分中，田汝康先生基于上述记述资料想要探究的是，摆与非摆的活动之间存在着哪些区别，它们的性质是什么，当地人的这种分类法与社会人类学家们所秉持的"科学分类"是否是吻合的？马林诺夫斯基曾经强调了巫术所具有的实用主义特点，而宗教则是一套复杂的信仰和举动，其功能在于调整人类计划与现实的冲突，消减个人和社会的混乱，借助超自然的认可，为人类团体增添力量。依据制表格比较的方法，田先生在如"时间"、"地点"、"用品"、"禁忌"等方面发现，摆与非摆之间确实还是存在着不少可供区分的特点的。例如，摆的活动中往往包含社交与狂欢的活动，大多数的摆还有着欢快聚餐的一环；而非摆的仪式中则很少有这种内容，唯一具备聚餐的，是土司领导的祭大社中的分餐，但这气氛并不是欢愉的，倒像是各个寨头要来履行的仪式职责。所以说，摆的仪式更多地具有促进社会交往的功能，而非摆则相对是反社会的，这在禁忌中尤为明显，非摆的禁忌常常规约了如禁止出行或禁止婚嫁的内容。此外，追求现世的福利，成为非摆在目的上最鲜明的特点，相比之下，人们在做摆时所憧憬的，却是来世的回报，是心灵境界上的转变，"它虽然不能使人从现实生活中获得利益，而在精神生活上却可以令人重新获得一个启示……因为同凡界发生关系，就生出了实用的目的，就可以计算得失，而这些凡念在纯洁的心境中有时却必须要完全加以铲除,心灵才能达到一种最高的境界,所以超凡入圣是摆的一大特征。"[1]故此,可以说,摆是一种较纯粹的宗教活动,而非摆在一方面由于它的实利主义特点,另一方面又由于它的反社会性,则被归类于巫术。但是,田先生也承认,由于非摆中的神灵信仰的存在,我们只能说"非摆活动是掺杂宗教要素很强的巫术活动"。

举行宗教仪式的动机可以理解,仪式过程的形貌也全然展现,但是对于内地人来说,傣族人竟然可以散尽家财而在所不惜地举行大摆,这种无度的挥霍仍然是匪夷所思的。进入全书的第三个主题,田汝康先生想要尝试的,便是在"社会功能"的框架内研究这仿佛夸富宴一般的摆,它的存在有着什么样的意义?对这个社会有着怎样的功能?傣族人对待财富多少有些浪费,但是在这个地区,财富的积累也并不是多么困难。这得益于当地自然环境的肥美和较低的人口密度,粮食生产很容易盈余,解决个人生计并不成问题,甚至本可以两熟的作物带,只种一熟的轮耕产量就已足够。但是,傣族人并没有因此变成懒汉,每年冬季有成千上万的壮年人外出务工,"在勐谷的宝石窟里,邦海的银矿山上,南掸邦的农田上,到处都有摆夷",他们对外面世界的时尚不感兴趣,又由于土司的存在,生活质量不能逾越这个界限,辛勤地工作,就积攒下来在日常生活中消费不了的财富。通过不同途径提高社会地位或许是消耗财富的可行方式,但是在傣族人的价值观中,物质财富的丰裕并不是一件值得夸耀的事情,一个人仅仅是在生活上奢侈,并不能得到别人的羡慕,而只有在做摆中尽可能地把财富消耗掉,只有把财富尽可能地消费在供奉佛祖的事情上,才能得到受人尊敬的社会地位。所以,田汝康先生作出这样的结论:在芒市边民的生活中,正是摆成为刺激这个丰足地区的人努力工作的动力,使他们觉得财富还有相当的效用,可以通过供佛换得天上的宝座;另一方面,摆又迫使人们尽量将财富挥霍到集体的活动上去,从而具有节制社会分化的作用。由于傣族人对财富实际上抱有一种自卑的情结,又因为摆的存在,使得在一个财富易于积累的社会里,人们于贫富之间却越来越趋向平衡。他将摆视为一种维系社会和谐的消极手段,"它是私有财产下的安全机构,使过分取之于社会的终于还之于社会"[2]。

在个人生命史的方面,摆也构成了组织人生阶段与社会身份转变的重要界标。田汝康先生用"社龄"一词来概括傣族人生命中的那四个阶段,由于不同的

---

[1] 田汝康:《芒市边民的摆》,64 页。
[2] 同上,83 页。

人生阶段对应着不同的社会身份,对应着不同的权利和义务,由此可以说,"社龄结构"是傣族社会结构的主要原则。但这种身份的转换并非决然靠年龄决定,而是根据和摆的关系划定的。一个青少年只有参加了为佛寺服务的青年团体,特别是在摆中服役,才能脱离"小人"的阶段,才有资格谈婚论嫁。一个结了婚的人,只有在他积攒了足够的财富,用来做了一次大摆之后,才获得"巴"称号,可以转而回归冢房,终日念经祈祷、焚香礼佛,进入人生的"退休"阶段。人生阶段与社会身份的变换与交织,都由摆来协调,通过安排社会中的个人社龄,摆维持了这个社会的结构。

"眼睛望着天上的宝座,现世的生活似乎都成了达到这去处的手段。把人生看成了向着一个目的的手段,生活也有了一个中心,组织了一个人的思想和行为,达到了人格完整的境地……摆夷的个人间尽可以有种种差别,不过在这些繁杂中却有一个辐合点,那就是做摆。每个人都有一个相同的希望,在合作完成这个希望的活动中,社会也得到了它的完整。"[1]傣族社会的摆,一方面促成了人格的健全,另一方面又造就了社会的完整。社会的整合和个人生命史的规约联系在一起,仿若是社会团结与集体意识话题的交织呈现,也就是在这个意义上,田汝康从社会人类学的角度对那个"安静和平……陶醉迷人……(人们)这样肃穆雍容"的傣族寨子进行了一次涂尔干式的解释尝试:"一个健全的社会,愈是因效率而求分化,也愈要在意识上维持社会各分子的相同。社会的团结也就是靠了这个相同性的认识。Durkheim对于宗教的分析曾充分地说明了团体仪式在社会完整上的功能……摆夷的摆实是一例。"[2]

人与社会

短短百余页的民族志作品中,凝聚了这样丰富而细腻的描述与分析,《芒市边民的摆》所具有的写作水平与学术价值早已自然流露,任何溢美之词都是多余的;我们需关注的是,这部作品中所蕴涵的理论问题,及这些问题在那个背景下所具有的意义。

费孝通先生已经在"序言"中特别强调了,田汝康作为运用西方理论概念研究中国宗教的第一人,是对涂尔干宗教社会学的实践。但是"序言"仅仅注意了

---

[1] 田汝康:《芒市边民的摆》,99页。

[2] 同上,102页。

涂尔干理论中宗教对社会团结的功能,这或许与拉德克利夫-布朗的影响有关,因为正是后者将涂尔干的理论在"社会人类学"的名下经验主义化了①。涂尔干对于自己的《宗教社会的基本形式》还有更深刻的寓意,"在该书中,我们试图表明神圣事物只是把自己固定在物质对象上的集体理想。由集体阐发的观念和情感,无论是什么,都会根据它的起源而被赋予一种优势和权威,使特定的个体相信它们代表自己,通过道德力的形式支配并维护着自己。"②鉴于法国社会长期处于不断动荡与变迁的局面,涂尔干在他的思想中隐含了这样一种构思,他想要在"人性"的基础上发掘出一个社会性的层面,期待以此在法国建立一个以"道德"为中心的秩序社会。在对人类文明之路的探索中,他愿意将宗教视为这种社会道德力量的表达,与这种理想息息相关。"这力量虽然内在于我们,但却将我们内部的某种不属于我们的东西表现出来:这就是道德良心。而且,如果不借助宗教符号,人们根本无法对道德良心有丝毫明确清晰的表现。"③田汝康先生在接受《宗教生活的基本形式》一书的影响时,显然将涂尔干的深浅两面一并吸收了,他不仅分析宗教仪式对社会的功用,也愿意承认,社会对人的意义,"要使个人生而不惑,绝不能求之于个人,一定得有一个可以不惑的社会。这就是说,社会要能立下一个人人都遵守,愿服从,遵守了,服从了,觉得很舒适,很痛快的生活方式。大家才能生活得十分自然,用不着随时随地要自己权衡过失。这在我们看来好像是一个乌托邦。可是这乌托邦在夷方坝中却多少是个现实。"④从首先探讨"人格的完整",再到"社会的完整",田汝康先生并不是仅仅强调"社会事实"的规约,而是从人心的深处发现社会得以确立的基础,使得社会对人的意义得以清晰,这或许是因为他的心理学背景,不过,它却使之与涂尔干那个更加深刻的意味相汇合。涂尔干承认社会学源于心理学,但也坚信,社会学给心理学的回报将更大,是每个人内心中超越个体有限与暂时的意欲,发掘了"群性",造就了我们对于诸如身体与灵魂、世俗与神圣这样的分类的理解,那个超越了每个人的力量又反过来在每个人的内心组织了人们的生活。

"魁阁"时期的作品,带有那个时代深深的烙印,民族危亡,国难当头,年轻的中国人类学研究也不免背负起"救世"的责任感,但是问题太多,答案似乎也太

---

① 刘雪婷:"拉德克利夫-布朗在中国:1935—1936",载《社会学研究》,2007(1)。
② 涂尔干:"人性的两重性及其社会条件",见其《乱伦禁忌及其起源》,汲喆、付德根、渠东译,185~186页,上海:上海人民出版社,2006。
③ 涂尔干:《宗教生活的基本形式》,渠东、汲喆译,203页,上海:上海人民出版社,2006。
④ 田汝康:《芒市边民的摆》,101页。

多,他们都在寻着自己的路,探讨着可能的方案。例如,费孝通这时就承续着《江村经济》①的思路,继续探索农村经济发展可能性的问题,其"禄村农田"②就提供了一个可与华东江村相比较的类型。由于云南禄村与都市的隔膜,从而呈现了一番自给自足的、"现代工商业发达前期农村的一般现象"。"禄村农田"与《芒市边民的摆》之间的联系在于,前者提出了"消遣经济"或"闲暇经济"的问题,而后者则多少是在这个基础上推进的。费先生注意到了传统经济态度中一种可被概括为"消遣经济"的特点,有田者由于掌握着土地所有权,即使不劳作,也能靠着不劳而获的收入维持生活。有田者脱离了劳作,便产生了闲暇,时间、精力和金钱就消耗在喝茶打牌、抽鸦片、做礼拜、"吹洞经"或"讲圣谕"这样的事上,越闲越不想劳动,以至于生活维持在较低的水平,为了不劳作,宁可减小消费。"洞经会"或"圣谕会"这样的闲暇活动似乎是与傣族的摆相类似的公共仪式活动。田汝康先生就是在这个基础上开始他的调查的,但是却走向了与费先生不尽相同的道路。费孝通先生也承认"消遣经济"问题根植于中国传统经济观念,对这一群悠然自得的禄村人的生活哲学表示理解,但是他所忧虑的是,这种封闭世界中的"非理性农民"能够面对将来都市工商业的冲击吗?都市的兴起将大量吸收禄村积滞的劳动力,到时候禄村人将不可能再享受他们的闲暇。不过,费先生愿意承认:"从这方面说,工商业在禄村一类的农村附近发达起来可以动员现在呆滞的劳力。换一句话,可以增加劳力供给的总量。都市的工业和乡村的农业竞争劳力时,农业才有改良的希望。"③无论是傣族人在做摆中消耗财富的热情,还是禄村人憎恨劳动偏爱闲情的悠然生活,都展现了与现代资本主义经济理性截然不同的逻辑和价值。但是,正如我们看到的那样,两位人类学家对待这一问题的态度却是截然不同。"费先生对于经济学个体理性与农民的社会理性的比较,给人的印象是:作为朝气蓬勃的青年,他像一位经济学家,在寻找中国出路的道路中,他对于现代经济模式的效率投去'遥远的目光',而对于近处的传统'消暇经济',他保留着高度警惕……费先生期待在中国涌现出来的,是现代个体理性。作为社会科学家的他,因而对'社会'这一概念怀有深刻偏见。在诸如禄村之类的地方见识到的接近于'社会'的所有一切(特别是公共仪式活动),被叙述为'现代性的敌人'。"④而田汝康先生则在对这种地方仪式的分析中,融汇了他有

---

① 费孝通:《江村经济》,上海:上海人民出版社,2006。
② 费孝通:"禄村农田",见其《江村经济》,271~460页。
③ 费孝通:《江村经济》,418页。
④ 王铭铭:《经验与心态:历史、世界想象与社会》,197~199页,桂林:广西师范大学出版社,2007。

关社会道德的理想。我们将看到,他希望能够出现这样一种社会价值,就像傣族人的"集体意识"一样,成为可以超越一切政治经济等级,超越人天生的不平等的道德认识,它应当不仅可以消除个人的疑虑,还最终在社会秩序的层面促进团结。

王铭铭指出,近代中国的历史遭遇、社会变迁及革命运动,影响了学术与政治的思想趋势,其中很重要的一面便是"社会"观念的衰落。政治与思想运动虽往往以"社会"的面目出现,但核心却是个体主义利益与意识的实现,这其中的一个深刻原因就是,曾经作为社会黏合剂的士大夫阶层的瓦解,能够涵盖个人与团体的意识和力量不复存在。[①] 费孝通的作品中也深深地隐含着这样的焦虑。从江村到禄村,一方面我们看到的是他如何致力于在实现个人实利的发展主义思路下寻求乡土社会发展的方案,另一方面他又将引导这项事业的希望,寄托于那些可能出现的"新士大夫"们身上。在《江村经济》中,他就对创办蚕业学校的"革新者"和识时务的当地领导人给予了高度期待,在后来的《皇权与绅权》中,他更是言明,中国的复兴需要通识实用技术知识和社会规范知识的"现代知识阶级"。[②] 相比之下,"禄村农田"的案例好像就有些是充当反面教材的意味了。田汝康先生《芒市边民的摆》在这个背景中的意义就在于,他比较鲜明地表现了对在中国重建"社会"观念的思考,这样一种社会团结的实现,依靠的是一种凌驾于经济生活之上的价值信仰。"摆在摆夷生活中立下一个超出私人生活的目标。这目标就是把一己在社会中所得到的回之于社会。这样把一个人的社会意识提高起来,掩住了他自私的打算。"[③]涂尔干在对法国大革命的思考中发现了,近代历史中人的群性如何继续借着神圣或宗教的面具施展巨大的力量。[④] 在后来涉及教育问题的文本中,他尝试的是如何善用这种人性的可能。田先生也说,人的个体与社会两重性之间存在着冲突与摩擦,摆似乎是利用人们期盼来世得福的私心达成了社会的整合,但他又强调摆在创造一种神圣的社会时空时,却也倒是对这两重性进行了有效的调节。他对现代社会价值混乱与个体意志滋生的问题表达了焦虑:"立志成了值得鼓励的德行,说明社会已失去了控制个人行为的能力,而只能有赖于个人的意志……有人说,现代的人多少都有一些心理变态,也

[①] 王铭铭:"中国之现代,或'社会'观念的衰落",见其《经验与心态:历史、世界想象与社会》,153~163页。
[②] 费孝通:《皇权与绅权》,见其《费孝通文集》,第五卷,466~502页,北京:群言出版社,1999。
[③] 田汝康:《芒市边民的摆》,103页。
[④] 涂尔干:《宗教生活的基本形式》,205页。

许是件事实。"① 所以,田先生甚至愿意评价,"摆夷在这时期所给青年的训练显然比我们现代只重技术的教育高明得多。"② 他还说,摆给人的心灵带来的抚慰,要远优于现代民主政治的作用,他也相信,现代宗教或许也有同样的功效,只可惜宗教早已不是能够控制社会的主要力量。所以在那"战氛笼罩的大地上,颠沛流离的人生中",他只希望摆这个"人类智慧的创作",可以作为"人们再造世界时再做一个取法的张本"。我们或许可以这样评论,在"魁阁"时期的作品中,相对于费孝通先生的实利主义的强国探索,《芒市边民的摆》暗示了一种"社会学主义"的强国方案,意味着一种通过建立某种社会道德理想的方式,寻求社会黏合与团结的可能性。在对"宗教生活"的"阅读"中,对教育的希望中,抑或是对哪一种信仰的期待中,田汝康先生难以按捺的,是对傣族人生活的几分羡慕,其所隐含的,却是从社会力量上对人心的善用,与费孝通先生"新士大夫"的抱负不同,这是一种基督徒式的理想。说田汝康先生是运用西方概念和理论研究中国宗教的第一人或许还不充分,其先驱意义还在于,他较早地思考了"道德"的问题。

对"社会"这一问题的思考不仅对社会生活本身意义重大,而且,对于当代学术思想的反思亦不乏启发。如果将与之对应的个体主义视作一种"价值"或"意识形态"的话,那么我们不难看出,它早已通过不同形式渗透到学术生产的过程中。③ 当代中国社会科学界的一个严重问题就是个体主义思路的盛行,经济学逻辑日益成为当下社会科学中的"主旋律",当然这本身也有它深刻的社会背景。经济学所奉行的个体主义对于"社会"科学的研究极为不利,这在民族学和人类学领域十分明显,一方面是它们的边缘化,另一方面是造成这类学科本应坚持的"社会"概念的丧失,民族研究中也出现了只关注少数民族地区落实社会生活个体主义化的倾向。④ 田汝康先生的这部作品虽成于大半个世纪以前,却对我们今天的学术反省提供了多方面的意义:田先生民族研究中的"整体性"关怀、他从社会的角度去思考少数民族文化的尝试,在时下我们反思社会科学个体主义的语境中,仿佛是一笔失落多年的财富;而《芒市边民的摆》中以相当篇幅所呈现的有关财富和消费的"他者"之见,在今天我们以"文化批评"的眼光思考和市场经济有关的问题时,也具有弥足珍贵的启发性。

① 田汝康:《芒市边民的摆》,100页。
② 同上,97页。
③ 杜蒙:《论个体主义:对现代意识形态的人类学观点》,谷方译,上海:上海人民出版社,2003。
④ 王铭铭:《中间圈:"藏彝走廊"与人类学的再构思》,67~68页,北京:社会科学文献出版社,2008。

结 语

虽然有以上所说的那些别样的特点,《芒市边民的摆》基本上还是一部功能主义范式的民族志,它一定程度表现出了当时的社会学中国学派对这种英国学说的独特处理,另一方面,对于功能主义的弱点也难以逃脱。在理解西方人类学理论的问题上,笔者虽并不同意将以拉德克利夫-布朗为代表的英国结构论社会人类学简化地视为一种"功能主义",但是这种范式中容易被误解的目的论特点确实在中国被放大了。拉德克利夫-布朗访华之后,以吴文藻为代表的中国社会学界,部分地吸收了拉德克利夫-布朗的"社会功能论"——这是拉德克利夫-布朗将涂尔干的理论经验化之后得来的——将其与早先已有较大影响的马林诺夫斯基功能主义相结合,使功能主义方法适合于解决中国更为迫切的问题。[①] 英国社会人类学对"社会结构"和普遍主义比较研究的强调一定程度上被消解了,马林诺夫斯基对制度割裂式的功能分析却被保留了,正像《芒市边民的摆》中所展现的那样,社会学中国学派倾向于以单独一个制度或一个社区为研究的样本单位,并在很大程度上忽略历史问题。

需要指出的是,田汝康先生所进行的这一类型的傣族研究仅仅是当时学术争论中的一种取向。尽管与费先生的"禄村农田"相比,田先生着力从傣族人的信仰内部去理解他们的"非理性"消费,但是最终的分析还是运用功能主义的概念。而且他并非是全盘研究傣族社会或文化,只是以宗教公共活动为着眼点,以便于最后引申出社会学的主题,这还远不能代表傣族社会的全貌,在与同时代的其他傣族研究的比较中便能看出。如,在"魁阁"涉猎西南民族研究之前,时执教于云南大学的方国瑜就已经开始运用考据学方法研究傣族历史文化问题,1935年他还对云南边陲进行了实地调查,写成颇有影响的《滇西边区考察记》。[②] 中山大学的江应樑也对傣族进行了长时间的深入研究,1937 年他到以芒市为主的傣族地区进行实地调查,研究报告中特别重视将史料、传闻与实地调查的结论相结合,或互相印证,或去除不实之处,故此报告名曰《滇西摆夷之现实生活》。[③] 书中对民族流源、地理环境、土司制度、经济、婚俗、宗教、语言及教育等方面进行了史料的铺陈与经验的求证,材料甚为详尽。江应樑也以相当篇幅研究了包括摆在

---

① 刘雪婷:《拉德克利夫-布朗在中国:1935—1936》。
② 方国瑜:《滇西边区考察记》,昆明:云南大学西南文化研究室印,1943年。
③ 江应樑:《滇西摆夷之现实生活》,潞西:德宏民族出版社,2003年。

内的公共仪式活动,但是他将宗教活动和文化行为置于历史进展和群体生活的背景中来介绍,而不是像田汝康那样将其视为个人生命及社会存在之核心。此外,江应樑较田汝康更为详尽地描述了佛教系统以外的巫术活动,如"皮拍"、"仆食"、"放歹"、"放蛊"等,参照史料讨论了佛教传入前后傣族原始信仰的变迁,这些都是一般社会学方法难以涵括的问题。陶云逵是另一位对傣族有过较深入研究的人类学家,自1934年开始,他就对西南地区进行了多次实地调查,抗战时期他还在"魁阁"与费孝通等人共事,并且争论得很是激烈。陶云逵曾留学柏林大学,秉承德国民族学传统,又在新的学术潮流中重视鉴别和综合。他主张文化是以个人为载体、通过行为和物质呈现出来的心理现象,其于深层可说是理念体系,而社会的整合在于其中的理念体系没有重大的分歧。他抨击功能主义是将人类学家的逻辑强加给研究对象,而忽略土著人自己对文化意义的理解。故陶云逵认为,若行为有功能,那只能是行为者自己主观理解的用处,而行为中又有无法用功能解释的价值观问题,因此对文化历史进行考证的研究便尤为重要。在傣族研究方面,陶云逵有对历史进行考证的"云南摆夷在历史上及现代与政府之关系"[1]、"十六世纪车里宣慰使司与缅王室礼聘往还"[2]等,又有基于实地调查的"车里摆夷之生命环"。[3] 该报告以西双版纳傣族人自生至死的生命过程为线索组织材料,又将这一过程置于政治、婚姻家庭、生产教育及公共生活等背景中介绍,叙述中注意呈现贵族与平民间的对比,需要之处又有史料辅佐或文化传播上的推测,但主要是呈现了细致的调查资料。

在上述映衬中,社会学中国学派之社区调查法淡化历史视野的缺点,及《芒市边民的摆》中过分化约的嫌疑不难体现。此外,这种研究方法还对地域及文化间的关系有所忽略,这在后来的学术进展中也遭到了质疑。如利奇(Edmund Leach,或译李区)在《上缅甸诸政治体制》中就曾研究过与这里接近的缅甸克钦人的政治变迁问题,我们注意到,这个地区的族群关系极为复杂,以至于利奇需要用地理范畴来概括研究对象,克钦山官的政治图谋,其实也是受到了掸邦政治的影响和吸引。[4]《芒市边民的摆》孤立和静止地研究了一个地区宗教活动,却没有对相关文化互动进行过充分的探讨。

---

[1] 陶云逵:"云南摆夷在历史上及现代与政府之关系",载《边政公论》,1942年第一卷第九期。
[2] 陶云逵:"十六世纪车里宣慰使司与缅王室礼聘往还",载《边政公论》,1944年第三卷第一期。
[3] 陶云逵:"车里摆夷之生命环",见李文海主编:《民国时期社会调查丛编(少数民族卷)》,203~269页,福州:福建教育出版社,2005。
[4] 利奇:《上缅甸诸政治体制》,张恭启、黄道琳译,台北:唐山出版社,1999。

在"关系"的思路下进一步思考,将延伸出更为深刻的反思。田汝康先生重建整体性的设想所借助的,主要是发端于法国社会学年鉴学派的社会理论,在这一尝试中他可能忽视了这一类型理论由于本身背景所内含的局限。涂尔干将宗教中的神圣性转换为基于社会团结的"良知",这种企图是具有广泛适用性的,还是根植于西方社会背景中的,这一点非常值得注意。在中国重建具有"社会"意义的整体性,或许还应回到中国本土文明的谱系中,王铭铭指出,中国文化中对"社会性"的强调在很长的历史中是通过"礼仪"来表述的。① 西方人类学以"宗教—仪式"的思路来阐述社会虽一定程度上与中国的"礼仪"有着类似的意味,但另一方面却又与西方宗教传统、欧洲君主制及民族国家观具有难解难分的关系,所以法国社会学学派的社会团结所强调的,更多的是一个民族国家单位的社会内部团结。而中国礼仪的形成则与上古神话、宇宙观及政治局势有着深刻关系,进而又影响了后续历史的进展。它所体现的,是在"天下"观念中,就文明内部多元权力实现社会凝聚的理想。故此,这一借助"礼仪"表述出来的中国式社会理论,对于内外、夏夷、高低等多重文化关系及其相互间的"混融",都具有更包容的解释性。在"天下"的帝国宇宙观的启发下,王铭铭提出人类学中国研究的"三圈说",主张在包括了汉人社会、少数民族和海外研究的更宏观视野中,在由"文明"这一概念所涵括的内外、上下等级关系中,对人类学意义上传统中国的社会构成方式获得更深刻的把握,以对建立在"国族"世界观基础上的西方社会理论有所超越。② 我们可以说,以这种发端于中国文明史的社会理论为代表的,兼容了历史人类学与"关系"视角的思考,也恰恰是《芒市边民的摆》这样典型的"分族写志"与社区分析相结合的"麻雀解剖术"所欠缺的。甚至可以说,作为一种文化研究,该书采取与"中心"相对应的"边民"概念来对"摆夷"进行叙事,而不是将之置于文化意义上内外间的"中间"位置上,这虽有抗战时期大后方"边政学"兴起的背景,却也多少反映了清末民初以来,中国思想界表述图示由"天下"演变为"国族"的一个侧面。

当然,置于学术发展的历史时空中思考,《芒市边民的摆》的成就是不容否认的,它是一个时期中国人类学研究的代表,也是一代学人责任与省思的表达,田汝康先生的所思所虑于其时是"超凡"的,于此时又激发着我们的"想象力"。那

---

① 王铭铭:"从礼仪看中国式社会理论",见其《经验与心态:历史、世界想象与社会》,235~270页。
② 王铭铭:《没有后门的教室:人类学随谈录》,北京:中国人民大学出版社,2006;《中间圈:"藏彝走廊"与人类学的再构思》,北京:社会科学文献出版社,2008。

个时期的作品总是透出一股别样的气息,田先生在其行文中表达的或许还仅仅是一番粗略的构思,但已足见其胸怀之时代抱负:"梦虽是虚幻的,不过伟大的事业,哪一件最初不肇始于渺茫的梦境?"①

(夏希原)

---

① 田汝康:《芒市边民的摆》,27页。

24 人类学的边疆关怀

——读俞湘文《西北游牧藏区之社会调查》(1947)

《西北游牧藏区之社会调查》是抗战期间少有的女性学者的民族志作品。本书依据的资料，来源于俞湘文女士1941年4月参与教育部所办拉卜楞巡回施教队在拉卜楞机关及甘青川康交界游牧藏区50家户的调查，于1947年出版。言心哲为此书作序时指出，国人对边疆研究得甚为不足，无论东北、西藏、外蒙抑或新疆，却为英、俄、日等国所深悉，抗日军兴以来，边疆调查研究尤显重要。"我国之社会，需要改造，而我国边疆的社会，尤其需要改造，这是因为边疆的交通太不发达，文化落后，一般人民的知识水平较低，保守而迷信心理较重。边疆的社会，从纵的方面而言，有牢不可破的传统文化，从横的方面来说，当前的贫弱私等病态，都是值得特别注意。……社会调查是改造边疆社会的一种重要工作。"①同时，关于《西北游牧藏区之社会调查》的学术价值，言心哲则说："(本书)成为研究边疆社会不可多得的资料，凡研究边疆社会者，允宜人手一编……"②

俞湘文于1917年农历9月17日生于上海，原籍太仓，1990年8月11日下午6时46分因病逝世，终年74岁。俞湘文9岁入培成女校读书，1935年在上海光华附中毕业后，进沪江大学肄业。抗战开始后随家迁往后方，1940年毕业于重庆复旦大学社会学系。1941年赴西北进行社会调查，著有《西北游牧藏区之社会调查》一书，1947年由上海商务印书馆出版，解放初曾再版。1978年台湾又再版。俞湘文新中国成立前曾在多所中学任教。新中国成立后1949年至1954年任上海《新闻日报》记者；她热爱新闻工作，兢兢业业，深入联系群众，采写多篇较有影响的新闻报道。1953年参加中国民主同盟，1954年调往和平中学任教，为民

---

① 俞湘文：《西北游牧藏区之社会调查》，"序言"，2页，北京：商务印书馆，1947。
② 同上。

盟长宁区和平中学支部创始人之一。因身体原因,俞湘文1962年5月提前退休。她同其夫葛思恩共同收集其父俞颂华遗作并编著有《俞颂华文集》一书,于1991年出版。此前她又组织编写过几个纪念俞颂华的专辑,分别刊载于北京《新闻研究资料》(1983年第22辑)、南京《文教资料》(1987年第3期)、《太仓文史资料辑存》(1987)。在这些专辑中,她写了"俞颂华传略"、"忆父亲俞颂华访问延安前后"、"椿萱哀思录"等纪念文章。[①]

俞湘文父亲俞颂华(原名为余庆尧,因于日本接触到新思想,便毅然去掉排辈所用的"庆"字。"颂华"乃为歌颂中华之意),被誉是当时"新闻界的释迦牟尼"(黄炎培:《新闻界的释迦牟尼——俞颂华先生》)。俞颂华生于1893年,毕业于复旦大学政治经济系。1915～1918年留学日本东京政法大学。"俞颂华在东京政法大学学习社会学专业……1918年,俞氏于东京政法大学社会学专业毕业,旋即回国。"[②]1919年4～7月主编"五四"时期三大副刊之一的《学灯》,其上曾发表过郭沫若、张闻天、叶圣陶等人的早期作品,并开辟了"社会主义"征文专栏,介绍了毛泽东主编的《湘江评论》。1920～1924年在梁启超、北京《晨报》、《时事新报》的支持下,偕同瞿秋白、李仲午前赴苏联与欧洲进行通讯报道,以打破西方国家对国际新闻的垄断为其赴外采访的使命。在苏联期间,俞颂华曾会见列宁、莫洛托夫、托洛茨基等苏联领导人;在德国期间,又会见了德国总理兴登堡,结识了朱德;在法国期间,再与周恩来相识。回国后,俞颂华担任《东方杂志》主笔,并于中国公学、东吴大学上海分校、"中央大学"上海商学院等校兼任授课教授。他主要讲授社会学、伦理学(逻辑学)、中国近百年史、新文学等科目。随着1932年"一·二八"事变的爆发,《东方杂志》停刊。但是,他秉持着"有德有言不朽"(王芸生语)、"吾人所重者,志。生命土苴耳。"(颂华语)的信念,接任了《申报月刊》。在他的努力下,《申报月刊》上刊发了蔡元培、黄炎培、潘光旦、鲁迅、陶行知、马寅初、朱光潜、林语堂、竺可桢等人的作品。1936年沈钧儒等"七君子"被捕后,俞颂华同孙恩霖又赴延安进行采访报道,受到了毛泽东、周恩来、朱德、徐特立等人的热情接待与会见。同时,俞颂华对毛泽东进行了长达八小时的访谈。抗战爆发,俞湘文一家被迫辗转于广州、长沙、香港、新加坡、曼谷、重庆等地。其间,俞颂华先后担任了《星粤日报》、《芷江民报》、《星报》、《星洲日报》、《侨声报》、《国讯》等报刊主编,终因忙碌病拖,于1947年过早离世。"俞氏一生

[①] 此部分的珍贵资料由《俞颂华》的作者莽萍提供,在此表示感谢。
[②] 莽萍:《俞颂华》,7页,北京:人民日报出版社,1997。

没有加入任何党派,而以一个自由主义者相标榜……俞颂华是一个追求真、善的新闻家,也是'五四'以来投身新文化事业的重要思想者和行动者。"[1]俞先生"革新政治,抗日救国,从实而发,知识救国"的言行及其社会学的背景对俞湘文大学期间选择社会学与其后的藏区调查产生了重要影响。"俞颂华的妹妹俞庆棠,毕业于美国哥伦比亚大学教育学院。是著名社会教育家,曾与梁漱溟先生在一起推广乡村建设工作。"[2]"新中国成立,(俞庆棠)被推选为全国政协教育界代表,担任了中央教育部社会教育司司长。"[3]俞庆棠的乡村教育与乡村建设思想对于俞湘文同样有着重要影响。1946年,俞湘文在其父主编的《国讯》第409~410合期上发表了"解除农民痛苦、复兴农村经济"与"莫忘建设后的大后方"两篇文章。[4] 正如俞湘文在"自序"中关于出版此书的目的时所谈到的:"此书在此时出版,同时还有一个意义,就是希望各界在这复员声中不要因为专注收复区的复兴而忘记了尚未开发的、广大的、富庶的西北。"[5]

  面对当时的国际国内形势,俞湘文此次调查实则受到多重阻力。不仅有来自游牧藏区的种种现实危险,更有来自拉卜楞机关人士的阻挠。文末附录二:"游牧藏区社会调查的经过心得"写道:"举办任何一件事业,很少能不遇到一点困难和阻挠的。笔者在举办此次社会调查之前,会有一部分在拉卜楞工作的人士大加反对,他们的理由是藏区人民绝不会了解社会调查的意义,一定会引起他们的怀疑与反感,反致影响其他服务于该区的同志不能顺利推行工作,并且以为这种调查不会得到什么结果的。但笔者并不因此而稍减勇气,仍旧继续进行。"[6]由此可见,尽管1938~1940年李安宅与于式玉业已对拉卜楞寺进行了长达三年的田野调查,然而,却很少触及拉卜楞附近的甘青川康的复杂游牧藏区。故此,刚刚24岁的俞湘文此次抗拒诸多阻力而力求深入藏区调查的举动实为可叹!关于本次调查的体会,俞湘文述及,"拉卜楞施教队在同年的8月17日由拉卜楞出发西行,进入游牧藏区,展开施教工作。为时两月余,历经十余部落。这种游历机会非常不易,拉卜楞虽也设有许多中央及省属的机关,但很少深入游牧藏区工作者。故笔者得此机会,非常难能可贵,而且安然归来,深自庆幸。"[7]其中艰险

---

[1] 莽萍:《俞颂华》,1~2页。
[2] 同上,4页。
[3] 太仓县政协:《太仓文史资料辑存》,74页,1987。
[4] 以上相关材料源自葛思恩、俞湘文主编的《俞颂华文集》,北京:商务印书馆,1991。
[5] 俞湘文:《西北游牧藏区之社会调查》,"序言",1页。
[6] 同上,155页。
[7] 俞湘文:《西北游牧藏区之社会调查》,"自序"、"序言",2页。

此次调查俞湘文分别对游牧藏区的历史沿革、地理概况、政治情形、家庭组织、人口问题、经济状况、教育情形、卫生情形、宗教信仰、生活习俗等诸多方面进行了综合调查。关于此法的择取，文中谈道："我们对于边疆社会的各方面情形素来隔膜，如作专题调查仅凭某一方面的调查来做片面的论断，结果必与事实不符……故对素来隔膜的边疆社会，最好举行综合调查，以做综合的观察。"①

文中，俞湘文述及游牧藏区的历史沿革及至地理概况。对于甘青川康交界游牧藏区的历史易变，俞湘文自黄帝始述直至民国，其间贯穿着民族交融史、边民叛服史、中央治边史、文明教化史，多元一体格局已然呈现。对于藏区地理闭塞、经济贫乏、落后迷信、民众困苦、纷争不断的窘境，她不断发出"拯救"的声音，可怜同胞的意象不时流于笔端。"我们要巩固国防，必须要注意边务，不能因为抗战已经结束而忘却了经营边疆，开发边地，更不要忘记了拯救至今还过着原始生活的可怜的同胞。"②与此同时，俞湘文在种种贫困交加的藏区原始生存状态的述写中也提出了诸多"教化"策略。比如，发展牧区工业、实践现代教育、加强中央政令的介入，等等。然而，面对少受学界关注且语言、习俗迥异于汉文化的他者的时候，对于来自政治、经济、文化中心的俞湘文而言，她在感受藏民文化的落后与"愚弱"的同时，也在言辞中流露出某种"美人之美"的文化相对主义情结。牧业文明对于农业文明的"惠与性"，喇嘛教存在的意义，游牧藏区的相对民主制，寺院教育的大学模式，科学的饮食方式，这些层面都在论述中彰显出俞湘文对于藏区文化的尊重与"美赏"之情。然而，综观全书，俞湘文在某些问题上，教化与美赏的情结又似乎纠缠一处，无以厘清。俞湘文曾接受过人类学南派的系统训练，受到了美国历史学派以及进化论的影响。因此，她试图凭借这些论说解释游牧藏区的种种社会与文化现象。但是，经过实证调查之后，俞湘文却又于验证中有所反叛。比如，摩尔根对氏族与家族，麦唐纳对藏区"一夫多妻"制的种种论断，俞湘文都以一手调查资料予以有力回击与挑战。"真理"的求索，"辟谣"的心结又似乎透露着俞湘文试图钻入他者思想与世界，以求真相的"欲求"；跨文化的种种反思已然体现出文化相对主义的"美赏之情"。然而，应用与教化的思想却又促使俞湘文对某些部分视而不见。国难当头，俞湘文的国族主义、教化思想、边疆关怀与文化相对主义交织于一处。

---

① 俞湘文：《西北游牧藏区之社会调查》，"自序"、"序言"，156 页。
② 同上，"自序"，1 页。

故此,基于俞湘文对于西北游牧藏区社会调查的文本,笔者试图由此接近她彼时、彼地的想法与困境,以此达到由彼及此的学术史反思的目的。本文,将从以下三方面展开本文的论述:教化思想、文化相对主义、结论与反思。

一、教化思想

(一)进化论思想

1940年暑假,俞湘文的父亲俞颂华因拒绝填写加入国民党的表格,自觉无以继续《芷江民报》主编一职,悄悄离渝,独自飞往香港。随后,其母携其弟也赴港。俞湘文因学业尚未完成,故独自留于重庆的北碚复旦大学继续学业。[1] 1941年4月俞湘文跟随教育部所办拉卜楞巡回施教队,开始对拉卜楞机关与甘青川康四省交界的西北游牧藏区展开社会调查。

俞湘文此次调查,面临着诸多困境,然而,刚刚毕业的她却因自小受其父"求真务实、深入事实、知识救国"的影响;同时,俞湘文在复旦大学又是早期的社会学专业学生,女承父业;萦绕于她脑海中的种种进化理论、求真查实的诉求、知识救国的信念,对于"初出茅庐"的俞湘文而言,无限的想象与实践的冲动使她对"知识救国"、"应用主义"、"求真务实"坚信不疑。正如她谈道:"……但笔者并不因此而稍减勇气,仍旧继续进行";[2]"这种游历机会非常不易"[3]。

俞湘文初入藏区,便感到当地的藏民与汉人存在着巨大的差异。"我们进入该区,与该区人民的服装语言,风俗习惯,迥然不同,故调查工作的推行,极感困难。"[4]同时,她在"地理概况"一章中说,"地球上各区域人类社会的文化,由原始进化到文明时代的速率,各各不同,而地理环境的影响,是构成此种现象的主因之一。温带社会的文化,较寒带热带容易进化;平原社会的文化,较高原容易进化;交通便利区域的文化,较交通闭塞的区域容易进化。一个社会,愈是进化,其人民愈少受天然环境的支配。所以,得天独厚的社会,其进化速率愈高,而高原闭塞的社会,则愈落后。甘青川康四省边区,地势高寒,交通闭塞,故其居民生活艰苦,文化落后。"[5]在此,俞湘文对于生态与进化关系的论说,显然受到了生态决

---

[1] 以上相关材料源自葛思恩、俞湘文主编的《俞颂华文集》。
[2] 俞湘文:《西北游牧藏区之社会调查》,155页。
[3] 同上,"序言",2页。
[4] 同上。
[5] 同上,10页。

定论的影响。文化进化已然同环境紧密相连,而何以疏通交通,打破闭塞,加强中原文化的渗入或为其欲表达的意象。在"教育情形"一章中,俞湘文对藏区社会骑射技能的习得与文明社会的知德教育进行了比较。"一般文明社会里的家庭偏重于知和德,在游牧初民社会里的家庭教育则偏重于勤和勇。"①此处论述俞湘文旨在强调知德是文明社会区别于初民社会的关键,如何由注重勤勇教育过渡到知德教育实为边区巡回施教的根本。除此之外,俞湘文的进化论思想同时也受到了摩尔根与恩格斯的影响。在母系制的遗迹与父系制的趋向中,俞湘文写道,"根据摩尔根的推论,初民社会中,家庭的起源,最初是杂交,'民之有母,不知有父',因而形成母系制的家庭,以后父亲的资格逐渐确定,对于一家大权均控于母亲方面的情形起了反感,于是便推翻母系制而建立父系制。如果我们要照摩尔根的说法——就是藏民社会里家庭的演化是由母系而进到父系阶段的话,那么我们可以说,这游牧区藏民社会的家庭,是正由母系制阶段,走向父系制阶段的过程中了。因为在这个社会里,我们可以看到母系制的遗迹与父系制在发展的萌芽。"②俞湘文并不限于仅仅驻足于游牧藏区父系制萌芽的界定,她随后引用了恩格斯关于原始社会进化阶段的相关论说。"这是很有趣的,我们试看恩格斯所述关于人类原始社会进化阶段的说法,与该区社会情形对照一下,恰有许多相同的地方。……游牧藏区的人民是粗野和贫困的。他们的生活状态,因各家庭都是从事游牧,出产物品限放牧产物,故物质供应普遍缺乏,所以各家物质上的享受,也几乎是平等的。……游牧藏区的情形与恩格斯所说游牧藏区的情形很相似,但我们不希望他们再依着自然的社会进化程序自行发展下去,使他们也经历过奴隶制度、封建制度等阶段,使大多数的人民受到少数特殊阶级压迫的痛苦。我们要借人力来使他们跳过社会发展自然程序的阶段而赶上世界的潮流。"③俞湘文此处关于游牧藏区"跳跃"进化发展阶段的思想似乎受到了马恩晚年提出的俄国在农村公社的基础上跨越"资本主义卡夫丁峡谷",直接走向社会主义的影响。她一方面强调了进化论的普适性,同时又试图"借人力"(其实为国家力量)以超越进化论的顺序发展说。然而,此种跨越式发展思想却成为建国后处理民族发展与过渡问题的重要理论基础。"赶上世界的潮流"尤其凸显了俞湘文对于藏区改造与发展的急切心情与期望。

---

① 俞湘文:《西北游牧藏区之社会调查》,78 页。
② 同上,41 页。
③ 同上,30~31 页。

(二)现代化理论

俞湘文对于进化论思想的推崇实质上同她所秉持的现代化理论紧密相关。通过进步与落后的种种述写与比照,她意在凸显现代化理论对于边区改造的重要性,由此推进落后向进步的"演化"。

1. 发展牧区工业

拉卜楞皮毛产额位居甘肃之首,同时也为全国重要的毛纺织品基地,上海、汉口、天津等地商人不畏路远险阻行至于此,再将收购的牛羊毛皮经上海、汉口、天津口岸远销国外。然而,时值抗战,各口岸受到封锁。故此,拉卜楞地区大量羊毛、牲口、皮革无法售出,积压滞销。面对这种现状,俞湘文提出了发展牧区工业的思想,并极具前瞻性地将目光投向世界市场。文中写道:"但是拉卜楞出产丰富的原料,我们绝不能因为敌人的影响而使有原料囤积成为废物的现象,亟应提倡拉卜楞生产事业,自立制造。这是敌人给我们自己开发边地的一个好机会。不可轻易放过。"[①]"中国毛织物品非常需要,毛织工业急需提倡。中国羊毛皮革的来源,惟赖西北部的大牧场,这些宝贵的原料,过去因为自己毛织工业落后,没有充分利用,多半还是输到国外,由人家制造,博取厚利。倘能自己制造,利益就不向外溢了。……藏族社会各家庭各自为政,可以说是没有社会分工合作;将他们的剩余劳力——年轻力壮的有间分子——培养训练成实业管理的人才和畜产制造的技术人员,让他们开设工厂,把这些宝贵的原料制成精细的成品,如毛织物和皮革物、罐头牛乳、牛酪,等等,不但可供国人的需要,亦可争取世界的市场。另一方面要开发交通,便利运输,使他们的成品可以源源输出,而他们所缺乏的粮食和他们现在享受不到的生活必需品可以源源输入。这样,藏民的生活程度和经济情形自然就慢慢地改善了。"[②]这种牧区工业理论浸透着"内生性工业"的牧区经济发展理念。不仅原材料取于当地,劳动力与工业管理、技术人员也由当地人员担当。同时,俞湘文也反复强调大力发展交通事业,进而,使得牧区缺乏的粮食得以源源输入。实质上她试图表明打破地理区隔,加强农牧文明互动的重要性与必要性。同时,畅通交通也是加强中央监控与现代化顺利展开的关键。

2. 实践现代教育

作为拉卜楞巡回施教队成员之一,俞湘文对于此次藏区调查的启动,既充满

---

① 俞湘文:《西北游牧藏区之社会调查》,147 页。
② 同上,77 页。

了"知识救国"与"教育革新"的学术与应用之心,同时又面对着巨大的阻力。俞湘文所具有的"调查工作应具的决心"①使她的文本中充满了"实践现代教育"的理念。

拉卜楞地区由于受制于闭塞的地理,同时宗教的影响也十分深入,故此,"藏胞的教育,非常落后。该区固有的教育环境不是学校,是家庭和寺院"。②俞湘文分别从"藏区固有的教育环境"、"拉卜楞各学校的概念"、"康藏游牧小学概况"、"推广该区教育应注意的几个要点"及"推广该区教育应注重国文论"予以论述。拉卜楞地区的藏民对于学校并无明确的概念,"按藏民对于'学校',素不知为何种机关,所以他们绝对不会主动送子女入学的"③。尽管,该区业已设有拉卜楞藏民小学校、县立中心小学、拉卜楞女子学校、国立初级实用职业学校与康藏游牧小学。然而,无论其设立时间抑或办学条件与效果,都问题重重。这些学校除康藏游牧小学随康藏牧民逐水草迁徙外,其余都设在拉卜楞(夏河县)。同时,这些学校又分属于教育部、甘肃省教育厅、夏河县与藏民文化促进会,并且大都为1926年后所建,旨在凭借中央力量的介入推进藏边教育的普及。而民众起初也多反对。拉卜楞藏民小学校为拉寺嘉木活佛(拉寺最高统治者)的兄长黄正清(甘肃省政府又任其为保安司令)主动向中央请愿所建。关于建校经过,文中提到:"拉卜楞藏民小学,创办于民国十六年。是拉卜楞第一个开设的学校。直属于拉卜楞藏民文化促进会,该会直属于甘肃省教育厅。拉卜楞藏民小学由藏民领袖黄正清向甘肃省政府请愿,于是于民国十五年起,从青海划归甘肃管辖以后,黄正清为表示希望内地人士前去帮助藏民提高文化水平起见,与甘肃教育厅洽谈后,于同年创办拉卜楞藏民文化促进会,请汉人指导,翌年就产生了拉地第一个现代化教育的小学校。校长由黄氏自兼。"④事实上,该校的学生却为黄氏征派入校,并无主动入校者。至于家长接受黄氏此举,"因为该校供给学生膳宿与书籍,故各家长并不反对过甚。"⑤然而,自1940年始,物价频频上涨,加之该校毕业的学生无适当的出路,选派赴内地求学者也因水土等原因,客死他乡者不在少数。故此,"种种情形,使各家长常常质问黄氏,黄氏极感为难,因此黄氏无法再

---

① 俞湘文:《西北游牧藏区之社会调查》,155页。
② 同上,78页。
③ 同上,82页。
④ 同上。
⑤ 同上,92页。

急需以政治的力量来强迫各家子弟入学了。"①由此可见,拉地首所现代学校的建立源自拉寺嘉木活佛的兄长黄正清主动请愿于甘肃政府。然而,立校的基础却非民意所向,"强制"性"征派"在黄氏与中央的双重合力下展开,却因内外因素而阻力丛生。至于黄氏何以积极请愿以兴藏边教育,俞湘文认为:"拉卜楞各小学校和康藏小学校在黄正清和康藏士官热心帮助下都很顺利的成立起来了,由此可知在该区推行现代教育只要得到当地土官的协助是没有什么其他阻碍的。但是黄正清和康藏士官所以热心提倡,不顾人民浅见的反对,为学校强迫征收学生,完全是因为对于这些学校给予莫大的希望。他们知道唯有让藏民接受现代教育才是改良其社会的必由途径。他们希望学校兴旺,希望这些学校能替他们造就人才。"②此外,康藏游牧小学同样面对这样的困境。"唯有这康藏小学是由五十余个学生的家属组成的一个大圈子。这五十余家是康藏士官用其政治权力从各圈子里选派出来的。"③而此校成立的缘起却是"听命中央"。④ "康藏小学成立的缘起的经过,据康藏士官谈起称:民国二十六年,他和乃兄康根士官随同黄正清(康藏与康根的士官都是黄氏的妹夫)赴重庆,晋谒委座,听命中央。当时蒋委员长面谕他们返乡以后,须推广教育,设立学校。教育部复令拉卜楞藏民文化促进会协助筹办,该会会长即黄正清,黄氏即派两位在拉从事教育工作的汉人,分赴康藏康根,帮助该士官开办学校。"⑤中央给予黄氏的多重身份为他竭力推进藏地教育发展提供了重要支持。至于其间遇至诸多困境,俞湘文却抱以极大的乐观态度:"他们文化落后,生活简单,大部分不感到受教育的需要,故不愿将小孩自动送入学校。他们却也有此想法,以为学习另一民族的文字似乎丧失了其民族自尊心。但郭老师又谈,经过数月的训导以后,他们学生对其学校,都很发生兴趣了,对老师的态度也很尊敬,并且渐渐的认识接受现代教育的重要性了。……再经郭老师时常把内地情形讲述给他们听,他们便更日益感到自己文化落后,需吸收外来文化以改良自己的社会。学生和各家长们对这学校心理状态的好转和四个月以前是大不相同了。由此观之,藏民在心理方面反对学习汉文一层问题,是不难消解的。"⑥除此,俞湘文也谈及了现代教育所产生的爱国作用,

---

① 俞湘文:《西北游牧藏区之社会调查》,83页。
② 同上,86页。
③ 同上,84页。
④ 同上,83页。
⑤ 同上。
⑥ 同上,92页。

"笔者是在康藏小学开办同年的九月到康藏的,那时距开办时间还未到半年,而这些学生不但能诵写汉字,还能背诵总理遗嘱,唱党歌与义勇军进行曲,高喊拥护最高领袖的口号,可见落后的民族,只要有外界的文化源源输入,其文化水平很快就会升高的。"①

作为刚刚毕业的"热血青年",俞湘文同时也为拉卜楞巡回施教队成员,其"教育兴边"思想尤为浓厚。面对拉地教育实践中的种种问题,俞湘文极具前瞻性地提出了实践现代教育的诸种理念。第一,循序渐进的教育模式。俞湘文经过对藏民教育程度的统计调查,她认为,藏区高达94.9%的文盲率,亟待该区教育"先求量的普及,后求质的精深"。② 为此,在校舍位置的选择上,她认为,应当与学生接近。由于藏区多游牧部落,诸如康藏游牧小学类型的"流动"学校当分部而建。文中写道:"等到一个学校的学生渐渐多了,也有程度需要分班了,就可以分出一部分学生另外组织一个学校圈子,增加几个教师,教育事业就已经是在扩大了,教育水准也就在提高了,到这时候,再开设高级学校或中学就不愁没有学生了。但是高级学校需要较完备的仪器、书籍及各种设备,那就不容易随着部落时常迁移了。这种学校,必须设在适中的定居部落中了。如四川的阿坝、甘的黑错、拉卜楞等地,都是很适当的地点。此中若有优秀学生也可包送内地大学,更求深造。关于这点,笔者虽与黄正清氏谈及,据他的意思,因鉴于过去沉痛的经验——就是以往保送至内地求学的学生,有十余个因水土不服死于他乡,也有因内地的物质享受较边地好些而一去不返的——要设立大学则至少十余年以后的事了。"③第二,提高教师待遇。边地藏区气候恶劣,生活环境窘异,教育人才缺乏,资金难以补给。面对于此,俞湘文以为,吃苦耐劳的精神、略习藏语、切记浮躁、强健的体格是发展边地教育的基础,而提高教师待遇又为关键。文中提到,"到过这一地带的人士都知道,不是衣冠楚楚行装丰富的人,将到处遇到冷淡的。因他们一般人心理都以为中央方面派来的人员必定是非常阔绰的,那么常处在其环境中的教师自然更不能让他们流露窘态,失去教师的威严了。"④除了提高教师待遇的主张,俞湘文也注意到了定期调动的重要性。"除待遇外还有应注意的一点,教员必须时常调动,每隔两三年供给他们旅费回家或在内地游历一次;服务期满若干年后,若不愿继续下去,随时可以请求内调,必须负完全责任,决不可

---

① 俞湘文:《西北游牧藏区之社会调查》,84页。
② 同上,87页。
③ 同上,89页。
④ 同上,90页。

期望他们终身客居边疆。"①第三,发展职业教育。俞湘文认为:"我国举办任何事情,往往缺乏通盘计划,头痛医头,足痛医足。"②"推广该区的教育事业,必须与其他方面的工作,如工、商、交通、卫生等同时并进,方能改善藏民的生活。"③因此,职业教育的同步发展,大量技术、干部与领导人才的培养实为关键。进而,才能使学生一出学校便可寻到职业,改善家庭的窘境,激发藏民主动参与教育的积极性。第四,发展国文教育。俞湘文当时已经注意到了藏民对于国文教育的种种担忧,藏民大都认为:"一个民族既有他自己的文字,若要强迫他们研究另外一族的文字,会使他们意识到在受另外一族的压迫而起反感的。"④针对这种现状,俞湘文从藏区文盲太多、藏文缺乏宗教性情以外的书籍、加强我国团结力量三方面予以分析。俞湘文以为,"一个民族研究另一民族的文字,接受另一民族的文化,并不就是一件耻辱的事情,我们为要接受欧美文化,改良自己社会,也大多研究各国语文的。所以使藏胞学习汉文,并不是以文化来侵略他们的意思,乃是提携他们和我们一同跟上时代的潮流。"⑤

3. 加强中央政令的介入

俞湘文行文之初便从西北游牧藏区的历史沿革讲起,为读者勾勒出该区渐趋内向中央的历史图景。她从黄帝谈起,并于开篇写道,"中国的文化起源于西北秦陇一带的黄河流域。甘青康川四省交接之处,这在黄河上游,故该区自古与中国即有往来,是极可能的事。……史若不谬,则在黄帝时代,该区可能已是中国版图中的一部分了。"⑥其后,俞湘文从秦迄于民国的藏地历史更迭,经由大量历史史料与分析,分别从秦迄近代叛服史略、近代清势力的入侵、西藏势力的崛兴、宗教势力的兴衰及其藏边近况进行了详细论述。其中,俞湘文着力阐释了该地的民族融合、叛服史脉、中央治边、通婚朝贡、宗教易迭等方面。最后,俞湘文以呼吁的语气论道:"无论在战前或战后,在我国不允许再有武力斗争自相残杀事情发生。我们要切实做到国内各民族一律平等的原则。全国人民,应上下一心,团结一致,建立一个自由平等的新中国。"⑦

---

① 俞湘文:《西北游牧藏区之社会调查》,90 页。
② 同上,86 页。
③ 同上,89 页。
④ 同上,91 页。
⑤ 同上,92 页。
⑥ 同上,1 页。
⑦ 同上,9 页。

由于甘青川康交界地处险远,且政令难以到达。1926 年之前,机关鲜有。"夏河县一切党、政、军、文化、经济、卫生、及交通机关都是在民国十五年以后才开设的。尤其是民国二十六年抗战以后的数年中,突然增加了十几个机关。这是因为一则敌人将我们繁荣的沿海各地侵陷了去,使中央对开发边地的任务更感迫切。"①游牧藏区的政治统治方式有三:拉卜楞寺院统治,青海省政府指挥与士官世袭制。受拉卜楞寺直接控制的部落有桑科、科才、作格尼玛、欧拉、郭门寺和格尔底。该地官名自称按层级高低大致分为:洪布、郭哇、龙布、操米。"'洪布'与'郭哇'犹如内地的乡镇长,'龙布'、'操米'犹如保甲长。"②受制于拉卜楞寺附近的部落,除格尔底因属格尔寺院外,其余部落各设小寺,且受拉卜楞寺派遣喇嘛的管理。主持的喇嘛被称为"贡察布",各部落定期也须向拉卜楞寺"纳供"香火。世袭士官统治下的部落为阿完仓、席黑仓、康萨、康根、陌桑(又名中阿坝)和辖麦。康萨、康根为省界不明之地。"所以民国以后,中央政府从未有政令到达过。清代时,虽以土千户封的,并赐有金印一枚,至今仍珍藏在康萨士官手中。民国二十七年,青海军队曾一度进入。翌年,康萨、康根两士官曾至重庆晋谒蒋委员长。贡马仓也有代表参加。希望中央早日将省界划分清楚,并给予确切的保障。"③尽管,康萨、康根为士官世袭制,并非受制于拉卜楞寺。然而,由于"此两士官既为兄弟,又为连襟,且他们各自的夫人都是拉卜楞寺保安司令黄正清的胞妹,嘉木样大活佛的胞姊。康萨、康根两士官无论在政治上或宗教上的权力都不及黄正清,学识才干也逊于他,故他们对黄正清很崇敬,于是这两个部落无形中遂受拉卜楞的指挥。"④同时,辖麦一部因历史原因对拉卜楞寺也年有供奉,在宗教上受限于拉卜楞寺。大残较为特殊,其为蒙古游牧部落黄河南亲王的一个支系,因其位于青海省境内,故间接受到青海省政府的统治。由此可见,藏区看似三重政治运作方式,实则仍直接或间接受到拉卜楞寺的控制。而拉卜楞寺,实质上因黄正清等人的积极内向中央,其基本为中央的下设机关,受到中央的间接监控。1926 后,中央在拉卜楞大量下设机关,其范围含涉党、政、军、经济、卫生、交通等诸多领域,以此试图加强对于拉卜楞的操控。俞湘文对于拉卜楞城区机关进行了详细调查,对于调查始因,文中言及:"笔者初到拉卜楞时,感到设在该地的许多机关,工作效率都很低下,一般的说法,固也以为经费拮据和人才

---

① 俞湘文:《西北游牧藏区之社会调查》,134 页。
② 同上,18 页。
③ 同上,22 页。
④ 同上。

缺乏为其主因,但有些人士竟完全归咎于各机关的负责人和工作人员。笔者为要明了其确实原因以供各方变革参考起见,决定用科学的、客观的方法,拟订了表格,请各机关填写。"对于调查的结果,俞湘文提到:"感到各机关尚能谅解,所发出的表格也陆续填就还来,得以完满结束。"①附录一("拉卜楞城区机关调查报告")中俞湘文从机关概况、开垦的经过、各机关的经济组织及工作概况、各机关在拉卜楞工作的特殊困难及工作人员概况五方面予以详述。面对拉卜楞各机关资金缺乏、办事效率低下、人才匮乏、语文隔阂、宗教问题,加之抗战的影响,俞湘文深感此问题的严峻性。由此,她也提出了诸多应对策略。第一,发展交通与生产机关。"开发边地的主要步骤,论说不一,有的主张先以教育来化导边民,有的主张开展交通来沟通汉藏文化,有的主张提倡生产事业以促进边民经济生活。但以客观的立场来讲,各种工作是并重的。"②俞湘文在文中反复强调大力发展交通与生产事业对于"化民"的重要性,这两项事业发展程度高低将直接影响巡回施教乃至整个游牧藏区发展的推进。第二,改革教育机关。从机关调查统计情况来看,教育机关所占比重最大,且效率低下,没有明显成效。俞湘文以为,"概观拉卜楞,则以教育机关为最多,似乎偏重于教育工作;且如巡回队、民众教育馆、与藏民文化促进化所做工作,颇多重复者;而三个小学校的学生总共不过三百人左右,倘能合并起来,不但范围可以扩大,且教育也可足够分配,设备也可较为完备。"③第三,增加与藏民直接有关的机关。"中央与省府,在这边地藏民区域设了许多机关,目的是在开发边地,联络藏民。但是与藏民有密切联系的,实寥寥无几。"④对于同藏民有关的拉卜楞藏民小学与卫生院而言,俞湘文也为其发展困境而忧虑。文中写道,"我们要促进汉藏民族的感情,一方面要充实已设立的并与藏民有接触联络的机关,使能排除其困难而推进工作,另一方面在边地必须多设直接为藏民谋福利性质的机关。"⑤第四,改革政教不分的现状。面对整个拉卜楞基本被拉卜楞寺所操控,尽管黄氏等内向中央且间接受控于中央,但是,俞湘文仍然认为,拉地政教不分,中央操控力度不够,这种政治统治模式有待改进。"拉卜楞为西北六大黄教中心之一,土地系嘉木活佛一世自藏回来之时,由统治本地的黄河南亲王将拉卜楞地方献于嘉佛的,所以拉卜楞的土地权现全归寺院

---

① 俞湘文:《西北游牧藏区之社会调查》,131~132页。
② 同上,145页。
③ 同上,144页。
④ 同上,143页。
⑤ 同上,144页。

所有,农家均向寺院租地耕种,商家均向寺院租地建屋,每年向寺院纳税,所有其范围内藏族一切民政的管理,全操于寺院之手,造成政教不分的形势;所以行政机关,最感困难。"①第五,统一币制。俞湘文发现中央下设机关同时也面临着币制不统一所带来的诸多问题与不便。由于藏民思想的保守性,加之文盲者居多,法币与孙总理的银币在藏民中很难流通,唯有袁世凯银圆较易被接受。同时,又因抗战期间,银圆与法币比例涨落不定,因此,给当地职员工作与生活带来诸多不便。为此,俞湘文提出了通过回收银圆的中央调控方式来解决这个问题。"或以为要取抵实用银圆,使全国币制统一,一方面政府设一机关,或者委托现有的金融机关,逐渐将银圆收买归国库,使银圆绝迹于市面,使他们不得不改用法币。一方面发行藏文钞票,并印上使他们容易识辨数目的记号。"②

由上可见,俞湘文从发展牧区工业、实践现代教育、加强中央政令的介入等诸多方面进行相关论述,其中所蕴涵的"教化"思想尤为明显。作为此次藏边调研的参与者,俞湘文顶着重重阻力,行走于险境丛生的十三部落,以其"知识救国"的使命与人类学应用之心,实践着一位年轻学人的理想。与此同时,由于俞湘文有着系统的南派社会学训练与其父"从实而发"思想的双重影响,又因其漂泊不定的家境与彼时战乱不息,故其行文中自然流露出对于边区藏民的种种"美赏"之情,文化相对主义流露其中。

二、文化相对主义

(一)牧业文明对于农业文明的惠与性

俞湘文笔下的西北游牧藏区俨然一副牧业文明的景象,而牧业文明对于农业文明的惠与性可见一斑。

游牧藏区作为甘肃乃至全国重要的毛料皮革产地,相比之下,农业产品却尤其匮乏。作为藏民生活不可或缺的青稞也大多仰于外地。于是,部分人士主张"退牧还耕",建设农场,以此补给藏区粮食不足。然而,俞湘文却对此持有不同意见。她认为:"让一部分藏民舍牧从农,以增加农作物的产量。这个办法并不妥善,盖该区地势高寒,农作物不易生长,一年一收获甚为费力,若一部分牧民改业从农,其艰苦情形,不一定减于游牧生活,而其出产,能够供给自身以外多少人

---

① 俞湘文:《西北游牧藏区之社会调查》,146 页。
② 同上。

家,也成问题。再从整个国家经济利益上来讲,也非良策。中国毛织物品非常需要。毛织工业急需提倡、中国羊毛皮革的来源,惟赖西北部的大牧场,这些宝贵的原料,过去因为自己毛织工业落后,没有充分利用,多半还是输到国外,由人家制造,博取厚利。倘能自己制造,利益就不外溢了。故若将适宜于畜牧的牧场,一部分改为农地,农产受天时的限制,不能有满意的收获,而牲口的繁殖数量反将因草场的减少而受到限制,实为极不经济的一种措施。"①此处,俞湘文充分看到了牧业文明自身的潜力与对于农业文明的惠与性,"依工养牧"已然成为实现牧区经济发展的重要路径。

俞湘文对于牧业文明惠与性的阐释除了经济上的考虑之外,她也从"浪帐房"、"雇工地位"、"私生子问题"与"妇女地位"进行了跨文化的比较与反思。第一,"浪帐房"。本书最末,俞湘文提及了"浪帐房",由此,再现了战火年代牧民尚存的闲情逸致,这也实为内地人所向往的事情。文中写道,"'浪帐房'是拉卜楞定居人民对于其游牧时代帐房生活一种回味的风俗。在西北一带的土语'浪'是游荡玩耍的意思,故'浪帐房'即作露营之嬉的意思。拉卜楞地势高寒,甚至在夏日早晚仍须穿服棉衣,故夏季在拉地反是风和日暖,芳草鲜绿,犹如内地春秋季候,最宜作郊外之游的时期。于是拉卜楞各家藏民都要或近或远,在风景清秀的草地上,扎帐露宿数日。其时各家把家里最精致的日用品都搬到帐房里,并邀请亲友到帐房野餐,亲友也均携带些礼物馈赠的。拉卜楞的汉回人士,很多仿效此法,在靠山傍水幽雅处,搭起帐房,邀集四五好友,或作方城之战,或是弈棋,确是别有趣味。"②第二,雇工地位问题。拉地土官拥有大量牲畜需人代管,故此,雇工成为该地特有的职业。无论长工抑或短工,其皆以代牧形式换取牲口数头或酥油数斤。由此,俞湘文将其同汉族公馆的婢仆予以比较,进而反观己文化的不足。文中论道:"藏族家庭里,雇工的地位并不如内地一般公馆婢仆低下。土官家里的雇工对其主人虽是小心翼翼,恭而敬之,但这并不是因为他是顾主,而是因为他是土官,一般老百姓虽非是土官的雇工,而对土官也是一般的恭而敬之。"③第三,私生子问题。藏区男女在婚前性关系是自由的,因此,经常会出现汉族所称的"私生子"现象,而藏民对于所谓"私生子"却持有不同的看法。在藏区私生子同婚生子女享有同样权利并受到同样的尊重。"该区社会里,未结婚的男

---

① 俞湘文:《西北游牧藏区之社会调查》,76 页。
② 同上,130 页。
③ 同上,74 页。

女青年可以很自由的解决性欲问题,没有出嫁的女儿生了孩子,父母兄姊弟妹和亲戚乡里都为她添丁而高兴,并不认此为可耻的行为,也不把这孩子看作'私生子'。前节中所述的八个没有父母亲的孩子笔者都亲眼见过,他们是他家里的一员,和家中别人一样,即使母亲已经嫁出了的孩子,也有外祖母或姨舅爱护着他们的"①。第四,妇女地位。俞湘文首先对于"藏区为母权制"的论点予以辩误,进而指出"藏族妇女是生活在原始社会中,汉族妇女是生长在封建遗毒的社会里"②。源自女性的感同身受,俞湘文在面对迥异于其所处主流文化的藏族妇女境况时,不禁流露出对于"原始社会"的美赏之情。同时,她也为仍处于封建囚笼的妇女而忧虑。由此,俞湘文从诸多方面进行了跨文化的反思。"汉族妇女婚姻自主是最近方始比较普遍的事情,在藏族中的妇女们却是一向就可以自由恋爱,自择配偶的;汉族妇女往往因为羁于家累或教育程度落后等原因致经济上不能独立,女子在出嫁时也很少能与其弟兄们同等待遇,承继一部分祖产;在游牧藏区家庭中,财产的所有权利并不是集于一人掌握的,而是分在各人名下的,男的若赘于人家,或女的嫁到人家时,都可将他自己的一份带过去的。因此在经济上男女似乎也是平等的;汉族妻子在教育机会上也不能和男子平等,所谓'女子无才便是德'即是封建社会剥夺女子教育机会的巧饰之词,现各学校虽都已开放女禁,但事实上女学生与男学生相差数额,少得太多了。藏族社会里除喇嘛因研习经典故在寺院中必得学习藏文外,无论男女,一概都无受教育机会。以上数点在汉族社会里是男女不平等的基本要点,在藏族社会里则男女比较平等的。"③

(二)喇嘛教存在的意义

拉卜楞寺作为中国黄教六大名寺之一,从规模上而论,喇嘛三千,堪为其首。当地藏民对于喇嘛教的信仰可谓虔诚至深。文中述及:"藏族社会里的人民,对于喇嘛教信仰程度的虔诚,已为普遍的现象。整个社会里的人民,都被笼罩在浓厚的宗教空气之中。"④

俞湘文在文中两次提及喇嘛教。第一处是在第五章中有关喇嘛教与人口问题的探讨;第二处是第九章关于宗教信仰的论述。第一,喇嘛教与人口问题。"一般关心边疆的人士,对于藏族的人口问题都非常担心。因为藏族笃信喇嘛

---

① 俞湘文:《西北游牧藏区之社会调查》,36 页。
② 同上,43 页。
③ 同上,43~44 页。
④ 同上,113 页。

教,男子出家为喇嘛者甚多,喇嘛不能娶妻生子,故担心藏族的人口将逐渐减少。"①俞湘文入藏地之前对于这种说法便有所耳闻,但其始终秉持"观察一件事,不可主观,必须客观"②的"实证"精神,深入藏区对于藏区人口减少的原因进行深入调查。通过人口多寡、年龄构成、性别比例的统计与广泛的访谈,俞湘文认为:"人口递减的问题固然有其严重性,但并不能完全归罪于喇嘛教。"③"所以喇嘛教影响于藏族人口,在量的方面说来,不能谓十二分的严重。倒是在质的方面,或影响颇大。"④至于影响藏区人口减少的原因,文中提到了性病、中年人死亡儿率高、粮食缺乏的限制及医药治疗的缺乏。而其中,俞湘文指出性病是藏族人口减少的主要原因。由此,驳斥了部分人士对于喇嘛教的偏见。关于喇嘛教的存在意义,俞湘文论及:"过去关心边事的人士,往往认为藏族人口前途危险的原因完全是喇嘛教的作祟,所以,对喇嘛教大肆抨击,劝导藏胞不要信奉喇嘛教。其动机虽好,结果却反引起藏胞们大大的反感。据拉卜楞寺院一位汉藏喇嘛谈,寺院中所有从蒙古来的喇嘛,都说日本人比汉人好,原因是:'日本人'不反对喇嘛教,汉人是反喇嘛教的。其实,汉人何尝反对宗教?汉族传统的观念与三民主义的主张都是主张信仰自由的。过去抨击喇嘛教者的目的也并不在反对喇嘛教,乃是希望藏胞不走上民族自决之途。可是方法错了。可怜藏胞们不能谅解,反而以日本甜言蜜语的愚民政策非常满意。所以我们以后再不能直接攻击其宗教,同时也不可忽略了致藏胞人口速减的其他因素。须知藏胞们对喇嘛教信仰虔诚,绝非一朝一夕或三言两语所可转移。……则我们为纠正以往的错误起见,也不能专事反对喇嘛教,否则徒然伤失两大民族的感情。"⑤从其可见,俞湘文对于喇嘛教持以某种尊重,并将其视为沟通藏汉感情的桥梁,喇嘛教有其存在的意义与长期性。第二,宗教信仰。俞湘文在辟谣之后,专设一章对藏民的宗教信仰予以论述。基于第五章关于喇嘛教的相关探讨,本部分的写作,透露出俞湘文对于藏民宗教信仰的"他者之心"。俞湘文首先回顾了回教与基督教用尽全力而惨败于喇嘛教下的拉卜楞宗教更迭史,并认为:"喇嘛教在藏区里影响之大和人民信仰之深非他种宗教所可替代了。"⑥其后,她又对拉寺概况、年度寺院七次大会

---

① 俞湘文:《西北游牧藏区之社会调查》,47 页。
② 同上,43 页。
③ 同上,47 页。
④ 同上,56 页。
⑤ 同上,63 页。
⑥ 同上,105 页。

与民众虔诚的信仰细节详加介绍。本部分向读者勾勒出一幅和谐、恬静且如"摆民"做摆一般的生活图景。俞湘文似乎已然忘却了"至今还过着原始生活的可怜的同胞。"①论述中,俞湘文不禁将汉族和尚与藏区喇嘛进行了反观式的比较。从中,可以看出,俞湘文对于喇嘛的世俗性与人情性较为认可,而和尚的隐士风范却似乎不为她所乐道。同时,关于宗教的作用,文中写道:"我们不能否认,宗教对于人类是有优处的,他能解除人类精神上的痛苦,给予人类心灵上的安慰,并能促使人类间和平相处。"由此,我们可以联想到俞湘文彼时思绪中所呈现出的内地的战火纷飞,而宗教所倡求的人世间的和平相处以及对于人类精神痛楚上的弥合作用却为她所渴求。

综观俞湘文对于藏地宗教的态度,她基本持以尊重与美赏之情。然而,她也并非全然肯定宗教的作用。文中言及:"如藏族同胞们趋于盲目的迷信,那就害多利少了。"于此,俞湘文实则将盲目的宗教信仰称为迷信,这也正如她对拉卜楞寺政教合一的反对。实质上,俞湘文将宗教的作用仅仅理解为化解人类精神的痛楚,而远离于政权与盲目的笃信。事实上,俞湘文对于宗教的态度持以辨证的态度。一方面,她认为,我们应当充分利用与发挥宗教的积极层面,进而,促进民族间和谐关系的构建;另一方面,她认为,教化是不断消解宗教消极影响的重要方式。这种观点在文中也有所谈及:"普及现代教育,借教育的力量可以渐渐启发他们的思想,纠正他们对于宗教信仰的态度,祛除盲目迷信,而以宗教为精神上的一种安慰,道德的准则和行为的规范。"②

(三)其他

除上所述,俞湘文的文化相对主义在游牧藏区的相对民主制、寺院教育的大学模式与科学的饮食方式上也有所体现。

1. 游牧藏区的相对民主制

拉地藏民的政治运作模式如上所述,分为三种,即为拉卜楞寺统治、青海省政府统治与世袭土官统治。对于土官而言,他们是没有固定"俸禄"的"阶层",人民也没有一定的捐税。这种看似松散的统治关系,却以其特有的相对民主制而得以合理运作。"土官无论'洪布'或'郭哇',都是一个部落之长,对外他是该部落全体人民的总代表,对内他是全体人民的总指挥。外患来时,他需要召集部落里的壮丁来抵御。人民间发生纠纷,他就是个审判官。地方上的一切琐务难

---

① 俞湘文:《西北游牧藏区之社会调查》,"自序",2页。
② 同上,64页。

事,需要他来想法处理。这些都是士官的义务。任何一个部落不能缺少这样一个头人。"①而士官的薪金仅通过断案费与较多的牲畜而获得,且无他种特权。文中写道:"自由存在部落之中就是人民的权利。每家人家都是部落中的一分子。他们的牲口可以无条件的在其部落地区范围之内放牧。全部落的人民有组织的逐水草而居,相互得到治安上的保障。他们的内政情形是相当民主的,士官不能独裁,万事需同小头目会同议决,这些小头目犹如参议员,是人民的代表。他们没有酬报的,但因是荣誉的职,故均乐于充任。士官没有武装队伍,所以士官对人民仗势欺压敲诈的事,在游牧藏区里是很少见到的。游牧藏区中阶级分得并不明显,除少数世袭士官较人民富有外,他们一般人民比较是自由平等的。"此处,俞湘文所指出的藏地相对民主制实为汉地政权不稳的鲜明反照,其间流露出她对民族、平等与自由到来的向往。

2. 寺院教育的大学模式

俞湘文在拉卜楞藏区教育情形一章中,首先提到的便是拉卜楞寺教育。引起笔者注意且饶有趣味的在于俞湘文将拉卜楞寺教育的四阶段,即"饶将巴"、"多仁巴"、"格西"与"昂仁巴"分别对应了"学士"、"硕士"、"博士"与"密宗博士"(博士后)。尽管作为巡回施教队成员之一,俞湘文以教化为使命,但是,当她面对拉寺如此完善的教育模式,对于现代大学模式的比照油然而生。于此,俞湘文或许认为,宗教教育同现代教育之间存在某种互相借鉴与共通之处。拉卜楞寺六大学院所涉范围包括文学、医学、佛学诸种。《因明》、《般若》、《中论》、《俱舍》、《律学》为喇嘛诵念的五部经典。同时,俞湘文也发现了拉卜楞缺乏宗教性情以外的书籍,进而提出了国文教育的重要性。此外,面对拉卜楞寺佛教教育的现状,俞湘文对于拉楞寺近日设立的喇嘛职业学校产生了浓厚兴趣。文中提到:"近闻拉寺最近已设立喇嘛职业学校,聘请内地人士在寺院中教导喇嘛们畜产制造的职业学校。如此则拉卜楞的寺院教育也渐在走向新的道路上了。"此处,俞湘文所提到的"新的道路"正是现代教育的路径。然而,对于寺院教育她并未表现出全然否定的态度,教化与改良是她所强调的关键。

3. 科学的饮食方式

在生活习俗一章中,俞湘文从"食"与"藏餐"分别对藏民的饮食风俗进行了论述。藏民生活是艰辛的,然而,俞湘文笔下的藏民饮食却呈现出某种"科学之

---

① 俞湘文:《西北游牧藏区之社会调查》,24 页。

道"。首先,"携碗"习俗乃藏民惯有的饮食方式。"他们各人都自己有一双饭碗,大多木制的,也有少数人用瓷碗或银镶碗。按照他们的习惯,各人自己的饭碗于外出时都随身带着,并且还都带一把有鞘的小刀,饭碗藏在胸襟里,小刀挂在腰带上,到亲友人家吃饭也用自己的饭碗。"①俞湘文初到藏区对于"携碗"习俗,往往有所好奇。尽管,她试图效法此法,却屡屡忘却。倘使欲从便捷角度考虑,则难以说通。其间,体现了藏民的"洁净观"与对于内外分类的认识。其次,中西参半的饮食方式。"藏餐的吃法是中西参半的,如每人各用筷一双是中式的,刀一柄是西式。菜肴的煮法如米饭、包子的类都是中式,而吃的时候每道菜都各人一份,则又是西式了。第一道是各人一碟白米饭和人参果(又名长寿果,藏名译音为角麻),上面加白糖及酥油少许,拌而食的,味甚可口。若无人参果时,也可以炒羊肉屑替代拌食,但不加糖与酥油。第二道是薄皮多汁的羊肉包子,每人一碟,每碟八九个。第三道是羊肉与肥汤,可用手取食,也是各人一大碟,并各有一小碟的蒜花、醋和酱油醮食。末了一道是牛肉与肥汤,汤内和有洋芋、粉丝或其他可觅得到的蔬菜。天气炎热时最后还加一道酸奶,犹如西餐的最后一道冰激凌。"②从中可见,无论藏民的携碗习俗还是中西参半的饮食方式,在俞湘文笔下也都兼具了科学之道,甚有中西合璧的妙处。科学似乎并不总与"原始"相对立,现代也非每每应和于科学。

俞湘文对于游牧藏民的文化表示出不同程度的尊重与美赏之情,文化相对主义流露其中。自19世纪末20世纪初,古典进化论受到种种挑战以来,博厄斯所强调的"文化历史主义"或者"文化相对主义"既已高举反对种族主义、倡求民族平等与互重的大旗"行走"于20世纪前半期人类学界。这种思想也随着中国对于人类学的译介而传入中国。俞湘文所生长的上海当属华南地区,此地为中国南大门户,深受南洋与国外的影响,新学进入较早。而美国历史学也成为该地主流学派,文化相对主义渗透于学者研究及至高校教学之中,俞湘文的母校复旦大学又是文化相对主义传播的"重镇"。与此同时,俞湘文所生长的年代又是中国战火不断、动荡不息的时期。从此次西北游牧藏民调查伊始,俞湘文便抱有某种对于人类"和而不同"、"互通理解"、"求同存异"的学术诉求。尽管,她的教化思想贯穿始终,但此种思想却是奠基于共通与理解之上。

---

① 俞湘文:《西北游牧藏区之社会调查》,120页。
② 同上,24~25页。

三、结论与反思

综观全文,俞湘文对于西北游牧藏民的社会调查,始于抗战中期,当时,人类学中心业已转向西部,人类学应用的学科使命尤为明显。彼时,西南地区由于学者聚集、机构相对完善,而西北因其复杂的政治局面,人类学研究与调研力度自不如西南。继于式玉之后,俞湘文可谓又一少有的女性学者对尚处于"秘密区域"[①]且"甚多危险"[②]的西北游牧藏区展开社会调查。对于刚刚大学毕业的俞湘文而言,更显难得。同时,此次调查也是阻力重重,如果没有俞湘文女士"举办一项调查工作时应具的决心"[③],这本民国时期重要的民族志也难以问世。关于调研后的感触,俞湘文这样写道:"故笔者得此机会,非常难能可贵,而且安然归来,深自庆幸。"[④]但是,俞湘文在此次调查中,尚留诸多遗憾。其一,由于"时间与环境所限"[⑤],"笔者原先的计划拟举办的调查工作,除拉卜楞各机关外,要调查藏族游牧家庭一百家,藏族农村一百家,拉卜楞回汉家庭各五十家和拉卜楞寺喇嘛一百名,结果因限于时间与人力,所做到的未及一半,实为遗憾。"[⑥]此处所提及的"环境所限"除时间与人力之外,藏区的安全问题也为重要因素。试想,倘使时间与环境允许,我们这些后辈定能看到更多、更为深入的民国时期的有关西北游牧藏民的民族志。其二,信任问题。"自序"中,俞湘文就将此区域称为"中国西部的一个秘密区域"[⑦],并对本地风俗文化的诸种差异表达出某种"文化震撼"。"我们进入该区,与该区人民的服装言语,风俗习惯,迥然不同,故调查工作的进行,极感困难。"[⑧]此处的困难实为俞湘文在文中所提及的藏民对于汉人的信任感问题。"在边疆举行社会调查和家庭访问,如何除去被调查者的怀疑恐惧是调查时最重要的工作,否则工作遂不能顺利进行。游牧藏区里的人民,言语、服装、生活习惯与我们完全不同,我们大队人马进入他们的区域,已是引起他们的注意与猜疑了,如再一家家的详细调查,则他们一定要以为我们调查了他们情形是预备要谋取他们的财产或将有其他不利于他们的行动了。为不使他们怀疑起见,笔

[①] 俞湘文:《西北游牧藏区之社会调查》,"自序",2 页。
[②] 同上。
[③] 同上,155 页。
[④] 同上,"自序",2 页。
[⑤] 同上。
[⑥] 同上,155 页。
[⑦] 同上,"自序",1 页。
[⑧] 同上,"自序",3 页。

者采用两种办法：一是机遇选样调查法，二是间谈方式的访问法。"①初入藏区的俞湘文，深刻地感受到了"他者"与自我之间存在的层层"隔膜"。一方面，俞湘文试图经由调查方式的变通而尽量消除藏民的怀疑，进而获得较为可靠的资料。另一方面，行文中她又表露出种种无力与无奈之情。抗战年代赋予俞湘文强烈的爱国热情与教化情怀，但同时也使其必须直面现实的诸多困境。其三，知识与权威。此次社会调查尽管依托拉卜楞巡回施教队，表层上看仅为"施教"而展开，而事实上，在"序言"中，俞湘文便已指出此次调查的目的在于经由科学、客观而全面的社会调查法以供各方兴革之参考。但是，面对拉卜楞各机关的种种问题，俞湘文首先对"有些人士竟完全归咎于各机关的负责人和工作人员"的说法进行了证伪。进而，将中央"头痛医头、足痛治脚"的失当作为各机关所处窘境的始因。文末，俞湘文以某种期待的口吻写道，"以上的这一些心得，希望对于从事社会调查同志们有一点帮助。同时希望当局对于社会调查的工作更加重视，更加努力，因为这是社会改革的一个依据。"②此种希望恰同"自序"处形成呼应，"此书在此出版还有一个意义，就是希望各界在这复员声中不要因为专注意了收复区的复兴而忘却了尚未开发西北的注意，而这种注意现在已随着抗战的结束而消弱了。我们要巩固边务，不能因为抗战已经结束而忘却了经营边疆，开发边地，更不要忘记了拯救至今仍过着原始生活的可怜的同胞。"前后不断地呼吁中央的有所为以及对于边疆社会调查资料的重视成为俞湘文既充满希望又无力以知识说服于权威的无奈。由此，人类学知识的应用之心与国家权威无所作为之间，使俞湘文与同时代学者面临着同样的时代困境。

除种种时代困境，俞湘文在本书中强烈的教化思想与文化相对主义在看似矛盾的两极间却在讲述着一个年轻学者履行着人类学的应用使命的"学术故事"。没有矫揉造作华丽的辞藻，也无堂而皇之的高深理论，俞湘文怀揣的仅仅是一颗年轻学者的边疆关怀与改造之心。教化与"拯救"使命也在俞湘文的全面发展藏区文明的表述中显得尤为真实而感人。无论是对于进化论理论的部分汲取、对现代化诸种理论的极力提倡，还是对加强中央政令的介入的呼吁，俞湘文并非以某种绝对文野二分的思想践行改造的使命，她始终坚守着文化相对主义的思想，在尊重他者与种种跨文化反思基础上诠释着"教化"的在地意义。当然，人类学的强烈应用改造的学术使命与时代使命，也使俞湘文对

---

① 俞湘文：《西北游牧藏区之社会调查》，164 页。
② 同上，168 页。

于游牧藏区某些"传统"与"文明"成分进行着切割。此一问题或为彼时学者无以回避的"共同困境"。然而,无论如何,人类学的边疆关怀在本书以及俞湘文的思想中已然可见。

(侯豫新)

25 西双版纳的"宗教时间"[1]

——读陶云逵"车里摆夷之生命环"引发的思考(1948)

1981年,费孝通先生在中央民族学院民族研究所的一次座谈会上,讨论如何将宏观的民族史研究与微观的社区研究相结合之时,提出了可以综合地理、生态和历史文化的因素,将全国视为八个大区域,其中包括"藏彝走廊"。[2] 他设想,以四川康定为中心向南向北延伸的一片区域,是一条历史上汉夷接触、民族杂处的模糊的边界地带,出现过大小不等、久暂不同的地方政权,不同历史时期这里发生的政治拉锯局面影响着民族文化的高度混合。[3] 他以"藏彝走廊"为例试图探讨不同社会文化之间的并存机制,而这构成了他的"中华民族多元一体格局"[4]中"多元"与"一体"之间关系的关键所在。他从语言的角度对这些关系进行说明,并试图从文化的高度混合中寻找文化传播与并接发生的具体原因及过程。

如同王铭铭所指出的,"费先生提出的藏彝走廊有其前身:1939年人类学家陶云逵提出过相近的想法,后来方国瑜、任乃强等老一辈民族学家在长期的民族地区研究中,也形成了相近的思路。"[5] 陶云逵是20世纪30年代留德归来的人类学家,致力于对云南台语及藏缅语系人群的研究,田野调查的范围大约从滇西北金沙江、澜沧江、怒江到红河流域的山区和平原地带,亲自调查过民

---

[1] 本文曾提交"蒙养山学社西南研究十年阶段性研讨会暨社员欢聚会"(2010年1月9日~11日,北京),后经会议师友批评指正,尤其王铭铭教授、褚建芳教授、赵旭东教授、赵丙祥教授、梁永佳教授和张亚辉博士,以及会后渠敬东教授都提出不少具体修改意见,特此一并感谢!因篇幅体例所限,此处刊载为本文节选。

[2] 费孝通:"民族社会学调查的尝试",见其《费孝通民族研究文集新编》,上卷,440页,北京:中央民族大学出版社,2005。

[3] 费孝通:"关于我国民族的识别问题",同上,306~307页。

[4] 费孝通:"中华民族的多元一体格局",见其《费孝通民族研究文集新编》,下卷,244~281页。

[5] 王铭铭:"初入'藏彝走廊'记",见其《中间圈——"藏彝走廊"与人类学的再构思》,8页,北京:社会科学文献出版社,2009。

家、摆夷、倮黑、阿卡、窝尼、麽些、栗粟、怒子等民族。① 作为费先生的净友,他曾是费先生对"魁阁"时期深切怀念的重要人物②,但是今天他已经被大多数人遗忘。③

然而这位当年名动学界的"历史人类学家"留下的一份遗稿却引起了我更多的兴趣。1948 年,陶云逵在云南西双版纳地区的调查报告"车里摆夷之生命环"在他死后四年发表,他在报告中呈现出当地存在着双重宗教宇宙观及其对应的双重政治结构的问题,使我感觉他隐约触及到费先生的文化传播论中不甚清晰的地方。那种在费先生看来大小不一的政权之间的政治拉锯,在陶云逵的描述中与宗教宇宙观联系紧密,并不是仅仅通过作为文化接触现象的语言学进路能够解释的。所谓双重宗教指的是佛教和巫,两者在现实政治结构和仪式生活里存在着对抗与交流,并在土司身上集中体现。④ 这种双重结构我认为不妨从"时间"角度进行表述和研究,可称之为"双重时间体系"——我这里使用的"时间"主要是形容陶云逵看到的宗教宇宙观及其对政治实践内在走向的影响。

从公元 3 世纪开始,佛教不断西经藏区、北经南诏和从东南的缅甸泰国向西双版纳渗透,直至公元 8 世纪才站稳脚跟⑤;在秦代之时,这里尚未成为中国统治的疆域,而从公元 12 世纪开始,西双版纳正式接受土司制度,后来在从明至清的长时间内,其最高土司宣慰使的委任需要缅甸和中国的共同承认。⑥ 华夏帝国和印度佛教在西双版纳长久的历史纠葛深刻影响到今日东南亚族群历史、文化与政治格局。假如说西双版纳地区对于华夏帝国来说长期属于"中间圈"⑦,那么相

---

① 陶云逵:"几个云南土族的现代地理分布与人口之估计",见中央民族大学民族学人类学理论与方法研究中心编:《中国早期人类学中的德国影响——重读陶云逵》,143~165 页,2009。

② 费孝通:"物伤其类——哀云逵",见潘乃谷、王铭铭主编:《重归"魁阁"》,5~13 页,北京:社会科学文献出版社,2005。邢公畹:"抗战时期的南开大学边疆人文研究室——兼忆关心边疆人文研究的几位师友",见南开大学校史研究室编:《联大岁月与边疆人文》,372 页,天津:南开大学出版社,2004。

③ 近年来已有学者陆续注意到陶云逵,如南开大学校史研究室、南开大学梁吉生教授在重新整理陶云逵及边疆人文研究室的学术遗产方面做了极大的贡献;中央民族大学王建民教授正在编辑出版陶云逵文集。幸有赖于这些努力,本项研究得以打下基础。

④ 陶云逵:"车里摆夷之生命环",见中央民族大学民族学人类学理论与方法研究中心编:《中国早期人类学中的德国影响——重读陶云逵》,254~317 页。

⑤ 岩峰、王松、刀保尧:《傣族文学史》,389~393 页,昆明:云南民族出版社,1995。

⑥ 在宋淳熙七年(公元 1180 年)开始,中国对这里的统治实际上是通过大理国间接实行的,当时宣慰使所附称的"天朝"指的是大理。元灭大理之后,向南征服缅甸蒲甘王朝,向东南征服西双版纳,并在此设立宣慰使司(陈序经:《渤史漫笔——西双版纳历史释补》,30~49 页,广州:中山大学出版社,1994)。

⑦ 参见王铭铭:《中间圈:"藏彝走廊"与人类学的再构思》。

对于另一个文明中心印度,它也是作为一个中间地带存在的。在西双版纳、德宏、瑞丽等傣族分布的广泛地区流传的王权神话和历史叙述均承认,它们的王系来自缅甸王朝或更远的印度,王权世系的更迭同时放在唐代至清代的政权更迭和缅甸掸人王国的相互征战、王室与高僧的奇闻逸事中书写,而用以记录历史的萨嘎里(佛历时间),也表明印度文明的鲜明烙印。① 面对佛教在当地的巨大影响,中原王朝实现其地方治理则或有赖于它对巫官体系的理解,当地的历史便是在印度与华夏两个文明体系的对话中不断推衍的。

佛教与巫这双重时间体系或双重宇宙观构成了陶云逵眼中的摆夷社会。无独有偶,与陶云逵差不多同时期另有一位人类学家田汝康在摆夷地区的调查中也看到这种双重结构的存在,不过两人对此看法却大相径庭。田汝康在云南芒市所做的宗教社会学研究与陶云逵之间的学术对话实际也呈现了"魁阁"的社会学研究与民族学传统的某种张力。对此,本文亦希望有所涉及,以期能更充分地理解陶云逵对车里摆夷的研究。假如我们承认"藏彝走廊"背后沉淀的历史还有费先生之外的民族学家的努力,我们可能还应意识到陶云逵奠定的一整套德国民族学文化理论之影响,时至今日仍有待整理。②

一、陶云逵:"双重时间体系"或"双重宇宙观"及其困境

陶云逵生于1904年,去世时年仅40岁。他是我国第一位以"历史人类学"名义受聘的人类学家。1924年陶云逵就读于南开大学曾从学于李济。1927年他赴德国柏林大学和汉堡大学攻读人类学,师从欧洲首屈一指的人类学家欧

---

① 参见召帕雅坦玛铁·卡章嘎:《勐果占壁及勐卯古代诸王史:汉文傣文对照》,龚肃政译,杨永生整理注释,昆明:云南民族出版社,1988。

② 这项工作实际早在10年以前已经开了头。10年前从云南三个人类学田野调查点的再研究开始,对中国人类学燕京学派的学术遗产之反思与继承实际成为蒙养山最初的学术史基础。张宏明的《土地象征》、梁永佳的《地域的等级》、褚建芳的《人神之间》构成了我们"重归魁阁"的历史解读。重新阅读陶云逵也是在这个脉络之中找到起点。在我看来,假如允许我们不严格地宣称20世纪30年代曾经有过一个"魁阁时代",陶云逵所做的工作构成了燕京魁阁工作站的某个对立面之一。在某种意义上,"重归魁阁"也应包含对其对立面的反思与继承,因为在观念自身的展演历史中,这些对立面从来都是环环相扣的。

根·费舍尔(Eugen Fischer)。① 1934~1936 年，陶云逵在"中央研究院"历史语言研究所任编辑员，应当时云南省政府教育厅的邀请，会同凌纯声先后赴丽江、中甸、维西以及滇缅、滇越边境的少数民族社会调查，累计长达两年余。② 其中，有关西双版纳地区的研究是他较为翔实的研究，目前所见有"十六世纪车里宣慰使司与缅王室礼聘往还"及"车里摆夷之生命环"两篇文章。前者较为简略，主要根据陶云逵搜集所得的车里、孟连、孟哲、孟茫、耿马等地的原文史志做成，目的是揭示摆夷文化与中原汉人及缅人的关系，尤其是说明从明代以来车里宣慰使便由中缅双方共同册封，以天朝为父，以缅朝为母。③ 后者内容较为丰富，主要根据田野调查，从地理分布、家庭与等级、车里宣慰使司的政治制度、婚姻制度、日常生活习俗、教育、娱乐和丧葬仪式等各方面描述了摆夷社会生活及其时间观念，但属于调查初步成果。1942 年，借着云南省政府拟建石佛铁路(从石屏到佛海)的契机，南开大学获得 3 万元资助，即设立了边疆人文研究室，聘陶云逵为研究室主任。④ 他计划继续开展摆夷研究，尤其在"摆夷宗教与手工艺之研究"调查计划中列"宗教"条目，包括"a. 占卜；b. 巫术；c. '灵'；d. '神'；e. 宇宙观与人生观；f. 宗教在其生活各方面之影响；g. 宗教历史"。⑤ 表明他对精神层面研究的高度关注。

所谓"摆夷"并不是一个单一民族，而是指在云南境内一部分说台语的人群，包括五个支系：台勒(Tai Lerh)，车里摆夷也即西双版纳傣族；台连(Tai Lem)，即孟连、耿马宣抚司所属；台般(Tai Ban)，元江傣族；台腰杰(Tai Yao Gia)，即花腰

---

① 梁吉生："陶云逵献身边疆人文研究的一生"，380 页，见南开大学校史研究室编：《联大岁月与边疆人文》。需要说明的是，无论是 1944 年《边政公论》及别处刊载的罗常培、冯之潜、费孝通等人对他的悼念文章，还是梁吉生的考证，都对陶云逵的老师避讳莫深，仅留下"欧根·费舍尔"一名。根据现有的资料，我查证他的这位老师可能是欧根·费舍尔，"第三帝国"最著名的体质人类学家和种族论者，他曾在德国殖民地西南非即今天的纳米比亚做混血儿的研究，主张种族通婚导致退化，支持以孟德尔遗传定律为基础的殖民政策。有关这一时期欧根·费舍尔的学术及活动，可参见弗雷德里克·巴特等著：《人类学的四大传统》，王晓燕等译，北京：商务印书馆，2008。陶云逵明确反对种族主义，1931 年他在欧洲做华欧混血儿的研究，也运用孟德尔遗传定律与费舍尔的研究针锋相对。

② 根据徐益棠回忆，1936 年陶云逵结束云南调查之后还去了缅甸，并在缅甸认识了未来的妻子，后两人返回广州结婚并到云南大学和西南联大任教(徐益棠："徐序"，见陶云逵"车里摆夷之生命环"，南开大学校史研究室编：《联大岁月与边疆人文》，252~253 页)。此时大约是 1938 年，而直到 1940 年陶云逵才与费孝通相识。陶云逵去缅甸的原因不明，不过他在缅甸期间的经历与其后数次修改其稿或有关系。

③ 陶云逵："十六世纪车里宣慰使司与缅王室礼聘往还"，见中央民族大学民族学人类学理论与方法研究中心编：《中国早期人类学中的德国影响——重读陶云逵》，241~249 页。

④ 梁吉生："陶云逵献身边疆人文研究的一生"，见南开大学校史研究室编：《联大岁月与边疆人文》，382 页。

⑤ 同上，355 页。

傣,分布在元江流域和思茅一带;台纳(Tai Nerh),即旱傣,散居在元江以西,澜沧江以东各山地。① 陶云逵访问的地区主要是在今天西双版纳市区和其辖江城县。② 按他自己的话说,这并非一个严格的社会科学研究,因为在民族志描述方面遗漏了经济生活等方面,也缺乏个案调查,仅报道了一个 Ideal Type。③ 这个"Ideal Type"的核心是摆夷的政治与宗教之关系,土司是其中的关键环节。

陶云逵将土司制度分叙为"汉制"和"土制"两类,所谓"汉制"是指明以来明确纳入中华帝国官僚体系的职官,从高到低依次为宣慰使司、宣抚使、安抚使等。④ 从清雍正开始渐次改土归流,到了民国之时云南仅存的宣慰使阶级的土官就是车里宣慰使司,宣抚司尚有孟连、耿马等。⑤ 所谓"土制"是指摆夷当地的职官设置。在光绪十二年(公元1886年)英并缅甸以前,车里摆夷各官职是由中国与缅甸政府双方委任的,袭自缅甸的职官名称与仪式常用缅文表述,因傣泐文与缅文同源,故转述其意并不困难。陶云逵特别说明,"土制"并不是在"汉制"之外另设一套职官体制,而是加诸在同一官职等级上的不同文化含义,比如宣慰使在汉制为土司最高武职,而实际上是文武集于一身的最高土职,因为宣慰使在当地被称为 Chao Pien Ling 或 Sumdiet patging Chao,意为"天王"。⑥ 这一称呼很可能是受佛教影响,中土汉人并无此观念,并且宋淳熙七年(公元1180年)第一任受封于中原王朝的宣慰使司叭真即号称"景昽金殿国至尊佛主"⑦,表明当时佛教影响已经深入到西双版纳的政治体系中。宣慰使以其属地分封给近亲或至亲,犹如古代诸侯,则为外官,均世袭;而另设议事庭为具体行政系统,其官员有薪俸,如古代之卿相部员,官职非世袭,则为内官;这套内外官体系可以在各小土司

---

① 陶云逵:"车里摆夷之生命环",见中央民族大学民族学人类学理论与方法研究中心编:《中国早期人类学中的德国影响——重读陶云逵》,256~257页。陶云逵大概是依据土司辖地及人群的他称来做支系的分类,由于这并不是他主要关心的问题,所以划分并不严格。在本文中,他主要针对"台勒"(今天多译写为"傣泐")以及由"台勒"迁出的"台连"史上被称为"大摆夷",所占据区域从西往东穿过今临沧市、思茅市、西双版纳自治州辖区,毗邻缅甸和老挝,为历史上傣人王国势力最大、文化最发达的地区。
② 根据"车里摆夷之生命环"一文"自序",陶云逵的访问大大受益于当时车里宣慰使司总管刀栋材和江城整董土司之子召映品,其中刀栋材(当地人称他"召勐腊")汉文英文均娴熟,且常来往缅甸商路,由此推测陶云逵很可能在西双版纳宣慰街待过一段时间,并从他们那里获知不少有关缅甸的信息。
③ 同上,254页。
④ 同上,259~260页。
⑤ 同上,260页。
⑥ 同上。Chao Pien Ling 为傣语,现今较为常用,译写为"召片领",Chao 意为"主人";Sumdiet patging Chao 为傣语的另一种称呼,疑其较古,或含有巴利文的影响。
⑦ 李拂一编译:《泐史》,上卷,1页,台北:复仁书屋印行,1983年再版。

处复制。① 在内外官之外,还有一种巫官,专司社祭、驱鬼作醮,有封地、世袭。②

土司是世俗生活中地位最高者,"在一般人民眼中颇有点神圣化。人民敬之如神明。他们相信,惟有有福的人,才能享受这崇高的地位,当宣慰使是命里注定,前世修的。"③但是,土司虽然享有绝大的世俗权力,却要向僧侣低头。官寺的最高僧侣"长老"即全司僧侣的领袖,陶云逵认为,"在阶级上,土司与一司之长老列为同等。但因长老之神圣性较土司高出一等,长老是一种'活佛',所以土司见长老,须向长老膜拜。"④他继而谈到僧侣在世俗社会中占有越来越重要的地位,他们掌握着医、卜、星、相的技术,与最基层的民众关系密切。在摆夷社会中最重要的几个节日:汉人旧历新年、傣历新年、出雨季节的关门节和出雨季节的开门节,土司都必须率众礼佛,拜谒长老,通常还有布施。⑤

不过,陶云逵同时也注意到在佛教之外还有巫官体系发挥作用,最具代表性的就是社祭仪式,即祭祀勐神又称祭竜。这个仪式是以勐为单位的祭祀活动,僧侣不参加,而且仪式中巫官的等级要高于土司。祭竜仪式开始前首先要清洁社区,包括派遣巫官查问社区内有无未婚先孕的女子,若有则要举行禳灾仪式,同时在大道隘口插上竹篾⑥表示禁止进出勐区。土司要"三顾茅庐"恭请巫官主持祭祀,巫官趋至金殿,见土司而不拜。祭竜的高潮在于杀神牛献祭之时。献祭的场所通常是一块草木覆盖之地,平时人们不能靠近。牛被拴在木桩上,这个木桩平时严禁摸动。接着,巫官在牛身上比划一番然后绕牛行三圈,继而应在三刀之内将牛砍死方为吉兆。在这期间,土司由两位伴娘陪伴坐在金殿中,不语、不饮、不食、不动,直到巫官完成仪式回到金殿才解除禁忌。陶云逵认为,(1)社祭是摆夷在佛教传入以前就有的一种原有的信仰与仪式,故祭祀由巫官主持而无僧侣。(2)巫官本是人鬼两界的沟通者,土司召巫官入衙,这时巫官的身份已经神圣化,人们把他当作社神的代表,故他可以与土司并坐。但他不是社神本身,祭祀的时候又代表土司行动。(3)两伴娘在祭祀时不动表示死去之意,土司静坐是表示他

---

① 陶云逵:"十六世纪车里宣慰使司与缅王室礼聘往还",见中央民族大学民族学人类学理论与方法研究中心编:《中国早期人类学中的德国影响——重读陶云逵》,260~262 页。
② 同上,262 页。
③ 同上,264 页。
④ 同上,265 页。
⑤ 同上,307 页。
⑥ 一种竹编的类圆形物件,有细竹枝为竿支起,意为禳除。

的魂在巫官身体里活动去祭祀。①

在这里,陶云逵对祭竜仪式所表达的整体含义或许有所误解。首先,社祭是前佛教的信仰仪式这并不构成僧侣不参加社祭仪式的根本原因,佛教没办法吸纳巫的宇宙观可能才是两者的矛盾所在。其次,陶云逵认为勐神指的是开辟区域之祖先②,这个说法不一定准确。在12世纪第一代入主勐泐(即西双版纳最早的王国)的王——叭真之前,根据西双版纳许多地方传说,成为勐神的通常是在攻伐斗争中死去的王或魔鬼,这些王的死去通常意味着一个旧的统治世系中断或结束。③ 在叭真之后,《泐史》记载中出现了血亲篡位者可以成为"勐神"——勐泐的第三位王匋平杀死了谋反的弟弟岩依乓,后者变成"披勐"(勐神)。④ 再者,仪式中巫官杀牛献祭并非是代替土司祭祀祖先,而是通过献祭完成对宇宙重生的模仿⑤,那么此刻,巫官本身即可通神而非土司的灵魂在他体内而使之神圣,因而他具有至高无上的神圣性。在西双版纳,祭竜仪式每年均要举行一次,也就意味着每年宇宙的更新,既是毁灭又是起点,循环不息。这不同于佛教追求超脱,向往永恒彼岸的直线式的时间观。⑥

除了对宗教宇宙观的考察,陶云逵还描绘了摆夷日常生活中的其他时间体系,包括自然节律与日历。自然节律作为人类社会最基本的一种时间系统,肯定要被包含在历法中。车里一年分为干、湿两季或冬、夏两季,若以公历西元来算,"五、六、七、八、九、十月为湿季或雨季,十一、十二、一、二、三、四月为干季",⑦佛教对这个自然节律的呼应方式比较明显,在干湿两季分别有"出雨季节礼"和"入雨季节礼"⑧,也即"开门节"、"关门节"。两个节日的仪式大致相同,土司必须率领众官员到缅寺进行布施,随后百姓布施并有各种歌舞娱乐节目。"入雨季节

---

① 陶云逵:"十六世纪车里宣慰使司与缅王室礼聘往还",见中央民族大学民族学人类学理论与方法研究中心编:《中国早期人类学中的德国影响——重读陶云逵》,312页。

② 同上,310页。

③ 参见铁锋、岩温胆主编:《西双版纳秘史》,昆明:云南民族出版社,2006。

④ 刀国栋、吴宁涛译:"叭贞以后各代的历史记载——根据勐康土司藏本",见《民族问题五种丛书》云南省编辑委员会编:《傣族社会历史调查(西双版纳之三)》,1页,昆明:云南民族出版社,1983。

⑤ 参见伊利亚德:《宇宙与历史——永恒回归的神话》,杨儒宾译,台北:联经出版事业公司,2000。

⑥ 参见罗米什·塔帕尔:"早期印度的循环时间观和线性时间观",见里德伯斯编:《剑桥年度主题讲座·时间》,章部增译,23~40页,北京:华夏出版社,2006。

⑦ 陶云逵:"车里摆夷之生命环",见中央民族大学民族学人类学理论与方法研究中心编:《中国早期人类学中的德国影响——重读陶云逵》,267~268页。摆夷历即傣历要比公历大概早2个月,即傣历九月约为公历7月。

⑧ 同上,308~310页。

礼"大概在公历7月间举行,仪式之后即进入3个月的社区"禁闭"期,在此期间民间禁止一切婚嫁、外出、建房、庆生等仪式,仅在缅寺进行听经或超度亡人活动。在这3个月后即举行"出雨季节礼",此时车里也进入旱季,公历时间大概是10月到11月之间。因此"入雨季节礼"与湿季的开始有一点不相重叠的地方,它通常在整个湿季大约过了一半的时候举行,而"出雨季节"包括了整个干季和一部分湿季的时间。如果我们将其起点视为从干季开始,那么它的终点将越过干湿季交接的自然时间,结束在雨季之中,如此周而复始。在车里通行的三种日历——摆夷历、佛历和汉人的农历中,除了死亡,任何关于世俗生活的安排都是在"出雨季节"之内举行。而死亡,则主要是佛教仪式的专业领域。也就是说,"出雨季节礼"和"入雨季节礼"是佛教加诸在循环不息的自然节律上的一段区隔或一段直线,它使原来生死浑然的始终点变成了生与死隔离的两个世界。

相对而言,巫的宇宙观因与自然节律契合,不需要这样的技术处理。车里巫官社祭仪式通常在公历10月初"出雨季节礼"刚结束不久举行[①],也就是干湿季节交替之时。

同时由于存在三种历法,也就有三种新年——摆夷历新年、汉人农历新年和公历新年,其中最后一种新年由国民政府在当地推行,并没有被当地人接受。[②]摆夷历新年通常在公历4月举行,也即干季进入最后阶段将与湿季交替的时候。陶云逵敏锐地看到:在摆夷历新年中佛教的参与是其中一个重要方面,但摆夷历新年其实并非一个佛教节日。[③] 对于这个重要差别,他指出了一个细节,即在新年狂欢开始前必须由僧侣举行"堆沙"仪式,将人们带来的沙子堆成数座下圆上尖的沙塔,之后僧侣们环游诸沙塔诵经,接着开始浴佛,人们才加入遂成泼水狂欢。[④] 这个"堆沙"仪式在他的描述中还在另一个地方出现过,即僧侣还俗之时[⑤];但此外其实在"出雨季节礼"和"赕塔"也必须举行此仪式。[⑥] 这意味着,每当佛教处理这种涉及宇宙转化的神圣时间时,都需要用这种仪式来"渡过"这个

---

① 陶云逵:"车里摆夷之生命环",见中央民族大学民族学人类学理论与方法研究中心编:《中国早期人类学中的德国影响——重读陶云逵》,310 页。
② 同上,306 页。
③ 同上,307 页。
④ 同上。
⑤ 同上,302 页。
⑥ 据笔者 2009 年 10 月在西双版纳勐海县勐混镇田野调查所见,"出雨季节礼"和"赕塔"均要在缅寺周围堆沙,"赕塔"时人们还会在塔下堆沙。经求证,除以上论及的仪式之外,其他仪式并不需要堆沙。"赕塔"并不仅仅赕佛,与之同时举行的还有祭祀"谷神"(谷灵)的仪式,由女巫"咪地喃"降神。

关口。

　　历法实际上体现的是不同社会文化对宇宙节律的理解,三种历法交融在一起的结果变成了:佛历一般只用来纪年,尤其是在佛经和史书中,而汉人的农历则被广泛运用到民间纪年、月、日、时辰以及各种占卜中,摆夷历本质上是将其与占星术结合后的产物。①

　　由此可见,佛教与巫双重时间体系的对立、互动与结合在摆夷日常的社会生活中有诸多体现,它们之间的关系构成了协调摆夷社会诸多时间体系的基本原则。傣历新年和社祭分别作为干湿季节交替的两个点,与巫的时间体系有高度重合,而佛教能够介入新年仪式但始终介入不了社祭仪式的原因,是因为社祭本身并不仅仅是自然节律的呈现,还包含了华夏帝国的封建历史。这也是陶云逵尤其关注的双重时间体系在地方政治结构中的展开,车里实际的政治运作是他论述的重点。

　　陶云逵谈到,在车里"政事凡关系全司地者,如宣慰司所属各地之赋贡增减,剿匪及对外军事之决定,向汉政府纳税,呈报事务,袭职(以前尚有进贡)等等,均由宣慰司议事庭诸官员商议,然后将议决案呈请宣慰使核准,分发有关官员施行。……议事庭会议原由内官与外官或外官代表合组而成。内官大半为宣慰使亲信,尤其主要人物如总管与副总管,例由宣慰使之弟或叔充任。议案及议决,宣慰使于事先非毫不与闻,亦未尝不暗示意向。所怕的就是总管或副总管与宣慰使不睦,怀异志。或属下小土司中有二心。苟因不批准而起冲突,鲜有宣慰使能安于其位而不被逐或被杀者。"②陶云逵认为,议事庭实际是节制宣慰使的权力,因而更加民主一些,但是这种类君主立宪制度实际有极高的风险。③ 其风险来自同样具有继承权的血亲能掌握实权且是有制度保障的。虽然从12世纪开始西双版纳领主接受南诏册封宣慰使,其册封原则是长子继承制④,但由于嫡长子继承制和兄终弟及制在现实承袭中同样合法,大小土司的王位争夺仍旧不断

---

　　① 西娜撰文、岩香宰主编:《说煞道佛——西双版纳傣族宗教研究》,96～118页,昆明:云南出版集团公司　云南人民出版社,2006。

　　② 陶云逵:"车里摆夷之生命环",见中央民族大学民族学人类学理论与方法研究中心编:《中国早期人类学中的德国影响——重读陶云逵》,263页。

　　③ 同上。

　　④ 陈序经:《猛史漫笔——西双版纳历史释补》,78～82页,广州:中山大学出版社,1994[1956]。陈序经在这里谈到过一个例子,第十四任宣慰使刀更孟去世后,三子争夺王位,最后由幼子三宝历代登位。《明史》记载,"帝以三宝历代果刀更孟之子,乃庶孽夺嫡,谋害刀霸羨,致板雅忠借兵攻杀,不当袭,但蛮民推立,始从众愿,命袭宣慰使。"

上演。如前所述,有关勐神的神话也有了变化,夺位失败的那一方被归并入祭祀的社神范畴,成为凝聚社会的力量之一。作为西双版纳之主,宣慰使不仅受到中、缅的节制,也受到自己社会内部的重重节制,这种极有限度的王权实际并无力造成更大规模的扩张。

  佛教自 13 世纪传入车里一带以后,逐渐被当作社会整合的力量发挥作用,其极端时期曾有土司宣布佛教为族教,禁灭土宗教的举措。① 确实经过几个世纪的艰难斗争,16 世纪之时佛教最终确立了在西双版纳的地位,当时第十九世宣慰使刀应猛归顺缅朝,迎娶缅甸金莲公主,始在景洪建立第一座佛寺,自此尊天朝(南诏)为父,缅朝为母。② 根据 1955 年西双版纳的社会历史调查,最高一级的佛爷"阿嘎门里"只有召片领的血亲——勐级的人才能担任,次一级的"松领"也只有宣慰使的儿子才能担任。③ 佛教与上层政治的这种紧密结合曾导致一种比较普遍的看法,认为西双版纳是政教合一的社会。④ 实际如果考虑到陶云逵所说的另外一重时间体系的存在和影响,至少不会那么快下定论。有一点容易被人忽略的是,"勐"级是由母系决定的,凡娶"勐"级之女为妻,本人等级不变,但其妻所生子女就是"勐"级了,反之则否。⑤ 最高一级的僧侣并未与国王合一,它依旧是要处理两种继嗣制度的矛盾,但历史上它如何从一种"外来人"的身份转而兼具本土的性质,以容纳被继嗣制度排除在外的王储,这需要从其神话、仪轨和具体历史的变化中探察。

  陶云逵其实还注意到双重时间体系在空间上的投射,他描绘了缅寺建筑空间与土司府建筑空间的布置和陈设,认为每个细部都有其故事,内容极其丰富,须做专门研究,如宣慰使官舍中同时保留着火塘和佛龛,佛龛居外,火塘居内,土司居处两者之间。⑥ 火塘与宇宙中心的观念有密切关系,摆夷人迁居时先安三角

---

 ① 陶云逵:"车里摆夷之生命环",见中央民族大学民族学人类学理论与方法研究中心编:《中国早期人类学中的德国影响——重读陶云逵》,264 页。
 ② 李拂一译编:《泐史》,24~33 页。亦可见陶云逵:"十六世纪车里宣慰使司与缅王室之礼聘往还",见中央民族大学民族学人类学理论与方法研究中心编:《中国早期人类学中的德国影响——重读陶云逵》,241~249 页。
 ③ 刀国栋等:"西双版纳傣族宗教情况初步调查",见《民族问题五种丛书》云南省编辑委员会编:《傣族社会历史调查(西双版纳之三)》,102~103 页。
 ④ 马曜:"西双版纳傣族社会经济调查总结报告",见《民族问题五种丛书》云南省编辑委员会编:《傣族社会历史调查(西双版纳之二)》,48 页,昆明:云南民族出版社,1983。
 ⑤ 同上,43 页。
 ⑥ 陶云逵:"车里摆夷之生命环",见中央民族大学民族学人类学理论与方法研究中心编:《中国早期人类学中的德国影响——重读陶云逵》,262~198 页。

架在屋子中央①,实际也与火塘意义相同,不过这些都没有来得及在他研究中充分展开。

总结来说,他所看到的一个宗教—政治结构实际可以推衍为:佛教(联合)总管(包括最高佛爷,实际是具有继承权的其他叔伯兄弟)——巫(联合)土司的一个对立关系。土司作为诸多关系的综合,必然要承受双重时间体系带来的对立和斗争,同时在两者之间跳跃寻求平衡。虽然现实中巫的地位已经衰落得厉害,但是其时间体系却不可能根本否定。陶云逵因此在这里并不重视现代时间的侵入,他做了更为极端的隐晦的预言:除非文化死亡,否则不可彻底改变;因为就在他书写这篇文章的时候,车里已经在日军轰炸和疟疾中夷为平地,片瓦无存,他的书写"竟变成一个空前绝后的可珍贵的摆夷生活记录了。作者一方面感到荣幸,另一方面对这灿烂优逸的生活样法之消逝,有无限的悲悯与惋惜"②。

这种悲观背后隐藏的是他的文化观及其深刻的矛盾。他认为,文化"是一个已经(借着身体以及身体以外的物质)表现于行为之外的,为社会中分子可应用的理念体系(a System of Ideas)。这里包括一套一致的人生观与宇宙观。其蕴藏在内者为一套理念体系,其表现为外者,自其形式或内容上看,为一套人与人、人与自然(物质的)以及人与超自然('超自然'一词颇为不恰,我想译为神圣的'不可见'。这'不可见'当名词用。译成西文,似通为英文 the invisible)的一致的、不矛盾的行为模式。一个社会把这一致的、不相矛盾的理念体系表现于行为之外,则这个社会,从其整个来看,也就是一个合整的社会。"③与之相对应,"摆夷的宗教是小乘佛教,有严密的宗教制度,但从其整个信仰生活来看,佛教不过构成他们信仰的表层,其下尚有前佛教的土宗教,可以以前述巫官作为代表体。多少是种'万物有灵'的信仰,在平民中颇流行,在官方既有这半官式的巫师的存在,是则官方也是承认而信奉的。"④即使他不一定认为巫官是原生的本土宗教,但他无疑将这种前佛教宗教信仰视为摆夷文化精神的实质,从而将一个对张的并行结构处理成一种内外关系,也就无法将佛教与巫官统合在一个社会整体运行的逻辑中。

陶云逵继承的是德国理想主义遗产。从19世纪开始,面对实证主义对传统

---

① 陶云逵:"车里摆夷之生命环",见中央民族大学民族学人类学理论与方法研究中心编:《中国早期人类学中的德国影响——重读陶云逵》,286页。
② 陶云逵:"自序",见其"车里摆夷之生命环",同上,254页。
③ 陶云逵:"文化的本质",同上,231页。
④ 陶云逵:"十六世纪车里宣慰使司与缅王室礼聘往还",同上,264页。

宗教和形而上学世界图景的摧毁,历史学家和社会科学家们在批判实证主义的同时也反思有关历史和社会的科学研究何以可能。20世纪欧洲社会科学的发展延续了这些思考,在德国思想家中有两条线索展开,一条是围绕着威廉·文德尔班和亨利希·李凯尔特,他们直接影响了后来的马克斯·韦伯和格奥尔格·齐美尔;另一条是狄尔泰。李凯尔特、文德尔班和韦伯一致认为,一种对于历史和社会的客观而合理的研究方法乃是可能的;狄尔泰也在为文化研究寻求认识论基础,但是他抛弃了因果概念并对理性方法的可能性产生怀疑。[1] 在陶云逵为数不多的论著中,这两条线索都片段地出现过。

在陶云逵看来,文化之首要是其内在的价值体系,"一种行为的意义,自行为者本人看,即其行为的用处与功能或其行为的价值观。这种用处,功能与价值在其未行动之先是若干理念或意念。在行为之后,即是它的意义了。我们说,见诸行为之后谓之意义,未见行为之先,谓之理念,任何社会均有蕴藏在内的一套理念体系,行为必有意义,亦即是一套意义体系。"[2]文化是通过确立不同事件、个体或格局与价值之间的关联而成为整体的,"只有将这些事物与依附于某一文化的价值联系起来,他才能够构想一个可以被描述得有意义的历史个体"。[3] 这正是李凯尔特对经验材料与民族精神之间关联性的强调,但是对这个价值体系的客观解释却无法建立在一种所有人都认同的价值的假设上。

狄尔泰坚信历史之有意义,但是其内在的神圣性是难以社会科学化地解释的。"个体中有着某种无法量度的东西是无法以任何方式与社会联系到一起的。有机物的类比行不通,并且就如同别的抽象概念一样不适用于研究社会……社会实在是被种种文化系统和制度的巨大的繁复性所充塞着的,每个个体都发现自己参与到很多此类系统之中。"[4]陶云逵对摆夷消逝了的"灿烂而悠逸的生活样法"之描绘方式便是受到他们文化观和历史观的影响,一方面试图从宗教宇宙观中寻找摆夷的文化价值观念之闪现,另一方面,他对摆夷文化和历史的理解又不是那么逻辑性的,犹如诸多闪片连缀重叠而成的长衣,松散而无法披着。

在韦伯那里,对这个问题的解决加入了对人的理性的信念,从而使社会科学

---

[1] 伊格尔斯:《德国的历史观》,彭刚、顾杭译,176～177页,南京:凤凰出版传媒集团 译林出版社,2006。
[2] 陶云逵:"文化的属性",见中央民族大学民族学人类学理论与方法研究中心编:《中国早期人类学中的德国影响——重读陶云逵》,234页。
[3] 伊格尔斯:《德国的历史观》,200页。
[4] 同上,180页。

研究文化价值成为可能。① 根据这些思路,陶云逵也发展了自己田野调查的方式,他主张先记录当地人的行为方式,然后向当地人寻求其自己的解释,这就得到了意义体系,继而将每套主观的对这些行为的用处与功能解释相加,即可得出理念体系。② 这当然是过于简单的做法,因为这种研究终究是忽视社会整体性的,靠着零敲碎打的积累并不能够呈现作为整体的文化全貌。并且这种价值的整合远没有社会学功能学派所考虑的制度整合那样坚固。这大概也是当时陶云逵与费孝通的根本分歧所在(尽管费孝通不一定是功能学派,但是他对韦伯社会学的理解和实践更倾向于以制度为目的)。③

不过,陶云逵同时保留的两种文化观念使他并不纯然倒向民族主义,"我们要把文化这个现象分做(一)一个文化,即文化个体。(二)文化一般,或文化类体。……一个文化可以在一个个人的生命未终时死去,一个人可以前后相继地生活在两个或多个文化之中。……文化类体是说,文化是宇宙各类现象中之一类,文化类体之中包含若干文化个体。……文化一般或文化类体,是和人类一样继续不断的绵延下去。"④ 前一种文化概念承自赫尔德。他和上述文德尔班及狄尔泰一起,对于德国民族理想主义的形成有重要影响;这种思想是平等主义和非国家主义的,认为德国民族仅仅是所有民族中有着独特历史文化特征的一个,其他民族也有自己的文化自主权。⑤ 对陶云逵而言,他对少数民族历史和文化多样性始终有尊重之情。也因此,他对边政建设的建议不是强制推行某些政策,而是提倡基于理解当地文化的基础上,采用教育的方式陆续演进。⑥ 他对造就一个统一国家的热情与其说是民族主义的或国家主义的,不如说是更具理想主义色彩的对自由主义的信仰。当然这在实际问题的解决上也几乎没什么力量。

陶云逵想用社会科学的方式寻找历史的意义,德国民族学的素养使他得以接近其他民族的历史观念,但却不足以支持他作出充分解释。我们今天完全可以批评德国民族学在他研究中暴露的一切缺陷,但在具体研究上,他所看到的

---

① 伊格尔斯:《德国的历史观》,211 页。
② 陶云逵:"文化的属性",见中央民族大学民族学人类学理论与方法研究中心编:《中国早期人类学中的德国影响——重读陶云逵》,234~235 页。
③ 参见费孝通:"物伤其类——哀云逵",见潘乃谷、王铭铭编:《重归"魁阁"》,5~13 页。
④ 陶云逵:"文化的本质",见中央民族大学民族学人类学理论与方法研究中心编:《中国早期人类学中的德国影响——重读陶云逵》,230 页。
⑤ 亚当斯:《人类学的哲学之根》,黄剑波、李文建译,263~264 页,桂林:广西师范大学出版社,2006。
⑥ 陶云逵:"论边政人员专门训练之必需",见中央民族大学民族学人类学理论与方法研究中心编:《中国早期人类学中的德国影响——重读陶云逵》,173~179 页。

"双重时间体系"不应被埋没,因为这个问题的提出首先是在经验层面上的,与他几乎同时期的田汝康也有相似的发现和讨论。

二、田汝康:无历史的"单重时间观"

田汝康《芒市边民的摆》写作于1941年,是基于他同年在云南西部一个叫芒市的小镇上所做的田野调查完成的。这个中缅边境上的点在今云南省德宏州,位于西双版纳西北方向,与当年陶云逵的车里土司中间隔着耿马、景谷和孟连等傣族大土司,以及插花地分布的彝族、傈僳族、德昂族和布朗族等。

田汝康以傣人做"摆"这个仪式入手来看傣族社会的整体生活,"摆仅是一个宗教仪式,但是这个仪式却关联着摆夷的整个生活。它如同《维摩诘经》中所谓的须弥、芥子一样,在一个小小的宗教仪式中,竟容纳了整个摆夷文化的全面影响,甚而还启示我们对现时许多经济、社会、政治问题产生一种新的看法。人类每一个活动后面都隐藏着一番意义,活动越渺小的,所隐藏的意义也极大,因为对小事物的了解常能加深我们对全面事物的认识,打开丰富宝库的关键,有时会是一把微不足道的小小钥匙。"①田汝康所说的"意义"是指关系着社会全体的协调各部分的功能。虽然在这本书中田汝康声称是有关"摆"的研究,但他对摆夷社会的观察却处处在关心"摆"与"非摆"这两套宗教活动的关系及其行动逻辑。

"摆"是当地佛事活动的总称,包括买佛、迎佛、赕佛的一系列活动,这些活动可以分别举行。"非摆"指的是当地"本土宗教"的信仰仪式。根据田汝康的观察,这两套系统分别按不同的历法时间运行,他用中历(即农历)来记录"非摆",用佛历和中历来记录"摆",认为"摆和非摆活动举行的事件参差地分散在全年内,并没有特殊的分别,但是举行日期固定性的程度上两者却有不同。大体上说非摆活动有一定的日期,不能任意移动,而摆的活动,就不一定有固定的日期了……冷细摆和干躲摆日期还算固定,但是挺塘摆和金黄单摆举行的日期就可以伸缩了,不过这种伸缩性仍限制在一定的季节前后,直至合摆和大摆,……农闲的几个月,随时都可以举行。"②田汝康观察到的"摆"日期不规律是因为佛教在当地并不仅仅是单一的佛历时间系统,同时还力图掌握社区的自然节律,包括太

---

① 田汝康:《芒市边民的摆》,5页,昆明:云南人民出版社,2008年。
② 同上,55页。亦参见田汝康总结的一个摆与非摆的活动时间表,呈现了两者的具体差别(56~57页)。

阳历和月历都想包含在内。而他所列出的非摆节日只有两个,一个是祭小社,在撒秧前一天早晨;一个是祭大社,在农历七月十五。① 前者是根据二十四节气的太阳历,后者是根据农历的月历。田汝康所看到的是,摆与非摆的交错运动构成了社区整体的时间系统,而不像陶云逵那样注意到多重日历交叠背后有两套时间体系各自运动。

与"摆"和"非摆"这两套仪式相对应的仪式空间分别是冢房和社庙②,也即陶云逵所说的"缅寺"和"社"。"社庙与冢房是摆夷两个信仰的中心,不过二者却毫无关系,甚而有的大佛爷对于社神采取一种攻击的态度。社庙和冢房性质上确也是全然不同。冢房是宗教信仰的中心,他所安排的是来世的安乐,所指示的是行为的道路……若把信仰的对象分为善恶二神的话,佛祖原是善神,而恶神便落在社神的头上。人世过去的轮回他既不闻,来生的因果归宿他也不问,值得他留意的仅是现实的血食不断。"③同时,"祭社中有一件事情值得注意的,即它完全摒除了大佛爷的参加,而自成一种与冢房相分离的活动。"④在佛教与祭竜相互排斥这点上田汝康的观察与陶云逵一致,但是他认为佛教才是核心,则与陶云逵相反。

田汝康比较了两者在物质用具、参加团体、费用来源、聚餐性质、仪式节目的性质、禁忌、仪式中表达的意愿等方面的差异,并借鉴马林诺夫斯基关于巫术与宗教的观点进行讨论。他认为,巫术乃是一种制度,是对人心加以安排,解决知识和科学所不能的具有实用目的的特殊仪式;宗教则是一套复杂的信仰和行动,更具有调和社会冲突、增强社会团结的作用,因而公共性是其特点。⑤ "摆"和"非摆"的大致区分即在于前者主要是宗教的,而后者主要是巫术的;在两者之间有过渡形态的仪式,同时在两者内部也存在信仰要素的相互借用。"我们要根本认清巫术与宗教既不是一样东西,也不是两样相反的东西,同时更不是发展上先后的两个阶段。它俩各有其行动的范围,所采方法亦各有不同。"⑥

由于有宗教神圣感的存在,摆夷社会现实中的等级差距被瓦解了,佛教向人们许诺的天上的宝座,促使人们不断向佛祖虔诚敬献一切财富积累。⑦ 这种对永

---

① 田汝康:《芒市边民的摆》,57页。
② 同上。
③ 同上,52页。
④ 同上,53页。
⑤ 同上,66~67页。
⑥ 同上,67页。
⑦ 同上,99页。

恒彼岸的向往,即来自佛教的历史观和时间观,从俗世进入永恒,进入空,进入历史与时间的寂灭。

田汝康把佛教视为摆夷社会的最高道德体现,以及维持其文化特色历久不变的原因①,认为"Durkheim 对于宗教的分析曾充分说明了团体仪式在社会完整上的功能。在上帝面前,在图腾像下,在群众集会中,各人可以把表面的差别破除,使社会分子的基本相同性可以充分表现,更使每个人在这样的集合行为中深刻感觉到社会和个人的合一。摆夷的摆实是一例。"②在这里,佛教被当作当地社会宇宙观的唯一表达,其社会整合力量得到强调,但是它作为一种外来宗教的身份和进入当地的历史却没有得到充分论述,在这背后有一个"非摆"的信仰与佛教长期斗争和混融的客观历史过程——比如他已经观察到的佛教对其他时间体系的包容,这种混合如果真如马林诺夫斯基讲的那样,一种与个体需要相联系,另一种与团体需要相联系,那么双方的关系会相当和平,永远不会有这两种信仰斗争并持续数百年之久。此外,田汝康没有意识到马林诺夫斯基背后的"文化观"实际与涂尔干的"社会"相矛盾。两种信仰体系在马林诺夫斯基那里是不同层面上的平行关系,但是在涂尔干那里则必然是上下关系,并且一个落在社会范畴之上,一个落在社会范畴之内并为前者所笼罩。而田汝康自己的观察也已经发现一个与陶云逵所见同样的事实,即巫的体系非但没有被佛教所笼罩,而且保持着高度的独立存在。无论是马林诺夫斯基还是涂尔干,都不足以对此作出充分的解释。

在这里,田汝康研究的最短处也显露出来,乃是在于抛开历史来讲社会,从马林诺夫斯基的原始社会模式直接结合到涂尔干的现代基督教下的"社会",中间缺的这个历史过程,在当时历史学家、民族史家中其实有过多样的书写。和陶云逵最终的结论相同的是,田汝康相信摆夷社会有一种不可改变的神圣的时间体系,现代时间的进入也不能从根本上触动它,如他所说"土司即使做了十件富国利民的新政,其价值倒不如老祖太,土司的母亲,做一次摆"③。他从涂尔干的宗教社会学中吸收了对基督教现代性的批判,遗憾的是对历史的不察又大大削弱了他的批判力,走向另一种单一时间的普世扩张:"颠沛流离的人生中,对于摆夷的摆似乎只有羡慕和欣慰。我们得庆幸在这荒僻之区,烟瘴丛中,还留得这一

---

① 田汝康:《芒市边民的摆》,98 页。
② 同上,102 页。
③ 同上,92 页。

个人类智慧的创作。也许它可以给未来的人们再造世界时再做一个取法的张本。"①

三、从"双重时间体系"对多元宇宙观进行初步思考

在20世纪30年代末40年代初中国社会科学家开始陆续会聚云南之时,对于边疆史地的研究出现了一个高峰。西双版纳②这个历史上中央帝国羁縻的最南端,从12世纪内附于大理之后,它作为大理与缅甸双方势力的交接地带之身份更为明确,而其确切的边界概念依旧模糊不清。大理灭亡之后,元明清继续推行土司制度,将它当成化内之地,但这种模糊的边界状态随着19世纪末英国对缅甸的侵占逐渐被清政府意识到需要改变。到了1935年民国政府照会英国欲重勘中缅边界南段之时,西双版纳始获学界重视,及至后来1942年日本侵入东南亚造成中国南线持续的紧张,迫使西双版纳地区实地研究的基本停顿。这段时期对西双版纳的研究主要集中在历史与社会两方面:1936年李拂一最早编译《泐史》,其后方国瑜实际是在李拂一影响下走访滇西南孟连、耿马等地。陶云逵也在同时期进入西双版纳,晚些时候则是江应樑和田汝康到德宏傣族地区调查,他们在当地社会的发现并未从根本上与西双版纳傣族社会区分割裂,而是不约而同都与更大的区域背景相联系。除了田汝康以外,"历史"作为主题不约而同进入这批学者的视野。而田汝康虽然在写作中回避了历史,但他却摆脱不了历史对他的质疑。

在这些民族学家和历史学家的讨论中,摆夷社会所关联的中国—东南亚的交流历史一直被置于中、印文化关系双重视野中。如江应樑所说,"今天傣族的文化,是融合了三方面的文化精髓而孕育成的:第一是本民族的固有文化,实际也就是继承了古百越民族的文化,水稻栽培、善作舟楫……第二是吸收融合汉及其他各少数民族的文化……历代王朝凭借政治力量,把中原的文物制度,推行于傣族地区,此种潜移默化的影响,是难以估计的……第三是大量吸收东南亚文

---

① 田汝康:《芒市边民的摆》,104页。
② 这里所说的西双版纳是作为这些社会科学家和历史学家研究摆夷社会的一个个案来考虑的,历史上西双版纳、德宏都是傣泐王国诸土司属地。当代研究者对西双版纳傣族和德宏傣族之间的差异有诸多讨论,但是并未从根本上影响到本文所讨论的"双重时间体系"的问题,如下文所析,陶云逵和田汝康分别在西双版纳和德宏的研究中明确且共同指出这一点。

化尤其是印度文化,小乘佛教在傣族人民生活上起到了重大作用"。[1] 虽然这些论述中的国族主义色彩已引起不少批评,但是它所提示出来的是中国作为文明中心的一方对远方另一个文明中心——印度的眺望,并且以不同的文明化方式相互接触,除了政治经济还有宗教。

田汝康的研究虽未正面触及这一点,但是他以整体社会观来看待摆夷社会却是陶云逵的"文化理论"所不具备的优点之一。在他的描述中,佛教与巫两者的冲突终究汇合成一个时间系统的混融的整体,日常社会生活在每一个细微之处都与之配合无间,而这个问题在陶云逵那里其实一直没有得到很好的解决。

自然,我无意续写陶云逵对西双版纳的历史研究,而只是从他的经验材料中捡取某些闪光点,试图从"宗教时间"这样一个角度讨论多元宇宙观的问题。在思考这些问题的同时,他背后的德国民族学遗产也将陆续呈现。作为一个抽象而大略的概括,"双重时间体系"仅仅依靠陶云逵的书写并不能得到充实和丰富。我希望在西双版纳当地的神话、历史和仪式中,来看土司如何作为沟通这双重时间体系的桥梁,他的社会关系和政治实践如何体现这些原则,并进一步思考:当土司在这两种时间体系之间跳跃的时候,是否也会对双方的神话宇宙观产生影响?伊利亚德(Mirce Eliade)认为,历史的前行总要回到神话原型,只有通过这样的途径,人物和事件才最大程度地为某一社会的历史记忆所保留。[2] 萨林斯(Marshall Sahlins)笔下的夏威夷人也在用自己的本土宇宙观理解远方而来的库克船长。[3] 在他们这里,宇宙观犹如天际永恒的星座那样稳固唯一。但是当历史本身是由双重甚至多重神话编织而成的时候,我们每次溯时间而上的旅程也许会停留在不同的地方,而我们也许还是会同样地称呼它。至少在西双版纳的宗教时间里,陶云逵为我们展示了这样一种可能。

(杨清媚)

---

[1] 江应樑:《傣族史》,17 页,成都:四川民族出版社,1983。
[2] 伊利亚德:《宇宙与历史——永恒回归的神话》,30~32 页。
[3] 萨林斯:《"土著"如何思考》,张宏明译,赵丙祥校,上海:上海人民出版社,2003。

26 乡邦无史乎?

——读《大理古代文化史》(1949)

前　言

　　民国卅三年,北平故宫博物院在陪都重庆举办书画展览,其中大理国画师张胜温梵画长卷,施色涂金等悉于中原无异,一时间引起"中原文化何时入滇"之问题。同年,大理倡修县志,托"南中宿学"徐嘉瑞先生分邀联大、云大、华中诸教授主其事。徐先生游历苍洱近两月,"访古碑,吊残垣,周谘故老,博采传说旧事,以至祠祀画像、民间习俗。"次年,徐先生的《大理古代文化史》巍然成稿。

　　自抗倭军兴以来,四方学人咸萃西南。滇中考古、民族、语言、宗教、生物、地理、风俗各端,学者们利用时机,"搜考所得,每多新解",为徐先生丰沛其书稿提供了新素材。而避寇南游的中原学人与滇中文史名家执手订交,使徐先生的书稿颇似张胜温画卷的命运,让中原学人见识到"乡邦"文史的风貌。

　　此书既成,各方文史名家纷纷提笔为之序。这些序流露出的不同立场,与徐先生此书所本之间,却暗含着某些微妙差异,虽然它们都盛赞此书之成就。身出北大、时任西南联大教授的罗庸先生,可算中原文人的代表,他在其"序"中认为,滇中史学尤遂于乡邦掌故;昔日扬雄著《蜀王本纪》、常璩著《华阳国志》,千百年来,研究蜀中古史,多赖此两书,而今徐嘉瑞先生的《大理古代文化史》堪比滇之《华阳国志》也。

　　同年,滇中文史名家方国瑜先生也欣然为此书稿提笔写序。方先生在序中旁征博引,扼要勾勒出云南历史文化发展之脉络:在唐以前,"云南郡民,散布山野,蹲道踞侧,持器杖,寇钞为害,文化之低落如故也。"①而至初唐,洱海文化,骤

---

① 徐嘉瑞:《大理古代文化史》,序,3页,昆明:云南人民出版社,2005。此书1945年写成,但因抗战经历诸多曲折,终于1949年出版。

然发达,"与往昔绝不相类"。究其原因,"南朝以后新迁住民,文物制作,蔚然而兴也"。① 方先生断言,"南朝以后洱海区域新迁住民,为云南文化之一大关键"。② 正是唐宋时期,中原移民进入云南,云南文化的发展,才得以基于此辈的种子,也使云南文化与中原一脉,不可划分。"故云南文化之发展,乃自旁注入,而非当地兴起,知此始可以言云南文化史也。"③

罗序与方序,本身就暗含着某种差异,将本书比作滇中《华阳国志》的罗先生,其意在说明"乡邦文人"尤善治理地方史志,使中原了解此地;而方先生的序却指出,本地的文化史志恰是基于中原的历史和文化才得以勃兴,否则滇中"文化低落如故"。那么,徐先生此书所本又究竟为何呢?

在徐先生自序的开篇便引用了章太炎先生的一段话,"黄帝之起,宜在印度大夏西域三十六国间,北氏雍凉,则附羌,南氏滇黑水,则附髳,黄帝二子,青阳降居江水,昌意降居弱水,昌意生颛顼,青阳生帝喾,皆自蜀土入帝中国。"④他认为章太炎先生所谓的"北氏雍凉,南氏滇黑水",便是青海、甘肃、新疆和西康、云南、西藏这一区域。此外,像章太炎、顾颉刚、陈志良、黄之刚、徐松石等人对舜、禹等中华民族始祖及其出生地的研究,使徐先生深受影响,并接受这样一些说法,比如西蜀和中原是中国文化最初形成的两大核心,而且西蜀核心似乎更早,中国古代文化吸收西蜀文化必多。因此,他断言中国古代文化一支即起于"北氏雍凉,南氏滇黑水"这一区域。

那么,徐先生所著的这本《大理古代文化史》,既不是一种"乡邦史学",仅仅着眼于地方掌故,也不是书写中原文化如何开化滇中,而似乎相反,他在自序中说,"我这一部书,名称虽然是大理古代文化史,实际上是广泛的说到了高三千尺广七八十万方里的区域,和将近一千多年的文化现象。"⑤

另外值得注意的是,徐先生虽然深受其时或之前对中国文化起源何地等问题的讨论,但作为一位身在民国、身处云南的地方学者,他有自己的考量和取舍。例如,他对上文所引章太炎先生的论断,便只同意和发挥了一半,认为"北氏雍凉,南氏滇黑水"的说法"洵为崭新之说",而"印度大夏之说,失之太远,甚误"。无独有偶,综观全书,他反复提到北纬二十五度是一个"界限",界限以北是当时

---

① 徐嘉瑞:《大理古代文化史》,3页。
② 同上。
③ 同上,4页。
④ 同上,5页。
⑤ 同上,6页。

云南各民族，因自然地理、气候、环境等因素对文化的影响，它们与青康高原的民族是同一体系，文化相似；从人类体质上看，界限以南人类的体质亦无原居云南高地之特征；而云南等地的民家语，与汉语类同，与界限以南的蒙吉蔑语相反。

为什么北纬二十五度在徐先生眼里是一个自然、文化、人群等的分水岭？因为本书除了以大理为出发点书写整个中国文化来龙去脉的尝试外，还针对另外一个靶子。20世纪40年代，英国学者哈威（G. E. Harvey）《缅甸史》的中文版出版，书中提出南诏乃自南而北来之说，引起一些中国学者的争议，例如张印堂先生在《台族之体质与其地理环境》中，就试图从族属和人类体质等方面，厘清云南境内民族与缅甸、暹罗等民族的关系。徐先生在本书中所作的种种论断，与其时某些东南亚国家如缅甸、越南，以及西方国家，对中国西南边陲的觊觎息息相关。因此，大理虽然是夹杂在中原文明、东南亚文明、印度文明和藏文明等之间的一个文化熔炉，徐先生书中也涉及它与各方交往的历史线索，尤其是佛教方面，但他根本的立足点还是梳理大理古代文化和华夏文明的渊源。

正如上文所述，书名虽为"大理古代文化史"，徐先生并没有局限于大理一地，也不限于大理王朝一时，而是按照时间顺序从史前一直讲到段氏时期的大理，并把它纳入与周边各文化的总体框架以及历史上的往来互动之中。本文亦按书中历史顺序，分史前、遂古、南诏和大理四个部分展开，每部分述评根据徐先生罗列的材料而各有侧重。

史　前

在史前部分，徐先生主要以考古学家吴金鼎《苍洱境古迹考查总报告》为参照。吴金鼎这本考古报告以及大理考古的开始与中国学术的李庄时期有关。[①] 抗战爆发以前，中国考古学以安阳殷墟为代表，以考古实物重建华夏上古文明的田野发掘正如火如荼地进行，但被日军侵华无情打断。大批考古学家流徙西南，在向来被史家视为"化外"的蛮夷之地，发现了一片"桃花源"。李济、吴金鼎、夏鼐等在这样的背景下，开始在西南的崇山峻岭、西北的茫茫戈壁中，寻找中华民族失落的文明。1938年时任中央博物院筹备处主任的李济派吴金鼎去昆明、大理调查古迹。徐先生此书大概成于20世纪三四十年代，其时殷墟发掘已告一段落，对中华文明的各种起源之说甚嚣尘上，因为这些立场直接关涉当时中国保

---

① 参见岱峻:《发现李庄》,成都：四川文艺出版社,2004。

种、立国、处理境内不同民族关系等根本问题。徐先生对各民族关系史的论述与此背景相呼应。

徐先生根据吴金鼎的考古报告,描绘出大理史前的社会和文化面貌,其中有个现象值得注意。他认为史前人类聚落有一个从高山山坡搬到平原的趋势,文明的发展从高山流向平原:初始人口稀少,小规模农田已足供用,且地势高,可免水患,易于防敌;随着人口增长,农业规模扩大,必向山下发展,但平原生活产生出防御问题。① 所以,他列举的考古报告中有几份都提到城墙,如在马龙遗址和白云遗址,后者还是一处专门的军事堡垒。这样大规模城墙的修筑反映出当时"城里人"与"城外人"的紧张关系,也说明筑城人的社会组织已经比较发达,暗示当时已存在不同人群、文化程度的区分。联系到徐先生的推断,也许这些筑城人就是较早迁到平原来的,与那些继续当山民的人作战。高山与平坝,自古便是西南各族角力的两大对垒。

遂古期

吴金鼎根据苍洱境内各遗址发掘的遗物,将大理历史分为四期:白氏时期,与汉和魏晋南北朝同时;六诏分立时期,唐初;南诏统一时期,盛唐至晚唐;最后是段氏时期,相当于宋元。根据考古发掘,吴金鼎认为大理有史时期从六诏分立开始。徐先生却根据历史文献认为,正史里记载汉至唐,洱河一带民族有不相统属的若干部族,没有统一君长,因此说唐之前当地没有系统历史可以,而无历史则不对。所以他在吴金鼎分期的前两个阶段加入一个遂古期,包括汉以前、西汉、东汉、三国、隋。这个时期恰是奠定和形成大理地方与中原王朝、周边各族属历史关系的关键阶段,也是占据本书近一半篇幅的重头戏。徐先生对这一历史阶段的重塑,既是填补"乡邦"历史的空白,亦是突破"乡邦"的局限。

在西汉武帝开西南以前,徐先生主要分几条线索分别论证了大理—夏文化、大理—蜀文化、大理—楚文化几对关系,说明大理文化的源流。

夏文化与大理文化:徐先生从谱系和地望两方面论证夏文化的源流。首先从谱系上,根据《史记》记载,华夏远祖的谱系是黄帝—昌意—颛顼—鲧—大禹。昌意被降为诸侯,娶蜀山氏女,生颛顼于若水,继之鲧娶有莘氏女,生禹于石纽。从地望上看,若水在今西昌、会理附近,石纽在川北汶山一带。所以,起源于西北

---

① 徐嘉瑞:《大理古代文化史》,5 页。

羌人的夏民族文化，以甘肃为中心，向南波动，经川北、川南再向云南金沙江流域波动。再说大理文化，它的石器与华北史前时代的同式，常见陶片带压制断续纹，华北除甘肃以外他处没有。因此，从夏文化和大理文化这两条线索，徐先生推断，大理古代文化有一支从西北来，即西北高原的羌族文化也就是夏民族文化。戎与华，本出一家。他还提出中国古代西北之文明，其范围包括滇、川、陕、甘，后文进一步将此范围拓展。从这里也可以看出，徐先生是将西北羌人文化等同于夏民族文化，即华夏正统文化的源头。

其次，蜀文化区与大理文化，徐先生主要从族属上证明：蜀山文化源于秦陇，大理文化也源于此（上段已证明），它们是从秦陇即陕甘夏文化分出的同一体系，此区域的民族，或曰羌，或曰氐，或曰昆，或曰叟，为同一系统之民族。但他主张，北纬二十五度是一条族属的分界线，他否认大理文化南来说，认为缅甸、暹罗的泰族人和大理不是一个系统，前者无论从人种上还是体质上都表明未达于大理以北之地。从这点结论可看出前文所述的时代背景对徐先生论断的影响，当时立国、保种，国境与人群族属的对应关系，加之东南亚一些国家，例如越南，企图将云南纳入自身文化的版图内，使他割裂云南与东南亚的历史渊源，而将重心放在西北。

最后是楚文化和大理文化：徐先生的论证逻辑是它们不仅源头相同，楚文化源于夏文化、大理文化也源于夏文化；它们之间跨贵州也有直接往来，他从庄𫏋的故事、神话、风俗和民族分布几个方面证明。

首先关于庄𫏋的故事：庄𫏋本是楚庄王后代，楚威王时派遣将军庄𫏋领兵攻打巴蜀黔中以西。他攻下滇池一带，但正逢秦夺下楚的巴、黔中等地，庄𫏋回不去了，于是以他率领的兵将做了当地的王。庄𫏋的路线是从水路入贵州再陆路到滇池。他率领的兵留在云南，成为后来大理的大姓即民家。在庄𫏋以前滇、黔、楚早有交通，他入滇以后关系更为密切。楚文化输入大理便是必然的了。

再看大理和楚地的神话，楚本是夏民族的一支，楚国神话多来自西北，比如《天问》中的山川都在西北，屈原对金沙江上游即大禹所生之地，有极大幻想。另一方面，哀牢夷、昆明夷本也是西北羌族，原本住在西昌一带，后迁入永昌（即大理），九隆神话本西北羌族神话，因此传入哀牢，再流入永昌，而九隆神话从西北传到楚国就引出屈原的《天问》。此外还有杜朝选、羿射河伯的故事也可以在两个文化中找到雷同因素。

接着徐先生比较了楚地、蜀地和大理的"巫"的风俗传统。《南中志》记载诸葛亮为夷人做巫画的故事："夷人大种曰昆，小种曰叟。夷中有桀黠能言论屈服种人者,谓之耆老。其俗征巫鬼,诸葛亮乃为夷作图谱,先画天地日月,君长、城府;次画神龙,龙生夷,及牛马羊;后画部主吏乘马,幡盖,巡行安抚;又画牵牛,负酒,贵金宝,诣之之象,以赐夷,夷甚重之。"①诸葛亮此举是借宗教关系,达到其政治目的,就像后世帝王以佛经佛像颁赐小国。这种巫画并不限于西昌,大理、曲靖等地也很流行,大理乡村风俗,凡疾病祈祷者,请巫师画画一张,贴于壁上。这说明大理文化和西昌之关系很密切。徐先生把西北夏文化、经蜀地到大理这条线路连了起来,而另一条线则是大理到楚地,自古荆州敬鬼,尤重祠祀之事,才产生了屈原《九歌》、《天问》这样的作品。从徐先生的论述中可见,从西北,南下至蜀、滇,再东跨黔至楚,这一"⌐"型地带,都弥漫着一股"巫"的风俗,这股"巫"的风俗在不同地域有不同表现方式,例如在蜀便是耆老、鬼主,在滇则是本主,黔则是傩等。但这股"巫"风却是从西北羌人构成的夏民族那里流出来的,成为整个华夏文明各组成部分的统一特征。

最后从民族方面看,云南自曲靖以东到贵州,都是东爨乌蛮的地带,南诏是乌蛮别种,与其他乌蛮通婚,风俗也相同,所以大理文化与贵州息息相通,而且有一部分属于古夜郎地界,与贵州文化可谓同一源泉。其次,从大理到贵州都有政教合一的风俗,政治领袖兼宗教领袖,他们都以虎皮、披毡为宗教法衣。这样,徐先生就把大理、贵州和楚地横向连了起来。至此,纵横两条线:从北上到蜀地、西北夏文化,东向贵州、楚地都与大理文化串连起来。

遂古期的第二部分是西汉,主要涉及官道、文教和军事几方面。

官道从汉武帝开西南夷始,徐先生引用了两段重要文献:《史记·西南夷列传》:"博望侯张骞使大夏来,言居大夏时,见蜀布邛竹杖。使问所从来,曰,从东南身毒国。可数千里,得蜀贾人市。或闻邛西可二千里,有身毒国。骞因盛言大夏在汉西南,慕中国,患匈奴隔其道。诚通蜀,身毒国道便近,有利无害。于是天子乃令王然于、博始昌、吕越人等,使间出西夷,指求身毒国。至滇,滇王尝羌乃留为求道四十余辈。岁余,皆闭昆明,莫能通身毒国。"《张骞李广利列传》:"骞曰,臣在大夏时,见邛竹蜀布,问安得此?大夏国人曰,吾贾人往市之身毒国。身毒国在大夏东南,可数千里,其民乘象以战。其国临大水。以骞度之,大夏去汉万二千里,居西南。今身毒国又居大夏东南数千里,有蜀物,此其去蜀不远。今使大夏,从羌中险,羌人恶之;少北,则为匈奴所得;从蜀宜径,又无寇,乃令因蜀

---

① 徐嘉瑞:《大理古代文化史》,27页。

出莋,出莋,出僰,皆各行一二千里。其北方闭氐、莋,南方闭巂、昆明。"①昆明即大理。后来武帝置益州郡,欲开通道路以通印度,但都止于大理,朝廷兵将被杀,钱财被抢,武帝让郭昌攻昆明,斩首数十万,但官道还是没有打通。

虽然道路一直没有彻底打通,但文教方面保有华夏文明正统的士人之影响已经到达大理。司马迁、司马相如都曾来到此地。另有张叔,"楪榆人,天资颖出。闻相如至若水、造梁,距楪榆两百余里,负笈往从受经,归教乡里"。② 还有文翁立学,"选吏子弟就学,遣隽士张叔等十八人,东诣博士受七经,还以教授。学徒磷萃,蜀学堪比齐鲁"。③ 无论从王畿之地远游至此的士大夫,还是蛮夷之地向慕中原文教的文人,已开始在两圈④之间往返巡游,他们的次次游历,如同一点一滴的黏合剂,将核心圈和中间圈粘合起来。

最后,在大理、姚州和凉山会理都有关于金马碧鸡的传说。姚州是成都和大理之间的交通要道。根据徐先生的分析,这一传说始于姚州,它的流传与当时汉廷的军事形势和这些蛮夷之地的出产有关,会理、姚州、元谋等地都产名马,汉代用兵西域,需要良马,这些地方是汉朝马的重要来源,所以产生天马神话,而金马的"金"其实是指会理等地出产的铜。

徐先生从官道、文教、军事及物产几方面勾勒出西汉时期大理与中原王朝的关系。这几方面实则环环相扣,无论是开拓官道、用兵西南,还是寻求物产,都与北面另一"蛮夷"——匈奴息息相关。而根据徐先生的逻辑推演,无论汉、匈奴还是大理,很可能都出自西北氐羌,但彼此关系已大不同于西汉以前他描述的面貌。原本弥散于华夏各组成部分之中的"巫"风,现在中原王朝出现士人的文教传统,但各蛮夷之地依然还在鬼主等的统治之下,或者应该颠倒过来,巫与士,在华夏内部逐渐区分出蛮夷之地和教化之民。

遂古期第三阶段是东汉,可分北、中、南三个方向,即大理与北边崇山峻岭中各小国、中原王朝和东南亚各国的来往。

大理与滇北、蜀地各小国的往来以"白狼歌"为代表,它实则是这些小国和中原王朝的中介:益州刺史朱辅在位时,宣示汉德,威怀远夷。汶山以西以前汉文化没有达到的区域,比如白狼、槃木等百余小国现在也向汉供奉,称为臣仆。朱

---

① 徐嘉瑞:《大理古代文化史》,34~35页。
② 同上,41页。
③ 同上。
④ 对于这两圈,即核心圈和中间圈的论述,见王铭铭:"中间圈——民族的人类学研究与文明史",见其《中间圈——"藏彝走廊"与人类学的再构思》,44~74页,北京:社会科学文献出版社,2008。

辅向皇帝上书说,白狼王等慕化归义,作诗三章,千里迢迢翻山越岭不辞劳苦献来。在犍为郡有个人懂得他们的语言,朱辅就让他把这些白狼王的诗译成汉语,得到皇帝嘉许,并让史官记录下白狼歌,以夷语为正语,汉文为小字。徐先生考证白狼也是西羌别种,大致在今天四川理番县一带,这是后来吐蕃和唐的必争之地。白狼王的献歌路线大致沿着凉山一带南下,到昆明再护送到长安。

白狼歌的文字经丁文江考证有以下几点,白狼国有文字,是后来爨文的前身,而爨文和西夏文颇相近。由此推断,爨人文化从西北来,与羌人相近,保持着一些羌人风俗,比如有巫师,崇拜白石,以树枝代表神祇。徐先生进一步推断,羌族文化散步的区域,自陕西、甘肃、青海、新疆、四川、西康,以至云南、贵州、西藏。这一区域内的宗教、语言、服饰、丧葬等有很多雷同。他提出西康—大理文化的连锁,这也是为什么这本书本来写大理,而对白狼等国费这么多笔墨的原因。

如果上述是北边的关系,那么再把眼光投向南边。到东汉时,哀牢夷基本已被纳入汉朝的治下,比如白狼这些小国,因此,中原—西南—东南亚、印度整个一线彻底贯通了。对大理而言,它处在这两端之间,一方面更加受到中原文化的影响,另一方面,可直通掸国,再到印度、罗马,而且掸邦等内附中原或进贡,都得经过大理这条路线。外国的音乐、技艺、珍宝都相继输入,徐先生着重分析了当时的蚌珠和琉璃在大理的发现,说明印度文化的传入,更重要的是佛教的传入,这对后来南诏、大理产生极深远影响。

大理和中原王朝,可以说这一时期的夷夏关系有战有和,有叛有从。随着西南道路大开,西部的财富令人觊觎,益州郡这些地方在后汉时非常富庶。在这种金银宝货之地,一方面当官的富及十世,另一方面,夷民劳苦无所得,徐先生评论说这也是司马相如这些人始料不及的。所以,如果遇到好的汉官,夷汉关系相安无事,反之夷人则起兵反叛。大理这一块也就成为华夏版图上比较灵活的部分,它可以归附中央,也可以不服压迫;在文化上,虽然受到汉文化影响,但对印度、东南亚的文化也积极吸纳。

遂古期的最后是三国时期,在这部分可以清楚地看到,偏置一隅的大理地方如何深刻地影响了魏蜀吴三国局势,以及三位有代表性的夷人头领。在蜀后主时候,西南夷发生叛乱,越嶲叟帅高定元称王叛变,益州大姓雍闿杀掉原来的太守,吴主孙权遥遥任命雍闿为永昌太守,孟获也在曲靖一带反叛,所以,这次叛乱北至西昌,中到昆明,南至曲靖一带,但大理永昌一带因守将吕凯尽忠汉室,平夏无事。但吕凯其实并不是中央派来的汉官,他本永昌人,深受汉文化影响,他写的反对雍闿的檄文不逊于中原文笔。幸亏吕凯忠于汉室,否则孟获等人的势力可以长驱直入大理,到时凭借澜沧江、怒江之险,即使诸葛亮再有智慧,也会被中原和西南两面夹击,无可奈何。吕凯的决断可谓牵制着魏蜀吴三国的形势。

再说孟获,他是乌蛮,祖籍可能在曲靖建宁,但迁徙至西昌。正史记载他为夷汉所服,本来在夷汉杂居之地,冲突厉害,为汉不能为夷,为夷不能为汉,但孟获能够兼而有之,可见其才力过人。即使他反叛,仍为夷汉所服,那么他平时为人,肯定有过于常人之处。对这种人才,诸葛亮的策略是收拢其心,而他对高定元之辈,杀了也不觉可惜。孟获被蜀汉封官之后,为蜀国征战作出很大贡献,蜀军的粮草、牛马、金银等都靠他源源不断地供给。

第三种夷人领袖雍闿,他是大姓,也就是一个部族的酋长,他杀掉太守,让吴王立他为太守,是凭借了其巫—王合一的身份。当时的乌蛮政教不分,后来彝族的毕摩等都是这类人。《华阳国志》记载他假托鬼教,用一种譬喻的言语,说前任太守"外虽泽而内实粗,杀之不可,缚于吴"。① 在当时夷人心中,这等于一篇神意决定的文告。

可见夷人头领并非千篇一律,他们有不同的面向,无论是在夷汉之间游刃有余的孟获,还是更认同华夏正统的吕凯,以及更依仗夷人传统巫术力量的雍闿,一方面,他们同士人一样,是核心圈和中间圈之间的黏合剂,但与士人所不同的是,他们既能使自身融于华夏,也能反其道而行之,突出自身文化的自治性和包容性。

值得一提的是,在两晋的时期,大理一度被统属于西爨,也就是说多半处在白蛮治下,但南诏时却又处在乌蛮治下,到了大理段氏时期,又重归白蛮治下。如果大致把乌蛮、白蛮对应为今天的彝族、白族,那么当时的政权更迭很有意思,如同两民族轮流坐庄,这点在后文谈到东爨、西爨、乌蛮白蛮时会进一步分析。

南诏时期

在遂古期之后,是本书的第三大部分即南诏时期。南诏的开始可以说是一个乌蛮南下,攻下白蛮的过程。后来统一南诏的蒙舍诏原本在西昌一带。在唐高宗时候,发生了姚州蛮和洱河蛮的叛乱,蛮族和汉兵作战的区域在今天盐源、会理、姚州一带,也就是云南和凉山交界地带。后来叛乱失败,蒙归义乘机而起,自汉以来雄踞洱河四周的昆明蛮或洱河蛮就被蒙舍诏取而代之,洱河蛮不相统

---

① 徐嘉瑞:《大理古代文化史》,79 页。

属的小部族逐渐被蒙舍诏统一。蒙归义南下入主昆明后,假托当地的九隆神话,证明他的正统身份,统治大理各部族。唐玄宗时,封蒙归义为越国公,归义是他的赐名,原名皮罗阁,第二年赐封他为云南王。蒙归义贿赂剑南节度使,上奏皇帝,使六诏合为一诏,然后迁居太和城,即大理,洱河区域至此统一于南诏。纵观南诏和唐的关系也不是那么太平,南诏曾一度脱离唐朝,附于吐蕃。即使重新归附之后,南诏也一直是唐朝的边患,唐和南诏时有和亲。

南诏这部分徐先生分的章节很多,内容庞杂,本文主要从四个方面加以解析:首先是东爨西爨、乌蛮白蛮的问题,还有民家的问题,这对于理解南诏政权、民族关系的实质很重要;其次是活跃于南诏的士人,他们是勾连中间圈、核心圈,乃至海外圈的纽带;第三是宗教方面,南诏后期以佛教代替前期巫的传统;最后是一些文化特征。

关于东爨西爨、乌蛮白蛮的问题在彝族学界和白族学界至今仍没有定论,学者说法很多,有的认为乌蛮、白蛮都是彝族,对应黑彝、白彝,黑彝是纯种彝族,白彝是混杂各种西南夷的不纯的彝族,所以地位比黑彝低;因此,无论南诏还是大理,都是彝族历史上建立的政权。也有的认为乌蛮是彝族,白蛮是白族。关于东爨、西爨,有的认为是他们都是汉人,有的认为是东爨、西爨都是彝族,或者分别是彝族和白族。乌蛮、白蛮、东爨、西爨的问题,实质是南诏和大理政权究竟是哪个民族建立的问题,以及彝族、白族历史上的关系,还有彝族内部黑彝和白彝性质、来源的问题。这些不同说法其实代表学者们站在今天的角度,对于西南民族历史关系史的根本预设,尤其当涉及少数民族建立过南诏、大理这样的王朝政权时,谈族属问题更为敏感,争议不休。

徐先生提出的看法是,"爨"本是中原大姓,在晋时中原动乱,于是来到蛮地并做了当地的王。它统治的夷人,跟从主人之姓,统称"爨人",后来根据地理位置分为东爨、西爨。关于乌蛮、白蛮,徐先生举到:"在汉以前,西南夷之君长甚多,以渐吞噬兴灭。惟白饭王之裔张乐进求,号为白蛮。阿育王之裔哀牢夷,号为乌蛮,传世最久。"[①]也就是说,众多西南夷后来逐渐分为两支,一支是白饭王的后裔,即白蛮;一支是阿育王的后裔,即乌蛮。但白饭王和阿育王都是印度佛教中的人物,乌蛮、白蛮各自把自己的族源追到印度佛教里的王族,这本身是一个值得注意的问题,也许与后来南诏、大理的佛教传统有关。

徐先生进一步论述,统治乌蛮的爨人称作东爨,统治白蛮的称西爨,双方大

---

① 徐嘉瑞:《大理古代文化史》,102页。

致以曲靖为分界。但乌蛮、白蛮不止分布在东爨、西爨统治范围内,在川、滇、黔各地还有很多没有纳入爨人统治范围内的乌蛮、白蛮。因此,爨人本汉人,移居蛮地做了王,它不是族属称谓;而乌蛮、白蛮则是民族意义上的划分。乌蛮、白蛮在语言、宗教上有类似,比如都信巫教。但服饰、葬法等方面又有不同,可是皆披披毡。爨人和他们根本言语不通,但西爨和白蛮都"依汉法为墓,蒙舍诸乌蛮不墓葬,凡死后三日焚尸"①。

民家的问题也与此相关。徐先生认为民家即贵族,比如统治白蛮的爨人,还有庄蹻以后入滇的那些汉人大姓。民家并不是一个族属的称谓,它在唐以前就有了,指那些小国的君长、贵族:"各小部落,为若干姓所组成,而属一姓之贵族所统治,此等贵族,或如爨氏之统治建宁,其所统治者为乌蛮,而统治者则为中土人,自庄蹻以后,陆续入滇之大姓;其在西洱河,则所统治者为白蛮,而统治者则为中土人,随庄蹻入叶榆之大姓,即所谓名家也。"②"唐以前洱河一带,仅有若干之部落,不相统属,其较大者,如洱河蛮帅杨盛,西洱河大首领杨同外,东洱河大首领杨剑,西洱河大首领杨栋附显,和蛮大首领王罗祈,皆各擅山川,不相君长,至唐初互相吞并,合为六诏。"③因此,民家即为贵族,这个阶层的人来源从时间上看很久远,地域上看很广泛,文化最为混杂,从他们的语言就可以窥见,它以汉语语法为主,吸收了白蛮的语言,还有一些东南亚国家的语言。但值得注意的是,徐先生在讲民家这个范畴的时候,始终只谈到它和白蛮的关系,而没有涉及统治乌蛮的人。这似乎与现在白族有民家的说法而彝族没有这个称呼相一致。

其次是与南诏有关的文人。徐先生在书里没有专门提这个问题,但他的材料很多都涉及,所以归为这一类。比如郑回,"阁罗凤陷嶲州,获西泸令郑回,回通经术,阁罗凤爱重之,其子凤迦异,孙异牟寻,曾孙寻梦凑,皆师事之。异牟寻为王,回为清平官(宰相)。"④以及前文提到的文翁、张叔这些人。另外徐先生专章列举了与南诏和西南有关的文人、诗篇,南诏很多帝王,譬如寻阁劝、异牟寻等,都"颇知书,有才智",甚至还效仿汉地文人墨客赋诗饯客之道,例如,郑回劝异牟寻内附中央,崔佐时奉使入南诏,"牟寻使其子阁劝,与佐时盟于点苍山神祠,遣佐时归,仍刻金契以献,阁劝赋诗以饯之"⑤。郑回为蒙氏所撰的《德化

---

① 徐嘉瑞:《大理古代文化史》,107 页。
② 同上,164 页。
③ 同上,165 页。
④ 同上,100 页。
⑤ 同上,189 页。

碑》，碑文典雅，为历代称颂。

徐先生还列举了很多南诏诗人，有在本地接受教化的当地文人，也有朝廷派去的官员，在当地出家为僧的汉官，等等。与南诏有关的诗人更多，从初唐的骆宾王，到盛唐李白、杜甫，中唐白居易、贾岛，晚唐高骈等。从徐先生提供的材料看，士人、文人墨客这条线索从汉以来一直在大理没有中断过，他们穿行、游历在中间圈和核心圈之间。一方面，他们的诗词歌赋、印象感怀，是核心圈对中间圈想象和定位的来源，正如王铭铭所言"创造着中华文明的自画像"。此外，这些士人不仅流于游历，更深入到异族朝廷内部，甚至官至宰相、帝师。

联系前文，早期这些小国君长多是政教合一的鬼主、耆老，例如雍闿这样的夷人头领，西南夷的小王国多笼罩在巫风之下。南诏时候，已有汉人儒士到其朝廷为官，授学，担任帝师。后来大理段氏时期，佛教兴盛，朝廷既用僧官，也有儒官，皇帝往往出家为僧。有意思的是，南诏王自称骠信，太子称信苴，这都出自缅甸语的音译，因为"异牟寻羁縻骠国，乃封寻阁劝为骠王，号曰骠信"。① 即南诏征服缅甸后，兼用了缅甸的尊号。联系这一背景，东南亚国家很多僧人为传佛法，来到南诏，或经南诏入中土，无论在南诏朝廷还是民间，都有一定影响。这些僧人、儒士、文人墨客，或来自中土，或来自海外，汇聚在南诏，"成一特殊的文化体系"。

第三是宗教方面南诏后期佛教代替原本"巫"的传统。南诏之前和南诏初期的宗教，源出西北高原羌民构成的夏民族"巫"教传统，与羌、蜀、黔、楚等地属同一体系，其特点是政教不分，政治领袖即宗教领袖；宗教法服多为披毡，徐先生认为这是牧羊人的遗俗；以树枝象征神祇，以白石代表神。源出西北羌人的巫风，播散到华夏版图各地方时，有不同的变体。一支流入中原，后经儒家改托装点，反而不如像在西南、荆楚等地保存得原汁原味。譬如，原来中原王朝和西南民族一样，巫祝在王朝中有极高的地位；以披毡为法服传到中原，还可以从甲骨文中找到痕迹，甲骨文的"巫"字从"∩"，徐先生认为就是披毡的样子；以树枝象征神祇，后在中原王朝演变为"社"，"社"树代表国家之存在，"夏后氏以松，殷人以柏，周人以栗"，"是故丧国之社屋之，不受天阳也"，即国亡以后，以屋盖之，使其隔绝阳光而死。而羌民三白石代表神，后流入中原变成国家重器，即鼎。

西北羌人巫教传统也散播到除中原以外的其他地方，自松潘、凉山、丽江、西藏，到昆明、贵州、荆楚，无论罗罗、西番、摩些、花苗等，他们祭司的名号，大体相

---

① 徐嘉瑞：《大理古代文化史》，156页。

同,比如鬼主、端公、希老、毕摩等,属于同一文化体系。这些巫师兼头领都有披法衣的习俗,比如"南诏异牟寻衣金甲,披波罗衣,执双铎","酋长衣虎皮"。① 以树枝为神祇,在大理表现为各村本主往朝神都时,以树枝为先导。"村各奉其本主,各为一队,自成行列。领队为二男子,共扶杨柳一大枝,高可六七尺,婆娑前进,载舞载歌"。② 但大理与蜀地、丽江等稍微不同的是,在西昌,"亲长死后,以树枝插于屋","丽江祀祖,于门外植栗树","么些过年,以松枝植屋上祀祖",所以徐先生认为,植树枝祀祖的风俗,从川南到滇西北,然后到大理的绕三灵,由祀祖演变为祀神。

因此,大理原本的宗教为本主,以巫为祭司,各村所祀的神不同,因为这些村原本是古代各小部落,都有自己的主神。南诏统一各小部落反映在宗教上,出现最高神,即南诏国的祖先。这些神有帝王将相、忠臣孝子、自然神等,历史、性格各不相同。但是到唐贞观、开元年间,佛教开始输入大理,巫教和佛教成为敌对的宗教,在南诏后期,出现佛教代替巫教的传统。

佛教传入大理主要有几条路线:由印度直接传入,经缅甸输入,由西藏输入,还有由中原内地输入。几条线路输入的佛教派别各不相同,在大理的影响也不一样。印度佛教在大理的传播,徐先生主要根据琉璃和蚌珠在当地的发现为依据。印度是古代琉璃的唯一产地,大理在汉代时已有琉璃;大理地处高原,自身不产蚌珠,应该也由南洋输入。到阁罗凤时,佛教在缅甸已经盛行,南诏曾经征服过缅甸,但缅甸属小乘佛教系统,所以,它传入大理的应为小乘佛教。中原佛教传入,大概在唐高宗时,与南诏使者入朝有关。

对大理影响更大的是西藏传入的密教。密教输入大理与原来的巫教发生矛盾,演变为神话里的战争。徐先生认为,佛教传入西藏和它传入大理有很多相似之处。首先,佛教传入西藏前,西藏本来也有巫教的传统,所祭祀者为山川之神;其次,西藏的文化原本也属于羌人体系,与大理本为统一文化系统。所以,它们在神话上有很多搬演、转移的地方。例如,在西藏拉萨有罗刹神话:"传说建庙宇时,经文成公主审观地形,拉萨为一罗刹仰卧形。中间有海眼,即罗刹之心窍,必须先压其四肢,次填其海眼,乃可建筑一永久之佛寺。"③在大理,观音代表密教,罗刹代表巫教,也有类似神话:"观音引罗刹入石舍,用一巨石,塞其洞门。命铁

---

① 徐嘉瑞:《大理古代文化史》,240页。
② 同上,241页。
③ 同上,272页。

匠李子行,以铁汁浇之,又造塔镇于洞上。"①此外,徐先生认为莲花生与大理的赤莲冠僧和观音菩萨,是同一个人的变化,"莲花生到藏,降伏鬼神之后,师乃辞王曰:今当往赤铜洲教化罗刹也。"②山神、罗刹都是西藏、大理原始多神教的代表,这些神话,都反映出巫教或苯教与密教消长的历史。此外,大理原始宗教以龙为图腾,这和夏民族相关,佛教传入后,出现很多降龙神话。值得一提的是,入南诏传播西藏密教的法师,有的并不是藏人,而是印度的僧人。

最后是关于南诏文化方面,徐先生作了如下总括:"远自汉代,已与印度、缅甸、暹罗及国内之西藏交通。自两司马开通西南时,洱河民族已受中原文化之陶融。佛教势力,亦深入南诏。故其文化之来源,实具有西北高原之夏民族文化,及沅、湘流域之楚民族文化,以及汉唐以来不断输入之中原文化。加以西南邻国之军事、商业、宗教等种种关系,经历悠久之时间,熔为一炉,成为一种特殊之文化体系。"③他从语言、文字、建筑形制、姓氏制度、葬法等方面加以分析。例如葬法方面,南诏实行火葬,这恰说明它属乌蛮,因为这是乌蛮的风俗,而西爨和白蛮死后依汉法为墓。但佛教传入之后,火葬坟的形式变为佛教的仪式,僧侣也实行火葬。大理火葬坟上安放石幢,它是印度舍利塔和中原八方幢的混合物。徐先生感叹道:"羌族文化,不知不觉中,与印度文化合流,终于为印度文化所掩,而不知其来源所自矣。"④

大理段氏时期

对于段氏政权的族属,徐先生认为段氏本来可能与藏族有关系,为氐人,而先前南诏政权是羌人建立的王朝。在唐代段氏随蒙氏南迁,进入哀牢一带,他们的汉化程度很深。早期段氏版图远不如蒙氏时代,当时滇东、滇南各地还有小部落,各自独立,与段氏保持友谊关系。

段氏政权与佛教紧密关联,政教合一,在它的帝王谱系中,往往皇帝要出家为僧。它既任用僧官,也用儒官,还有"释儒"的称法,即信仰佛教的儒士。例如《兴宝寺德化铭》的撰碑者杨才照,就是所谓的"师僧",既文辞典雅,又深通佛理,所以称之为"释儒"。《大理行记》记载,"师僧有妻子,然往往读儒书,段氏而

---

① 徐嘉瑞:《大理古代文化史》,273 页。
② 同上。
③ 同上,113 页。
④ 同上,159 页。

上,有国家者,设科选士,皆出此辈。"①段氏时期,大理境内遍布佛塔,有为求子嗣安康的,也有敬献先祖的。所以徐先生说南诏和段氏时代,政治、宗教、神话、艺术关系密切。

结　语

20世纪30年代,美国作家斯诺也在云南做他的"马帮旅行",云南给他的感触是,"伸出一只脚警惕地探索着现代,而另一只脚却牢牢地根植于自从忽必烈把它并入帝国版图以来就没有多少变化的环境。"斯诺的感触也许是当时很多避难西南的中原学人的共鸣,这种共鸣甚至一直延续到建国后,乃至今天。徐先生这本《大理古代文化史》却恰恰为读者演绎出忽必烈把云南并入帝国版图之前,从这块地方上往通四方、风云变幻的历史。二者的反差可能既使当时这本书震撼了各方学者,也造成后来这本书逐渐湮没于民族识别、族群认同等新学术语境中的命运。

毕竟,时隔一个多世纪以后,云南本地出版社重拾徐先生这本书时,依然在开篇引到斯诺这段话,作为再版此书的主旨说明,这本《大理古代文化史》恍若属于另一个时代。后来很多关于云南历史与文化的书写,恰是延续着斯诺的印象,抑或反之,正是它们将云南塑造成为一个没有与中原大历史相媲美之历史的"乡邦"。

这一"认识",为解释很多历史和现实的现象定下基调。例如,关于乌蛮、白蛮、东爨、西爨的讨论,历来在彝学界、白族学界等西南少数民族研究中争议不休。但徐先生这本成于民国时期的论著却大胆提出,南诏和大理,是今天所谓的彝族和白族的复合政权、交替执政。他认为,西南各族,无外乎氐、羌两大系。氐族即古代的昆明夷,后来的白蛮,今天的白族;羌族即乌蛮,今天的彝族。大理一带民族,古代主要是氐、羌,即今天的白族和彝族。在南诏时,羌族少数人统治氐族和羌族;大理刚好相反,氐族中少数人统治羌族和本族。而后的研究者往往多把乌蛮、白蛮和东爨、西爨的问题,归入一个族群内部贵族与平民,或是族群内部不同分支之间的关系问题。无独有偶,20世纪50年代在进行民族识别、民族调查的过程中,往往会忽略少数民族地区的政权问题。

究其原因,在既成的民族—国家(nation-state)框架下,"nation"这个词的"国

---

① 徐嘉瑞:《大理古代文化史》,308 页。

家"意涵必须被去掉,只留下作为一个国家组成部分之一的"民族"的所指。伴随着"中国"这个"多元一体"的民族—国家的建立,其境内历史上原本兼具民族—国家双重内涵的某些组成部分,例如南诏、大理这样的政权,便成为现代民族—国家划定的省份,以及被识别的少数民族。徐先生在民国时期通过本书所呈现出的大理历史风貌,在新的认识框架下,便被"少数民族"、"边缘地区"等字眼取而代之,其实就是将这块地方野蛮化和边缘化,成为一个无历史的乡邦,也就是一个可以把新的历史书写填补进去,等待现代文明"开化"的地方。① 从而使它不仅"伸出一只脚警惕地探索着现代",而是完全被拉入现代性的国家建构中。

　　但这也恰是重拾徐先生这本论著的意义所在,它通过翔实的历史材料和无现代性、无民族—国家框架束缚的书写,为我们打开了认识历史和现实的另一扇窗户。在之后很多著作中作为与中心相对的边缘、与文明相对的野蛮之大理,在徐先生笔下却如此包举宇内、气象万千。它的内外关系跨越了核心圈、中间圈和海外圈。② 它既可用儒家,也可以以佛教意识形态,乃至本土的巫教传统治国,使得其很灵活,既能内附于华夏,"向慕归化";也可以附于吐蕃,融入佛国的世界;或者自身成为统辖缅甸等国的"宗主国";甚至有材料显示,当中原王朝南下挤压大理地方时,其民南下,成为东南亚泰族人的重要组成部分,后者在东南亚建立起强大的王朝,对真腊、占婆等国形成很大威胁,直接影响着中原王朝、吴哥王朝、占婆之间的外交关系。

　　这里,岂是无史之乡邦?

(罗　杨)

---

　　① 本文结论部分的某些观点,直接得益于北京大学王铭铭教授在中央民族大学开设的"历史人类学"课程,以及中国政法大学赵丙祥教授开设的"西方社会思想史原著选读"课程。特此说明并致谢。
　　② 对于这三圈的说法,参加王铭铭:"中间圈——民族的人类学研究与文明史",载其《中间圈——"藏彝走廊"与人类学的再构思》。

参考文献

中　文

安静波. 1999. 论梁启超的民族观. 见：近代史研究. 第 3 期

安静波. 1999. 再论梁启超的民族观. 见：学术交流. 第 6 期

陈宝良. 1996. 中国的社与会. 杭州：浙江人民出版社

陈国钧. 2004. 大夏大学社会研究部工作述要. 见：贵州苗夷社会研究. 北京：民族出版社

陈其泰. 1997. 清代公羊学. 北京：东方出版社

陈崧编. 1985. 五四前后东西文化问题论战文选. 北京：中国社会科学出版社

陈序经. 1994[1956]. 泐史漫笔——西双版纳历史释补. 广州：中山大学出版社

陈寅恪. 2001. 冯友兰中国哲学史上册审查报告. 见：金明馆丛稿二编. 北京：生活·读书·新知三联书店

陈永龄. 1995[1981]. 民族学浅论文集. 台北：弘毅出版社

褚建芳. 2003. 人神之间：云南芒市一个傣族村寨的仪式生活与等级秩序. 北京大学人类学博士论文

褚建芳. 2008. 桃李不言自成蹊——记我与田汝康先生的交往兼评其芒市傣族研究及其对人类学的贡献. 见：芒市边民的摆. 昆明：云南人民出版社

岱峻. 2004. 发现李庄. 成都：四川文艺出版社

刀国栋、吴宇涛译. 1983. 叭贞以后各代的历史记载——根据勐康土司藏本. 见：傣族社会历史调查（西双版纳之三）. 民族问题五种丛书. 云南省编辑委员会编. 昆明：云南民族出版社

刀国栋等. 1983. 西双版纳傣族宗教情况初步调查. 见：民族问题五种丛书. 傣族社会历史调查（西双版纳之三）. 云南省编辑委员会编. 昆明：云南民族出版社

丁文江、赵丰田编. 1983. 梁启超年谱长编. 上海：上海人民出版社

杜蒙. 2003. 论个体主义：对现代意识形态的人类学观点. 谷方译. 上海：上海

人民出版社

杜赞奇.2003.从民族国家中拯救历史.北京:社会科学文献出版社

杜正胜.1995.从疑古到重建——傅斯年的史学革命及其与胡适、顾颉刚的关系.见:中国文化.第12期

方国瑜.1943.滇西边区考察记.昆明:云南大学西南文化研究室印

费孝通.1989.中华民族的多元一体格局.见:北京大学学报.第4期

费孝通.2004.试谈扩展社会学的传统界限.见:思想战线.第5期

费孝通.2007.乡土中国.上海:上海世纪出版集团

费孝通.1990.在人生的天平上.读书.第12期

费孝通.1998.乡土中国 生育制度.北京:北京大学出版社

费孝通.1998.中华民族的多元一体格局.见:从实求知录.北京:北京大学出版社

费孝通.1999.皇权与绅权.见:费孝通文集.第五卷.北京:群言出版社

费孝通.1999.乡土重建.见:费孝通文集(第四卷).北京:群言出版社

费孝通.2001.人不知而不愠.见:师承·补课·治学.北京:生活·读书·新知三联书店

费孝通.2004.从小培养二十一世纪的人.见:论人类学与文化自觉.北京:华夏出版社

费孝通.2004.论人类学与文化自觉.北京:华夏出版社

费孝通.2005.民族社会学调查的尝试.见:费孝通民族研究文集新编.上卷.北京:中央民族大学出版社

费孝通.2005.物伤其类——哀云遽.见:重归"魁阁".潘乃谷、王铭铭主编.北京:社会科学文献出版社

费孝通.2006.江村经济.上海:上海人民出版社

费孝通.2005.江村经济——中国农民的生活.戴可景译.北京:商务印书馆

费孝通.2006.六上瑶山.北京:中央民族大学出版社

费孝通.2006.潘光旦先生关于畲族历史问题的构想.见:费孝通民族研究文集新编.下卷.北京:中央民族大学出版社

费孝通、张之毅.2006.云南三村.北京:社会科学文献出版社

费孝通.2007.皇权与绅权.见:乡土中国.上海:上海人民出版社

冯友兰.1927.中国之社会伦理.见:社会学界.第一卷

冯友兰.1928.儒家对于婚丧祭礼之理论.见:燕京学报.第三期

冯友兰. 1993. 冯友兰集. 北京：群言出版社

弗雷德里克·巴特等. 2008. 人类学的四大传统. 王晓燕等译. 北京：商务印书馆

弗雷泽. 2006. 金枝. 徐育新等译. 刘魁立审校. 北京：新世界出版社

傅斯年. 2004. 史学方法导论. 北京：中国人民大学出版社

傅斯年. 1928. 发刊词. "中央研究院"历史语言研究所集刊. 第一本

傅斯年. 1928. 历史语言研究所工作旨趣. 见："中央研究院"历史语言研究所集刊. 第一本

傅斯年. 1994. 傅斯年致胡适（1926年8月18日）. 见：胡适遗稿及秘藏书信（37册）. 耿云志编. 合肥：黄山书社

高敏. 1994. 隐士传. 郑州：河南人民出版社

高怡萍. 2002. 汉学人类学之今昔与未来. 见：广西民族学院学报（哲社版）. 第5期

葛兰言. 2005. 古代中国的节庆与歌谣. 赵丙祥、张宏明译. 桂林：广西师范大学出版社

葛思恩、俞湘文主编. 1991. 俞颂华文集. 北京：商务印书馆

葛兆光. 2003.《新史学》之后——1929年的中国历史学界. 见：《历史研究》. 第2期

顾潮编著. 1993. 顾颉刚年谱. 北京：社会科学出版社

顾定国. 2000. 中国人类学逸史：从马林诺斯基到莫斯科到毛泽东. 胡鸿保、周燕译. 北京：社会科学文献出版社

顾颉刚. 1927. 泉州的土地神. 见：厦门大学国学研究院周刊. 1月刊

顾颉刚. 1996. 古史辨自序. 见：顾颉刚卷. 石家庄：河北教育出版社

顾颉刚. 2002. 自序. 见：古史辨自序（上）. 石家庄：河北教育出版社

顾颉刚. 2007. 顾颉刚日记（1913~1926）. 第一卷. 台北：联经出版事业股份有限公司

哈正利. 2006. 民族学的民族国家形态及其他——中国民族学史散论. 见：中南民族大学学报. 第6期

韩光辉. 2006. 历史地理学丛稿. 北京：商务印书馆

韩兆琦. 1996. 中国古代的隐士. 北京：商务印书馆国际有限公司

郝时远. 2004. 中文"民族"一词源流考辨. 见：民族研究. 第6期

何长凤. 2002. 贵州近代少数民族调查研究的拓荒者. 见：贵州民族研究. 第

1 期

何伟亚.2002.怀柔远人.邓常春译.北京:社会科学文献出版社

何兹全.2000.傅斯年的史学思想和史学著作.见:历史研究.第 8 期

赫特纳.1983.地理学——它的历史、性质和方法.王兰生译.北京:商务印书馆

赫胥黎.1971.进化论与伦理学.《进化论与伦理学》翻译组译.北京:科学出版社

胡鸿保主编.2006.中国人类学史.北京:中国人民大学出版社

胡适.1982.自述古史观书.见:古史辨.第一册.上海:上海古籍出版社

胡适.2001.胡适日记全编.第 5 册.曹伯言整理.合肥:安徽教育出版社

胡翼鹏.2002.论中国古代隐士的价值取向及其社会意义.见:学术论坛.第 5 期

黄克武.2006.一个被放弃的选择:梁启超调适思想之研究.北京:新星出版社

黄烈.1987.中国古代民族史研究.北京:人民出版社

黄兴涛.2002."民族"一词究竟何时在中文里出现.见:浙江学刊.第 1 期

黄子通.1927.王守仁的哲学.见:燕京学报.第二期

冀朝鼎.1981.中国历史上的基本经济区与水利事业的发展.朱诗鳌译.北京:中国社会科学出版社

江绍原.1924.礼的问题.见:语丝.第三期.12 月 1 日

江绍原.1925.读经救国论发凡.见:语丝.第五十三期.11 月 16 日

江绍原、周作人.1925.礼部文件.见:语丝.第三十八期.8 月 3 日

江绍原.1925.礼部文件之六:《周官》媒氏.见:语丝.第四十三期.9 月 7 日

江绍原.1926.礼与俗.见:语丝.第九十九期.10 月 2 日

江绍原.1989.中国礼俗迷信.天津:渤海湾出版公司

江绍原.2007[1928].发须爪——关于它们的迷信.北京:中华书局

江应樑.1983.傣族史.成都:四川民族出版社

江应樑主编.1990.中国民族史.北京:民族出版社

江应樑.2003.滇西摆夷之现实生活.潞西:德宏民族出版社

蒋星煜.1947.中国隐士与中国文化.北京:中华书局

瞿同祖.2003.清代地方政府.范忠信、晏锋译.北京:法律出版社

康有为.1985.欧洲十一国游记.长沙:岳麓书社

拉铁摩尔.2005.中国的亚洲内陆边疆.唐晓峰译.南京:江苏人民出版社

雷颐.2006.傅斯年思想矛盾试析.见:近代史研究.第6期

李安宅.1943.回教与回族.学思.第三卷第五期

李安宅.1944.边疆社会工作.重庆:中华书局

李安宅.1986.译者序.见:两性社会学.李安宅译.北京:中国民间文艺出版社

李安宅.2005.《仪礼》与《礼记》之社会学的研究.上海:上海人民出版社

李帆.2008.西方近代民族观念和"华夷之辨"的交汇——再论刘师培对拉克伯里"中国人种、文明西来说"的接受与阐发.见:北京师范大学学报(社会科学版).第2期

李拂一编译.1983.泐史(上卷).台北:复仁书屋印行.

李璜译述.1933.古中国的跳舞与神秘故事.上海:中华书局

李济.1990.关于中国民族及文化发展的初始的几点看法.见:李济考古学论文选集.北京:文物出版社

李济.2005.中国民族的形成.南京:江苏教育出版社

李培林、孙立平、王铭铭.2001.20世纪的中国:学术与社会·社会学卷.济南:山东人民出版社

李济.2007.安阳.上海:上海人民出版社

李绍明.2007.西南人类学民族学研究的历史、现状与展望.见:西南民族大学学报.第10期

李绍明.2007.中国人类学的华西学派.见:中国人类学评论.第5辑.北京:世界图书出版公司

李文海主编.2004.民国时期社会调查丛编(宗教民俗卷).福州:福建教育出版社

李喜所.2006.中国现代民族观念初步确立的历史考察——以梁启超为中心的文本梳理.见:学术月刊.第2期

李亦园.1970.凌纯声先生对中国民族学之贡献.见:"中央研究院"民族学研究所集刊.第29期

李泽厚.1982.论严复.见:论严复与严译名著.北京:商务印书馆

李亦园.2002.凌纯声先生的民族学.见:李亦园自选集.上海:上海教育出版社

李泽厚.1986.中国古代思想史论.北京:人民出版社

里德伯斯编.2006.剑桥年度主题讲座·时间.章邵增译.北京:华夏出版社
利奇.1999.上缅甸诸政治体制.张恭启、黄道琳译.台北:唐山出版社
利奇.2000.文化与交流.郭凡、邹和译.上海:上海人民出版社
梁启超.1923.人生观与科学.见:人生观之论战(中).上海:泰东图书局印行
梁吉生.2004.陶云逵献身边疆人文研究的一生.见:联大岁月与边疆人文.天津:南开大学
梁启超.2001.饮冰室文集点校(第三集).吴松等点校.昆明:云南教育出版社
梁启超.2006.梁启超游记.北京:东方出版社
梁漱溟.2006.东西文化及其哲学.北京:商务印书馆
林惠祥.1991[1930].台湾番族之原始文化.上海:上海文艺出版社
林惠祥.1991[1934].文化人类学.上海:上海文艺出版社
林惠祥.1993.中国民族史(上册).北京:商务印书馆
林惠祥.2001.天风海涛室遗稿.厦门:鹭江出版社
林惠祥.2002[1934].文化人类学.北京:商务印书馆
林耀华.1995.凉山彝家的巨变.北京:商务印书馆
林耀华.1999.林耀华学述.杭州:浙江人民出版社
林志均编.1989.饮冰室合集(专集之四十二).北京:中华书局
凌纯声.2004.民族学实地调查方法.见:20世纪中国人类学民族学研究方法与方法论.北京:民族出版社
刘春.2000.民族问题文集(续集).北京:民族出版社
刘师培.2006.经学教科书.陈居渊注.上海:上海古籍出版社
刘文辉.1946.西康夷族调查报告·序言.见:西康夷族调查报告.西康省政府印行
刘雪婷.2007.拉德克利夫-布朗在中国:1935~1936.见:社会学研究.第1期
柳诒徵.1999.柳诒徵说文化.上海:上海古籍出版社
柳诒徵.2000.国史要义.上海:华东师范大学出版社
柳诒徵.2001.中国文化史.上海:上海古籍出版社
柳诒徵.2008.中国文化史.北京:东方出版社
龙基成.1997.社会变迁、基督教与中国苗族知识分子.见:贵州民族研究.第1期
卢云昆选编.1996.社会剧变与规范重建——严复文选.上海:上海远东出

版社

吕思勉.1934.中国民族史.上海:世界书局

吕思勉.1996[1934].中国民族史.北京:东方出版社

罗常培.1927.朱熹对于闽南风俗的影响.见:中山大学语言历史研究所周刊.第4期

Rowlands,Michale.2008.从民族学到物质文化(再到民族学).梁永佳译.见:中国人类学评论.第5辑.北京:世界图书出版公司

罗厚立.2004.语语四千年:傅斯年眼中的中国通史.见:南方周末.4月8日

罗志田.2005.事不孤起,必有其邻:蒙文通先生与思想史的社会视角.见:四川大学学报.第4期

罗志田.2007.天下与世界:清末士人关于人类社会认知的转变——侧重梁启超的观念.见:中国社会科学.第5期

罗志田.2003.陈寅恪史料解读与学术表述臆解.见:近代中国史学十论.上海:复旦大学出版社

罗志田.2003.近代中国史学十论.上海:复旦大学出版社

罗志田.2003.裂变中的传承——20世纪前期的中国文化与学术.北京:中华书局

马长寿.1948.少数民族问题.见:民族学研究集刊.中山文化教育馆编.第6辑.重庆:商务印书馆

马长寿.2003[1947].见:马长寿民族学论集.周伟洲编.北京:人民出版社

马长寿.2006.凉山罗彝考察报告(上册).李绍明、周伟洲等整理.成都:巴蜀书社

马戎.1997.西方民族社会学的理论与方法.天津:天津人民出版社

马戎.2001.民族与社会发展.北京:民族出版社

马玉华.2005.试论民国政府对贵州少数民族的调查.见:贵州民族研究.第2期

马玉华.2006.国民政府对西南少数民族调查之研究1929~1948.昆明:云南人民出版社

莽萍.1997.俞颂华.北京:人民日报出版社

茂铎克.2004.卫士勒传略.梁钊韬译.见:梁钊韬文集.广州:中山大学出版社

梅斌.2005.隐士:我国古代士大夫中的一个群体.见:广西社会科学.第8期

蒙文通.1933[1927].古史甄微.上海:商务印书馆
莫斯.2005.礼物:古式社会中交换的形式与理由.上海:上海人民出版社
牟宗三.2004.周易哲学演讲录.上海:华东师范大学出版社
纳日碧力戈.1996.种族与民族观念的互渗与演进——兼及民族主义的讨论.见:中国社会科学季刊(香港),秋季卷
潘乃谷、王铭铭主编.2005.重归魁阁.北京:社会科学文献出版社
彭文斌、汤芸、张原.2008.20世纪80年代以来美国人类学界的中国西南研究.见:中国人类学评论.第7辑.北京:世界图书出版公司
皮锡瑞.1959.经学历史.北京:中华书局
祁庆富.2004.凌纯声和他的《松花江下游的赫哲族》.见:中南民族大学学报(人文社科版).第6期
钱理群.2004.周作人研究二十一讲.北京:中华书局
钱穆.1997.中国近三百年学术史.北京:商务印书馆
钱穆.2001.现代中国学术论衡.北京:生活·读书·新知三联书店
乔健编著.2004.印第安人的诵歌.桂林:广西师范大学出版社
乔清举.2007.论归隐思想与《周易》中归隐思想的学派归属.见:周易研究.第6期
萨林斯.2003.历史之岛.蓝达居等译.上海:上海人民出版社
桑兵.2001.近代学术转承:从国学到东方学——傅斯年《历史语言研究所工作之旨趣》解析.见:历史研究.第6期
《康导月刊》发刊词.1938.康导月刊.第一卷,第一期
任乃强.2000.康藏史地大纲.拉萨:西藏古籍出版社
任新建.2005.略论"汉藏民族走廊"之民族历史文化特点.见:藏彝走廊:历史与文化.成都:四川人民出版社
萨林斯.2003."土著"如何思考.张宏明译.赵丙祥校.上海:上海人民出版社
商务印书馆编辑部编.1982.论严复与严译名著.北京:商务印书馆
沈卫威.2007."学衡派"谱系:历史与叙事.南昌:江西教育出版社
施耐德.2008.真理与历史——傅斯年、陈寅恪的史学思想与民族认同.关山、李貌华译.北京:社会科学文献出版社
史华兹.2007.寻求富强——严复与西方.叶凤美译.南京:江苏人民出版社
唐戈.2008."镜头下的赫哲族"研讨会综述.见:中国人类学评论.第5辑.北京:世界图书出版公司

汤芸.2008.以山川为盟:黔中文化接触中的地景、传闻与历史感.北京:民族出版社

陶云逵.1942.云南摆夷在历史上及现代与政府之关系.边政公论.第一卷第九期

陶云逵.2005.车里摆夷之生命环.见:民国时期社会调查丛编(少数民族卷).李文海主编.福州:福建教育出版社.亦见:中国早期人类学中的德国影响——重读陶云逵.中央民族大学民族学人类学理论与方法研究中心编

陶云逵.2009[1938].几个云南土族的现代地理分布与人口之估计.见:中国早期人类学中的德国影响——重读陶云逵.中央民族大学民族学人类学理论与方法研究中心编

陶云逵.2009[1944].十六世纪车里宣慰使司与缅王室之礼聘往还.见:边政公论.第三卷第一期.亦见:中国早期人类学中的德国影响——重读陶云逵.中央民族大学民族学人类学理论与方法研究中心编

特纳.2006.仪式过程.黄剑波、柳博赟译.北京:中国人民大学出版社

特纳.2006.仪式过程:结构与反结构.黄剑波、柳博赟译.北京:中国人民大学出版社

滕尼斯.1999.共同体与社会——纯粹社会学的基本概念.林荣远译.北京:商务印书馆

田继周.1996.先秦民族史.成都:四川民族出版社

田汝康.2008.芒市边民的摆.昆明:云南人民出版社

铁锋、岩温胆主编.2006.西双版纳秘史.昆明:云南民族出版社

涂尔干.1999.宗教生活的基本形式.渠东、汲喆译.上海:上海人民出版社

涂尔干.2006.人性的两重性及其社会条件.见:乱伦禁忌及其起源.汲喆、付德根、渠东译.上海:上海人民出版社

涂尔干.2006.宗教生活的基本形式.渠东、汲喆译.上海:上海人民出版社

汪晖.2008.现代中国思想的兴起.北京:生活·读书·新知三联书店

汪毅夫、郭志超主编.2001.纪念林惠祥文集.厦门:厦门大学出版社

汪毅夫.2002.厦门大学国学研究院与泉州历史文化研究.见:海交史研究.第2期

王春霞.2005."排满"与民族主义.北京:社会科学文献出版社

王汎森.1998.王国维与傅斯年——以《殷周制度论》与《夷夏东西说》为主的讨论.见:学术思想评论.第3期

王建民. 1997. 中国民族学史(上). 昆明:云南教育出版社

王建民、张海洋、胡鸿保. 1998. 中国民族学史(下). 昆明:云南教育出版社

王建民. 2007. 中国人类学西南田野工作与著述的早期实践. 见:西南民族大学学报(文社版). 第12期

王军. 2008. 民族与民族主义研究——从实体论迈向关系实在论初探. 见:民族研究. 第5期

王明珂. 2008. 论西南民族的族群特质. 见:中国人类学评论. 第7辑. 北京:世界图书出版公司

王铭铭. 1997. 社会人类学与中国研究. 北京:生活·读书·新知三联书店

王铭铭. 1997. 社区的历程——溪村汉人家族的个案研究. 北京:生活·读书·新知三联书店

王铭铭. 1998. 村落视野中的文化与权力. 北京:生活·读书·新知三联书店

王铭铭. 1999. 逝去的繁荣. 杭州:浙江人民出版社

王铭铭. 2001. 20世纪的中国:学术与社会·社会学卷. 济南:山东人民出版社

王铭铭. 2004. 溪村家族——社区史、仪式与地方政治. 贵阳:贵州人民出版社

王铭铭. 2004. 作为世界图式的"天下". 见:年度学术2004. 赵汀阳主编. 北京:中国人民大学出版社

王铭铭. 2005. 居与游:侨乡研究对"乡土中国"人类学的挑战. 见:西学"中国化"的历史困境. 桂林:广西师范大学出版社

王铭铭. 2005. 西方人类学思潮十讲. 桂林:广西师范大学出版社

王铭铭. 2005. 西学"中国化"的历史困境. 桂林:广西师范大学出版社

王铭铭. 2006. 从天下到国族. 见:走在乡土上——历史人类学札记. 北京:中国人民大学出版社

王铭铭. 2006. 没有后门的教室:人类学随谈录. 北京:中国人民大学出版社

王铭铭. 2006. 心与物游. 桂林:广西师范大学出版社

王铭铭. 2007. "中间圈"——民族的人类学与文明史. 见:中国人类学评论. 第3辑. 北京:世界图书出版公司

王铭铭. 2008. 东南与西南——寻找"学术区"之间的纽带. 见:中国人类学评论. 第7辑. 北京:世界图书出版公司

王铭铭. 2007. 经验与心态:历史、世界想象与社会. 桂林:广西师范大学出

版社

王铭铭. 2008. 中国——民族体还是文明体?. 见:文化纵横. 第12期

王铭铭. 2008. 中间圈:"藏彝走廊"与人类学的再构思. 北京:社会科学文献出版社

王铭铭主编. 2003. 西方与非西方. 北京:华夏出版社

王明珂. 2008. 论西南民族的族群特质. 见:中国人类学评论. 第7辑. 北京:世界图书出版公司

王庆仁、马启成、白振声主编. 1997. 吴文藻纪念文集. 北京:中央民族大学出版社

王桐龄. 1934. 中国民族史. 北京:文化学社

王为松编. 1997. 傅斯年印象. 上海:学林出版社

王文宝、江小蕙编. 1998. 江绍原民俗学论集. 上海:上海文艺出版社

王文光、翟国强. 2005. 西南民族的历史发展与中华民族多元一体格局关系论述. 见:思想战线. 第2期

王钟翰主编. 1994. 中国民族史. 北京:中国社会科学出版社

王宗维、周伟洲编. 1993. 马长寿纪念文集. 西安:西北大学出版社

威斯勒. 2004. 人与文化. 钱岗南、傅志强译. 北京:商务印书馆

魏特夫. 1989. 东方专制主义. 徐式谷等译. 北京:中国社会科学出版社

吴晗、费孝通等. 1988. 皇权与绅权. 天津:天津人民出版社

吴文藻. 1935. 中国社区研究的西洋影响与国内近状. 见:社会研究(101、102)

吴文藻. 1990. 吴文藻人类学社会学研究文集. 北京:民族出版社

吴文藻. 1998. 我的自传. 见:有爱就有了一切. 南京:江苏文艺出版社

吴文藻. 2002. 导言. 见:社区与功能——派克、布朗社会学文集及学记. 北京:北京大学出版社

吴燕和. 中国人类学发展与中国民族分类问题. 见:考古人类学刊. 第47期

费孝通. 2001. 人不知而不愠. 见:师承·补课·治学. 北京:生活·读书·新知三联书店

吴泽霖. 1991. 吴泽霖民族研究文集. 北京:民族出版社

西娜撰文、岩香宰主编. 2006. 说煞道佛——西双版纳傣族宗教研究. 昆明:云南出版集团公司

邢公畹. 2004. 抗战时期的南开大学边疆人文研究室——兼忆关心边疆人文

研究的几位师友.见:联大岁月与边疆人文.南开大学校史研究室编.天津:南开大学出版社

徐嘉瑞.2005.大理古代文化史.昆明:云南人民出版社

徐旭生.1960[1943].中国古史的传说时代.北京:科学出版社

徐旭生.2003.我国古代部族三集团考.见:中国古史的传说时代.桂林:广西师范大学出版社

徐益棠.1942.十年来中国边疆民族研究之回顾与前瞻.见:边政公论.第一卷第五十六期

徐益棠.2007.广西象平间瑶民之饮食、广西象平间瑶民之宗教及其宗教的文献.见:瑶族调查报告文集.北京:民族出版社

徐中舒.1927.从古书中推测之殷周民族.见:国学论丛.第1卷第1号

亚当斯.2006.人类学的哲学之根.黄剑波、李文建译.桂林:广西师范大学出版社

严复.1996.社会巨变与规范重建——严复文选.上海:上海远东出版社

严复.1996.天演论.见:中国现代学术经典·严复卷.欧阳哲生编.石家庄:河北教育出版社

岩峰、王松、刀保尧.1995.傣族文学史.昆明:云南民族出版社

阎步克.1998.士大夫政治演生史稿.北京:北京大学出版社

杨宽.1941.中国上古史导论.见:古史辨.第7册(上).上海:开明书店

杨堃.1983.我的民族学研究五十年.见:民族与民族学.成都:四川民族出版社

杨堃.1984.民族学概论.北京:中国社会科学出版社

杨堃.1991.杨堃民族研究文集.北京:民族出版社

杨堃.1997.五祀考通论.见:社会学与民族学.成都:四川民族出版社

杨联陞.2005.国史探微.北京:新星出版社

杨圣敏、良警宇主编.2009.中国人类学民族学学科建设百年文选.北京:知识产权出版社

杨思信.2003.拉克伯里的"中国文化西来说"及其在近代中国的反响.见:中华文化论坛.第2期

杨渝东.2007.永久的漂泊——对一个定居苗寨中苗族迁徙感的人类学研究.北京:中国社会科学文献出版社

姚纯安.2006.社会学在近代中国的进程.北京:生活·读书·新知三联书店

伊格尔斯. 2006. 德国的历史观. 彭刚、顾杭译. 南京：译林出版社

伊利亚德. 2000. 宇宙与历史——永恒回归的神话. 杨儒宾译. 台北：联经出版事业公司

俞湘文. 1947. 西北游牧藏区之社会调查. 北京：商务印书馆

余英时. 2003. 士与中国文化. 上海：上海人民出版社

苑利主编. 2002. 二十世纪中国民俗学经典（学术史卷）. 北京：社会科学文献出版社

张尔田. 2006. 史微. 北京：中华书局

张桂华. 2008. 傅斯年"中华统一"民族思想研究. 见：北京科技大学学报（社会科学版）. 第6期

张灏. 2006. 梁启超与中国思想的过渡（1890～1907）. 北京：新星出版社

张静庐辑注. 1954. 中国近代出版史料二编. 上海：群联出版社

张立伟. 1995. 归去来兮——隐逸的文化透视. 北京：生活·读书·新知三联书店

张朋园. 2007. 梁启超与清季革命. 长春：吉林出版集团有限责任公司

张挺、江小慧笺注. 1992. 周作人早年佚简笺注. 成都：四川文艺出版社

章清. 2003. 省界、业界与阶级：近代中国集团力量的兴起及其难局. 见：中国社会科学. 第2期

召帕雅坦玛铁·卡章嘎. 1988. 勐果占壁及勐卯古代诸王史：汉文傣文对照. 龚肃政译. 杨永生整理注释. 昆明：云南民族出版社

赵培中主编. 1988. 吴泽霖执教60周年暨90寿辰纪念文集. 武汉：湖北科学技术出版社

赵汀阳主编. 2006. 年度学术2006. 北京：中国人民大学出版社

赵心愚、秦和平主编. 2004. 康区藏族社会历史调查资料辑要. 成都：四川人民出版社

郑大华. 1994. 梁漱溟与胡适——文化保守主义与西化思潮的比较. 北京：中华书局

郑匡民. 2003. 梁启超启蒙思想的东学背景. 上海：上海书店出版社

郑师渠. 1993. 晚清国粹派. 北京：北京师范大学出版社

周作人. 1924. 生活的艺术. 见：语丝. 第一期. 11月17日

周作人. 2002. 谈虎集. 石家庄：河北教育出版社

英 文

Barth, Fredrik. 1969. *Ethnic Groups and Boundaries: The Social Organization of Culture Difference*. Boston: Little Brown

Brown, William Montgomery. 1920. *Communism and Christianism*. Ohil: Bradford Brown Educational Company

Chiang Yung-chen. 2001. *Social Engineering and the Social Science in China*. London: Cambridge University Press

Cohen, Abner. 1974. *Two Dimensional Man*. London: Routledge and Kegan Paul

Douglas, Mary. 1970. *Natural Symbols*. London: Barrie & Rockliff

Dumont, Louis. 1960. "World Renunciation in Indian Religions". in *Contributions to Indian Sociology*. Vol. 4

Ecke, Gustave. 1935. *The Twin Pagodas of Zayton: A Study of Later Buddist Sculptures in China*. Harvard University Press

Eriksen, Thomas. 1993. *Ethnicity and Nationalism: Anthropological Perspectives*. London: Pluto Press

Evans-Pritchard, E. E. 1982 [1951]. *Social Anthropology*. London: Routledge & Kegan Paul

Foster, Robert. 1991. "Making National Cultures in the Global Ecumene", in *Annual Review of Anthropology*, 20

Geertz, Clifford. 1973. *The Interpretation of Cultures*, New York: Basic Books

Giddens, Anthony. 1985. *The Nation-State and Violence*. Cambridge: Polity Press

Hobsbawm, Eric. 1990. *Nations and Nationalism since 1780*. Cambridge: Cambridge University Press

Huxley, Thomas. 1901. *Evolution and Ethics and Other Essays*. New York: the MaCmillan Company

Levenson, Joseph. 1967. *Liang Ch'i-ch'ao and the Mind of Modern China*. Berkeley: University of California Press

Li, An-che. 1937. "Zuni: Some Observations and Querries". in *American Anthropologist*, Vol. 39

Li, An-che. 1949. *Religion: Its Basis and Manifestations*. LSE Archive, Feb. 28

Li, An-che. 1994. *History of Tibetan Religion—A Study in the Field*. Beijing: New World Press.

Ohnuki-Tierney, Emiko. ed. 1990. *Culture through Time: Anthropological Approaches*. Stanford: Stanford University Press

Osgood, Cornelius. "Failures". in *American Anthropologist*. New Series. Vol. 87. No. 2. Jun

Pritchard, E. E. Evans. 1982 [1951]. *Social Anthropology*. London: Routledge & Kegan Paul

Sahlins, Marshall. 1998. "What Is Anthropological Enlightenment?". in *International Lecture Series on Social and Cultural Anthropology*. Peking: Beijing University. June-July

Shirokogoroff, Sergey and Tishkov, Valery. 1996. "Ethnicity". in *Encyclopedia of Social and Cultural Anthropology*. London: Routledge

关键词索引

安阳 88、235、246、266-268、271-279、292、458、476

巴戞(大善人) 403

白蛮 146、464-466、469、470

白彝 146、465

摆 12、297、401-414、432、451-453、472、480

摆夷 401、405、406、409-413、438-449、451-455、475、480

比较 8、36、40、41、46、48、57、60、86、96、102、104、106-108、115、117-119、131、137、142、144、147、165、171、173-177、187、190、191、199-203、223、237、242、243、245、247、256、262、271、275、277、282、283、289、305、309、311、313、315-320、333、336、340、346、348、351、357、360、375-377、404、408、409、411、420、429、430、432、433、444、447、452、459、460、463、484

边政学 35、39、52、57、139、334、362、368、369、383、390、413

藏餐 433、434

藏往察来 167

长老 443

爨 146、149、461、463-466、469、470

打冤家 391、393、394、396-399

大摆 402、403、405、406、442、451

大理 148、439、454、456-471、483

大夏大学 365-369、373、374、376、379、472

道统 59、62、78、79、81、111、255、257、281、293

地理 16、29、40、42、44、47、52、54、82、88、90、92-96、98、99、102、103、106、110、127、130、132、133、135、143、147、158、161、184、202、237、250、303、311、332、342-350、354-356、358、359、361-364、368、373、382、383、386、391、411、412、418、419、421、422、438、440、441、456、458、465、474、475、480

地志 344、345、347、349

东佛 294

东西文化调和论 172

东西相争 93

独立罗罗国 399

遁世修行 263

多元一体 31、36、37、51、52、82、99、100、103、110、113、120、121、133、338、339、418、438、471、473、482

法国民族学派 244

返本开新 67

泛生论 187

费孝通 17、34、36、38、51-54、59、60、99、100、103、110、113、120、121、133、196、199、250、251、253-255、257、258、265、295、304-306、322、323、325-341、373、376、401、406-410、412、438-441、450、473、482

分期 70、90、111、119、120、126、127、130、132、133、141、159-161、231、246、459

佛教　62、66-68、70、71、75-77、168、192、219、263、292、300、301、315、402、404、412、433、439、440、442-448、451-454、458、463、465、467-469、471

傅斯年　82-100、198、267、269、271、273、280、287、305、307、309、473-476、478-480、482、484

葛兰言　241-250、300、474

公摆　402、403

贡察布　426

古文经学　63、64、80、157-162、166、167、221

骨卜　276、316、317

顾颉刚　83、85、87、88、97、125、197、209、231、232、248、271、287-307、311、457、473、474

灌溉　110、230-235、238、240、326

国家　3、17、18、20-22、26-28、30、32-57、59-62、64、67、72、73、76、81、83、96-98、100、101、105、108、111、117、120、121、131、133、134、136-139、143、148-152、167、171、176、181、204、229-233、235、237、248、256、276、282、295、299、303、322、327、333、337、344、345、349、352-354、356、357、361、367-371、373、374、376、381、383-387、389、398、412、415、419、428、435、449、457、459、465、466、468-470、472、473

合摆　403、451

赫哲族　308-314、316-320、376、379、479

黑彝　145、146、385-387、465

华西边疆研究所　216

华西边疆研究学会　358

皇权　253-258、261、265、295、297、303、304、382、409、473、482

混合　23-25、28、47、71、89、92、93、95、96、98、99、102-105、109、111-114、118、119、127-131、133、135、136、294、330、438、453、469

基本经济区　228-239、475

吉登斯　43、164、165

祭社神　404

冀朝鼎　228-240、475

家庭　44、64、187、199-201、203、207、310、312、317、323-327、359、368、371、394、395、412、418、420-422、425、429、430、435、441

家支　385、386、388、393-395

江绍原　178-195、475、482

教育　8、21、30、36、60、61、63、65、66、69、74-78、80、83、104、125、128、138、148-151、157、187、192、194、197、203、204、214-216、218、226、267、269、291、292、308、309、328、340、345、346、355-358、366、368、371、373-375、377、381、388、390、409-412、415、417-425、427、428、430、432、433、441、450、474-480、483、484

进化　3-16、18、23、27、29-32、38、41、53、60、109、116、126、132、142、151、152、164、166、168、169、172、185、194、209、210、232、243、268、326、352、364、374、375、418-420、427、434、436、475

经济史　229、230、239

康藏小学　423

康区　142、216、346、350、351、353、359、484

拉铁摩尔　70、71、229、231、237、239、240、476

喇嘛教　145、353、418、430、431

浪帐房　429

雷波　140、382-385、387、392

冷细摆　403、451

礼　17、24、26、31、60-64、66-68、70-73、75、76、78-80、89、150、158-162、164、169、

关键词索引 | 489

178、179、182－184、186－222、224－226、231、246、248－250、259、260、277、292、293、295、301、312、324、333、338、344、367、368、386－389、392、394－398、401－403、405、407、411、412、428、440－444、446、447、472、474、475、478、479

礼物　278、294、313、389、390、396、399、403、429、479

李安宅　196－226、368、416、475

李济　88、128、129、266－283、309、440、458、476

历史文化学派　375

历史—宗教社会学　251

凉山　138、140－146、149、363、381－400、462－464、467、477、478

梁启超　20－32、39、41、46、59、79、88、90、121、126－129、134－136、171、177、210、211、215、216、225、311、354、416、472、475－478、484

梁漱溟　171－177、417、477、484

林惠祥　102－106、112－114、118－121、123－136、138、306、477、480

林惠祥分类　129

林耀华　38、39、142、145、332、333、363、381－389、391、394、395、397、398、477

凌纯声　242、308－314、316－321、376、379、441、476、477、479

刘师培　22、83、157－169、476、477

柳诒徵　59－80、97、281、477

泸定　342、343、345－358、360－362、364

马长寿　138－153、363、478、482

毛织工业　421、429

盟约　387、388、390、399、400

迷信　177－179、181－187、190－195、207、212、215、297、306、340、360、366、387、415、418、432、475

苗夷　365－377、472

民间文化　36、250、300、303、357、360

民族　3、20－32、34－60、70、74、80－86、88－150、170、171、174、179、182、183、186、187、192、194、197、200、201、212、214、215、219、222、224、233、235、237、239、240、242－250、264、266－269、273、275、277、281、291、292、304、306－310、312－320、324－328、330－336、338、339、341－343、345－349、352－376、378、379、381、383、387、392、396－398、403、404、407－410、412、415、417、420－422、424、428－432、435－444、446、447、450－459、461、462、464、466－481

民族博物馆　373、379

民族交往史　111、145、146、148、150

民族精神　44、50、54、140、144、221、341、449

民族史　20、101－109、111－123、125－137、141、311、336、362、381、438、453、475、477、478、480、482

民族志　36、53、125、141、143、184、185、202、203、294、308－311、313、314、316、318－320、341、359、360、362、365、367、376、378－380、399－401、406、411、415、435、442

莫斯　124、228、242－249、251、294、308、474、479

内向的超越　263－265

nationalism　35、45、485

nation-state　26、35、40、54、338、470、485

器物学　273－275

亲属制度　199、392、393

区域　36、37、90、95、96、125、132、133、147、184、224、232、237、254、276、277、295、298、308、310、318、319、330、332、335、336、340、342、345、346、360、384、386、391、392、394、

399、419、427、435、438、442、444、454、457、460、462—465

泉州　125、287—292、294—303、307、474、480

人种　22—24、26、28、38、40、42、64、73、86、106、109、110、125—129、131、135、146—148、268—271、275、276、287、313、322、359、460、476

任乃强　342—364、438、479

儒学　67、76、77、107、160、192、196、198、204、208—211、213、225

萨满教　59、192、194、315

沙畹　242—244、287、311

上古史　63、88、89、91、96—100、246、268、273—276、278—282、293、303、316、483

社　3—5、8、9、11、12、15—18、20—23、28、30、34—57、59—61、64—67、69—71、74、78、79、82—85、87—90、94、98—100、102、103、105—107、109、110、116—119、121—126、128、130、131、133、135—153、157、164—172、174、177—179、182、185—187、189、191—194、196—226、228—233、237、238、240—260、262—265、267—269、272、278—283、287—292、294—306、308—312、315、317—319、322—347、349、350、353—379、381、382、384—387、390—397、399、401—413、415—430、432—436、438—456、458、459、462、467、470—484

社会　3—5、9、11、12、15—18、20—23、28、30、34—57、59、60、64—67、69、74、82—85、87、88、90、94、98—100、102、103、105、107、109、110、116—119、121—126、130、131、135—153、157、164—172、174、177、179、187、189、191、193、194、196—229、231、232、236、237、240—250、252—259、261—264、266—

268、271、277—282、286、287、290、291、293—299、301—310、313、315、317、320—340、342—344、347、351—377、379、380、382、384、388—397、399—429、431—433、435—441、443—452、456、459、468—481

社区研究　55、250、304、306、322、323、331、333—335、340、341、366、379、438、482

绅士　74、253、254、257、258、265、331

圣人　12、16、63、65、80、162、163、167、168、205

史禄国（S. Shirokogoroff）　54

土官世袭制　426

双重时间体系　439、440、446—448、450、454、455

水利　68、74、78、228—240、345、354、475

陶云逵　412、438—455、477、480

滕尼斯　54—56、480

田汝康　401、403—414、440、451—454、472、480

通古斯　27、103、269、311、318

头人　329、330、382、385、386、391、392、404、432

土地神　287—294、298—303、306、474

土司　146、327、352、355、356、361、363、373、381、382、384、387、389、403—405、411、439、442—444、446—448、451、453—455、472

蜕变　8、107、111、119

王国维　86、87、91、93—95、121、275、306、480

王桐龄　101—109、111—121、123、127、129、135、311、482

魏特夫　229、233、236、239、240、482

文化　12、16、23、26、29、30、32、34—36、39—82、84—88、90—92、94—100、102—112、115、116、119、121—127、129、131、133—143、

146－149、151、155、160、165、167、169－175、177、182、185－188、190－194、196－204、210、212、213、217－223、229、230、237、241－246、248、250、256－258、260－262、266－276、279、280、285、286、289、291－294、296、298－301、304、306、308－311、314－318、320、321、324－326、328－332、334－336、338、339、341－351、353、362、367－370、372、373、375、377、379－382、384－390、397、398、408－411、413、415－417、420－428、430、432－434、436－440、444、446－468、470、471、473－482

文化三路向说　173、174

文化史　59－65、67－71、73、74、76－80、125、456－459、461、464－470、477、483

文明　3、16、22、25、32－34、39、41、44、47、48、50－56、59、61、63、68、73、81、82、86、87、93－100、106－108、126、131、134、143、150－153、163、164、171－173、177、190－194、196、198－203、205－207、216－218、225、226、229、231、233、239、242、247、248、250、262、266－283、300、318、323、329、335、338－340、352、365、373、377、384、389、390、400、407、413、418－421、428、429、436、437、440、455、458－462、467、471、476、481、482

乌蛮　146、461、464－466、469、470

巫官　440、442－445、448

巫术　142、185、186、192、205、226、300、404、405、412、441、452、464

吴文藻　34、37－52、54、56、57、82、90、97、140、196、199、201、250、304、331－335、341、362、379、381、401、411、482

吴泽霖　365－379、482、484

西佛　294、295

西宁　383－385、397

现代教育　418、421－424、428、432、433

消遣经济　408

心学　165、211、225

徐嘉瑞　456、457、459、461、464－469、483

亚细亚生产方式　230、233、240

严复　3－5、7－18、38、68、164、303、331、380、475、476、478、482

杨堃　241－252、306、309、483

彝　12、31、138、140－146、149、335、342、346、350、351、363、381、383－389、391、394、395、397、398、400、410、413、438－440、451、462、464－466、470、471、477－479、482

以茶治番　350

隐　9、13、43、60、113、145、165、166、209、210、250、251、253、257－265、270、278、292、297、300、303、305、306、354、386、390、402、407、409、410、432、439、448、451、474、475、478、479、484

游牧藏区　415、417－430、432－436、484

俞湘文　415－436、473、483

宇宙观　7、9、59、107、178－180、187、188、195、263、413、439－441、444、445、448、449、453－455

政邦　41、42、44、45、47－49、51

质魂　185－187

种族　3、4、15、40－42、44－47、56、61、63、71、73、75、81、87、90、94、96、105、107、108、116、126、127、132、134、135、138、139、150、199、214、270、293、328、382、434、440、479

转房　391－393、398

宗教　29、30、42、44－47、60、66－68、74、89、98、113、133、142、145、147、159、177、179－181、185、187－189、192、193、202、210－212、214－219、226、233、243、247、249－251、262、263、276、292、294、296、297、299－303、306、

312、314、315、317、318、325、327、328、338 -
340、344、346、355、360、361、363、368、369、
373、375、401 - 407、409 - 413、418、422、
425 - 427、430 - 433、438 - 442、444、446 -
449、451 - 456、461、463、465 - 470、472、476、
480、482、483

宗教宇宙观　439、444、449

族团　44、323、324、326、327、329、331、333、
334、337、372、373、377

祖尼人　214

出版后记

《民族、文明与新世界——20世纪前期的中国叙述》与《20世纪西方人类学主要著作指南》实为同一系列,可谓是一中一西,集中评述了中西学术的发展以及成果。

《民族、文明与新世界》讲述了20世纪前期26位老一辈学者的学术故事,其间,既有学者的多舛命运,同时也反映了那一时期学术发展变化的时代背景,基于此,可以一窥中国学术的发展路径。

全书分为三个部分:文明中的民族,旧传统与新科学,游走、描述与思考。从晚清西学传入到20世纪50年代,叙述紧紧围绕"民族"、"文明"两个概念,呈现了一段"条贯中西、返本开新"的学术历史。它以中国学术的发展路径为线索,从西方学术的汉译讲起,再现前辈学者面对西学时所作出的种种反应,以及在此基础上进行的学术对话;深度挖掘,将我们熟悉的甚至已经被遗忘的学者和他们的相关著作拉入我们的视野,时隔半个多世纪之后,将这样一笔失落多年的财富重新梳理,对于老一辈学者来说可算是一种慰藉。

世界图书出版公司北京公司

服务热线:139-1140-1220 133-6631-2326 010-8161-6534

教师服务:teacher@hinabook.com

服务信箱:onebook@263.net

世图北京公司"大学堂"编辑部
2010年5月

图书在版编目(CIP)数据

民族、文明与新世界:20世纪前期的中国叙述/王铭铭主编;杨清媚、张亚辉副主编. —北京:世界图书出版公司北京公司,2010.4

ISBN 978-7-5100-2085-8

Ⅰ.①民… Ⅱ.①王… ②杨… ③张… Ⅲ.①思想史—研究—中国—近代 ②思想史—研究—中国—现代 Ⅳ.①B2

中国版本图书馆 CIP 数据核字(2010)第 072490 号

民族、文明与新世界——20世纪前期的中国叙述

主　　编：王铭铭	副 主 编：杨清媚　张亚辉
筹划出版：银杏树下	责任编辑：马春华

出　　版：世界图书出版公司北京公司
出 版 人：张跃明
发　　行：世界图书出版公司北京公司
　　　　　(北京朝内大街137号　邮编100010　电话010-6401-3086)
销　　售：各地新华书店
印　　刷：北京盛兰兄弟印刷装订有限公司
　　　　　(北京市大兴区黄村镇西芦城　邮编102612)
开　　本：787×1092 毫米　1/16
印　　张：32.25　插页4
字　　数：480 千
版　　次：2010 年 7 月第 1 版
印　　次：2010 年 7 月第 1 次印刷

教师服务：teacher@hinabook.com　139-1140-1220
读者咨询：onebook@263.net
营销咨询：133-6657-3072　010-8161-6534
编辑咨询：133-6631-2326

ISBN 978-7-5100-2085-8/C·97　　　　　　　　　　　　定 价：56.00 元

(如存在文字不清、漏印、缺页、倒页、脱页等印装质量问题,请与承印厂联系调换。联系电话:010-61232263)

版权所有　翻印必究

20世纪西方人类学主要著作指南

主编：王铭铭　副主编：赵丙祥　梁永佳　杨清媚
ISBN 978-7-5062-9518-5/Z·257
2008年10月出版
定价：68.00元

一部导读性的编著之作，勾勒20世纪西方人类学"故事"的主线。

梳理学术脉络，为读者提供科学的入门基本阅读的指南，使读者准确把握人类学思潮的流变。

中国人类学评论（已出至第16辑）

主编：王铭铭
ISBN 978-7-5100-2082-7/Z·294
2010年7月出版
定价：36.00元

兼有评论性、记述性及思想性的人类学学术评论集刊

对中国人类学、社会学、民族学学术群体最新的学术动态的展示，对相关学科的学习者、研究者是很好的读本。

西方作为他者
论中国"西方学"的谱系与意义

著者：王铭铭
ISBN 978-7-5062-8699-2/C·19
2007年10月出版
定价：26.00元

一本更接近于观念史、文化史、人类学等范围的论著

汉学菁华
中国人的精神世界及其影响力

口述者：李绍明　整理者：伍婷婷等
ISBN 978-7-5062-9314-3/C·54
2009年6月出版
定价：29.80元

时代激荡下，一个学者跌宕曲折的一生，一个群体厚重无言的剪影

现代人类学经典译丛
主编：王铭铭

自由与文明

著者：(英) 布劳尼斯娄·马林诺夫斯基
译者：张 帆
ISBN：978-7-5100-0971-6/Z·267
2009年10月出版　定价：25.00元

马林诺夫斯基遗作　中文版首次面世
自由正如健康：必须在失而复得之时才能认识它

01

论社会人类学

著者：(英) 爱德华·埃文思-普里查德
译者：冷凤彩　审校者：梁永佳
ISBN：978-7-5100-0974-7/Z·266
2010年3月出版　定价：32.00元

半个多世纪的沉淀　人类学命运的反思
一本真正意义上的人类学入门著作

02

人文田野丛书
主编：王铭铭

01	02	03
历史与神圣性	微"盐"大义	最后的绅士
张亚辉 著	舒 瑜 著	杨清媚 著
2010年4月出版	2010年4月出版	2010年4月出版
定价：28.00元	定价：32.00元	定价：30.00元